Z

Gordon Brook-Shepherd

Österreich

Eine tausendjährige Geschichte

Aus dem Englischen von
Edith Haßlacher

———

Paul Zsolnay Verlag

Die Originalausgabe erschien erstmals 1995 unter dem Titel
The Austrians bei HarperCollins Publishers Ltd. in London.

ISBN 3-552-04876-6
© Gordon Brook-Shepherd 1995
Alle Rechte der deutschen Ausgabe:
© Paul Zsolnay Verlag Wien 1998
Satz: Satzpunkt Ewert GmbH, Braunschweig
Druck und Bindung: Franz Spiegel Buch GmbH, Ulm
Printed in Germany

Inhaltsverzeichnis

Vorwort

1996, das Jahr, in dem die Österreicher auf tausend Jahre urkundlich belegte Geschichte zurückblicken konnten, schien ein guter Zeitpunkt für einen Versuch zu sein, über ihren Kampf um einen eigenen Platz in der Welt Bilanz zu ziehen. Was mich betrifft, so bietet sich mir die Möglichkeit, ein Resümee zu erstellen wie auch einen Schlußpunkt zu setzen. Die Hälfte meiner 16 Bücher haben sich mit der Habsburger-Dynastie, dem Donaubecken, über das sie herrschte, dem Ersten Weltkrieg, der ihr Ende bedeutete, sowie der Ersten und Zweiten Republik Österreich, die an ihre Stelle traten, befaßt. Wenn ich wieder zur Feder greife – und das ist noch immer die altmodische Art, in der ich arbeite –, so werde ich mich nicht diesem Themenkreis widmen, dem ich nichts mehr hinzuzufügen habe.

Dieses Buch ist der erste Versuch, die tausendjährige Geschichte dieses faszinierenden, doch oft nur schwer zu fassenden Volks bis zum heutigen Tag zu erzählen, immer in Hinblick auf die unaufhörliche Suche der Österreicher nach ihrer eigenen Identität. Auf ihrem Weg zu einem Nationalbewußtsein wurden sie einerseits durch multinationale Schulung und Traditionen und andererseits durch die verhängnisvolle, sich durch ihre ganze Geschichte ziehende Bindung an das Deutsche blockiert. Nun, da Österreich neben Deutschland Teil des vereinten Europas ist und seine donauländischen Partner schließlich auch beitreten werden, beginnt diese Suche aufs Neue.

Einzigartig an diesem Buch ist, daß es ein halbes Jahrhundert wissenschaftlicher Forschung zu diesem Thema mit der während einer ähnlichen Zeitspanne gesammelten persönlichen Erfahrung und Kenntnis von Land und Leuten kombiniert. Ich bin seit 1945 in ständiger Verbindung

7

mit Österreich in seiner Freud und seinem Leid gewesen, erst als Offizier des Generalstabs bei der Alliierten Kommission im Nachkriegs-Wien, dann als Auslandskorrespondent und in den letzten Jahren als Schriftsteller und Moderator verschiedener TV-Dokumentationen über die Monarchie. Mein Kontakt zu Österreich ist so intensiv gewesen, daß dieses Buch ursprünglich eine Schilderung über diesen 50 Jahre umfassenden Zeitraum in autobiographischer Form hätte sein sollen – so war es mit dem Herausgeber vereinbart.

Die Idee wurde jedoch auf meinen eigenen Vorschlag hin fallengelassen, und zwar aus verschiedenen Gründen. Zunächst einmal war ich in Wien ein altersmäßig schon sehr reifer Oberstleutnant, ein Dienstgrad, der einem zwar erlaubte, die Politik zu beobachten und bei ihrer Umsetzung mitzuwirken, ohne jedoch Einfluß darauf nehmen zu können. Noch weniger traf dies auf die folgenden zwölf Jahre zu (1948–1960), als ich das Büro des *Daily Telegraph* für Mittel- und Südosteuropa leitete, dessen Sitz sich in Wien befand. Ich war Zeuge vieler bedeutender Ereignisse jener Jahre – vor allem des Kampfs von Titos Jugoslawien gegen den Kreml und des Ungarnaufstands – und hatte die Möglichkeit, einige Reisen in diese Gegend zu unternehmen. Meistens war man aber doch ein außenstehender Betrachter. Zu viele Autoren aus dem Medienbereich haben in ihren Memoiren ihre eigene Bedeutung aufzuwerten versucht, indem sie vorgaben, sie hätten das alles ganz anders erlebt. Diese Verzerrung wollte ich vermeiden.

Ich erwähne das deshalb, weil ich fürchte, der Leser könnte es vielleicht als ärgerlich empfinden, daß für den zweiten Teil des Buchs meine wichtigsten Quellen auch häufig meine persönlichen Freunde sind. Ich kann nur versichern, daß ich mit Leichtigkeit dreimal so viele Angaben hätte machen können. Soweit dies möglich war, habe ich solche Hinweise in Fußnoten zu den direkten Zitaten aus dem Originalmaterial untergebracht. So habe ich mich in Sachen Monarchie auf meine rund 30jährige Freundschaft mit der früheren Kaiserin Zita von Österreich-Ungarn (die erst 1989 im Alter von fast 97 Jahren verstorben ist) und ihrem ältesten Sohn, Dr. Otto Habsburg-Lothringen, gestützt, der heute als ältestes Mitglied des Europäischen Parlaments in Straßburg erfolgreich tätig ist. Sie beide boten mir nicht nur eine Fülle an eigenen Erinnerungen, sondern auch den uneingeschränktesten Zugang, den je ein Außenstehender zu den habsburgischen Familienpapieren hatte, einem der umfangreichsten von Europas nicht veröffentlichten königlichen Archiven.

Ich habe die führenden Persönlichkeiten der Ersten Republik (1918–1938) kennengelernt, darunter auch – während meiner Recherchen zu meinem Buch *Der Anschluß* und einer Biographie von Engelbert Dollfuß – den unglückseligen Kanzler Kurt Schuschnigg. Während des Zweiten Weltkriegs stand ich – wenn auch mit Unterbrechungen und aus weiter Ferne – mit den Entwicklungen in Österreich in Verbindung, als ich beim militärischen Nachrichtendienst in London diente. Aus Gründen, die auf der Hand liegen, waren meine Kontakte zu führenden Politikern der Zweiten Republik der Nachkriegszeit am intensivsten. Ich genoß sogar das Privileg, sowohl mit dem großen bürgerlichen Bundeskanzler Leopold Figl als auch mit seinem ihm an Format in nichts nachstehenden sozialistischen Rivalen und Nachfolger Bruno Kreisky per du zu sein. (Das rief in beiden Lagern große Verwunderung hervor, denn die damaligen Österreicher waren nicht daran gewöhnt, daß irgend jemand ihre große ideologische Kluft überbrücken könnte.)

Bei der Vorbereitung des vorliegenden Werks haben mich ein Dutzend hilfsbereiter Menschen freundlicherweise unterstützt. Auf diplomatischem Gebiet möchte ich gerne den früheren österreichischen Außenminister Dr. Alois Mock, seinen freundlichen Generalsekretär Dr. Wolfgang Schallenberg und drei aufeinanderfolgende österreichische Gesandte in London, die Botschafter Thomas, Magrutsch und Hennig, herausgreifen. Dr. Bernhard Stillfried war mir eine große Hilfe auf kulturellem Gebiet und Dr. Manfried Rauchensteiner, Direktor des Heeresgeschichtlichen Museums in Wien, eine ebenso wertvolle Hilfe in militärhistorischen Belangen. Fritz Molden und Carl Szokoll zählen zu jenen, die mir aus ihren eigenen lebendigen Erfahrungen einen Einblick in Österreichs mutige, doch vereitelte Widerstandsbewegungen im Krieg vermittelten. Der frühere Landeshauptmann der Steiermark, Dr. Josef Krainer (an dessen Vater, der vor ihm dasselbe Amt innehatte, ich mich noch sehr gut erinnere), zeichnete ein ehrliches Bild des Lebens unter und nach den Nazis in einem der wichtigsten österreichischen Bundesländer. Besonders zu Dank verpflichtet bin ich Sektionschef Dr. Neumayr und seiner charmanten Stellvertreterin Dr. Ingeborg Schweikert im Bundeskanzleramt für die Organisation meiner jüngsten Recherchen in Wien.

In London habe ich vom enzyklopädischen Wissen eines alten Freundes, Hans-Heinrich Coudenhove, profitiert, der mich auf mehrere Fehler in der Schreibweise und bei Zeit- und Ortsangaben im ersten Entwurf aufmerksam machte. So wurde liebenswürdigerweise eine Familientradition fortgesetzt, denn sein Vater Gerolf übersetzte zwei meiner früheren Bücher ins Deutsche, wobei er nebenbei ohne viel Aufhebens seine Änderungen anbrachte. Meine beiden hervorragenden Lektoren Richard Johnson und Robert Lacey befaßten sich ebenso genau mit der Endfassung, die sie etwas spät erhielten und die dann noch eine beträchtliche Überlänge aufwies. Ich bin sicher, es gibt immer noch ein paar Ungereimtheiten, die uns allen entgangen sind. Immerhin bietet dieses Buch ein ungeheuer komplexes Bild: tausend Jahre europäischer Geschichte im Spiegel österreichischer Geschichte betrachtet.

Turville Park,
Oxfordshire 1995　　　　　　　Gordon Brook-Shepherd

Postskriptum

Die heutige Republik hat in ihren Verfassungsgesetzen aus der Zeit nach 1918 auch die Forderung beibehalten, daß jedes Mitglied der früheren Habsburgerdynastie, das in das Land zurückkehren will, nicht nur auf alle dynastischen Ansprüche, sondern auch auf die Zugehörigkeit zur eigenen Familie verzichten muß.

Das Oberhaupt des Hauses, Otto Habsburg-Lothringen, beschrieb mir dies einmal als eine Verrücktheit, die nur dem Gehirn eines unbeschreiblich engstirnigen Fanatikers entsprungen sein konnte. Dennoch fühlte er sich vor 30 Jahren zu einer Zustimmung verpflichtet, um seinen Sitz im Europäischen Parlament einnehmen zu können, in dem er heute das älteste Mitglied ist. Zwei seiner Brüder, Felix und Karl Ludwig, nun 79 und 77 Jahre alt, weigerten sich jedoch, diese Bedingungen zu akzeptieren. Beide blieben bis März 1996 im Exil, als Felix plötzlich ohne Vorankündigung in Wien auftauchte und mit einem rechtlichen Geschütz vor der Regierung vorfuhr. Da Österreich im Jahr davor der Europäischen Union beigetreten war, argumentierte er, sei es nun verpflichtet, die Bewegungsfreiheit aller EU-Bürger anzuerkennen. Die in Verlegenheit gebrachte Regierung ging nicht gegen ihn vor, sondern meinte nur, sie würde die Angelegenheit prüfen, und ließ schnell die peinliche Klausel überhaupt fallen. Angeblich soll sie insgeheim ganz erleichtert sein, daß die Brüsseler Gesetzgebung es der heutigen Republik ermöglichte, mit ihrer illustren Vergangenheit endlich zurechtzukommen.

Juni 1996   G. B. S.

Prolog

Ein steirisches Gemälde

Im frühen 18. Jahrhundert malte ein unbekannter Künstler aus dem habsburgischen Herzogtum Steiermark seine *Kurze Beschreibung der in Europa befindlichen Völker und ihrer Eigenschaften*. Am oberen Rand des Gemäldes reihen sich die in wunderschönen Farben gemalten Abbildungen der zehn vom ihm ausgewählten Figuren. Diese reichen vom »Spanier« auf der linken Seite bis zum »Tirk oder Grich« ganz rechts, wodurch uns ins Gedächtnis gerufen wird, daß sich das Osmanische Reich in jenen Tagen ganz gemächlich über das Gebiet des heutigen modernen Griechenlands ausbreitete. Jede der kleinen Figuren ist vollständig abgebildet und trägt die jeweilige Nationaltracht, wodurch die Gegensätze zwischen den von ihnen repräsentierten Völkern des Kontinents klar herausgestrichen werden. Bei der Kopfbedeckung ist alles vertreten, vom Seidenturban bis zu Uniformmützen mit dem Landesemblem und federgeschmückten Hüten. Die Oberbekleidung variiert von Brokatmänteln, hinter denen Schwerter oder Säbel hervorlugen, bis zu eher geckenhaft wirkenden Redingotes ohne jede Waffe. Eines aber haben sie alle gemeinsam: Alle Figuren sind Männer, was bestätigt, daß im damaligen Europa nur ein Mann als Vertreter seines Volks gelten konnte. Die Porträts sind erst der Anfang der Geschichte.

Von den Schuhen oder Reitstiefeln jeder Figur hinab werden 17 Charaktereigenschaften der zugehörigen Nation aufgelistet. An erster Stelle stehen die »Sitten« und an letzter der etwas seltsame Eintrag »Ihr Leben Ende«. Obwohl mit seiner Feder nicht so sicher wie mit dem Pinsel, macht der

Künstler doch ein paar aufschlußreiche Angaben. So erklärt er, der »Engerländer« sei »veränderlich wie der Mond« bezüglich seines »Gottesdiensts«, und erkenne »bald den, bald jenen« als seinen Herrscher an – was stimmt, bedenkt man die Umwälzungen, die Krone und Glauben Englands in den zwei Jahrhunderten davor erschüttert hatten. Das große Seefahrervolk wird zu Recht als »See Held« unter der Kategorie »Krigs Tugente« eingetragen und ihr Leben endet dementsprechend am ehesten »in Wasser«.

Auch an seltsamen Einträgen mangelt es nicht. So läßt es sich zum Beispiel nicht ganz nachvollziehen, weshalb nur die Schweizer unter der Kategorie »Natur und Eigenschaft« als »grausam« herausgegriffen werden oder warum dem Polen angelastet wird, er »glaubt Allerlei«, wenn das Thema auf Religion kommt. Was aber an dieser »Völkertafel«, wie das Kunstwerk allgemein genannt wurde, nach moderner Ansicht wohl am allermerkwürdigsten (und am bedeutendsten) ist, war für den Künstler offenbar die natürlichste Sache der Welt. Obwohl er ein Untertan der österreichischen Monarchie war – und sogar in einem der ältesten Erblande der Casa de Austria lebte –, werden die Österreicher unter den zehn Nationen nicht erwähnt, sondern einfach unter der gemeinsamen Überschrift »Teutscher« genannt.

Daß der Maler dabei an sein eigenes Volk dachte, geht daraus hervor, daß sich in der Kategorie »Erkennen für ihren Herrn« der Eintrag »einen Kaiser« findet. Im frühen 18. Jahrhundert hatten nur die deutschsprachigen Österreicher ihren Kaiser: die Herrscher, deren Höfe sich über die restliche germanische Welt verstreuten, waren eine bunte Gruppe von Königen und kleinen Fürsten. Doch dieses Bild einer eigenen Identität existiert nur in seinem Unterbewußtsein. An der Oberfläche ist sein Denken vom Deutschen geprägt. Diese verschwommene Grenze zwischen den beiden Völkern, dieser Mangel an nationalem Profil sollte eine hinderliche und letzten Endes katastrophale Wirkung für das österreichische Volk in den zwei darauffolgenden Jahrhunderten haben. Die Wurzeln dafür lagen in den rund 900 Jahren geschichtlichen Wirrwarrs davor.

I

Der Weg zum Kaiserreich

1. Eine germanische Wiege

Für ein Volk, dem ein so glanzvolles und bewegtes Schicksal beschieden war, nahm sich der Anfang etwas farblos aus. Was später einmal Teil Österreichs sein sollte, wurde als Grenzschutzgebiet ins Leben gerufen – als »Karolingische Ostmark« des berühmten Frankenkönigs Karls des Großen. Er hatte im ausgehenden 8. Jahrhundert beinahe die gesamte christliche Welt in 53 Feldzügen erobert und wurde am Christtag 800 von Papst Leo III. in Rom zum Kaiser des Reichs gekrönt.

Aufzeichnungen zufolge trug Karl die goldene Krone des wiederauferstandenen Römischen Reichs nicht ohne Bedenken, war er doch ein deutscher König, dessen angestammte Gebiete nördlich der Alpen lagen. Nun hatte er sich aber den Mantel der Cäsaren umgelegt, deren Macht sich schon immer auf den Mittelmeerraum konzentriert hatte. Es zeigte sich, daß seine Bedenken nur allzu berechtigt waren. In erster Linie galt es nun, die gerade erst sanktionierten Eroberungen zu sichern, vor allem gegen die übermächtigen Awaren, der wohl größten Bedrohung an der Ostgrenze des Reichs. Aus diesem Grund wurde dort 803 die »Awarenmark« eingerichtet, eine weitere frühe Bezeichnung für »Österreich«, die das Gebiet an der mittleren Donau von der Enns bis zum Rand jener Stadt, die später »Wienne« heißen sollte, umfaßte. Hier hatten sich bereits deutsche Franken und Angehörige anderer Volksgruppen angesiedelt, die nach dem Zerfall des Römischen Reichs im Zuge der Völkerwanderungen dort gelandet waren. Ihnen wurde wegen ihrer geographischen Lage die immerwährende Pflicht auferlegt, Westeuropa gegen alle Gefahren aus dem Osten zu verteidigen. Nicht wer, sondern wo sie waren, entschied, daß gerade sie dazu bestimmt wurden. Die zukünftigen Österreicher fanden ihren Eingang in die Geschichte also nicht etwa als Volksgruppe oder gar als nationale Einheit, sondern als Bewohner eines strategischen Gebiets.

Die Herrscher kamen und gingen, doch an dieser strategischen Rolle änderte sich nichts. Das Reich der Karolinger, dessen Teilung bald nach dem Tod Karls des Großen im Jahr 814 erfolgte, wurde 888 endgültig ausgelöscht. Westeuropa versank wieder im Chaos, und Eindringlinge durchbrachen erneut die Grenzen: Die Sarazenen fielen in Rom ein, die Wikinger entlang der Atlantikküste, und die Magyaren stellten eine neue Bedrohung aus den Steppen des Ostens dar. Doch wieder einmal war ein Mann zur Stelle, der diesen Anforderungen gewachsen war – der Sachsenkönig Otto der Große. Er unterwarf zuerst seine Rivalen in den deutschen Landen und wurde im Jahr 936 in Aachen, auf dem Thron Karls des Großen, zum König von Deutschland gekrönt. 955 besiegte er auf dem Lechfeld die Magyaren, womit die Ostgrenze abgesichert war. Auf seinem zweiten Italienfeldzug 961, mit dem er die Ordnung südlich der Alpen wiederherstellte, nahm er die Königswürde der Lombardei an und wurde ein Jahr darauf von Papst Johannes XII. zum Römischen Kaiser gekrönt. Die von Karl dem Großen begründete schicksalhafte Verbindung zwischen deutscher Militärmacht und einem verblaßten römischen Glanz wurde damit weiter gefestigt, und die deutschen Könige durften sich als die weltlichen Herrscher des Römischen Reichs bezeichnen. Diese Aufgabe sollte sich aber bald als anstrengend, ja unmöglich erweisen.

Wie schon für Karl den Großen war es nun auch König Ottos vordringlichstes Ziel, seine Grenzen durch Verteidigungszonen abzuschirmen; das bedeutete für den mittleren Donauraum, daß die einstige »Karolingische Mark« jetzt als »Ottonische Mark« wiedererrichtet wurde, jedoch mit einem Unterschied: Das Gebiet sollte allmählich einen eigenen Status erlangen, wenn auch wiederum unter der Feudalherrschaft eines deutschen Landesherrn. 976 gab der Kaiser die Mark dem angesehenen Haus der Babenberger, die, zuerst als Markgrafen, später als Herzöge, für die kommenden 270 Jahre ohne Unterbrechung darüber herrschen sollten, als Lehen. Wie ihre Nachfolger, die Habsburger, erhielten sie nie die Königswürde über dieses Gebiet.

Langsam begannen sich die noch unscharfen Umrisse einer österreichischen Identität abzuzeichnen. Im Jahr 996, also nur 20 Jahre nach Einsetzung der Babenberger, wurde ihr Herrschaftsgebiet zum ersten Mal als *Ostarrîchi* erwähnt.[1] Am 1. November jenes Jahres machte der dritte ottonische Kaiser dem Bistum Freising Besitztümer in Neuhofen an der Ybbs zum Geschenk. Die lateinisch abgefaßte Schenkungsurkunde erwähnt, daß das Dorf in der *regione vulgari vocabulo ostarrîchi* liege, das heißt in dem »Gebiet, das im Volksmund Österreich genannt wird«.

Zu dieser Geburtsurkunde ist anzumerken, daß in ihr noch immer nicht die Rede von einem bestimmten Volk ist, sondern von den Bewohnern eines strategischen Gebiets. Im frühen Mittelalter scheint diese Babenberger-Mark auch weiterhin unter den lateinischen Namen *provincia orientalis, terra orientalis* oder manchmal einfach nur als *oriens* auf. Angesichts ihrer Lage im Herzen Europas, wo Handelsstraßen, Täler und Flüsse sich kreuzen, war ihr Schicksal immer von geopolitischen Faktoren bestimmt. Neben dem germanischen Ursprung ist es ein weiterer Wesenszug dieser Mark, daß ihr Schicksal untrennbar mit einigen Dynastien verknüpft ist. Der ohnehin schon verwirrenden Fülle an Namen muß noch die frühe Bezeichnung als *Marchio Liutpold*, nach ihrem ersten Herrscher, dem Markgrafen Leopold, hinzugefügt werden.

Unter Leopolds Nachfolgern – er starb 994 auf mysteriöse Weise bei einem Turnier in Würzburg durch einen vergif-

[1] Einige österreichische Wissenschafter siedeln das Datum noch früher an. Der Begriff Ostmark andererseits wurde erst im 19. Jahrhundert von deutschen Nationalisten geprägt.

teten Pfeil – wurde die Markgrafschaft allmählich erweitert. Um die Mitte des 12. Jahrhunderts erstreckte sich das Reich der Babenberger im Osten bis an die Leitha, die später zu einer festen Grenze mit den Magyaren wurde, im Norden bis an die Thaya, einer Grenzlinie zu Böhmen, und im Westen bis nach Salzburg. Das Jahr 1156 war ein Meilenstein in der Geschichte der Markgrafschaft und damit in der Geschichte der Österreicher. Am 17. September jenes Jahres erhob der deutsche Kaiser Friedrich I. sie in den Rang eines Herzogtums mit weitgehender Reichsunabhängigkeit. Bis auf die Anwesenheit beim Reichstag wurden die neuen Herzöge von Österreich aller Pflichten enthoben. Ihre militärischen Verpflichtungen beschränkten sich darauf, dem Kaiser bei Feldzügen gegen die unmittelbaren Nachbarn, also nur zur Sicherung ihrer eigenen Grenzen, Gefolgschaft zu leisten.

Im selben Jahr verlegten die Babenberger ihre Residenz nach Wien, der ehemaligen Römerstadt Vindobona, die inzwischen stark angewachsen war und sich zu einem bedeutenden Handels- und Kulturzentrum entwickelt hatte. Damals erscheint auch zum ersten Mal der schwarze einköpfige Adler auf ihrem Wappen, der erste einer ganzen Reihe unterschiedlicher Adler, unter denen die Österreicher dienen sollten. 1192 wurde das benachbarte Herzogtum Steiermark dem Babenbergerreich einverleibt. Mit der Zeit bildete sich eine kleine inoffizielle Monarchie heraus, und 50 Jahre lang überlegte man sogar, die Herzöge von Österreich und Steier zu Königen zu krönen; so soll Herzog Friedrich II. der Streitbare tatsächlich schon den Königsring vom damaligen deutschen Kaiser erhalten haben. Friedrich fiel jedoch 1246 bei Ebenfurth an der Leitha im Kampf gegen die Ungarn, und mit ihm starb der letzte in der männlichen Linie seiner Dynastie.[2] Die Zeit der Babenberger in Österreich war damit zu Ende.

---

[2] Herzog Friedrich II. der Streitbare trug auf dem Schlachtfeld den rotweißroten Bindenschild, die späteren Nationalfarben Österreichs. Der Legende nach gehen diese Farben auf den blutgefärbten

Nichts veranschaulicht die ungeschützte Lage der Hauptstadt Wien als Kreuzungspunkt besser als die 30 Jahre Chaos, die nun folgten. Der letzte Babenberger war an der Ostgrenze im Kampf gegen die Magyaren gefallen. Der nächste, der Anspruch auf seine Besitzungen erhob, war ein Slawe, der von Norden her einmarschierte. Ihm wurden die österreichischen Lande von einem Mann aus dem Westen streitig gemacht, dessen Stammländer im heute deutschen Teil der Schweiz lagen.

Dieser slawische Anwärter auf die Herzogswürde war Ottokar Przemysl, der spätere König Ottokar II. von Böhmen. Er ließ sich im Dezember 1251 in Wien nieder und erklärte sich zum Herzog von Österreich und der Steiermark. Im darauffolgenden April versuchte er, seine Eroberungen durch die Heirat mit der Schwester des letzten Babenbergers, Margarete, zu legitimieren, obwohl diese um 26 Jahre älter war als er. Auch in der deutschen Fürstenschaft herrschte ein ähnliches Durcheinander. Ihr Römisches Reich war nach dem Tod ihres letzten großen Kaisers, Friedrichs II., obsolet geworden, zumal er ohnedies fünf Jahre vorher schon vom Vatikan für abgesetzt erklärt worden war. Wie sollte man diese Lücke schließen, und wem würde es gelingen, Ottokar in die Schranken zu weisen?

1273 versammelten sich die Kurfürsten, um einen neuen deutschen König zu wählen. Ihre Wahl fiel auf den 55 Jahre alten schwäbisch-schweizerischen Grafen Rudolf IV. von Habsburg, als deutschen König Rudolf I. Nicht weil er unter allen der mächtigste Anwärter war, entschieden sie sich für ihn, vielmehr weil seine Hausmacht[3] bescheiden war und man annehmen konnte, daß seine familienpolitischen Ambitionen ebenso bescheiden sein würden. Diese Einschät-

weißen Waffenrock seines Vorgängers, Herzog Leopold V., zurück, der sich 1192 als Kreuzritter bei einem Gefecht im Heiligen Land verletzt haben soll. Nur jener Streifen, der durch den Gürtel verdeckt war, sei weiß geblieben.

[3] Sein Stammschloß war die Habichtsburg in Aargau am oberen Rhein, die der Familie ihren Namen gab.

zung stellte sich bald als gewaltiger Irrtum heraus. Der Kompromißkandidat sollte die volle Wahrheit des französischen Sprichworts, *Rien ne dure comme le provisoire,* tatkräftig unter Beweis stellen. Als Rudolf I. fünf Jahre später, am 26. August 1278, auf dem Marchfeld nordöstlich von Wien den Sieg über König Ottokar davontrug, übernahm er die Herrschaft über das Donaubecken, das der Habsburger Adler sechseinhalb Jahrhunderte lang nicht mehr aus seinen Fängen lassen sollte.[4]

Nach den Karolingern und den Babenbergern waren die Habsburger nun schon das dritte germanische Herrschergeschlecht, das den Bewohnern von Ostarrîchi über deren Köpfe hinweg vorgesetzt wurde. Zwar brachte die Herrschaft der Habsburger, die so viele Jahrhunderte überdauerte, den österreichischen Untertanen einen ständigen Machtzuwachs, bescherte Privilegien und Wohlstand, allerdings um den Preis eines zunehmend verkümmernden Identitätsgefühls.

An dieser Stelle ist es vielleicht angebracht, den Blick einmal nach Westeuropa zu richten, um herauszufinden, inwieweit sich dort ein Nationalbewußtsein zum Beispiel unter den Engländern oder Franzosen entwickelt hatte, denn nur dann kann man begreifen, wie wenig es den Österreichern gelang, im Schatten ihrer Herrscher eine nationale Identität zu entwickeln.

Bereits im Jahr 731 arbeitete der Kirchenhistoriker Beda Venerabilis im Kloster Jarrow in Northumberland im Nordosten Englands an seiner in Latein abgefaßten *Kirchengeschichte Britanniens, insbesondere des englischen Volkes,* die die Christianisierung der angelsächsischen Volksstämme beschreibt. Fünf dicke Bände der *Historia Ecclesiastica*

---

[4] Rudolfs Tod im Jahr 1291 setzte der deutschen Königswürde vorübergehend ein Ende. Sein Nachfolger war Albrecht von Nassau, danach wählten die Kurfürsten Könige von Luxemburg, Bayern und Böhmen, bevor die Habsburger 1438 wieder an die Macht kamen. Von da an herrschten sie, von einer kurzen Unterbrechung abgesehen, 360 Jahre hindurch.

waren nötig, um diese Geschichte von den römischen Invasionen unter Julius Cäsar 55–54 v. Chr. bis zur 600 Jahre später stattfindenden feierlichen Einsetzung des heiligen Augustinus als ersten Erzbischof von Canterbury zu schildern. Die Angeln waren ein germanischer Volksstamm, der mit den Sachsen und den Jüten im 5. Jahrhundert nach Britannien kam, die dort ansässigen Kelten (die eigentlichen Britannier) verdrängte und die Insel in sieben rivalisierende Königreiche aufteilte. Der Ehrwürdige Beda konzentrierte sich dabei zu Recht auf das englische Volk, den Kern der späteren englischen Nation. Als es schließlich König Egbert von Wessex im 9. Jahrhundert gelang, alle Kleinreiche unter seiner Krone zu vereinigen, taufte er dieses Königreich Anglia bzw. England.

Das alles ereignete sich fast 200 Jahre bevor die Gebiete des mittleren Donauraums erstmals als *Ostarrîchi* erwähnt wurden. Doch viel bedeutender als dieser zeitliche Unterschied ist die Tatsache, daß die frühesten englischen Könige unter Einsatz ihres eigenen Lebens für ihr Volk kämpften. Das gilt sowohl für Alfred den Großen, der England im 9. Jahrhundert erfolgreich gegen die Dänen verteidigte, als auch für König Harold, der 1066 in der Schlacht von Hastings den Normannen unterlag. Noch bemerkenswerter ist, daß der dänische Invasor Knut der Große, der 1016 England für kurze Zeit in sein skandinavisches Reich eingliederte, selbst zum völlig anglisierten »Einheimischen« wurde. Mehrere ausländische Könige wechselten sich in der Thronfolge mit englischen ab. Mindestens ein Jahrhundert lang herrschten die Normannen als französische Monarchen, doch die nachfolgenden fremden Herrscher, wie das deutsche Haus Hannover, die Niederländer (Wilhelm von Oranien) und noch einmal die Deutschen (Sachsen-Coburg-Gotha), verstanden sich selbst als echte englische Könige. Ein echter Tudor hätte nicht englischer sein können als Eduard VII., der letzte in der Reihe von Monarchen, die durch und durch deutscher Abstammung waren. Aber selbst zu dessen Lebzeiten, als die Habsburgermonarchie schon dem Ende ihrer enorm langen Herrschaft entgegensah, verschwendete deren Kaiser noch immer keinen Gedanken an eine österreichische Nation.

Betrachtet man Frankreich, ist der Gegensatz noch krasser. Als man das karolingische Reich durch den Vertrag von Verdun im August 843 friedlich aufteilte, wurde das Ostfrankenreich zum Kerngebiet dessen, was einmal Deutschland werden sollte. Doch obwohl die Franken ein germanischer Volksstamm waren, konnte sich der Name im Osten nicht halten. Statt dessen übernahm das Westfrankenreich, bald darauf als Frankreich bekannt, diese gemeinsame Identität. Das französische Volk sah während der folgenden acht Jahrhunderte – ganz im Gegensatz zu den Engländern mit ihren ständig wechselnden in- und ausländischen Herrschern – ausschließlich französische Monarchen auf seinem Thron. Nach dem Aussterben der Karolinger 987 folgten die Kapetinger, bis 1328 auch diese Linie ausstarb. Die Valois regierten bis 1589, und schließlich kamen die Bourbonen, deren Herrschaft von der Französischen Revolution 1793 ein jähes Ende bereitet wurde. Sie alle waren rein französische Königshäuser, nationale Dynastien, die in guten wie in schlechten Zeiten untrennbar mit ihren Untertanen verbunden waren.

Als Eduard III. von England 1337 Anspruch auf den französischen Thron erhob, gerieten die beiden nationalistischen Streithähne in Europa noch stärker aneinander. Der sogenannte Hundertjährige Krieg, der sich bis 1453 hinzog, war sowohl ein patriotischer als auch ein dynastischer Krieg, in dem englische und französische Könige an der Spitze ihrer Armeen in den Kampf zogen. Zumindest zweimal während dieses gewaltigen Konflikts forderten englische Könige ihre französischen Widersacher dazu heraus, die Streitigkeiten im Kampf Mann gegen Mann auszutragen. Die Synthese zwischen Herrscher und Beherrschten war damit vollendet. Im nordfranzösischen Crécy, wo am 26. August 1346 König Eduard III. von England und dessen Sohn Eduard, der Schwarze Prinz, Philipp VI. von Frankreich besiegten, erinnert ein Kriegerdenkmal an die dort gefallenen Franzosen, darunter 1500 Ritter. Die Inschrift lautet schlicht: *Morts pour la Patrie* (Sie starben für das Vaterland).

Shakespeare, der sich auf die Aufzeichnungen von Geschichtsschreibern stützte, hat den leidenschaftlichen Patriotismus seiner englischen Landsleute für alle Ewigkeit festgehalten. Das wohl berühmteste Beispiel ist Heinrich V., der seinem Heer bei der Belagerung von Harfleur im Jahr 1414 zurief:

> *Noch einmal stürmt, noch einmal, liebe Freunde!*
> *Sonst füllt mit toten Englischen die Mauer!*
> *... Ihr auch, wackres Landvolk,*
> *In England groß gewachsen, zeigt uns hier*
> *Die Kraft genoßner Nahrung ...*
> *Ich seh euch stehn wie Jagdhund' an der Leine,*
> *Gerichtet auf den Sprung; das Wild ist auf,*
> *Folgt eurem Mut, und bei diesem Sturm*
> *Ruft: Gott mit Heinrich! England! Sankt Georg!*[5]

Diese Sprache ist nicht das Ergebnis dichterischer Freiheit. Trotz der gewaltigen Kriegssteuern wurde der Hundertjährige Krieg immer wieder vom englischen Parlament unterstützt. Die mit diesen Steuern aufgestellten Truppen waren wirklich nationale Armeen, in denen das gemeine Fußvolk mit seinen langen Bögen ebensoviel oder sogar mehr ausrichten konnte als die edlen Ritter in ihren Rüstungen.

In den habsburgischen Ländern erging man sich unterdessen in wirren Feudalstreitereien, denn die Habsburger mußten sich mit den Wittelsbachern und den Luxemburgern um Kärnten und Tirol streiten. König Johann von Böhmen nutzte seinerseits das allgemeine Durcheinander und schmiedete ein Komplott, um seinen eigenen Sohn als deutschen König zu installieren. Johanns Tod, ironischerweise auf demselben Feld bei Crécy, wo er als Verbündeter des französischen Königs gekämpft hatte, bedeutete auch das Ende für seinen Plan.

---

[5] Übersetzung von Schlegel und Tieck.

Der Hundertjährige Krieg war bereits vorbei, als endlich der erste Habsburger in Erscheinung trat, der seinem Land einen typisch österreichischen Charakter aufzuprägen versuchte. Dieser Habsburger war Herzog Rudolf IV., genannt Rudolf der Stifter. Seine kurze Herrschaft (1358–1365) bot einen völligen Kontrast zu allem, was vorher und was nachher war. Fast möchte man meinen, man habe es hierbei mit einem Zeitsprung zu tun – einer Erscheinung, die auf nichts aufbaute und im Endeffekt auch zu nichts führte. Im 14. Jahrhundert waren zwar schon die ersten Minnesänger aufgetaucht, die Österreich als »schönstes Land der Welt« priesen, und auch der erste Vorläufer einer österreichischen Landesgeschichte erschien, die »Österreichische Chronik von den 95 Herrschaften«, verfaßt von dem Augustiner-Eremiten Leopold Stainreuter. Aber schon der Titel seiner Chronik verdeutlicht, welch große gedankliche Kluft zwischen seinem Werk und jener einfachen und verständlichen Sichtweise liegt, mit der ein anderer Mönch und Geschichtsschreiber aus dem Nordosten Englands 600 Jahre zuvor sein Werk verfaßt hatte. Nichts bereitet uns deshalb auf die Widmung vor, mit der der bemerkenswerte Herzog Rudolf am 12. März 1365, im letzten Jahr seines kurzen Lebens, die Wiener Universität begründete. Die in Mittelhochdeutsch (nicht Latein!) verfaßte Widmung lautet »zu besunder Wirdikait und Erhôhung des egenanten unsers Landes ze Ôsterreich und unser Stat ze Wienne«. So hatte zumindest ein habsburgischer Herzog eine Verbindung zwischen seiner Dynastie und ihren Untertanen geschaffen, auch wenn diese Leistung nur auf dem Pergament und nicht auf dem Schlachtfeld vollbracht wurde.

Das bedeutete jedoch nicht, daß Rudolfs Universität österreichisches Identitätsbewußtsein in irgendeiner Weise gefördert hätte, wie man aufgrund ihrer Unterteilung in sogenannte »Nationen«, unter denen die »österreichische Nation« den Ehrenplatz einnahm, hätte vermuten können. Dieser Begriff, der hier paradoxerweise zum ersten Mal auftaucht, bezog sich zwar auf eine Gruppe von Studenten aus den österreichischen Ländern, aber auch aus Aquilea, Italien und anderen Gebieten südlich der Alpen. Die meisten deutschen Studenten wurden mit Engländern, Iren, Schotten, Dänen und Schweden zur »sächsischen Nation« zusammengefaßt.

Solche Gruppierungen waren zwar auch für andere mittelalterliche europäische Universitäten typisch, doch im Fall Wien kam ihnen eine besondere symbolische Bedeutung zu. Ein ähnlich diffuses Gefühl machte sich allmählich auch im österreichischen Volk breit, als die Dynastie nun einen enormen Zuwachs an Herrschaftsgewalt, Macht und Würde erlebte. Mit jeder Phase dieses Zuwachses entfernten sich die Österreicher einen Schritt weiter von ihrem eigenen Nationalismus. Eine Ausnahme bildete das Jahr 1453, als mit dem Privilegium maius die früheren Bestrebungen Rudolf des Stifters, Österreich als eine vom Reich unabhängige Einheit zu etablieren, anerkannt wurde. Das hätte der Ausgangspunkt für die Entwicklung eines eigenen österreichischen Nationalstaats nach dem Vorbild Englands und Frankreichs sein können und wäre es vermutlich auch gewesen, wären die Österreicher von irgendeinem anderen Königshaus regiert worden. Die Habsburger, nun Landesherren eines praktisch unabhängigen Österreichs, waren gleichzeitig auch wieder Könige von Deutschland. Und so nannten sie sich bald schon Herrscher über eine der bizarrsten politischen Mißgeburten aller Zeiten – das sogenannte »Heilige Römische Reich Deutscher Nation«. Dieser Titel fand nur in den deutschsprachigen Teilen des Reichs Verwendung, aber daß er überhaupt eingeführt wurde, birgt in sich schon den unlösbaren Konflikt, der die Dynastie bis an ihr Ende verfolgen sollte.

Das Heilige Römische Reich wurde als Begriff abgelehnt mit der Erklärung, es sei »weder heilig, noch römisch, ja nicht einmal ein Reich«.[6] Aber dann auch noch die Worte

[6] Dieser Ausspruch, ursprünglich dem ungarischen König Matthias Corvinus aus dem 15. Jahrhundert zugeschrieben, wurde im Lauf der Jahrhunderte immer wieder von politischen Satirikern aufgegriffen, so auch von Voltaire.

»Deutscher Nation« anzuhängen, Jahrhunderte bevor überhaupt etwas Ähnliches wie eine deutsche Nation existierte, bedeutete, dieses ohnehin schon nebulose Gebilde in noch dichteren Nebel zu hüllen. Diesem gestaltlosen, ja geradezu unsinnigen Konzept mußten die Österreicher als treue Untertanen ihrer Dynastie folgen, denn die Habsburger blieben bis zu Beginn des 19. Jahrhunderts Herrscher über dieses Phantasiereich. Es war der Habsburger Friedrich III., der in seiner Eigenschaft als deutscher König und Kaiser das Privilegium maius für sein eigenes Erbe anerkannt und damit die gesamten Erblande der Familie für unveräußerlich und unteilbar erklärt hatte. Deshalb aber den dicken, faulen, jedoch recht sympathischen Friedrich als einen frühen Typus eines österreichischen Patrioten zu betrachten, wie dies viele österreichische Historiker in ihrer Suche nach den nationalen Wurzeln getan haben, ist wohl eine eher moderne Auslegung der spätmittelalterlichen Welt. In erster Linie gab sich Friedrich III. dem traditionellen Zeitvertreib aller zeitgenössischen deutschen Fürsten hin – dem Ausbau der eigenen Hausmacht.

Es wurde viel Aufhebens darum gemacht, daß während der langen Herrschaft Friedrichs III. (1440–1493) zum ersten Mal die Buchstabenfolge AEIOU auftauchte, die überall in seinen österreichischen Ländern in Portale oder Torbögen von Burgen, Kathedralen und öffentlichen Gebäuden gemeißelt wurden. Man nimmt an, daß das »A« für Austria steht, und die gebräuchlichste Deutung des Rätsels ist das lateinische *Austria erit in orbe ultima* oder *Österreich wird allumfassend sein.* Meinte Friedrich damit das Land und sein Volk oder die Casa de Austria, seine Dynastie? Oder vielleicht beides? Nichts ist typischer für dieses Wahrzeichen der österreichischen Nation, als daß es im Lauf der Jahrhunderte nicht weniger als 300 verschiedene Auslegungen erfahren hat. Einige wirken konstruiert, andere trivial, und ihre Aussagen weichen stark voneinander ab. Das Rätsel wurde jedoch nie entschlüsselt und der volle Wortlaut nie bekannt. Es ist fast ein Sakrileg zu vermuten, daß diese Buchstaben ursprünglich vielleicht überhaupt keine bestimmte Bedeutung hatten. Denn persönliche Embleme wie dieses waren eine recht gängige Marotte unter den Fürsten jener Zeit. Es ist durchaus denkbar, daß Friedrich – oder ein unbekannter Steinmetz, an dessen Idee sein Herrscher Gefallen fand – einfach den Anblick der fünf nebeneinander gemeißelten Vokale des Alphabets mochte.

Eines steht jedoch außer Frage: Sollte die oben erwähnte lateinische Version richtig sein, dann haben Friedrichs Nachfolger wirklich alles darangesetzt, damit ihr Österreich und ihre Dynastie universal sein würden. Es ist schon eine schwindelerregende Geschichte, wie die Habsburger sich innerhalb von knapp 50 Jahren von einem zweitrangigen europäischen Herrscherhaus zu einer weltweiten Macht emporarbeiteten, ohne jemals das Schwert zu ziehen, und diese Geschichte soll deshalb auch in einem entsprechend schwindelerregenden Tempo erzählt werden. Kaiser Maximilian I., der von 1493 bis 1519 regierte, hatte Maria, die Tochter und Erbin Herzog Karls des Kühnen von Burgund, geheiratet. Beim Tod des Herzogs 1477 fielen alle burgundischen Besitztümer, zu denen auch die Niederlande gehörten, den Habsburgern zu. Maximilians einziger Sohn, Philipp I. der Schöne, heiratete 1496 Johanna von Kastilien, und deren gemeinsamer Sohn Karl rundete diese Verbindung durch seine Vermählung mit Isabella von Portugal ab, der zweiten Erbin der Iberischen Halbinsel. Dieser Sohn war der geheimnisvolle Karl, der, als er seinem Vater 1519 auf den Thron folgte, tatsächlich über ein Reich regierte, in dem die Sonne niemals unterging, denn es erstreckte sich vom Donaubecken über ganz Westeuropa und weiter über den Atlantik bis hin zu den neuen spanischen Besitzungen in Südamerika. Diese enorme Ausdehnung und Machtausbreitung vertiefte die Kluft zwischen der Habsburgerdynastie und ihren Untertanen im feudalen Kernland des Reichs nur noch mehr. In den 38 Jahren seiner Regierung überquerte Karl V. zweimal den Kanal, um England zu besuchen, wo er einfach als Karl von Europa firmierte. Er unternahm häufig Reisen nach Italien, Frankreich, den Niederlanden, Deutschland und natürlich nach Spanien, aber er war nie in Prag oder in Budapest und nur ein einziges Mal in Wien.

Sein Erbe war in der Tat zu riesig, um noch überschaubar zu sein, und zu unhandlich, um von einem Platz aus verwaltet werden zu können. Bevor er abdankte und 1558 im Kloster starb, teilte Karl sein Reich auf, wobei er selbst die spanischen und die burgundischen Besitzungen behielt (mit dem Kaisertitel auf Lebenszeit). Alle österreichischen Gebiete hingegen, also die historische Hausmacht der Habsburger, übergab er seinem jüngeren Bruder Ferdinand, der ihm rechtmäßig als Kaiser auf den Thron folgte.

Ferdinand profitierte schon bald von einem weiteren erstaunlichen Schachzug der habsburgischen Heiratspolitik, den sein Großvater schon lange geplant hatte. Dieser unermüdliche Ehestifter Maximilian hatte ihn bereits als Kind mit Anna vermählt, der Tochter des mächtigen Polenkönigs Wladislaw aus dem Haus der Jagellonen. Wladislaw herrschte damals über Böhmen und Ungarn. Um doppelt abgesichert zu sein, hatte der Sohn des Jagellonen, Ludwig, Ferdinands Schwester Maria zur Frau erhalten. Durch diese zweite Heirat wollte man vor allem dafür sorgen, daß, sollte Ludwig ohne männliche Nachkommen sterben, sämtliche Besitzungen an Anna und ihren Ehegatten gingen. 1516 folgte Ludwig seinem Vater als König von Böhmen und Ungarn auf den Thron. Zehn Jahre später starb er bei der Verteidigung Ungarns gegen die Türken in der großen Schlacht bei Mohács. Er hinterließ keinen Sohn, und Ferdinand erhob daher Anspruch auf beide Kronen.

Auf die Psyche der österreichischen Untertanen wirkte sich dies in zweifacher Hinsicht aus. Bisher hatten sie in einer vorwiegend germanischen Welt gelebt, denn die drei Königshäuser, aus der ihre Herrscher stammten, waren alle deutsch gewesen. Nun aber umfaßte das österreichische Erbe neben anderen Neuankömmlingen Slawen im Land der böhmischen Krone (dazu zählte auch Mähren) und noch mehr Slawen (besonders Kroaten) – neben den

Magyaren – im Land der ungarischen Krone. Der Erzherzog von Österreich war zum Herrscher über all diese Gebiete geworden. Obwohl es noch einige Zeit dauerte, bis die Habsburger ihre doppelte Königswürde voll ausüben konnten (Zentral- und Ostungarn einschließlich Budapest zum Beispiel wurden erst 1699 von den Türken zurückerobert), wurde die Casa de Austria unwiderruflich ein multinationales Unternehmen. Darüber hinaus war diese Umwandlung eine rein dynastische Angelegenheit, bei der das Volk keine Rolle gespielt hatte. Diese riesigen neuen Besitzungen wurden auch nicht mit Königen an der Spitze von nationalen Armeen erkämpft, sondern einfach vor dem Altar zusammengeheiratet. So lautete auch der oft zitierte Ausspruch, in dem sowohl Neid als auch Bewunderung mitschwingen: *Bella gerant alii, tu felix Austria nube* (Mögen andere Kriege führen, du, glückliches Österreich, heirate!). Was sich allerdings als weniger glücklich für die Österreicher erweisen sollte, waren die Langzeitfolgen eines Herrscherhauses, das ohne die Einbeziehung seiner Untertanen Gebiete anhäufte.

Wenn wir wieder nach Westeuropa blicken, um auch im 16. Jahrhundert einen zeitgenössischen Kontrast zu finden, so tritt uns dieser in Gestalt der unbezwingbaren Königin Elisabeth I. von England entgegen. Im Jahr 1588 hielt sie eine Ansprache vor ihrer in den Tilbury Docks versammelten Flotte, die England gegen die große spanische Armada Philipps II., Sohn Kaiser Karls V., verteidigen sollte. Diese Worte stammen von der Herrscherin und nicht vom Dichter: »Ich habe nur den Körper einer schwachen, kraftlosen Frau, aber ich habe das Herz und den Mut eines Königs, und zwar eines Königs von England ...«[7]

Das war eine ganz andere Welt als das Heiratsparadies der Habsburger. Und in der Tat hat Elisabeth, ob nun »jungfräuliche Königin« oder nicht, nie geheiratet.

---

[7] *»I have but the body of a weak and feeble woman, but I have the heart and stomach of a King, and a King of England too ...«*

2. Die Feuerprobe

Das Heilige Römische Reich Deutscher Nation sollte bald durch den schon in seinem Namen enthaltenen Widerspruch auseinandergerissen werden. Die großen religiösen Feuersbrünste des 16. und 17. Jahrhunderts hinterließen bei den österreichischen Untertanen des Reichs Brandmale, unter denen sie noch bis ins 20. Jahrhundert zu leiden haben sollten. Sie wurden jedoch durch den späteren triumphalen Sieg der Christenheit über den fremden mohammedanischen Glauben, der von Osten her unter dem grünen Banner der Türken vorrückte, verdeckt, wenn auch nur stellenweise.

Solange Martin Luther, der zum Augustinermönch und Priester gewordene sächsische Bergarbeiterssohn, sich in seinen Angriffen gegen Rom auf die in der katholischen Kirche herrschende Korruption beschränkte – besonders der päpstliche Ablaßhandel gegen Sünden hatte es ihm angetan –, blieb er ein ohnehin überfälliger Reformer mit einer an sich konstruktiven Aufgabe. Die Lage änderte sich jedoch nach 1520, als er die päpstliche Bulle, die ihn wegen Ketzerei exkommunizierte, öffentlich verbrannte und seine eigene Protestantenbewegung gründete. Diese Mißachtung, durch die er mit dem Vatikan in offenen Wettstreit um die Seelen der Menschen trat, setzte nicht nur der Einheit des christlichen Glaubens ein Ende, sondern nahm gleichzeitig dem Heiligen Römischen Reich der Habsburger den letzten Rest religiöser Bedeutung.

Im Verlauf dieses Prozesses hatte Luther wesentlich dazu beigetragen, deutsches Bewußtsein und deutsche Kultur gegenüber dem Lateinischen zu stärken. Für ihn und seine Anhänger führte nun das deutsche Volk die Welt zur Erlösung, und auf ihrem Marsch sollten sie Banner in ihrer Muttersprache tragen. Durch seine eigenen Bibelübersetzungen aus dem Griechischen und Hebräischen ins Deutsche, die sich dank der Erfindung des Buchdrucks nun über den ganzen Kontinent verbreiten konnten, schaffte er das

Gefühl einer deutschen Mission und intellektuellen Autorität *(Germania docet)*, das in den folgenden Jahren schwer auf dem österreichischen wie auch dem deutschen Bewußtsein lasten sollte. Während er die deutsche Nation zu vereinen suchte, spaltete er sie entzwei. Einige ihrer Herrscher, wie Friedrich der Weise, der Luther in seinem sächsischen Königreich Unterschlupf gewährte, traten zum neuen Glauben über, und 1526 schlossen sich die protestantischen Staaten in Torgau-Gotha zur protestantischen Union zusammen, als Gegenbündnis zur katholischen Liga, die zwei Jahre zuvor gegründet worden war.

In einer seiner berühmten drei Schriften von 1520, dem Jahr des Bruchs, hatte Luther sich »An den Christlichen Adel Deutscher Nation« gewandt und ihn aufgefordert, ihn bis auf den letzten Mann in seinem Reformationswerk zu unterstützen. Das führte schließlich in den deutschen Ländern zum Kampf zwischen den Armeen der Lutheraner und den kaiserlichen Armeen der Katholiken. Durch den Augsburger Religionsfrieden von 1555, einem neun Jahre nach Luthers Tod getroffenen Abkommen zwischen den gegnerischen Lagern, schien die Teilung für alle Zeiten besiegelt zu sein. Gemäß dem damals festgelegten berühmten Leitspruch *Cuius regio, eius religio* mußten die Untertanen eines jeden Königs oder auch der kleinsten Fürsten – und davon gab es mehr als 300 im Reich – den Glauben ihres Landesherrn annehmen. Nicht daß diese Einschränkung der persönlichen Grundfreiheit Luther, der sich dezidiert von den großen Bauernaufständen von 1524 bis 1525 distanziert hatte, gekümmert hätte. In einer seiner weniger rühmlichen Schriften hatte er sich sogar für die rücksichtslose Unterdrückung der Bauern durch den Adel ausgesprochen. Dieser Glaube an deutsche Obrigkeit und die Unterwerfung unter die jeweilige Macht ist in seiner Schrift »Von Weltlicher Obrigkeit« manifestiert. Das war nicht die einzige unheilvolle Botschaft, die Luther der Nachwelt hinterlassen hat, war er doch auch ein fanatischer Antisemit.

Der Augsburger Religionsfrieden erwies sich nur als ein vorübergehender Waffenstillstand im europäischen Glaubenskrieg, und es war ein Habsburgerkaiser, der ihn buchstäblich mit aller Gewalt brach. Ferdinand II., der 1619 den Thron bestieg, war ein ungemütlicher Zeitgenosse – der erste Herrscher des Reichs, der in einem Jesuitenkolleg erzogen worden war, einem Orden, der den verhaßten Protestantismus auslöschen wollte. Bevor ihr königlicher Schüler und Anhänger den Thron bestieg, hatte er seine religiöse Mission bereits durch die umfassende Bekämpfung der Protestanten in seinen österreichischen Erblanden angekündigt, wo die Lutheraner erstaunlich großen Zulauf erhalten hatten. Späteren Schätzungen zufolge hatten sich bis zu Luthers Tod neun Zehntel der Bevölkerung, ein Großteil des Adels eingeschlossen, zum Protestantentum bekehrt. Wie schon die Bauernaufstände gezeigt hatten, waren dafür wirtschaftliche Gründe ebenso ausschlaggebend wie religiöse. Es herrschte Nahrungsmittelknappheit, Übervölkerung und Ausbeutung der Arbeitskraft. Die Städter waren dem neuen Glauben ebenso massiv erlegen wie die Landbevölkerung. So war etwa in Graz Mitte des 16. Jahrhunderts die Zahl der katholischen Kirchenbesucher auf armselige 200 geschrumpft.

Für die Habsburger, die seit den dynastischen Anfängen Herzöge der Steiermark waren, begann nun zu Hause die große Gegenreformation, wobei sie wenig Nächstenliebe walten ließen. Evangelische Kirchen wurden zu Hunderten zerstört, evangelische Bücher zu Zehntausenden verbrannt. 1585 wurde in Graz eine neue Universität gegründet und den Jesuiten übergeben. Die österreichischen Lutheraner wurden schließlich mit etwas konfrontiert, das ihnen bis dahin erspart geblieben war: einer erbitterten und international organisierten intellektuellen Gegnerschaft, die sich bereits aus über 10 000 engagierten Priestern zusammensetzte.

Kaum war Ferdinand auf dem Thron, weitete er seine Hinterhofoffensive von den Kernländern auf seine nichtdeutschsprachigen Gebiete aus. Als er diese Vorgangsweise bei den Slawen Böhmens anwandte, die fast 200 Jahre vorher im Tumult um den großen Märtyrer Jan Hus bewiesen hatten, von welch heftiger Leidenschaft sie in einem Glaubenskrieg erfaßt werden konnten, hatte das katastrophale Folgen, denn nun schäumte diese Leidenschaft in Prag in einem weiteren und größeren Glaubenskonflikt erneut über. Nicht nur für Österreich, sondern für den gesamten Kontinent waren die Konsequenzen fatal. Die böhmischen Protestanten unter der Führung des Grafen Heinrich Matthias Thurn brachen in offene Rebellion gegen die Glaubensverfolgung durch ihren Kaiser aus. Als Reaktion auf sein Dekret, das sogar Zusammenkünfte verbot, warfen sie am 23. Mai 1618 zwei seiner katholischen Statthalter aus dem Fenster des Hradschin in den Schloßgraben, wo sie zwar eine sanfte, aber entwürdigende Landung erlebten. Bei aller Drastik dieser Tat konnte sich doch keine der gegnerischen Seiten die Folgen vorstellen: Der sogenannte Prager Fenstersturz löste den Dreißigjährigen Krieg aus.

Die Wirren dieses langen Kriegs, in die allmählich alle europäischen Staaten hineingezogen wurden, das Wechselspiel zwischen religiösem Engagement und nüchterner Machtpolitik und der unverhohlene Griff nach Land, Land und noch mehr Land – das beschäftigt uns hier nur am Rande. Wesentlicher für uns sind die Auswirkungen all dieser Erschütterungen auf ein sich langsam herausbildendes Österreichbewußtsein. Der Kampf um die Seelen der Menschen im habsburgischen Kernland des 16. Jahrhunderts (die alte Mark entlang der Donau, Steiermark, Kärnten und Tirol) entwickelte sich zu einem Ringen um ihre Loyalität gegenüber dem Herrscherhaus. Konfrontiert mit einer von den Jesuiten geführten katholischen Gegenreformation zur Wiederherstellung der Ehre Roms, begann man nun für den Österreichpatriotismus heftig die Trommel zu rühren. Protestantische Schriftsteller, die nun zusammen mit protestantischen Priestern und Adeligen zu Tausenden fluchtartig die Kernländer verlassen hatten, schrieben im Exil über das »liebe Vatterland Österreich«, das sie zurückgelassen hatten. Selbst Graf Adam Herberstorff, wichtigster Handlanger des Kaisers bei der Säuberung seiner inländischen »Ketzer«,[8] scheute sich nicht, sowohl auf den Patriotismus als auch auf den Galgen zurückzugreifen. Oft warnte er Protestantenführer, die die Auswanderung in Betracht zogen, »ihr Österreich« nicht zu verlassen, da sie kein anderes vergleichbares Land finden würden. Jedoch auch hier gab es eine psychische Nebenwirkung. Das Land, in das sich die meisten verbannten Protestanten Österreichs geflüchtet hatten, war Deutschland, wo sie ihre kulturelle und geistige Heimat erblickten. Viele ihrer Nachkommen zogen später auf der Suche nach Erleuchtung weiter nach Norden.

Im Norden suchten auch die Böhmen Verbündete in ihrem Widerstand gegen Ferdinands Jesuitenansturm und fanden eine strahlende Leitfigur in der Person des protestantischen Kurfürsten Friedrich V. von der Pfalz. Sie boten ihm die Krone an, was praktisch einer Entthronung ihres eigenen Kaisers als König von Böhmen gleichkam. Der junge und unerfahrene Friedrich war tapfer genug, anzunehmen, und so wurde England als erstes Land in den konfessionellen Strudel gesogen. Friedrich hatte nämlich die reizende Prinzessin Elisabeth, Tochter des englischen Königs Jakob I., geheiratet, dessen Untertanen bereits von einer Welle des Puritanismus erfaßt worden waren, die Jakobs Sohn Karl I. aufs Schafott bringen sollte. Im Jahr 1620 war den Puritanern nichts lieber, als an der Seite dieses gleichgesinnten deutschen Fürsten gegen die reaktionären katholischen Dämonen Österreichs und Spaniens zu kämpfen. Doch kaum hatte am 8. November 1620 am Weißen Berg bei Prag der Kampf begonnen, wurden Friedrichs Truppen vernichtend geschlagen. Er unternahm keinen weiteren Versuch, neuen Widerstand zu organisieren, sondern räumte das Feld und gab auf, worauf die böhmischen Protestanten einem triumphierenden Kaiser in die nicht gerade liebevollen Hände fielen.

[8] Herberstorff ist ein typisches Beispiel für viele, die damals zum gegnerischen Glauben überwechselten. Seine Eltern waren treue Lutheraner, und er selbst wurde in evangelischen Schulen und Universitäten erzogen. Als er sich dem »alten Glauben« hingab, tat er dies mit aller Virulenz eines opportunistischen Fanatikers.

Ferdinand startete nun eine Vernichtungskampagne, die sich nicht nur gegen die rebellischen Protestantenführer richtete, sondern gegen die ganze Nation, und die in ihrer systematischen und anhaltenden Grausamkeit in der Geschichte der Habsburgerdynastie einzigartig bleiben sollte. Die meisten tschechischen Adeligen, die nicht am Weißen Berg umgekommen waren, wurden verbannt und ihr Eigentum konfisziert. Nach Schätzungen sollen nur acht der großen böhmischen Familien den Sturm überlebt haben,[9] und da es keinen nennenswerten Mittelstand gab, der ihren Platz hätte einnehmen können, konnte in Böhmen niemand das Ruder übernehmen. Ferdinand ging nun seinerseits nicht nur zur Katholisierung Böhmens, sondern gleichzeitig auch zu seiner Germanisierung über, was für unser Österreichthema das Wesentliche an diesem Konflikt ist.

Alle möglichen europäischen Freibeuter und Abenteurer bereicherten sich an den konfiszierten böhmischen Gütern, und so gingen rund zwei Drittel des böhmischen Landes in anderen Besitz über. Unter den Neuankömmlingen befanden sich Iren, Franzosen, Italiener und Spanier, doch vor allem Deutsche, darunter viele aus den deutschsprachigen österreichischen Gebieten; sie dominierten auch in der neuaufgebauten Bürokratie zur Verwaltung Böhmens und in den Universitäten, die den kulturellen Ton angaben. Deutsch wurde zur Regierungs- und Unterrichtssprache, Tschechisch blieb die Sprache der Bauern; Ferdinand verwandelte Böhmen sozusagen in eine deutsche Kolonie.

Der Krieg selbst ging mit mehreren heftigen und oft voneinander unabhängigen Feldzügen kreuz und quer über den ganzen Kontinent weiter. Von England ermutigt, marschierte König Christian IV. von Dänemark nach Süden, um den belagerten Protestanten zu Hilfe zu kommen. Als guter Lutheraner wird sein Herz wohl bei der Sache gewesen sein, aber sein Blick war ebenso starr auf die wertvollen Reste

---

[9] Lobkowitz, Czernin, Kinsky, Kolowrat, Kaunitz, Schlick, Waldstein und Sternberg (die letzten drei sind tschechisch trotz des deutschen Namens ihres Stammsitzes).

fixiert, die noch aus den Kirchen Norddeutschlands zu holen waren. Er wurde in einer einzigen vernichtenden Schlacht am 27. August 1626 bei Lutter am Barenberge von der katholischen Armee unter Tilly geschlagen. Fünf Jahre danach führte ein weiterer skandinavischer Monarch seine Truppen Richtung Süden, ein wahrhaft großer Feldherr, der nicht nur König Christian, sondern alle anderen deutschen Fürsten Europas neben sich wie Zwerge erscheinen ließ: Gustav II. Adolf von Schweden trat, finanziell unterstützt durch Frankreich, dessen listiger Minister Kardinal Richelieu ein Instrument suchte, um die wachsende Macht Österreichs zu brechen, in den Krieg ein.

Wie zuvor dem Dänenkönig ging es auch Gustav Adolf um Landgewinn, und zwar um einen Streifen an der Ostseeküste, um den Handel in seinem Land zu fördern und sein bescheidenes Königreich von nur eineinhalb Millionen Einwohnern gegen Polen und Rußland abzusichern. Im Gegensatz zu König Christian erwies er sich jedoch als großer Soldat und als ebenso großer Staatsmann. Innerhalb von 18 Monaten gelang seinen Truppen in ihren charakteristischen gelb-blauen Uniformen der Vormarsch durch Europa bis zum triumphalen Einzug 1632 in München.[10] Die Schweden führten den Kampf sogar noch nach dem Tod ihres Kriegerkönigs auf dem Schlachtfeld von Lützen am 16. November 1632 weiter. Drei Jahre später wurde Schweden offizieller Verbündeter des katholischen Frankreichs, denen eine ebenso gemischte Glaubenskoalition gegenüberstand: Das katholische Österreich und Spanien kämpften an der Seite des protestantischen Deutschland und der protestantischen Niederlande. Spaniens vergeblicher Versuch, die Koalition anzuführen, endete unter anderem mit der Revolte der Portugiesen gegen Madrid und der Errichtung eines unabhängigen portugiesischen Königtums unter den Braganzas. Wie man sieht, war der Dreißigjährige

[10] Noch heute kann man auf einem Wegkreuz in der Nähe des Tiroler Skiorts Kitzbühel lesen: *Bis hierher und nicht weiter kamen die schwedischen Reiter.*

Krieg für die Nationen Europas zu einem Schauplatz der Machtpolitik geworden und nicht zu einem Kreuzzug des Glaubens.

Wollte man eine Figur herausgreifen, die nicht nur den rücksichtslosen und selbstsüchtigen Geist dieses Kriegs verkörpert, sondern auch noch sein hoffnungslos konfuses Ende, dann käme nur Fürst Albrecht Wenzel von Wallenstein in Frage, der böhmische Adelige, der im Namen des Kaisers mit einer Privatarmee in den Kampf zog. Wie der Handlanger des Kaisers in den Erblanden, Graf Herberstorff, war auch Wallenstein an evangelischen Schulen und Universitäten erzogen worden, und wie dieser war auch Wallenstein zum Katholizismus übergetreten und für die habsburgische Sache eingetreten, weil er den süßen Duft der Macht witterte. Seine Errungenschaften auf dem Schlachtfeld und abseits davon stellten jedoch jene des steirischen Grafen in den Schatten. Wallenstein war in der Tat einer der größten Freibeuter aller Zeiten. Als Belohnung für seine hervorragenden militärischen Dienste (er war es, der maßgeblich an der Zurückschlagung der Dänen beteiligt war und der dann Gustav II. Adolf bei Lützen besiegte) zum böhmischen Landeskommandanten ernannt, ging er gleich daran, sein eigenes Land zu plündern. Da er das Münzrecht besaß, fälschte er Münzen und kaufte mit dem daraus gewonnenen Profit nicht weniger als 60 der eingezogenen protestantischen Herrschaften. Kriegsmüde und überhäuft mit Besitztümern, wollte er schließlich den großen Staatsmann spielen und nicht nur eine private Armee haben, sondern auch noch einen privaten Frieden mit den Schweden organisieren. Das war sein Untergang, denn nun ließ der Kaiser ihn ächten. Der Hergang seiner Ermordung in Eger 1634 ist ein typisches Beispiel für dieses Kriegsunternehmen, in das er sich allzusehr hineingesteigert hatte. Der Hauptmann, der die Hellebarde in Wallensteins Körper stieß, war ein Engländer, der auf Befehl eines schottischen Obersten handelte, der wiederum einem irischen General unterstand. Eine merkwürdige Befehlskette für eine habsburgische Exekution.

14 Jahre nach Wallensteins gewaltsamem Tod wurde das Abkommen, das er durch persönliche Intrigen hatte herbeiführen wollen, auf dem Wege der Staatsdiplomatie erreicht. Aus dem Westfälischen Frieden (so genannt, weil die sich über fast vier Jahre hinziehenden Verhandlungen in den westfälischen Städten Münster und Osnabrück geführt wurden) stiegen die beiden rivalisierenden Lager nicht ohne Gewinn aus, was die militärische Pattsituation zwischen ihnen widerspiegelte. Schweden behielt Vorpommern und andere eroberte Gebiete; Bayern wurde mit der Oberpfalz belohnt; Frankreich sicherte sich die Landgrafschaften Unter- und Oberelsaß, die noch Geschichte machen sollten. Die österreichischen Habsburger, die diese Feuersbrunst entfacht hatten, konnten zumindest ihre böhmischen und ungarischen Besitzungen behalten. Zu bezahlen hatten sie jedoch mit dem Verlust von ungefähr 40 000 protestantischen Untertanen, die nach Deutschland auswanderten.

Zwar war es der Dynastie gelungen, ihren Anspruch auf die Erblande zu festigen, doch der Begriff des Heiligen Römischen Reichs Deutscher Nation, über das sie immer noch nominell herrschten, war nach dem Westfälischen Frieden noch absurder geworden. Die »Deutsche Nation« selbst, die ohnehin nie richtig existiert hatte, war nun ein Mosaik aus über 350 Einzelstaaten, die durch denselben Glauben, für den sie ein Jahrhundert zuvor noch das Schwert gezogen hatten, in einen nördlichen und einen südlichen Block gespalten waren.

Ein Ereignis allerdings erweckte den Geist der Einigkeit ganz plötzlich wieder zum Leben, und zwar die Verteidigung des gesamten christlichen Europas gegen die Türken. Der erste Türkeneinfall hatte 1526 die vernichtende Niederlage der Magyaren in der Schlacht bei Mohács und damit die türkische Besetzung des größten Teils von Ungarn über eineinhalb Jahrhunderte mit sich gebracht. Aber Budapest war nicht die einzige westliche Hauptstadt, nach der Sultan Suleiman der Prächtige die Hand ausstreckte. Drei Jahre nach Mohács folgten kontinuierliche Angriffe seines Heeres auf die Befestigungsanlagen der Stadt Wien, nur um dieses weit überlegene Belagerungsheer im Oktober 1529 überraschend und ohne ersichtlichen Grund wieder abzuziehen. Das Reich hatte pro forma Verstärkung geschickt, eine Reitertruppe aus dem Rheinland von ein paar hundert Mann, um bei der Abwehr der Belagerung zu helfen. Aber als die Türken, deren Janitscharen ihre Überfälle auf die österreichischen Grenzgebiete nie wirklich eingestellt hatten, Wien im Jahr 1683 erneut angriffen, war sowohl die Gefahr als auch die Hilfe von außen um ein Vielfaches größer.

Diesmal hatte der Großwesir, Kara Mustafa, die Hauptstadt mit 200 000 Mann[11] eingeschlossen, die in 25 000 Zelten lagerten. Die Garnison hatte den Vorteil einer neu ausgebauten Verteidigungsanlage, eines massiven Gürtels aus Mauern, Befestigungsdämmen und Gräben, die erst einige Jahre zuvor fertiggestellt worden war. Zu Beginn der Belagerung am 12. Juli waren die Verteidiger Wiens dem Feind jedoch zahlenmäßig zehn zu eins unterlegen; bis Anfang September waren bereits mehr als die Hälfte der einsatzfähigen Männer in den Kämpfen gefallen, verletzt worden oder Krankheiten erlegen. Obwohl das Verteidigungsheer sich zum Großteil aus kaiserlichen Truppen zusammensetzte, handelte es sich dabei doch um eine ziemlich wienerische Angelegenheit. Neben dem Stadtkommandanten Graf Starhemberg wurde der Widerstand von Bürgermeister Andreas Liebenberg und dem Bischof von Wiener Neustadt, Leopold Graf Kollonitsch, angeführt – Kaiser Leopold war vorsichtshalber, knapp bevor die Türken ihr Lager vor Wien aufschlugen, nach Linz geflohen. Es gab daher, angesichts dieser Nervenprobe, ein Gefühl der Solidarität unter den Bürgern, das in den folgenden Jahren sehr viel zur Formung des typisch

---

[11] Nicht mitgerechnet ist hier die enorme Anzahl von Gefolgsleuten im Lager – von Händlern und Zigeunern bis hin zu Sängern, Clowns und Zauberkünstlern, die die Truppen bei Laune hielten. Auch unzählige Prostituierte waren darunter, wobei wohl die sexuellen Ausschweifungen des Großwesirs selbst als Vorbild dienten. Immerhin bestand sein Reiseharem aus 1500 Frauen, bewacht von 700 schwarzen Eunuchen.

wienerischen Charakters beitrug. Doch im Jahr 1683 stand es auf Messers Schneide, ob der Halbmond des Islams über dem großen Stephansdom thronen würde oder nicht. Türkische Truppen hatten bereits die Verteidigungswälle durchbrochen und waren dabei, sich in die Stadt vorzukämpfen, als am 12. September das große christliche Entsatzheer den Kahlenberg erreichte. Um vier Uhr morgens las der Legat des Papstes, Marco d'Aviano, die Messe vor den versammelten Offizieren. Zwölf Stunden später war alles vorbei. Nachdem die Befreiungsarmee sich durch die Weingärten und Dörfer bis in die nordwestlichen Vororte der Hauptstadt vorgekämpft hatte, traf sie frontal auf Kara Mustafas Truppen, und es gelang ihr der Durchbruch. Der Rückzug der Türken endete in ungeordneter Flucht Richtung Osten, und sie sollten nie mehr zurückkehren. Die Wiener machten sich nun über die Beute her. Neben den Säcken voll Kaffeebohnen, die später zur Gründung von Kaffeehäusern führten, hatte der Großwesir rund 30 000 Rinder, Lasttiere und riesige Vorräte zurückgelassen. Ein makaberer Fund in seinem luxuriösen Zelt war ein gezähmter Vogel Strauß, den er lieber geköpft hatte, als ihn in den Händen Ungläubiger zu sehen.

Das Entsatzheer setzte sich aus Kontingenten mehrerer Staaten des Kaisers »Deutscher Nation« zusammen, an die man sich verzweifelt um Unterstützung gewandt hatte – Sachsen, Bayern, Franken und Schwaben. Das mächtigste Kontingent war eine polnische Reitertruppe von 20 000 Mann, die zur Rettung der Wiener über die Karpaten herbeigeeilt war. An ihrer Spitze ritt ihr König, Johann III. Sobieski, der als einziger Monarch auf dem Schlachtfeld das Kommando über die gesamte Operation übernahm. Er war keineswegs der einzige Nichtdeutsche, unter dessen Kommando die Türken aus Mitteleuropa zurückgeschlagen wurden. Der Mann, der erst ganz Ungarn für die Habsburger zurückeroberte und dann die türkischen Truppen aus dem restlichen Donaubecken[12] vertrieb, war in Paris

---

[12] Vor allem durch die Eroberung Belgrads 1717. Der daraus resultierende Frieden von Passarowitz vom Juli 1718 brachte den

geboren und stammte aus einer Nebenlinie des Hauses Savoyen. Prinz Eugen von Savoyen hatte als Freiwilliger in der Schlacht um Wien am 12. September 1683 gekämpft und erhielt drei Monate später von einem dankbaren Kaiser das Kommando über ein österreichisches Dragonerregiment. Das erwies sich für die Dynastie als gute Investition. Der neubeförderte Oberst, der damals 20 Jahre alt war, wurde im Alter von 22 Jahren General und als Dreißigjähriger Feldmarschall. Er sollte in 17 Feldzügen auf acht europäischen Kriegsschauplätzen im Dienst dreier aufeinanderfolgender Habsburgerkaiser stehen (Leopold I., Joseph I. und Karl VI.) und auch als ihr politischer Ratgeber dienen. Doch dieser legendäre »edle Ritter«, der in Österreich als Held verehrt wurde, war kaum der deutschen Sprache mächtig. Und obwohl seine schönste Residenz, das Schloß Belvedere,[13] in Wien stand, verstand oder fühlte sich sein Besitzer nie als Wiener. Im Grunde genommen konnte man ihn nur in einer Hinsicht als typischen Bewohner der Hauptstadt bezeichnen: Die Wiener waren auf dem besten Weg, das kunterbunteste Völkergemisch Europas zu beherbergen. Und Prinz Eugen war mit seinen 256 zurückverfolgbaren Ahnen (von Spaniern bis Bulgaren und von Tschechen bis Italienern) der edle Inbegriff einer solchen Vermischung von Blut. In seinen Adern floß ganz Europa.

Welche Auswirkungen aber konnten all diese gewaltigen militärischen Ereignisse auf die Österreicher als Volk gehabt haben? Auch wenn die Wiener vor Stolz platzen

Habsburgern Nordserbien, das angrenzende Banat und die kleine Walachei ein; die österreichische Monarchie, die sich nun von den Transsylvanischen Alpen bis nach Ostende erstreckte, hatte damit ihre größte Ausdehnung erreicht.

[13] Von Schloß Belvedere aus brach im April 1770 Erzherzogin Maria Antonia nach Paris auf, um sich mit Ludwig XVI. zu vermählen, mit dem sie später unter der Guillotine sterben sollte. Von hier aus begab sich im Juni 1914 auch Erzherzog Franz Ferdinand nach Sarajevo, wo er ermordet werden und damit der Erste Weltkrieg ausgelöst werden sollte.

mochten – immerhin war es *ihre* Belagerung –, war die endgültige Vertreibung der Türken nicht ein nationaler Sieg, sondern das genaue Gegenteil – ein Kreuzzug der westlichen Christenheit, unter dem Kommando eines Ausländers, geführt zum größeren Ruhme einer zunehmend multinationalen Dynastie. Es gab nichts, das eine deutsche – geschweige denn eine spezifisch österreichische – Identität hätte stärken können, außer vielleicht auf kulturellem Gebiet. (Das hielt aber Adolf Hitler zwei Jahrhunderte nach Prinz Eugens Tod nicht davon ab, ihn in die Walhalla germanischer Helden aufzunehmen. Im Dritten Reich waren sowohl ein Kriegsschiff als auch eine SS-Panzerdivision nach Prinz Eugen benannt, während Eugens Dragonerregiment in der österreichischen Armee seinen Namen bis zum Untergang der Monarchie im Jahr 1918 beibehielt.)

Die Feldzüge gegen die Türken hatten auch noch etwas anderes betont, das eher dynastischer als nationaler Natur war. Die Rolle der alten Mark im Osten als militärische Pufferzone wurde wiederbelebt und gleichzeitig zu einer festen Einrichtung. Neben gewissen kuriosen Folgen der Belagerung, wie der Geburt des Wiener Kaffeehauses, und der wunderbaren kulturellen Blütezeit des Barock, kam es auch zur strategisch wichtigen Einrichtung der Militärgrenze entlang der Grenzregionen des Reichs. Dabei handelte es sich um eine Kette von Wehrdörfern, die sich von der Adriaküste hinauf in einem Bogen bis zu den Karpaten erstreckte. Innerhalb dieser Dörfer war jeder taugliche Mann zum Militärdienst verpflichtet, und jene, die gerade nicht im Einsatz waren, schoben entlang der Grenze zum Osmanischen Reich abwechselnd Wache. Die regulären Einheiten waren, ähnlich wie Feuerwehreinheiten, in den einzelnen Dörfern stationiert, wodurch diese bewegliche Militärgrenze je nach strategischer Notwendigkeit vor- oder rückwärts gerückt werden konnte. In den Schulen wurde die deutsche Sprache eingeführt, da die ortsansässigen jungen Männer unabhängig von ihrem Glauben oder ihrem Volksstamm als kaiserliche Soldaten der deutschen

Sprache mächtig sein mußten.[14] Und obwohl die sogenannten Grenzer sich zu einem ganz besonderen Menschenschlag entwickelten, waren sie doch erstklassige Untertanen des Kaisers. Sie wurden von Offizieren aus allen Teilen der Monarchie kommandiert, und aus ihren Reihen bezog die Dynastie permanent ihre Staatsdiener und Soldaten.

Diese Planung eines institutionalisierten Staatsdiensts finden wir schon in Ansätzen bei Kaiser Maximilian. Unter Maria Theresia, die 1740, vier Jahre nach dem Tod Prinz Eugens, den Thron bestieg, wurde dieser noch weiter ausgebaut. Sie schuf das, was in einem demokratischen System eine der jeweiligen Regierung gegenüber verantwortliche Staatsbürokratie gewesen wäre, doch im Fall der Habsburger aus einem großen Haufen dynastischer Verwalter bestand, die alle nur einem einzigen Herrscherhaus verantwortlich waren, das sich selbst für immerwährend hielt.

Und gerade dieses Selbstverständnis führte zum ersten bewaffneten Konflikt unter ihrer Regentschaft. 40 Jahre zuvor hatte die Frage, wer die Nachfolge des letzten spanischen Habsburgers, Karls II., antreten sollte, der im November 1700 als ein menschliches Wrack ohne Erben gestorben war, Europa in einen Krieg gestürzt: sollte Philipp von Frankreich oder Karl von Österreich, die beide in seinem Testament genannt waren, zum Zuge kommen? 13 Jahre lang hatten die Großmächte, darunter England, in diesem Spanischen Erbfolgekrieg Kampf um Kampf geführt. Nun brach wieder ein Kampf aus, diesmal um die habsburgische Erbfolge und die Kernlande. Dieser Österreichische Erbfolgekrieg muß den Österreichern noch verwirrender erschienen sein als der Spanische. Erst – und das brachte den Stein ins Rollen – änderte die Dynastie das alte Erbfolgerecht und schließlich auch ihren Namen. Maria Theresia war die älteste Tochter Kaiser Karls VI.

[14] Wie problematisch das war, zeigt die folgende Aufgliederung der Bevölkerung an der ungarischen Militärgrenze Ende des 18. Jahrhunderts: keine Magyaren (!), nur 20 000 Deutschsprachige, aber 360 000 Kroaten, 240 000 Serben und 80 000 Rumänen.

und konnte nach altem Salischem Gesetz als Tochter nicht seine Erbfolge antreten. Für diesen Fall hatte er 1713 ein radikal neues Erbfolgegesetz erlassen, die sogenannte Pragmatische Sanktion, das seiner Tochter das Recht auf die Krone und alle seine Besitzungen einräumte.

Die Habsburgermonarchie, für deren Mitglieder dies eine reine Familienangelegenheit darstellte, war aber auch Hauptakteur im europäischen Kräftespiel, und solch eine grundlegende Strukturänderung mußte im Ausland erst verkauft werden. In einer Reihe langwieriger und komplizierter Verhandlungen, die sich bis zu seinem Tode hinzogen, mußte Kaiser Karl VI. die bittere Erfahrung machen, daß jedes Land seinen Preis für die Anerkennung dieser Änderung verlangte. So sicherte sich England zum Beispiel die Handelsrechte im Indischen Ozean, wo eigentlich eine konkurrierende Gesellschaft mit Sitz in Ostende operierte. An Frankreich mußte Lothringen abgetreten werden. Und schließlich wurde nach einem wilden Verwirrspiel, bei dem es auch um die polnische Erbfolge ging – Europa dürfte damals mit nichts anderem als dynastischen Streitereien beschäftigt gewesen sein –, der jahrelange Streit zwischen Paris und Wien durch die Vermählung Maria Theresias mit Herzog Franz Stephan von Lothringen beigelegt. Als die österreichische Erbin zwei Jahre später den Thron bestieg, wurde die Dynastie zum Haus Habsburg-Lothringen.

Es wird hier nicht näher darauf eingegangen, wie die junge und unerfahrene Herrscherin den Ansturm auf ihr Erbe überstand, das nun von denselben Mächten, die zuerst versprochen hatten, es zu akzeptieren, allseits reklamiert wurde. Sie überstand diesen Ansturm schließlich, obwohl sie mit dem Verlust Schlesiens an Friedrich II. in Preußen teuer dafür bezahlen mußte.[15] Friedrich II. hat-

---

[15] Die Krise hatte vorübergehend auch den Verlust der Heiligen Römischen Krone bedeutet. In der Hoffnung, König Karl von Bayern, der Erbansprüche geltend machte, beschwichtigen zu können, übertrug sie ihm den Kaisertitel, den sie bald wiedererlangen sollte.

te nur drei Monate nach ihrer Thronbesteigung durch seinen Einfall in Schlesien ohne Provokation oder Kriegserklärung den ersten Schlag geführt. Der Sieg der bestens gedrillten preußischen Armee über eine schwächliche österreichische Armee auf dem Schlachtfeld bei Mollwitz war nur ein Vorgeschmack auf den viel bedeutungsvolleren Sieg Preußens über das kaiserliche Heer bei Königgrätz im nächsten Jahrhundert. Aber was in diesem Zusammenhang vor allem betont werden muß, ist die Tatsache, daß alle Auseinandersetzungen Maria Theresias in diesem und in den folgenden Kriegen weder die Franzosen noch die Engländer, ja nicht einmal die Preußen zum Erzfeind des österreichischen Volks machte. Ihre berühmte Umkehr der Allianzen, ihr »Renversement des Alliances«, als sie ihre Partnerschaft mit England aufgab und zu Frankreich überwechselte, um eine neue antipreußische Koalition zu formen, erschwerte allerdings die Frage der Loyalität. Die Österreicher sollten ihren persönlichen Feind, den »Nationalfeind«, der für alles verantwortlich gemacht werden konnte, erst 200 Jahre später in den Italienern finden.

Maria Theresia wurde von ihrem Volk sehr bald als Landesmutter verehrt, und wenn die Österreicher mit großem Enthusiasmus zur Verteidigung ihrer dynastischen Besitzungen in den Kampf zogen, taten sie das nicht aus reinem Patriotismus, sondern eher wie treue Wildhüter und Landarbeiter, die gemeinsam das belagerte Familienschloß retten wollten. Nicht umsonst ist der erste ihrer großen Konflikte als Österreichischer Erbfolgekrieg bekannt. Der Kampf mit Preußen hatte eine Verschärfung des kräfteraubenden religiösen Konflikts zur Folge, der die Monarchie schon seit Luthers Zeiten in verschiedene Lager spaltete. Im Verlauf dieses Konflikts besetzte der protestantische Hohenzollernkönig von Preußen eines Tages Prag und unterwarf die Jesuiten. Doch 1743 triumphierte Maria Theresia wieder, als die Krone Böhmens auf ihr Haupt gesetzt und das katholische Supremat mit noch mehr antiprotestantischen Edikten als je zuvor wiederhergestellt wurde.[16]

Der sich zunehmend verschärfende Konflikt zwischen Nord und Süd beschränkte sich aber nicht nur auf den Glauben. Die zentralistische Bürokratie, die Maria Theresia nun aufbaute und deren Hauptarchitekt Friedrich Graf Haugwitz, ein General aus dem lutheranischen Sachsen, war, schloß das slawische Böhmen und das magyarische Ungarn sowie die feudalen österreichischen Lande mit ein. Sie war ein multinationales Verwaltungskonzept, das zum ersten Mal der Monarchie beste Überlebenschancen sicherte. Leider aber hatte sie von dem Zeitpunkt an einen kompromißlosen und ehrgeizigen Neuankömmling auf Europas königlicher Bühne zum Gegner. Brandenburg-Preußen war erst 1700 in den Rang eines Königtums erhoben worden, und zwar von Kaiser Leopold I. Doch der Parvenü wurde bald zum Herausforderer. Das Preußen der Hohenzollern leitete ein neues Zeitalter eines rein deutschen Patriotismus ein, der von Anfang an antislawisch und schließlich anti-allem war, das außerhalb des geheiligten teutonischen Blocks lag. Genau aus diesem doppelten Gegensatz, also dem nationalistischen wie dem religiösen – wobei die rivalisierenden Lager auch im Bereich von Literatur und Kunst zu finden waren –, entsprang das geistige Ringen, das die Österreicher im 20. Jahrhundert fast vernichtete.

Aber hat diese bedeutungsvolle Herrschaft einer so großen Monarchin mit all ihren Berg- und Talfahrten zwischen Tragödie und Triumph keine neuen Impulse geben können, nichts typisch Österreichisches hinterlassen? Sie hat, und als Symbol dafür blickt uns in den westlichen Vororten Wiens Schloß Schönbrunn entgegen. Das Schloß wurde zwar nicht unter Maria Theresia erbaut (der Bau wurde

[16] 1752 bezeichnete sie zum Beispiel jeden Anhänger des protestantischen Glaubens als Verräter oder Aufständischen, der mit dem Tod zu bestrafen sei. Friedrich in Preußen setzte natürlich alles daran, die böhmischen Protestanten gegen die Kaiserin aufzuhetzen.

schon unter Kaiser Leopold I. 1696 begonnen und 1711 fertiggestellt, also mehr als 30 Jahre vor ihrer Thronbesteigung), doch seit sie 1740 dort eingezogen war, wurde es ganz ihr Schloß und blieb bis an ihr Lebensende ihre Sommerresidenz und ihr Regierungssitz, wo auch alle ihre 16 Kinder geboren wurden und aufwuchsen. Wie familiär die Atmosphäre im Schloß mit ihren Untertanen war, zeigte sich am Abend des 12. Februar 1768, als sie mitten in eine Vorstellung im Hoftheater platzte, diese unterbrach und allen Anwesenden zurief: »Kinder, Kinder, der Poldl hat an Buam!« Damit kündigte sie die Geburt eines neuen Enkels an, wobei sie als Landesmutter ihre Untertanen in ungezwungenen Situationen gerne als »Kinder« ansprach.

Und genau dieses Theater sowie die Architektur des gesamten Schlosses weist ein weiteres typisch österreichisches Merkmal auf – das österreichische Barock. Die ersten Barockpalais in Wien, etwa jene von Lobkowitz, Starhemberg und Harrach im Stadtzentrum, wurden im ausgehenden 17. Jahrhundert von italienischen Baumeistern entworfen. Aber Fischer von Erlach, dessen erste Entwürfe für Schönbrunn viele Umgestaltungen erfuhren,[17] war gebürtiger Grazer. Wie der andere große Baumeister des österreichischen Barocks, Johann Lukas von Hildebrandt, der in derselben Periode das prachtvolle Schloß Belvedere für Prinz Eugen erbaut hatte, hatte Fischer von Erlach einen typisch österreichischen Stil entwickelt. Doch wodurch zeichnete sich dieser Stil aus, und wie könnte er für etwas stehen, das inzwischen charakteristisch für das österreichische Volk war?

Er führt uns etwas vor Augen, das zwar nicht neu, aber doch interessant ist. Das österreichische Barock ist nicht hausgemacht, sondern eher eine einzigartige Verschmel-

---

[17] Sein erster Plan, ein ornamentaler Stufenbau bis hinauf zum Prunkschloß auf der Anhöhe, wurde wegen der zu hohen Kosten verworfen. Die drei Walmdächer seines ursprünglichen Plans für das bescheidenere Projekt wurden von Nicolaus Pacassi zugunsten eines Flachdachs abgerissen.

zung fremder Stilrichtungen. Es hat keine österreichischen Wurzeln, sondern begründet sich auf einer Mischung vieler fremder Wurzeln. Antike, Renaissance, orientalische und natürlich französische und italienische Einflüsse vereinigen sich in Schönbrunn: so werden die 37 Fenstersektionen der Frontfassade mit ihren unterschiedlichen Fensterformen (rechteckige, quadratische, mit Fensterbogen oder Giebelaufsatz) durch riesige ionische Pilaster voneinander getrennt und jeweils mit Statuen im römischen Stil gekrönt. Die Paarung von klassischer Sparsamkeit mit verschwenderischer Üppigkeit des 18. Jahrhunderts setzt sich im Paradestück des Inneren fort: der Großen Galerie, wo einfache kannelierte Säulen den Prunk des bemalten flachen Gewölbes tragen. Und im wunderschönen Blauen Chinesischen Salon, dem Ort, an dem Maria Theresias Dynastie sich eines Tages für immer von der Macht verabschieden sollte, wird man von mit ovalen und rechteckigen chinesischen Motiven verzierten Wänden in die Welt des Fernen Ostens versetzt.

Das Barocktheater selbst, eines der schönsten Theater überhaupt, ist Symbol für den österreichischen Stil im Zeitalter Maria Theresias, das das Zeitalter des Theaters schlechthin war. Damit ist allerdings nicht nur die Bühne mit ihren Schauspielern und Sängern gemeint. Noch populärer war das gut durchdachte Spektakel an Kirchenfeiertagen und bei Messen – eine Augenweide, ein Fest der Sinne –, das sich, wie das typische Schönbrunnergelb, über eine Unzahl von barocken Stiften und Kirchen in der ganzen Monarchie ausbreitete. Wiens Fronleichnamsprozessionen wurden zur Apotheose dieser kulturellen Propaganda: gigantische theatralische Veranstaltungen mit der Crème der religiösen und weltlichen Gesellschaft als Hauptattraktion. Ihr Ziel war die Blendung und Verherrlichung, und verehrt wurde neben Gott vor allem der Monarch. Die Heilige Dreifaltigkeit fand ihre weltliche Entsprechung in Österreich, Ungarn und Böhmen, den drei großen Juwelen der Habsburgerkrone. Daher war die Überschwenglichkeit des Barockzeitalters, eine Überschwenglichkeit, die mit besonderer Begeisterung in einem vom Alptraum der Türkenbelagerung erlösten Wien aufgenommen wurde, selbst wieder zum größeren Ruhm der Dynastie bestimmt.

Ein großer Denker packte all das in eine Philosophie: Gottfried Wilhelm Leibniz. In seinem Hauptwerk *Theodizee* erklärte er die Welt des 18. Jahrhunderts als eine Schöpfung Gottes und ihre Regierungsform als das beste aller Systeme für die Menschheit. Die Habsburgermonarchie war ein großer Favorit dieses produktiven Multitalents, dessen Briefe und Schriften, fast 100 000 an der Zahl, die Bereiche Mathematik, Physik und Sprachwissenschaft sowie Politik und Religion behandeln. In der Monarchie und im Heiligen Römischen Reich sah Leibniz nämlich die perfekte Form des Zusammenlebens aller Überzeugungen, Konfessionen, Völker und gesellschaftlichen Systeme des christlichen Europas. Irrigerweise priesen ihn einige österreichische Historiker als den österreichischen Denker par excellence. Leibniz war aber überhaupt kein Österreicher, er war Deutscher, Gründer und erster Vorsitzender der Akademie der Wissenschaften in Berlin.

Daß es den Österreichern an Staatspatriotismus mangelte, der für den Großteil Europas allmählich selbstverständlich zu werden begann, war nicht die einzige Fessel des österreichischen Geistes beim Eintritt in das moderne Zeitalter. Vor allem gab es da noch sehr eingeschränkte und unklare Vorstellungen von konstitutioneller und persönlicher Freiheit. Der Sohn und Nachfolger Maria Theresias, Joseph II., hatte während seiner zehnjährigen Regierungszeit (1780–1790) sehr viele radikale Reformen durchgeführt. Das Toleranzpatent ließ, neben dem katholischen Glauben als vorherrschender Religion, auch andere große Glaubensrichtungen zu, die ihre eigenen Kirchen und Schulen errichten durften. Andererseits wurden rund 700 Klöster aufgelöst, die Zivilehe wurde eingeführt, ein neues Strafgesetz schaffte sowohl die Todesstrafe als auch die Folter zur Erzwingung von Geständnissen ab, und der schon so lange unterdrückten Bauernschaft wurden zumindest einige

Grundfreiheiten gewährt.[18] Es gab sogar eine gesetzliche Armenfürsorge, die von jedem in Anspruch genommen werden konnte, der zehn Jahre in der örtlichen Pfarre ansässig war.

Durch all diese Reformen hat Maria Theresias Sohn Joseph gewiß Anspruch auf ein Plätzchen unter den Ikonen »aufgeklärter Despoten « – jedoch mit zwei Vorbehalten, die die Auswirkung seiner Reformen auf seine österreichischen Untertanen betreffen. Erstens wurden viele seiner Reformen entweder widerrufen oder von seinem Bruder und Nachfolger, Leopold II., der die toskanische Nebenlinie der Habsburger begründete, abgeschwächt. Zweitens darf man die Schattenseiten seiner Reformen nicht außer acht lassen. Einerseits verfolgte Josephs aufgeklärte Geisteshaltung ein hartes pragmatisches Ziel: durch die Abschüttelung der feudalen Ketten, die die Bauernschaft fesselten, versuchte er zum Beispiel, sie zu einer produktiveren Arbeitskraft und Einkommensquelle zu machen. Andererseits war er doch eher ein Despot. Die Geheimpolizei der Monarchie, die unter seinen Nachfolgern eine so dunkle Rolle im Leben der Österreicher spielen sollte, geht auf ihn zurück. 1782 verwandelte er das brutale Überwachungsnetz des Hofs in eine permanente und unabhängige Dienststelle. Ihr Leiter, Anton Graf Pergen, warb eine ganze Horde von Spitzeln aus der Armee und der Beamtenschaft an und hatte dem Kaiser direkt Bericht zu erstatten.

In späteren Jahren kamen Fremde und politisch verdächtige Personen als Zielgruppe dazu, als Graf Pergens Geheimpolizei sich allmählich in ein Instrument der Unterdrückung verwandelte. Das vordringlichste Ziel ihres Begründers bestand darin, sicherzugehen, daß der seelen-

---

[18] Trotzdem wurden weiterhin barbarische Strafen verhängt, einige von Joseph II. sogar persönlich angeordnet. Als 1784 der Bauernaufstand in der Kleinen Walachei niedergeschlagen wurde, erfuhren die Rädelsführer ein schreckliches Schicksal. Hora, der Rebellenführer, wurde gerädert und 150 seiner Anhänger öffentlich aufgespießt.

lose Verwaltungsapparat, den er zur Regierung des »Staates« (womit natürlich nur das Herrscherhaus gemeint war) geschaffen hatte, reibungslos funktionierte, um die von ihm erlassenen Dekrete in die Praxis umsetzen zu können. Die Zahl dieser Dekrete nahm geradezu verrückte Ausmaße und Formen an. Am Ende seiner zehnjährigen Regierungszeit gab es über 6000 neue kaiserliche Edikte, von denen die Mehrheit vom Herrscher persönlich veranlaßt worden war. Seine Kommissäre waren mit der Aufgabe betraut, alles in ihrem jeweiligen Bezirk zu untersuchen. Das reichte von der Kontrolle der Hausnummern, der Untersuchung, ob die örtliche Geistlichkeit respektiert wurde, was für blinde, taube und behinderte Kinder getan wurde bis hin zur Überwachung des Verkaufs von Verhütungsmitteln. Unter seinen eigenen detaillierten Entscheidungen findet man unter anderem den Kauf eines Zebras für den Schönbrunner Zoo, das Verbot von Korsetts für Mädchen in gemischten Schulen, um jede überflüssige Betonung ihrer Weiblichkeit zu vermeiden, die Rationierung von Meßkerzen, die Wiederverwendung der Klappsärge, und das Verbot an die Bauern, Lebkuchen zu backen, da sich diese angeblich nachteilig auf die Verdauung auswirkten.

Kaiser Josephs Ziel war es, seine Untertanen zu glücklichen und zugleich tüchtigen Menschen zu machen, was er in beiden Fällen per Dekret erreichen wollte. Das führte allerdings nur dazu, daß dem Volk Ehrfurcht vor der Obrigkeit eingepflanzt wurde. Als diese Obrigkeit, die Joseph II. mit Allmächtigkeit und Allwissenheit ausstattete, in skrupellosere Hände fiel, wurde die Sache ernst. Wie wohlwollend auch die Absicht dahinter ursprünglich gewesen sein mag, für die Österreicher bedeutete das auch die Geburt einer Spitzelgesellschaft. Diener sollten ihre Herrschaften bespitzeln, Beamte ihre Vorgesetzten, Priester ihre Bischöfe, Untergeordnete ihren Oberst und Kutscher einen jeden. Was dies für die Zukunft bedeutete, ist wohl klar.

Sogar schon zu Josephs Zeit gab es eine Reaktion darauf: die Ausbreitung des Freimaurertums und anderer freimaurerähnlicher Geheimbünde wie den Illuminaten.[19] Eine Zeitlang ging der Kaiser vorsichtig gegen sie vor, wenn auch nur, weil sein eigener Vater Großmeister gewesen war. Gegen Ende seiner Regierungszeit riß ihm jedoch die Geduld mit diesen geheimnisvollen Radikalen, über die ihm von Graf Pergen ständig berichtet wurde. Im Dezember 1785 erließ er ein spezielles Dekret, durch das er die Freimaurer härter an die Kandare zu nehmen versuchte. Die acht Wiener Logen wurden auf zwei reduziert. In den Landeshauptstädten war nur noch je eine Loge erlaubt, und es mußten der Polizei Mitgliederlisten aus der gesamten Monarchie vorgelegt werden.

Der wohl berühmteste Freimaurer jener Tage war Wolfgang Amadeus Mozart, der den Symbolismus des Freimaurertums für alle Zeiten in seiner letzten Oper, *Die Zauberflöte*, in Szene setzte. Es war deshalb gar nicht erstaunlich, daß sich Joseph II. in bezug auf den größten Komponisten seiner Zeit leicht verunsichert fühlte. Sein bekannter Kommentar, nachdem er zum ersten Mal *Die Entführung aus dem Serail* gehört hatte, »Zu schön für unsere Ohren und viel zu viele Noten, lieber Mozart«,[20] bringt den Gegensatz zwischen dem deutschen kaiserlichen Bürokraten (der die einfachere Kost des in Deutschland geborenen Komponisten Christoph Willibald Gluck bevorzugte) und diesem unberechenbaren und unerschütterlichen Genie, das nirgendwo und überall zu Hause war, auf den Punkt. So gesehen war es im Hinblick auf das Naturell des Kaisers ein Glück, daß er ein Jahr vor der *Zauberflöte* starb.

[19] Vom Deutschprofessor Adam Weishaupt der Universität Ingolstadt gegründet. Unter den Mitgliedern befanden sich viele österreichische Adelige und Intellektuelle. Wie die Freimaurer hatten sie Logen, Grade und geheime Ordensnamen, in einigen ihrer Zeremonien wurde Religion als Betrug und die Herrscher als Usurpatoren denunziert.

[20] Weniger oft zitiert wird dagegen Mozarts bemerkenswert schlagfertige Antwort: »Gerade so viele Noten, Majestät, wie nötig sind!«

Das Jahrhundert, auf das die Habsburger nun zugingen, sollte den allmählichen Triumph zweier Strömungen erleben: Demokratie und Nationalismus, die beide in sich eine Bedrohung für den Fortbestand der Dynastie darstellten. Doch als die beiden Hand in Hand arbeiteten, war jede Hoffnung auf Stabilität innerhalb der Monarchie verloren. Bevor aber ihr langsamer Tod beschrieben wird, muß erst einmal ein Blick darauf geworfen werden, wie die Österreicher selbst für diese zweifache Bedrohung ihrer Zukunft gerüstet waren.

Das Reich, das Joseph II. hinterließ, hatte persönliche Freiheiten schätzengelernt; doch die Monarchie und vor allem ihre deutsch-österreichischen Verwalter paßten absolut nicht in das moderne Zeitalter, das schon an ihre Türe pochte. Ihre soziale Struktur ähnelte einer starren Pyramide, an deren Spitze eine Familie von Halbgöttern stand (der Kaiser und sein Clan von Erzherzögen), darunter drängte sich eine breite Schicht von Adeligen, unter ihnen die Klasse der nichtadeligen Beamten, Würdenträger der Universitäten und Angehörige der höheren Berufe (in der Volkszählung von 1780 offiziell als Honoratioren bezeichnet), dann eine relativ kleine Gruppe von Bürgern in den Städten und schließlich auf dem Land, das vor allem den Reichtum der Monarchie ausmachte, die Bauernschaft, die diesen Reichtum schuf.

Dabei handelte es sich jedoch nicht, wie in anderen europäischen Ländern jener Zeit, um eine flexible Pyramide, die sich den Erfordernissen der Zeit entsprechend ändern konnte. So zog zum Beispiel die Herrscherdynastie einen dicken Strich zwischen sich selbst und einer Handvoll Mitgliedern des Hochadels[21], und dieser wiederum hielt Distanz von der großen Masse der Gesellschaft darunter. Adelige bekleideten die höchsten Ämter in der Armee, der

[21] In der Monarchie besaßen nur 21 Familien (15 fürstliche und 6 gräfliche) das Privileg des freien Zugangs zum Hof und das Recht, in die kaiserliche Familie einzuheiraten. Man könnte ein ganzes Kapitel über die Intrigen rund um diesen Auswahlvorgang schreiben.

Diplomatie, der inneren Verwaltung und meist sogar in der Kirche; ihre Herkunft garantierte ihnen die sofortige Einstellung, ihre Beziehungen und Privilegien sicherten ihnen den Aufstieg. Ihr Wohlstand begründete sich auf ihren unveräußerlichen und unteilbaren Gütern. Ein paar Hundert dieser Familien teilten sich fast die Hälfte des Landes im Reich. Der niedere Adel, vor allem in Ungarn, stand dem kleinen Mann näher und war daher eine potentielle Quelle für Veränderung, im wesentlichen aber waren die Mitglieder des hohen und niederen Adels erbliche Verwalter der habsburgischen Güter. Ein Parlament oder eine in irgendeiner Form ähnliche Volksvertretung gab es natürlich nicht. Die landesfürstliche Gewalt wurde in jedem Land von einem Landeshauptmann ausgeübt, der wie die Mitglieder der Landtage, die unter seinem Vorsitz zusammentraten, ein Adeliger war. Es war geradezu unmöglich, eine solche Pyramide umzugestalten. Da war es schon leichter, sie gleich zu stürzen.

Wenn man die Habsburgermonarchie zu Beginn des 19. Jahrhunderts aus dem Blickwinkel des Nationalismus betrachtet, dann eröffnet sich einem eine geradezu alptraumhafte Sicht. Nur die ältesten Erblande, Nieder- und Oberösterreich, waren ethnisch einheitlich: ihre gemeinsame Bevölkerung von 180 000 Einwohnern war geschlossen deutsch bzw. deutschsprachig – oder »österreichisch«, wenn man überhaupt schon von Österreich reden kann. In den anderen Teilen, selbst in den anderen österreichischen Ländern Steiermark, Kärnten oder Tirol, spielten Slowenen und Italiener bei der Volkszählung eine große Rolle, während in Gebieten wie Krain und Görz das deutsche Element deutlich unterdrückt war.

Ebenso kunterbunt sah die Zusammensetzung der Bevölkerung in den zwei wichtigsten Königreichen der Monarchie aus. So ergab die Volkszählung von 1780 in Böhmen 1,5 Millionen Tschechen gegenüber einer Million Deutschen, während im Land der ungarischen Krone die rund 3,3 Millionen Magyaren zahlenmäßig von Slowaken, Kroaten, Rumänen, Serben, Ruthenen, Deutschen und Slowenen – um nur die größten Gruppen zu nennen – bei weitem übertroffen wurden. Diese Völker siedelten auch nicht ordentlich in Gruppen, sondern in allen Richtungen als Bevölkerungsreste und als Ansässiggewordene, nach früheren Abkommen, Schlachten oder Wanderbewegungen gestrandet. Und wieder ist die Beinahe-Aussichtslosigkeit in bezug auf eine ordentliche Lösung nicht zu übersehen – selbst bevor nationalistische Agitation die Aufgabe ungleich schwieriger machen sollte. Wie bei der gesellschaftlichen Pyramide war es auch hier leichter, diese Landkarte gleich auszuradieren, als sie umzuzeichnen.

Gerade die Proklamation Josephs II. zum Thronfolger zeigt die grandiose Vielfältigkeit des habsburgischen Erbes am Ende des 18. Jahrhunderts auf, eine Vielfältigkeit, die im 20. Jahrhundert fatal werden sollte:

Wir, Joseph der Zweite, von Gottes Gnaden erwählter Römischer Kaiser, ... König in Germanien, zu Jerusalem, Ungarn, Böheim, Dalmazien, Croatien, Slavonien, Galizien und Lodomerien; Erzherzog zu Osterreich; Herzog zu Burgund, zu Lothringen, zu Steyer, zu Kärnten und zu Krain; Großherzog zu Tuscana, Großfürst zu Siebenbürgen; Markgraf zu Mähren; Herzog zu Brabant, zu Limburg, zu Luzenburg und zu Geldern, zu Würtemberg, zu Ober- und Nieder-Schlesien, zu Mailand, zu Mantua, zu Parma, Piacenz, Quastalla, Auschwiz und Zator, zu Calabrien, zu Bari, zu Montserat und zu Teschen. Fürst zu Schwaben und zu Charesville, gefürsteter Graf zu Habspurg, zu Flandern, zu Tirol, zu Hennegau, zu Kiburg, zu Görz und zu Gradiska; Markgraf des Heil. röm. Reichs, zu Burgau, zu Ober- und Nieder-Lausnitz, zu Pont à Mousson und zu Nomeny; Graf zu Namur, zu Provinz, zu Vaudemont, zu Blankenberg, zu Zütphen, zu Saarwerden, zu Salm, und zu Falkenstein; Herr auf der Windischen Mark und zu Mecheln ...

Einige dieser Titel, wie zum Beispiel jener von Jerusalem, begründeten sich auf nicht viel mehr als einer religiösen

Marotte. Andere, wie der von Burgund, bestanden nur dem Namen nach. Wieder andere, wie die italienischen Besitzungen, kamen erst durch Siege auf dem Schlachtfeld und in der Diplomatie hinzu, nur um dann nach und nach wieder durch die Kräfte des Liberalismus und des Nationalismus verlorenzugehen. Diese wurden nun vom herannahenden Sturm der Französischen Revolution und dem von ihm gestärkten Giganten, Napoleon Bonaparte, vorangetrieben.

3. Ein frischer Wind

Dem Reformer Joseph mag zwar das offen zur Schau gestellte Freimaurertum in Mozarts *Zauberflöte* erspart geblieben sein, aber der Kaiser hatte lange genug gelebt, um vom Sturm auf die Bastille in Paris 1789 zu erfahren und etwas von der vermittelten Botschaft zu begreifen. Die konservativen katholischen Habsburger waren die Erzfeinde der Revolution. Das sollte Josephs Bruder und kurzzeitiger Nachfolger, Leopold II., der am 6. Oktober 1790 in Frankfurt zum Deutschen Kaiser gekrönt wurde, früh genug zu spüren bekommen. Die Krönung war so etwas wie eine Trotzhandlung. Zwei Monate zuvor hatte die Nationalversammlung in Paris alle Feudalrechte abgeschafft, darunter auch jene der deutschen Fürsten im Elsaß und in Lothringen. Mit diesem Dekret erklärte das revolutionäre Frankreich dem monarchischen System des gesamten Kontinents den Krieg und versuchte im Fall Habsburg sogar, den Namen der Dynastie auszulöschen. Als Römischer Kaiser und vor allem als deutscher König protestierte Leopold und forderte in einem von seinem Kanzler Kaunitz verfaßten Rundschreiben alle europäischen Souveräne auf, sich gegen die gemeinsame Bedrohung zu vereinen. Daraus entstand die Allianz von 1792 zwischen Österreich und Preußen, den beiden deutschen Staaten, die ab nun sowohl Gegner als auch Verbündete im europäischen Kräftespiel sein sollten.

Ein Jahr später führten die Revolutionäre einen brutalen persönlichen Schlag gegen die Habsburgerfamilie. Erzherzogin Maria Antonia hatte 1770 den zukünftigen französischen König Ludwig XVI. geheiratet; sie sollte als die zu nichts nütze und extravagante Königin Marie Antoinette in die Geschichte eingehen. 1793 ließ der Nationalkonvent in Frankreich, wo inzwischen die Republik ausgerufen worden war, erst ihren Ehegatten und dann sie hinrichten.

Nach Napoleons Machtübernahme verspürten die Habsburger aber viel mehr als nur den schmerzlichen Verlust eines Familienmitglieds. Sein militärisches Geschick bedrohte bald die Existenz ihrer ganzen Monarchie. Anfangs stand ihnen Napoleon nur als General und Oberbefehlshaber der französischen Armee in Italien gegenüber, wo die habsburgischen Besitzungen sich von Triest bis hinunter zur Toskana erstreckten. Im Frühling 1796 eroberte er Mailand und im Jahr darauf nahm er die große Festung Mantua ein, indem er nacheinander die vier Entsatzheere, die zur Verstärkung der Garnison über die Alpen geschickt worden waren, zurückschlug. Dann marschierte Napoleon in Richtung Norden gegen Wien und war keine 100 Kilometer mehr von der Hauptstadt entfernt, als die Monarchie (nun von Franz I. regiert) um einen Waffenstillstand ansuchte. Beim Frieden von Campoformio im Oktober 1797 mußte Österreich seine Gebiete in den südlichen Niederlanden (Belgien) an Frankreich abtreten und die neue Cisalpinische Republik der Lombardei anerkennen, die Napoleon als Vorposten französischer Macht errichtet hatte. Es war ein erniedrigender Kompromiß.

Als Napoleon drei Jahre später wieder einen Angriff auf Österreich startete, tat er dies bereits als Erster Konsul und eigentlicher Herr über Frankreich. Schauplatz der Schlacht war wieder Italien, wo er die österreichischen Truppen, die Genua belagerten, angriff. Obwohl er sich mit nur 15 Geschützen über die Alpen gekämpft hatte – verglichen mit den 200 des Feindes –, konnte er am 4. Juni 1800 bei Marengo die Schlacht für sich entscheiden. Noch einmal war Kaiser Franz I. gezwungen, Frieden zu schließen, und im Februar des folgenden Jahres mußte Österreich in Lunéville den Rhein, die Alpen und die Pyrenäen als »natürliche Grenze« Frankreichs sowie die neuen Republiken, die Napoleon jenseits dieser Grenzen errichtet hatte, anerkennen.

Im letzten Stadium seiner Wandlung stand Napoleon den Habsburgern als ein selbsternannter und selbstgekrönter Kaiser gegenüber. Es war anscheinend sein Polizeiminister Joseph Fouché gewesen (aus dem sein dankbarer Meister später den Herzog von Otranto machen sollte), der Bonaparte im Frühjahr 1804 vorschlug, sein Amt als Konsul auf Lebenszeit in ein erbliches Kaisertum zu verwandeln; Fouché hatte erst kurz davor ein von den Engländern finanziertes Mordkomplott gegen Napoleon aufgedeckt. Würde Napoleon das Konsulat in ein erbliches Kaisertum umwandeln und einen Sohn in die Welt setzen, dann, so argumentierte Fouché, wäre die Nachfolge in jedem Fall gesichert. Der Polizeiminister und andere, die diese Idee in Umlauf brachten, beschworen dabei nur einen Traum herauf, der bereits im Kopf des Konsuls herumgeisterte. Napoleon konnte sich selbst nur als Nachfolger des von ihm verehrten Karls des Großen vorstellen, der tausend Jahre zuvor über Westeuropa geherrscht hatte, und nicht etwa als Nachfolger Ludwigs XVI., den er verachtete. Im Mai 1804 wurde also das französische Kaiserreich ausgerufen, und am 2. Dezember folgte die Krönung in der Kathedrale von Notre Dame. Papst Pius VII. war aus Rom herzitiert worden, um die Zeremonie zu vollziehen, aber gerade als er die Kaiserkrone auf Napoleons Haupt setzen wollte, nahm dieser sie ihm aus der Hand und krönte sich selbst.

Damit erhob er unausweichlich Anspruch auf den Titel der Habsburger. Doch in Europa war nur für einen »Karl den Großen« Platz. Am 10. August 1804 fügte sich Kaiser Franz in sein Schicksal und nahm den Titel eines Erbkaisers von Österreich an; auf diese Weise sicherte er für seine Dynastie ein kaiserliches Schlupfloch, aus dem ihn nicht einmal Bonaparte vertreiben konnte. Noch einige Monate lang unterzeichnete Franz Dokumente neben seinem neuen

Titel ganz im alten Stil mit »Erwählter Römischer Kaiser«.
Doch Napoleon bereitete diesem Wirrwarr ein rasches
Ende, das wieder einmal auf dem Schlachtfeld seinen
Anfang nahm. Am 2. Dezember 1805 erkämpfte Napoleon
den größten Erfolg seines Lebens in der Entscheidungs-
schlacht bei Austerlitz, wo er die österreichische und die
russische Armee vernichtend schlug; 15 000 Männer der
allierten Armee wurden verwundet oder getötet und 20 000
gefangengenommen.[22] Der am 26. Dezember geschlossene
Friede von Preßburg verlief nicht minder vernichtend.
Österreich verlor nicht nur jenen Teil Venetiens, den ihm
Napoleon acht Jahre vorher noch zugestanden hatte, sondern es erlitt auch schmerzliche Gebietsabtrennungen in
seinen Kernlanden. Tirol und Vorarlberg wurden an Bayern
abgetreten, während Napoleons andere Verbündete, Baden
und Württemberg, sich nahmen, was von den vorderöster-
reichischen Besitzungen der Habsburger noch geblieben
war. Wie gewöhnlich bot Napoleon ein lächerliches Trostpflaster an. In Campoformio war es ein Teil Venetiens
gewesen, nun ließ er sich dazu herab, der Monarchie Salzburg auszuhändigen.

Der Friede von Preßburg hatte der österreichischen Präsenz in Westdeutschland ein Ende bereitet. Im folgenden
Sommer füllte Napoleon das politische Vakuum, das er
geschaffen hatte, wieder aus. Am 17. Juli 1806 versammelten sich in Paris 16 deutsche Staaten, allen voran Bayern,
Württemberg und Baden, zur Gründung des sogenannten
Rheinbunds. Als Gegenleistung für die beträchtlichen
Belohnungen ihres neuen Herrn (Bayern und Württemberg
wurden zu Königtümern und Baden zum Großherzogtum
erhoben) sagten sich die 16 Fürsten vom Heiligen Römischen Reich los, und am 1. August erklärte Napoleon, der
nun als Protektor des Rheinbunds eingesetzt war, das Heili-

---

[22] Am 9. August 1805 hatten Österreich, Rußland und England
eine neue Koalition gegen Napoleon gebildet, der im Herbst in kurzer Zeit die Donau hinunter bis Wien vorgerückt war und österreichische Truppen vertrieb.

ge Römische Reich für tot. Nun mußte nur noch dessen gesetzliche Sterbeurkunde ausgestellt werden, und es gab nur eine Person, die diese Formalität erledigen konnte: Kaiser Franz II.[23] selbst. Am 6. August 1806 erklärte er das tausendjährige Reich Karls des Großen, dessen Krone seine Dynastie seit 1438 praktisch ohne Unterbrechung getragen hatte, für aufgelöst. Angesichts der Schaffung des Rheinbunds gestand er die »gänzliche Unmöglichkeit, die Pflichten unseres kaiserlichen Amtes länger zu erfüllen« ein. Alle Fürsten und Stände wurden ihres Treueeids entbunden und, in einer leeren Geste, der Obhut des neu erklärten erblichen »Kaisers von Österreich« anvertraut. Das klang etwas pathetisch, so als ob der Besitzer eines alteingesessenen, doch jetzt bankrotten Familienunternehmens unter anderem Management auf Kundenfang ginge. Sogar das »Firmenschild« wurde dementsprechend abgeändert. Um doch noch eine Verbindung zur vornapoleonischen Vergangenheit herzustellen, erklärte Kaiser Franz, daß die Symbole des Heiligen Römischen Reichs, also der Doppeladler und die traditionellen Farben des deutschen Reichs, Schwarz und Gold, vom habsburgischen Österreich weiter geführt würden.

Auch Napoleon wandte sich in seiner Suche nach einem fertigen Stammbaum der Vergangenheit zu. Dieser korsische Abenteurer, der außerhalb seiner Hörweite wegen seines uneleganten kurzgeschnittenen Haars mit dem Spitznamen *le petit tondu* bedacht wurde, war nun selbst ein Kaiser und suchte bald die europäischen Höfe nach einer passenden Braut ab. Erstens stand inzwischen fest, daß seine Gemahlin, Joséphine de Beauharnais, die er 1796 geheiratet hatte, ihm nicht den gewünschten Sohn und Thronfolger schenken würde. Auch konnte er nur aus einer Verbindung mit einer der großen Dynastien des Kontinents, die sich in ständig wechselnden Koalitionen gegen ihn verbündeten, politischen Profit schlagen. Zuerst bevorzugte er eine russi-

---

[23] Das war sein Titel als Kaiser des Heiligen Römischen Reichs, als Kaiser von Österreich war er Franz I.

sche Großfürstin und bemühte sich in St. Petersburg um die Hand von Anna, der 15jährigen und jüngsten Schwester Zar Alexanders. Es war jedoch Österreich, das schließlich den Sieg davontrug, obwohl Napoleon 1809, als er sich wieder einmal auf den Kriegspfad begab, noch einmal die Donau hinuntermarschiert war und Wien als Eroberer betreten hatte. Diesmal hatten die österreichischen Armeen (jeweils von Brüdern des Kaisers Franz – den Erzherzögen Carl, Johann und Joseph – befehligt) viel stärkeren Widerstand geleistet als vier Jahre zuvor. Erzherzog Carl hatte sogar auf dem Schlachtfeld bei Aspern in der Nähe der Hauptstadt einen der wenigen Siege, die je gegen Napoleon verzeichnet wurden, errungen. Aber das Ende war wie gehabt. Die französischen Truppen griffen erneut an, um ihre Gegner zu vernichten, und wieder floh Kaiser Franz, diesmal nach Westungarn. Am 13. Mai 1809 nahm Napoleon neuerlich Quartier in Schönbrunn, wo Österreich am 14. Oktober 1809 einen weiteren harten napoleonischen Frieden unterzeichnen mußte.[24] Franz hatte Glück, wenigstens mit seiner Krone davongekommen zu sein, denn kurzzeitig schien Napoleon entschlossen, ihn zu entthronen.

Doch nur sechs Monate danach, am 11. März 1810, fand in der Augustinerkirche eine Prokuratstrauung der Erzherzogin Maria Luise, der 18jährigen Tochter des österreichischen Kaisers, mit Napoleon statt. Der Mann, der den Platz des Bräutigams einnahm, war kein anderer als Erzherzog Carl, der ihn in den Donauebenen so tapfer bekämpft hatte. Alle Glocken der Hauptstadt läuteten zum Abschied, und in den Straßen jubelten die Wiener lautstark, als die neue Kaiserin von Frankreich sich auf den Weg zu ihrem Gemahl begab. Nachdem er seine eigene Tante und seinen Onkel

[24] Durch diesen sogenannten Frieden von Schönbrunn gab die Monarchie ihren Anteil an Polen, Teile Kärntens, Krains und Kroatiens auf, weiters, was von ihren Besitzungen an der Adria übriggeblieben war und sogar einige der deutschsprachigen Gebiete entlang der bayerischen Grenze. Der Kaiser verlor mit einem Schlag rund 3,25 Millionen seiner Untertanen.

durch die Französische Revolution hatte sterben sehen, hatte Kaiser Franz nun in der Person dieses unbezwingbaren Zöglings der Revolution einen französischen Schwiegersohn erworben. Zwei Dinge sind hier beachtenswert: die Dynastie stand an erster Stelle und zweitens fehlte jegliche patriotische und franzosenfeindliche Stimmung in der österreichischen Öffentlichkeit, wobei die beiden Faktoren natürlich nicht ganz voneinander getrennt werden können.

Wieder einmal ist es recht aufschlußreich, das nur zögerlich aufkommende Selbstbewußtsein der Österreicher im Laufe der Jahrhunderte zurückzuverfolgen und diesem Selbstbewußtsein die Stimmung gegenüberzustellen, die die Napoleonischen Kriege in anderen europäischen Ländern, vor allem in England, hervorgerufen haben. Die Londoner Bevölkerung hätte gegen eine englische Prinzessin, die es gewagt hätte, eine Heirat mit Bonaparte in Betracht zu ziehen, rebelliert. Als »Boney« war er zu einem neuen Symbol der uralten Rivalität zwischen den beiden Nationen geworden, das so mächtig und im allgemeinen Bewußtsein so tief verwurzelt war, daß in ganz Britannien Mütter ihren ungeratenen Kindern damit drohten, daß dieses Ungeheuer wie eine französische Abart des Nikolaus sie höchstpersönlich bestrafen würde, so sie sich nicht besserten. Die allgemeine Panik vor Bonaparte spiegelte sich auch in den zur Abwehr einer Invasion entlang der Küste errichteten sogenannten Martellotürmen wider. Es ist daher nicht überraschend, daß sich die entscheidende Seeschlacht bei Trafalgar am 21. Oktober 1805, durch die die napoleonische Gefahr endgültig gebannt wurde, derart stark auf die Psyche des Inselvolks auswirkte, daß fast 200 Jahre später, als man auf der Suche nach einem neuen *National*feiertag für Großbritannien war, unter anderem auch der »Trafalgar Day« vorgeschlagen wurde. Die Idee wurde jedoch fallengelassen, vor allem wegen ihres chauvinistischen Tons, der im Streben nach paneuropäischer Harmonie gegen Ende des 20. Jahrhunderts unerwünscht war. Zu Beginn des 19. Jahrhunderts war das aber genau der richtige Ton. Die Hommage, die das Herrscherhaus dem Habsburger Erzherzog erwies, der bei

Aspern Napoleon einen vorübergehenden Rückschlag versetzt hatte, war jämmerlich verglichen mit der riesigen Säule, die mit öffentlicher Unterstützung im Herzen Londons zum Gedenken an den Sieg bei Trafalgar errichtet wurde. Admiral Nelsons berühmter Aufruf zur Schlacht an seine Flotte, »England erwartet von jedem Mann, daß er seine Pflicht tut«[25], hallte durch alle Zeiten. In ganz Europa – auch in der Habsburgermonarchie – hatten die Französische Revolution und die darauffolgenden Gesetzesreformen Napoleons den Samen des Liberalismus gesät, der schließlich austreiben und durch die harte Kruste der Autokratie hervorbrechen sollte. Im österreichischen Volk aber rief der Kampf gegen Frankreich keine vergleichbar starke Welle des Patriotismus hervor, obwohl Napoleon zweimal als Eroberer in die Hauptstadt gekommen war. Vielmehr – oder besser gesagt viel weniger – waren solche Ausbrüche »österreichischen« Patriotismus während der Napoleonischen Ära meistens überhaupt nicht nationaler Art. Sie waren am einen Ende der Skala regional und am anderen germanisch. Andreas Hofer, der Passeier Sandwirt, der den Aufstand der Tiroler gegen die Franzosen 1809 anführte, ist der Inbegriff regionalen Widerstands. Mit seinem berühmten Sieg über die Truppen General Lefèbres am Bergisel zählt er zusammen mit Erzherzog Carl und dessen Offizieren zu jener winzigen Gruppe österreichischer Befehlshaber, die die Oberhand über Napoleons Truppen gewannen. Aber Tirol war immer schon eine besondere Insel im teutonischen Ozean gewesen, und Hofers schreckliches Schicksal (er wurde ein Jahr später in Mantua wegen Verrats hingerichtet) verstärkte den leidenschaftlichen Regionalstolz der Tiroler nur noch mehr. Jene, die damals mit ihrer Feder um eine sogenannte österreichische Identität kämpften, waren – mit Ausnahme des Archivisten Johann von Hormayr, einem Tiroler – zum Großteil Deutsche. Der einflußreichste dieser Gruppe war Friedrich von Gentz, ein Preuße, der 1802 in den Dienst der Habsburger getreten

[25] »England expects that every man will do his duty.«

war. Mit Dichterkollegen wie Friedrich Schlegel verfaßte er eine wahre Flut von Manifesten und Zeitungsartikeln, um den Widerstand der Massen gegen Napoleon zu mobilisieren. Doch ihre Schriften richteten sich meist an die »Deutschen« oder an die »Deutsche Nation«, und wenn Wien einmal extra erwähnt wurde, dann als »unser geliebtes Wien, ein Bestandteil Deutschlands«. Die Tatsache, daß nun die deutsche Literatur ihre Blütezeit erlebte, allen voran das überaus produktive Genie Goethe, erleichterte diese Eingliederung der Österreicher unter Deutschland und machte es gleichzeitig auch den Österreichern leichter, damit zu leben.

Goethe selbst beschrieb in *Dichtung und Wahrheit,* wie die Wände des Krönungssaals in Frankfurt mit den Gemälden eines Kaisers nach dem anderen behängt wurden, bis Ende des 18. Jahrhunderts nur noch für einen Platz war. Dieser Platz wurde 1792 von Kaiser Franz gefüllt, und daß er wirklich der letzte in der Reihe war, sollte sich 1806 herausstellen. Dennoch wurde in diesem angespannten Sommer 1809, mit seinem Hin und Her militärischer Kämpfe rund um Wien, im habsburgischen Lager die Frage erhoben, ob nicht doch das Heilige Römische Reich wieder ins Leben gerufen werden sollte, und zwar als Österreichs beste Chance auf Mobilisierung des Widerstands gegen Napoleon auf dem Kontinent. Diese Idee sollte im Jahr 1815 auf seiten der deutschen Fürsten erneut aufleben, da diese, als sie die Nachricht erhielten, daß Napoleon aus seinem Exil auf Elba zurückgekehrt war, um seine Gegner erneut herauszufordern, in Panik gerieten. Gab es da etwa ein Lebenszeichen unter dem Leichentuch des Römischen Reichs?

Als man die Hinterlassenschaft dieses Leichnams untersuchte, wurden mehr als 20 000 ungelöste Fälle in den Archiven eines seiner Justizorgane, dem sogenannten Reichshofrat in Wien, gefunden. Unter den Streitfällen, die gelöst worden waren, befand sich einer, dessen Lösung, zweifellos zur Freude und zum finanziellen Vorteil von Generationen von Anwälten, fast das gesamte 15. und einen Teil des 16. Jahrhunderts gedauert hatte. Solche Absurditäten schienen nur in einem völlig realitätsfremden Reich möglich zu sein. Doch in seiner mittelalterlichen Form, als die Habsburger ihre lange Amtszeit als Heilige Römische Kaiser angetreten hatten, war das klassische Konzept des Reichs – die Verkörperung der friedlichen Union der westlichen Christenheit – noch nicht von den großen Religionskriegen erschüttert worden. Der Nationalismus hatte noch nicht so weit verzweigte Wurzeln geschlagen, daß die Idee einer obersten europäischen Macht über alle Völker des Kontinents immer noch umsetzbar war. Auch war diese Macht nicht einfach aus der Luft gegriffen. Nur der Kaiser konnte Königreiche schaffen und aus Fürsten Monarchen machen, und vom Gottesgnadentum der Kaiser leitete sich das Gottesgnadentum der Könige ab. Sogar Friedrich I. hatte ja nur mit Zustimmung des Kaisers zum König in Preußen gekrönt werden können. Die großen Ritterorden, die kein Land besaßen, konnten sich nur auf Papst und Kaiser stützen und spiegelten die Überzeugung wider, daß Europa mehr als nur die Summe seiner Teile war.

Es war das Aufkommen des Nationalismus, das dieses Konzept der Universalität untergrub: Erst durch das Aufgehen des Heiligen Römischen Reichs im Deutschen Reich, dann durch den dreißigjährigen Glaubenskrieg, der das sakramentale Fundament auseinandersprengte und Europas Abspaltungstendenzen verstärkte, und schließlich durch die großen liberal-nationalen Bewegungen des 19. Jahrhunderts. Zu diesem Zeitpunkt begann der lange und aussichtslose Kampf der Habsburger um den Supranationalismus, obwohl sie die deutsche Reichskrone, die ihn ja repräsentiert hatte, gar nicht mehr trugen. Ihre österreichischen Untertanen sollten genau im Zentrum dieses Tauziehens zwischen Altgewohntem und Neuaufkommendem gefangen sein.

Eine Zeitlang gab es dazwischen aber etwas Eigenartiges, das sogenannte »Konzert der europäischen Mächte«. Passenderweise war der Schauplatz Wien, denn von der österreichischen Hauptstadt war 1791 der Aufruf an alle europäischen Mächte ergangen, sich gegen die Bedrohung des revolutionären Frankreichs zu vereinen. Nach dem Sieg über Napoleon, dem Giganten, den die Revolution hervorgebracht hatte, war Wien die Stadt, in der der große Kongreß der Mächte sich versammelte, um die Grenzen in Europa neu zu ziehen und gleichzeitig auch den Weg vorzugeben, den der Kontinent nun einschlagen sollte.

Im Mittelpunkt dieser Wiener Bühne stand sowohl als Impresario als auch als Hauptdarsteller die Gestalt Metternichs. Er beherrschte die österreichische Bühne vom Jahr des Triumphs 1815 bis zum Jahr des Tumults 1848 in dem Maße, daß die gesamte Periode – vielleicht etwas übertrieben – das Zeitalter Metternichs genannt wird. Hier treffen wir erneut auf dieses immer wieder auftauchende Paradoxon in der Geschichte Österreichs, daß nämlich seine Geschicke oft von Ausländern gelenkt wurden. Klemens Wenzel Lothar von Metternich-Winneburg-Beilstein, um ihn bei seinem vollen Namen zu nennen, stammte aus einer alten rheinländischen Familie. Obwohl diese, dank ihrer Vorfahren, die auf der Seite der Gewinner in der Schlacht am Weißen Berg von 1620 gekämpft hatten, einen Besitz in Königswart in Böhmen erworben hatten, blieben sie doch immer Rheinländer. Hier hatten sie ihren Sitz in einem Dorf in der Nähe von Koblenz, das ihren ersten Namen trug, und die Besitzungen, von denen sie ihre weiteren Titel ableiteten, reihten sich im Moseltal hinunter bis nach Trier. Die Mentalität in dieser Region war extrem engstirnig. Gleichzeitig war sie aber auch europäisch, denn der Rhein war seit Jahrhunderten die Grenzlinie zwischen romanischer und germanischer Kultur. Das war die nichtnationale Gesinnung, die Metternich mit nach Österreich brachte, dem Grenzland zwischen Deutschen und Slawen.

In den fast 20 Jahren vor dem Wiener Kongreß war der junge Metternich allmählich vom Rand der Habsburger-Bühne in deren Mittelpunkt gerückt. Sein Vater, Franz Graf Metternich, war 1773, dem Geburtsjahr seines Sohnes, in den diplomatischen Dienst der Monarchie getreten. Am 9. Oktober 1790 wurde der 17jährige Metternich erstmals dem Kaiser und der Dynastie vorgestellt, der er später so viele Jahrzehnte dienen sollte. Anlaß dazu war die Krönung Leopolds II. zum Heiligen Römischen Kaiser, bei der die Metternichs in großem Stil vorfuhren. Nicht weniger als 98 Kutschen waren nötig, um die kaiserliche Familie samt Gefolge in die Stadt zu befördern – eine Zurschaustellung von Pomp, die selbst die anwesenden gekrönten Häupter staunen ließ. Nicht einmal zwei Jahre später waren alle wieder in Frankfurt versammelt, als nach Leopolds plötzlichem Tod im März 1792 sein 24 Jahre alter Sohn Franz der neue Herrscher der Österreichischen Monarchie und der 20. (und letzte) Habsburger wurde, der die Krone Karls des Großen trug. Diesem guten Kaiser sollte Metternich erst als Botschafter, dann als Außenminister und schließlich als Kanzler bis zu dessen Tod im Jahr 1835 dienen. Metternich war in dem katastrophalen Sommer von 1809 auf dem Schlachtfeld bei Wagram an der Seite seines Kaisers gewesen und wurde vier Jahre später, wieder an dessen Seite, zum Zeugen des Triumphs der allierten Armeen über Napoleon in der großen Völkerschlacht bei Leipzig. In der Zwischenzeit handelte Metternich die Bedingungen für die Vermählung der Erzherzogin Maria Luise mit Bonaparte aus, einer Liaison nach seinem Geschmack, denn sie wurde teilweise bei Maskenbällen eingefädelt, wo der amouröse Metternich sich genauso zu Hause fühlte wie hinter seinem Schreibtisch. Es war Metternich, der sich als Außenminister um den neuen Schwiegersohn des Kaisers bemühte, und es gelang ihm sogar, ihn zu einer kurzlebigen österreichisch-französischen Allianz zu bewegen. Er war es auch, der sich vergeblich bemühte, Napoleon, als dessen Stern zu verblassen begann, davon zu überzeugen, seine Herrschaft ausschließlich auf Frankreich zu beschränken. Nach der endgültigen Niederlage Bonapartes bei Waterloo und seiner Verbannung auf die abgelegene Insel St. Helena war es wiederum Metternich, der das Beste für die Habsburger aus den Trümmern seiner Eroberungen zu retten versuchte.

In dieser Hinsicht leistete er seinem Meister anfangs gute Dienste, denn Österreich stieg aus dem Zweiten Frieden von Paris, der nach gut vier Monaten des Feilschens zwischen den siegreichen Alliierten am 20. November 1815 unterzeichnet wurde, von allen Staaten am besten aus.[26] Die Habsburgermonarchie gewann die Lombardei, Salzburg und Tirol zurück und im Adriaraum Venetien, Istrien und Dalmatien dazu – eine beachtliche Entschädigung für die Anerkennung des Verlusts von Belgien und Teilen Galiziens. Die Geschichte sollte zeigen, daß dieses weit zerstreut liegende Kaiserreich – zu dem natürlich auch alle österreichischen Erblande sowie die Königreiche von Ungarn und Böhmen gehörten – eine zu große Ausdehnung erreicht hatte und es sowohl politisch als auch geographisch mißgestaltet war. Vor allem die transalpinen italienischen Besitzungen sollten noch Schauplatz nationalistischer Kräfte werden. Aber auf der Landkarte und im ersten Moment sah alles hervorragend aus. Österreich stand mit einem Bein am Mittelmeer, mit dem anderen an der Donau und führte obendrein noch den Vorsitz beim wiedereingesetzten Deutschen Bund. Der Kaiser verfügte über mehr Ansehen als je zuvor sowie über vier Millionen neuer Untertanen. Franz hatte seinen Kanzler nach der Schlacht bei Leipzig, bei der Metternich nur Zuschauer gewesen war, in den Fürstenstand erhoben. Der Zeitpunkt für diese Beförderung wäre nach seinen über 14 Monate dauernden Anstrengungen in den Salons und an den Spieltischen, einer erschöpfenden diplomatischen Kampagne, in der er immer die führende Figur gewesen war, wohl passender gewesen.[27]

[26] Der Erste Frieden von Paris war 1814 nach Napoleons Abdankung geschlossen worden. Die meisten Gebietsaufteilungen waren schon in der Wiener Schlußakte vereinbart worden, die am 19. Juni 1815 unterzeichnet wurde, am Tag nach der Schlacht von Waterloo, zu einer Zeit also, als die Nachricht vom großen Sieg der Alliierten noch nicht bis zur österreichischen Hauptstadt vorgedrungen war.

[27] Der berühmte Ausspruch des Fürsten de Ligne in Wien *Le congrès danse, mais il ne marche pas* war eher witzig als adäquat. Ballsäle und Salons waren nicht nur Orte des Vergnügens, sondern auch vieler Privatgeschäfte. Außerdem gab es Monate, in denen alle Protagonisten, und vor allem Metternich, Zeit gewinnen mußten – und das hieß oft, Zeit zu verschwenden.

Aber Metternich war sich vor allem einer Tatsache bewußt: der riesige Fleckerlteppich aus Königreichen und Völkern, über die Wien nun herrschte, konnte nur zusammengehalten werden, wenn sich nichts ereignete, das ihn auftrennen könnte. Im eigenen Land hieß das alles niederstampfen, was den liberalen Geist des Reformers Bonaparte hätte wiederaufleben lassen können. Im Ausland bedeutete das, ein europäisches Netz des Konservatismus zu schaffen, um zu verhindern, daß das republikanische Frankreich als Eroberer zurückkehrte. Ganz wichtig für dieses zweite Ziel war daher Kontinuität, und der Schlüssel zu einer solchen Kontinuität waren die Herrscherhäuser. Beides war in Paris selbst geschehen, wo die Bourbonen in der Person Ludwigs XVIII. wieder auf den Thron gebracht worden waren. Weiters, da man nun zu der Meinung gelangt war, Napoleon hätte eher Dynastien als Länder angegriffen, konnte sich Frankreich, das seine Schuld durch die Rückkehr zum Königtum abgebüßt hatte, allmählich als voller und gleichwertiger Kongreßteilnehmer behaupten. Diese Leistung war in nicht geringem Maße dem Talent seines Hauptverhandlers, des Fürsten Maurice de Talleyrand-Périgord, zuzuschreiben.

Talleyrand war ein Überlebenskünstler in diesem Zeitalter der Opportunisten. Als exkommunizierter Priester und verheirateter katholischer Bischof war er nacheinander unter der Revolution, unter Napoleon und in der wiederhergestellten Monarchie erfolgreich gewesen. Nun setzte er sich für die Sache der Bourbonen ein, indem er die Differenzen zwischen den anderen friedenswilligen Mächten ausnutzte, vor allem zwischen Rußland und Preußen, aber es war seine Forderung nach Legitimität, die schließlich das Abkommen zwischen ihnen besiegelte. So wurde etwa das Geschlecht der Wettiner in dem stark beschnittenen Sachsen wiedereingesetzt, obwohl König Friedrich August von den Alliierten zu Napoleon übergewechselt war. Zar Alexander I. versuchte in seiner sogenannten Heiligen Allianz das dynastische Prinzip zu einem mystischen Instrument europäischer Machtpolitik zu erheben. Dieser labile Souverän, dessen geistige Höhenflüge an pure Verrücktheit grenzten, brachte Kaiser Franz und König Friedrich Wilhelm in Preußen dazu, mit ihm am 15. Oktober 1815 ein persönliches Bündnis zu unterzeichnen, in dem sich die drei Monarchen »in Gemäßheit der Worte der Heiligen Schrift« verpflichteten, sich »bei jeder Gelegenheit und an jedem Orte Beistand, Hilfe und Unterstützung« zu gewähren und sich selbst als »Glieder der einen christlichen Nation zu betrachten«, nämlich Österreich, Preußen und Rußland. Da die drei vertragschließenden Herrscher katholisch, protestantisch bzw. orthodox waren, könnte dies als frühes Beispiel christlicher ökumenischer Bewegung gelten. Und eigentlich war es auch nicht viel anderes, denn es waren weder politische noch militärische Klauseln enthalten. Großbritannien lehnte unter dem Vorwand staatsrechtlicher Gründe die Einladung zur Unterzeichnung ab. Sein Außenminister, Lord Castlereagh, der sich für sein Land Malta, das Kap der Guten Hoffnung, Mauritius und Ceylon in Wien gesichert hatte, ging sogar soweit, die Hochaltardiplomatie des Zaren als »Unsinn« zu bezeichnen. Er bestritt jedoch nicht die ihr zugrunde liegende Prämisse: nämlich daß Europa sich nach 1815 vereinen und gemeinsam an den Felsen des erblichen Königtums klammern sollte, der allen Anstürmen der Französischen Revolution und den Eroberungszügen Napoleons standgehalten hatte.

Zu diesem Zweck unterzeichnete er am 20. November 1815, dem Tag, an dem auch der Zweite Frieden von Paris geschlossen wurde, eine Erneuerung der Quadrupelallianz gegen Napoleon. Die vier Alliierten – Österreich, Preußen, Rußland und Großbritannien – verpflichteten sich dazu, gemeinsam vorzugehen, wenn das Gespenst der Revolution jemals wieder in Frankreich auferstehen sollte. Das war eine echte Neuheit in Verträgen. Noch bemerkenswerter war Klausel VI des neuen Pakts, nach der auf Castlereaghs Vorschlag hin die vier Mächte übereinkamen, daß ihre Außenminister sich treffen sollten, sobald die Ereignisse in Europa Grund zur gemeinsamen Sorge geben würden. Damit war das sogenannte Kongreßsystem geboren, das in den Anfängen der Ära Metternich zu wiederholten Zusammenkünften führen sollte[28] – immer mit dem Versuch, die Zeiger der politischen Uhren Europas anzuhalten. Die Rechte und Freiheiten der Briten blieben davon unberührt. Castlereagh hatte für Stabilität auf dem Kontinent unterschrieben, nicht für Ideologie. Aber die Österreicher, die noch immer fast ein Jahrhundert von einer beginnenden parlamentarischen Demokratie entfernt waren, wurden auch weiterhin unter den schweren Mänteln ihrer Herrscher erstickt. Und für die aufkommenden Liberalen innerhalb der Monarchie wurde das Metternichsche System bald zu einem Instrument der Unterdrückung im eigenen Land.

Im August 1815 wurde der relativ gemäßigte Wiener Polizeiminister Freiherr von Hager durch den viel strengeren Grafen Josef Sedlnitzky ersetzt und die Schlinge der Zensur sofort viel fester zugezogen, um jede Art des Freidenkertums schon im Keim zu ersticken. Für Metternich, der nun eine zweite Polizeidienststelle einrichtete, die ihm direkt unterstand, kamen Liberalismus und Jakobinismus auf das gleiche heraus, außer daß er deren deutsche Ausgaben für viel gefährlicher hielt, da sie ja teutonisch und daher viel beharrlicher waren. Am 18. Oktober 1817 schien sich sein Verdacht, daß die Universitäten die Keimzelle des Ärgers wären, in dramatischer Weise zu bestätigen, als ein paar hundert Studenten von Jena, Kiel, Wien und Berlin sich zu einer gemeinsamen Demonstration auf der Wartburg im Großherzogtum Weimar versammelten. Offiziell handelte es sich um eine Gedenkfeier des 300. Jahrestages der Reformation (Luther hatte auf der Wartburg Zuflucht gefunden) und des großen Sieges über Napoleon vier Jahre zuvor bei Leipzig. Während der Feierlichkeiten kam es aber immer wieder zu politischen Protestaktionen. Es wurden Parolen gegen die Tyrannei gerufen, und ein Student hatte sogar eine Ausgabe der Wiener Schlußakte mitgebracht, die öffentlich verbrannt wurde.

[28] Zum Beispiel in Aachen 1818; in Karlsbad 1819; in Wien und Troppau 1820, in Laibach 1821 und in Verona 1822.

Für Metternich war dieser Akt ebenso abscheulich wie die Verbrennung der Bibel. Und obwohl seine Polizisten ihn über die Ausbreitung der Burschenschaften an den deutschsprachigen Universitäten auf dem laufenden gehalten hatten, war die bloße Tatsache, daß dieses Wartburgfest ohne sein Wissen organisiert werden konnte, alarmierend. Es stimmte zwar, daß die Burschenschaften, abgesehen von Duellen, die sie untereinander austrugen, bis dahin nicht gewalttätig gewesen waren. Auch war klar, daß sie, wenn sie Loblieder auf das deutsche Vaterland sangen, keine Ahnung hatten, was damit eigentlich genau gemeint war – eine Ahnungslosigkeit, die vor allem bei den Österreichern zu finden war. Dennoch schienen Liberalismus und Nationalismus, diese Kombination, die Metternich zu Recht für die Monarchie fürchtete, auf der Wartburg in Berührung gekommen zu sein, und er beschloß, mit allen durch das Konzert der europäischen Mächte verfügbaren Instrumenten gegen sie vorzugehen.

Das Ergebnis war der österreichisch-preußische Kongreß in Karlsbad[29], der im August 1819 zu dem speziellen Zweck abgehalten wurde, die Überwachung des Universitätsbetriebs zu verstärken und eine schärfere Pressezensur einzuführen. Die Karlsbader Beschlüsse, die im wesentlichen aus Metternichs eigener Feder stammten, räumten jedem deutschen Staat das Recht ein, jede Veröffentlichung von mehr als 20 Seiten, die irgendwo im Gebiet des deutschen Bundes gedruckt wurde, zu verbieten. Es kam zur Einsetzung einer Zentraluntersuchungskommission in Mainz, um die politischen Tendenzen der Vorlesungen an allen Universitäten zu überwachen und allgemein nach jedem Anzeichen revolutionärer Umtriebe Ausschau zu halten. Innerhalb der Habsburgermonarchie gaben Metternich und Sedlnitzky das Tempo an, indem sie sogar überwachen ließen, welche Bücher von Professoren entlehnt

---

[29] Rußland, das Metternich im Verdacht hatte, die Studentenunruhen zu schüren, nahm nicht teil. Diese Weigerung des Zaren markierte einen deutlichen Riß im Kongreßsystem.

wurden, und die Anstellung von Ausländern als Lehrer, selbst als Privatlehrer, verboten. Der Lehrkörper der Staatsschulen sollte auf seine politische Unbedenklichkeit überprüft werden und mußte erst eine dreijährige Probezeit absolvieren, bevor die Einstellung bestätigt wurde. Das bedeutete aber keineswegs eine Schreckensherrschaft, vor allem in der Verwaltung innerhalb der Monarchie, die sich durch Trägheit, diese typisch österreichische Untugend, auszeichnete. Nicht die Stärke des Regimes, sondern die eingebauten Schwachstellen eines statischen politischen Gefüges zeigten sich. Metternich mag diese Angst vielleicht schon in seinen Knochen gespürt haben. Wenn ein ziemlich harmloses Zusammentreffen von ein paar hundert Studenten in Weimar schon eine solche Panik auslösen konnte, was konnte dann eines Tages in Wien passieren? Die Antwort darauf sollte er fast 30 Jahre später erhalten.

Inzwischen ist es vielleicht ganz lehrreich, einen Blick darauf zu werfen, wie es den Österreichern selbst, und vor allem den Wienern, in dieser Atmosphäre der Unterdrückung ergangen ist. Dabei fällt ein weiteres typisches Paradoxon auf: Sie blühten geradezu auf. Sie bewegten sich an der Grenze des gerade noch Erlaubten, um jede Schwierigkeit mit der Pressezensur zu vermeiden, und zogen sich sonst in eine gemütliche und unpolitische Welt zurück, die sie sich großteils selbst geschaffen hatten. Das Zeitalter des Biedermeier[30] und das Zeitalter Metternichs waren dabei die zwei Seiten ein und derselben Medaille. Es war eine bewußte Flucht vor der Realität, was die Österreicher von da an zur Perfektion treiben sollten. Doch in seinem Kern lag eine große Wahrheit, daß nämlich menschliche und kulturelle Werte von einer Dauerhaftigkeit sind, die keine Regierung zerstören kann.

[30] Der Name stammt ursprünglich von dem komischen Charakter »Papa Biedermeier«, der von dem deutschen Dichter Ludwig Eichrodt geschaffen wurde und den schlechten Geschmack des Bürgertums symbolisieren sollte. Doch er repräsentierte bald in ganz Deutschland, Skandinavien und auch in Österreich, was die Mittelschicht als ihren besten Geschmack betrachtete.

Das Biedermeier war im wesentlichen eine Wohnkultur. Sein Credo war das glückliche Familienleben der Mittelklasse, jenseits der Gefahren von Ideologie und Nationalismus, sowie die Hingabe an die Kunst in angenehmer und sicherer Umgebung. Der Ort, den sie als angenehm und sicher betrachteten, war das eigene Heim, weshalb es nicht verwunderlich ist, daß das Markenzeichen des Biedermeier seine Möbel sind. Diese waren eher geometrisch als bequem und, wie das österreichische Barock, eine Mixtur aus verschiedenen Stilrichtungen anderer Völker mit einem Schuß an Wienerischem, um dem Endprodukt den Anschein des Heimischen zu geben. Der Haupteinfluß war nicht italienisch, sondern französisch: Die steifen Biedermeiersessel und -sofas mit ihren Einlegearbeiten aus hellem Holz waren eine Mischung aus Empirestil und Directoirestil, selbst schon eine Mischung aus Klassik und Moderne.

Von größerer Bedeutung waren einige der Möbelstücke selbst. Zum typischen Biedermeier-Wohnzimmer gehörte ein Schreibtisch – das Briefeschreiben (an Verwandte und Freunde, keineswegs an Zeitungen oder politische Persönlichkeiten) war Teil der Lebenskultur. Auch das Klavier durfte nicht fehlen, für die täglichen Klavierstunden der Töchter des Hauses und am Abend für die Hausmusik mit anderen Familienmitgliedern oder Freunden, die in Trios oder Quartetten musizierten. Franz Schubert war ein echter Sohn Wiens und das heimische Symbol für die Romantik, die nun über Europa hereinbrach. Viele seiner 600 Lieder[31], seiner 15 Streichquartette und seiner 22 Klaviersonaten gehörten zum üblichen Repertoire der Biedermeier-Hausmusik. Die Symphonien, Opern und Kirchenkompositionen, die bis zu seinem frühen Tod im Jahr 1828 nur so aus ihm heraussprudelten, bedurften natürlich einer

[31] Es war sowohl für den Komponisten als auch für das Wien seiner Tage typisch, daß das schönste der Lieder nicht von Natur, Romantik oder Tragödie handelte. Das schönste (zumindest nach der persönlichen Meinung des Autors) war *An die Musik* gerichtet, eine Ode an seine eigene Kunst.

größeren Bühne. Trotz Metternichs Zensur konnte Wien eine solche bereitstellen, und auf ihr war nicht nur Platz für Komponisten. Es war auch das Zeitalter eines anderen Franz, der in diesen Wiener Kreisen ebenso daheim war wie Schubert und der der größte Dichter war, den sein Volk je hervorbringen sollte: des Dramatikers Franz Grillparzer.

Bei Grillparzer kann bereits von einer österreichischen Literatur gesprochen werden, die nicht nur in der deutschsprachigen, sondern in der gesamten kulturellen Welt bekannt wurde. Doch im Wien seiner Tage war ihm die gebührende Anerkennung nicht immer ganz sicher. Der Erfolg seines ersten Theaterstücks *Die Ahnfrau,* das 1817 erschien, sicherte ihm die Stelle eines Archivdirektors in der Hofkammer, die er bis zu seiner Pensionierung 1856 behielt. Zumindest einmal entging er nur knapp einer drohenden Entlassung, als ein von ihm verfaßtes Klagelied über die Tragödie des alten Roms von Sedlnitzkys »Gedankenpolizei« für eine spitze Anspielung auf den gebrechlichen Zustand der Habsburgermonarchie gehalten wurde. Sogar sein berühmtestes Werk, *König Ottokars Glück und Ende,* das Aufstieg und Fall des Böhmenkönigs des 13. Jahrhunderts zum Thema hat, konnte nicht ohne Schwierigkeiten aufgeführt werden. Daß alle seine Werke – die Themen wie Geschichte, Mythen oder Märchen behandeln – am Burgtheater aufgeführt wurden, war nicht zuletzt dem damaligen Burgtheaterdirektor, dem sehr talentierten und aufgeschlossenen Joseph Schreyvogel, zu verdanken. Grillparzers Werke waren die österreichische Antwort auf Dramen wie *Don Karlos, Wilhelm Tell* oder *Wallenstein,* die eine Generation davor von dem großen deutschen Dramatiker Friedrich Schiller geschrieben worden waren und alle eine habsburgfeindliche Botschaft beinhalteten. So hielten sich eine Weile lang die beiden deutschen Kulturen die Waage im Bereich der Dichtung. Auch der Dramatiker Ferdinand Raimund[32] war mit seinen Volksstücken ein gewichti-

[32] Nach ihm ist das Raimundtheater in Wien benannt.

ger Brocken in der österreichischen Waagschale. Sein Beitrag, obwohl nicht so strahlend wie der Grillparzers, war eher typisch wienerisch: Er versuchte das Rätsel des Lebens mit Zaubermärchen zu ergründen, fand für sich persönlich aber 1836 nur die eine Lösung, sich sein eigenes Leben zu nehmen.

Hinter all dem verbarg sich Kritik an einem autoritären Regime, das eher bigott als brutal war. Doch es mehrten sich auch offene Angriffe, obwohl der Ruf nach patriotischem Widerstand wie so oft durch die Identifikation mit dem Deutschen verschleiert wurde. Dennoch waren diese offenen Infragestellungen des Systems insofern wichtig, als sie oft von Angehörigen des österreichischen Adels ausgingen, dessen persönliche Interessen zu wahren ja die Aufgabe dieses Systems war. Diese hochwohlgeborenen Abtrünnigen zählten zu ihren Reihen einen Colloredo-Mansfeld und einen Montecuccoli, aber der aktivste unter ihnen war wohl Anton Graf Auersperg. Unter seinem eigenen Namen sprach er sich für eine deutsch-österreichische Monarchie aus, frei von allen jesuitischen Elementen, was bereits ein Vorgeschmack auf den antikatholischen Pangermanismus war, der Jahrzehnte später auf der politischen Bühne Wiens umgehen sollte. Inzwischen veröffentlichte der Graf unter dem Pseudonym Anastasius Grün Verse, die sich, wenn auch nicht von unvergänglicher Qualität, zumindest durch ihren liberalen und patriotischen Ton auszeichneten, in einer Zeit, wo beides unterdrückt wurde.

Die wirkliche Gefahr für das System aber kam von außen. Wie sich Metternich von Anfang an bewußt war, konnten Unruhen innerhalb der Monarchie nur unter Kontrolle gehalten werden, wenn sie auf dem gesamten europäischen Kontinent unterdrückt würden. Doch auf dieser größeren Bühne zeigten sich bald Risse in seinem Kongreßgebäude. War es in den Jahren nach 1820 gelungen, Aufstände in Spanien, Piemont und Neapel erfolgreich niederzuschlagen, so hatten die Revolutionen von 1830 doch vollen Erfolg gehabt. Nachdem Griechenland 1829 schließlich seine Unabhängigkeit vom Osmanischen

Reich erlangt hatte (ein romantischer Sieg des Nationalismus, symbolisiert durch den Tod des englischen Dichters Lord Byron im griechischen Freiheitskampf), erhoben sich die Belgier gegen die Holländer, mit denen sie durch die Friedensabkommen von 1815 vereinigt worden waren. Neun Jahre später wurden sie als unabhängiges Königtum anerkannt. Aber es war die überraschende Julirevolution in Paris, die dem Europa Metternichs den schwersten Schlag versetzte. Aus Protest gegen reaktionäre Verordnungen des engstirnigen und altmodischen Königs Karl X., einem Nachfolger des etwas vernünftigeren Ludwig XVIII., stiegen die Pariser, ein mächtiges Heer frustrierter Republikaner und moderner Bonapartisten, auf die Barrikaden. Innerhalb von drei Tagen, vom 27. bis 29. Juli 1830, hatten sie den letzten und wahrscheinlich am wenigsten distinguierten aller Bourbonen vom Thron vertrieben und die Macht ergriffen.

Aus rein dynastischer Sicht hatte all das keinen formalen Schaden angerichtet. Prinz Otto von Bayern wurde zum Herrscher des neuen Königreichs Griechenland gemacht. Die Krone von Belgien wurde durch ein englisch-französisches Abkommen Leopold von Sachsen-Coburg-Gotha angeboten, diesem bemerkenswert produktiven deutschen Haus, das das Viktorianische England bald wieder mit einem Prinzgemahl beliefern sollte. Nicht einmal in Frankreich war bis jetzt die Republik ausgerufen worden. Statt dessen setzte man Louis Philippe[33], Kopf des Hauses Orléans, auf den Thron, um eine kurze Periode der bürgerlich-liberalen Monarchie einzuleiten. Für Metternich und sein System des kontinuierlichen Herrschertums von Gottes Gnaden war an diesem Umstand die Tatsache verhängnisvoll, daß dieser Wechsel vom Hause Bourbon zum Hause Orléans nicht von Gott, sondern vom Pöbel ausgegangen war.

[33] Seine Referenzen zeichneten ihn für dieses Amt aus. Er war der Sohn von Philippe Egalité, der die Französische Revolution unterstützt hatte.

Österreichische Historiker tendieren oft dazu, anstatt der Unruhen von 1830 den Tod des Kaisers Franz am 2. März 1835 als den Anfang vom Ende des Zeitalters Metternichs anzusetzen. Das stimmt nur insofern, als eine Partnerschaft zwischen Souverän und Kanzler, die Wien – und Europa – in den letzten 20 Jahren schon für selbstverständlich gehalten hatten, jetzt beendet war. Dies wurde noch dadurch verschlimmert, daß Ferdinand, der Sohn und Nachfolger des alten Kaisers, ein liebenswerter Tölpel war, den man wohl als Dorftrottel bezeichnet hätte, wenn er als einfacher Bauer auf die Welt gekommen wäre.[34] Das bedeutete, daß das österreichische Kaiserreich nun eine Monarchie war, der es sowohl an einem richtigen Monarchen als auch einer klaren Regentschaft fehlte, denn Metternich hatte alle Hände voll zu tun, um seinen Einfluß in der schwerfälligen Staatskonferenz zu behalten, die mit Erzherzog Ludwig als Vorsitzendem eingerichtet worden war, um im Namen des Kaisers zu regieren. All das führte zu einer Schwächung zentralistischer Macht und einer Verminderung des Ansehens. Obwohl das Zentrum selbst – nun mit rund 400 000 Einwohnern eine übervölkerte Stadt – scheinbar unbekümmert im Walzertakt und in biedermeierlicher Selbstzufriedenheit weiterzutanzen schien, brodelte es ringsum in der Monarchie, vor allem in Ungarn. Hier wurde das System durch den milden Liberalismus des weitsichtigen und reformfreudigen Magnaten Graf István Széchényi[35] und – in viel größerem Ausmaß – durch die radikalen Ideen des magyarisch-slowakischen Gutsherrn Lajos Kossuth, von dem die Monarchie und die Welt bald mehr hören sollten, bedroht. Er sollte Liberalismus mit Nationalismus in einer revolutionären Doktrin vereinen, die in

[34] Das Volk nannte ihn sogar liebevoll »*Nandl, der Trottel*«, was irgendwie auch ein Zeichen des Respekts war.

[35] Die Idee, eine Kettenbrücke über die Donau zu schlagen, war zum Beispiel seinem Geist entsprungen. Noch aufsehenerregender war sein Vorschlag, auch Adelige – bis dahin von allen Steuern befreit – bei der Brücke zur Maut zu verpflichten.

ihrem Geist direkt auf die Barrikaden der Pariser Revolution zurückging. Metternichs Wien mußte noch ein Weilchen warten, bis dieser Bazillus auf seine eskapistische Atmosphäre der Zufriedenheit übergriff. Letztendlich stellten sich jene jungen Männer als dessen Überträger heraus, die der Kanzler seit dem Fest auf der Wartburg als seine Hauptgegner erkannt hatte: Österreichs Studenten. 1817 war ihre Herausforderung gut organisiert, aber harmlos, 1848 war sie chaotisch, aber tödlich.

Der Anstoß kam wie üblich von außen, und wieder einmal war es der Tumult in Paris, der das Abgleiten des Kontinents in die Gewalt auslöste, obwohl die Habsburgermonarchie an ihren Rändern bereits von den Unruhen erfaßt war. Zwei Jahre zuvor hatte ein blutiger Bauernaufstand in Galizien das Leben mehrerer hundert Grundherren gefordert, bevor ihn die österreichische Garnison mit Hilfe russischer und preußischer Unterstützung niederschlagen konnte. Im darauffolgenden Jahr, 1847, brachen Unruhen in den italienischen Provinzen des Kaisers – diesem unseligen Erbe von 1815 – aus, mit Straßenkämpfen in Mailand, Pavia und Padua und Unruhen im sonst so passiven Venedig. Die Forderungen nach Liberalismus und Nationalismus verflochten sich enger als je zuvor. Der Liberalismus war durch die Erhebung des Kardinals Mastai-Ferretti, Bischof von Imola, zum Papst als Pio Nono oder Pius IX. angekurbelt worden. Innerhalb der Kirche wurde der Papst zu einem Aufklärungsapostel und damit außerhalb der Kirche zum Symbol für Reform. Der italienische Nationalismus wiederum wurde vom ehrgeizigen König Karl Albert von Piemont genährt, dessen antiösterreichische Pläne nur durch die Heirat mit einer Tochter aus dem Hause Habsburg getarnt worden waren. Der Kommandant der kaiserlichen Garnison in Lombardo-Venetien, Feldmarschall Joseph Radetzky (ein weiterer Name, der bald in aller Munde war), kämpfte mit seinen zerstreuten und überlasteten Truppen um Ordnung.

Was das österreichische Herzland der Monarchie betrifft, so dürfte bei Anbruch des Jahres 1848 die Nahrungsmittelknappheit aufgrund der schlechten Getreideernten der letzten drei Jahre ein größeres Problem für das politische Regime gewesen sein als die politische Agitation. Wien, das schon an Übervölkerung litt, zählte zu den am stärksten betroffenen Städten, da Tausende von arbeitslosen und unterernährten Arbeitern aus den tschechischen Ländern auf der Suche nach Arbeit und einem anständigen Essen mit ihren Familien in die Hauptstadt zogen. In einigen der Vorstädte und Vororte Wiens herrschten kaum bessere Verhältnisse als in den von Hunger geplagten Armenvierteln, doch im relativ wohlhabenden Zentrum der Hauptstadt leuchteten unbekümmert die Kerzen von den Kronleuchtern. Die Faschingssaison war mit der stimmgewaltigen Konzertsängerin Jenny Lind und mit Franz Liszt am Klavier glanzvoll eröffnet worden. Die Feierlichkeiten waren in vollem Gang, als am 29. Februar aus Paris die Nachricht über Louis Philippes Abdankung eintraf, die einmal mehr das Werk des Straßenpöbels war. Doch im Gegensatz zu 1830, als dieser Bürgerkönig aus dem Hause Orléans dazu berufen wurde, den Platz des Hauses Bourbon einzunehmen, wurde diesmal der Thron selbst gestürzt und die Republik ausgerufen. Sollte dies nun auch das Ende für Metternich bedeuten?

Als ihm an diesem Dienstag um fünf Uhr nachmittags die Neuigkeit von seinem Freund und Finanzguru, dem jüdischen Bankier Salomon Rothschild,[36] überbracht wurde, fiel Metternich angeblich in Ohnmacht. Doch der Kanzler erlangte seine Fassung genauso schnell wieder wie sein Bewußtsein und startete sofort eine diplomatische Kampagne unter seinen Kongreßpartnern, um diesen neuerlichen Ausbruch französischen Radikalismus abzuwehren. Trotz des vorhersehbaren Ansturms auf die Banken und der allge-

---

[36] Salomon hatte sich schon 1820 in Wien niedergelassen. Seine vier Brüder Jakob, Karl, Nathan und Amschel hatten ihren Sitz jeweils in Paris, Neapel, London und Frankfurt. Sie hatten untereinander Europas schnellsten und verläßlichsten Kurierdienst aufgebaut, von dem Metternich regelmäßig Gebrauch machte.

meinen finanziellen Panik – einige Ladenbesitzer weigerten sich, Papiergeld anzunehmen – blieb es in der Stadt selbst ruhig. Graf Sedlnitzky, immer noch Polizeiminister, versicherte seinem Meister, daß die Hauptstadt nicht in Gefahr sei. Und die Studenten, die sie schließlich erobern sollten, feierten den Fasching nach echt Wiener Manier mit Tanz und Wein bis zum letzten Walzertakt weiter. Der Aschermittwoch fiel in diesem Jahr auf den 8. März, aber es dauerte noch bis zum darauffolgenden Tag, bis die Studentenverbindungen ihre Feiern einstellten, um sich zur ersten Diskussion über die Pariser Revolution zu versammeln, die bereits zehn Tage alt war.

Metternich hätte damals sogar noch glimpflich davonkommen können – zumindest eine Zeitlang –, wäre da nicht Lajos Kossuth gewesen, der einzige Mann im Donauraum, der genau zu begreifen schien, was die Neuigkeiten aus Frankreich zu bedeuten hatten. Am 3. März funktionierte er im ungarischen Landtag in Preßburg eine Debatte über die finanzielle Krise in eine Forderung nach einer »verantwortlichen und unabhängigen« ungarischen Regierung um. Obwohl er diese Forderung in korrekter Form vorbrachte (sein Antrag war in Form einer »Adresse an die Krone« gehalten), war sie im wesentlichen eine Kriegserklärung an Wien, an Metternichs System und die Dynastie selbst. Es war diese Botschaft, die Metternichs Schicksal besiegeln half.

Hauptschauplatz der Ereignisse war das Niederösterreichische Landhaus in der Herrengasse in der Inneren Stadt, wo am Montag, dem 13. März, die niederösterreichischen Stände tagen sollten. Während des ganzen Wochenendes strömte eine Flut von Petitionen herein, die die wachsende Unzufriedenheit mit dem Regime spiegelten, darunter eine von den Wiener Studenten, die nicht nur mehr Freiheit an den Universitäten, sondern auch mehr Demokratie im Staat forderten. Inzwischen hatten schon Berichte über Kossuths Rede, jedoch noch nicht deren voller Wortlaut, Wien erreicht und sowohl innerhalb als auch außerhalb der Vorlesungssäle Öl ins Feuer der liberalen Reformer gegos-

sen.[37] Am Sonntag rührten sich verspätet auch die Würdenträger der Universität. Zwei von ihnen, die Professoren Hye
und Endlicher, brachten eine neue Studentenpetition direkt
in die Hofburg, wo sie sich mit Erzherzog Ludwig, dem Vertreter des Staatsrates, lange unterhielten und sogar eine kurze Audienz bei dem einfältigen Kaiser Ferdinand hatten.
Oberflächlich gesehen schien es, als würde man alles noch
in den Griff bekommen, und Sedlnitzky strahlte auch weiterhin Zuversicht aus. Aber Erzherzog Ludwig war sich dessen nicht so sicher und überlegte, das Kriegsrecht zu verhängen. Metternich unterstützte seinen Polizeichef und wollte
»erst einmal abwarten«.

Am nächsten Tag, genau zwölf Stunden später, flogen
dem Regime die Fetzen um die Ohren. Morgens um neun
Uhr versammelten sich die Studenten vor dem Niederösterreichischen Landhaus. Zu ihnen gesellte sich eine typisch
wienerische Schar von *Adabeis* und ein paar hundert Arbeiter aus den slumähnlichen Vorstädten, echte Unruhestifter,
die für jede vielversprechend klingende Sache Steine zu werfen bereit waren. Die Menge kämpfte sich durch die schweren Tore in den Hof des Gebäudes, wo unter anderen Red-
nern ein junger Arzt namens Adolf Fischhof erneut
durchgreifende Reformen forderte. Der Beifall war zwar
laut genug, aber es waren Kossuths Worte, die die Jubelrufe
in Hysterie umschlagen ließen. Deutsche Übersetzungen
seiner Preßburger Rede waren in aller Eile übers Wochenende in Wien gedruckt worden, und wurden nun zum Landhaus gebracht. Als die Flugblätter ausgeteilt wurden, hatte
ein Tiroler Student namens Patz die geniale Idee, den Text
laut vorzutragen.

Das löste alles aus. Die Menge stürmte los. Einige er-
kämpften sich den Weg ins Landhaus und begannen, die

---

[37] Zu den nichtakademischen Agitatoren, die den Ständen Petitionen vorbrachten, gehörten u. a. der Wiener Lustspielautor Eduard
von Bauernfeld (in dessen Namen ein eigener Preis gestiftet wurde)
und ein Anwalt mit politischen Ambitionen, Alexander von Bach.
Dieser wurde später Konservativer und Innenminister.

Einrichtung zu demolieren. Etwas zweckgerichteter bewegten sich die anderen die paar hundert Meter von der Herrengasse zur Hofburg, wo eine Deputation die neuesten
Forderungen des Volks vorbrachte. Halbheiten kamen jetzt
nicht mehr in Frage. Nun forderte man eine richtige Verfassung und Metternichs Kopf.

Durch systematisches militärisches Vorgehen, kombiniert mit ein paar geschickt formulierten Aussagen seitens
der Machthaber – Metternich ausgenommen –, hätte
zumindest Zeit gewonnen werden können. Statt dessen
reichte ein Nachmittag des unbeschreiblichen Durcheinan-
ders, der Verwirrung, Schwäche und Uneinigkeit im Vorgehen, um ihn und sein System bis Einbruch der Nacht zu
stürzen.

In der Wiener Garnison befanden sich einschließlich
dreier Infanterie- und zweier Kavallerieregimenter 14 000
Mann, doch ihr einfallsloser Befehlshaber, Erzherzog Albrecht, hatte die meisten von ihnen in Kasernen weit außerhalb der Inneren Stadt stationiert. Zu Mittag kamen einige
von ihnen allmählich den Garden des Hofs und der Staatskanzlei zu Hilfe. Erzherzog Ludwig, der Onkel des jungen
Albrecht, hatte auf Metternichs Vorschlag hin den Befehl
dazu erteilt. Die Soldaten erwiesen sich jedoch als ziemlich
unfähig, die Ordnung in der Stadt wiederherzustellen. Die
Panikhandlung einer Kompanie, die, anstatt Warnschüsse
in die Luft zu feuern, eine Salve direkt in die Menge abgab,
wodurch vier Menschen getötet und zahlreiche verletzt
wurden, brachte das Ende noch schneller herbei. Eine neue
Frage tauchte auf: Wer sollte die Straßen nach dem Scheitern der kaiserlichen Truppen, die nun ohnehin als Mörder
geschmäht wurden, unter Kontrolle halten?

Metternich, immer noch tadellos gekleidet und nach
außen hin zuversichtlich, hatte seine eigene Lösung parat.
General Alfred Windisch-Grätz,[38] ein befreundeter Fürst
und Landbesitzer in Böhmen, war zufällig zu dieser Zeit auf
Privatbesuch in Wien und sollte an diesem Abend mit Met-

---

[38] Er wurde später zum Feldmarschall befördert.

ternich speisen. Warum, so schlug der Kanzler vor, sollte sein Tischgast nicht einfach seine Uniform anziehen und auf der Stelle den in Mißkredit geratenen Albrecht ablösen? Ein Mann, der sich als junger Offizier im großen Sieg über Napoleon bei Leipzig hervorgetan hatte und nun Militärkommandant von Böhmen war, sollte gewiß keine Probleme damit haben, diesen undisziplinierten Haufen Wiener Randalierer in die Schranken zu weisen. Windisch-Grätz war absolut derselben Meinung.

Auch andere Leute in der Hauptstadt hatten ihre eigenen Vorstellungen, und so undurchführbar diese auch waren, fanden sie zu diesem Zeitpunkt doch mehr Gehör als alle von kaiserlichen Befehlshabern gemachten Vorschläge. Der Bürgermeister von Wien, Ignaz von Czapka, hatte im Namen seiner verängstigten Bürger bei Metternich vorgesprochen und darauf gedrängt, daß seine eigene bewaffnete Wiener Bürgergarde[39] die Garnisonstruppen ablösen sollte. Ein weiterer und viel alarmierenderer Vorschlag wurde Erzherzog Ludwig und seinen Staatsräten vom Rektor der Universität unterbreitet. Seine Lösung bestand darin, daß man seinen Studenten Waffen aushändigen solle, um ihre eigene akademische Legion bilden zu können.

Die ganze Zeit über trafen Berichte über Brandlegungen und Plünderungen ein (Metternichs eigene Residenz am Rennweg entging nur knapp der Zerstörung), und aus allen Richtungen konnte man in der Hofburg deutlich Schüsse vernehmen. In den Vorzimmern der Hofburg wimmelte es nur so von Demonstranten und Möchtegern-Vermittlern. Einer von ihnen, ein Weinhändler namens Scherzer, gab dem Staatsrat in aller Ruhe zwei Stunden, um die Armee

---

[39] Diese umfaßte theoretisch zwei Infanterieregimenter mit anderen Unterstützungstruppen und unterstand dem persönlichen Kommando des Bürgermeisters. Dieses militärische Bürgerkorps hatte aber schon seit der Napoleonischen Ära, in der sie neben der Garnison den Sicherheitsdienst in der Stadt versah, nur noch eine repräsentative Funktion und rückte nur bei feierlichen Anlässen aus. Der 13. März 1848 war wohl kaum ein solcher Anlaß.

abzuziehen, den Kanzler zu entlassen oder die Konsequenzen zu ziehen. Weitere Forderungen nach Metternichs Rücktritt waren bereits in dessen Staatskanzlei am nahe gelegenen Ballhausplatz eingelangt. Grillparzer befand sich unter den faszinierten Zuschauern, als diese Seite im Buch der Geschichte umgeblättert wurde. Er hatte den Eindruck, wie er später schrieb, daß an diesem Nachmittag fast »jeder, dem es beliebte, in die Burg Einlaß begehrte, dort auf den Tisch schlug und den Erzherzogen Grobheiten sagte«.

Als Metternich und Windisch-Grätz nach dem Essen um 18 Uhr (das Abendessen wurde oft zu einer für heutige Begriffe frühen Zeit eingenommen) in die Hofburg zurückkamen, schien der Staatsrat noch immer traditionelle Lösungen zu bevorzugen, und der General begab sich sogar in seine Wiener Residenz, um seine Uniform anzuziehen. Als Metternich eine Stunde später wieder zurückkam, war Erzherzog Ludwig bereits davon überzeugt worden – teils von Gegnern des Kanzlers im Staatsrat, teils durch die zunehmende Häßlichkeit der Situation –, eine radikale Kursänderung vorzunehmen. Man war übereingekommen, daß die Bürgergarde und die bewaffneten Studenten gemeinsam eingesetzt werden sollten, um nach und nach die Garnisonstruppen abzulösen, so daß schließlich eine ausreichend große Nationalgarde die Armee in der Hauptstadt ersetzen würde.

Jetzt mußte nur noch die Frage des Rücktritts geklärt werden. Metternich äußerte eineinhalb Stunden lang seine Bedenken, verärgerte den Rat mit einem langen Vortrag über die Instabilität Europas und daß er im Amt bleiben müsse, damit die Situation bewältigt werden könne. Schließlich zog Erzherzog Johann, Ludwigs Onkel und jahrelanger Kritiker des Kanzlers, seine Uhr hervor und informierte Fürst Metternich schroff, daß er nur noch weitere 30 Minuten habe, um eine Entscheidung zu treffen. Während alldem hatte Kaiser Ferdinand kein einziges Wort gesagt, aber er war anwesend, und plötzlich ergriff er das Wort, um der Diskussion ein Ende zu bereiten. »Ich bin der Souverän, und ich werde entscheiden«, erklärte er mit ungewohnter Bestimmtheit.» Sagt dem Volk, ich bin mit allem einverstanden.« Das kam wohl einer königlichen Entlassung gleich.

Metternich konnte sich nur noch dem Zeremoniell entsprechend verabschieden. 1835 hatte er Kaiser Franz am Sterbebett versprochen, er würde seinem unfähigen Nachfolger immer zur Seite stehen. Der Kanzler verlangte nun von jedem einzelnen anwesenden Erzherzog, ihn von diesem Schwur zu entbinden. Alle willigten ein, unter ihnen auch der 17jährige Franz Joseph, der schon eine dunkle Ahnung hatte, was ihm bevorstand.

Und das war es. Der Staatsmann, der fast vier Jahrzehnte lang der Kutscher Europas gewesen war und alles, das ihm im Weg stand, überrollt hatte, wurde durch nicht viel anderes als einen Haufen wütender Studenten[40] von seinem Kutschbock gestürzt. Sein Abgang war theatralisch. Überzeugt davon, daß sein Leben und das seiner Familie in Gefahr sei, floh er zuerst nach Feldsberg, einem Liechtensteiner Besitz an der mährischen Grenze. Dann, mit falschen Pässen und von Rothschild mit etwas Kleingeld für die Reise ausgestattet, folgte eine neunwöchige Odyssee durch Deutschland und Holland, bis er schlußendlich in England landete. Drei Jahre später kehrte Metternich als ein machtloses Orakel aus der Vergangenheit aus dem Exil zurück.

General Windisch-Grätz, der in voller Wichs in die Hofburg zurückgekehrt war, nur um zu hören, daß er nicht mehr gebraucht wurde, hatte mehr Glück. Er trug bald wieder eine Uniform, und das mit vernichtender Wirkung.

[40] »Ich habe vielleicht manchmal Europa, niemals aber habe ich Österreich geleitet«, war Metternichs eigenes Urteil über sein Schicksal.

II

Franz Joseph:
Der Weg nach Kakanien

1. Falsche Hoffnung

E rst nach Metternichs Abreise rollte die große Welle der
Revolution von Deutschland kommend heran und
brauste wie eine Springflut die Donau hinunter. Doch in
wenig mehr als einem Jahr war ihre Kraft verbraucht, und
an den Ufern blieb nur noch blutgerötete Gischt zurück. Im
Grunde hatte sie einen Felsen auf seinen Platz gerückt, der
ein Symbol für die Hartnäckigkeit des dynastischen Prinzips, das sie zu schwächen versucht hatte, werden sollte.
Dieser Fels stand für Kaiser Franz Josephs enorm lange
Regierungszeit von 68 Jahren, der dem Nimbus eines Halb-
gottes näher als jeder andere seines illustren Hauses kam,
eine Aura, die ihn bis zu seinem Tod im 20. Jahrhundert
umgeben sollte. Sowohl die Revolution als auch jenes monarchische Phänomen, das sie hervorbrachte, haben einen
Bezug zu unserem vorliegenden Thema, der unterdrückten
Entwicklung eines österreichischen Bewußtseins.

Bleiben wir noch einen Augenblick beim Haus Habsburg,
das jetzt, wie schon in den vergangenen Jahrhunderten, die
österreichische Identität sowohl verteidigte wie auch leugnete. In den 15 Monaten nach Metternichs Sturz gab es Zeiten, in denen sein Schicksal auf Messers Schneide stand. Als
eine Folge der Aprilaufstände[1] verlor der unglückliche Ferdinand seinen Regentschaftsapparat, durch den sein Reich

---

[1] Unter anderem gab es eine allgemeine Amnestie für alle politischen Häftlinge und die gesetzliche Abschaffung der sogenannten
Robot, der Zwangsarbeit der Bauern für Grundbesitzer.

seit seiner Thronbesteigung funktioniert hatte. Seine Geheime Hofkanzlei sowie die regierende Staatskonferenz, deren wohlmeinender Präsident, Erzherzog Ludwig, sich nun aus dem öffentlichen Leben zurückzog, wurden abgeschafft. Diesen Platz nahm nun ein »verantwortliches Ministerium« ein, das sich zum Großteil aus ernsten Bürokraten zusammensetzte, denen nur eines gemeinsam war: Sie alle hatten nicht die geringste Erfahrung im Umgang mit Verantwortung. Der liberalste unter ihnen, Franz Freiherr von Pillersdorf, entwarf schließlich die Verfassung, die als Teil der Märzverfassung versprochen worden war. Schon das Wort allein war den Habsburgern ein Greuel, da es ja eine Schwächung des weltlichen Gottesgnadentums bedeutete, was an sich seiner Verleugnung gleichkam.

Pillersdorf machte natürlich in seinem ersten Verfassungsentwurf ein paar kniefällige Zugeständnisse an die Dynastie. So konnte der Kaiser eine beliebige Anzahl von Mitgliedern auf Lebenszeit in das Oberhaus des geplanten Zweikammernparlaments ernennen, es kurzzeitig außer Kraft setzen oder auflösen, und er besaß das Vetorecht für alle vom Parlament erlassenen Gesetze.

Das Prinzip der Gewaltentrennung zwischen der Krone und einer konstituierenden Versammlung wurde in Wien nun zumindest einmal zur Sprache gebracht. Die Ereignisse vom 15. Mai 1848 zeigten aber, bei wem im Augenblick noch die Macht in der Hauptstadt lag. Studenten, Arbeiter und Nationalgardisten strömten auf die Straßen, besetzten die Hofburg und forderten, die ohnehin schon verwässerte Pillersdorf-Verfassung zugunsten radikalerer Reformen über Bord zu werfen. Nun wurde ein Einkammerparlament, das direkt gewählt werden sollte, gefordert. Der Kaiser und sein »verantwortliches Ministerium« bekamen es mit der Angst zu tun und gaben den Forderungen nach, was gleich am nächsten Tag in der ganzen Stadt durch Plakate verkündet wurde. Der Druck der Massen hatte, auf dem Papier, dem Kaiser das wichtigste Machtinstrument entrissen und ihn auch aus der Hauptstadt vertrieben. Von den Damen seines Hofs davon überzeugt, daß ihr aller Leben wieder einmal bedroht sei, begaben sich Ferdinand und seine Frau auf eine scheinbar ganz normale Kutschenfahrt in Wien, die jedoch Innsbruck zum Ziel hatte, wo sie nach einer 36stündigen Fahrt am Abend des 17. Mai ankamen. Andere Familienmitglieder folgten ihnen später nach. Wieder einmal hatte die Dynastie in Tirol Zuflucht vor der Gewalt in der Hauptstadt gesucht.

Das Einkammerparlament, der Reichstag, nahm seine Tätigkeit in Wien im Verlauf dieses Sommers auf, während sich der Kaiser und sein Hof noch immer im Exil in Innsbruck versteckten. Theoretisch war den Völkern der Habsburgermonarchie (außer den Magyaren, die wie immer ihren eigenen Weg gingen) nun die Möglichkeit gegeben, sich in einen demokratischen Bund gleichwertiger Nationen unter einem konstitutionellen Herrscher zu verwandeln. Betrachtet man aber die geschichtlich gewachsene Kluft zwischen den Völkern und das Kaliber der Abgeordneten, die sich nun versammelten, um gemeinsam im Dienste des Liberalismus zu versuchen, eben diese Kluft zu überbrücken, dann zeigt schon die bloße Erwähnung dieser Möglichkeit ganz deutlich die Unmöglichkeit ihrer Verwirklichung im Jahr 1848. Von den 303 Mitgliedern waren 160 Österreicher (d. h. deutschsprachige Untertanen des Kaisers) und der Rest Slawen, Rumänen oder Italiener. Ihr jeweiliger Hintergrund war genauso unterschiedlich wie ihre Nationalitäten,[2] doch ein beinahe universaler Faktor machte sich bald unter ihnen bemerkbar: ihre Unfähigkeit, über den eigenen Nationalitätenhorizont hinauszusehen.

Die Österreicher waren wie eh und je in völliger Unklarheit darüber, was das eigentlich für Horizonte waren. Die besten der wenigen fähigen Köpfe waren ohnehin abwesend, denn sie saßen im alldeutschen Revolutionsparla-

---

[2] Die größte Gruppe waren die 94 Bauernvertreter. Danach kamen 74 Beamte aus verschiedenen Bereichen, 48 Anwälte, 46 Adelige, 22 Ärzte, 20 Priester, 18 Industrielle, 13 Professoren, 9 Händler, 9 Journalisten, und der Rest war unter »Verschiedenes« einzureihen.

ment, das zur gleichen Zeit in der Paulskirche in Frankfurt tagte. Die beiden Versammlungen waren lebendige Beispiele für das Tauziehen zwischen dem deutschen und dem habsburgischen Schicksal der Österreicher. Jene, die in die Wiener Versammlung gewählt wurden, versuchten die Rolle des unparteiischen Schlichters zu spielen; sie nahmen ihre Sitze zwischen den anderen Volksgruppen ein, die sich bis auf den letzten Mann, je nach Nationalität, in Blocks zusammengesetzt hatten. Aber es dauerte nicht lange, bis die Möchtegern-Schlichter und die Slawen (vor allem die böhmischen Tschechen) sich innerhalb des Abgeordnetenhauses beschimpften und außerhalb sogar einander tätlich angriffen.

Die Tschechen hatten ihr bestes Team nach Wien geschickt, an dessen Spitze der große Historiker František Palacký stand. Am 11. April hatte er sogar einiges Aufsehen erregt, als er eine Einladung ins Frankfurter Parlament mit der Begründung abgelehnt hatte, daß er kein Deutscher, sondern ein Untertan des österreichischen Kaiserreichs sei. Österreich solle zwar, so erklärte er, enge politische und wirtschaftliche Beziehungen zu allen deutschen Staaten unterhalten, jedoch immer unabhängig bleiben – eine Union gleichberechtigter Völker unter dem Zepter Habsburgs. »Ich bin kein Deutscher«, schrieb er damals, »ich bin ein Tscheche slawischer Herkunft.« Es war schon eine Art Ironie, daß diese deutlichste aller Forderungen nach einer unabhängigen Stellung der Monarchie in Europa – später als Austro-Slawismus bezeichnet – von einem Tschechen kam. In einem Ausspruch, der durch ihn berühmt wurde, doch eigentlich nicht von ihm stammte, hatte Palacký dieser Monarchie auch ihre historische Existenzberechtigung zugesprochen: »Wahrlich, existierte der österreichische Kaiserstaat nicht schon längst, müßte man im Interesse Europas, im Interesse der Humanität selbst, sich beeilen, ihn zu schaffen.«

Der Haken an dieser tröstlichen erfreulichen Äußerung war nur, daß das, was Palacký tatsächlich im Hinterkopf hatte, eher als Slawo-Austrianismus bezeichnet werden konnte, nämlich als Versuch, die Monarchie von einem Reich, das auf seinen deutschsprachigen Untertanen beruhte, in ein auf Böhmen, Mähren, Slowenen und anderen Völkern beruhendes Reich, zu verwandeln. Und neben all den ethnischen, sprachlichen und kulturellen Impulsen hinter diesem slawischen Programm war da noch ein rein menschlicher: Vetternwirtschaft, wie man dies im heutigen Sprachgebrauch nennen würde. Das Donaubecken sollte sich in dieser Beziehung weder im Zuge der Umwälzungen von 1918 noch während jener am Ende des Jahrhunderts ändern.

Die Habsburgerdynastie und die große Masse ihrer österreichischen Untertanen hatte sich in der Vergangenheit im Innersten stets zu deutsch gefühlt und würde dies auch weiterhin tun, um Palackýs panslawistische Vision zu akzeptieren. Auf alle Fälle war es nicht ein geistiger, sondern ein physischer Kampf, der nun darüber entscheiden sollte. Am 16. Juni ergab sich das rebellische Regime in Prag nach kurzer Bombardierung den Truppen des Feldmarschalls Windisch-Grätz, der sofort den böhmischen Landtag auflöste und das Kriegsrecht ausrief, wobei er sich rücksichtslos über Vermittlungsversuche des schwächlichen »verantwortlichen Ministeriums« in Wien hinweggesetzt und diese zunichte gemacht hatte. Zur gleichen Zeit ignorierte ein anderer kaiserlicher Befehlshaber, Feldmarschall Joseph Graf Radetzky, in Norditalien den Befehl aus Österreich, das Feuer einzustellen, um eine noch intensivere Schlacht gegen die von König Karl Albert von Piemont-Sardinien befehligten nationalistischen Kräfte zu führen. Während des ganzen Sommers vertrieb er die Piemontesen aus einer Stadt nach der anderen, und Anfang August hatte er sie nach einer entscheidenden Schlacht bei Custozza endgültig aus der Lombardei verjagt. Die Krone Mailands wurde wie die Krone Böhmens durch Generäle, die sich ihren Befehlen widersetzten, für die Monarchie bewahrt. Was immer sich die Obrigkeit damals auch gedacht haben mag, die Musen Wiens überhäuften den Sieger über die Lombardei mit ewigem Dank. Sein früherer Triumph in Santa Lucia im Juni inspirierte Franz Grillparzer zu der Ode mit der berühmten Zeile »In deinem Lager ist Österreich«. Es sollte das Schlagwort hinter allen Aufrufen zur Treue zur Dynastie in der multinationalen kaiserlichen Armee werden. Der endgültige Triumph im Juli bewegte Johann Strauß Vater dazu, eine noch berühmtere Lobeshymne zu komponieren, die die Monarchie selbst überdauern sollte, den *Radetzkymarsch*, bis heute immer noch einer der schönsten Militärmärsche, die je für eine Armee geschrieben wurden.

Doch wesentlicher ist in diesem Zusammenhang, daß im Jahr 1848 der österreichische Erfolg in der Lombardei dem Lager der Habsburger wieder etwas Auftrieb gegeben hatte. Am 12. August, drei Wochen nach Custozza, kehrten der Kaiser und sein Hof wieder nach Wien zurück. Obwohl er darauf bedacht war, das Volk wissen zu lassen, daß er als ein konstitutioneller Monarch zurückgekommen sei, betraute er heimlich Windisch-Grätz »für den Notfall« mit der Oberleitung sämtlicher Zivil- und Militärangelegenheiten. Was Wien anlangte, so stand dieser Notfall bereits vor der Tür.

Im August und September waren in der Hauptstadt Unruhen ausgebrochen, hauptsächlich unter der Arbeiterschaft, die gegen die brutalen Auswirkungen von Preissteigerungen und Lohnkürzungen protestierte. Doch wieder einmal waren es die Ereignisse in Ungarn, die den Brand entfachten. Am 6. Oktober meuterte ein Bataillon, das zur Verstärkung der Truppen[3] im Kampf gegen Kossuths nationalistische Kräfte ausgesandt worden war, und vereitelte am Bahnhof den Abtransport von Armeeverstärkungen zur Wiederherstellung der Ordnung, wodurch eine Miniaturschlacht ausgelöst wurde. Es gab Verletzte auf allen Seiten, auch unter der um den Bahnhof versammelten Menge. Daraufhin übernahm wieder der Pöbel für eine kurze, aber verheerende Zeit die Kontrolle über die Straßen Wiens. Im

---

[3] Ihr Führer war ein Kroate, General Josip Jellačić, der, wenn auch auf seine Art, für die Sache des Kaisers kämpfte, indem er versuchte, die Kroaten von der Bedrohung magyarischer Herrschaft zu befreien.

anschließenden Gewühl wurde der glücklose Kriegsminister, Graf Theodor Latour, hinter seinem Schreibtisch hervorgezerrt, gelyncht und sein nackter und verstümmelter Leichnam an einem Laternenpfosten aufgehängt. Wiener Demonstranten beschränkten sich normalerweise darauf, mit Beschimpfungen oder im schlimmsten Fall mit Steinen um sich zu werfen. Dieser bestialische Akt war doppelt alarmierend, weil er so untypisch war. Würde die Kaiserstadt bald in einem Blutbad, wie man es vom Balkan her kannte, versinken?

Der Kaiser hatte nicht die Möglichkeit dies herauszufinden, denn am folgenden Morgen machte er sich mit seiner Familie wieder auf den Weg, wie es schon seit langem von Windisch-Grätz für den Notfall geplant gewesen war. Diesmal ging es nach Olmütz in Mähren, und die kaiserliche Familie reiste nicht verängstigt in einer Postkutsche, sondern mit kleinem Hofstaat und starker militärischer Eskorte.

Was Windisch-Grätz anlangte, so war seine Stunde endlich gekommen. Formell mit allen Vollmachten ausgestattet, marschierte er nun gegen ein Wien, in dem der Reichstag sich auflöste und dem die Mitglieder des »verantwortlichen Ministeriums« nun den Rücken kehrten. Viele von ihnen gingen nach Olmütz. Der ministerliche Leichnam am Laternenpfosten hatte alle ernüchtert. Die Studenten versuchten, durch die Bildung eines »Zentralkomitees« zur Verwaltung der Hauptstadt wieder die Zügel zu ergreifen. Doch die Tage der Revolution in Wien waren gezählt, und ihre letzte Phase – die letzten zwei Oktoberwochen – wurde von einer altbekannten Mischung aus Farce, Tragödie und Wirrwarr geprägt. Ein paar Freiwillige aus den Ländern schafften es, durch die Absperrkette der kaiserlichen Truppen zu gelangen, um sich der Garnison des »Zentralkomitees« anzuschließen, und ein paar Glücksritter tauchten auf.[4] Aber die einzige ernsthafte Hoffnung auf Verstärkung lag bei Kos-

---

[4] Darunter der Pole Joseph Bem, der eine heroische Rolle in der letzten Phase der Revolution spielen sollte, die in Ungarn noch immer voll im Gang war.

suths ungarischen Truppen, die nun nach Wien vorrückten. Eine Abteilung ihrer Kavallerie erreichte die Vororte Wiens am Morgen des 30. Oktober, einen Tag nachdem sich die Hauptstadt nach einer Woche Straßenkämpfe Windisch-Grätz ergeben hatte. Dieser Pro-forma-Rettungsversuch richtete mehr Schaden an als Nutzen, da er noch einen letzten und vergeblichen Sturm des Widerstands entzündete. Auf Kosten von 2000 Menschenleben wurde der Aufstand in Wien – und in der westlichen Hälfte der Monarchie – beendet. Die Bürger waren auch nicht sonderlich entsetzt über die anschließende Welle von Verhaftungen, auf die die Hinrichtung von 25 Rädelsführern folgte, waren doch die meisten dieser braven Bürger durch die Stürme heimischer Gewalt, die die Mauern ihrer heimeligen Biedermeierwelt niederzureißen drohten, in Angst und Schrecken versetzt worden. Die nächste sogenannte »Revolution« in Wien – im Vergleich zu 1848 eine harmlose Angelegenheit – lag noch gut siebzig Jahre in der Zukunft.

Die Zeit war nun gekommen, eine Sache zu klären, die dem Herrscherhaus und seinen Ratgebern seit dem Tod Franz' I. im Jahr 1835 Sorgen bereitet hatte. »Nandl«, sein gütiger, aber einfältiger und epileptischer Sohn, hatte dem Namen nach mehr als ein Jahrzehnt regiert, aber nur über das Instrument der Staatskonferenz. Als diese Einrichtung von der Revolution gesprengt worden und die Revolution selbst zu Ende gegangen war, konnte die Stabilität in einer chaotischen Welt nur noch durch den Thron selbst erlangt werden. Es war eine unangenehme Angelegenheit. Nach langem Herumdrücken seitens der Hofärzte hatte sich Ferdinand 1831 vermählen dürfen. Die unglückliche Braut war Prinzessin Anna von Savoyen, eine stoische königliche Dame, deren Rolle in den Ereignissen von 1848 allgemein unterschätzt wurde. Eine, deren Rolle oft überschätzt worden ist, war ihre Schwägerin, die Erzherzogin Sophie, Frau von Franz Karl, dem Bruder des Kaisers. Da feststand, daß der unglückliche Ferdinand niemals ein Kind zeugen würde, hing die direkte Nachfolge von Sophies Fruchtbarkeit ab. Nach einer Reihe von Fehlgeburten sollte diese bayerische Prinzessin, die alle Vitalität der Wittelsbacher, jedoch nicht deren leichte Verrücktheit besaß, dafür um so mehr Kinder in die Welt setzen. Am 18. August 1830 gebar sie ihrem Mann einen Sohn, Franz Joseph, und es folgten noch zwei weitere – Maximilian erblickte das Licht der Welt am 6. August 1832 und Karl Ludwig ein Jahr später am 30. Juli.

Es gibt schon eine bewegende Geschichte ab, wenn man die Erzherzogin nicht nur als treibende Kraft hinter den Mauern der Hofburg, sondern auch hinter der Revolution darstellt, als eine Frau, die sich gegen Metternich verschwört, um ihre eigene Familie auf den Thron zu bringen. Doch die Fakten, besonders ihre eigenen Tagebücher und Briefe, stützen dieses Szenario nicht. Sowohl sie als auch ihr Ehegatte, der Mitglied des Staatsrates war,[5] waren enge Freunde und Anhänger Metternichs, und schon der Gedanke an Liberalismus war für sie ebenso verabscheuungswürdig wie für den großen Staatskanzler. Es ist auch nicht korrekt, die damaligen dynastischen Veränderungen als direkte Folge der Krise von 1848 darzustellen. Bereits im November 1847 hatte Ferdinands Gemahlin sich bei Metternich dafür eingesetzt, daß nicht nur ihr Mann, sondern auch ihr Schwager zugunsten seines Erstgeborenen, dem damals erst 17jährigen Erzherzog Franz Joseph, auf den Thron verzichten sollten. Die Mutter Franz Josephs dürfte an diesen ersten Diskussionen nicht beteiligt gewesen sein. Nach Metternichs Abgang war es Windisch-Grätz, der in dieser und in anderen Angelegenheiten den Ton angab. Zweimal während dieses turbulenten Sommers von 1848 war die Kaiserin an ihn herangetreten, um diesen Wechsel vorzunehmen (am eindringlichsten zu Franz Josephs 18. Geburtstag), zweimal wies er sie ab, obwohl er dieses Arrangement an sich befürwortete. Schließlich – der Hof war in Olmütz im Exil – stimmte Windisch-Grätz zu. Nicht ganz ohne Schwierigkeiten wurden Ferdinand und sein Bruder dazu überredet, auf den Thron zu verzichten, und

[5] Er übernahm eigentlich den Platz von seinem Onkel, Erzherzog Ludwig, in den letzten Tagen der Krise von 1848.

am 2. Dezember 1848 trat der junge Franz Joseph mit einer kurzen Zeremonie im Palais des Erzbischofs sein gewaltiges Erbe an. Ferdinand akzeptierte sein Schicksal mit berührender Würde und Schlichtheit. Er strich dem jungen Kaiser, der vor ihm kniete, über den Kopf und sagte: »Gott segne dich. Sei brav. Gott wird dir beistehen. Es ist gern geschehen.« Damit verabschiedete »Nandl« sich von der Geschichte. Er starb 1875 in Prag als ein fastvergessener Habsburger.

Am Hofe wurde viel darüber geredet, wie denn der neue Herrscher unterzeichnen solle. Er selbst und seine Eltern waren für das einfache »Franz II«, zu Ehren des Großvaters, der sowohl von der Familie als auch vom Volk geschätzt wurde. Ihre Minister überredeten sie jedoch dazu, sich für den Doppelnamen zu entscheiden, denn er deute, so meinten sie, viel mehr auf die neue Ära hin, die nun anbrechen sollte. Der Doppelname war wirklich eine Neuerung für einen habsburgischen Herrscher; außerdem würde der Zusatz »Joseph« gewiß einen frischen Wind der Aufklärung in das schwüle politische Klima der Zeit bringen. Das sollte sich am Ende als falsch erweisen. Anfangs wurde jedoch mit Ideen herumgeworfen, bei denen selbst dem großen Reformer die Luft weggeblieben wäre.

Der Reichstag war von der unsicheren Hauptstadt nach Kremsier verlegt worden, einem anderen Zufluchtsort in Mähren. Im Palais des Erzbischofs nahmen am 4. Januar 1849 die Abgeordneten ihre im vorigen Herbst in Wien abgebrochene Tätigkeit wieder auf: die Suche nach einem Neuen Jerusalem, einer liberalen Verfassung für eine alte Monarchie. Ausschüsse hatten wochenlang am Entwurf gearbeitet, doch seine Einleitung, »Alle Staatsgewalt geht vom Volk aus«, zeigt schon, wie anspruchsvoll ihr Entwurf in jedem Zusammenhang mit den Habsburgern war. Noch schändlicher für konservative Geister waren jene Klauseln, die alle Adelstitel abschaffen und die römisch-katholische Kirche von ihrer jahrhundertealten Position als Staatsreligion entfernen wollten. Alle Menschen als gleichberechtigt vor dem Gesetz zu erklären und die Presse-, Rede- und Versammlungsfreiheit wieder einzuführen (was die Kremsierer Hoffnungsträger auch vorschlugen) ging ja noch, denn diese Phrasen waren inzwischen zu vertraut, um zu schockieren, und zu allgemein, um zu alarmieren. Aber der gleichzeitige Versuch, den Adel von seinem Podest und die Prälaten von ihren Altären zu verdrängen (und dies in der Residenz eines Fürsterzbischofs), rief Unmut hervor.

Eigentlich warteten der Hof und sein kaiserliches Ministerium nur auf einen militärischen Erfolg in Ungarn, wo die Schlacht gegen Kossuths Rebellenarmee immer noch tobte, um vor den Ideologen aus Kremsier den Vorhang niedergehen zu lassen. Die Regierung, die in der Zwischenzeit im Herbst in Olmütz gebildet worden war, war eine mächtige. An ihrer Spitze stand der 48jährige Fürst Felix Schwarzenberg, Schwager des Feldmarschalls Windisch-Grätz, der ihn für dieses Amt vorgeschlagen hatte. Er sollte sich als schicksalsschwere Wahl herausstellen. Wie Windisch-Grätz konnte auch er mit einem Stammbaum aufwarten, der so alt war wie jener des Herrscherhauses selbst, doch hatte er bis zu diesem Zeitpunkt wenig anderes vorzuweisen. Er war sein Leben lang nach Lust und Laune zwischen der Armee, der Diplomatie und seinen riesigen böhmischen Besitzungen hin und her gependelt. Zeitweise hatte er seinem Kaiser gute Dienste geleistet, doch manchmal auch äußerst peinliche Situationen verursacht.[6] Sein Markenzeichen (abgesehen von seinem außergewöhnlich guten Aussehen, das ihn oft in Schwierigkeiten brachte) war eine Arroganz, die selbst für die überheblichen Begriffe seiner Klasse atemberaubend war. Er verachtete das Volk, weil es kein blaues Blut hatte, und seine adeligen Standesgenossen, weil sie kein Hirn hatten. In einem Brief vom Januar 1849 an seinen Schwager, der das ewige Problem, eine neue Verfassung

[6] Besonders durch seine berüchtigte Affäre mit Jane Ellenborough, der Frau des englischen Lordsiegelbewahrers, während er als österreichischer Gesandter in London diente. Der Skandal endete mit der Scheidung. Zur »Bestrafung« wurde Schwarzenberg nach Paris versetzt, wohin ihm die in ihn vernarrte Lady Jane folgte.

zu entwerfen, zum Thema hatte, machte er sich über die Idee lustig, ihr eine spezifisch aristokratische Färbung zu verleihen: »Ich kenne in der ganzen Monarchie nicht zwölf Männer unseres Standes, die unter den gegenwärtigen Zeitverhältnissen mit Nutzen in einem Oberhaus Platz finden könnten!«

Das Team, das Schwarzenberg in Olmütz um sich versammelt hatte, macht deutlich, daß er wirklich meinte, was er sagte. Nur einer, Graf Philipp Stadion, der die Schlüsselposition des Innenministers übernahm, stammte aus dem höheren Adel. Alexander von Bach (Justiz) war jener ehrgeizige Anwalt, der ein Jahr zuvor im Lager der Wiener Revolutionäre gewesen war. Er sollte im bevorstehenden Jahrzehnt Großes leisten. Die anderen waren Bürokraten oder Akademiker, die durch persönliches Verdienst die gesellschaftliche Leiter bis zum untersten Rang des Verdienstadels hinaufgeklettert waren (um dann von jenen, die ohne auch nur das geringste für ihre erblichen Titel getan zu haben, verachtet zu werden). Die meisten dieser »Freiherren von« waren wenig bemerkenswert und hinterließen kaum Spuren. Nur einer von ihnen, Karl von Bruck, der dem Ministerium für Handel und Verkehr vorstand, war ein hervorragender Mann. Als späterer Finanzminister war er der Wirtschaftsguru seiner Zeit, der den Zusammenschluß der Habsburgermonarchie und des Deutschen Bundes in einer einheitlichen Zollunion mit 70 Millionen Einwohnern vorantrieb. Er war Rheinländer wie Metternich – und damit ein weiteres Beispiel eines Ausländers, der in österreichischen Staatsgeschäften erfolgreich tätig war.

Die dynastische Frage war im letzten Monat des alten Jahres sehr zufriedenstellend gelöst worden. Schwarzenbergs erste Aufgabe 1849 bestand darin, Ordnung in das konstitutionelle Schlamassel zu bringen; das bedeutete, dem politischen Zirkus in Kremsier ein Ende zu bereiten. Als er im November 1848 der Versammlung seine neue Regierung vorgestellt hatte, hatte er die Abgeordneten schamlos belogen, indem er versprach, bei der Einrichtung liberaler Volksinstitutionen »mit gutem Beispiel voranzugehen«. Doch am 28. Februar 1849, als Windisch-Grätz, der immer noch in Ungarn kämpfte, ein nützlicher, wenn auch nicht entscheidender Sieg über Kossuths Armee bei Kápolna gelang, fühlte sich Schwarzenberg stark genug, um nun an der Heimatfront zuzuschlagen. Er sandte Stadion nach Kremsier, um eine verblüffte Versammlung davon in Kenntnis zu setzen, daß ihre Arbeit beendet sei, da der neue Kaiser seine eigene Verfassung proklamieren würde. Am folgenden Morgen wurde die Auflösung des Reichstags durch Plakate öffentlich angekündigt. Aus dem Datum konnte man ersehen, daß sie bereits drei Tage zuvor gedruckt worden waren. Unmittelbar nach der Proklamation kamen Bachs Polizisten in Kremsier an und verhafteten die radikalsten Abgeordneten. Einige flohen sogar bis nach Amerika.[7] Ein neues Zeitalter des Absolutismus war angebrochen. Es wurde durch die neue von Stadion verkündete Verfassung beispielhaft illustriert (Beratungen kamen jetzt nicht mehr in Frage). Die Planer von Kremsier hatten zwar verkündet, daß alle Staatsgewalt vom Volk ausginge, aber in Wirklichkeit versucht, diese Macht zwischen Krone und Parlament aufzuteilen. Der Monarch hätte zwar die volle Kontrolle über die Außenpolitik behalten, aber bei inneren Angelegenheiten hätte das Parlament das letzte Wort gehabt. Was die zukünftige Form des Vielvölkerreichs anlangte, so wurden alle Völker für gleichberechtigt erklärt mit dem unverletzlichen Recht auf ihre eigene Verwaltung und vor allem die Pflege ihrer eigenen Sprache. Es handelte sich daher im Grunde nur um einen Entwurf für kulturelle Koexistenz, noch dazu um einen unvollständigen, da Ungarn von den tschechischen und den deutschen Abgeordneten, die sich am stärksten an den Verhandlungen beteiligten, praktisch ignoriert worden war.

[7] Graf Stadion, ein anständiger Mann, hatte verständlicherweise Gewissensbisse wegen des Betrugs am Verfassungsausschuß von Kremsier. Er hatte die führenden Reformer rechtzeitig davor gewarnt, daß sie nun das Gefängnis erwarte, sodaß jene, die fliehen wollten, das noch vor Ankunft der Polizisten aus Olmütz tun konnten.

Wenn der Kremsierer Entwurf eine für die österreichische Hälfte der Monarchie erträumte Vision repräsentierte, so war der Stadionsche Entwurf Ausdruck der realen Macht. Obwohl nach diesem Entwurf der Souverän einen Eid auf die Verfassung ablegte, beherrschte er die Geschehnisse im Inneren wie im Äußeren. Er hatte das absolute Vetorecht gegen alle Beschlüsse, er konnte willkürlich Minister und Funktionäre ernennen und entlassen, das Parlament auflösen, wann immer er wollte, und per Notverordnungen regieren. Die inzwischen schon vertrauten Zusicherungen der Bürgerrechte – Gleichheit vor dem Gesetz, Religionsfreiheit und das Recht auf eigene Sprache – wurden wieder stolz zur Schau gestellt. Unter diesem liberalen Anstrich verbarg sich jedoch fast uneingeschränkte Herrschergewalt. Im Gegensatz zum Kremsierer Entwurf war Stadions Verfassung streng zentralistisch. Selbst das in drei Kronländer unterteilte Ungarn sollte unter einem Rechtssystem und einem Parlament zusammengefaßt und der Monarch nur einmal, nämlich als Kaiser von Österreich, gekrönt werden. Die Ungarn mit ihrer 1000 Jahre alten Krone des heiligen Stephan und dem dazugehörigen »heiligen Land« so leichtfertig zu behandeln war ebenso unrealistisch, wie sie gleich zu ignorieren.

Und das stellten die Magyaren immer noch tatkräftig unter Beweis. Da die Kämpfe gegen Kossuths revolutionäre Armee während des ganzen Winters 1848/49 weitergingen, wurde es selbst dem hochmütigen Schwarzenberg klar, daß er seinen eigenen und Habsburgs Stolz hinunterschlucken und Hilfe von außen holen müßte. Der Retter stand zum Glück schon vor der Tür. Seit Franz Joseph auf dem Thron saß, hatte Zar Nikolaus seinem jungen Kaiserkollegen immer wieder seine Hilfe bei der Unterdrückung der magyarischen Revolution zugesichert, die ja auch eine Bedrohung für sein eigenes Reich darstellen konnte, wenn der revolutionäre Funke über die gemeinsame Grenze springen würde.[8] Eine starke Armee

---

[8] Daß polnische Generäle wie Joseph Bem und Henrik Dembinski eine so führende Rolle in Kossuths Feldzug spielten, bereitete dem Zaren noch größere Sorgen.

stand in Galizien zum Vormarsch bereit, Wien mußte nur noch den Befehl zum Eingreifen geben. Am 1. Mai wurde schließlich die Anfrage nach St. Petersburg geschickt.

Erst sechs Wochen später, Mitte Juni 1849, überschritten die russischen Truppen, über 100 000 Mann stark, die ungarische Grenze, um sich den 175 000 Mann starken österreichischen Truppen im Kampf gegen Kossuth anzuschließen. Die magyarische Zähigkeit und Findigkeit mußte sich schließlich dem massiven Gewicht der verbündeten Armeen ergeben. Mitte August war Kossuth in die Türkei geflohen, doch bevor er ungarischen Boden verließ, vergrub er die Krone des heiligen Stephan unter einem Maulbeerbaum außerhalb von Orsava. (Sie wurde drei Jahre später geborgen und nach Wien gebracht, nachdem ein ungarischer Emigrant durch Bestechung dazu gebracht wurde, das geheime Versteck preiszugeben.)

Schwarzenberg überredete nun seinen zögernden jungen Kaiser, drakonische Vergeltungsmaßnahmen anzuordnen. General Haynau, der neu ernannte österreichische Kommandant in Ungarn, war zwar ein mittelmäßiger Soldat, doch er erwies sich als ein einzigartiger Schlächter von psychopathischen Ausmaßen. Insgesamt verhängten seine Kriegsgerichte 500mal die Todesstrafe für all jene, von denen man annahm, sie hätten eine wichtige Rolle bei den Erhebungen gespielt. Nur 114 davon wurden tatsächlich vollstreckt, wobei die berühmtesten Opfer Graf Ludwig Batthyány und 13 ungarische Generäle waren, die früher bei den Kaiserlichen gedient hatten. Die Mehrzahl jener, die dem Tod noch einmal entkommen waren, hatten wie 2000 andere mit langen Gefängnisstrafen zu rechnen. Die Regierungszeit des jungen Kaisers hatte mit einem absolutistischen Regime, das von der österreichischen Hälfte mit einem liberalen Wortschwall proklamiert worden war, und einem Blutbad in der ungarischen Hälfte seines Reichs ihren Anfang genommen.

Es ist an der Zeit, sich diesen jugendlichen Kaiser einmal genauer zu betrachten, dessen Regierungszeit bis weit ins 20. Jahrhundert dauern sollte. Vom Äußeren her verkörper-

te er sicherlich das Image, das der Hof dem Volk präsentieren wollte, als er ihn auf den Thron setzte: das eines kraft-
vollen jungen Monarchen, unbefleckt von den Unruhen der
Vergangenheit und unerschrocken gegenüber den Herausforderungen der Zukunft. Zeitgenössische Porträts zeigen
eine stattliche, sympathische Erscheinung: helles Haar,
blaue Augen, eine vornehme Stirn und kaum eine Spur dieses häßlichen habsburgischen Unterkiefers, das die Gesich-
ter so vieler seiner Vorfahren entstellt hatte. Franz Joseph
war von schlanker Statur, ein eleganter Tänzer und obendrein ein guter Reiter. Alles in allem also ein Kaiser, der wie
geschaffen war für ein neues Zeitalter, das Tradition und
Fortschritt vereinen würde.

Daß seine jungen Glieder politisch bereits arthritisch
waren, konnten seine Untertanen nicht ahnen und auch nur
langsam begreifen. Franz Joseph hätte wirklich phäno-
menale Qualitäten als Staatsmann und viel Phantasie
gebraucht, um anders zu sein. Was sein geistiges Rüstzeug
anlangte, war es zwar ganz passabel, sollten sie jedoch ohne
Anspruch auf Intellekt und ohne jegliches Gefühl für die
Künste – nicht einmal für die Musik, diese Grundnahrung
des Wiener Geistes. Andererseits mangelte es ihm weder an
Selbstvertrauen noch am Willen zur Macht. Zu Beginn seiner Regierungszeit agierte er sogar an der politischen wie
auch an der militärischen Front mit großer Selbstsicherheit,
wenn auch mit sehr unterschiedlichem Erfolg. Später löste
Lethargie diesen Enthusiasmus ab, und die ganze Art, wie er
an seine Aufgabe heranging, wandelte sich. Er begann in
dem Glauben, auf der europäischen Bühne Großes verrich-
ten zu können, um sein Erbe auszuweiten, und endete in der
verdrossenen Überzeugung, daß der einzige Weg, zu retten,
was von diesem Erbe geblieben war, darin bestand, gar
nichts zu tun.

Bei seiner Machtübernahme standen ihm zwei Lektionen
deutlich vor Augen, die er nie zu lernen und zu befolgen ver-
gaß. Einerseits, da es seine alte Dynastie war, die über all
diesen neumodischen Liberalismus triumphiert hatte, mußte auch weiterhin unerschütterliche Loyalität zur Krone die

Parole jeder Regierung und das Credo all seiner Völker bleiben. Andererseits, da die Stufen zu seinem Thron durch Militärgewalt freigemacht und auch während der Turbulenzen der Revolution freigehalten worden waren, mußte folglich die Armee das Fundament seiner eigenen Macht und außerdem der Zement seines Vielvölkerreichs bleiben. Wie so manch ein Erzherzog vor ihm war auch er praktisch schon in der Wiege zum Oberst geworden. Was Franz Joseph aber von den anderen unterschied, war, daß er fast jede Stunde seines langen Lebens eine Uniform trug. Bei der Arbeit, ob in seinen Residenzen oder außerhalb, trug er eine Regimentsuniform, und in seiner geliebten Sommervilla in Bad Ischl sah man ihn immer im traditionellen grauen Jägerloden, fast als inoffizielle Uniform. Die seltenen Photos von ihm in normaler Zivilkleidung (wie zum Beispiel 1904 bei einem Besuch an der Riviera) wirken so fremd, daß man sich auf den ersten Blick fragt, ob dies derselbe Mann sein kann.

Schließlich übertrug sich seine militärische Kleidung auch auf sein Wesen. Die positiven Auswirkungen davon waren Eifer, Pflichtbewußtsein und das Streben nach Unparteilichkeit. Zu den negativen Aspekten zählten seine unbedingte Grundsatztreue und seine zunehmende Unfähigkeit, über diese Grundsätze hinaus zu denken, geschweige denn zu handeln. Es braucht wohl nicht erwähnt zu werden, daß diese Grundsätze in goldenen Habsburger Buchstaben geschrieben waren. Dies sollte von entscheidender Bedeutung für das Schicksal seiner österreichischen Untertanen sein. Obwohl sein Ungarisch gut war und er auch etwas Serbokroatisch sprach, war doch Deutsch seine Muttersprache und die Sprache seiner Familie. Es war ganz natürlich, daß er sich zuerst und vor allem auf die deutschsprachigen Untertanen in seinem Reich stützen würde. Daß dieses Privileg zweischneidig war, wäre ihm nie in den Sinn gekommen.

Zwei Dinge ereigneten sich im ersten Jahr seiner Regentschaft, die Franz Joseph, vor allem in den Augen der Österreicher, als Identifikationsfigur stärkten. Beide Ereignisse waren nicht geplant und kamen unerwartet, und doch hätte sie das Schicksal nicht besser arrangieren können. Das erste war ein Mordanschlag, das zweite eine Blitzverlobung und -heirat mit der wohl schönsten Prinzessin Europas.

Der verhinderte Attentäter war ein ungarischer Schneidergeselle namens Johann Libényi, der am 18. Februar 1853 den in Begleitung seines Adjutanten auf der Kärntnertorbastei spazierenden Kaiser attackierte und versuchte, ihm einen Dolch in den Hals zu stechen. Der Souverän trug wie immer eine Uniform (diesmal jene eines Ulanregiments), deren steifer Kragen den Schaden auf eine häßliche, aber relativ ungefährliche Verletzung begrenzte. Das Motiv für das Attentat wurde klar, als Libényi *Eljen Kossuth* (lang lebe Kossuth) rief, als man ihn wegschleppte. Wien reagierte, als ob Kossuths bezwungene Revolutionäre wieder auf die Hauptstadt zumarschieren würden. Die Stadttore wurden geschlossen, die Bahnhöfe besetzt, die Artillerie wurde verstärkt. Am selben Abend wurde im Dom ein prunkvolles Tedeum zelebriert, und die bereits legendäre Mutter des Kaisers, Erzherzogin Sophie, wurde von der riesigen Menge jubelnd empfangen, als sie an der Spitze einer Phalanx des Hofes eintraf. Es war eine antimagyarische, prohabsburgische Demonstration, und der junge Kaiser, der mit Fieber im Bett lag, war ihr Nutznießer.[9]

Doch noch bewegender (und noch österreichischer in ihrer leicht süßlichen Art) war die Romanze im darauffolgenden Sommer. Sie hätte direkt aus einer jener Operetten stammen können, die bald darauf ihre Blütezeit auf den Wiener Bühnen erleben sollten. Die Kulisse selbst war wie aus einer Oper: die gelbe Kaiservilla in Bad Ischl im Salzkammergut. Bühnenreif war auch der von Erzherzogin Sophie entworfene ursprüngliche Plan, nach dem Franz Joseph mit Prinzessin Helene in Bayern, der älteren Tochter ihrer Schwester Louise und des unkonventionellen Herzogs Max, vermählt werden sollte. Doch Kaiser, bei denen man

---

[9] Aus Dankbarkeit für das Überleben ihres Kaisers ließen die Wiener die neugotische Votivkirche errichten.

eigentlich eine Vermählung lange vor ihrer Thronbesteigung erwartet, unterscheiden sich von Kronprinzen deutlich darin, daß sie die arrangierte Verbindung beiseitewischen und selbst eine Braut wählen können. Und genau das geschah, als die bayerische Herzogsfamilie am 16. August 1853 in Bad Ischl ankam, angeblich, um zwei Tage später den 23. Geburtstag des Kaisers zu feiern. Die 19jährige Braut in spe, bekannt als Nené, hatte sich für das Treffen der beiden Familien in der Villa natürlich auf das Vorteilhafteste herausgeputzt. Dasselbe galt aber auch für ihre jüngere Schwester Elisabeth, oder Sisi, die noch keine 16 Jahre alt war, und Franz Joseph war wie vom Blitz getroffen, als er seine jüngere Cousine erblickte. Sie muß tatsächlich für jeden nicht völlig gefühlskalten Freier eine umwerfende Kombination von Reizen dargeboten haben: eine sinnliche, dunkelhaarige Schönheit, sich ihrer selbst erst halb bewußt, umrahmt von einer verspielten Unschuld.

Im kurzfristig umgeschriebenen Libretto überschlugen sich nun die Ereignisse. Am nächsten Morgen erschien der junge Kaiser im Schlafgemach seiner Mutter, um ihr von der viel stärkeren Leidenschaft für die 16jährige Cousine anstatt für die ältere Schwester zu berichten. Am folgenden Abend stellte er dies bei einem Ball in der Villa vor allen 90 Gästen offen zur Schau, als er den Mitternachtskotillon mit Sisi tanzte und ihr sogar den ganzen Blumenstrauß überreichte, der eigentlich unter seinen anderen Tanzpartnerinnen hätte aufgeteilt werden müssen. Das waren nicht nur impulsive Gesten. Nach damaliger Etikette kam dies einer formellen Erklärung gleich. Am nächsten Tag, seinem 23. Geburtstag, war zwischen den beiden aufgeregten Müttern bereits alles arrangiert, und am 19. August wurde die Verlobung verkündet. Die Einwohner von Bad Ischl drückten ihre pflichtschuldige Begeisterung dadurch aus, daß sie an diesem Abend mit Fackeln die riesigen Buchstaben FJ und E am Gipfel des Siriuskogels, ihres Hausbergs, aufleuchten ließen. Wie der Schauplatz war auch der Anlaß in erster Linie ein österreichischer. Die Identifizierung der Dynastie mit ihren deutschsprachigen Untertanen war noch stärker geworden. Die Vermählung in der Wiener Augustinerkirche am 24. April des folgenden Jahres besiegelte diese emotionale Verbindung. Es ist fast überflüssig, anzumerken, daß der Bräutigam in Uniform vor den Altar trat, diesmal in jener eines Feldmarschalls.

2. Der Knoten wird durchtrennt

E rzherzogin Sophie hatte für die Vermählung ihres Sohnes mit einer bayerischen Prinzessin sowohl politische als auch familiäre Beweggründe gehabt. Preußen war bereits der mächtigste Staat unter den 38 Königreichen und Fürstentümern, aus denen sich der Deutsche Bund zusammensetzte, doch die Hohenzollern waren ebenso fanatische Protestanten wie die Habsburger fromme Katholiken waren. Bayern hingegen hatte mit Österreich sowohl den Glauben als auch eine Grenze gemeinsam, und nördlich dieser Grenze war München die zweitwichtigste Stadt nach Berlin. Also konnte vielleicht noch einmal der Altar dem habsburgischen Schicksal durch die Verbindung aller Deutschen, Österreicher und Nicht-Österreicher des katholischen Südens hold sein, was möglicherweise zu einer Vormachtstellung im gesamten deutschsprachigen Raum führen würde.

Das war auch tatsächlich das große Thema der Zeit. Es war während der Revolution 1848 aufgetaucht, als die österreichischen Abgeordneten im ersten Parlament in Frankfurt unter heftigen Beschuß gekommen waren. Die Angriffe reichten von Verhöhnungen, daß sie nur »Halbdeutsche« wären, bis zum Vorwurf, daß jede norddeutsche Union mit der Habsburgermonarchie bedeute, daß die protestantische, germanische Welt mit Katholiken und Slawen überschwemmt würde, die beide in gleichem Maße unwillkommen waren.

Andererseits besaß die Habsburgermonarchie ein fast schon mystisches und immer noch unangefochtenes Ansehen in der deutschen Welt, hatten doch ihre Souveräne immerhin fast 400 Jahre lang die Krone Karls des Großen als Römische Kaiser getragen. Selbst die Hohenzollern hatten für ihre eigene Königswürde die formelle Anerkennung durch den Römischen Kaiser gesucht. Ein solches Prestige konnte sich selbst schaden (was es tat), aber die Monarchie, die es verkörperte, konnte weder von Preußen noch von irgendeiner anderen Macht in den Schatten gestellt werden. Letztendlich würde man sie mit Gewalt von der Bühne schaffen müssen. Gerede dieser Art war bereits in der Paulskirche zu Frankfurt vernommen worden. Doch diese drastische Lösung konnte erst kommen, wenn Preußen, Österreichs einziger ernsthafter Rivale, genug Kraft gesammelt hatte – und auch genügend Selbstvertrauen und Macht –, um sie in Angriff zu nehmen.

Wie gering dieses Selbstvertrauen in Berlin war, zeigte sich erst einmal durch die Weigerung König Friedrich Wilhelms IV. von Preußen, die Deutsche Krone anzunehmen, die die Frankfurter Versammlung ihm am 3. April 1849 blauäugig angeboten hatte. Als Begründung gab er an, daß dieser »imaginäre Reif aus Dreck und Letten« ihm nicht von Fürsten, sondern von revolutionären Abgeordneten angetragen worden war, die in Wahrheit aber mit der Sache gar nichts zu tun hatten. Doch hinter dieser Ablehnung aus ideologischen Gründen verbarg sich seine Ehrfurcht vor den Habsburgern, die für ihn die einzigen Souveräne waren, die nach solchen Höhen streben durften. Paradoxerweise hatte die konfuse Versammlung drei Monate zuvor dieselbe Krone Franz Joseph angetragen, der sie vielleicht angenommen hätte, wenn ihn der verzweifelte Kampf um die Oberhand in seinen ungarischen Landen nicht so verwundbar gemacht hätte.

Die hervorragende Stellung der Dynastie wurde dennoch in der Paulskirche selbst veranschaulicht, denn am 29. Juni 1848 hatte dieses erste alldeutsche Parlament eben jenen Erzherzog Johann zu seinem Präsidenten bzw. Reichsverweser gewählt, der als junger Mann geholfen hatte, den heroischen Tiroler Widerstand gegen Napoleon zu organisieren. Wie die Casa de Austria in die liberale Welt passen sollte, die die Abgeordneten für unumstößlich hielten, wurde deren vorrangigstes philosophisches Thema. Sollte es ein Großdeutschland geben, ein Zusammenschluß aller deutschen Staaten unter österreichischer Führung? Oder sollte sich die kleindeutsche Lösung durchsetzen, die Österreich ganz ausschließen und den Rest unter preußische Führung stellen würde?

Die Frankfurter Abgeordneten debattierten monatelang, konnten aber keine theoretische Lösung für das Rätsel finden (am verwirrtesten waren die 115 österreichischen Abgeordneten unter ihnen). Natürlich gab es keine theoretische Antwort, zu einer Lösung konnte es nur durch ein praktisches Kräftemessen zwischen Berlin und Wien kommen. König Friedrich Wilhelm war der erste, der durch die Verkündung seiner eigenen kleindeutschen Lösung den Stein ins Rollen brachte. Nach der Zurückeroberung seiner Hauptstadt und der Niederschlagung der Revolution in Sachsen, Hannover und Baden nahm er am 20. März 1850 einen norddeutschen Bund unter preußischer Führung in Angriff.

Das mag bescheidener gewesen sein als alle kaiserlichen Ansprüche seitens Preußen, doch es war eine solide Herausforderung, die Schwarzenberg, der nun die wirkliche Macht hinter dem Thron in Wien verkörperte, nicht ignorieren konnte.[10] Sie stand sogar in krassem Gegensatz zu seiner eigenen Zukunftsvision, die viel ehrgeiziger war als alle Berliner Pläne. Wie es sich für diesen überaus arroganten Aristokraten und die Dynastie, der er diente, gehörte, brachte Schwarzenberg die großösterreichische Lösung vor. Damit wollte man die Verschmelzung der gesamten Habsburger-

---

[10] Der einst so mächtige Windisch-Grätz war im April 1849 von der politischen Bühne abgegangen. Er wurde entlassen, zum Teil für sein militärisches Versagen auf dem Feld gegen Kossuths Armee, aber auch weil er alarmierende politische Ambitionen entwickelt hatte; so verlangte er z. B. ein Vetorecht für alle Entscheidungen des Kaisers oder seiner Minister. Die Entlassung ging direkt vom jugendlichen Kaiser aus.

monarchie – Slawen, Magyaren, Rumänen, Italiener und den Rest mit eingeschlossen – mit dem Deutschen Bund erreichen. Wirtschaftlich sollten die beiden Staaten in einem gemeinsamen Zollgebiet aneinandergebunden sein. Militärisch wären die deutschen Armeen verfügbar gewesen, um die verwundbaren Grenzen der Monarchie zu schützen. Politisch sollte die österreichische Führung durch eine Mehrheit in einem aus sieben Mitgliedern bestehenden obersten Direktorium gesichert werden. Obwohl einige Österreicher dies ernst nahmen (wie auch einige österreichische Historiker), war es in Wahrheit nur ein unüberlegtes Konzept, das, wäre es je über einen Entwurf hinausgekommen, niemals hätte funktionieren können.

Das Wichtigste aber war, daß es da jemanden in Wien gab, der wirklich an diese Vision glaubte und auch bereit war, dafür zu kämpfen. Während des ganzen Jahres 1850 hatten Österreich und Preußen einander die Zähne gezeigt und gegeneinander Ränke geschmiedet, um ihre eigene Lösung zu verwirklichen. Im Herbst fletschten auch ihre Armeen die Zähne gegeneinander, und das kontinentale Europa rüstete sich zum Krieg. Im November gab dann König Friedrich Wilhelm, besorgt um seine derzeit bescheidene militärische Stärke und unfähig, sich Rußlands Unterstützung zu sichern, einem österreichischen Ultimatum nach. Durch die sogenannte Punktation von Olmütz (die beiden Seiten trafen sich dort im vom Namen her passenden, doch wenig glanzvollen Hotel Zur Krone) verzichtete Preußen auf die Weiterverfolgung seines Plans in Richtung einer separaten norddeutschen Union. Es stimmte vielmehr zu, sich dem postnapoleonischen Bund von 35 deutschen Fürsten und vier freien Städten anzuschließen, den Österreich nun wieder zum Leben erweckte und dessen Bundestag es kontrollieren konnte. Dieser Triumph der Habsburger war ebenso trügerisch wie spektakulär. Österreich hatte nur Zeit gewonnen und den unvermeidlichen Waffengang nur hinausgeschoben. Tatsächlich stand Nemesis schon bereit, als nun der wiedererrichtete Bundestag von 1815 in Frankfurt anstatt des Parlaments zusammentrat. Der preußische Delegierte war Otto von Bismarck, damals noch ein übermütiger junger Junkerdiplomat, doch letztendlich dazu bestimmt, Herrscher über Kontinentaleuropa und Richter über Österreichs Schicksal zu werden.

Am 5. April 1852, kaum 15 Monate nach der Demütigung Preußens in Olmütz, starb Schwarzenberg plötzlich. Der gutaussehende Fürst, der in Liebesdingen ebenso bewandert war wie in der Diplomatie, fand ein stilgerechtes Ende. Er wurde von einem Herzinfarkt dahingerafft, während er sich für einen Ball in Schale warf, auf dem er mit seiner neuesten Eroberung, der attraktiven polnischen Frau eines Armeeoffiziers, zu tanzen hoffte. Sie war nicht die einzige Dame der Wiener Gesellschaft, die um ihn trauerte, doch er hinterließ viel mehr als eine Reihe von Mätressen aus gutem Hause. Da war erst einmal das von ihm initiierte neue Regierungssystem, das den letzten Funken des Liberalismus auslöschte, der unter Stadions Entwurf von 1849 noch geglimmt haben mochte. Das Silvesterpatent von 1851 (so benannt, weil es vom Kaiser am Silvestertag offiziell verkündet wurde) kam unbehindertem Absolutismus gleich. Das Konzept einer parlamentarischen Verfassung – oder überhaupt irgendeiner Beteiligung des Volks an der Gesetzgebung – wurde nicht nur beiseite gewischt, sondern öffentlich aufgehoben. Alle Macht ging nun wieder an die Krone zurück, die, obwohl sie über einen Ministerrat arbeitete, in Wahrheit durch Verordnungen regierte. Die Pressefreiheit wurde ebenso wie die Schwurgerichtsverfahren abgeschafft, und sogar die alten Versprechen an die Völker des Reichs auf das »Recht auf Wahrung und Pflege ihrer Nationalität« wurden gebrochen.

Für Schwarzenberg und für seinen Souverän, der an diesem Prozeß eifrig beteiligt gewesen war, war der Absolutismus zu Hause das notwendige Gegenstück zu dem männlich eitlen Muskelspiel im Umgang mit den Preußen außerhalb. Es war eine der vielen Situationen, in denen Österreichs Außenpolitik seine inneren Angelegenheiten formte. Seinen Höhepunkt sollte dies 16 Jahre später erreichen, als die katastrophalste Niederlage der Monarchie auf dem Schlachtfeld direkt zu einer der drastischsten Veränderungen in ihrer inneren Struktur führte. Verfassungen wurden vom Kaiser aufgegriffen und verworfen, so wie man einen Mantel dem gerade vorherrschenden Klima entsprechend wechselt. Von dauerhafterer Wirkung unter seinen Landsleuten war die Erinnerung an Schwarzenbergs leidenschaftlichen Glauben an Österreich, der zuletzt noch von Erzherzog Franz Ferdinand heraufbeschworen wurde, dessen Tod in Sarajevo den Tod der Monarchie selbst ankündigte.

Da Schwarzenberg nicht mehr da war, traf der Kaiser, erst 22 Jahre alt, die bemerkenswert kühne Entscheidung, selbst zum Schlag auszuholen. Er ernannte keinen neuen Ministerpräsidenten mehr, sondern verkündete am 14. April 1852, daß er ab sofort persönlich den Vorsitz im Ministerrat übernehmen werde. Damit wurde er eigentlich gleichzeitig der Regierungschef und der Souverän seines Reichs, wobei alle Fäden der Politik in seinen jungen Händen zusammenliefen. »Nun«, so sein Kommentar gegenüber dem ergebenen Windisch-Grätz, »wo mein Name allein unter allen Verordnungen steht, ist jeder Tadel von derlei Maßregeln Hochverrat!« Das Problem bei dieser hochmütigen Übernahme von höchster Gewalt bestand darin, daß ab nun sowohl Versagen als auch Erfolg allein der Hofburg zugeschrieben werden konnte, und noch vor Ende des Jahrzehnts unterlief der Monarchie ein grober diplomatischer Schnitzer, und sie erlitt eine schwere Niederlage auf dem Schlachtfeld. Der unerfahrene Autokrat war persönlich in beides verwickelt.

Der Schnitzer betraf den Krimkrieg von 1853 bis 1856. Im Juli 1853 marschierte Zar Nikolaus, trotz der Bitten Kaiser Franz Josephs, sich zurückzuhalten, in die Fürstentümer Moldawien und die Walachei, damals Teil des türkischen Reichs, auf dem Balkan ein. Die Türkei hatte keine andere Wahl, als Rußland den Krieg zu erklären. England und Frankreich, beide entschlossen, jeden russischen Vorstoß in Richtung Konstantinopel zu verhindern, folgten sechs Monate später ihrem Beispiel. Preußen optierte für strikte

Neutralität und verhielt sich auch während des ganzen langen und blutigen Konflikts, der nun folgte, neutral. Franz Joseph gab sich dagegen in einem kaiserlichen Zurschaustellen dieser »Halb-und-Halbheiten« hin, die Grillparzer als das österreichische Nationalübel erkannt hatte. Er ordnete die allgemeine Mobilmachung gegen Rußland an (drei Armeekorps in Ungarn im Jahr 1853 und weitere vier in Galizien im darauffolgenden Jahr), lehnte jedoch den Rat seiner eigenen Minister[11] ab, Rußland gleich den Krieg zu erklären. Folglich ging Österreich bei der Friedenskonferenz in Paris im März 1856 leer aus. Noch schlimmer war aber, daß Österreich nun isoliert dastand. Sein Kaiser hatte es geschafft, bei dem Versuch, zwischen den Mächten zu manövrieren, es sich mit allen von ihnen zu verderben: mit der Türkei, Frankreich und England, weil er sich nicht ihrer Allianz angeschlossen hatte, und mit Rußland, weil er eine große Anzahl der russischen Truppen entlang der Donau festgehalten und selbst nach den zwei Fürstentümern getrachtet hatte. Für den Zaren war Franz Josephs Verhalten ein Schlag ins Gesicht gewesen: das war tatsächlich eine schäbige Belohnung dafür, daß er 1849 Ungarn für ihn gerettet und ihn ein Jahr danach im Waffengang mit Preußen unterstützt hatte. Aber andererseits war Dankbarkeit, wie die Habsburger gerne zugaben, nie eine ihrer stärksten Seiten gewesen.

Die militärische Niederlage von 1859 war für den jungen österreichischen Kaiser aus persönlicher Sicht sogar ein noch schwererer Rückschlag. Wieder einmal waren die norditalienischen Provinzen, dieses verhängnisvolle Vermächtnis, das die Monarchie 1815 geerbt hatte, Schauplatz; und wieder war es das winzige Königreich Piemont-Sardinien, das die zweite Runde im Kampf des italienischen Nationalismus gegen die österreichische Herrschaft führte; auch ging wieder ein Napoleon auf dem Schlachtfeld um – diesmal Louis Napoléon, Neffe des »Großen Korsen«, der 1851

---

[11] Vor allem Graf Karl Buol-Schauenstein, ein Karrierediplomat, der zu dieser Zeit das verhaßte Amt des Außenministers innehatte.

in Paris einen Coup d'État inszeniert und sich selbst zum neuen Kaiser der Franzosen erklärt hatte. Die vom Krimkrieg offene Rechnung wurde nun beglichen, als im April 1859 Wien vorschnell ein Ultimatum an das Königreich Piemont-Sardinien schickte, die Truppen abzuziehen, und dann ins Königreich einfiel. Preußen hielt sich trotz stärkstem Druck von österreichischer Seite aus dem Krieg heraus. Piemont konnte andererseits auf Englands Hilfe hoffen und sich an seinen neuen Verbündeten, Frankreich, um militärische Unterstützung wenden. Louis Napoléon, der die ganze Verwicklung eigentlich im voraus mit dem piemontesischen Ministerpräsidenten Cavour eingefädelt hatte, reagierte prompt. Französische Verstärkungstruppen wurden zur Unterstützung der piemontesischen Armee über die Alpen geschickt, und am 24. Juni kam es zum entscheidenden Zusammenstoß. Die Schlacht von Solferino war keine vernichtende Niederlage für die österreichische Armee, die anfangs eigentlich erfolgreich kämpfte. Da aber ihren Truppen befohlen wurde, nach schweren Verlusten auf allen Seiten das Feld zu räumen, kam dies im Endeffekt einer Niederlage gleich. Der wirkliche Verlierer war Franz Joseph, der nach zauderndem Hin und Her zwischen offensiven und defensiven Strategien schließlich den Befehl zum Abzug gab. Sieben Tage zuvor hatte er persönlich den Oberbefehl über zwei dort kämpfende Armeekorps übernommen. »Ich bin um viele Erfahrungen reicher geworden und habe das Gefühl eines geschlagenen Generals kennengelernt«, schrieb er in gedämpfter Stimmung an seine Sisi und fügte hinzu: »Die schweren Folgen unseres Unglücks werden noch kommen ...«

Diese Folgen wurden schnell deutlich im Vorfrieden von Villafranca am 12. Juli.[12] Obwohl Louis Napoléon der Habsburgermonarchie erlaubte, weiterhin in Venetien zu bleiben, war die Schlüsselprovinz Lombardei verloren. Unter den ehrenrettenden Konzessionen, die Franz Joseph

---

[12] Im endgültigen Frieden von Zürich am 10. November fielen die Bedingungen für Österreich noch ungünstiger aus.

sich sicherte, war das Recht, solange er lebte, weiterhin die Eiserne Krone der Langobarden zu verleihen. Es war ein pathetisches Zurschaustellen dynastischer Eitelkeit und stand in krassem Gegensatz zu dem Gefühl der Erniedrigung, das im gesamten Reich vorherrschte. Hier, in der Heimat, waren diese »schweren Folgen«, von denen der Kaiser geschrieben hatte, besonders zu spüren. Die habsburgerfeindlichen Reformisten in Ungarn, deren Eifer zehn Jahre zuvor zwar unterdrückt, jedoch nicht ausgelöscht worden war, faßten neuen Mut. Die Forderung nach völliger Loslösung von Wien wurde in Budapest wieder laut, doch in Franz Deák, der Kossuth als Führer der ungarischen Nationalisten gefolgt war, hatten die Magyaren nun einen echten Staatsmann statt eines romantischen Unruhestifters an der Spitze.

In den eigenen österreichischen Ländern des Kaisers gab es natürlich keine solchen Unruhen. Es herrschte jedoch ein Gefühl der Verbitterung und des Zorns, denn die Italiener waren inzwischen zu *dem* Nationalfeind schlechthin geworden. Franz Joseph handelte auch nicht sehr klug, als er sich nach seiner Rückkehr von der Front wochenlang mit seiner Familie auf sein Schloß in Laxenburg zurückzog. Als er sich am 12. September wieder in der Öffentlichkeit zeigte, um einer Parade beizuwohnen, waren aus der Menge ebenso viele Buhrufe wie Jubelrufe zu hören. Das Ansehen des jungen Kaisers war vorübergehend getrübt. Erst ein Jahr zuvor hatte es seinen Höhepunkt erreicht, als am 21. August 1858 seine Frau, nachdem sie schon drei Töchter auf die Welt gebracht hatte, der Monarchie endlich den langersehnten Erben, den unglückseligen Erzherzog Rudolf, geschenkt hatte. Franz Josephs Nimbus sollte in späteren Jahren seiner Regierungszeit wieder scheinen, doch mit dem sanfteren, fast trüben Glanz, der ihm einzig aufgrund der dahingegangenen Jahre verliehen wurde. Im Moment hatte die Monarchie jedoch keine andere Wahl, als wieder einmal auf die Ereignisse im Ausland mit Veränderungen im eigenen Land zu reagieren. Ein zielloser Rückzug, weg von Schwarzenbergs zentralistischem Absolutismus, setzte nun ein. Der Gedankengang dahinter war absurd und zwingend zugleich: Die Zeiten waren schlecht, also mußte deshalb auch das herrschende System schlecht sein.

Die erste Variante, deren grobe Züge unter voller Mitarbeit des Kaisers ausgearbeitet worden waren, war eine ausgeklügelte Tarnung kaiserlicher Macht. Durch das Oktoberdiplom (so genannt, weil die neue Ordnung am 20. Oktober 1860 proklamiert wurde) wurde im ganzen Kaiserreich die Fassade einer Volksvertretung errichtet. Das alte Parlament wurde wieder zum Leben erweckt und – auf dem Papier – mit der Macht ausgestattet, über Steuerfragen zu befinden und bei Gesetzesentwürfen »mitzuarbeiten«. Die persönliche Kontrolle des Kaisers über seine Armee und die Außenpolitik blieb jedoch vom Gesetz her ungeregelt. Auch in den Ländern blieb alles beim alten; hier sollten Landtage eingesetzt werden, was eine gewisse Dezentralisierung mit sich gebracht hätte, doch garantierte der Wahlmodus, daß diese in den Händen des Feudaladels blieben. Die Idee, daß örtliche Grundbesitzer als Hüter des Liberalismus dienen könnten, war eine der vielen Absurditäten des Oktobersystems, das niemanden zufriedenstellte. Nach gut vier Monaten wurde es durch ein viel ehrgeizigeres Experiment, der repräsentativen Regierung, ersetzt.

Das sogenannte Februarpatent von 1861 etablierte ein Zweikammernparlament, dessen solide wirkendes Fundament das Reich als Ganzes umfaßte. Das Herrenhaus verkörperte wieder das alte System, nur eben in Reihen aufgefädelt: die erwachsenen Erzherzöge, Großgrundbesitzer, kirchliche Würdenträger plus einer Anzahl von Mitgliedern, die von der Krone auf Lebenszeit nominiert wurden. Doch das Abgeordnetenhaus mit seinen 323 Mitgliedern[13]

---

[13] Die Aufteilung war folgendermaßen: 85 aus Ungarn, 54 aus Böhmen, 38 aus Galizien, 26 aus Transsylvanien, 22 aus Mähren, 18 aus Niederösterreich, 13 aus der Steiermark, jeweils 10 aus Oberösterreich und Tirol, 9 aus Kroatien, je 6 von Krain und Schlesien, je 5 aus Dalmatien, Kärnten und der Bukowina, 3 aus Salzburg, je 2 aus Triest, Vorarlberg, Istrien und Görz.

und die wiederhergestellten Landtage in den Ländern erlaubten zum ersten Mal auf gesetzlicher Basis die Wahl Bürgerlicher. Das feudale Element hatte immer noch mehr als
seinen gerechten Anteil an Sitzen im Landtag, doch es wurde zahlenmäßig vom aufblühenden Bürgertum des Reichs
übertroffen, vor allem von den deutschsprachigen Städtern,
unter denen die Dynastie nach wie vor ihre wichtigste
Unterstützung suchte. Da die Landtage dazu aufgerufen
waren, das Zentralparlament in Wien zu wählen, kam es in
der Hauptstadt zu einem raschen Aufstieg der Bürgerlichen. Mit ihnen erschienen zum ersten Mal die Juden auf
der zentralen politischen Bühne des Reichs, eine Bühne, die
sie bisher nur vom Rand aus, wo die großen Bankiers standen, beeinflußt hatten.

Nationalismus und die damit verbundenen Forderungen
nach umfassenden Reformen waren die lautstark vorgebrachten Schlagwörter der Zeit: In Deutschland, in Italien
(wo nun Louis Napoléon herrschte) und ebenso unüber-
hörbar in Ungarn. Die Bedrohung aus Budapest war für
Wien die schwerwiegendste, doch die Österreicher waren
so fasziniert von der alldeutschen Vision jenseits ihrer
Grenzen, daß sie dem Streben der Magyaren nach Separatismus, das am Herzen ihres Reichs nagte, nicht die nötige
Aufmerksamkeit schenkten. Die ungarischen Nationalisten hatten jede von Wien proklamierte konstitutionelle
Umbildung abgelehnt, da sich jede über Kossuths Grund-
forderung von 1848 nach einer unabhängigen ungarischen
Gesetzgebung hinwegsetzte. Das galt vor allem für das
streng zentralistische Februarpatent. Dementsprechend
hatten sie sich geweigert, auch nur einen der 85 Abgeordneten, die Ungarn zustanden, ins Zentralparlament zu entsenden. Das war zwar der größte Anspruch unter allen Völkern
des Reichs, aber sie wurden dennoch ständig überstimmt.
Die Magyaren wollten für sich selbst und allein wählen,
und zwar in einer eigenen Hauptstadt. Die Schwierigkeit
war nun, wie man etwas, das dem Separatismus gleichkam,
mit einer fortdauernden Existenz unter dem habsburgischen Zepter versöhnen konnte. Deák akzeptierte, im

Gegensatz zu Kossuth, daß Ungarn nur als Teil des österreichischen Vielvölkerreichs, das selbst die ehrwürdigste
unter den Großmächten war, eine Rolle in Europa spielen
konnte. Weder er noch Franz Joseph hätten damit gerechnet, daß die Antwort auf dieses und viele andere Probleme
nicht von Wien oder Budapest, sondern bald von Berlin
kommen sollte.

Am 23. September 1862 wurde Otto von Bismarck vom
politischen Nebenfeld der Diplomatie[14] zurückbeordert,
um Kanzler und zwei Wochen später auch Außenminister
Preußens zu werden. Eine seiner vordringlichsten Aufgaben
war, den gordischen Knoten zu durchtrennen, der Österreicher und Deutsche geschichtlich und gefühlsmäßig auf so
verwickelte und scheinbar nicht zu entwirrende Art verband. Bismarcks Instrument war das gleiche, das auch
Alexander der Große verwendet hatte, um den gordischen
Knoten der Legende zu lösen: das Schwert. Er hatte selbst
während seines Diensts als junger Diplomat in Frankfurt
kein Geheimnis aus seiner Absicht gemacht. Seine Depesche nach Berlin vom 15. Februar 1854 enthielt die bildliche
Warnung davor, »die seetüchtige Fregatte Preußen und das
wurmstichige, alte Orlogschiff Österreich aneinanderzu-
ketten«. Verhängnisvoller und auch berühmter war seine
Prophezeiung, daß große Fragen der Zeit nur durch »Blut
und Eisen« gelöst werden könnten. Es gehörte zu Bismarcks
Strategie, in derartiger Offenheit zu sprechen, daß seine
Gesprächspartner meistens zögerten, ihn beim Wort zu
nehmen. Es war eine hervorragende Methode, denn wenn
sie als Erpressung versagte, so funktionierte sie als Täuschung. Bismarck meinte wirklich, was er sagte, und das
galt in erster Linie in bezug auf die Habsburgermonarchie.

Bei der entscheidenden historischen Kraftprobe, die nun
näherrückte, waren die Österreicher unter dieser Monarchie hoffnungslos im Nachteil. Sie hatten keinen vergleich-

---

[14] Nach acht Jahren (1851–1859) als preußischer Abgeordneter
zum Frankfurter Bundestag hatte er nacheinander als Botschafter
seines Landes in St. Petersburg und in Paris gedient.

bar fähigen Minister, den sie in den Kampf schicken konnten, und noch mehr fehlte es ihnen an irgend jemandem wie ehedem Metternich oder Schwarzenberg, der Einfluß auf ihren Kaiser gehabt hätte. In Bismarck besaß Preußen nun nicht nur den größten Diplomaten seiner Zeit, er war gleichzeitig auch der Mann mit dem stärksten Einfluß auf den Monarchen, dem er diente. Dem neuen Kanzler standen zwar Streitereien und Rückschläge bevor, doch im wesentlichen lag die preußische Außenpolitik nun in Bismarcks Händen. Aber dieser besaß noch einen zweiten enormen Vorteil, wurden doch sowohl er als auch die Krone vom vereinten nationalistischen Geist des preußischen Volks getragen. Wie verschieden dieses klare, scharfe Licht von der nebelhaften Vorstellung war, in der die Österreicher immer noch lebten, läßt sich am besten durch eine Äußerung veranschaulichen, die ihr eigener Kaiser genau in dem Jahr machte, in dem Bismarck an die Macht gekommen war. Während des Internationalen Juristentages von 1862 in Wien erklärte Franz Joseph: »Ich bin zuerst und vor allem ein Österreicher, aber ich bin auch ein deutscher Fürst.«

Der Kaiser dachte in dynastischen Begriffen, und so griff er zurück auf jene Tage, als seine Vorfahren noch Kaiser des Heiligen Römischen Reichs waren. Die Idee, einen Kongreß deutscher Fürsten in Frankfurt einzuberufen, bei dem natürlich der österreichische Kaiser den Vorsitz führen sollte, nahm einen paradoxen Anfang. Ihr Urheber dürfte Julius Fröbel, ein Führer der 1848er Revolution in Wien gewesen sein, der aus der Emigration in Amerika zurückgekehrt war. Die Idee bekam Wind unter ihre Flügel, als sie von Fürst Thurn und Taxis aufgegriffen und seinem Schwager Franz Joseph unterbreitet wurde. Der Souverän zeigte sich erfreut über diesen Plan und machte ihn sich zum Mißfallen seiner Minister zu eigen. Es wäre, so schrieb er seiner Mutter, »der letzte Versuch, Deutschland zu einigen«. Damit meinte er natürlich eine Vereinigung unter österreichischer Führung, obwohl dies sehr vorsichtig ausgedrückt werden mußte. Der endgültige Plan, den er am 16. August 1863 präsentierte – zwei Tage vor seinem 33. Geburtstag –, forderte die Einsetzung eines Direktoriums mit beschränkter Gewalt über die Angelegenheiten des neuen alldeutschen Bundes unter seinem Vorsitz. Eine neue Volksversammlung, die von den verschiedenen Staatsparlamenten gewählt werden sollte, wurde mit einem noch zahnloseren Gebiß ausgestattet.

Vielleicht war der Plan so vorsichtig formuliert, daß er das Interesse der meisten anwesenden deutschen Fürsten fesselte und sogar das restliche Europa beeindruckte. Louis Napoléon hatte das Gefühl, daß dies schlußendlich doch die Geburt dieses vereinten Deutsch-Österreichs bedeuten könnte, das er so fürchtete. Königin Viktoria von England, der Franz Joseph bald nach dem Fürstentag in Coburg, der Heimatstadt ihres Ehemanns, einen Besuch abstattete, sprach mit dem Kaiser, als ob er bereits Herrscher über die deutsche Welt wäre. Ob er versprechen würde, fragte sie nervös, nichts zu unternehmen, was der Position des preußischen Kronprinzen Friedrich, dem Gatten ihrer ältesten Tochter Vicky, schaden könnte? Was die Königin von England und alle anderen in der Hitze des Gefechts zu übersehen schienen war, daß es Österreich war, das mehr als je zuvor Schutz vor einem rachsüchtigen Preußen nötig hatte. Auf Drängen Bismarcks, der mit seinem König über dieses Thema einen herkulischen Kampf geführt und gewonnen hatte, war König Wilhelm nicht nach Frankfurt gegangen.[15] Das preußische Veto machte alles, was dort entschieden wurde, schon von vornherein zu einer leeren Phrase. Dennoch hatte die Habsburgermonarchie einen moralischen Sieg davongetragen, indem sie einer Versammlung von 30 deutschen Fürsten vorstand, und das spornte Bismarck nur

---

[15] Der Kampf wurde im österreichischen Kurort Badgastein ausgetragen, wo König Wilhelm in jenem Sommer auf Kur war. Erst kam Franz Joseph persönlich, um den preußischen König zur Teilnahme zu bitten. Dann wurde ihm eine formelle Einladung im Namen von 20 deutschen Fürsten geschickt. Nur durch die Androhung seines Rücktritts konnte Bismarck den König zurückhalten. Wieder in seinem Hotelzimmer angelangt, zerschmetterte er seinen Wasserkrug, um dem Druck, unter dem er gestanden hatte, Luft zu machen.

noch mehr dazu an, die Rechnung mit ihr ein für allemal zu begleichen – je früher desto besser. Die Gelegenheit dazu bekam er drei Monate später. Am 15. November 1863 starb König Friedrich von Dänemark und hinterließ die Nachfolge in den beiden von Dänemark regierten Herzogtümern Schleswig und Holstein politisch und genealogisch ungeregelt. Laut Bismarck wurde seine verwickelte Situation nur von drei Leuten in Europa verstanden, von denen er natürlich einer war. Die Einzelheiten dieser Verwirrung interessieren uns hier nicht. Unsere Aufmerksamkeit gilt einzig der Tatsache, daß Bismarck daraus die endgültige Zerstörung Österreichs als eine deutsche Macht heraufbeschwor.

Erst machten Berlin und Wien gemeinsame Sache, indem sie trotz verschiedener nun aufkommender Widersprüche Anspruch auf die dänische Nachfolge in Schleswig-Holstein erhoben. Ihre gemeinsamen Armeen hatten kaum Schwierigkeiten, die Dänen aus den Herzogtümern zu vertreiben, die sich nach erneuten Kämpfen am 30. Oktober 1864 schließlich den beiden deutschen Mächten ergaben. Anfangs verwalteten sie ihre Beute noch gemeinsam. Dann teilten sie die Beute durch den Vertrag von Gastein vom 14. August 1865 unter sich auf: Von jetzt an sollte Preußen über Schleswig regieren, während Holstein an Österreich fiel. Und schließlich stritten sie sich um die Beute. Bismarck gab später offen zu, daß der Streit von ihm inszeniert worden war, weil er zu diesem anderen Krieg führen sollte, von dem er seit über zehn Jahren besessen gewesen war, dem Krieg gegen Österreich. Er hatte ihn Schritt für Schritt vorbereitet, indem er sicherstellte, daß das habsburgische Kaiserreich, wenn es zum endgültigen Kräftemessen käme, allein kämpfen mußte.

Das Wohlwollen des Zaren, der immer noch an Österreichs undankbarem Verhalten im Krimkrieg nagte, wurde durch Bismarcks Weigerung, die polnische Rebellion von 1863 gegen Rußland zu unterstützen, gekauft. (Österreich hatte sich mit Frankreich und England zusammengetan, um gemeinsam eine gewisse Autonomie für Polen zu retten.) Frankreichs Neutralität wurde mit wenig mehr als ein paar Schmeicheleien und dem Versprechen erkauft, daß Österreich nach seiner Niederlage Venetien, das letzte der Monarchie noch verbliebene italienische Gebiet, an König Viktor Emmanuel zurückgeben müsse. Bismarcks Meisterleistung war der Vertrag vom 8. April 1866 mit dem neuen Königreich Italien. Preußen machte überhaupt keine Zugeständnisse, außer noch einmal das Versprechen bezüglich Venetien zu wiederholen. Italien hingegen stimmte zu, alle verfügbaren Kräfte ins Feld zu schicken, um Preußen in einem Krieg gegen Österreich zu unterstützen. Dieser wohl außergewöhnliche Pakt sollte nur drei Monate gelten. Doch mehr Zeit brauchte Bismarck auch nicht.

Am 5. Mai machte Preußen seine Armee kriegsstark, und Österreich, das in Italien bereits die Mobilmachung angeordnet hatte, ließ nun auch an seiner nördlichen Grenze Soldaten aufmarschieren. Diese »Provokation« spielte Bismarck in die Hände, und am 15. Juni überzeugte er König Wilhelm davon, den Angriff auf Hannover, Sachsen und Hessen-Kassel zu befehlen, drei von Österreichs Hauptverbündeten im Streit. Nach sieben Wochen war alles vorbei, von da an war es für Europa ein reiner Anschauungsunterricht, was mit einer Kombination aus besserer Logistik, modernsten Waffen und einer guten Heeresführung erreicht werden konnte. Preußen verfügte über fünf Eisenbahnlinien in das Kampfgebiet, Österreich hingegen nur über eine. Es hatte die neuesten Zündnadelgewehre, während Österreich sich mit den alten Vorderladern begnügen mußte. Und vor allem hatte es in Helmuth Graf von Moltke einen Kommandanten, der seinen Gegenspieler, General Benedek, völlig in den Schatten stellte. Dieser gute, aber einfallslose Soldat war unklugerweise von der italienischen Front, die er wie seine Westentasche kannte, nach Böhmen versetzt worden, wo er nach eigenen Worten »ein Esel« war.[16]

Die Entscheidung fiel am 3. Juli 1866 außerhalb der Stadt Königgrätz. Es war, als ob der imaginäre Zusammenstoß

[16] Man war allgemein der Meinung, daß Franz Joseph den überaus tüchtigen Erzherzog Albrecht als Kommandanten gegen Preußen hätte wählen sollen, der sein Talent an der italienischen Front vergeudete.

der »seetüchtigen Fregatte« von Bismarcks Preußen und dem »wurmstichigen Orlogschiff« Österreichs nicht auf hoher See, sondern wirklich und wahrhaftig am Ostufer der Elbe stattgefunden hätte. Benedeks Kavallerie schlug sich gut, und die österreichische Artillerie war wie immer hervorragend. Doch in der Infanterie, der entscheidenden Waffe, wiesen die Österreicher unverzeihliche Mängel auf. Benedek vergab jede noch verbleibende Chance, indem er zwischen Vorstoß und Rückzug hin und her schwankte. Außerdem wurde der österreichischen Sache durch den Ungehorsam zweier seiner Armeekommandanten, den Grafen Thun und Festetics, auch nicht gerade geholfen. Dieses Duo arroganter Adeliger ignorierte die Befehle, die Nordflanke der Armee zu verteidigen, und startete statt dessen einen Angriff in einem kostspieligen, aber fruchtlosen Versuch, sich selbst mit dem Lorbeerkranz des Siegers zu schmücken. Es war Moltke, der diese Lorbeeren für sich beanspruchte, als die österreichischen Truppen sich während des Nachmittags plötzlich auflösten und den Rückzug über den Fluß antraten, der einer wilden Flucht gefährlich nahekam. Sogar Moltke, der noch am gleichen Abend einen Nervenzusammenbruch erlitt, war verblüfft über das gewaltige Ausmaß seines Triumphs. Kein Wunder, denn als am nächsten Tag die Opfer auf dem Schlachtfeld gezählt wurden, zeigte sich, daß die Österreicher rund 13 000 Tote zu beklagen hatten, etwa dieselbe Anzahl an Gefangenen und weitere 17 000 Verwundete. Moltkes Verluste beliefen sich auf insgesamt 9172, wovon nur 1935 Gefallene waren. Das Ausmaß des preußischen Sieges in diesem Kampf um die Vormachtstellung in Deutschland wurde an diesen unterschiedlichen Blutopfern gemessen.

Nun blieb noch die Umsetzung des auf dem Schlachtfeld gewonnenen Sieges auf das parallele Feld der Diplomatie. Hier sollte Bismarck seine wirkliche Größe unter Beweis stellen. Bisher hatte sich der Junker von Schönhausen als ein hervorragender Redner, ein leidenschaftlicher preußischer Patriot, ein ergebener Diener seines Königs und als ein raffinierter Diplomat ausgezeichnet. Die Milde, die er in der

Stunde des Triumphs walten ließ, umhüllte ihn mit dem Mantel von Europas hervorragendstem Staatsmann, einen Mantel, den er fast 25 Jahre tragen sollte.

Obwohl Österreich aus Deutschland vertrieben werden mußte, war Bismarck entschlossen, die Habsburgermonarchie als einen zukünftigen Partner und Verbündeten zu erhalten, denn Preußen hätte sich in Europa nie gegen eine langzeitige Feindschaft Wiens durchsetzen können. Dementsprechend wurde im Vorfrieden, der auf Burg Dietrichstein bei Nikolsburg in Mähren am 26. Juli unterzeichnet wurde (der endgültige Friedensschluß wurde vier Wochen später in Prag bekräftigt), das österreichische Kaiserreich in allen Gebieten bestätigt – mit Ausnahme Venetiens, dessen Abtretung an Italien von Franz Joseph schon lange akzeptiert worden war. Sein wahrer Verlust war ein politischer, nicht ein territorialer, und dieser war in der nächsten Klausel festgehalten. Dort wurde festgelegt, daß die Neuordnung Deutschlands nun unter Ausschluß des österreichischen Kaisertums vorgenommen werde. Preußen würde fortan einer neuen Föderation norddeutscher Staaten vorstehen. Was die Königreiche und Fürstentümer des katholischen Südens betraf, so wurden sie im Moment separat und unabhängig belassen, aber sollten sie sich jemals in einer eigenen Föderation zusammenschließen, so dürfe sich diese mit dem Bund der Nordstaaten vereinigen. Damit hatte Bismarck bereits die nächste Phase preußischer Expansion vorgegeben, die schon fünf Jahre danach mit der Schaffung eines eigenen Deutschen Reichs eintreten sollte.[17]

[17] In den unbedeutenderen Friedensbestimmungen wurde unter anderem vereinbart, daß Österreich seinen Anteil von Schleswig-Holstein abtreten und Preußen eine Kriegsentschädigung von 20 Millionen Talern zahlen mußte (weniger als die Hälfte von Preußens ursprünglicher Forderung). Bismarck hatte einen heftigen Streit mit seinem Souverän, um König Wilhelm davon abzubringen, Gebiete von Sachsen, Österreichs engstem Verbündetem in dem Konflikt, zu annektieren. Franz Joseph, zur Abwechslung einmal fanatisch treu, hatte gedroht, den Kampf wiederaufzunehmen, sollte Preußen weiterhin darauf bestehen.

Die Tage der Habsburger als deutsche Kaiser waren damit für immer vorbei. Zugegeben, es war nur eine imaginäre Macht, der verblaßte Glanz Karls des Großen, die aufgegeben wurde, und doch schmerzte dieser Verlust, denn diese Fiktion war Teil der Glorie der Dynastie gewesen. Wie schon 1859 hatte die Niederlage auf dem Schlachtfeld Franz Josephs Krone den Glanz genommen. Wieder war der Jubel gedämpft und vermischt mit Buhrufen, als er in der Öffentlichkeit erschien. Bei dieser Gelegenheit gab es sogar Gerüchte, daß ihn seine reizende Gemahlin, die damals am Höhepunkt ihrer Popularität angelangt war (vor allem in Ungarn, wo sie viel Zeit verbrachte), eine Zeitlang als Regentin ersetzen solle. Das war leeres Geschwätz, doch seine emotionale Abhängigkeit von ihr war nie stärker als zu jener Zeit. Die Briefe, die er ihr während dieser Wochen der Krise nach Budapest schrieb, waren unterzeichnet mit »Dein armer Kleiner«.

Elisabeth, die den Kaiser so lange Zeit allein in Wien ließ und sogar ihre Kinder mit nach Budapest nahm, suchte dort nicht nur Sicherheit, sondern entwickelte allmählich eine Liebe zu den Magyaren, die ihr ganzes Leben anhalten sollte. (Ihre Ausrede ihm gegenüber für ihren langen Aufenthalt dort, nämlich das ungesunde Klima in Wien, war offensichtlich fadenscheinig: die ungarische Hauptstadt konnte im Hochsommer noch heißer sein.) Aber sie hatte auch begonnen, sich mit Politik zu befassen. In einer Reihe von Briefen an ihren Mann bat sie ihn darum, Graf Julius Andrássy, einen der Führer des ungarischen Nationalismus und ein enger Freund von ihr, anstatt des Grafen Alexander Mensdorff einzusetzen, des Kavallerieoffiziers, der sein Bestes als Reichsaußenminister gab. Andrássy sollte dieses Amt weitere fünf Jahre vorenthalten werden, aber die Sache der Magyaren, die er und Franz Deák vorantrieben, war nicht mehr aufzuhalten. Die Niederlage bei Königgrätz war nicht nur entscheidend für den weiteren Verlauf der deutschen Geschichte, sie war auch entscheidend für die Umgestaltung der Gesamtstruktur des Kaiserreichs und für die Umwandlung der Habsburgermonarchie in das künstlichste politische Gebilde des Jahrhunderts.

Es mußte eine ganz neue Amtssprache erfunden werden, um es zu beschreiben. Schließlich wurde alles, das nur Ungarn allein betraf, mit k. u. (königlich-ungarisch) bezeichnet. Es konnten aber nicht dieselben Buchstaben zur Bezeichnung rein österreichischer Belange verwendet werden, also nannte man diese, um jede Verwechslung zu vermeiden, k. k. (kaiserlich-königlich). Eine ähnliche Unterscheidung wurde zwischen rein ungarischen und rein deutschen Regimentern in der Armee getroffen. Doch auch Organe, wie das Armeeoberkommando, die das Habsburgerreich als Ganzes repräsentierten, mußten vom Rest unterschieden werden. Das gelang durch Einfügung eines »u« (für »und«) zwischen den beiden »k«. Das waren also die für dieses sonderbare Reich ins Leben gerufenen Kürzel, das Satiriker später Kakanien nennen sollten.

3. Die Zerstörer

Wie hätten Franz Joseph und seine Deutsch-Österreicher auf die Demütigung von 1866 reagieren sollen? Oder besser gefragt: Was hätte der Kaiser tun können? Viele Historiker, österreichische und nichtösterreichische, haben ihm vorgeworfen, daß er nicht sofort mit der Umwandlung seines Reichs in eine richtige Föderation von Nationalstaaten reagiert hat. Dadurch hätten die habsburgischen Länder, die vom größeren Deutschland ausgeschlossen waren, verjüngt werden können, um als ein stabiles und vereintes Reich auf eigenen Füßen zu stehen. Doch Nostalgie oder Ideologie sind beide nicht gerade die besten Ratgeber eines Historikers. Die nüchterne Wahrheit ist, daß, obwohl zahlreiche theoretische Lösungen für die Umformung des Kaiserreichs im 19. und frühen 20. Jahrhundert vorgelegt wurden, keine von ihnen auf dem Papier überzeugte, geschweige denn in die Praxis umzusetzen war. Das bedeutet nicht, daß es keine Reformversuche gegeben hätte, sondern nur, daß es furchtbar schwierig gewesen wäre, sie zu realisieren.

Der Zusammenschluß von Bismarcks Deutschland zu einem Reich aus verschiedenen Kleinstaaten war nur möglich, weil die Bevölkerung dieser König- und Fürstentümer deutsch war, ebenso deutsch wie auch die tiefen und charakteristischen dynastischen Wurzeln. Die Vereinigung Italiens konnte sich ebenfalls nur entlang ähnlicher nationalsprachlicher Linien vollziehen. Doch die Länder der Habsburger, das wohl komplexeste Völkerpuzzle, lagen wie gesagt über ganz Europa verstreut. Es war ja nicht einmal ein richtiges Puzzle, denn die verschiedenen ethnischen Teile paßten eigentlich nie richtig zueinander. Nur im Westen gab es ein einheitliches deutsches Muster: in den alten Kernländern Ober- und Niederösterreich entlang der Donau, in Salzburg und Tirol, und, abgesehen von ihren slawischen Rändern, auch in Kärnten und der Steiermark. Überall sonst waren die Völker der Monarchie im Lauf der Jahrhunderte quer über die Hintergärten der anderen verstreut worden: Magyaren unter Rumänen, Ukrainer unter Polen, Kroaten und Italiener unter Slowenen und starke Gruppen von Deutschen von Böhmen bis hinunter nach Transsylvanien. Nach einer Balkanlegende trug Gott, als er die Welt erschuf, die Steine für seine Berge und Täler in einem Sack. Eines Tages riß der schon verschlissene Sack, und die Felsen wurden wahllos über die Erde verstreut. Die Legende, die das ethnische Durcheinander im winzigen Montenegro erklären soll, könnte genausogut zur Veranschaulichung des gesamten österreichischen Reichs dienen. Abgesehen von den Eroberungen durch Schlachten und den am Altar gemachten Erwerbungen, bestand die Monarchie aus Gebieten, wo sich im Frühmittelalter Nomaden niedergelassen hatten oder später im Mittelalter Künstler- und Händlerkolonien gegründet wurden. Es war ein historisch gewachsenes Wirrwarr, das aus Kampf und Zufall geschaffen wurde.

Auch in der Geschichte suchte man vergeblich nach einer Lösung, denn Ungarn war nicht das einzige Land, das auf ein altes Königreich verschiedener Völker zurückblicken konnte. Wenn die Magyaren ihr »Land des heiligen Stephan« verehrten, so hielten die Tschechen an der Erinnerung an das »Land des heiligen Wenzel« fest, das einst die Krone Polens, Ungarns und im 14. Jahrhundert 22 Jahre lang sogar die Krone Deutschlands umfaßt hatte. Wir haben erwähnt, wie im 15. und 16. Jahrhundert die große Jagellonendynastie die polnische Herrschaft über ihre benachbarten Völker begründet hatte. Sogar die sogenannten geschichtslosen Völker der Monarchie, als die sie oft von oben herab behandelt wurden, hatten einmal ihr eigenes glorreiches Zeitalter erlebt, geht man nur weit genug in der Geschichte zurück. Kroatien war zum Beispiel unter seinem mächtigen König Tomislaw bereits im Jahr 924 ein selbständiges Vielvölkerreich, das sich bis zur Adria erstreckte, also mehr als 300 Jahre, bevor die Habsburger auf der europäischen Bühne erschienen. Tatsächlich hatten alle großen ethnischen Probleme, die die Habsburgermonarchie geplagt und überdauert haben – von den Sudetendeutschen in Böhmen bis hinunter zum Südslawenproblem –, tiefe und verästelte Wurzeln in der Vergangenheit.

Nichts veranschaulicht die Schwierigkeiten, mit denen Franz Joseph konfrontiert war – er war nun gezwungen, sich irgendeine Hilfsmaßnahme an der Heimfront zu überlegen –, besser als die Ideen, die in das vom Desaster bei Königgrätz geschaffene politische Vakuum geschleudert wurden. Die Tschechen beriefen zum Beispiel eine föderalistische Konferenz in Wien ein, bei der sie die Aufteilung der Monarchie in fünf gleichwertige Einheiten vorschlugen: das alte Österreich, Innerösterreich, Galizien, die böhmischen Länder und natürlich Ungarn-Kroatien. Diese sogenannte Pentarchie war, wie so viele Scheinlösungen, viel zu einfach, um funktionieren zu können. Die Kroaten wollten sich nach Möglichkeit wieder von Ungarn abspalten, die Slowenen, die nicht einmal zur Konferenz eingeladen worden waren, reagierten gekränkt, indem sie ein eigenes größeres Slowenien forderten.

Franz Joseph kann daher wohl kaum vorgeworfen werden, daß er keine neue und meisterhafte Staatsidee für sein

Reich, nun da es sich aus der deutschen Welt verstoßen fand, aus dem Hut zauberte. Vorwerfen kann man ihm aber, daß er die schlechteste aller Lösungen gewählt hat (wenn Föderalismus überhaupt je eine Chance haben sollte) und darüber hinaus auch noch aus dem falschen Grund. Er wollte einfach nicht akzeptieren, daß seine Niederlage gegenüber Bismarck endgültig war, und daß die Monarchie deshalb keine andere Wahl hatte, als ihren eigenen multinationalen Weg in der Welt zu gehen. Dagegen holte er am 30. Oktober 1866, nur zwei Monate nach dem Prager Frieden, Baron Friedrich Ferdinand von Beust, einen früheren Ministerpräsidenten von Sachsen, als neuen Außenminister der Monarchie nach Wien. Beust war schon lange ein Gegner Bismarcks, und ihm wurde die Aufgabe erteilt, den Boden für eine österreichische Gegenoffensive gegen Preußen vorzubereiten. Sein erster Anlaufhafen war Budapest. Nur durch eine Vereinbarung mit den Magyaren – und keinesfalls ohne sie – konnte der Kaiser freie Hand für eine erneute Herausforderung an Berlin bekommen. Zu dieser Herausforderung kam es jedoch nie.[18] Aber in ihren Bemühungen, sie vorzubereiten, gaben ein sächsischer Protestant und zwei gemäßigt leidenschaftliche Magyaren, Andrássy und Deák, der Habsburgermonarchie jene Form, die sie bis zu den chaotischen letzten Wochen ihres Daseins beibehalten sollte. Nicht-Österreicher entschieden also einmal mehr über Österreichs Schicksal.

Die Verhandler mußten viele gesetzliche und politische Hürden beseitigen, aber auch wenn ihre Vorstellungen in eine ganz andere Richtung gegangen wären, waren sie doch dazu gezwungen, angesichts des damaligen Klimas, schnell zu einer Einigung zu kommen. Dieser erste Erkundungsbesuch Beusts in Budapest hatte am 20. Dezember 1866 statt-

---

[18] Der Plan bestand darin, eine neue antipreußische Front, basierend auf den südlichen Königreichen und jedem anderen Staat, der Berlin fürchtete, aufzubauen. Bismarck war aber schneller, indem er sich um die Gunst dieser Staaten bemühte und ihnen Zeit zum Nachdenken ließ.

gefunden. Am 18. Februar 1867 wurde Andrássy mit der Bildung einer verantwortlichen ungarischen Regierung betraut, deren Mitglieder sogleich ihren Forderungskatalog vorlegten. Die gemäßigten magyarischen Nationalisten, die nun im Sattel waren, hatten schon seit langem klargemacht, daß sie, im Gegensatz zu Kossuth, bereit wären, Ungarn weiterhin als einen Teil der Monarchie in der sogenannten Personalunion unter der Krone zu belassen, vorausgesetzt ihre Forderungen nach wirklicher Autonomie innerhalb dieses Reichs würden erfüllt.[19] Vor Ende Mai wurde mit der Anerkennung des »Gesetzes XII von 1867« vom ungarischen Reichstag das Unmögliche versucht. Es war eine etwas nüchterne Bezeichnung für diesen historischen Pakt, der das österreichische Kaiserreich als solches abschaffte und an seine Stelle eine neue konstitutionelle Einheit, die sogenannte Doppelmonarchie, rückte.

Von nun an waren nur noch die Außenpolitik, das Militär und die Finanzen gemeinsame Sache von Budapest und Wien. Der Kaiser behielt praktisch die volle Kontrolle über die ersten beiden Sektoren, was seine Grundbedingung während der ganzen Verhandlungen gewesen war. Die Finanzen zählten jedoch zu den Angelegenheiten, über die die neuen Delegationen (60 von jeder Seite) entscheiden sollten. Als ob dies nicht schon genug Sprengstoff für die Zukunft enthielte, wurde vereinbart, daß die Aufstellung der Quoten, die jeder der beiden Staaten anteilsmäßig zu den gemeinsamen Ausgaben beizutragen hatte, alle zehn Jahre neu verhandelt werden sollte. Damit war für jedes der Doppelmonarchie noch verbleibenden fünf Jahrzehnte ein erbitterter Streit zwischen Wien und Budapest vorprogrammiert.

Das Gesetz XII trat am 28. Juli 1867 in Kraft, nach Sanktionierung durch Kaiser Franz Joseph. Von jetzt an waren

[19] Aus dem Exil gelang es Kossuth kurz vor Abschluß der Verhandlungen, ein die Zukunft vorausahnendes Pamphlet zu verbreiten. Darin wurde Deák beschuldigt, das Vertrauen der Magyaren zu mißbrauchen, sollte er etwas anderes als die völlige Unabhängigkeit von Wien akzeptieren.

die einzigen Einschränkungen der ungarischen Selbstbestimmung jene vom Kaiser behaltenen Rechte, selbst einen ungarischen Ministerpräsidenten zu ernennen und zu entlassen und das ungarische Parlament einzuberufen, außer Kraft zu setzen oder aufzulösen. Die magyarischen Nationalisten waren bereit, diese Einschränkungen zu akzeptieren, denn sie hatten sich bereits etwas viel Wertvolleres gesichert als politischen Zierat. Am 8. Juni, sieben Wochen bevor Franz Joseph seine Kontrolle über Ungarn als Kaiser aufgab, hatte er als ihr König ihre sämtlichen historischen Ansprüche auf die Länder des heiligen Stephan bestätigt. Durch seine Krönung in der gotischen Mathiaskirche – mit einer strahlenden Elisabeth an seiner Seite – hatte er geschworen, die historischen Länder des ungarischen Königreichs nicht zu reduzieren, sondern soweit wie möglich zu erweitern. Die Zeremonie sah eine theatralische Bekräftigung dieses Eides vor, den jeder König von Ungarn zu leisten verpflichtet war. Der Zeremonie in der Kathedrale folgte der Ritt des frischgekrönten Nachfolgers des heiligen Stephan zum Disztér, dem Krönungshügel auf dem nahegelegenen Paradeplatz vor dem königlichen Palast, wo der König das Schwert des heiligen Stephan in alle vier Himmelsrichtungen schwang, was den Widerstand gegen jedwede Verletzung der Territorialintegrität des Königtums symbolisierte. Einem Außenstehenden mochte dies wie Hokuspokus erscheinen.[20] Für die Magyaren war es eine klare Bestätigung ihrer eigenen besonderen Identität als ein Volk und als eine Nation.

Die Verteidiger des neuen Dualismus zwischen Wien und Budapest (wohin, wie Bismarck spöttisch vorschlug, Franz Joseph nun seine Reichshauptstadt verlegen sollte) argu-

---

[20] Es gibt viele Legenden um die Insignien. Überlieferungen zufolge soll die Krone dieselbe sein, die einst Papst Sylvester Stephan bei seiner Krönung als Ungarns erster König im Jahr 1000 verliehen hatte. In Wahrheit stammen höchstens die vier Bögen vom Original. Die Geschichte, daß das Schwert des heiligen Stephan einst von Attila dem Hunnen geschwungen worden sei, ist noch phantastischer.

mentieren, daß dieser dem neuen Österreich-Ungarn zumindest für ein halbes Jahrhundert eine grundlegende Stabilität gebracht habe. Der Ausgleich von 1867 wird daher als eine praktische und sogar unvermeidliche Machtaufteilung zwischen den beiden mächtigsten und bevölkerungsstärksten Völkern des Reichs dargestellt; im Vergleich dazu sah keine andere Neuordnung des Völkerpuzzles so einfach aus. Die enormen Probleme, die einer radikalen Umstrukturierung der Monarchie im Wege standen, sind bereits erwähnt worden. Es gab aber noch eine weitere Komplikation. Kein Kaiser hätte sich auf ein Programm des echten Föderalismus einlassen können, es sei denn, er wäre stark und selbstbewußt gewesen; doch dies waren gleichzeitig genau jene Voraussetzungen, unter denen man es wohl nicht für wert gehalten hätte, diese Risiken einzugehen. Es war nun einmal nicht zu ändern, daß eine Verfassungsänderung von der Krone nur dann gefordert werden konnte, wenn die Dynastie schwach war, und das galt vor allem für den Ausgleich mit Ungarn.

Doch diese Reform von 1867 war einzigartig und zugleich verhängnisvoll, denn sie stand allen zukünftigen Reformen im Weg. Selbst wenn eine Zauberformel für das Zustandekommen einer Föderation gefunden worden wäre, hätte sie angesichts der Millionen von Rumänen, Kroaten, Serben, Slowaken und Ruthenen, die durch den königlich-kaiserlichen Eid an das Ungarn des heiligen Stephan gekettet waren, nie angewandt werden können. Ein Schachspiel wird nicht dadurch beendet, daß der König geschlagen oder seine Krone gestürzt wird. Die Partie ist zu Ende, wenn der König nicht mehr auf ein anderes Feld weiterrücken kann. Das war die Position Franz Josephs nach 1867, – er hatte sich selbst schachmatt gesetzt.

Die unmittelbaren Folgen erkennt man in den Auswirkungen auf die österreichische Hälfte des Reichs. Der Ausgleich von 1867 war ein direktes Abkommen zwischen dem Kaiser und den ungarischen Magnaten. Seine anderen Untertanen waren nicht einmal konsultiert, geschweige denn mit einbezogen worden. Doch auch ihnen mußte nun ein gewisser Grad an politischem Profil gewährt werden. Die dafür konstruierte Lösung versetzte dem Streben der Österreicher, ein eigenes Volk mit einem eigenen Nationalbewußtsein zu werden, einen weiteren folgenschweren Schlag.

Auch für die Dynastie kündigte Franz Joseph seine der neuen Situation entsprechenden Änderungen an. Am 14. November 1868 informierte er Beust, seinen Kanzler,[21] daß er sich ab nun mit der Kurzversion »Kaiser von Österreich und Apostolischer König von Ungarn« betiteln würde. Und was sein Reich anging, so würde dieses nun entweder »das österreichisch-ungarische Reich« oder »die österreichisch-ungarische Monarchie« heißen (schließlich nannte man es einfach Österreich-Ungarn). Während aber jeder wußte, was König von Ungarn, ob apostolischer oder sonst etwas, bedeutete, hatte niemand eine klare Vorstellung von dem Österreich, über das er sich Kaiser nannte, obwohl er nie als solcher gekrönt worden war. Es mußte eine Definition gefunden werden, doch diese blieb weit von einem klaren Begriff entfernt.

Die Völker der westlichen Hälfte der Monarchie wurden nun in einer neuen Verfassung, die auf dem alten Februarpatent von 1861 basierte, zusammengefaßt. Es gab wieder ein Zentralparlament, das sich aus Abgeordneten der verschiedenen Landtage zusammensetzte, die wie schon vorher die meiste Zeit damit verbringen sollten, sich darüber zu streiten, welche Sprache in welchem Gericht oder in welcher Volksschule gesprochen werden sollte.

Neue Gesetze wurden erlassen, die ein reales Maß an persönlicher Freiheit versprachen und auch tatsächlich gewährten: Pressefreiheit, das Recht auf Zivilehe und so weiter. Die deutschsprachigen Abgeordneten aus den Städten waren immer noch federführend und die Tschechen ihre

---

[21] Dieser Titel wurde ihm verliehen, um ihn mit Bismarck auf die gleiche Stufe zu stellen, in Vorbereitung der erneuten politischen Revanche gegen Preußen, zu der es niemals kam. Schließlich kehrte Beust aber wieder darauf zurück, nur Außenminister der Doppelmonarchie zu sein, ein Amt, das er bis 1871 innehatte.

kritischsten Gegner. Doch diesen deutschsprachigen Untertanen des Kaisers wurde nirgends auf ihrem gewundenen Weg hin zur Entwicklung eines klaren Österreichbewußtseins geholfen. Statt dessen wurde ihnen ein weiteres psychologisches Hindernis in den Weg gelegt. Die beste Definition, die den Verfassungs-Machern für diese westliche Hälfte der Doppelmonarchie eingefallen war, war »die im Reichsrat vertretenen Königreiche und Länder«. Und die geographische Bezeichnung wurde von einem schlammigen Flüßchen abgeleitet, der Leitha, die südlich von Wien entlang der damaligen Grenze zu Ungarn dahinfließt. Alle Gebiete östlich davon wurden als Transleithanien und alles westlich davon als Cisleithanien[22] bezeichnet. Man kann sich nur schwer vorstellen, daß jemand dafür eine Nationalhymne komponiert. Und doch sollte dieses künstliche Gebilde die Heimat der Österreicher repräsentieren.

Die Niederlage bei Königgrätz war von den Wienern mit einer typischen Mischung aus Verbitterung und Gleichgültigkeit aufgenommen worden. Ein riesiges Sommerfest war für den Tag geplant, an dem die Nachricht vom Schlachtfeld die Hauptstadt erreichte. Das Fest fand dennoch statt, und 2000 Feiernde aßen, tranken und tanzten im Prater in den Abend hinein, als ob sie einen Sieg feierten. Pro forma hißte die Dynastie ein paar Trauerfahnen, die bald wieder verschwanden. Ebenso traten alle Erzherzöge, die ehrenhalber Oberst in preußischen Regimentern waren, demonstrativ von ihrem Kommando zurück, doch standen sie alle ein Jahr später wieder auf der Liste der Armee.

Sosehr man sich auch mit dem Sturm drehte und wendete, man nahm ihm doch nicht die Angriffsfläche. Bismarck hatte nicht nur den Schwerpunkt der Habsburgermonarchie verschoben. Er hatte die Österreicher gezwungen, sich zu entscheiden, wo sie in diesem absurden Wunderland Cisleithanien standen. Es wurde bereits gezeigt, wie blinde Loyalität zur Dynastie immer schon in Konflikt mit ihrer

[22] Neben den österreichischen Erblanden zählten auch Böhmen, Mähren, Galizien, die Bukowina und Teile Schlesiens dazu.

eigenen Entwicklung als Volk stand, und wie Katholiken und Protestanten einander feindlich gegenüberstanden. Nun kamen noch politische Gegensätze zu diesen persönlichen und religiösen hinzu. Von nun an sollte die Frage, ob tatsächlich ein *homo austriacus* existiere, oder ob er einfach eine weitere Spezies der Süddeutschen war, in die Parteiwahlen und zuletzt in die Plebiszite von Schuschnigg und Hitler Eingang finden.

Anfangs kam es zu einer starken Meinungspolarisierung. Einerseits wurden viele Österreicher, paradoxerweise in dem Augenblick, als sie von Deutschland ausgeschlossen wurden, viel deutscher. Im Jahr 1868, zwei Jahre nach Königgrätz, wurde der Deutsche Volksverein in Wien gegründet, und im selben Jahr fand ein riesiges Treffen der deutschen Ostmärker im Prater statt. Bismarcks überwältigender Sieg über Frankreich im Jahr 1870, gefolgt von der Proklamation des Deutschen Reichs, wurde in Österreich von vielen begrüßt, als ob es Triumphe der Österreicher selbst gewesen wären. Viele der neuen Straßen in der rasch expandierenden Hauptstadt wurden nach deutschen Philosophen wie Hegel, Fichte und Schelling benannt. Es war schon eine Seltenheit, wenn irgendeine Schüler- oder Hochschülerverbindung in Cisleithanien einen so einfachen patriotischen Namen wie Austria wählte (das veranlaßte sogar diesen selbsterklärten »deutschen Fürsten«, Kaiser Franz Joseph, über Verrat zu murmeln)[23]. Statt dessen wurden die meisten Burschenschaften Brutstätten des deutschen Nationalismus: »Tauriskia« in Klagenfurt, »Orion« in Graz, »Quercus« in Prag und »Teutonia« in Brünn waren typische Beispiele. Die ganze Zeit über fanden Organisationen wie der Deutsche Turnverein, der 1860 in Coburg gegründet worden war, in der Monarchie eine immer größere Schar von Anhängern. Sie waren die Vorbilder für das,

---

[23] Er hatte allen Grund dazu: die Anti-Habsburg und Pro-Bismarck-Manie nahm in Graz solche Ausmaße an, daß im November 1887 sogar eine Kaiserbüste von Unbekannten aus dem Saal der Universität entfernt wurde.

was man später als reine Arier bezeichnete. Sie waren rassistisch, antisemitisch und kombinierten einen Kult von massenorganisierter körperlicher Fitneß mit der geistigen Verehrung Germanias. (Ihre Verehrung des »tausendjährigen Reichs« der alten deutschen Nation fand ihr schallendes Echo in Hitlers Version davon, die im folgenden Jahrhundert proklamiert wurde.) Für Tausende junge Österreicher Cisleithaniens war Bismarcks protestantisches und slawenfeindliches Deutschland und nicht das katholische Vielvölkerreich der Habsburger die geistige Heimat. Bald tauchte ein Demagoge auf, der es auch zu ihrem politisches Zuhause erklärte.

Georg von Schönerer, der Sohn eines geadelten Wiener Ingenieurs, war 22 Jahre alt, als Bismarck Österreichs gewaltsame Trennung von Preußen vollzog. Das Ereignis trieb ihn jedoch weder sofort in die 0 bedingungslose Hingabe an Deutschland noch in fanatischen Antisemitismus, die beiden Eigenschaften, die sein späteres Leben prägten. Als junger liberaler Reichsratsabgeordneter in den frühen siebziger Jahren des 19. Jahrhunderts war er von der Wiener Presse, die größtenteils in jüdischen Händen war, sogar gelobt worden für die Durchsetzung mehrerer sozialer Reformen zur Verbesserung der Situation der Bauern, Handwerker und Fabriksarbeiter. Außerdem unternahm Schönerer seinen ersten großen Schritt auf dem alldeutschen Weg, das sogenannte Linzer Programm von 1882, Arm in Arm mit zwei Juden: mit Viktor Adler, dem späteren Begründer der österreichischen Sozialdemokratie, und mit Heinrich Friedjung, dem größten österreichischen Historiker seiner Zeit. Die Strukturumgestaltungen der Monarchie, die von diesem unverträglichen Trio vorgeschlagen wurden, waren radikal genug.[24] Dennoch sollte der neue

---

[24] Das Programm für die sogenannte Deutsche Volkspartei (das nie in Angriff genommen wurde) hätte Cisleithanien entlang der Linien der alten historischen Einheiten wiedererrichtet – d. h. die habsburgischen Erblande und die böhmischen Lande, mit Deutsch als einziger Amtssprache. Daran war nicht viel Neues.

deutsche Staat, den sie für die Österreicher im Auge hatten, immer noch als eine separate Einheit unter den Habsburgern existieren, in engstmöglicher Beziehung zu Deutschland, das sein Protektor werden würde. Doch der extremistische Teufel in Schönerers Seele kam bald zum Vorschein, sowohl in rassistischer als auch in politischer Hinsicht. Er war der erste, der diese beiden Themen miteinander verknüpfte und damit eine verhängnisvolle Entwicklung in der österreichischen Geschichte einleitete.

Die Meilensteine auf seinem Marsch in Richtung nationalistischer Extremismus waren unter anderem seine Forderung nach dem »Evangelischwerden des deutschen Ostmarkvolkes« (wodurch er seinem rassistischen und politischen Gebräu noch eine Prise Religion beifügte), seine Schaffung eines neuen germanischen Kalenders, in dem der Juni zum »Heumond« und Weihnachten zum »Julfest« wurden, und sogar die Einführung des harschen heidnischen Grußes »Heil« statt des freundlichen katholischen »Grüß Gott« der Süddeutschen. Obwohl Hitler diese letzte Idee mit dramatischer Wirkung weiterentwickeln sollte (und ebenso Vorschläge eines Straflagers, die von den Schönerianern in Umlauf gebracht wurden), stieß anfangs keine dieser skurrilen Ideen auf Resonanz. In bezug auf politische Repräsentation blieben Schönerers Anhänger eigentlich eine winzige Minderheit. Seine eigene Partei, der Deutschnationale Verein, begann mit nur drei Mitgliedern im Parlament und wurde nie zu einer bedeutenden Fraktion. Konfrontiert mit der Realität des zwölfmonatigen Pflichtdiensts in der Vielvölkerarmee des Kaisers, die bis zum bitteren Ende der Monarchie deren Herzstück blieb, fand so mancher österreichische Student, der an der Universität noch alldeutsche Parolen gerufen hatte, seine Leidenschaft abgekühlt.

Doch Schönerers Bedeutung darf nicht in parlamentarischen Wahllobbies oder damaligen Vorlesungssälen gesucht werden. Jedes politische System gleicht einem militärischen Exerzierplatz, es muß am rechten Flügel einen Mann geben, von dem aus die anderen ihren Abstand messen können. Österreich hatte diesen nun in der Person

Georg von Schönerers gefunden, der seine Karriere mit dem Aufruf an seine österreichischen Landsleute beenden sollte, ganz mit dem katholischen Rom zu brechen und sowohl ihre Seele als auch ihr Land mit dem protestantischen Deutschland zu vereinen. Er war der erste dieser neuen Art von Parteipolitikern, die erklärten, daß Österreich seine wahre Bestimmung und Identität nur durch die Selbstzerstörung finden könne. Die Botschaft wurde 50 Jahre später von den Nazis der Ersten Republik Österreich wieder aufgegriffen.

Das waren nicht die einzigen Samenkörner, die Schönerer und seinesgleichen für die Zukunft säen halfen. Auch sein Antisemitismus fiel auf alarmierend fruchtbaren Boden, vor allem in Wien. Bereits 1878 erklärte er im Parlament, daß der Antisemitismus »die größte nationale Errungenschaft des Jahrhunderts« wäre. Bis 1880 und den Jahren danach hatte er sich, trotz seiner Partnerschaft mit zwei hervorragenden jüdischen Intellektuellen in seinem »Linzer Programm«, auf den Antisemitismus als endgültigen Leitstern seines persönlichen und politischen Lebens fixiert. Seine Anhänger komponierten judenfeindliche Lieder und verteilten judenfeindliche Plakate. Einige Fanatiker trugen an ihrer Uhrkette sogar silberne Abbildungen von Juden, deren Kopf in einer Henkersschlinge steckte. Andere rauchten Pfeifen, in deren Kopf die besonders charakteristischen Wesenszüge galizischer Juden geschnitzt waren.

Die bloße Tatsache, daß Schönerers Bewunderer – unter ihnen viele angesehene Bürger – sich in solchen Obszönitäten ergehen konnten, zeigt schon, wie tief und weit verzweigt die antisemitischen Wurzeln in Österreich und vor allem in Wien waren. Es ist an der Zeit, sich diese Wurzeln einmal genauer anzusehen, denn sie stehen in sehr enger Beziehung mit dem österreichischen Kampf um Selbstbewußtsein. Jede Nation – wie auch jedes Individuum – neigt dazu, einen Sündenbock zu suchen, wenn es ihr an Selbstvertrauen mangelt oder sie einfach schwere Zeiten durchmacht. Bei den Österreichern waren diese Probleme in viel stärkerem Maße aufgetreten als bei den meisten europäischen Völkern. Mit weit mehr Vehemenz als die meisten anderen machten sie die unter und mit ihnen lebenden Juden zum Sündenbock.

Wien war dabei wegweisend. Die ersten öffentlichen Demonstrationen gegen die Juden der Hauptstadt wurden bereits im Jahr 1303 erwähnt. Überall in den österreichischen Erblanden fanden gewaltsame Pogrome statt, nachdem der Schwarze Tod 1348 die Menschen im Donauraum dahingerafft hatte. (Es war dies ein klassischer Fall von Massenhysterie, irgend jemandem mußte man die Schuld an dieser unerklärlichen Tragödie geben; auf kleinerer und persönlicher Ebene wiederholte sich dies 300 Jahre später, als eine Kaiserin spanischer Abstammung die Juden aus Wien vertreiben ließ, weil sie ihnen die Schuld an einer Fehlgeburt gab.) Nach den Pogromen während der Pest gab es mehrere Judenverfolgungen, begleitet von einer regelmäßigen Flut antijüdischer Gesetze. Einige davon waren bildliche Vorzeichen der Zukunft: eine Verordnung des großen Kaisers Karls V., nach der Juden einen gelben Stofffleck zu tragen hatten, sollte zum Beispiel drei Jahrhunderte später als gelber Judenstern in Hitlers Rassengesetzen wieder auftauchen.

Bis zum 18. Jahrhundert waren die Wiener Juden – im Mittelalter so zahlreich[25] – auf ein paar hundert geschrumpft, obwohl durch die Annektierung Galiziens und der Bukowina gut 200 000 von ihnen zu der Gesamtzahl in der ganzen Monarchie hinzukamen. Sie mußten in Gettos leben (das Wiener Getto wurde erst 1848 endgültig aufgelassen), spezielle Steuern zahlen und waren im allgemeinen durch das Verbot von Mischehen von der christlichen Bevölkerung abgekapselt. Ähnliche Beschränkungen gab es auch für die Berufe, die sie ausüben durften. Medizin war der einzige akademische Beruf, der ihnen offenstand, und nicht einmal als Arzt war es ihnen erlaubt, Christen zu behandeln. Was ihnen freistand, war, das Beste aus ihrem finanziellen

[25] Österreich wurde sogar als »Judaeis apta« oder »das Judenland« bezeichnet.

Geschick zu machen. Das nützten sie am unteren Ende der Leiter als einfache Händler aus und ganz oben als Vermögensverwalter im Haushalt untätiger Adeliger, die sich mit »Geschäften« nicht die Hände schmutzig machen wollten.

Am Ende des Jahrhunderts profitierten die Juden der Monarchie wie die anderen Untertanen Josephs II. von den humanen und vernünftigen Maßnahmen des großen Reformers. Der Judenfleck, der schändliche gelbe Stofffleck, wurde abgeschafft, die speziellen Steuern wurden aufgehoben und in Josephs zweitem Toleranzpatent von 1782[26] wurden die Juden zu dem befördert, was man vielleicht als vollwertige Bürger zweiter Klasse beschreiben könnte. Sie durften nun ihre Kinder in Staatsschulen schicken oder ihre eigenen Schulen errichten; sie konnten eine Lehre bei christlichen Meistern aller Handwerks- und Gewerbeberufe absolvieren, eine Laufbahn in Handel, Industrie und Banken wurde ihnen nun gesetzlich ermöglicht. Hier war wie auch sonst das Ziel des Kaisers im Grunde genommen pragmatisch: die Juden sollten nach seinen Worten »nützlicher für den Staat« werden.

Es gab sogar eine Verordnung, um dem zunehmenden Streben nach gesellschaftlicher Anerkennung ehrgeiziger und erfolgreicher Juden, das bis ins 20. Jahrhundert angehalten hat, gerecht zu werden. Wichtige jüdische Händler, so verordnete Joseph, könnten sich wie Edelleute kleiden, eine Regelung, die das eifersüchtig gehütete Recht, ein Schwert zu tragen, mit einschloß. Der Adel war entsetzt, genauso entsetzt, wie es die christlichen Kirchen über die Privilegien waren, die ihren alten »israelitischen Feinden« gewährt wurden. Diese Reaktion war vor allem unter den Katholiken der österreichischen Lande besonders stark. Beide Elemente – snobistische Verachtung eines aufstrebenden, von ganz unten kommenden Aufsteigers und eine allgemeine christliche Feindseligkeit gegenüber seinem Wei-

---

[26] Dieses wurde zuerst in Niederösterreich eingeführt und später in den anderen Kronländern, in den letzten Monaten seiner Regierungszeit sogar in Galizien mit seinen 200 000 jüdischen Einwohnern.

terkommen – spielten eine Rolle in der bevorstehenden sozialen und politischen Entwicklung.

Es ist auch bezeichnend, daß die Juden selbst, oder zumindest ihre Rabbis, Angst davor hatten, den Fuß auf seit derart langer Zeit verbotenen Boden zu setzen. Die Aussicht darauf, daß sie nun auch in der kaiserlichen Armee dienen sollten, schien vor allem fromme Juden zu stören. Wie, so beklagten sie, könnte ein orthodoxer Jude an seinem Glauben festhalten, wenn weltliche Schulen ihn von seinem Talmud wegzerrten und der Dienst unter der habsburgischen Fahne ihn in einen Soldaten unter einem katholischen Monarchen verwandelte? Wieder einmal war ein Identitätsproblem an die Oberfläche gekommen, diesmal unter jenen in der Monarchie, deren Identität jahrhundertelang durch Verfolgungen bewahrt worden war. Tausende österreichischer Juden suchten die Lösung in der Änderung dieser Identität. Das Streben nach Assimilierung, Hand in Hand mit dem Streben nach Akzeptanz, nahm nun seinen Anfang und wurde immer stärker, als sich in den kommenden Jahren immer mehr Möglichkeiten eröffneten.

Mehr Türen wurden ihnen natürlich im 19. Jahrhundert geöffnet, vor allem nach den liberalen Reformen im Anschluß an die Revolution. Alle Ungleichheiten der Staatsbürger waren durch die Verfassungsgesetze von 1867 abgeschafft worden, und die Juden erhielten rasch Zugang zu allen akademischen Berufen. 15 Jahre später waren mehr als 60 Prozent aller Ärzte der Hauptstadt Juden, wobei es keine Einschränkungen mehr für ihre Praxis gab. Fünf Jahre danach war gut die Hälfte aller in der Hauptstadt registrierten Anwälte (394 von 681) jüdisch, und fast alle großen Wiener Zeitungen waren weitgehend in jüdischer Hand oder hatten jüdische Mitarbeiter.[27] In einer Zeit ohne

[27] Das spiegelte eine ständige Zunahme der Gesamtzahl der Juden in der Hauptstadt wider – von zirka 40000 im Jahr 1870 auf 72000 im Jahr 1880 und über 118000 im Jahr 1890. Die meisten Neuankömmlinge waren über die neuerrichteten Bahnstrecken aus Galizien hereingeströmt.

Radio oder Fernsehen gab ihnen das ein mächtiges Instrument zur öffentlichen Meinungsbildung in die Hand, das nicht immer zum Vorteil der Monarchie genutzt wurde. Die alldeutsche Ideologie des berühmten Moritz Benedikt, einem Verehrer Bismarcks, dessen lange Tätigkeit als Herausgeber der *Neuen Freien Presse* 1881 begann, war in dieser Hinsicht das Paradebeispiel.

Aber es waren die Juden in der rasch expandierenden Finanzwelt der Hauptstadt, die den größten Aufschwung erlebten – und den meisten Neid auf sich zogen, eine Eigenschaft, mit der die Wiener immer schon großzügig ausgestattet waren. Die Giganten unter den jüdischen Finanziers – insbesondere die Rothschilds – waren schon lange als eine europäische Macht etabliert. In Wien hatte Salomon Rothschild, wie bereits erwähnt, jahrelang als Metternichs Bankier und enger Vertrauter agiert. Wiens große Privatbank, die Creditanstalt, die zahlreiche zukünftige Unternehmen in der Monarchie finanzieren sollte, war schon 1855 mit Hilfe des Rothschild-Clans gegründet worden.[28] Salomon hatte zum Großteil im geheimen gearbeitet. Nun, in den Jahren des Wirtschaftsaufschwungs nach Königgrätz, erschienen Hunderte von kleinen Rothschilds, die alle öffentlich in der Wiener Szene operierten. Nicht weniger als 443 Banken befanden sich unter den Aktiengesellschaften, die in dem kurzen Zeitraum von fünf Jahren in den späten sechziger und frühen siebziger Jahren gegründet wurden. Die meisten waren, wie auch die Wiener Börse, in jüdischer Hand.

Die Seifenblase mußte eines Tages platzen, und sie wählte den denkbar ungünstigsten Zeitpunkt dafür. Im Mai 1873 fand eine Weltausstellung im Wiener Prater statt. Sie wurde als die erste »auf deutschem Boden« angekündigt, und die Deutschen waren zahlreich vertreten. Der Pavillon des vor kurzem gegründeten Deutschen Reichs war der

[28] Doch nicht von Salomon selbst. Er war 1848 aus Wien geflohen, eine Zielscheibe des allgemeinen Zorns, und nie mehr zurückgekommen. Er starb im Gründungsjahr der Creditanstalt, und sein Sohn Anselm nahm seinen Platz in Paris ein.

größte von allen, die auf dem Ausstellungsgelände errichtet wurden, wo Hunderte alter Bäume und Dutzende noch älterer Gasthäuser dem Boden gleichgemacht worden waren, um einen künstlichen Teppich aus Blumenbeeten und Kieswegen anzulegen. Der alte Kaiser Wilhelm und sein Reichskanzler Bismarck erschienen persönlich, wobei der Zerstörer Österreichs von der Wiener Bevölkerung mit stürmischem Applaus begrüßt wurde. Nur der Schah von Persien, Nasr Eddin, der die wichtigsten Persönlichkeiten Asiens anführte, war aufgrund seines exotischen Benehmens beim Volk beliebter. Eines der kleineren Wiener Schlösser der Vorstadt, Schloß Hetzendorf, wurde komplett seinem Harem überlassen, und beim Ausritt saß er auf einem grauen Pferd mit rotgefärbtem Schweif, auf dem Kopf eine mit einer riesigen Diamantnadel geschmückte Astrachanpelzmütze. Doch es war nicht der Schah, sondern Österreichs blühende Wirtschaft und die Wiedergeburt der Monarchie, die hier für das übrige Europa und die Welt zur Schau gestellt werden sollten. Am 9. Mai, nachdem Franz Joseph die Ausstellung offiziell eröffnet hatte, krachte Österreichs überhitzte Wirtschaft vor den Augen der ganzen Welt zusammen. An diesem Schwarzen Freitag brach die Wiener Börse zusammen. Tausende Investoren, darunter viele kleine Spekulanten, waren noch vor Tagesablauf ruiniert. Nacheinander wurden acht Banken für bankrott erklärt und weitere vierzig traten die Liquidation an. Sie rissen eine große Zahl von Industrieunternehmen der ganzen Monarchie mit in den Abgrund. Sogar der Bau einiger Eisenbahnlinien mußte eingestellt werden.

Den Juden wurde an allem die Schuld zugeschrieben – die alten vertrauten Sündenböcke wurden wieder einmal für eine weitere unvorstellbare Wiener Katastrophe herangezogen.[29] Wie übertrieben diese Reaktion auch gewesen sein mag, die Erinnerung an den Schwarzen Freitag wurde

---

[29] Eine weitere Verleumdung in jenem Jahrhundert war, daß die Revolution von 1848 von jüdischen Liberalen eingefädelt worden sei. Obwohl das nicht stimmt, ist diese Anschuldigung eher nach-

durch den österreichischen Antisemitismus in das allgemeine Bewußtsein eingebrannt. Seine schwärenden Brandmale sollten das ganze Jahrhundert und länger zu spüren sein.

4. Die Österreichgläubigen

Es wäre natürlich falsch, die Monarchie im allgemeinen und ihre Hauptstadt im besonderen nur in den alldeutschen und antisemitischen Farben jener Zeit zu zeichnen. Zehntausende kaiserliche Beamte und Armeeoffiziere (eine Karriere, die nun auch Juden bis zum Rang eines Obersten offenstand) fühlten sich selbst in Cisleithanien als Österreicher, auch wenn dies mehr und mehr bedeutete, die ersten und privilegierten Diener der Dynastie zu sein. Schwarzgelb, die Farben Habsburgs, waren das Erkennungszeichen, das sie trugen. Obwohl kein Zeichen österreichischen Patriotismus im engeren Sinn des Wortes – die Habsburger hatten diesen Patriotismus eigentlich immer bekämpft –, war es doch zumindest antipreußisch.

Weiters fand man quer durch alle Schichten und Berufe Menschen, die immer noch leidenschaftlich an Schwarzenbergs Traum von einer österreichischen Mission glaubten. Im Zeitungswesen fand zum Beispiel der alldeutsche jüdische Herausgeber der *Neuen Freien Presse* einen wackeren, wenn auch finanziell unterversorgten Gegner in Dr. Friedrich Funder, dem langjährigen Herausgeber der katholischen und monarchistischen *Reichspost*.[30] Im Parlament

vollziehbar, da drei der vier Redner, die die ersten Demonstrationen am 13. März auslösten, Juden waren und jüdische Studenten voll an den folgenden Aufständen beteiligt waren.

[30] Dieser bemerkenswerte Mann überlebte die Monarchie, den Ersten Weltkrieg, die Erste Republik und Hitlers Drittes Reich, um dann in der Zweiten Republik eine weitere katholische Wiener Zeitung, *Die Furche,* herauszugeben. Er starb 1953, Glaube und traditionalistische Sympathien ungetrübt.

war der Fahnenträger Österreichs vor allem Dr. Karl Lueger, ein aus einfachen Wiener Verhältnissen stammender Anwalt (sein Vater war Hausmeister und seine Mutter betrieb eine Tabaktrafik), der von allen politischen Persönlichkeiten der Monarchie die wohl außergewöhnlichste Karriere machte. Lueger war der Opportunist *par excellence*. Er begann seine Beamtenlaufbahn im Jahr 1875 als Wiener Stadtrat und wechselte bald von den Liberalen zu den Demokraten. Das verschaffte ihm eine bessere Ausgangsbasis für seine heftigen Angriffe gegen Korruption und die finanziellen Interessen von Industrie und Handel, die alle von ihren Geldgebern, den Banken, geschützt wurden. Zwangsläufig wurden die Wiener Juden zu einer regelmäßigen Zielscheibe seiner Tiraden, jedoch ging sein Antisemitismus eher vom Kopf als vom Bauch aus. Lueger, ein »einfacher Sohn Wiens«, präsentierte sich selbst als der Fürsprecher jener kleinen Leute der Hauptstadt, die sich um ihren Anteil am österreichischen Wohlstand betrogen fühlten, der nach dem Debakel des Schwarzen Freitags schnell wieder erreicht worden war. Die Tatsache, daß er den Antisemitismus bewußt – und erfolgreich – als emotionale Hülle für sein Programm benutzte, ist ein weiteres Zeichen dafür, wie weit verbreitet die judenfeindliche Haltung in den einfachen Schichten der Hauptstadt war.

Er setzte seine Schimpfkanonaden im Parlament fort, in das er 1885 gewählt wurde; dort fand seine zweite Verwandlung statt. Ursprünglich mit den Deutschnationalen aus Schönerers Lager sympathisierend, brach er nun völlig mit ihnen und gründete seine eigene Christlichsoziale Partei, und zwar noch rechtzeitig vor den Wahlen von 1891, bei denen er 14 Sitze gewann, die Hälfte davon in Wien. Trotz seiner außergewöhnlich unterschiedlichen Partner[31]

---

[31] Mitbegründer waren der progressive Prinz Alois Liechtenstein, der Universitätsbeamte Dr. Albert Geßmann, ein Mechaniker, Ernest Schneider, und ein Arbeiter, Leopold Kunschak. Der geistige Begründer der neuen Partei war Karl von Vogelsang, ursprünglich ein preußischer Protestant.

stimmten Luegers Christlichsoziale alle in zwei grundlegenden Punkten überein. Erstens erkannten sie die Notwendigkeit von Maßnahmen, um das Los der »kleinen Leute« zu verbessern. Hier wurden Worte in die Tat umgesetzt. Eine Reihe von Regelungen zur Begrenzung der Arbeitszeit für Männer, Frauen und Kinder (mit Sonntag als gesetzlichem Ruhetag) und zur Einführung der Unfall- und Krankenversicherung in Fabriken und Bergwerken gab Österreich zumindest auf dem Papier eine der fortschrittlichsten Sozial- und Arbeitsschutzgesetzgebungen ganz Europas. Ihr zweites Leitmotiv war ein fester und inzwischen etwas altmodischer Glaube an ein Großösterreich mit der Habsburgerdynastie als anerkanntem Fürsprecher. Zwangsläufig kam es zwischen Lueger und Schönerer in diesem Punkt zu heftigen Auseinandersetzungen im Parlament, wobei die meisten anderen Abgeordneten emotionell irgendwo zwischen diesen beiden standen. Aber es war diese leidenschaftliche Loyalität zu Österreichs katholischem Herrscherhaus, die Papst Leo XIII. dazu bewogen hatte, Lueger seinen Segen zu erteilen, trotz der Klagen gegenüber dem Vatikan über seinen radikalen Antisemitismus.

Dieser war in Wahrheit milder geworden, seit sich Lueger als Parteiführer etabliert hatte. Nachdem der Antisemitismus seinen Zweck in der Wahlpropaganda erfüllt hatte, verschwand er allmählich und schließlich ganz aus dem Programm, als Lueger seine letzte politische Rolle als Bürgermeister von Wien antrat. Dieses Amt war das höchste Ziel des Wiener Hausmeistersohnes, und er erreichte es nicht ohne Kampf gegen eine unerwartete Opposition. Ab 1895 wurde er wiederholt zum Bürgermeister gewählt, doch der Kaiser weigerte sich, ihn in seinem Amt zu bestätigen, da er überzeugt davon war, daß Lueger nichts anderes als ein gefährlicher Demagoge war. Nachdem Luegers christlichsoziale Wähler 1897 wieder einmal den Sieg davongetragen hatten, willigte Franz Joseph schließlich ein, den Demagogen persönlich kennenzulernen. Bald erkannte er in dem schönen bärtigen Redner genau jenen »schwarzgelben« Populisten, den die Dynastie in ihrer Hauptstadt brauchte.

Lueger zog rechtmäßig in das riesige neugotische Rathaus ein, wo er bis zu seinem Tod im Jahr 1910 bleiben sollte.

Die Spuren von Karl Luegers Leistungen als Bürgermeister – ob in der Errichtung öffentlicher Bauten oder in der Entwicklung der beispielhaften Straßenbahn der Hauptstadt – sind noch heute in Wien zu sehen. Auch sein politisches Erbe überlebte ihn, wenn auch in gewandelter Form. Die Christlichsoziale Partei überdauerte die Monarchie, um viele Jahre die politische Landschaft der Ersten Republik zu bestimmen. Die Partei versuchte, die Mischung aus Populismus, die nun eher auf der Bauernschaft als auf der Arbeiterschaft gründete, und entschiedenem Katholizismus zu wiederholen. Doch ein Grund für ihr späteres Abdriften in die Diktatur muß in ihrer Geburtsstadt Wien gesucht werden.[32] Wie die österreichische Sozialdemokratische Partei, die Viktor Adler 1889 fast im Alleingang gründete, kannten auch die Christlichsozialen weder Toleranz und Anstand demokratischen parlamentarischen Lebens noch Respekt vor der Opposition wie auch vor der Regierung. Der Reichsrat Schönerers, Luegers, Adlers und anderer war im wesentlichen eine öffentliche Arena zur Austragung der Nationalitätenkämpfe der Monarchie. Streitereien standen

[32] Es gab am Anfang dieser Bewegung ein gefährliches Element der Heldenverehrung und einen Kult ungebrochenen Gehorsams zum Führer. Das Kampflied der Christlichsozialen, das durch die Straßen Wiens hallte, war eine Hymne von quasi-religiöser Hingabe an Lueger:

Laßt uns den Helden preisen, der uns im Kampfe führt,
Ihm freudig Ehr' erweisen und Dank, der ihm gebührt.
Laßt uns die Hände heben für ihn auch zum Gebet,
Gott möge Sieg uns geben, wo nur sein Banner weht.
Refrain:
Hoch Lueger! Laßt uns singen, aus dem Herzen soll es klingen,
Stimmet froh sein Loblied an, Ehre sei dem braven Mann!
Diese Worte hätten auch für den frommen und wohlmeinenden österreichischen Diktator der Ersten Republik, Engelbert Dollfuß, geschrieben werden können. Streicht man das Wort Gott heraus, hätte es sogar von Hitlers Anhängern gesungen werden können.

auf der Tagesordnung, Tintenfäßchen flogen durch die Gegend, Pultdeckel wurden zugeschlagen, aber kaum einmal gab es eine vernünftige Debatte. Solange der Kaiser abgehoben und beinahe allmächtig über allem stand, war das Ganze auch nicht viel mehr als ein Theater. Doch als die Monarchie zu Ende war und reale Macht und Verantwortung plötzlich in die Hände der Abgeordneten übergingen, die weder mit dem einen noch mit dem anderen irgendeine Erfahrung hatten, sah die Situation ganz anders aus.

Lueger und Schönerer waren jeder auf seine eigene Art solch zukunftweisende Persönlichkeiten in der österreichischen Politik des 19. Jahrhunderts, daß man sie fast schon automatisch dem 20. Jahrhundert zuordnet. Nun soll aber wieder zu den achtziger Jahren des letzten Jahrhunderts zurückgekehrt werden und zu jenen, die damals immer noch an eine österreichische Mission glaubten. Wir finden sie ganz oben an der Spitze der kaiserlichen Pyramide, in der Person Kronprinz Rudolfs selbst und seinen Anhängern.

Der Junge, dessen Geburt am 21. August 1858 mit Kanonenfeuer und Kirchenglocken in der gesamten Monarchie gefeiert wurde, war zu einem unruhigen und rastlosen jungen Mann herangewachsen. Er sah gut aus und hatte einen lebhaften Verstand, doch beides sollte durch seinen ausschweifenden Lebenswandel Schaden nehmen, der, selbst gemessen an den übertriebenen Standards der meisten Habsburger Erzherzöge, exzessiv war. Die Rastlosigkeit mag er wohl von seiner Mutter geerbt haben, die damals in ganz Europa herumreiste, von Irland (Regen und Fuchsjagd) bis nach Korfu (Sonne und Poesie), während ihr unglücklicher Mann sich durch seine Staatspapiere kämpfte und seiner Liebe und Sehnsucht nach ihr in einer Flut von kindlich berührenden Briefen Ausdruck verlieh. Rudolf hatte von der Kaiserin sicher auch etwas von der geistigen Labilität geerbt, die sich durch die ganze Wittelsbacher Linie zog. Doch in seinem Glauben an Österreich und der daraus folgenden Angst vor Bismarcks Deutschland wandelte er in den Fußstapfen einer sehr gesunden und vernünftigen Wittelsbacherin, seiner Großmutter, der Erzherzogin

Sophie. Weiter zurück im Stammbaum der Familie stand das wackere Bild einer weiteren antipreußisch gesinnten Frau, der großen Kaiserin Maria Theresia.

Als Thronfolger konnte Rudolf seine Gefühle, die im Widerspruch zu der Treue dieses selbsternannten deutschen Fürsten, Franz Joseph, gestanden wären, nicht öffentlich zeigen. Da ihn sein mißtrauischer Vater von Staatsangelegenheiten gänzlich fernhielt, konnte Rudolf nicht über die Regierung oder über die Bürokratie agieren und wurde deshalb in den politischen Untergrund getrieben. Zwei Chefredakteure, die seine Abneigung gegen Bismarck teilten – Moriz Szeps vom *Neuen Wiener Tagblatt* und Max Falk von der Budapester Zeitschrift *Pester Lloyd* –, räumten ihm in ihren Zeitungen Platz für seine anonymen Leitartikel ein, die eine liberale Reform des Reichs forderten. Sogar diese wagemutigen Geister befanden einige seiner geistigen Ergüsse für zu gefährlich, um gedruckt zu werden, und so mußte er gelegentlich auf sogenannte *Samisdats,* wie sie später genannt wurden, zurückgreifen – Pamphlete glatter Rebellion, die unter einem *nom de plume* im Ausland gedruckt und wieder in die Monarchie geschmuggelt wurden.

Deutschland war in Rudolfs Augen nicht nur unfähig, sein Konzept einer wirklich demokratischen und multinationalen Monarchie zu verstehen, sondern bekämpfte diese auch ununterbrochen durch seinen scharfen Nationalismus, seine Autokratie und seine Feindseligkeit gegenüber den Slawen. Wäre die Monarchie deshalb, so schloß er daraus, ganz ohne Deutschland nicht besser dran, wenn sie statt dessen ihre Partner unter den westlichen Demokratien suchte, die von Natur aus Reformen bevorzugen würden? Solche Gedanken waren Häresie gegen den teutonischen Solidaritätsglauben, für die treuen Österreichanhänger jedoch die einzige Rettung. Karl, der letzte habsburgische Herrscher, sollte diesen Weg in den letzten Stunden der Monarchie auch tatsächlich einschlagen. Es mag also zwar Häresie gewesen sein, keineswegs aber Phantasie.

In den letzten zehn Jahren seines Lebens erlebte Rudolf nur Enttäuschungen und eine scheinbare Niederlage seiner

Ideen, beginnend mit der Unterzeichnung des österreichisch-deutschen Bündnisses. Dieses Bündnis hatte immer schon zu Bismarcks Plänen gehört. Eine militärische Partnerschaft zwischen den beiden deutschen Mächten war für ihn auf lange Zeit ebenso lebenswichtig wie die Konfrontation zwischen ihnen, um die Frage der Vormachtstellung zu klären. Der russische Krieg von 1878 gegen die Türkei[33] machte sowohl Wien als auch Berlin auf die Gefahr aufmerksam, die ihnen aus St. Petersburg drohte. Die Folge war das Verteidigungsbündnis von 1879, das vorsah, daß im Fall eines Angriffs Rußlands – oder mehrerer Gegner und Rußlands – auf einen der Bündnispartner die andere Signatarmacht mit allen verfügbaren Kräften einschreiten würde. Damit wurde der Grundstein gelegt für die schicksalsschwere Bildung gegnerischer Allianzen, die schließlich zur Spaltung der sechs europäischen Mächte in gegnerische Gruppen zu jeweils drei Mächten führen sollte: Deutschland, Österreich-Ungarn und Italien in einem Lager, ihnen gegenüber ein loserer Zusammenschluß von Rußland, Frankreich und England.

Durch diesen Vertrag hatte Bismarck an der militärischen Front das getan, was er an der politischen Front zu vermeiden geschworen hatte, nämlich die »seetüchtige Fregatte« seines Staates an das »wurmstichige Orlogschiff« der Habsburger zu ketten. Er sollte nicht mehr erleben, daß ein halbes Jahrhundert später, im großen Sturm über Europa, das Orlogschiff die Fregatte mit sich riß. Für Julius Andrássy, den Co-Architekten des Ausgleichs von 1867, der nun österreichisch-ungarischer Außenminister war und für den Kaiser unterzeichnet hatte, und alle Beteiligten lag all das weit außerhalb ihres Blickfelds. Für die Anhänger eines »größeren Österreich« in Wien schien diese neue Allianz die Doppelmonarchie sowohl von Frankreich im Westen als

---

[33] Als eine Folge des Friedensschlusses (bei einem Kongreß der Mächte in Berlin im Juni 1878) wurde Österreich ermächtigt, die Provinzen Bosnien-Herzegowina auf unbestimmte Zeit zu okkupieren. 40 Jahre später sollte das infolge der unilateralen Erklärung ihrer Annektierung eine große europäische Krise auslösen.

auch von Rußland im Norden abzuschneiden.[34] Sie bedeutete daher eine offizielle Unterwerfung unter die Sieger von Königgrätz, von der es kein Zurück mehr gab. Die Feiern anläßlich von Bismarcks 70. Geburtstag am 1. April 1885 schienen dies ganz deutlich zu bekräftigen. Er wurde in weiten Kreisen der Monarchie gefeiert, als ob er ihr Held und nicht ihr Eroberer gewesen wäre.

Ein noch größerer persönlicher Schlag als der Vertrag von 1879 war für Rudolf der tragisch frühe Tod König Friedrichs III. von Deutschland am 15. Juni 1888. Dieser freundliche und bescheidene Mann und auch seine in England geborenen Frau Victoria, älteste Tochter der Königin von England, waren in seinen Augen – und in den Augen vieler anderer europäischer Beobachter – die einzigen Ruhepole auf der Berliner Bühne. Als Friedrich nach seiner kurzen Regentschaft von nur 90 Tagen an Kehlkopfkrebs starb, ging die Krone an den eitlen, labilen Wilhelm II., der erst 29 Jahre alt, aber schon machtbesessen war. Er war die Verkörperung dieses gewaltigen Energieausbruchs, der Deutschland innerhalb von 20 Jahren auf militärischem und industriellem Gebiet genauso vorherrschend gemacht hatte, wie Bismarck dies auf diplomatischem Feld getan hatte. Ab nun trug die Hohenzollern-Krone diese Sprengkraft nicht nur in sich, sondern brachte sie auch zur Detonation.

Je näher Rudolf seinem eigenen gewaltsamen Ende entgegenging, desto offener und unverblümter wurden seine Angriffe auf die Politik seines Vaters. Im April 1888 bezeichnete er in einer Denkschrift, die ihm zugeschrieben und in Paris unter dem Pseudonym Julius Felix veröffentlicht wurde, den Kaiser rundweg als Bismarcks Erfüllungsgehilfen bei der Zerstörung Österreichs. Die in Form eines offenen

[34] Das sogenannte Dreikaiserbündnis zwischen den Kaisern von Österreich-Ungarn, Deutschland und Rußland, in dem sie sich zu einer wohlwollenden Neutralität für den Fall verpflichteten, daß sich eine der Mächte im Krieg befinden sollte, wurde im Jahr 1887, nachdem es mehrmals erneuert worden war, nicht mehr verlängert. Im selben Jahr schloß Bismarck mit St. Petersburg seinen eigenen Rückversicherungsvertrag, wobei Österreich übergangen wurde.

Briefs an den Kaiser gehaltene Denkschrift, forderte diesen dazu auf, sowohl die Bindung zu Deutschland als auch die Verstrickung der Monarchie mit dem Balkan aufzugeben: »Sagen Sie sich doch los, Majestät, solange es noch Zeit ist!« Was Kronprinz Wilhelm betraf, der bald den deutschen Thron besteigen sollte, so warnte »Julius Felix«, daß dies der Mann sei, dessen zügelloser Ehrgeiz eines Tages Europa in den Ruin führen und damit das österreichische wie auch das deutsche Reich in einem »Meer von Blut« versinken würde.[35] Sechs Monate später, im Oktober 1888, besuchte Wilhelm zum ersten Mal Wien als Kaiser und bestätigte sofort die schlimmsten Befürchtungen der wahren Österreichgläubigen. Mit anmaßender Taktlosigkeit, die sein kaiserliches Markenzeichen werden sollte, übte er scharfe Kritik an seinen Gastgebern und warf ihnen unter anderem vor, sie hätten eine zu schlampige Armee, seien zu slawenfreundlich und gingen zu sanft mit der Presse um. Und was die Überlegungen betraf, das Reich in einen Bundesstaat umzuwandeln, so würde dies, wie er scharf formulierte, in Berlin Zweifel an der Glaubwürdigkeit der Monarchie als Verbündeter hervorrufen. Diese Tatsache müsse natürlich in Betracht gezogen werden, wenn es zur zweiten Erneuerung des Zweibunds von 1879 für weitere fünf Jahre käme. Doch selbst dieses unverschämte Verhalten verblaßte neben seinem ganz offensichtlichen Größenwahn. Das Tragische war, daß viele Österreicher bereit waren, das zu schlucken, und es auch ein paar Schönerianer gab, die dem gerne applaudierten.

Rudolfs Geistesverfassung kann an seinem letzten verzweifelten patriotischem Aufschrei gemessen werden. Mitte Januar 1889, zwei Wochen vor seinem Tod, erschien ein

[35] Diese Prophezeiung stimmte auch mit den Ängsten eines anderen ungeduldigen Thronfolgers überein, Königin Viktorias ältestem Sohn, dem Prince of Wales. Prinz Eduard und Erzherzog Rudolf waren persönliche Freunde geworden – nicht zuletzt deshalb, weil sie sowohl in ihren Ansichten wie auch in ihren Lebensumständen sehr viel Ähnlichkeit aufwiesen.

Leitartikel mit den »Zehn Geboten eines Österreichers« in der neuen monarchistischen Zeitschrift *Schwarzgelb*. Das erste Gebot forderte seine Landsleute dazu auf, an nichts anderes als an das »alte, einige und ungetheilte« kaiserliche Österreich zu glauben. Um jeden letzten Zweifel über die Natur des wirklichen Feindes zu beseitigen, forderte das vierte Gebot die Österreicher auf, mit der Vergötterung Preußens und dem von ihm beherrschten Deutschland aufzuhören. Im fünften Gebot wird er noch deutlicher, denn hier wird den Österreichern gesagt, sie sollen sich weder vor Bismarck noch vor Moltke[36] fürchten, die beide bereits »müde und schwache Greise« seien und »jeden Augenblick vor den Richterstuhl Gottes berufen werden können«.

Das war bei Rudolf schon viel früher der Fall. Am Morgen des 30. Januar 1889 wurde sein Leichnam neben dem der 17jährigen Baronesse Mary Vetsera im Schlafzimmer des eingeschneiten Jagdschlosses in Mayerling gefunden. Ersten Gerüchten zufolge sollte das Mädchen ihren königlichen Geliebten mit Zyanid vergiftet haben. Die Wahrheit, die bald von der Polizei festgestellt wurde, war weniger angenehm für das katholische Haus Habsburg. Der Kronprinz hatte erst das Mädchen getötet und dann den Revolver auf sich selbst gerichtet. Warum dieser bemitleidenswerte Backfisch hatte sterben müssen, ist eines von Mayerlings vielen ungelösten Rätseln. Ein Doppelselbstmord war es ganz offensichtlich. Eine hoffnungslose und verzweifelte Liebestragödie zwischen den beiden ganz sicher nicht. Mary war offensichtlich vernarrt in Rudolf, doch aller Wahrscheinlichkeit nach war es das Aphrodisiakum seines Ranges und seiner Reputation, dem sie erlag. Ihre Familie stand auf der untersten Sprosse der arikstokratischen Leiter und hatte sich anscheinend an den Bettelstab gebracht, um hinaufzugelangen. Für ein hübsches Mädchen mit einem solchen Parvenuhintergrund muß eine Affäre mit einem Erzherzog wohl eine aufregende Aussicht gewesen

[36] General Helmuth von Moltke, der deutsche Chef des Generalstabs.

sein. Mit dem Thronfolger ins Bett zu gehen war der Höhepunkt dieser Romanze; mit ihm in den Tod zu gehen hieß, einen noch höheren Gipfel zu erklimmen.

Rudolf seinerseits dürfte Mary einfach als letzte und fügsamste einer langen Reihe von Geliebten aufgesammelt haben, die sich wie bunte, unechte Perlen durch sein Leben gezogen hatten. Nur eine von ihnen schien an sein Herz gerührt zu haben: Mizzi Caspar, ein schwarzhaariges, pausbackiges Mädchen aus Graz, das der Erzherzog 1886 aufgegabelt hatte und mit dem er sich von da an auch tatsächlich öffentlich zeigte. Sie war anscheinend eine gute Zuhörerin sowie eine temperamentvolle Bettgenossin. Ihr schüttete er sein Herz aus, sprach mit ihr über seine familiären Probleme und daß er sich erschießen wolle; 1888 schlug er ihr sogar den gemeinsamen Selbstmord im Husarentempel im Wienerwald vor. Mizzi lachte über diesen Vorschlag, ein Mayerling kam für sie nicht in Frage. (Rudolf verbrachte seine letzte Nacht in der Hauptstadt in ihrem Haus, das sie mit seiner Unterstützung hatte kaufen können, und er hinterließ ihr sein ganzes Bargeld. Sie zahlte es ihm zurück, indem sie nie etwas über ihre Beziehung preisgab.) Mary Vetsera gehörte einer anderen Kategorie Frau an. Sie betete Rudolf an, ohne an eine Belohnung zu denken, und er reagierte dementsprechend. Er nahm sie mit in den Tod, wie auch ein Pharao sich jemanden wählen würde, um ihn in die Ewigkeit zu begleiten. Wir werden niemals mit Sicherheit wissen, welche Motive für seinen Freitod am 29. Januar ausschlaggebend waren, da sein Verstand schon seit Anfang 1889 verwirrt war.

Rudolf hatte schon lange Anzeichen einer manischen Depression gezeigt, und Mizzi Caspar war nicht die einzige, mit der er über Tod und Selbstmord sprach. Auch litt er während der letzten drei Jahre seines Lebens an dem gnadenlosen Fortschreiten einer Geschlechtskrankheit. Man hielt es für Gonorrhöe, eine Krankheit, die man damals noch nicht heilen konnte; also gab man ihm Morphium, von dem er abhängig wurde. Neben den Frauen war seine Lieblingsbeschäftigung immer die Jagd gewesen, doch im

Februar 1888 hatte ein Augenleiden, gewiß eine Folge-erscheinung seiner Krankheit, seiner Jagdleidenschaft ein Ende gesetzt. Was war nun noch geblieben, das ihm das Leben hätte lebenswert machen können? Er wußte inzwischen, daß er nicht lange genug leben würde, um Kaiser zu werden, und daß er auch keinen Erben in die Welt setzen konnte.

In seiner Familie fand er weder Freude noch Trost, und sicher keine Bindung, die stark genug gewesen wäre, um ihn zurückzuhalten. 1881 war er im Alter von 23 Jahren mit Prinzessin Stephanie, der Tochter König Leopolds II. von Belgien, vermählt worden. Doch obwohl sie in dynastischer Hinsicht eine passende Verbindung war, gab es nichts an dieser schlichten und linkischen Sechzehnjährigen, das den sexuellen Dämon in ihrem Mann hätte befriedigen können. Mag sie auch von Geburt an dumm und von Natur aus gehässig gewesen sein, keinesfalls hatte sie verdient, was ihr Mann ihr aufbürdete, indem er auch sie mit der Krankheit, mit der er sich angesteckt hatte, infizierte.

Und was Rudolfs Eltern betraf, so war Kaiserin Elisabeth selbst kalt und labil, das Gegenteil einer verständnisvollen und warmherzigen Mutter. Den Kaiser scheint er nie als Vater, ja nicht einmal als menschliches Wesen gekannt zu haben. Rudolf hinterließ Abschiedsbriefe und Nachrichten an seine Frau, seine Mutter, seine Schwester Marie Valerie, den Bankier Baron Hirsch, der seine Laster finanziert hatte, an Mizzi, das teuerste dieser Laster, und sogar an seinen Diener Loschek, der in jener schrecklichen Nacht die Tür zu seinem Zimmer aufgebrochen hatte. An seinen Vater sandte er kein einziges Wort des Abschieds. Sein Kaiser war für ihn nicht nur ein Fremder, sondern auch der größte Verräter.

Hier kommen wir wieder auf das politische Umfeld von Rudolfs Freitod zurück. Es waren damals viele Gerüchte in Umlauf über seine engen ungarischen Verbindungen. Budapest bot, wie erwähnt, eines der besten Ventile für seine liberalen und föderalistischen Ansichten. Daran war schon etwas Paradoxes, betrachtet man Ungarns Unabhängigkeitsbestrebungen und sein soziales und politisches System, das von konservativen Magnaten beherrscht wurde. In der Tat stand die Doppelmonarchie selbst (die Rudolf in Frage stellte) in direktem Gegensatz zu dem Vielvölkerreich unter zentralistischer Wiener Kontrolle, das er sich immer erhofft hatte. Dennoch mußte er zwangsläufig ein Lippenbekenntnis dazu ablegen, und es gab viel Gerede darüber, daß er seinem Vater nachfolgen und den Krönungseid in Budapest ablegen würde. Das zog er in den frühen achtziger Jahren sogar ernsthaft in Betracht, wobei er den merkwürdigen Gedankengang hatte, daß er den Liberalismus in Ungarn durch die königliche Hintertür einführen könnte, eine wahrlich naive Idee.

Doch mit welch unorthodoxer Gesellschaft er sich in Ungarn, wo er sich einen Jagdgrund gekauft hatte, auch manchmal umgab, die Behauptung, er habe Selbstmord begangen, um zu vermeiden, daß man ihn als Unterstützer eines Staatsstreichs gegen den Kaiser entlarven würde, ist eine Mißdeutung der Welt Franz Josephs. Niemand – und am wenigsten ein Kronprinz – hätte je davon geträumt, diesen unbeugsamen Titanen zu stürzen. Wenn es auch nur ein einziges politisches Motiv für seinen Freitod gab, dann ist dieses sicher in seinem verzweifelten Aufschrei zu suchen, der in jenen Zehn Geboten anklingt, und in der hochtrabenden Aufgeblasenheit des neugekrönten Wilhelm II., die ihre Veröffentlichung noch beschleunigte. Das Benehmen des deutschen Kaisers bei seinem ersten Besuch in Wien reichte aus, um jeden patriotischen Österreicher zur Flasche und ein Nervenwrack wie Rudolf in den Tod zu treiben. Was immer auch seine Beweggründe gewesen sein mögen, mit seinem Ableben hatte die Monarchie jedenfalls den erhabensten unter ihren treuen Anhängern verloren. Es ginge zu weit, zu behaupten, sie hätte auch ihren fähigsten Retter verloren. Viele seiner Ideen waren wirklichkeitsfremd und entsprangen oft nur einer Laune. Sein Geist war, selbst bevor er von der Krankheit angegriffen wurde, eher lebhaft als tiefsinnig und die Natur seines Charakters nicht jene, aus der ein weiser Monarch hätte geformt werden können.

Sein Glaube an Österreich war sein einziges positives Vermächtnis.[37]

Negativ war, daß er indirekt zu diesem erschreckenden Hochkommen des Antisemitismus beitrug, der einen Schatten über die letzten Jahrzehnte der Monarchie werfen sollte. Das war kaum überraschend angesichts der Gesellschaft, mit der er sich umgab. Seine beiden wichtigsten Fürsprecher in der Pressewelt, Moriz Szeps in Wien und Max Falk in Budapest, waren Juden und außerdem auch sein Hauptgeldgeber, Baron Moritz Hirsch, der Industrielle Emil Kuranda (ein *mari complaisant*, mit dessen ebenfalls jüdischer Frau er ins Bett ging) und seine meisten Freunde aus der Literaturszene, wie Friedrich Krauß und Joseph Weil. Es war kein Wunder, daß seine Feinde – vor allem Schönerer – über die »jüdische Clique«, die den Thronfolger umgab, herzogen.

Im Jahr vor seinem Selbstmord war der Erzherzog in einen politischen Wirbel um Schönerers Antisemitismus verwickelt worden. Auslöser dafür war ein Thema, das Rudolf besonders berührte: die Nachfolge auf den preußischen Thron in Berlin. Im März 1888 brachten plötzlich mehrere Wiener Zeitungen eine Sonderausgabe mit schwarzem Rand heraus, die den Tod Wilhelms I. verkündete. Sie waren eigentlich dem Ereignis nur einen Tag voraus, und es gibt keinen Grund anzunehmen, daß ihre Herausgeber aus irgendeinem anderen Beweggrund als aufgrund voreiliger Berichte aus Berlin handelten. Doch Schönerer blies diese verfrühten Berichterstattungen prompt zu einer kalkulierten Beleidigung der deutschen Ehre durch die Juden auf, die die Wiener Presse beherrschten.[38] Und er ließ den Worten auch gleich Taten folgen und drang am selben Abend mit

[37] Der Dichter Robert Hamerling fängt in einer Ode an Rudolfs Tod dessen geheimnisvolle Aura ein:
»Und fragt ihr sonst noch etwas ihn – er schweigt.
Denn Schweigen ist das große Recht der Toten.«
[38] Die Tatsache, daß die Wiener Börsenkurse stark anstiegen, als der Tod bestätigt wurde, führte zu einem weiteren schrecklichen Gerücht, daß nämlich jüdische Spekulanten von den früheren inkorrekten Berichten profitiert hätten.

einer Gruppe seiner Rowdies in die Räumlichkeiten des *Neuen Wiener Tagblatts* ein und verprügelte die diensthabenden Journalisten. Das war nun wirklich zu viel, selbst für ein gespaltenes Parlament und den »deutschen Fürsten«, der auf dem Thron saß. Sein Kronprinz schrie am lautesten nach Maßnahmen. Als Folge wurde Schönerer das Abgeordnetenmandat entzogen und damit auch seine Immunität aufgehoben. Die Gerichte verurteilten ihn rechtmäßig zu vier Monaten Gefängnis, und der Kaiser erkannte Schönerer den Adelstitel ab.[39] In den Straßen der Hauptstadt brachen Demonstrationen für und gegen Schönerer aus, die noch dadurch aufgeheizt wurden, daß das Urteil knapp vor der Enthüllung einer neuen Statue zum Gedenken an die zähe antipreußische Vorreiterin, die große Kaiserin Maria Theresia, verkündet wurde.

Das Handgemenge entwickelte sich nun in ein fast unbeschreibliches Durcheinander und warf noch einmal Licht auf die dunkle Befindlichkeit der österreichischen Seele. Unter Rufe wie »Lang lebe Schönerer« und »Nieder mit den Juden« mengten sich die gegnerischen Klänge der österreichischen Kaiserhymne »Gott erhalte« und des Liedes »Die Wacht am Rhein«, das den Glauben an das Germanische symbolisierte. Das allösterreichische Lager war selbst durch den antisemitischen Faktor gespalten worden. Und so stimmten Karl Lueger und seine Anhänger, obwohl sie Maria Theresia und alles, wofür diese stand, verehrten, nun von ganzem Herzen in das judenfeindliche Gebrüll ein. Rudolfs Kutsche befand sich unter jenen, die am Tag der Denkmalenthüllung seiner großen Vorfahrin in der hysterisch geteilten Menge steckengeblieben waren, und so war er gezwungen, den Weg bis zur Hofburg zu Fuß zurückzulegen. Es war ein passendes Symbol für seine politische Frustration.

Trotz der Kluft in bezug auf Rassenintoleranz zwischen Lueger, dem Führer der Christlichsozialen, und Kronprinz

---

[39] Dieser wurde 1917 zurückerstattet als eine Geste der Kriegssolidarität mit Deutschland durch den letzten Habsburger Herrscher, den jungen Kaiser Karl.

Rudolf gingen beide als Verfechter der österreichischen Sache in die Geschichte ein. Gab es noch jemanden auf dieser hohen Ebene? Wir können einen dritten berühmten Österreichgläubigen unter den kaiserlichen Ministerpräsidenten ausmachen, obwohl sich in diesem Fall der Glaube weniger auf Leidenschaft als auf geniale Berechnung begründete. Graf Eduard Taaffe stand von 1879 bis 1893 an der Spitze des kaiserlichen Parlaments. Nicht nur seine lange Amtszeit, einzigartig seit dem Zeitalter Metternichs, war außergewöhnlich, sondern auch das Maß an Stabilität, Prosperität und oberflächlicher Harmonie, die die 14jährige Ära Taaffe der Monarchie brachte. Der Graf, der irischer Abstammung war, dessen Familie jedoch schon seit Wallensteins Tagen Güter in Mähren besaß, war nicht bloß ein »Schwarzgelber« oder ein Habsburg-Anhänger im allgemeinen. Er war vor allem Franz Joseph gegenüber, dem Spielgefährten aus Kindertagen, leidenschaftlich loyal und nannte sich selbst »Minister des Kaisers«. Einzigartig war auch die Art, wie er seinem Kaiser diente.

Taaffe wurde zum Minister ernannt, nachdem es ihm gelungen war, die tschechischen Abgeordneten, die gekränkt in Prag saßen und das Parlament in Wien boykottierten, wieder ins Parlament zu bringen und somit eine verfahrene Situation zu beenden. Diese Erfahrung bestärkte den neuen Ministerpräsidenten in seinem Glauben, daß es keinen Sinn hätte, mit einem normalen System der Parteienmehrheit zu regieren. Statt dessen baute er eine konservative Regierungsmehrheit auf, den »eisernen Ring«, der sich aus Deutsch-Klerikalen als Vertreter der Bauernschaft, aus feudalen Grundbesitzern, aus Tschechen als Vertreter der Slawen des Reichs und einer starken polnischen Fraktion, dem Polnischen Club, zusammensetzte. Trotz ihrer künstlichen Konstruktion war diese Koalition solide und verschaffte Taaffe eine ständige, wenn auch kleine Stimmenmehrheit über die eher gespaltenen Fraktionen des linken Flügels. So konnte er sozusagen verfassungsgemäß durch ein Parlament regieren, obwohl er dieses in Wahrheit gelassen umgangen hatte. Taaffe wandte nun dieselbe Technik auf die Nationalitätenprobleme der Monarchie im gesamten an.

Es gibt einen Pendeluhrtyp, der in Taaffes Tagen hergestellt und später unter Experten für antike Uhren als Atmos-Uhr bekannt wurde. Die Uhr wird durch zwei solide Kugeln in Gang gehalten, deren Gewicht fein aufeinander abgestimmt ist, sodaß sie in weitem Bogen zuerst zur einen und dann zur anderen Seite schwingen; bevor sie den Kreis aber ganz ausführen, werden sie immer langsamer und kehren schließlich sanft wieder zum zentralen Kontrollpunkt zurück. Der Graf mag vielleicht sogar eine solche Uhr besessen haben, auf die er starren und dabei nachdenken konnte, jedenfalls versuchte er, die elf großen Völker des Habsburgerreichs nach dem Prinzip dieser Uhr zu regieren. Je nach Zweckdienlichkeit wandte er sich also zuerst der einen Seite, dann wieder der anderen zu. Einmal verschaffte er der einen Volksgruppe Privilegien, vor allem im Bereich von Sprache und Kultur, dann wieder einer anderen. Doch er vermied um jeden Preis, einer Volksgruppe praktisch alles zu gewähren, das sie forderte. Damit wäre nämlich der Kreis geschlossen, der Kreislauf unterbrochen und die Uhr ganz zum Stillstand gebracht worden. Statt dessen mußte jeder Teil dieses inneren Mechanismus der Monarchie gerade genug Schwung bekommen, um ihn und die anderen in Bewegung zu halten und gleichzeitig das Verlangen nach mehr aufrechtzuerhalten.

Taaffe erklärte diese Vorgangsweise einmal damit, daß alle Nationalitäten der Monarchie in einem Zustand ausgewogener und gut kalkulierter Unzufriedenheit gehalten werden müßten. Er war daher nicht nur in seiner uneingeschränkten Loyalität zur Dynastie ein Anhänger Österreichs, sondern auch weil er meinte, den idealen Weg zur Erhaltung der Monarchie gefunden zu haben. Seine deutschliberalen Gegner, die durch Taaffes slawenfreundliche Politik der Mitte etwas zur Seite gedrängt wurden, verspotteten diese als Politik des »Fortwurstelns«. Taaffe akzeptierte und zitierte diesen Begriff auch gerne, denn was seine Kritiker angriffen, war im Grunde genommen ein wesentlicher Zug des österreichischen Charakters. Der Graf hatte nichts anderes getan, als ihn zu institutionalisieren. Das Experiment funktionierte, so wie die Atmos-Uhr, nicht ewig. Doch solange es lief, vermittelte es die Illusion von ständiger Bewegung, was für eine bereits von Zukunftsängsten geplagte Monarchie sowohl beruhigend als auch stimulierend war. Österreich (d.h. die nicht-magyarischen Länder Cisleithaniens) erlebte in der Ära Taaffe eine wirtschaftliche und kulturelle Blüte. Bis 1890 war die Bevölkerung auf fast 24 Millionen angewachsen, während es zehn Jahre zuvor noch 22 Millionen gewesen waren. Die Industrie hatte nach einer vorübergehenden Flaute, die auf den Schwarzen Freitag von 1873 folgte, große Fortschritte gemacht, so daß die Wirtschaft nun nicht mehr hauptsächlich auf der Landwirtschaft basierte. Über 60 Prozent der Bevölkerung arbeiteten zwar immer noch auf dem Land und zwei Drittel davon lebten auch dort, doch eine ständig wachsende Anzahl von Arbeitskräften war im Bergbau und in der Industrie tätig: 1890 zählte die Textilindustrie fast 300000 Beschäftigte, die Metallproduktion fast 100000, in der Keramik- und Glasproduktion waren es 72000 und in der neuen Sparte Chemie sogar 33000. In den Erblanden waren die Alpine Montanwerke der Steiermark die Mustergesellschaft, die 1881 zur Nutzung der Eisenvorkommen des Landes gegründet wurden (und Ende des 20. Jahrhunderts noch immer in Betrieb sind). Das andere große Zentrum der Expansion war Böhmen, wo die Großgrundbesitzer, die nun ihre feudale Abscheu vor dem Handel überwunden hatten, aus ihren Gütern lukrative Handelsunternehmen machten. Gegen Ende der achtziger Jahre waren 80 von 120 Zuckerraffinerien in den Händen der Magnaten, so auch fast die Hälfte der 900 Brauereien und drei Viertel der 400 Destillerien. Dennoch, und trotz der großen Einkommen aus dem Holzgeschäft, brachten es viele fertig, daß ihre Güter mit schweren Hypotheken belastet waren, was ihrem extravaganten Lebensstil und der Mißwirtschaft zuzuschreiben war.

Die Hauptstadt spiegelte und aalte sich in diesem allgemeinen Wohlstand. Wien hatte sich bis zur Ära Taaffe zu einer wichtigen europäischen Metropole mit über 1300 000 Einwohnern entwickelt und war im Vergleich zu anderen Großstädten bereits übervölkert, was später noch viel schlimmer werden sollte. Auch auf dem Gebiet der Architektur hatte Wien im 19. Jahrhundert seine volle Blüte entfaltet. An der berühmten Ringstraße, die in den sechziger Jahren anstelle des ehemaligen Festungsgürtels der alten Inneren Stadt erbaut worden war, reihten sich nun die Prunkbauten: die Hofoper, das Burgtheater, das Kunsthistorische und das Naturhistorische Museum, das Kriegs- und das Justizministerium und das neugotische Rathaus. Die Männer, die diese Bauten errichtet hatten, waren, wie schon in den Tagen des Barock, verantwortlich für die magnetische Anziehungskraft des kosmopolitischen Wiens. Heimische Talente waren natürlich vertreten. Van der Nüll und Siccardsburg, die mit Aufträgen überschütteten Schöpfer der Oper, waren Österreicher, genauso wie Ferstel, der junge Architekt der Votivkirche. Hans Gasser, der eine der schönsten Skulpturen der Stadt erschuf, den *Donauweibchenbrunnen,* war Tiroler. Doch unter den anderen Erbauern und Bildhauern, die ebenfalls das Bild der Hauptstadt prägten, befanden sich Männer aus Schwaben, Kopenhagen, der Schweiz, Erfurt, Speyer und Westfalen. Der produktivste unter ihnen war der Däne Theophil Hansen, der seine neuen Palais entlang des Rings nur so aus dem Ärmel zu schütteln schien.

Auf dem Gebiet der Architektur konnte sich Wien nie mit der Schönheit von Paris, der Würde Londons oder mit dem Kolossalen des Bismarckschen Berlins messen. Politisch gesehen war Wien nur eine der sechs Hauptstädte Europas und keineswegs die einflußreichste. Doch auf dem Gebiet der Musik war Wien im letzten Viertel des 19. Jahrhunderts zur unumstrittenen Hauptstadt der westlichen Welt geworden. Zu den Großen der Musik zählten Johannes Brahms, der sich 1863 in Wien niederließ, Gustav Mahler, dessen zehn Symphonien (sowie seine noch anstrengendere Tätigkeit als Operndirektor) ins nächste Jahrhundert wiesen, Anton Bruckner, der seine neun Symphonien im 19. Jahrhundert schrieb, und Hugo Wolf, von dessen 300 Liedern viele zu den schönsten zählen, die je geschrieben wurden.

Unter den Komponisten der Unterhaltungsmusik jener Zeit ragt natürlich die Familie Strauß und vor allem Johann Strauß Sohn aus der Menge heraus. Entgegen der allgemeinen Annahme ist die Musik des Walzerkönigs nicht nur voll luftig leichter Champagnerseligkeit. Obwohl das für das Wienerische so typische »weinende Auge« (das zum »lachenden Auge« paßt) in seiner Musik nur schwer zu finden ist, ist es aber dennoch vorhanden, manchmal sogar sehr deutlich. 1889 komponierte er seinen *Kaiserwalzer,* als Kaiser Franz Joseph das fünfte Jahrzent seiner Regierungszeit begann. Man erwartete Erhabenheit in einem solchen Werk, sogar etwas Ehrfurcht. Doch in der langsamen Einleitung schwingt noch etwas mit – eine dunkle Vorahnung. Auch die Schlüsselmelodie seiner berühmtesten Operette, *Die Fledermaus,* strahlt eine andere halb unterdrückte Stimmung dieser Zeit aus, die Hand in Hand mit dieser Vorahnung ging, nämlich Resignation: »Glücklich ist, wer vergißt, was nicht mehr zu ändern ist.« Diese Zeilen drücken in aller Kürze dieses Hinnehmen eines ungewissen Schicksals aus, mit der Entschlossenheit, sich inzwischen zu amüsieren – genau das Gefühl also, mit dem die Österreicher auf das neue Jahrhundert zugingen. Vielleicht war das ein Grund dafür – natürlich abgesehen von ihren schönen Melodien und der Darstellung des Überflusses jener Zeit –, weshalb dieses Werk schon damals als Klassiker erkannt wurde, der sich von den üblichen Operetten abhob. 1897 nahm niemand geringerer als Gustav Mahler *Die Fledermaus* in das Repertoire der Hofoper auf.[40]

Alles, was bisher beschrieben wurde – vom Bevölkerungswachstum und von der städtischen Entwicklung, der

---

[40] Vielleicht zu vergleichen mit der Aufnahme von Kompositionen wie zum Beispiel »Rhapsody in Blue« von George Gershwin in das klassische Konzertprogramm des 20. Jahrhunderts.

Zunahme der Fabriks- und Bergwerksproduktion und der Ausweitung des Handels bis hin zum Eisenbahnbau, der Bankengründung und der Einführung einer breiten Sozialgesetzgebung –, all das lief für die damaligen Regierungen auf einen gemeinsamen Nenner hinaus: der Bedarf an einer größeren und komplexeren Verwaltungsstruktur und folglich einer ständig wachsenden Zahl von Staatsbeamten. Für die Habsburgermonarchie, deren Angelegenheiten von Anbeginn an schon infolge ihrer Nationalitätenvielfalt kompliziert genug waren, bedeutete dies die zusätzliche Einstellung von kaiserlichen Beamten – nicht nur von Hunderten, sondern schließlich von Zehntausenden. Selbst die Blütezeit der Kunst trug ihr Scherflein dazu bei. Die Kuratoren und das Reinigungspersonal der neuen Museen, die Sänger und Musiker der Oper und die Schauspieler und Bühnenarbeiter des Burgtheaters, alle konnten sich ausnahmslos zu den fest angestellten Staatsbeamten zählen und die damit verbundenen Privilegien wie das so begehrte Prestige, lebenslange Sicherheit und Alterspension genießen. Das bringt uns direkt zurück zu Taaffe und seiner nach diesem Prinzip funktionierenden Regierung.

Sobald die Magyaren und die ihnen untergeordneten Völker 1867 im ungarischen Königreich unter Dach und Fach gebracht waren, bestand das Hauptproblem der österreichischen Hälfte der Doppelmonarchie in den letzten 50 Jahren ihrer Existenz darin, mit den Forderungen der Slawen nach mehr Privilegien und Rechten richtig umzugehen. Anfangs machten vor allem die Nordslawen und die böhmischen Tschechen Druck, wobei im Endeffekt eigentlich alles auf die Forderung nach mehr Arbeitsplätzen hinauslief. Durch diese unromantische und materialistische Darstellung des Themas soll jedoch nicht etwa geleugnet werden, daß die nationalistische Gesinnung unter den Tschechen ständig zunahm, vor allem nach 1874, als die radikalere Bewegung der Jungtschechen unter Karl Skladovsky entstand. Genausowenig soll das Aufblühen einer tschechischen Kultur übersehen werden. 1881 hatten sie bereits ihre eigene Universität und ihr eigenes Nationaltheater in Prag, während im Bereich der Musik Komponisten wie Antonin Dvořák und Friedrich Smetana zu Weltruhm gelangten. Dennoch muß hier eines erklärt werden, das auch später bei der Beschreibung der letzten Stunden der Monarchie wieder zur Sprache kommen wird. Was diese nationalistischen Führer und auch die von ihnen vertretenen Völker wollten, war nicht Unabhängigkeit vom Reich, ja nicht einmal eine einfache Ausweitung der dualistischen Herrschaft, die zwischen Wien und Budapest bestand. Die Magyaren betrachteten sich nicht nur selbst als ein unangefochtener Sonderfall.[41] Was die anderen Volksgruppen anstrebten, war ein größeres Stück vom kaiserlichen Kuchen, und wie alle außer ein paar Fanatikern einsahen, konnte nur das Reich einen Kuchen von solcher Größe und Vielfalt, an dem jeder mitnaschen konnte, bereitstellen. Taaffes großer Balanceakt bestand darin, seine Brösel und Stücke so aufzuteilen, daß niemand übersättigt sein würde und keiner zu hungern brauchte.

Der Schlüssel dazu war die Sprache. Sie kontrollierte die Entwicklung eines nationalen Bewußtseins im allgemeinen und gewährte Zugang zur Reichsbürokratie im speziellen. Es war daher logisch, daß Taaffe die Tschechen für ihre Teilnahme an seinem »eisernen Ring« mit ihren 54 Parlamentsabgeordneten durch eine Reihe von Konzessionen im Bereich der Sprache und Kultur an Böhmen und Mähren belohnen sollte. Die wichtigste Konzession, die am 18. April 1880 verfügt wurde, stellte Tschechisch und Deutsch in allen behördlichen Angelegenheiten, schriftlich oder mündlich sowohl im Parteienverkehr als auch bei Gerichtsverfahren, auf dieselbe Stufe. Dabei handelte es sich um den sogenannten äußeren Dienst der Verwaltung, wo nun die aufstrebenden tschechischen Akademiker, vor allem die Anwälte, auf

---

[41] Die Tschechen kamen am ehesten an das ungarische Modell heran mit ihrer vergeblichen Forderung nach Anerkennung des sogenannten Böhmischen Staatsrechts, d.h. die formelle Anerkennung der Länder der böhmischen Krone als eine konstitutionelle Einheit der Monarchie.

der untersten Sprosse der bürokratischen Leiter Fuß fassen konnten. Um weiter nach oben gelangen zu können, mußten sie sich eine ähnliche Gleichstellung für die innerbehördliche Sprache sichern, d. h. für die Sprache, in der die Beamten der ganzen Monarchie miteinander korrespondierten. Das war und blieb im Fall von Cisleithanien ausschließlich Deutsch. Mit den Österreichern auf der obersten Stufe zu stehen und wenn möglich die meisten von ihnen von dort zu verdrängen, war nun das Ziel jedes ehrgeizigen, gebildeten Tschechen. Es war vorauszusehen, daß jene, die ihre Privilegien gefährdet sahen, sofort protestierten und schließlich zur Gewalt griffen.

Es würde zu sehr ins Detail gehen, hier zu erklären, wie es Taaffe in den achtziger Jahren schaffte, diese aufgebrachten Österreicher einigermaßen unter Kontrolle zu bringen und dabei gleichzeitig die Balance zwischen Polen, Slowenen, Ruthenen und den anderen Völkern unter der Kontrolle Wiens zu halten. Die tschechische Frage war von so eminenter Bedeutung, daß sie schließlich nicht nur Taaffe selbst, sondern auch einen seiner Nachfolger stürzen sollte. 1890 brachte Taaffe Österreicher und Tschechen in Wien zusammen und versuchte, ihren schwelenden Streit über die Verwaltung Böhmens beizulegen. Ein Übereinkommen wurde erzielt, nach dem die gemischtsprachigen Bezirke nach nationalen Gesichtspunkten unterteilt wurden und indem man sprachliche Qualifikationen für Richter des Obersten Gerichtshofs einführte, was zeigt, wie weit die Tschechen die Leiter schon hinaufgeklettert waren. Ab diesem Zeitpunkt mußten 26 der 41 Mitglieder des Obersten Gerichtshofs zweisprachig sein, während die anderen 15 nur Deutsch beherrschen brauchten. Endlich schien Frieden eingekehrt zu sein, bis die radikalen Jungtschechen, die nicht zu den Gesprächen eingeladen worden waren, die Konzessionen als nicht ausreichend verwarfen. Auch spiegelte ihr Standpunkt deutlich die allgemeine Meinung zu Hause wider, denn aus den Wahlen vom März 1891 gingen sie mit 37 Mandaten hervor und reduzierten damit die gemäßigten Alttschechen, die diese Konzessionen ausgehandelt hatten, auf zwölf Mandate. Der Ausgleich mit Böhmen bestand weiterhin nur auf dem Papier.

1893 unternahm Taaffe einen letzten und folgenschweren Versuch, sich sowohl die Unterstützung der Jung- als auch der Alttschechen durch eine Wahlrechtsreform in ganz Cisleithanien zu sichern. Im Oktober 1893 wurde ein Gesetzesentwurf vorgelegt, der das Wahlrecht auf männliche Steuerzahler über 25 Jahren ausdehnte, die in ihrer eigenen Sprache lesen und schreiben konnten. Dieser Schritt, der unter völliger Geheimhaltung ausgearbeitet worden war, hatte die volle Unterstützung des Kaisers. Franz Joseph war nun davon überzeugt, daß die »kleinen Leute« unter seinen Untertanen mehr Dankbarkeit und Loyalität gegenüber der Dynastie zeigen würden als die zunehmend lästigen bürgerlichen Liberalen. Es war schon etwas dran an diesem Argument, doch das Unternehmen selbst war ein Desaster. Diesmal sicherten nur die Jungtschechen ihre Unterstützung zu. Alle anderen großen Fraktionen schreckten vor einer Massenwählerschaft zurück, die in mancherlei Hinsicht ihre eigene Macht und ihre Privilegien eingeschränkt hätte, da wohlhabende Bauern und Facharbeiter in allen Bereichen die Mittelschicht und die Grundbesitzer verdrängen würden. Der Gesetzesantrag wurde entschieden abgelehnt, und am 10. November wurde Taaffe, dessen »eiserner Ring« nun endgültig rostig geworden zu sein schien, seines Amtes enthoben. Nach 14 Jahren der Ruhe standen der Monarchie nun neue Krawalle bevor, die vor allem dem explosiven Thema Sprache zuzuschreiben waren.

In der ersten dieser Krisen standen die bescheidenen Slowenen, eines dieser »geschichtslosen« Völker, im Mittelpunkt des Geschehens. Vier Jahre lang hatten auch sie mehr Schulunterricht in ihrer eigenen Sprache gefordert, und ihre Kampagne konzentrierte sich nun auf die kleine Stadt Cilli, die damals in der Südsteiermark lag. Diese Stadt war eine deutsche Enklave in einer vorwiegend slowenischen Gegend, und die deutschsprachigen Einwohner – fanatisch wie immer und wo immer sie in der Monarchie an den slawischen Rändern lebten – leisteten heftigen Widerstand gegen den zweisprachigen Unterricht im örtlichen Gymnasium. Zu dieser Zeit war anstelle von Taaffes Kabinett eine wackelige Koalitionsregierung im Amt, an deren Spitze Fürst Alfred Windisch-Grätz stand, der Enkel jenes eigenwilligen Militärs, der sich 1848 einen Namen gemacht hatte. Als 1895 sein Finanzminister, Ernst von Plener, das Budget für den zweisprachigen Unterricht in Cilli voreilig bewilligte, denunzierten ihn seine Parteikollegen, die Koalition brach auseinander, und die Regierung mußte gehen. Dieser Streit über eine Schulfrage nahm geradezu lächerliche Ausmaße an, doch betrachtet man das ihm zugrunde liegende Thema, war alles eigentlich ganz logisch.

Für die zweite und viel ernstere Explosion müssen wir wieder einen Szenenwechsel auf das Hauptschlachtfeld Böhmen vornehmen. Graf Kasimir Badeni, der polnische Adelige, den der Kaiser schließlich zu seinem Ministerpräsidenten ernennen sollte, erbte einen tschechisch-deutschen Streit, der durch den Zirkus rund um Cilli nur noch verschärft worden war. Weiters versuchte er 1897, während der Vorbereitungen für die schwierige Erneuerung des Ausgleichs mit Ungarn für die nächsten zehn Jahre, sich durch die Sicherung der Stimmen der Jungtschechen Rückendeckung zu verschaffen. Noch weit davon entfernt, stürzten die zu großzügigen Konzessionen, die er ihnen anbot, Cisleithanien in den Tumult und warfen Badeni aus dem Amt.

Durch seine Sprachenverordnungen vom 5. April 1896 hätte die tschechische Sprache in Böhmen und Mähren das Deutsche praktisch ins Abseits gedrängt. Vor allem wurde der Gebrauch des Tschechischen im äußeren Dienst stark erweitert. Viel wichtiger aber waren die vorgeschlagenen Veränderungen im inneren Dienst, da von nun an jeder Fall in jener Sprache, von der er ausgegangen war, behandelt zu werden hatte – sowohl schriftlich als auch mündlich. Dies hätte enorme Auswirkungen auf den nicht enden wollenden Kampf um die offiziellen Ämter gehabt, denn die Deutschsprachigen, von denen relativ wenige des Tschechischen mächtig waren, wären rundum die Verlierer gewesen.

Es kam zu Krawallen, nicht nur in Böhmen, sondern auch in Wien, Salzburg und, mit den immer noch frischen Erinnerungen an Cilli, unweigerlich auch in Graz. Solche Unruhen hatte man seit 1848 nicht mehr erlebt, und sie dauerten das ganze Jahr über an. Am 28. November, als die Haupstadt durch die alldeutsche Agitation schon fast lahmgelegt war, gab der Kaiser schließlich dem Sturm nach und entließ den Verursacher der »Badeni-Krawalle«.

Das war natürlich Schönerers große Stunde, nicht zuletzt deshalb, weil Sympathiekundgebungen in ganz Deutschland veranstaltet worden waren. Hier liegt die Bedeutung der Angelegenheit für unsere Betrachtung des Bewußtseins der Österreicher für ihre Identität. Diese Krise, die letzte, die die Monarchie im 19. Jahrhundert durchmachen sollte, war nicht eine, in der Österreicher um ihre Existenz als eine Nation gegen eine äußere Bedrohung gekämpft hatten, sondern eine, in der sie sich für ihren persönlichen und öffentlichen Stand innerhalb eines Vielvölkerreichs eingesetzt hatten. Es ging dabei nicht um Patriotismus, sondern um das Recht der Ämterbesetzung. Der breitere Hintergrund des Konflikts – Germanentum versus Slawentum – war ebenso hinderlich für die Entwicklung eines echten Österreich-Gedankens.

III
Der Weg in den Krieg

1. Fin de Siècle

Als die Österreicher und ihre nun schon über 600 Jahre alte Dynastie die Schwelle zum 20. Jahrhundert überschritten, kam es zu einer Reihe von Todesfällen. Fast hatte es den Anschein, als ob viele, deren Namen dem 19. Jahrhundert Glanz verliehen hatten, es nun schleunigst verlassen wollten, solange ihnen noch die Zeit dazu blieb und die Erinnerung an sie noch lebhaft war. Allein in der Welt der Musik hatte dieses »Große Sterben«, wie die Wiener es nannten, 1895 Suppé, 1896 Bruckner, 1897 Brahms und im Jahr 1899 Johann Strauß dahingerafft. Carl Millöcker, sein weniger berühmter Kollege aus der Welt der Operette, schloß sich ihnen erst am allerletzten Tag des Jahrhunderts an.

Der berühmteste Todesfall dieser letzten Jahre des Jahrhunderts aber war weder friedlicher noch natürlicher Art: die Ermordung Kaiserin Elisabeths in Genf am 10. September 1898. Zwischen dem Mörder und seinem Opfer bestand eine makabre Übereinstimmung. Das Leben der Kaiserin verlief schon seit langem in vom Zufall bestimmten Bahnen, geprägt durch eine Reihe rastloser Reisen, die sie je nach Laune und ohne bestimmtes Ziel unternahm. Der Attentäter Luigi Lucheni, ein 26jähriger italienischer Arbeiter und selbsterklärter Anarchist, war ebenso wie die Kaiserin von einem Land zum anderen gereist, bevor er in Genf landete und beschloß, irgend jemanden zu ermorden, der berühmt genug war, um ihn in die Annalen der Geschichte eingehen zu lassen. Erst hatte er den Herzog von Orléans, der in der Stadt erwartet wurde, als für diesen Zweck angemessen erachtet. Als der Herzog aber seinen Besuch absagte, fiel seine Wahl auf die österreichische Kaiserin, nachdem er zufällig über ihren Besuch in der Lokalzeitung gelesen hatte. Sogar das Stilett, das er in ihr Herz bohrte, als sie vor dem Hotel Beau Rivage an Bord eines Dampfers gehen wollte, war eine selbstgebastelte Waffe. So spielte also wie in ihrem Leben auch bei ihrem Tod der Zufall eine große Rolle.

Von noch größerer Ironie waren die Begleitumstände ihres eine Woche später stattfindenden Begräbnisses in der düsteren Familiengruft der Habsburger, der Kapuzinergruft in Wien. Am ersten Tag hatte der Sarg, der an Zehntausenden Trauernden vorübergetragen wurde, die einfache Inschrift »Elisabeth, Kaiserin von Österreich« getragen. Daraufhin beschwerten sich die ungarischen Trauernden darüber, was denn mit ihrer Krone sei, die die Kaiserin ja ebenfalls getragen habe? Sie protestierten schließlich so energisch, daß noch am selben Abend in aller Eile die Worte »und Königin von Ungarn« hinzugefügt wurden. Das führte wiederum prompt zu einem formellen Gesuch aus Prag, auch noch den Titel »Königin von Böhmen« eingravieren zu lassen. Der Drang der Völker nach nationalem Status war also selbst noch in der Kapuzinergruft zu spüren. Alles in allem war es ein trauriger Monarch, der am 2. Dezember dieses schrecklichen Jahres dem 50. Jahrestag seiner Thronbesteigung entgegensah.

Die Bedeutung von Elisabeths Tod – nicht zu verwechseln mit dessen Symbolik – kann nur an seiner Auswirkung auf ihren Gemahl gemessen werden. Eine Reihe öffentlicher Demütigungen, die mit Königgrätz ihren Höhepunkt erreichten, und Familientragödien, unter denen die aufsehenerregendste der Freitod des Kronprinzen Rudolf war, hatten jedes menschliche Gefühl im Kaiser erstickt. Aber wie in solchen Situationen meistens der Fall, brachte ein allerletzter Schlag auch noch den letzten Funken für immer zum Erlöschen. Für Franz Joseph war das der Tod seiner Frau, die er noch immer angebetet hatte, obwohl sie eigentlich schon lange den Mann und den Kaiser verlassen hatte. Jahrelang war sein beinahe einziger normaler Kontakt zur Außenwelt sein tägliches Gespräch mit der »Gnädigen

Frau«, der Burgschauspielerin Katharina Schratt, gewesen. Diese außergewöhnliche Verbindung war durch sein Bedürfnis, sich bei jemandem auszusprechen, und ihrer Gabe, ihm die so wohltuende Ablenkung und Gesellschaft zu bieten, zustande gekommen und war von der Kaiserin selbst angeregt worden, zur Beruhigung ihres schlechten Gewissens, da sie ihren Mann dauernd alleine ließ. Sie wußte, daß es sich dabei um eine seriöse Affäre mit *café au lait* am Morgen handelte, und nicht um eine, bei der abends Champagner aus Damenschuhen geschlürft wird. Doch es kam sogar in dieser Freundschaft zu Spannungen, als der Kaiser sie nach dem Tod seiner Frau am meisten brauchte. Ihre Beziehung war etwas abgekühlt, als sich der Kaiser im Jahr 1899 bewußt aus einem Streit über die Erneuerung von Katharina Schratts Burgtheatervertrag heraushielt, womit er ihr natürlich nur die peinliche Situation einer offiziellen Intervention seinerseits ersparen wollte.[1] Als er im nachhinein darüber grübelte, daß nun, da seine Frau von ihm gegangen war, auch sie beide sich voneinander entfernten, schrieb er ihr: ». . . Sie haben ja selbst gewollt, daß es so komme. (. . .) Meine Stimmung ist eine unendlich traurige in meiner trostlosen Einsamkeit, das Alter macht sich, besonders in der letzten Zeit, immer fühlbarer und ich bin sehr müde.«

Dennoch warf sich dieser müde und desillusionierte alte Kaiser wie ein Veteran, der seine Kriegsverletzungen ignoriert, in die Schlacht, um die Gefahr abzuwenden, die plötzlich über die Frage der Thronfolge aufkam.

Erzherzog Franz Ferdinand war der älteste Sohn des ältesten überlebenden Bruders des Kaisers, Karl Ludwig, der nach dem Selbstmord Kronprinz Rudolfs automatisch zum

---

[1] Die Schauspielerin Katharina Schratt hatte sogar noch unvernünftiger reagiert, als sie sich gekränkt zeigte, daß ihr der angesehene Elisabeth-Orden, der für Damen tadelloser Abstammung und solider katholischer Redlichkeit eingeführt worden war, nicht verliehen wurde. Kaiserin Elisabeth hatte ihr kurz vor ihrem Tod den Elisabeth-Orden I. Klasse versprochen, doch der Kaiser lehnte dann ihr Ansuchen ab. (Anm. d. Ü.)

Thronfolger aufgerückt war. Karl Ludwig hatte aber zeitlebens weder Interesse noch Fähigkeiten für die Nachfolge gezeigt; sein Erstgeborener, der inzwischen 33jährige Franz Ferdinand, war der eindeutige Thronfolger. Er war ein sehr nachdenkliches und introvertiertes Kind gewesen, ein Rätsel für seine glücklichen Eltern und seine Geschwister. Als Erwachsener war er bissig, aufbrausend, hatte feste Ansichten und wenig Geduld mit oppositionellen Ansichten; er war zwar hochintelligent, doch fehlte es ihm völlig an jener ausgleichenden österreichischen Eigenschaft, dem Charme. Vor allem aber fehlte es dem Thronfolger am Ende des Jahrhunderts noch immer an einer Frau. Als Kandidatinnen kamen natürlich nur katholische Prinzessinnen in Frage, und diese waren, wie er damals mit der für ihn typischen Heftigkeit an eine Freundin schrieb, »lauter siebzehn- oder achtzehnjährige Piperln, eine schiecher als die andere«!

Dabei hatte der Erzherzog, als er diese Zeilen schrieb, die Frau, mit der er entschlossen war, sein Leben zu teilen, eigentlich bereits gefunden. Als er sich in sie verliebte, war sie eine reife 27jährige, und obwohl sie keine klassische Schönheit war, war sie doch eine verblüffend hübsche und rundum gesunde Frau, deren Gelassenheit und Ruhe den entsprechenden Ausgleich zu seinem aufbrausenden Temperament bot. Der einzige Makel an dieser Musterfrau war, daß Sophie Chotek »nur« eine Gräfin war. Die Choteks von Chotkova und Wognin waren seit 1556 böhmische Barone, seit 1723 Grafen von Böhmen und seit 1745 Reichsgrafen. Doch nicht einmal diese illustre tschechische Abstammung gewährte ihnen Zutritt zu dem kleinen, erhabenen Kreis von Familien, die man einer Ehe mit einem Habsburger für würdig befand; stand man außerhalb dieses Kreises, war man indiskutabel.[2] Der Sache war auch nicht gerade dienlich, daß Sophie während der ganzen Zeit, in der ihr heimlich der Hof gemacht wurde, eine Hofdame der Erzherzogin Isabella war, einer Frau von ebenso starkem Wuchs wie

[2] An der Spitze der ersten Liste, die am 7. Oktober 1825 veröffentlicht wurde, standen 14 in der Monarchie ansässige Fürstenhäuser.

Ehrgeiz, die den Erzherzog-Thronfolger selbst zum Schwiegersohn haben wollte.[3]

Zum Skandal kam es schließlich mitten im Sommer 1899, als Sophie 31 Jahre alt und ihr königlicher Freier 35 Jahre alt war. Erzherzogin Isabella und ihre Umgebung mußten nicht erst bei Hofe wettern, damit der Kaiser wußte, was er der Dynastie schuldig war. Auch andere Erzherzöge hatten Schande über die Familie gebracht, indem sie unter ihrem Stand geheiratet hatten, und es sollten noch mehrere derartige Schocks folgen. Doch Franz Ferdinand war kein gewöhnlicher Fall, denn er konnte seinem alten Onkel jederzeit als Kaiser und König von Österreich-Ungarn auf den Thron folgen. Eine geborene Chotek als Kaiserin war für die Hofburg jedoch undenkbar. Monatelang waren Onkel und Neffe, Kaiser und Thronfolger, fest ineinander verkeilt, wie die Hirsche in der Brunftzeit, die sie beide mit solcher Leidenschaft jagten. Der Erzherzog verlangte am Anfang alles, die Braut und den Thron, doch das war eindeutig zuviel. In einem Sog von Intrigen arbeiteten Hofwürdenträger, Minister und Verfassungsexperten bis weit ins neue Jahrhundert hinein an dem unausweichlichen Kompromiß.

Das entsprechende Ritual dazu fand am Donnerstag, dem 28. Juni 1900, zu Mittag in der Geheimen Ratsstube der Hofburg statt, jenem Raum, der schon so oft im Mittelpunkt der Geschichte der Habsburger gestanden war und in dem 52 Jahre zuvor der junge Franz Joseph seine Rede vom Thron herunter verlesen hatte. Nun stieg er, flankiert von allen 15 großjährigen Erzherzögen der Familie, wieder auf das Podium, um die Bedingungen dieses einzigartigen dynastischen Handels zu verlesen. Es wurde zwar die Zustimmung zur Heirat gegeben, doch da die Gräfin »wenn auch von adliger Herkunft, jedoch nicht ebenbürtig« war, konn-

---

[3] Isabella, eine geborene Prinzessin Croy, hatte 1878 den reichsten aller Habsburger, Erzherzog Friedrich, geheiratet, mit dem sie nacheinander sechs Töchter hatte. Die älteste, Maria Christina, ein junges Piperl, hoffte sie, in eine zukünftige Kaiserin verwandeln zu können.

te diese Ehe nicht eine ebenbürtige, sondern nur eine morganatische sein. Weder der Gräfin noch ihren Kindern – und das ist viel bedeutender – konnte irgendeines der Rechte aus einer Ehe zwischen ebenbürtigen Partnern zuerkannt werden. Im Anschluß daran unterzeichnete Franz Ferdinand die Verzichtserklärung und die anderen jeweils in deutscher und ungarischer Sprache abgefaßten Dokumente, setzte sein persönliches Siegel darunter, und innerhalb von 30 Minuten war die Ratsstube wieder leer.

Drei Tage danach fand die Hochzeit des »unebenbürtigen« Paares statt, natürlich weit weg von Wien auf dem habsburgischen Schloß Reichstadt in Nordböhmen. Der Kaiser war nicht anwesend und auch keiner der 15 Onkeln, Brüder oder Cousins des Bräutigams, die Zeugen seines Renunziationseids in der Hofburg gewesen waren. Franz Ferdinand war der einzige Erzherzog bei seiner Hochzeit. Etwas Trost brachte ein Telegramm, das auf Anordnung des Kaisers geschickt worden war und in dem Gräfin Sophie in den Stand einer Fürstin von Hohenberg erhoben wurde (der Name erinnerte an einen süddeutschen Besitz der Habsburger im Mittelalter)[4]. Daß die Braut nun so nahe an den goldenen Kreis der Dynastie herangekommen war und ihr dennoch der Zutritt verweigert wurde, löste eine Protokollschlacht zwischen Neffe und Onkel aus, die andauerte, bis die strahlenden Neuvermählten von Reichstadt Seite an Seite ihren Tod in Sarajevo fanden.

Dieser Familienstreit ging bald in einen Kampf um politischen Einfluß zwischen Kaiser und Thronfolger über – wie hätte es auch anders sein können in einer Hauptstadt, in der das Herrscherhaus selbst ein Synonym für Macht war? Der Erzherzog warf, nicht einmal ein Jahr nach seiner umstrittenen Hochzeit, dem Kaiser den Fehdehandschuh hin. Der Streit ging um kein geringeres Thema als das dem österreichischen Dilemma zugrunde liegende Germanentum. Wie bereits erwähnt, hatte Schönerer in

[4] Im Jahr 1909 wurde sie in den Rang einer Herzogin erhoben. (Anm. d. Ü.)

seiner Kampagne für das Aufgehen der Doppelmonarchie im Deutschen Reich die Religion ins Spiel gebracht, indem er für den Sieg des Protestantismus über den Katholizismus sowie für den endgültigen Sieg Berlins über Wien eintrat. Daher auch seine »Los von Rom-Bewegung«, die er neben seinen slawenfeindlichen und antihabsburgischen Kampagnen vorantrieb. Bei seinem ersten Auftritt in der politischen Arena legte der Erzherzog sich gleich direkt mit Schönerer an. Am 8. April 1901 verkündete er, ohne den Kaiser konsultiert zu haben, daß er zugestimmt hätte, das Patronat des Katholischen Schulvereins zu übernehmen. Das war eine Kampfansage an jeden, der die Dynastie durch die Infragestellung des Titels eines Apostolischen Königs zu schwächen versuchte. Dies verdeutlichte der Thronfolger noch in seiner Antrittsrede als Schirmherr, in der er erklärte, daß die »Los von Rom-Bewegung« auch eine »Los von Österreich-Bewegung« sei und er gegen beides »mit Wort und Tat« ankämpfen würde.

Der Rede folgte ein Aufschrei der Entrüstung in beiden Hälften der Monarchie. In Cisleithanien schlossen sich viele Liberale aus Protest den fanatischen Alldeutschen an. In Ungarn, das über eine große Protestantengemeinde verfügte, war die Reaktion sogar noch stärker. Teils, um die aufgebrachten Ungarn zu beruhigen, und teils, um seinem Ärger darüber Luft zu machen, daß er in dieser Sache von seinem Neffen übergangen worden war, erteilte der Kaiser dem Erzherzog eine schriftliche Rüge wegen dieses »demonstrativen Vorgehens«, das »in hohem Grade unüberlegt ist«. Diese Rüge wurde noch weiter untermauert durch eine offizielle Verordnung, die den Mitgliedern des Kaiserhauses verbot, ohne Zustimmung des Kaisers die Patronanz »über jedwede Art von Vereinen, Corporationen, Congressen und Versammlungen« zu übernehmen.

Somit sehen wir einen weiteren Thronfolger vor unseren Augen als echten Österreichgläubigen auftauchen – diesmal aber ist es einer, der im vollen Besitz seiner Geisteskräf-

te war und mit einem durch und durch glücklichen Familienleben aufwarten konnte, aus dem er die Kraft für seine
politische Tätigkeit schöpfen konnte. Ihm gegenüber stand
dieselbe erhabene Gestalt, die sowohl durch ihren Charakter als auch ihre Politik zur Bewegungslosigkeit erstarrt
war: Franz Joseph, nach seinen eigenen Worten Kaiser von
Österreich, aber auch »ein deutscher Fürst«, Franz Joseph,
König von Ungarn und Schöpfer der Doppelmonarchie,
deren eigene Struktur allen zukünftigen Reformen im Wege
stand.

Beide Thronfolger versuchten, diesen kaiserlichen Fels
auf ihre jeweils eigene Art und von unterschiedlichen Winkeln ausgehend zu behauen, weil sie eben beide eine völlig
unterschiedliche Sichtweise der Probleme der Monarchie
hatten. Franz Ferdinand, der erst nach der Ära Bismarcks
zum Thronfolger wurde, hatte nicht wie Rudolf Angst vor
Deutschland und teilte ganz sicher nicht dessen neurotischen Wilhelm-Komplex, der seinen Cousin am Ende
noch schneller in den Selbstmord getrieben hatte. Franz
Ferdinand stand letztendlich sogar in sehr guter persönlicher Beziehung zum Deutschen Kaiser, hauptsächlich deshalb, weil Wilhelm raffiniert genug war, Sophie seine Auf-
wartung zu machen und sie bei jedem Zusammentreffen
als vollwertiges Mitglied der kaiserlichen Familie zu
behandeln. Die Angriffe des Erzherzogs auf die Los von
Rom-Bewegung richteten sich gegen den Verrat seiner
eigenen Landsleute und nicht gegen irgendeinen Versuch
Berlins, sie zu beeinflussen. Außerdem war Franz Ferdinand wie Wilhelm II. ein Erzkonservativer, ganz im Gegensatz zu Rudolf, der durch und durch liberale Ansichten
vertreten hatte.

Was Ungarn betraf, dem zweiten großen Identitätsproblem der Österreicher, verhielt es sich mit der Neurose
jedoch umgekehrt. Rudolf hatte sich wie seine Mutter bei
den Ungarn, deren ausgelassene und lockere Lebensart den
lebenshungrigen Vagabunden in ihm ansprach, absolut
wohl gefühlt. Franz Ferdinand dagegen haßte und verachtete die Ungarn als Volk. Er war gerade noch höflich zu

ihnen in der Öffentlichkeit und wetterte gegen sie im Privaten (»schnauzbärtige Zigeuner« war eine seiner noch
freundlichen Bezeichnungen für die Magyaren). Zum Teil
handelte es sich dabei um eine persönliche Aversion, doch
größtenteils war diese politisch bedingt. Der Dualismus,
den Rudolf erst sehr spät in Frage stellte, und dann nur
zögerlich, wurde von Franz Ferdinand von Anbeginn an
als die Wurzel der konstitutionellen Probleme der Monarchie erkannt. Weiters war er entschlossen, diese Wurzel
wenn nötig mit Gewalt auszureißen, sobald er den Thron
besteigen würde. Wie dies allerdings bewerkstelligt werden sollte, ohne dabei gleich den ganzen Habsburgerbaum
mit seinen weitverzweigten Wurzeln auszureißen, blieb
eine offene Frage. Sein Tod ersparte ihm ohnehin die Antwort auf diese heikle Aufgabe. Wir wissen aber, daß einer
seiner anfangs bevorzugten Pläne darin bestand, die Kroaten der Budapester Kontrolle zu entziehen und sie mit Bosnien in einem dritten Südslawen-Königtum zusammenzufassen, an das Dalmatien und Triest angehängt werden
sollten. Doch dürfte er diese sogenannte trialistische Lösung schließlich aufgegeben haben, nicht zuletzt deshalb,
weil die Kroaten ihre eigenen chauvinistischen Ideen entwickelten und er dauernd auf der Suche nach anderen
Lösungen war.

Eine Lösung, die er ernsthaft in Betracht zog, wurde von
einem rumänischen Professor namens Aurel Popovici er-
träumt, der den Vorschlag machte, das gesamte Völkerpuzzle Österreich-Ungarns auseinanderzunehmen und in 16
neuen Einheiten wieder zusammenzufügen, die so gut wie
möglich nach Nationalitäten gruppiert sein sollten. Ein einziger Blick auf das neu zusammengefügte Puzzle hätte den
Erzherzog überzeugen müssen, daß Popovicis Plan, wie so
viele andere vorher und nachher vorgebrachte theoretische
Lösungen, nie über das Entwurfsstadium hinausgekommen wäre. Er hatte sein Bestes versucht, um dieses Durcheinander nach ethnischen Gesichtspunkten zu ordnen, was
sich dadurch bewerkstelligen ließ, daß man ganz einfach
neue Linien um die einzelnen Volksgruppen auf der Land-

karte zog.[5] Das Problem bestand aber darin, diese Änderungen mit der geschichtlichen Vergangenheit und der chauvinistischen Politik der Gegenwart in Einklang zu bringen, die im Fall der Magyaren am stärksten zusammenwirkten. Die Monarchie war mit beiden bis obenhin vollgestopft und hatte noch dazu zu wenig Spielraum, um auch noch für Popovicis Ideen Platz zu finden. Aus diesem Grund waren amerikanische Liberale, die bald darauf auf der europäischen Bühne erscheinen sollten, eigentlich unfähig, das Dilemma Österreich-Ungarns zu verstehen, hatte ihr eigenes Land doch kaum eine Geschichte, mit der es zu kämpfen hatte, und fast unbegrenzten Raum zur Verfügung.

Mit dem Vorschlag, sowohl Siebenbürgen als auch Kroatien, beides Länder der Stephanskrone, der magyarischen Kontrolle zu entziehen, traf Popovici genau den Ton Franz Ferdinands. Die Ungarn auf ihre richtige Größe zusammenzustutzen – das war das ausdrücklich vage Ziel des Erzherzogs –, mag doch eine zu gewaltige Aufgabe gewesen sein, wenn damit die Zerstückelung des ungarischen Territoriums gemeint war. Es gab aber einen praktischen Bereich, in dem der Erzherzog den Kampf gegen sie aufnehmen konnte, und das war die Armee. Die Verwendung der deutschen Sprache, dieser schon vertraute Prüfstein von Privilegien und Status, war auch hier wieder einmal das Problem. Als Franz Ferdinand als junger Oberst im April 1890 vom Kaiser nach Ödenburg geschickt wurde, um dort das neunte Regiment der ungarischen Husaren zu befehligen, hatte er sich fürchterlich über die Weigerung seiner Offiziere aufgeregt, eine andere als die ungarische Sprache zu gebrauchen.

[5] Seine neuen Einheiten waren: Deutsch-Österreich, Deutsch-Böhmen, Deutsch-Mähren und Deutsch-Schlesien (wobei »Deutsch« in allen Fällen natürlich »deutschsprachig« bedeutete!). Dann kamen Tschechisch-Böhmen, Tschechisch-Mähren, Magyarisch-Ungarn (allein das schon!), Siebenbürgen, Kroatien-Slawonien, Polnisch-Westgalizien, Ruthenisch-Ostgalizien, die Slowakei, Krain, die Vojvodina, das Szeklerland, Triest und Dalmatien mit Bosnien-Herzegowina.

Das war ein krasser Verstoß gegen eine der Schlüsselbedingungen des Ausgleichsgesetzes der Doppelmonarchie, in der festgelegt war, daß Deutsch in allen regulären Regimentern der kaiserlichen Armee, einschließlich der ungarischen Einheiten, die Kommando- und Dienstsprache sein sollte.[6] Der Erzherzog beschwerte sich in Wien bitter darüber, daß die Offiziere selbst in seinem Beisein nur ungarisch sprachen, da seiner Meinung nach die deutsche Sprache von den Husaren verabscheut würde.

Das war eine lehrreiche Erfahrung für Franz Ferdinand. Bis ans Ende seines Lebens und seiner Militärlaufbahn (er sollte es bis zum Generalinspektor der Gesamten Bewaffneten Macht der Monarchie bringen) kämpfte er gegen die dauernden Versuche der Ungarn an, ihren Treueid auf die ungarische Verfassung zu leisten und Ungarisch als Kommandosprache anstelle des Deutschen in ihren eigenen Einheiten der Armee durchzusetzen. Er wußte sehr wohl, daß dabei nichts Geringeres auf dem Spiel stand als der Zusammenhalt, ja sogar die Existenz der Monarchie selbst.[7] Die Botschaft, die Feldmarschall Radetzky ein halbes Jahrhundert zuvor auf dem italienischen Schlachtfeld erhalten hatte, »In deinem Lager ist Österreich«, galt nun in einer Zeit des zunehmenden Nationalismus mehr als je zuvor. Die kaiserliche Armee war zugleich Mischmaschine und Zement für diese Vielvölkermonarchie. Sie funktionierte immer noch in Friedenszeiten und sollte bald schon wieder auf dem Schlachtfeld zum Einsatz kommen. Kaum ein Rekrut hatte nach seinem zweijährigen Pflichtdienst in der kaiserli-

---

[6] Als Zugeständnis an den ungarischen Chauvinismus wurde neben dem gemeinsamen Heer eine zweite, auf Länderebene organisierte Ergänzungseinheit aufgestellt (in Österreich war dies die k. k. *Landwehr* und in Ungarn die königlich-ungarische *Honvéd*), in der die jeweilige Landessprache als Kommandosprache verwendet werden konnte.

[7] In Wien wurde die Bedrohung ernst genug genommen, um »Kriegsfall U« (für »Ungarn«) vom Generalstab entwerfen zu lassen. Dieser Plan sah die Besetzung Budapests durch österreichische Regimenter vor, die von Süden und Westen her einmarschieren würden.

chen Armee nicht das Gefühl, mehr als nur ein Pole, ein Slowene, ein Rumäne oder ein Kroate zu sein. Trotz ihrer vielen Differenzen stimmten in diesem Punkt alle in Cisleithanien überein: Liberale wie Alldeutsche, Juden wie Nicht-Juden, Katholiken wie Protestanten, Rudolf und Franz Ferdinand und auch der Kaiser. Wenn diese Armee weiterhin vereint bleiben sollte, so hieß das in der Praxis – vom ideologischen Aspekt ganz abgesehen –, daß sie in einer gemeinsamen Sprache agieren mußte, und das mußte die Sprache der Dynastie sein.

Ein Herrscherhaus, das an der Spitze durch die Rivalität zwischen Schönbrunn und Belvedere[8] uneins war, eine Doppelmonarchie, die durch die Streitigkeiten über die Kommandosprache des Militärs zwischen den beiden Hauptstädten gespalten war, ein Vielvölkerreich, das nicht in der Lage zu sein schien, sich an ein nationalistisches Zeitalter anzupassen, und eine Autokratie, die den Forderungen nach demokratischen Reformen nicht nachgab – all dies vermittelt den Eindruck völliger Stagnation. Doch der Schauplatz Österreich hatte ja noch nie ein einheitliches, klares Bild geboten. Das Wien der Jahrhundertwende war da keine Ausnahme, vor allem auf kultureller Ebene. Wenn es auch eine Zeit des Sterbens war, so war dieses *Fin de siècle* doch gleichzeitig auch eine Zeit der Wiedergeburt, eines plötzlichen Durchbruchs neuer Kunstformen und neuer intellektueller Herausforderungen, die ihr Licht auf die gesamte westliche Welt warfen.

Sigmund Freud entwickelte in seinem 1899 veröffentlichten Hauptwerk, *Die Traumdeutung,* eine neue Theorie über menschliche Verhaltensweisen und eine neue Behandlungsmethode psychischer Probleme, die Psychoanalyse, die beide in ihrer Auswirkung auf das kommende Jahrhundert weit über das Gebiet der Medizin hinausgingen. Knapp hinter ihm folgte Ludwig Wittgenstein, eine weitere Größe dieser ruhmreichen Gruppe jüdischer Intellektueller, dessen

[8] Das Schloß Belvedere war die Wiener Residenz des Erzherzogs und Sitz seiner Militärkanzlei. (Anm. d. Ü.)

Versuche, die Beziehung zwischen Sprache und Philosophie neu zu definieren, auch die Denkweise all jener veränderte, die überhaupt fähig waren, ihn zu verstehen. Diese Männer betraten ganz bewußt Neuland, als ob die Habsburgermonarchie ein geistiger Friedhof gewesen wäre, aus dem sie auszubrechen entschlossen waren. Diese Suche nach neuen Formen und neuen Horizonten zeigte sich ebenso deutlich unter den damaligen Pionieren auf dem Gebiet der Kunst.

So finden wir auf dem Gebiet der Musik Arnold Schönberg (auch ein Jude), der um die Jahrhundertwende einem skeptischen Wien eine neue Form der Komposition vorstellte: die Zwölftonmusik, die nun die traditionelle und von allen großen Komponisten überlieferte auf harmonischen Tonarten basierende Musik ersetzte.[9] Parallel dazu brachen auf dem Gebiet der Architektur Männer wie Adolf Loos mit den Traditionen der Vergangenheit. Für Loos war der äußerst dekorative Stil der Bauten und Möbel Wiens im 19. Jahrhundert nicht viel mehr als Barbarei in kultivierterer Form. Er ging sogar noch einen Schritt weiter und verurteilte jede Dekoration, die nur der Dekoration diente. Design sollte vielmehr zweckmäßig sein, und das bedeutete einfache Formen und Verzicht auf äußere Verzierungen. Wie Schönberg und Freud brachte auch Loos eine neuartige Denkweise in die westliche Welt.

In der Malerei war der Meister dieses dekorativen Stils, den Loos so verabscheute, Hans Makart, der Vorsitzende der Wiener Kunstakademie. Im Jahr 1897 kam es zur unvermeidlichen Rebellion innerhalb dieses Tempels der Tradition: Gustav Klimt führte eine Gruppe von 19 Studenten an, die ihre eigene modernistische Bewegung, die Wiener Secession, gründeten.[10] Klimt teilte zwar weder Adolf Loos'

[9] Einige Komponisten, wie Richard Wagner, hatten sich teilweise schon früher von dieser Tradition gelöst. Schönbergs Werk sollte von seinen berühmtesten Schülern, Alban Berg und Anton Webern, weitergeführt werden.

[10] Wie das Biedermeier ist auch diese sogenannte Wiener Secession aus dem Norden nach Österreich gekommen. Sezessionistenbewegungen waren 1892 in München, 1893 in Dresden und 1896 in Karlsruhe gegründet worden.

Abscheu vor jeder Dekoration noch dessen Stil der einfachen Linien, die das Markenzeichen seiner Kunst waren. Ganz im Gegenteil, einige seiner berühmtesten Bilder schillern nur so mit Ornamenten in Gold und Silber. Es zeigte sich aber eine gewisse Symbiose der Formen in der Secession, die unweit der Ringstraße als Ausstellungsgebäude für die Secessionisten errichtet wurde. Trotz seiner berühmten Kuppel, dem sogenannten *goldenen Krauthappel,* dominieren gerade Formen und Linien anstatt geschwungener und spiegeln so die modernen Ansichten Otto Wagners wider, eines Architekten, der die Akademie verlassen hatte, um sich Klimt anzuschließen. Das Geld für den Bau wurde von der begüterten Familie Wittgenstein zur Verfügung gestellt.

In der Literatur war der bedeutendste unter den vielen großen Namen im Wien der Jahrhundertwende Karl Kraus, ebenfalls ein Jude und ebenfalls auf der Suche nach einer neuen Reinheit, was in seinem Fall eine neue Ehrlichkeit und Präzision der Sprache bedeutete.[11] Es war kaum erstaunlich, daß Kraus seinen Platz – und dauerhaften Ruhm – als Satiriker gefunden hat, denn Zielscheiben seiner Satire umgaben ihn in Hülle und Fülle. Seine alle zwei Wochen erscheinende Literaturzeitschrift *Die Fackel,* für die er 1888 zu schreiben begann und ab 1911 im Selbstverlag herausgab, zog über alles her, was er um sich herum im Wien seiner Tage beobachtete, von Korruption und Heuchelei bis zu Oberflächlichkeit und Wollust. Franz Lehár, der diese kleinen Verbrechen in seinen Operetten, vor allem in der berühmten *Lustigen Witwe,* mit einem süßlichen und sentimentalen Anstrich verschönte, war ein beliebtes Opfer Krausscher Scharfzüngigkeit. Andererseits setzte sich Kraus, obwohl er kein Feminist war, heftig für die Tausen-

[11] Ein noch berühmterer Schriftsteller war Robert Musil, der Erfinder der Bezeichnung Kakanien für die Habsburgermonarchie. Obwohl Musil Ende des Jahrhunderts bereits 20 Jahre alt war, wird er als Schriftsteller der Zeit nach der Monarchie zugerechnet. Sein Meisterwerk, *Der Mann ohne Eigenschaften,* ein gewaltiger Roman über die letzten Jahre der Monarchie, schrieb er in den dreißiger Jahren.

den von Prostituierten in der Hauptstadt ein, die für ihn die eigentlichen Opfer der vorherrschenden Dekadenz waren.

Wie Musil brachte auch Kraus am Ende der Habsburgerära ein monumentales Meisterwerk hervor. *Die letzten Tage der Menschheit* wird zwar als Drama bezeichnet, ist aber in Wahrheit praktisch unaufführbar, denn allein die Liste der Charaktere umfaßt 13 Seiten. Dennoch bleibt es die hervorragendste Satire, die je auf den Ersten Weltkrieg oder überhaupt auf einen Krieg geschrieben wurde. Hier verbinden sich historische Eindrücke mit einer sardonischen Wahrnehmung menschlicher moralischer Schwächen. Trotz all seiner Verachtung für die Dynastie stellt der Autor den Thronfolger Franz Ferdinand wenn auch widerstrebend als den Mann hin, der durch seinen Glauben an die Krone diese noch hätte retten können; und der deutsche Militarismus wird als jene Kraft angeprangert, die Österreich schließlich in den Abgrund gerissen hat. Durch die 700 Seiten zieht sich eine gewisse Ambivalenz, die in den häufigen Gesprächen zwischen dem »Nörgler« und dem »Optimisten« ihren Ausdruck findet. Selbst für den unnachgiebigen Karl Kraus gab es, zumindest im nachhinein betrachtet, immer zwei mögliche Sichtweisen.

Wie aber war die Stimmung in Wien wirklich, als diese »Stadt der Lichter« ihre letzten Jahre als Reichshaupt- und Residenzstadt antrat? Man spürte, wie so oft in der Vergangenheit, anscheinend eine dunkle Vorahnung, die man sich durch Frivolität vom Leibe hielt, und es herrschten Selbstzweifel, die man durch Zügellosigkeit zu unterdrücken versuchte. Der zeitgenössische Schriftsteller, der all das am besten zum Ausdruck brachte, ist einer, der weit unter den Größen der Zeit rangiert, obwohl an sich eine bemerkenswerte Persönlichkeit: Arthur Schnitzler. Er war auch ein Wiener Jude, dessen Theaterstücke sich seiner Ansicht nach mit den zwei Grundübeln jener Zeit beschäftigen: Antisemitismus und Sexualität. Einzigartig an Schnitzler unter den österreichischen Schriftstellern war, daß er aus einer Ärztefamilie stammte und selbst eine ärztliche Ausbildung hinter sich hatte. Als er von der Medizin zur Schriftstellerei wechselte, brachte er in seine Arbeit eine klinisch genaue Betrachtungsweise mit ein. Es ging ihm nun nicht mehr darum, zu heilen, sondern vielmehr zu analysieren. Daher war für ihn der österreichische Antisemitismus etwas sehr Aufschlußreiches, da dieser die ausweglose Misere eines ganzen Volks widerspiegelte. Ebenso ausweglos war die zügellose Sexualität seiner Zeit, Ausdruck des Leidens des Individuums. Für ihn waren die Exzesse in diesen beiden Bereichen auf eine Identitätskrise zurückzuführen. *Professor Bernhardi* ist das packendste seiner Stücke über das jüdische Problem. *Der Reigen* erlangte internationalen Ruhm als die klassische Darstellung der Sexualität ohne Liebe, wie sie eine ganze Gesellschaft durchdrang. Seine zehn Charaktere, die das gesamte gesellschaftliche Spektrum Wiens repräsentieren, vom Aristokraten bis zur Prostituierten, stehen, wie ein Karussell der Lust, alle miteinander in Verbindung in ihrer sinnlosen Suche nach Befriedigung dieser Lust.

Wie Kraus und Musil, doch weniger explizit, sieht Schnitzler die Dynastie im Mittelpunkt all dieser Malaise. Doch die Welt Kakaniens fand ihren literarischen Fürsprecher um die Jahrhundertwende vor allem in dem jungen Schriftsteller Hugo von Hofmannsthal. Für ihn konnte die kranke Gesellschaft nicht durch die Verhöhnung der Dynastie geheilt werden, sondern durch die Befreiung vom Germanenkult und das Auffrischen der alten österreichischen Werte. Dies hat er besonders deutlich in seinem berühmten Libretto für den *Rosenkavalier* umgesetzt, der schönsten aller Opern von Richard Strauss und eine leidenschaftliche Lobpreisung der alten Ordnung.

In der Tat war die Dynastie im allgemeinen, egal ob sie angegriffen oder verteidigt wurde (niemand dachte je daran, sie abzuschaffen), und war Franz Joseph im speziellen der Fels, um den herum alles brodelte und gärte. Der Kaiser, nun schon in seinen Siebzigern, regierte inzwischen bereits länger als die meisten seiner 50 Millionen Untertanen lebten. Keiner von ihnen, nicht einmal die aufgebrachten Tschechen und Magyaren, konnte sich eine Welt ohne ihn vorstellen, ja nicht einmal einen Morgen, der nicht damit begann, daß sich der Kaiser um vier Uhr früh aus seinem eisernen Soldatenbett erhob und seine tägliche Routine, die über Jahrzehnte hinweg in gleichen Bahnen verlaufen war, mit Audienzen und der Unterzeichnung ganzer Berge von Staatspapieren ablief. Nicht jeder, der sich allein bei dem Gedanken an den Tod des Kaisers bekreuzigte, empfand ihm gegenüber Zuneigung, ganz sicher aber Ehrfurcht. Viele waren in ihrem Herzen nicht einmal Loyalisten, dafür aber Monarchisten aus Gewohnheit und aus Karrieregründen. Doch alle spürten in ihrem Innersten, welche Zweifel sie auch an Franz Josephs Welt haben mochten, daß das, was nach ihm käme, viel schlimmer sein würde – eine Vorahnung, die sich im 20. Jahrhundert weitgehend erfüllen sollte. Und so wurde der Kaiser zum Talisman und zugleich zum Metronom seines Reichs.

In den ersten Jahren des neuen Jahrhunderts schien dieses Reich gar nicht einmal ein so schlechter Ort zum Leben zu sein. Anfangs kam es in diesem Altweibersommer der Monarchie zu einem Wirtschaftsaufschwung, der den Errungenschaften auf kulturellem Gebiet kaum nachstand. Die zu große Abhängigkeit von der Landwirtschaft und die damit verbundene Übervölkerung auf dem Land wich allmählich, vor allem in der österreichischen Hälfte des Reichs, einem viel ausgeglicheneren Verhältnis zwischen Investition und Arbeit. Bergwerke und Fabriken verdoppelten fast ihre Produktion im ersten Jahrzehnt des neuen Jahrhunderts. Auch in der Landwirtschaft kam es trotz Landflucht bei allen wichtigen Produkten zu einem starken Anstieg der Produktionszahlen aufgrund verbesserter Bewirtschaftungsmethoden und der Wiederbewirtschaftung von Brachland.

Alle Wirtschaftszweige hatten vom neuen Wohlstand profitiert, und die durchschnittliche Einkommenssteigerung übertraf jede Erhöhung der Lebenskosten. Selbst die Staatskassen, die normalerweise bis auf die letzte Krone geleert waren, hatten sich wieder gefüllt. Im Jahr 1907 verzeichnete Österreich den größten Budgetüberschuß in seiner Geschichte, obwohl die Regierung gerade in diesem Jahr nach einer Mißernte Lebensmittel importieren mußte. Doch in keinem Bereich konnte sich diese Expansion mit dem gigantischen Wirtschaftsaufschwung im benachbarten Deutschen Reich messen, wohin Zehntausende österreichische Arbeitskräfte abgewandert waren. Für österreichische Begriffe war dieser Wohlstand im Land aber der größte, an den man sich erinnern konnte. Das manchmal von der Doppelmonarchie gezeichnete Bild, wie sie auf Krücken ihrem unausweichlichen Untergang entgegenhumpelt, ist daher völlig falsch.

Es gab sogar eine etwas verspätete Erneuerung auf konstitutioneller Ebene, obwohl diese sich eher auf pragmatische Berechnung als auf Idealismus begründete. 1905 wurde der berühmte Mährische Ausgleich geschlossen, der den tödlichen Sprachenstreit zumindest in diesem Teil der slawischen Länder beendete. Die Provinz wurde in Bezirke aufgeteilt, in denen je nach nationaler Mehrheit der Region entweder Tschechisch oder Deutsch als Amtssprache gelten sollte. Weiters konnte ab nun jeder Wähler zum Landtag seine Stimme persönlich als Angehöriger seiner Nationalität abgeben, wo immer er lebte. Es war unrealistisch, dies als eine Modellösung für die gesamte Monarchie zu bejubeln, in der Reformen durch die widersprüchlichen historischen Ansprüche viel stärker blockiert wurden als durch das Völkerwirrwarr. Im Gegensatz zu den Böhmen hatten die Mährer keine Wenzelskrone, die sie verehren konnten. Genaugenommen hatten sie kein eigenes Heimatland, und das machte sie natürlich zu passiven Versuchskaninchen für ein solches Laborexperiment. Dennoch war zumindest in einem Winkel des Reichs bewiesen worden, daß Hund und Katz, Slawen und Deutsche, dazu gebracht werden konnten, friedlich nebeneinander zu leben.

Gleichzeitig wurden scheinbar noch aufsehenerregendere Reformen der Gesamtmonarchie durchgeführt. Am 3. November 1905 teilte der Kaiser seinen Ministern plötzlich mit, daß er beschlossen hätte, das allgemeine Wahlrecht in beiden Hälften der Monarchie einzuführen. Dieses The-

ma war schon seit Jahren in Wien und in Budapest diskutiert worden. Was Franz Joseph nun zu dieser Handlung
bewegte, war ein gerade erst von einem anderen Herrscher,
dem Zaren Nikolaus, gegebenes Versprechen, in Rußland
eine Duma, also eine Volksvertretung, einzuberufen. Es
dauerte aber noch bis Mai 1907, bis nach langen Streitereien
über die neuen Wahlkreise und Mandate Wiens neues Parlament endlich zusammentrat. Natürlich handelte es sich
dabei nicht um eine demokratische Regierung nach heuti-
gem Begriff. Der Kaiser hatte immer noch die höchste
Gewalt. Er und seine Minister konnten immer noch jede
beliebige Verordnung erlassen, was immer die Abgeordneten auch dachten oder einzuwenden hatten. Dies war
gemäß des Paragraphen 14 der alten Verfassung möglich,
der jede Notverordnung sanktionierte, die von der Krone
für notwendig befunden wurde. Trotzdem hatte Österreich
nun ein parlamentarisches Organ, in dem alle Staatsbürger
vertreten waren – entweder durch einen Komplex kleiner
Nationalitätenblocks oder durch die beiden großen politischen Parteien, die Christlichsozialen und die Sozialdemokraten, die nun stärker an Profil gewannen. Zumindest die
österreichische Hälfte der Monarchie hatte mit einem Fuß
die Schwelle zum 20. Jahrhundert überschritten.[12] Daß dies
durch ein kaiserliches Dekret geschehen war, um den Liberalismus mit Populismus zu bekämpfen und auf diese Weise
die Dynastie zu schützen, ist eine andere Geschichte.

Schließlich durfte auch die Dynastie selbst in diesen Jahren des Sonnenuntergangs in der Person des alten Kaisers
eine Apotheose erleben. 1908 wurde der 60. Jahrestag der
Thronbesteigung Franz Josephs in einer Verzückung mo-
narchistischer Leidenschaft gefeiert, was für die Österreicher wohl am ehesten dem entsprach, was für andere Völker glühender Patriotismus war. Das ganze Land wurde von

[12] Es ist nicht überraschend, daß die ungarische Hälfte nach langen Debatten nicht nachzog. Ihre Magnaten hielten an dem fest, was
sie als den Schutz des 19. Jahrhunderts betrachteten, das aber in politischer und sozialer Hinsicht dem 18. Jahrhundert ähnlich war.

Feuerwerken und Höhenfeuern erleuchtet. Jeder Bürgermeister verfaßte seine Ergebenheitsadresse, jede Kaserne hielt eine besondere Ehrenparade ab. In Wien marschierten am 21. Mai mehr als 80 000 Schulkinder über den Hof in Schönbrunn, und der alte Monarch war bei diesem Anblick wirklich gerührt. Was ihm aber vielleicht eine tiefere Befriedigung gebracht haben mag, war eine Zeremonie, die ein paar Tage zuvor im Inneren des Schlosses stattgefunden hatte. Am 8. Mai kamen alle Könige und Fürsten, die in Deutschland regierten oder residierten, nach Schönbrunn, um gemeinsam dem wohl berühmtesten unter ihnen ihre Huldigung zu erweisen. Angeführt wurde die Gruppe von Kaiser Wilhelm II. Es war, als ob sie alle damit anerkannten, daß, obwohl die wirtschaftliche, politische und militärische Vormachtstellung inzwischen von Wien auf Berlin übergegangen war, es in der deutschen Welt doch nur einen wirklichen Kaiser gab.

Dieser Augenblick schien das Haus Habsburg auf ein neues Fundament zu stellen. Nur fünf Monate später zündete derselbe Kaiser die Bombe, die Europa auseinandersprengen und durch deren Explosion sein eigenes Haus sowie jenes der Hohenzollern und Romanows zerstört werden sollte.

2. Sturmsignale auf dem Balkan

Am 5. Oktober 1908, im Herbst seines Jubiläumsjahrs, erklärte Kaiser Franz Joseph, »er habe sich bestimmt gefunden, die Rechte Seiner Souveränität auf Bosnien und die Herzegowina zu erstrecken«, die ab nun unter die Erbbestimmungen des Hauses Habsburg fallen würden. Die beiden südslawischen Provinzen grenzten an das auf Expansion ausgerichtete Königreich Serbien, das diese für sich selbst beanspruchte. Serbien, immer schon ein aufsässiger und unbequemer Nachbar, wurde durch diese unilaterale Erklärung Österreichs zum erbittertsten Feind der Monarchie und widmete nun seine ganze Energie der Rache. Damit war der Schauplatz für den »Endkampf der Slawen und Germanen« bereitet, den Wilhelm II. mit solchem Vergnügen prophezeit hatte. Die Österreicher hatten das Vorspiel zum Weltkrieg eingeleitet.

Es gab Vorwände, sogar zwingende Gründe für ihr Vorgehen. Während des Jahres waren die Spannungen zwischen Wien und dem zerfallenden Osmanischen Reich, zu dem die Provinzen ja noch rein theoretisch als sogenannter Teil der europäischen Türkei gehörten, immer größer geworden, und im Juli kam es zu einer neuen Krise, als die reformfreudigen Jungtürken die Kontrolle in Konstantinopel übernahmen. Am 25. Juli zwangen sie den inzwischen entmachteten Sultan Abdul Hamid, in seiner Hauptstadt ein Parlament einzuberufen, in das alle Territorien des Reichs, einschließlich Bosnien und Herzegowina, Abgeordnete zu schicken aufgefordert waren.

Fast genau 40 Jahre lang waren die beiden Provinzen als Teil eines allgemeinen Abkommens, das beim Berliner Kongreß 1878 geschlossen wurde, um den russisch-türkischen Konflikt[13] beizulegen, von Österreich okkupiert und verwaltet worden. Die Möglichkeit einer Annexion wurde von den Österreichern bereits 1897 in St. Petersburg zur Sprache gebracht, und die europäischen Mächte akzeptierten stillschweigend, daß die Okkupation eines Tages auf eine allgemein akzeptierte Besitznahme hinauslaufen würde. Für Wien war dieser Tag nun gekommen und, durch einen glücklichen Zufall, auch gleich die Lösung. Am Vorabend der türkischen Revolution hatte der österreichisch-ungarische Minister des Äußern, Baron Aloys Aehrenthal, ein Schreiben von seinem russischen Kollegen Alexander Iswolskij erhalten, in dem ihm ein weitreichender Handel angeboten wurde: Rußland würde eine österreichische Annektierung der umstrittenen Provinzen unterstützen,

---

[13] Paradoxerweise wurde dieser durch eine Revolte gegen die türkische Mißregierung in Bosnien-Herzegowina ausgelöst.

wenn Wien dafür hinter Rußlands Forderungen nach freier Durchfahrt durch die Meerengen zum Mittelmeer stünde.

Es war kein Zufall, daß dieses Vorhaben so ehrgeizig war und so persönlich ablief, waren doch beide Männer auf der Suche nach einem politischen Triumph, um ihre gesellschaftlichen Komplexe wettzumachen. Aehrenthals Fall hatte etwas mit dem Wiener Antisemitismus zu tun. Er war angeblich der Enkel eines gewissen Herrn Lexa, eines reichen jüdischen Getreidehändlers aus Prag, der unter dem passend gewählten Titel Aehrenthal geadelt worden war. Zwar gehörten seine Großmutter, seine Mutter und seine Frau dem höheren Adel[14] an, doch das ließ seine eigene Abstammung väterlicherseits nur noch schäbiger wirken. Der niedere Titel eines »Freiherrn von«, der seiner Familie vor nicht ganz einem Jahrhundert verliehen worden war, zählte im erstarrten Gesellschaftssystem jener Zeit kaum als Adelstitel. Aehrenthal, der ganz dem Bild des gelangweilten arroganten österreichischen Adeligen entsprach, war entschlossen, höher aufzusteigen, und die Leiter ging von seinem Schreibtisch aus.

Alexander Iswolskij kämpfte sogar noch verzweifelter um seinen persönlichen Aufstieg. Er war ein Kalmück niederer Abstammung aus einem der mongolischen Stämme Rußlands, der das große Glück gehabt hatte, gerade zu der Zeit als russischer Minister in Kopenhagen zu dienen, als der überaus einflußreiche englische König Eduard VII. 1904 der Familie seiner Frau in der dänischen Hauptstadt einen Besuch abstattete. Der britische Monarch war beeindruckt von dem unansehnlichen, aber äußerst intelligenten Gesandten, und er drängte seinen Neffen, Zar Nikolaus II., ihm ein höheres Amt anzuvertrauen. Eine Empfehlung von solch erlauchter Seite half Iswolskij, mit einem Sprung eine der politischen Schlüsselpositionen des Kontinents zu erlangen. Kaum war er 1906 als Außenminister in St. Petersburg eingesetzt, beschloß er, seine Spuren in der Geschichte zu hinterlassen und gleichzeitig seinem Zaren das in ihn

---

[14] Jeweils eine Wilczek, eine Thun und eine Széchényi.

gesetzte Vertrauen zurückzuzahlen. Das würde ihm sicher am besten gelingen, wenn er den uralten Traum Rußlands nach einem permanenten Zugang zum Mittelmeer über das Schwarze Meer verwirklichte.

Das waren also die beiden von ihrem Äußeren her so unterschiedlichen, aber von ihren Beweggründen her so ähnlichen Männer, die ganz Europa nun in die Krise stürzten. Aehrenthal erlangte die Zustimmung zu seinem Annexionsplan bei einem gemeinsamen österreichisch-ungarischen Ministerrat am 19. August, dem Tag nach dem 78. Geburtstag des Kaisers. Am 15. September trafen die beiden Konspiratoren heimlich auf Schloß Buchlau in Mähren zusammen, um ihrem Plan den letzten Schliff zu geben. Der Verhandlungsort selbst hatte eine unheilvolle Symbolik, als ob dies schon ein Fingerzeig auf die bevorstehende Tragödie wäre.[15] Bereits an diesem Tag kam es zu einer folgenschweren Verwechslung – oder Täuschung. Iswolskij begab sich in dem Glauben, daß das Geschäft zu gegebener Zeit und zu einem vorher zwischen den beiden Reichen vereinbarten Zeitpunkt abgewickelt würde, auf eine Reise durch die westlichen Hauptstädte. Aehrenthal nahm seinen Teil des Handels nur drei Wochen später in Angriff, nachdem dieser verfrüht durch die Botschaft in Paris durchgesickert war. Wien machte das ganze dann noch schlimmer, indem man sich dort weigerte, Iswolskijs gleichzeitig ablaufende Meerengenpolitik zu unterstützen. Es gab wirklich keinen Funken Ehre zwischen diesem Paar politischer Plünderer.

Nach sechs Monaten der europäischen Krise und dem drohenden Einmarsch der österreichischen Truppen in Belgrad kam die Monarchie ungeschoren mit ihrer Beute davon, und Aehrenthal wurde verdientermaßen in den Grafenstand erhoben. Rußland hatte schließlich seine angedrohte, doch eher zaghafte Unterstützung für Serbien wieder zurückgezogen, und die Türkei wurde mit einer

---

[15] Buchlau gehörte Graf Leopold Berchtold, dem damaligen österreichischen Botschafter in St. Petersburg, der aber schon bald in den Krisenjahren der Monarchie Aehrenthals Nachfolge antreten sollte.

Bestechungssumme von 2,5 Millionen türkischer Pfund gekauft. Doch Wiens Sieg war nicht nur wertlos, sondern barg Zündstoff für die Zukunft in sich. Allen europäischen Mächten erschien die Annexion wie ein Akt des Wahnsinns und der Verantwortungslosigkeit. Wenn die Habsburgermonarchie überhaupt eine Mission vor Augen hatte, dann bestand diese sicher darin, den Deckel auf dem Balkankessel zu halten und in diesem Topf nicht auch noch umzurühren. Außerdem verstieß die überstürzte Handlungsweise Österreichs nicht nur gegen die diplomatischen Gepflogenheiten, sondern auch gegen jede dynastische Anstandsform, was damals aber auf das Gleiche hinauslief. Franz Josephs eigenhändig unterschriebenen Briefe, in denen er die anderen Monarchen über seine Absichten bezüglich Bosnien-Herzegowina in Kenntnis setzte, waren erst ein paar Tage vor der unilateralen Proklamation abgeschickt worden. Durch eine Schlamperei erhielt Eduard VII. das kaiserliche Rundschreiben erst nach der Verkündigung der Annexion.[16] Weder der König noch sein Auswärtiges Amt haben je wieder das gleiche Vertrauen in Wien gesetzt.

Die Reaktion in Berlin war etwas zwiespältiger, obwohl diese Affäre eine neue Ära in der Saga der österreichisch-deutschen Beziehungen einleitete. Der Deutsche Kaiser empfand diese kurzfristige und noch dazu so kategorische Benachrichtigung sogar als eine noch gröbere Beleidigung als der König von England.[17] Daß man in Potsdam gleichermaßen entrüstet wie überrascht war, war verständlich. Wie altehrwürdig das Haus Habsburg als Dynastie auch immer sein mochte, seit Bismarcks Tagen war die Doppel-

[16] König Eduard, der Franz Joseph den letzten seiner regelmäßigen Besuche erst am 12. bis 13. August 1908 in Bad Ischl abgestattet hatte, konnte den Berichten über die bevorstehende Annektierung einfach nicht glauben. Der mit ihm befreundete Kaiser, so dachte er, hätte ihn sicher persönlich eingeweiht.

[17] Da die wichtigsten Minister und Beamten Berlin verlassen hatten und auf Urlaub waren, erfuhr der Kaiser, wie Eduard VII., die Neuigkeiten erst, als alles schon im Gange war.

monarchie in politischer Hinsicht doch eher der Juniorpartner in der 40jährigen Allianz der beiden Reiche gewesen. Und in dieser Eigenschaft wurde sie auch im Jahr 1906
zur Konferenz von Algeciras geschleppt, um dort die Deutschen bei der von Wilhelm II. mit typischer theatralischer
Übertreibung angeführten Herausforderung der französischen Vorherrschaft in Marokko zu unterstützen. Der
Deutsche Kaiser stellte seinen grenzenlosen Mangel an
Taktgefühl wieder einmal zur Schau, als er sich besonders
anstrengte, Österreichs untergeordneten Status herauszustreichen und nach dem Abkommen von Algeciras Österreich als Deutschlands »brillanten Sekundanten« am
Duellplatz lobte. Nun, zwei Jahre später, hatte dieser
Sekundant aber die Waffen ohne zu fragen selbst in die
Hand genommen und abgefeuert.

Doch in Berlin herrschte auch ein gewisses Gefühl der
Erleichterung darüber, daß Deutschlands einziger verläß-
licher Bündnispartner, der so lange im Verdacht der
Schwäche und Unentschlossenheit gestanden hatte, ein sol-
ches Selbstvertrauen und eine solche Großtuerei an den Tag
legte. Selbst wenn dies für einen so alten und erfahrenen
Akteur eine etwas gezwungene Zurschaustellung von Stärke war, so war diese immer noch besser als Unfähigkeit.
Also schluckte Wilhelm seine Entrüstung hinunter, und
Deutschland behauptete sich wieder als die führende antislawische Macht unter den Mittelmächten. Deutschlands
Druck auf Rußland, der wiederum von St. Petersburg nach
Belgrad weitergegeben wurde, brachte Serbien schließlich
dazu, am 31. März 1909 die Annexion anzuerkennen und
sich sogar dazu zu verpflichten, »auf dem Fuße guter Nachbarschaft« mit Österreich zu leben.

Dieses unter Zähneknirschen gegebene Versprechen
war natürlich ein Schwindel, denn gerade in der slawischen Welt waren die Auswirkungen des Buchlauabkom-
mens am stärksten zu spüren. Aehrenthal, der Gewinner
dieses Abkommens, hatte Applaus und eine neunzackige
Adelskrone erhalten, und der Verlierer, Iswolskij, wurde
1910 schließlich zurückversetzt, doch auf den angenehmen

Posten eines Botschafters in Paris.[18] Sein Nachfolger im
Auswärtigen Amt, Sergej Sasonow, führte Iswolskijs Programm der Begründung eines dauerhaften russischen Einflusses in Südosteuropa durch die Zusammenfassung der
vier Staaten Serbien, Bulgarien, Griechenland und Montenegro im sogenannten Balkanbund weiter. Auf diese
Weise wurde ein Miniaturmachtblock einer Gruppe von
Hitzköpfen unter russischer Schirmherrschaft geschaffen,
mit eklatanten antitürkischen und antiösterreichischen
Bestrebungen. Sie sollten schon bald in Gewalt ausbrechen.

Wenn es im Balkanbund ein politisches und geistiges
Zentrum gab, dann war dies Belgrad, das immer schon von
einem Großserbien mit Zugang zur Adria geträumt hatte
und nun entschlossen war, diesen Traum durch Propaganda, Terrorismus oder offenen Krieg zu realisieren. Bosnien
war das erste Ziel dieser Bestrebungen, und die Annexionskrise hatte eine Bande irredentistischer Gruppen hervorgebracht, die Sarajevo fest im Auge hatten. Die »Narodna
Odbrana« oder »Nationalverteidigung« war die offizielle
Hauptbewegung, die sich angeblich nur kulturellen Aktivitäten widmete. In ihrem Schatten wurde am 11. Mai 1911
die »Crna Ruka« oder »Schwarze Hand« gegründet, ein
Geheimbund, dessen Aktivitäten mehr mit Bomben und
Attentaten als mit der Herausgabe von Pamphleten zu tun
hatten. Dabei handelte es sich nicht um ein Kaffeehaustref-
fen wildgewordener Studenten, sondern um eine Elitegruppe von Extremisten, hauptsächlich Armeeoffizieren, aber
auch von höheren Beamten, Anwälten und Intellektuellen.
Hinter dem *Grand Guignol*-Getue ihrer Rituale verbarg
sich eine Hingabe an Artikel Eins ihrer Statuten, der die
»Vereinigung aller Serben« forderte. Mit der Regierung
war diese Organisation auf sichere, wenn auch unbestimm-

---

[18] Von hier aus arbeitete er mit dämonischer Wut daran, sich an
Österreich zu rächen, indem er die Stimmung in Frankreich und
Rußland gegen die Mittelmächte zu schüren versuchte. »C'est ma
guerre«, rief er mit ausgestreckten Armen im August 1914.

bare Weise über die Person ihres Führers, Oberst Dragutin Dimitrijević, Chef des militärischen Nachrichtendiensts und bekannter Drahtzieher eines Mordkomplotts, verbunden.[19]

Als sich diese ganze Irredentistenbewegung auch auf Bosnien selbst ausdehnte, entstand schließlich die Geheimorganisation »Mlada Bosna« (»Jung-Bosnien«), eine einheimische Terrorgruppe bosnischer Serben, die seit 1908 Untertanen jenes Reichs waren, das sie zu stürzen geschworen hatten. Die Annexion hatte also innerhalb der Monarchie zu Verrat und außerhalb zu panslawistischem Druck von allen Seiten geführt.

Der größte Preis, den Österreich zu bezahlen hatte, war geopolitischer Natur. Wir haben gesehen, wie die Habsburger ihre Herrschaft als Herzöge an beiden Seiten der mittleren Donau begründeten. Durch Krieg und Heirat hatten sie ihr Herrschaftsgebiet diesen großen Fluß hinunter ausgedehnt. Doch sobald sie sich weiter vom Donaubecken entfernten, wurde ihre Herrschaft geschwächt. Der verhängnisvolle Kampf um die italienischen Besitzungen, das vergiftete Erbe des 19. Jahrhunderts, hatte dies schon gezeigt. Nun, im 20. Jahrhundert, kam es zu einer noch kräfteraubenderen Verwirrung am Balkan, die sie sich selbst eingebrockt hatten. Diese widersprach jeder ideologischen als auch geographischen Struktur der Monarchie, denn entweder war die Habsburgermonarchie ein Vielvölkerreich, oder sie war gar nichts. Nach 1908 wurde sie jedoch immer weiter in den Konflikt zwischen den zwei Nationalitäten, den Germanen und den Slawen, hineingezogen. Sie konnte daher nicht einmal mehr ihren eigenen Grundsätzen treu bleiben und schon gar nicht die Erwartungen der Außenwelt erfüllen.

---

[19] Er hatte die brutale Ermordung und Verstümmelung König Alexanders und Königin Dragas in ihrem Belgrader Schloß in der Nacht vom 10. auf den 11. Juni 1903 veranlaßt. Diese Morde bedeuteten das Ende der Dynastie Obrenović, und an ihre Stelle traten ihre alten Rivalen, das Haus Karadjordjević.

Der Balkanbund war eine Keimzelle der Gewalt und führte daher auch trotz Sasonows Versuch in letzter Minute, seine Schützlinge davon abzuhalten, das Gesetz selbst in die Hand zu nehmen, zu den Balkankriegen. Das winzige Bergkönigtum Montenegro, die Heimat des außergewöhnlichen politischen Briganten König Nikita[20], führte am 8. Oktober 1912, genau an dem Tag, an dem der König eine gemeinsame Warnung aus St. Petersburg und Wien erhielt, seine Verbündeten in den Krieg gegen die Türkei. Sasonow hatte eine Bande von Dämonen geschaffen, die er nicht mehr unter Kontrolle halten konnte. Sie selbst hatten sich aber auch nicht unter Kontrolle. Innerhalb von zwei Wochen hatten die 700 000 Soldaten der vier Balkanarmeen den korpulenten türkischen Riesen gestürzt und, indem sie wie Killerameisen ausschwärmten, fast die ganze europäische Türkei verschlungen. Die Bulgaren marschierten bis hinunter zu den Festungen, die zur Verteidigung Konstantinopels dienten, die Griechen nahmen Saloniki ein, und die Serben griffen sich das obere Vardartal und errichteten eine gemeinsame Grenze mit ihrem engsten Verbündeten, Montenegro.[21]

Doch es war die frühere türkische Provinz Albanien, die die Balkankrise an den Rand eines europäischen Kriegs brachte. Kaum war die türkische Garnison am 28. November 1912 in die Flucht geschlagen worden, erklärten die zwei Millionen Albaner ihre Unabhängigkeit und hißten ihre alte Flagge, den schwarzen Doppeladler Skanderbegs. Serbien und sein montenegrinisches Surrogat wollten das

---

[20] König Nikita hatte sich in Europa einen für die winzige Größe seines Reichs überproportional starken diplomatischen Einfluß gesichert, indem er für seine zehn Kinder, von denen sieben schöne und stattliche Töchter waren, ausgezeichnete Ehen arrangierte. Er wurde dadurch zum Schwiegervater des Königs von Italien, zweier russischer Großfürsten, einer deutschen Prinzessin und von Mitgliedern der beiden rivalisierenden Königshäuser Serbiens.

[21] Diese beiden Völker sollten gemeinsam durch dick und dünn gehen. Als am Ende unseres Jahrhunderts der Vielvölkerstaat Jugoslawien auseinanderfiel, blieben nur Serbien und Montenegro als Rumpfstaat übrig.

Territorium wegen der wertvollen Küstenlinie aber für sich selbst und besetzten die nördliche Hälfte. Österreich unterstützte Albaniens Unabhängigkeit, nur um Serbien den Zugang zum Meer zu versperren. Rußland unterstützte seinen kleinen slawischen Bruder, und infolgedessen begannen die Reiche der Habsburger und der Romanows gegeneinander mobilzumachen. Die Maschinerie der Großmachtdiplomatie wurde in Gang gesetzt, um eine Eskalation der Balkankrise zu vermeiden, und London als Verhandlungsort ausgewählt. Im Dezember 1912 versammelten sich die Gesandten aller fünf Großmächte des Kontinents – Deutschland, Österreich, Italien, Frankreich und Rußland – am Hof von St. James unter dem Vorsitz von Sir Edward Grey, dem britischen Außenminister.

Diese Botschafterkonferenz war das letzte ruhige Bild, das der bald für immer zerberstende Spiegel einer alten Welt reflektieren sollte. Die Teilnehmer versammelten sich an Wochentagen um rund vier Uhr nachmittags zu einem zwanglosen Treffen, gingen dann zum Tee und beendeten ihre Beratungen bei einem langausgedehnten Abendessen. Grey nannte sie »ein Komitee von Freunden«, in Wahrheit standen sie sich aber noch viel näher. Einmal schweiften die Botschafter bei einem Treffen von dem ermüdenden Thema der Balkankrise ab und kamen auf ihren eigenen Stammbaum zu sprechen. Drei von ihnen – Graf Alexander Benckendorff aus Rußland, Graf Albert Mensdorff-Pouilly aus Österreich und Fürst Karl Max Lichnowsky aus Deutschland – stellten zu ihrer freudigen Überraschung fest, daß sie alle Vettern waren. Ihr italienischer Kollege, Imperiali, war zwar nicht mit ihnen verwandt, aber ebenfalls ein Graf, während ihr Vorsitzender aus einem alten Geschlecht von Baronets und Earls aus Northumberland kam. Paul Cambon, der berühmte französische Diplomat, war der einzige dieses Sextetts, der keinen altehrwürdigen Titel besaß. Gewiß wurde wohl stillschweigend vorausgesetzt, daß Männer wie diese, deren gemeinsamer Hintergrund alle politischen Klüfte überbrückte, imstande wären, jedes Problem auszudiskutieren, das die europäische Ordnung gefährdete.

Sie erreichten in Wirklichkeit aber nicht allzuviel. Ihre offizielle Aufgabe, nämlich einen Frieden zwischen der Türkei und dem triumphierenden Balkanbund auszuhandeln, wurde am 30. Mai 1913 durch den Londoner Friedensvertrag abgeschlossen. Doch alles wurde wieder null und nichtig gemacht, als genau einen Monat später wieder Kämpfe ausbrachen. Bulgarien, das aus dem ersten Balkankrieg sehr gut ausgestiegen war, startete nun wegen eines Streits über Mazedonien durch seinen Angriff auf Serbien am 30. Juni vorschnell einen zweiten Balkankrieg. Innerhalb von fünf Wochen wurde die Armee Bulgariens durch einen gemeinsamen Angriff seiner Nachbarn vernichtend geschlagen. Rumänien beteiligte sich zum ersten Mal, und sogar die Türkei stieg wieder in die Kampfhandlungen ein, um ihren Teil von Thrakien zurückzugewinnen. Der Frieden, der diesen Konflikt beendete, wurde im August 1913 in Bukarest geschlossen, also meilenweit entfernt von Greys »Komitee von Freunden« in London, die dabei nur passive Beobachter waren.

Erreicht hatte dieses Komitee aber ein Abkommen, daß ein albanischer Staat in irgendeiner Form errichtet werden sollte, obwohl dessen Grenzverlauf noch nicht genau festgelegt wurde. Das zog sich über zehn Monate hin, wobei der hitzige König Nikita, dessen Truppen Skutari besetzt hatten, überhaupt keinen Respekt vor den sechs am Hof von St. James versammelten Vertretern der Großmächte zeigte. Ihre vereinte Flotte sammelte sich in der Adria, und einmal zogen sie sogar einen gemeinsamen Einsatz zu Lande in Betracht, bei dem eine britische Infanteriebrigade von Malta herübersegeln sollte. Letztendlich wurde König Nikita, wie der Sultan der Türkei, bestochen. Im April 1913 bot ihm die Londoner Konferenz eine Anleihe von 1200000 Pfund für die Räumung der Stadt an, und einen Monat später willigte er zögernd ein. In diesem Sommer löste sich die Botschafterkonferenz auf, ohne Albaniens Grenzen festgelegt zu haben. Es gab weder Schlußreden noch Photographien, sondern die sechs Konferenzteilnehmer kamen, nachdem sie drei Grenzausschüsse eingerichtet hatten, einfach überein, daß weitere Treffen keinen Sinn mehr hätten.

Die Lösung der Balkankrise wurde also wieder den Kanzlerämtern Europas überlassen, und nun wurde der verhängnisvolle erste Schritt zur Katastrophe von 1914 unternommen. Österreichs »Mission«, Österreichs impulsive Art und Österreichs ambivalente Beziehung zu Deutschland – all das trug dazu bei, daß man nur ganz knapp an einem europäischen Krieg vorbeiging. Die Annexion von 1908 bedeutete, daß die Monarchie ab nun Belgrad mit seinem Streben nach einem »Großserbien« immer im Auge behalten mußte. Nun, nur fünf Jahre später, war diese drohende Gefahr plötzlich nicht mehr nur ungreifbare Rhetorik, sondern Realität geworden. Serbien hatte sich den größten Anteil an der türkischen Beute geschnappt und damit sein Territorium fast verdoppelt und einen Bevölkerungszuwachs von rund 50 Prozent auf fast 4,5 Millionen Einwohner erlebt. Zusammen mit dem befreundeten Satellitenstaat Montenegro schloß es die habsburgischen Reichslande Bosnien-Herzegowina teilweise ein. Zwar war Serbien im Moment erschöpft, doch diese flächenmäßige Expansion hatte auch ein neues Selbstbewußtsein für Serbien als erste Macht am Balkan mit sich gebracht. Die Monarchie mußte darauf reagieren, wenn die Position der Dynastie erhalten und die Integrität der beiden Provinzen, übrigens die einzigen Gebiete, die während Franz Josephs Regierungszeit für die Krone dazugewonnen wurden, gesichert werden sollten. Das war nun die Stunde der Kriegspartei, der »Falken«, in Wien.

Der erste unter ihnen war der Generalstabschef Franz Conrad von Hötzendorf, der noch der Reihe der Habsburggläubigen hinzugefügt werden kann, obwohl er leider einer der Österreicher war, die eher von dem antislawischen Kreuzzug des Deutschen Kaisers besessen waren als von der Unparteilichkeit, die ihr eigener Monarch in Nationalitätenfragen zeigte. Conrad von Hötzendorf verdankte seine Ernennung in dieses Amt im Jahr 1906 dem erhabensten unter den Österreichgläubigen, Erzherzog Franz Ferdinand. Der General hatte denselben merkwürdigen, aufbrausenden und eigenwilligen Charakter wie der Thronfolger, und auch er liebte nur eine einzige Frau, zu der ihm aber eigentlich »der Zutritt verweigert war«. In Conrads Fall handelte es sich um eine junge, dunkelhaarige Schönheit, die ungefähr 30 Jahre jünger war als er und Gina von Reininghaus hieß. Obwohl sie die Frau eines geadelten steirischen Brauereibesitzers und Mutter von sechs Kindern war, bestürmte der General sie von 1907 an Tag für Tag mit einem leidenschaftlichen Brief.[22]

Conrad von Hötzendorf war, wie der Erzherzog, voller Zorn über die Schlamperei und die Lethargie, die die Armee der Monarchie lähmten, war es doch er selbst gewesen, der es innerhalb weniger Jahre geschafft hatte, sie in das 20. Jahrhundert zu führen. Bis zu den Balkankriegen waren sowohl das Telefon als auch das Automobil in militärischen Gebrauch gekommen, das Maschinengewehr war eingeführt, eine kleine Luftwaffe aufgebaut, und alle Dienstgrade mit den neuesten Kampfmethoden vertraut gemacht worden. Es war daher kein Wunder, daß Conrad als der größte österreichische Soldat seit Radetzky bejubelt wurde. Noch weniger überraschend war, daß er darauf brannte, seine geliebte Armee, die nun auf dem neuesten Stand war, auf ihren seiner Meinung nach gefährlichsten Feind loszulassen, auf die Serben. Bereits 1908 hatte Conrad von Hötzendorf auf einen Präventivkrieg gegen Serbien gedrängt, um die Annexionskrise ein für allemal zu klären, und es war hauptsächlich Franz Ferdinands mäßigendem Einfluß zu verdanken, daß der Kaiser von einer allgemeinen Mobilmachung absah.[23]

Nun, im Aufruhr der Balkankriege, startete Conrad noch einmal einen Versuch. Als Vorsichtsmaßnahme hatte die Monarchie ohnehin ihre vier Armeekorps, die Serbien im

[22] Im Jahr 1915 gewann er diesen Kampf schließlich, als die Dame allen Mut zusammennahm, sich scheiden ließ und ihn heiratete.
[23] Was Conrad aber im Dezember dieses Jahres durchsetzte, war die sogenannte »Braune Mobilisierung« österreichischer Streitkräfte im Süden. Bei dieser Leistungsschau wurden die Streitkräfte dort um 29 Infanteriebataillone und eine Kavallerieschwadron verstärkt.

Süden gegenüberstanden, mobil gemacht und als zusätzlichen Schutz für den Fall, daß Rußland irgendwie den Serben zu Hilfe kommen sollte, seine drei in der nordöstlichen Provinz Galizien stationierten Armeekorps. Schon 48 Stunden nach seiner Wiederernennung zum Stabschef am 12. Dezember 1908[24] begann Conrad, sowohl Schönbrunn als auch Belvedere mit Memoranda zu bombardieren, die eine endgültige Abrechnung mit den Serben forderten, solange dies noch möglich sei. Obwohl der Erzherzog froh darüber war, Conrad wieder im Sattel zu haben, war er doch entschlossen, ihm nicht freie Hand zu lassen. Seine eigene Überlegung war eine nüchterne und pragmatische. Jeder Krieg, so argumentierte er, konnte die bereits geschwächte Monarchie nur noch mehr erschüttern. Und was eine Invasion in Serbien anlangte, selbst wenn Österreich unbeschadet davonkommen würde, was würde diese der Krone schon bringen? »Nur einen Haufen Diebe und Mörder und Halunken mehr und ein paar Zwetschkenbäume!« Der Thronfolger mag zwar eine arrogante Verachtung für die Serben gehabt haben (wie auch, *inter alia,* für die Italiener und die Magyaren), aber er wollte keineswegs die Büchse der Pandora in Form eines germanischen Kreuzzugs gegen sie öffnen.

Jemand, der zur allgemeinen Überraschung aber dazu bereit war, dieses Risiko einzugehen, war des Kaisers neuer Minister des Äußern, Graf Leopold Berchtold, der im Februar 1912 die Nachfolge des an Leukämie erkrankten und schon vom Tod gezeichneten Aehrenthal antrat. Auch bei dieser sich am Ende als schrecklicher Fehler herausstellenden Ernennung hatte der Erzherzog seine Hand im Spiel gehabt. Berchtolds Erfahrung in der großen Diplomatie beschränkte sich auf eine kurze Zeit als Botschafter in

---

[24] Er war im vorangegangenen Jahr nach einem langen Streit mit Aehrenthal verärgert zurückgetreten und wurde auf Drängen Franz Ferdinands vom Kaiser wieder ins Amt berufen. Das einzige Motiv des Erzherzogs dabei war, für eine mögliche Eskalation des Konflikts den besten Soldaten auf diesem Posten zu haben.

St. Petersburg, was als hervorragende Qualifikation betrachtet wurde. Der einzige Bereich, in dem er sich wirklich auskannte, war die Pferdezucht; als Staatsmann sollte er sich für die Monarchie und für Europa als klägliche Fehlbesetzung erweisen. Das Jahr 1913 bereitete ihn auf die noch kommenden katastrophalen Fehler vor. Hatte er anfangs noch Conrads messianische Leidenschaft zu zügeln versucht, war er letztendlich nicht viel mehr als das politische Sprachrohr des Generals in der serbischen Frage. Noch schlimmer war, daß er noch vor Jahresende einen diplomatischen Triumph über Belgrad verzeichnen konnte, der seinen bescheidenen Intellekt mit einem gewissen Größenwahn beflügelte. Damit kommen wir wieder auf den Schlüsselfaktor für das Schicksal der Monarchie zurück – ihrer Beziehung zu Deutschland.

Das Deutsche Reich hatte den Südwärtsdrang seines Bündnispartners abgerundet, indem es diesen noch überbot, wie die verschiedenen Eisenbahnprojekte veranschaulichen. Österreich plante bereits im Jahr 1900 den Bau einer Eisenbahnverbindung zwischen Wien und Sarajevo, was Franz Josephs acht Jahre später erfolgenden Proklamation, daß die Provinzen Bosnien-Herzegowina nun fixer Bestandteil des habsburgischen Erbes seien, eine gewisse Substanz verliehen hätte.[25] Es wurde sogar mit dem Bau begonnen, doch die Linie lief in der Steiermark aus, wo sie auch heute noch ganz gemächlich hinführt. In Berlin verfolgte man da schon viel ehrgeizigere Pläne, die eine deutsche Eisenbahnlinie von der Türkei nach Bagdad vorsahen. Und hier kamen auch die strategischen Interessen Frankreichs und Englands sowie Rußlands ins Spiel. Wie die Österreicher waren auch sie vor dem Taurusgebirge zurückgeschreckt. Die Gespräche zwischen den vier interessierten

---

[25] Doch so waren die beiden Provinzen nach der Annexion weder das eine noch das andere. Ihr unklarer Status drückte sich schon dadurch aus, daß sie von Leon von Bilinski, dem Finanzminister der Doppelmonarchie, verwaltet wurden: Das ist wohl Kakanien von seiner besten Seite!

Mächten über die Leitung und die Finanzierung des Projekts gingen jedoch weiter, und man kam sogar zu einem grundlegenden Übereinkommen am 15. Juni 1914 – zwei Wochen vor einem Ereignis, das die europäische Tagesordnung völlig durcheinanderbringen sollte.

Daß Deutschland das nun erlöschende Osmanische Reich und eigentlich die größere islamische Welt in seinen Einflußbereich ziehen wollte, war dabei offensichtlich (sein Kaiser hatte dies auch offen ausgesprochen). Daß es bereit war, dafür einen Weltkrieg zu beginnen oder irgendwelche anderweitigen Ambitionen hatte, ist hingegen nicht erwiesen. Fürst Bernhard von Bülow, der zur Zeit der Annexionskrise Deutschlands Reichskanzler war, hatte seine Politik einmal so zusammengefaßt, daß er Österreich zwar nicht im Stich lassen würde, aber es ihm nicht erlaubte, Deutschland in einen europäischen Krieg zu verwickeln. Zwar galt Bülow als der redegewandteste aller deutschen Verteidiger, doch werden seine Worte durch Berlins wichtige Rolle bei der Aushandlung eines Abkommens im Jahr 1908 bestätigt. Bülow war mit Lob und Ehre überhäuft am 26. Juni 1909[26] zurückgetreten, und sein Nachfolger war von einem ganz anderen Schlag als er.

Theobald von Bethmann Hollweg, den der Kaiser nun als seinen Reichskanzler wählte, war ein alter persönlicher Freund (Wilhelm II. hatte seinen ersten Rehbock auf dem Gut Hohenfinow der Familie Bethmann Hollweg geschossen). Obwohl Bethmann in der Innenpolitik äußerst bewandert war, hatte er absolut keine Erfahrung mit äußeren Angelegenheiten – ein Mangel, den der Kaiser leichtfertig übergangen hatte, da er sich seiner Ansicht nach selbst um all das hätte kümmern können. Also erwarb das Deutsche Reich anstatt eines erfahrenen, gewandten, um nicht zu

---

[26] Der Grund dafür war angeblich, daß die von ihm vorgeschlagene Finanzreform abgelehnt wurde, doch nach zehn kräfteraubenden Jahren im Amt – wobei die anstrengendste Aufgabe für ihn darin bestand, mit seinem kaiserlichen Arbeitgeber zurechtzukommen – war Bülow über seinen Rücktritt ohnehin ziemlich erleichtert.

sagen etwas aalglatten Routiniers nun einen wohlmeinenden, aber nervösen Neuling auf dem diplomatischen Parkett. Als solcher stand er viel stärker unter dem Einfluß seines königlichen Herrn, als dies bei Bülow je der Fall gewesen war, und es fehlte ihm auch die Persönlichkeit und Willensstärke, um erforderlichenfalls seinen Mann zu stehen und sich gegen das preußische militärische Lager durchzusetzen.[27]

Das alles sollte in den nun folgenden Jahren eine verhängnisvolle Rolle spielen. Doch hier muß vor allem darauf hingewiesen werden, daß während der langwierigen Balkankrise (die für Deutschland ein idealer Vorwand für einen großflächigeren Brand hätte sein können) sowohl Bethmann als auch sein kaiserlicher Herr sich damit begnügten, die von Bülow 1908 vorgegebene Linie weiter zu verfolgen. Während des Sommers von 1913 waren Deutschlands Zusicherungen einer allgemeinen Unterstützung für Österreich immer von sehr konkreten Warnungen an Wien begleitet, gegen Serbien nicht zu weit zu gehen. In einem solchen persönlichen Schreiben, das Bethmann am 6. Juli 1913 an Berchtold sandte, steht ganz offen, daß jeder Versuch, das serbische Problem durch Waffengewalt zu lösen, einen europäischen Krieg bedeuten würde und Österreich aus diesem Grund eindringlich davor gewarnt werden müsse, Serbien verschlingen zu wollen. Berlin kann also, zumindest für diese Phase der sich verschärfenden Balkankrise, vom Vorwurf der Kriegshetze freigesprochen werden.

Trotz alledem holte Österreich im Oktober 1913 plötzlich zum Schlag aus und wiederholte so das Handlungsmuster von 1908. Die albanischen Grenzausschüsse, die von Greys Botschafterkonferenz vor ihrer Auflösung geschaffen wurden, erwiesen sich als unfähig, allgemein akzeptierte Grenzen festzulegen. Kämpfe brachen aus, und die serbische Armee besetzte erneut albanischen Boden. Wieder wurde der Fehdehandschuh eines Großserbiens hingewor-

---

[27] Die deutsche Heeresleitung erzwang am 14. Juli 1917 seinen Rücktritt.

fen, und Wien mußte entscheiden, ob es die Herausforderung annehmen sollte, und wenn ja, wie man damit fertig werden würde. Das Thema wurde in zwei Ministerratssitzungen lang und breit diskutiert, einmal am 3. Oktober und ein zweites Mal zehn Tage später. Es gab ein paar unheimliche Parallelen zu den etwas hitzigeren Streitereien über eine weit ernstere Krise, die sich neun Monate später in Wien entwickeln sollte. Conrad von Hötzendorf drängte auf eine militärische Großoffensive gegen die Serben, diese »endgültige Abrechnung«, die er 1908 gefordert hatte und für die er auch weiterhin eintrat. Doch nun war eine neue und mächtige Stimme im Ministerrat zu vernehmen, die sich gegen ihn stellte: Graf Stephan Tisza, der nur vier Monate zuvor Ministerpräsident von Ungarn geworden war. Er sollte von nun an die wichtigste, wenn nicht die einzige mäßigende Kraft in den Beratungen der Doppelmonarchie darstellen. Die Albanienkrise sollte, so meinte er, durch Diplomatie und nicht durch Krieg gelöst werden. Die Gewaltanwendung würde Europa gegen die Monarchie vereinen und auch ihre Staatskassen leeren sowie ihre ethnische Zusammensetzung auf gefährliche Art und Weise durcheinanderbringen. Das war die Sprache eines ganz seltenen Phänomens, nämlich eines Ministers, der zugleich auch ein Staatsmann war.

Berchtold zauderte und schwankte zwischen den beiden Argumenten hin und her, da er wußte, daß der Kaiser die Sinnhaftigkeit eines Kriegs in Frage stellte und daß der Thronfolger absolut dagegen war. Vor allem war er sich unsicher über Deutschlands Standpunkt. Also gab er sich am 14. Oktober damit zufrieden, eine Botschaft nach Belgrad zu senden, in der er den Abzug forderte. Dieser versöhnliche Schritt, bei dem ein militärisches Eingreifen nicht einmal erwähnt wurde, erschien noch außergewöhnlicher angesichts der Tatsache, daß die serbische Armee gerade mehrere albanische Dörfer niedergebrannt und viele der Einwohner massakriert hatte. Dann, am 15. Oktober, bat Berchtold um die Zusicherung Deutschlands »moralischer Unterstützung« in dieser Angelegenheit, die er auch erhielt. Das reichte aus, um den Zauderer in Schwung zu bringen. In der Nacht vom

17. auf den 18. Oktober schickte er, ohne Berlin weiter zu konsultieren oder zu informieren, eine Note nach Belgrad, in der er den Abzug der Truppen aus Albanien innerhalb von acht Tagen forderte, da Österreich andernfalls gezwungen wäre, geeignete Schritte zu unternehmen. Wie auch eine spätere und viel folgenschwerere Forderung an Serbien, wurde auch diese nicht als Ultimatum bezeichnet, sondern eher zimperlich als eine »befristete Note« umschrieben.

Jeder, in Europa wie in Belgrad, wußte, was diese Note bedeutete, und jeder wurde aus dem Traum wachgerüttelt, daß sich das albanische Problem von selbst lösen würde, während die Außenwelt zuschaue. Rußland blieb militärisch immobil, während an der diplomatischen Front die anderen europäischen Mächte gemeinsam Serbien darauf drängten, den Beschluß der Londoner Konferenz zu respektieren. Nikola Pašić, der serbische Ministerpräsident, hatte keine andere Wahl, als nachzugeben. Seine Truppen zogen aus Albanien ab, Berchtold erlebte eine Stunde des Triumphs, Conrad von Hötzendorf stieß einen Seufzer der Verzweiflung und ganz Europa einen Seufzer der Erleichterung aus. Es war ein trügerischer Triumph für die Friedensstifter, und ein sehr kurzlebiger.

3. Österreichs Armageddon

Die Spekulationen in den Kanzlerämtern Europas drehten sich längst nicht mehr darum, ob ein allgemeiner Krieg ausbrechen würde, sondern wann. Die gegnerischen Verflechtungen militärischer Bündnisse[28], die sich wie eiser-

---

[28] Das älteste, der Zweibund von 1879 zwischen Österreich-Ungarn und Deutschland, wurde durch den Beitritt Italiens (ein sehr dubioser Partner) im Jahr 1882 zu einem Dreibund. Gegen diesen zentralen Machtblock hatten die Alliierten – Frankreich, Rußland und England – die sogenannte Tripelentente gebildet, die, wie der Name schon andeutet, ein Verband ohne feste Verträge war.

ne Spinnweben über den ganzen Kontinent ausgebreitet hatten, waren so gut wie eine Garantie dafür, daß, sobald eine der Großmächte in einen lokalen Konflikt hineingezogen würde, bald alle darin verwickelt sein würden. Noch weniger Zweifel gab es über den Schauplatz, von dem dieser Kampf seinen Ausgang nehmen sollte. Als gefährlichsten Konfrontationsbereich ersetzte nun der Balkan, auf dem es seit der Annexionskrise von 1908 ständig Unruhen gegeben hatte, die Schauplätze in den Kolonien und sogar auf See. Trotz alledem wurde das genaue Szenario, das die Tragödie ins Rollen brachte, von niemandem vorausgeahnt – außer, halb im Ernst, von ihrem Hauptopfer.

Die Ermordung Franz Ferdinands und seiner Gemahlin Sophie durch einen jungen bosnisch-serbischen Fanatiker am 28. Juni 1914 versetzte ganz Europa einen Schock. Fluten von Beileidsschreiben trafen von Schlössern und Präsidentschaftsämtern der ganzen Welt in Wien ein. Die Anteilnahme des Zaren Nikolaus II. war nicht weniger herzlich als andere, denn trotz der politischen Rivalität zwischen den Habsburgern und den Romanows stellte ein Attentat doch eine persönliche Bedrohung für beide Dynastien dar. Selbst der König von England, der vom Geschehen noch weiter entfernt war als der Zar, ordnete als Reaktion darauf eine Woche tiefer Hoftrauer an, und, was noch außergewöhnlicher war, stattete am nächsten Tag der österreichisch-ungarischen Botschaft einen Besuch ab, um Graf Mensdorff-Pouilly, einem entfernten Verwandten, persönlich sein Beileid auszudrücken.[29]

Wie wir gesehen haben, hatten der Kaiser und sein schwieriger Neffe, den er, ohne es zu wollen, eigentlich selbst in den Untergang geschickt hatte, nicht allzuviel für-

---

[29] König Georg und Königin Mary bedauerten aus persönlichen Gründen den Tod des Erzherzogs. Nur sieben Monate davor, im November 1913, hatte Franz Ferdinand einen in puncto Protokoll großen Triumph verzeichnet, da er mit Sophie zu einer Fasanenjagd auf Schloß Windsor eingeladen wurde. (Obwohl er als Sportsmann berühmt war, wurde er mit Englands gleichermaßen berühmten Jagdfasanen anfangs nur schwer fertig.)

einander übrig. Am 17. August 1913 war der Erzherzog von seinem Onkel zum Generalinspektor der Gesamten Bewaffneten Macht der Monarchie ernannt worden. Eine seiner ersten Entscheidungen, die er gemeinsam mit Conrad von Hötzendorf getroffen hatte, bestand darin, die großen Sommermanöver im folgenden Jahr in Bosnien abzuhalten. Er war daher moralisch und aufgrund seiner Stellung dazu verpflichtet, ihnen beizuwohnen. Was immer ihn zu seinen unheimlichen Vorahnungen, daß er von diesem Besuch nie mehr zurückkehren würde, bewogen hat, werden wir wohl nie erfahren. Jedenfalls waren diese so stark, daß er am Abend vor seiner Abreise seinen verblüfften Neffen, den Erzherzog Karl, der der nächste in der Thronfolge war, davon in Kenntnis setzte, wo man sein politisches Testament nach seinem Tode finden würde. Die Entscheidung für seine Reise nach Sarajevo am 4. Juni 1914 fiel erst bei der letzten Audienz Franz Ferdinands beim Kaiser. Der alte Monarch unternahm nicht nur nichts, um den Erzherzog davon abzuhalten, sondern sorgte geradezu für dessen sichere Abreise, indem er zustimmte, daß Herzogin Sophie ihn als mehr oder weniger Gleichgestellte begleiten könne.[30] Das war eine unwiderstehliche Verlockung für den Ehemann, der wie ein Tiger im feindseligen Wiener Protokolldschungel für die Anerkennung seiner morganatischen Frau durch die Hofgesellschaft gekämpft hatte.

Nun, nach einer Reihe von Zufällen, Fehlern und Verwirrungen, die mehrere Buchseiten füllen würden, waren beide tot, aus nächster Nähe durch den Revolver des 19 Jahre alten bosnischen Revolutionärs Gavrilo Princip getötet. Die Ereignisse, durch die diese zwei Schüsse im weiteren Verlauf noch acht Millionen Menschenleben forderten, drei Kaiserreiche auf dem Kontinent und mit ihnen die europäische Ordnung im allgemeinen zerstörten, ist für uns nicht interessant, nicht einmal in groben Umrissen. Herausgegriffen müssen jedoch jene drei Aspekte werden, die für

---

[30] Sie war dennoch verpflichtet, alleine und auf einer anderen Route zu reisen, nämlich über Budapest.

unser Thema relevant sind: was sagt das über den österreichischen Charakter aus, über das habsburgische Dilemma und vor allem über die Beziehung Österreichs zu Deutschland. Diese war immer schon ein wichtiger Faktor, doch nun wurde sie zu einem entscheidenden. Aus diesem Grund spielte sie auch in der Katastrophe selbst eine entscheidende Rolle.

Das Attentat von Sarajevo hatte eine Krisenstimmung ausgelöst, die selbst für die turbulenten Verhältnisse auf dem Balkan extrem war. Es war ja immerhin nicht nur der Generalinspektor der Doppelmonarchie, der ermordet worden war, sondern der Thronerbe selbst. Darüber hinaus hatte der Attentäter im Namen Großserbiens, jener slawischen Vision, die seit 1908 zur größten Bedrohung für das Bestehen der Monarchie geworden war, getötet. Belgrads Mitbeteiligung wurde von Anfang an vermutet, und obwohl die Schuld nie direkt Pašić und seiner Regierung zur Last gelegt werden konnte, stellte man doch bald fest, daß sie nicht ganz unbeteiligt waren. Die »Schwarze Hand« hatte nämlich Prinčip und seine Mitverschwörer mit ihren Bomben und Pistolen sowie mit den nötigen Kenntnissen ausgestattet. Es mußte auf irgendeine Weise Vergeltung an Serbien geübt werden, doch wann sollte die Monarchie zuschlagen, und wie weit sollte sie gehen?

Wie bei allen österreichischen Angelegenheiten gab es auch hier eine gewisse Zwiespältigkeit. Der Kaiser und seine Berater spiegelten in dieser Beziehung die widersprüchlichen Meinungen der Allgemeinheit wider. Auf der einen Seite war man entschlossen, daß eine Beleidigung gerächt werden sollte. Mehr als das: man war weitgehend der Überzeugung, daß, würde Wien nicht energisch durchgreifen, die Doppelmonarchie sich nie mehr behaupten könnte. Im Ausland, vor allem in Berlin, würde sie als unfähig erachtet werden, ihre Rolle als Vielvölkermacht wirksam zu erfüllen. Im eigenen Land würde es nur zu einer Verschärfung der diese Rolle ohnehin so schwer machenden Unabhängigkeitsbestrebungen und Rivalitäten zwischen den einzelnen Nationalitäten kommen, sollte sich herausstellen, daß die Monarchie sich davor fürchtete, gegen Serbien vorzugehen, um ihre südlichen Provinzen zu schützen. Andererseits fühlten sich sogar unerschrockene Menschen bei dem Gedanken an einen Krieg unwohl, und die eher Ängstlichen wurden von Panik erfaßt. Hinter all diesen Stimmungen des *Fin de siècle* – der Resignation, des Zynismus und der absoluten Hingabe an die flüchtigen Freuden des Augenblicks – verbarg sich eine Vorahnung, daß die Tage der Monarchie gezählt waren. Sollte dies wirklich so sein, dann würde der letzte Kampf auf einem vorläufig noch unbekannten Schlachtfeld stattfinden. Als sich die Sarajevokrise zuspitzte, ließ der alte Kaiser eine Bemerkung fallen, die all das zusammenfaßte: »Wenn die Monarchie schon zugrunde gehen soll«, so soll er gesagt haben, »soll sie wenigstens anständig zugrunde gehen.«

Es soll an dieser Stelle aber einmal ganz offen darauf hingewiesen werden, daß Franz Joseph selbst reichlich wenig unternahm, um den Untergang der Monarchie zu verhindern. Er war natürlich von Bad Ischl in die Hauptstadt zurückgekehrt, um dem Begräbnis des ermordeten Paars beizuwohnen, aber er war das einzige gekrönte Haupt an der Totenbahre, denn bei dieser Zeremonie versetzte das Hofprotokoll der unebenbürtigen Ehefrau noch einen letzten Hieb. Es wurde anfangs als selbstverständlich angenommen, daß die übliche Schar fürstlicher Trauernder anwesend sein würde. Dazu zählte vor allem der Deutsche Kaiser, dessen kurz bevorstehende Ankunft sogar angekündigt worden war. Er war immerhin ein persönlicher Freund des Ermordeten, dessen letzter Akt auf der politischen Bühne darin bestanden hatte, Wilhelm II. von 12. bis 13. Juni in Konopischt[31] zu empfangen, um gemeinsam eine grundlegende, aber friedliche Lösung für die Balkankrise zu besprechen. Ein königliches Zusammentreffen hätte nicht nur alle anderen deutschen Fürsten nach Wien gebracht, sondern auch hohe Repräsentanten der

---

[31] Franz Ferdinands Schloß in Böhmen. (Anm. d. Ü.)

Ententemächte, vielleicht sogar Zar Nikolaus, der ein persönliches Kondolenzschreiben an Franz Joseph geschickt hatte. Ein solches Zusammentreffen hätte nur zu einer Stimmung der höflichen Bestandsaufnahme zwischen den gegnerischen Allianzen führen können, denn ein Wettschimpfen läßt sich nur schwer mit einem Begräbnis vereinbaren.

Traurigerweise wurde diese Gelegenheit jedoch nicht genutzt – aus Sicherheitsgründen, wie man angab. Dabei handelte es sich jedoch im besten Fall um eine Ausrede, denn nachdem Zar Alexander II. in den Straßen seiner eigenen Hauptstadt von einer Bombe in Stücke zerfetzt worden war, ließ sich Englands Prince of Wales durch die mögliche Gefahr weiterer Attentate ja auch nicht davon abhalten, sich den anderen königlichen Trauergästen beim Begräbnis anzuschließen. Wien war 1914 ein viel sicherer Ort als St. Petersburg 1881. Der wirkliche Grund für das Nichterscheinen ausländischer Potentaten war einfach, daß Franz Joseph sich nicht dazu bereit erklärt hatte, die Strapazen des damit verbundenen Zeremoniells auf sich zu nehmen. Es stimmt zwar, daß er sich erst einige Wochen zuvor von einem seiner chronischen Asthmaanfälle erholt hatte, doch er war kein kranker Mann – nur ein erschöpfter, der sich danach sehnte, wieder in sein friedliches, ruhiges und geliebtes Bad Ischl zurückzukehren, wo er die letzten 60 Sommer seines Lebens verbracht hatte. Dorthin kehrte er dann auch ordnungsgemäß am 7. Juli zurück, drei Tage nach der kaum 15 Minuten dauernden offiziellen Begräbniszeremonie in der Hofburg.[32] Dort blieb er auch und kam erst am Monatsende in seine Hauptstadt zurück, als die

---

[32] Was das ermordete Ehepaar als ihr eigentliches Begräbnis betrachtet hätte, wurde am folgenden Tag, dem 4. Juli, in Artstetten abgehalten, dem Schloß des Erzherzogs in der Nähe von Stift Melk an der Donau. Alles war schon lange vorher vorbereitet worden, die beiden Sarkophage in der Gruft glichen sich in jeder Beziehung. In der Kapelle der Hofburg war Sophies Sarg kleiner und stand auf einem rund 50 Zentimeter niedrigeren Katafalk.

»eisernen Würfel des Krieges«[33] bereits gefallen waren. Doch konnten sie dadurch auch nicht mehr aufgehalten werden.

Weder für den Kaiser noch für seine Minister war das Begräbnis des Erzherzogs das vorrangigste Ereignis während dieser ersten Juliwoche. Am wichtigsten war die Frage, auf welche Weise man sich an Serbien rächen könnte, und dies hing wiederum vor allem von der Reaktion Berlins ab. Die erste Balkankrise 1908 war von Österreich allein herbeigeführt worden und sogar für seinen engsten Verbündeten eine Überraschung gewesen. Doch dieser Verbündete war der Monarchie bald wieder zur Seite gestanden, als er Rußland davon abhielt, auf die Provokation einzugehen. Am Ende der zweiten langwierigen Krise der Balkankriege hatte Berchtold, bevor er sein Ultimatum an Serbien stellte, Deutschlands »moralische Unterstützung« gesucht. Diese dritte Krise, die die letzte und verhängnisvollste sein sollte, war, wie jeder in Wien von Anfang an spürte, mit ganz anderen Dimensionen an Gefahren als jede frühere Krise verbunden. Es ging jetzt nicht mehr um die Frage einer formellen Annektierung zweier okkupierter Provinzen und darum, mit dem *fait accompli* davonzukommen, oder um einfaches Säbelrasseln über Albanien. Diesmal würde man den Säbel schon ziehen müssen, und das bedeutete, daß etwas mehr als nur eine moralische Unterstützung von Berlin erforderlich wäre. Hier zeigte sich eine doppelte Ironie. Bismarck hatte danach gestrebt, die »seetüchtige Fregatte« des preußischen Deutschlands für immer von dem »wurmstichigen Orlogschiff« des österreichischen Kaiserreichs zu trennen. Doch nun hatte das auf die Klippen zusteuernde Orlogschiff die Fregatte im Schlepptau.

Unerwähnt darf auch nicht bleiben, daß inzwischen ein Wechsel am Ruder des Orlogschiffs stattgefunden hatte. Conrad war wie immer für entschiedenes Vorgehen, doch

---

[33] Eine bildliche Wendung Bethmann Hollwegs, die, im Gegensatz zu seiner Politik, Bismarcks selbst würdig gewesen wäre.

nun hatte sich Berchtold ihm von Anfang an angeschlossen. Aus dem Zauderer von 1913 war der verwegene Kerl von 1914 geworden, obwohl dieses Duo zuviel Angst davor hatte, allein in den Kampf zu ziehen. Bevor der alte Kaiser wieder zu seinen Bergen im Salzkammergut zurückkehrte, hatten sie mit ihm ihren Kurs bis in alle Einzelheiten vorausgeplant. Man wollte von zwei Seiten her vorgehen, wobei die eine Seite jeweils die andere unterstützen sollte. Auf Berchtolds Wunsch verfaßte Franz Joseph ein Handschreiben an Wilhelm II., in dem er Serbien ohne Umschweife die Schuld an dem Attentat von Sarajevo gab und seine Eliminierung als »politischer Machtfaktor auf dem Balkan« forderte. Alle europäischen Monarchen, so schrieb er weiter, wären bedroht, »solange dieser Herd von verbrecherischer Agitation in Belgrad ungestraft fortlebt«. Das waren starke Worte, und es gibt keinen Beweis dafür, daß der alte Kaiser, dessen Verstand absolut klar war, erst von irgend jemandem dazu ermutigt werden mußte, sie auszusprechen.

Gleichzeitig legte Berchtold in Wien ein allgemeines Memorandum über die Situation auf dem Balkan vor, das bereits im Juni in etwas milderer und friedvollerer Form aufgesetzt worden war, die nun angesichts der Tat Gavrilo Prinčips aber überholt war. In außergewöhnlicher bürokratischer Mehrdeutigkeit wurde beschlossen, dieses Dokument unverändert abzusenden, jedoch mit einem Postskriptum zu versehen, das in glattem Widerspruch zu Tenor und Inhalt stand. So wurde im Postskriptum unterstrichen, daß nach den »furchtbaren Geschehnissen in Bosnien ... an eine Versöhnung des Gegensatzes, welcher Serbien von uns trennt, nicht mehr zu denken ist« und daß die Monarchie »mit entschlossener Hand« gegen den Feind vorgehen müsse. Um diesem diplomatischen Schwall noch mehr Gewicht zu verleihen, wurde das Memorandum mit Postskriptum und kaiserlichem Handschreiben nicht über den normalen Kurierdienst nach Berlin befördert, sondern persönlich von Berchtolds Kabinettchef Graf Alexander Hoyos überbracht, dem auch aufgetragen wurde, während seines Aufenthalts in der deutschen Hauptstadt sich um größtmögliche Unterstützung zu bemühen.[34]

Die Entscheidung lag nun bei Berlin, oder besser gesagt beim kaiserlichen Schloß in Potsdam. Obwohl die deutschen Generäle eine wesentliche Rolle in der letzten Phase der Krise spielten und bei Ausbruch der Kämpfe das Geschehen allmählich ganz beherrschten, war es doch der Deutsche Kaiser und Oberste Kriegsherr Wilhelm II., der in dem nun folgenden verhängnisvollen Monat unbestritten das Kommando hatte. Das ist auch der Grund für den Zickzackkurs und die regelrechten Saltos der deutschen Politik in diesen Wochen. Ihr Drehpunkt war das Temperament des Kaisers, der ebenso sprunghaft wie impulsiv und ebenso reizbar wie theatralisch war. Wenn man sich dies einmal vor Augen hält, dann sind alle Theorien hinfällig, daß Deutschland die ganze Zeit über geplant hätte, den Balkan als Vorwand für einen Weltkrieg zu benutzen (und sogar den Juni 1914 als Zeitpunkt des Kriegsbeginns auszuwählen![35]).

Der Beweis des Gegenteils beginnt in Wien nur 48 Stunden nach dem Attentat von Sarajevo und vier Tage bevor Hoyos sich mit seinem Hilfegesuch von allerhöchster Seite auf den Weg nach Berlin machte. Am 30. Juni sandte der deutsche Botschafter in Wien, Graf Heinrich Leonhard von Tschirschky und Bögendorff (um ihn mit seinem vollen nachhallenden Titel zu nennen), ein Telegramm an den deutschen Reichskanzler, von dem, wie er sehr wohl wußte, eine Abschrift auch dem Kaiser übergeben werden würde.

[34] Hoyos und sein Kollege auf dem Ballhausplatz, Graf Alexander Forgach, ein dienstälterer Sektionschef, waren beide engagierte Falken, und ihre Einflußnahme hinter der Bühne auf Berchtold wird leicht unterschätzt.

[35] Die Generalstäbe aller Großmächte machten sich im voraus Gedanken über den günstigsten und ungünstigsten Zeitpunkt für Großaktionen, und in jeder Hauptstadt gab es Auseinandersetzungen unter den führenden Köpfen. So drängte zum Beispiel in Berlin Großadmiral Alfred von Tirpitz darauf, daß Deutschland mit einem eventuellen Einstieg in einen Krieg noch mindestens bis 1920 warten solle, wenn seine Flotte auf dem nötigen Stand sei.

Tschirschky war kein gewöhnlicher Gesandter. Er hatte als Staatssekretär im Auswärtigen Amt gedient, bevor er von Bülow 1907 in die Schlüsselbotschaft nach Wien versetzt wurde. Er hatte ein sehr persönliches Verhältnis zu seinem Souverän (Bülow beschrieb ihn einmal als des Kaisers Reisebegleiter) und war von Wilhelm II. besonders gelobt worden für seine Haltung in der Annexionskrise. 1914 war dieser erfahrene und äußerst vertrauenswürdige Diplomat daher bereits sieben Jahre im Amt. Hätte es in Berlin irgendeinen Plan gegeben, in diesem Sommer eine österreichisch-serbische Krise auf dem Balkan anzuzetteln oder sogar die sich zusammenbrauenden Probleme auszunutzen, um einen allgemeinen Krieg heraufzubeschwören, dann wäre Tschirschky eingeweiht gewesen, da er jener Mann war, der Deutschlands Karten vor Ort in der Hauptstadt seines wichtigsten Bundesgenossen hätte ausspielen müssen. Doch was steht in diesem ersten so wichtigen Telegramm Tschirschkys über die Krise?

Erst berichtet der Botschafter über eine Unterredung mit Berchtold, in der ihn der Außenminister darüber informierte, daß die Fäden der Verschwörung von Sarajevo sehr wahrscheinlich »in Belgrad zusammenliefen«. Dann spricht der Botschafter noch von weiteren Gesprächen mit höheren Persönlichkeiten in Wien, die ihm gegenüber mehrmals die Äußerung gemacht hätten, »es müsse einmal gründlich mit den Serben abgerechnet werden«. Doch dann kommentiert Tschirschky: »Ich benutze jeden solchen Anlaß, um ruhig, aber nachdrücklich und ernst vor übereilten Schritten zu warnen.« Abschließend bemerkt er, Österreich müsse die Folgen jeder unüberlegten Handlung sorgfältig abwägen und die Interessen seiner Verbündeten sowie ganz Europas berücksichtigen. Soviel zu den Theorien über eine lange vorher geplante Verschwörung.

Doch wenn Tschirschky glaubte, daß sein maßvoller und friedensstiftender Ton bei seinem kaiserlichen Reisegefährten Anklang finden würde, dann mußten er und das deutsche Auswärtige Amt, das Österreich ebenfalls eindringlich zu vorsichtiger Zurückhaltung geraten hatte, sich auf einen

gewaltigen Schock gefaßt machen. In einer dieser berühmten »Randbemerkungen«[36], die der Deutsche Kaiser auf alle.
wichtigen diplomatischen Dokumente kritzelte, bereitete
er dieser pazifistischen Vorgangsweise deutlich ein Ende.
Wer, so fragte er, hatte den Botschafter zu einer solchen
Handlungsweise ermächtigt? Dann folgt das kaiserliche
Edikt: »Tschirschky soll den Unsinn gefälligst lassen! Mit
den Serben muß aufgeräumt werden, und zwar bald.«

Und von diesem Moment an – bis der Kaiser einen Monat
später von einem anderen Geistesblitz erfaßt wurde – wurde der »Unsinn« fallengelassen. Tschirschky wurde auf der
Stelle von einer Taube in einen Falken verwandelt, allerdings wurde dem verwirrten Mann in der letzten Phase der
Krise angeordnet, sich seine Taubenfedern wieder anzu-
stecken. Es stand außer Frage, daß er protestieren, seinen
eigenen Überzeugungen folgen oder gar zurücktreten würde. In den Augen seiner Kollegen ein eitler und arroganter
Mann, war er durch und durch auf seine Karriere bedacht,
und hinter seinem Ehrgeiz versteckte er, wie Aehrenthal,
nur seine Unsicherheit. In Tschirschkys Fall ging es dabei
um seine Frau, die zwar steinreich, aber die Tochter eines
Budapester Industriellen angeblich jüdischer Abstammung
war. Die Fangarme des Antisemitismus reichten eben überall hin.

Der Deutsche Kaiser befand sich bei der Regatta und
Flottenparade in Kiel, ein Fixpunkt in seinem Kalender, als
ihn die Nachricht aus Sarajevo erreichte. Er sagte sofort alle
Veranstaltungen ab, ließ alle Schiffe ihre Flaggen auf halb-
mast setzen und eilte nach Potsdam zurück, von wo aus er
Deutschlands harte Linie vorgab. Es war auch ganz gut, daß
er so schnell wieder in sein Schloß zurückgekehrt war, denn
alle anderen wichtigen Posten der Hauptstadt waren Ende
Juni noch unbesetzt, ein Umstand, der die Verschwörungs-

[36] Diese sind von großer historischer Bedeutung. Erstens zeugen
sie vom explosiven und unberechenbaren Temperament des Deutschen Kaisers, der bis Kriegsbeginn die deutsche Politik an allen Fronten beherrschte. Zweitens spiegeln sie im Gegensatz zu den Nach-
kriegsmemoiren die ungeschminkte Stimmung von damals wider.

theorie wohl kaum unterstützt. Der Reichskanzler mußte von seinem Gut in Hohenfinow zurückbeordert werden, General von Moltke, der Generalstabschef, war auf Kur in Karlsbad, während Admiral Alfred von Tirpitz, der noch einflußreichere Marineminister, einen ähnlichen Aufenthalt im Schweizer Kurort Tarasp verbrachte. Auch das Auswärtige Amt war ohne seinen Leiter Gottlieb von Jagow, der im vorangegangenen Jahr zum Staatssekretär ernannt worden war. Von allen kam ihm die Krise am ungelegensten, denn er war gerade in den Flitterwochen. Während seiner Abwesenheit versuchte der Unterstaatssekretär, Alfred Zimmermann, dieselbe Linie der Vorsicht und Zurückhaltung in Berlin zu verfolgen, die Tschirschky in Wien vorgezeichnet hatte. Die Nachricht, daß Graf Hoyos sich auf dem Weg nach Berlin befände und ein persönliches Schreiben von Franz Joseph bei sich hätte, bot dem Kaiser die perfekte Gelegenheit, vom Rand in den Mittelpunkt der Bühne zu rücken. Das tat er nun mit verhängnisvollen Folgen.

Deutschlands berühmter Blankoscheck für die uneingeschränkte Unterstützung Österreichs in der Krise wurde in einem diskreten und schicklichen Rahmen ausgestellt. Der Kaiser gab keine dramatischen öffentlichen Erklärungen ab, wie dies normalerweise seinem Stil entsprach.[37] Beim Mittagessen im Schloß mit dem österreichisch-ungarischen Botschafter Graf Szögyeny-Marich, der das Dokument aus Wien überreicht hatte, gab er sich anfangs sogar vorsichtig. Unter Hinweis auf eine mögliche »ernste europäische Komplikation« der Krise meinte er, er könne ohne Beratung mit seinem Kanzler keine definitive Antwort geben. (Bethmann

[37] Der wohl theatralischste Auftritt dieser Art war seine Stegreifrede, die er am 27. Juni 1900 am Pier von Bremerhaven vor den ersten Truppen hielt, die sich als Teil des europäischen Expeditionskorps in Richtung Ferner Osten einschifften, um den Boxeraufstand in Peking niederzuschlagen. Er verglich sie mit den siegreichen Hunnen Attilas tausend Jahre zuvor und äußerte den Wunsch, »so möge der Name Deutscher in China auf tausend Jahre durch euch in einer Weise bestätigt werden, daß niemals wieder ein Chinese es wagt, einen Deutschen auch nur scheel anzusehen«.

Hollweg befand sich erst jetzt auf dem Rückweg nach Berlin!) Der altgediente österreichische Gesandte, der schon seit 1892 im Amt war und vor der Pensionierung stand, wollte aus dieser letzten und äußerst heiklen Aufgabe in seiner Laufbahn etwas Besseres herausholen. Also drängte er den Kaiser nach dem Essen noch einmal.

Und nun stellte Wilhelm II. seinen Blankoscheck für die bedingungslose Hilfe an Österreich aus, wobei er aber, wie er immer noch betonte, die Gegenzeichnung seines Kanzlers verlangte. Franz Joseph könne »bei einer eventuellen Aktion auf die volle Unterstützung Deutschlands rechnen«. Mit einer Aktion gegen Serbien solle nach Meinung des Deutschen Kaisers nicht mehr zugewartet werden. Und was eine mögliche Ausweitung des Konflikts anlangte, so wäre er persönlich nicht der Meinung, daß Rußland kriegsbereit wäre, und er glaube, daß es sich eine Intervention »gewiß noch sehr überlegen würde«. Sollte sich jedoch ein Krieg zwischen Österreich-Ungarn und Rußland als unvermeidbar herausstellen, dann könnten die Österreicher versichert sein, daß Deutschland »in gewohnter Bundestreue« an ihrer Seite stehen würde. Diese weitere Zusicherung der Hilfe auch für den Fall einer Eskalation der Krise war es, die den Schaden anrichtete. Wie der Kaiser wieder bei den ab diesem Nachmittag stattfindenden Beratungen mit den Militärs in Potsdam deutlich machte, rechnete er nicht mit einer Ausweitung des Konflikts.[38] Abgesehen davon, daß Frankreich und Rußland nicht kriegsbereit wären, gab es für ihn auch noch eine dynastische Dimension des Attentats von Sarajevo: Der Zar werde sich nicht auf die Seite der Prinzenmörder stellen. Und so verließ der Kaiser am folgenden Morgen um 9.15 Uhr seine Hauptstadt, um sich auf seine jährliche Nordlandreise zu begeben, in dem Glauben, er hätte sichergestellt, daß die Serben »ihre Lektion erteilt bekämen«. Eigentlich hatte er aber Europas Schicksal in die Hände des 84jährigen österreichischen Kaisers in Bad Ischl

---

[38] Tirpitz und Moltke, die in aller Ruhe weiterhin auf Kur in der Schweiz bzw. in Böhmen blieben, ließen sich vertreten.

gelegt, der es in Wirklichkeit einer Horde ministerlicher Falken in Wien überließ.

Es war symbolisch für diesen Ad-hoc-Transfer von Macht, daß die erste offizielle Diskussion über die Krise auf höchster Ebene genau an jenem Tag in der Hauptstadt abgehalten wurde, als sich Franz Joseph wieder auf den Weg zu seiner Sommervilla begab. Als der gemeinsame Ministerrat der Doppelmonarchie am 7. Juli zusammentrat, hatten seine Mitglieder nicht nur Botschafter Szögyenys Telegramm über den Blankoscheck des Deutschen Kaisers vor sich, sondern zur weiteren Untermauerung auch einen mündlichen Bericht des Grafen Hoyos, der an diesem Morgen nach Wien zurückgekommen war.

Zögern und Halbheiten waren typische Charakterzüge des österreichischen Wesens, und in dieser Hinsicht war des Kaisers schwarzer Habsburgeradler, dessen zwei Köpfe fest in entgegengesetzte Richtungen starren, ein ausgezeichnetes Symbol für seine Untertanen. Doch hinter dem Wunsch, auf Nummer Sicher zu gehen, verbirgt sich oft ein unterdrücktes Verlangen, zum Schlag auszuholen und seine Stärke unter Beweis zu stellen. Das kam nun, von einer rühmlichen Ausnahme abgesehen, am Beratungstisch an die Oberfläche. Berchtold, der die Sitzung einberufen hatte, wies auf die umfassenden Zusicherungen Deutschlands auf bedingungslose Unterstützung hin (Bethmann Hollweg hatte sich inzwischen seinem Kaiser angeschlossen). In Hinblick darauf drängte er auf eine »rechtzeitige Abrechnung mit Serbien«, selbst wenn dies Krieg mit Rußland bedeuten sollte. Der österreichische Ministerpräsident Graf Stürgkh teilte seine Meinung und fügte noch hinzu, daß eine Situation eingetreten sei, die »unbedingt zu einer kriegerischen Auseinandersetzung mit Serbien hindränge«. Die gemeinsamen Minister für Krieg und Finanzen der Monarchie, Krobatin und Bilinski, schlossen sich dem ebenfalls an.

Nur eine Stimme sprach sich dagegen aus, doch es handelte sich um eine machtvolle Stimme, nämlich jene der stärksten Persönlichkeit am Tisch und des einzigen weitsichtigen Ministers der Doppelmonarchie. Graf Stephan

Tisza war kein Amateur wie Berchtold. Er diente damals zum zweiten Mal als ungarischer Ministerpräsident und war der Sohn Koloman Tiszas, dem Führer der Liberalen, der vor ihm dieses Amt von 1875 bis 1890 innegehabt hatte. Wie alle ungarischen Adeligen leistete auch er seinen Eid auf die alte Stephanskrone und die ihr zugehörigen Länder. Doch im Gegensatz zu vielen seiner Landsleute sah er die Doppelmonarchie in ihrer bestehenden Form mit der Habsburgerdynastie auf dem Thron als besten und sichersten Garanten für dieses heilige Erbe der Magyaren.

Weitblick unterscheidet den Staatsmann vom durchschnittlichen Politiker, und Tisza erkannte schon zum Zeitpunkt des Attentats von Sarajevo die Gefahren, die eine kriegerische Ausweitung für das heikle ethnische Gleichgewicht der Monarchie bringen würde. Und vor allem konnte jeder Versuch, Serbien aufzusplittern, die Eingliederung von noch mehr Serben ins ungarische Königreich bedeuten, das ohnehin schon alle Hände voll zu tun hatte mit Nationaliätenkämpfen, insbesondere zwischen den rumänischen und den kroatischen Untertanen. Aus diesem Grund trat er schon vor dem Attentat für eine diplomatische Eindämmungspolitik ein, um Großserbien in den Griff zu bekommen, vor allem, indem man Bulgarien zum Beitritt zum Bündnis der Mittelmächte bewog. Das gerade an Berlin überreichte Memorandum beruhte weitgehend auf seinem Konzept. Deshalb hatte er am 1. Juli, unmittelbar nach dem Mordanschlag, ein persönliches Memorandum an Franz Joseph geschickt, in dem er sich gegen einen Krieg aussprach – zumindest bis die richtige »diplomatische Konstellation« hergestellt sein würde.[39]

Am 7. Juli war daher niemand am Verhandlungstisch darüber überrascht, daß Tisza seine Ansichten in voller Länge und Breite darlegte: Er würde niemals, so erklärte er, einem Überraschungsangriff auf Serbien ohne vorherige diplomatische Vorbereitungen zustimmen. Zwar sollte man

---

[39] Es ist wohl erwähnenswert, daß Tisza als frommer Kalvinist auch eine tiefe moralische Abneigung gegen den Krieg hatte.

von Belgrad Genugtuung fordern, wenn nötig gefolgt von einem Ultimatum, doch sollten diese Forderungen »zwar hart, aber nicht unerfüllbar« sein. Vor allem dürfe an eine Zerstörung Serbiens nicht einmal gedacht werden. Das würde nicht nur Rußland in den Konflikt ziehen, sondern durch die Einverleibung noch mehr südslawischer Gebiete zu einer Destabilisierung der Monarchie selbst führen.[40] Berchtold blieb nichts anderes übrig, als Tiszas Opposition gegen eine Lösung durch einen militärischen Angriff zu Protokoll zu nehmen (vor allem weil der ungarische Ministerpräsident dies in einem weiteren Memorandum an den nicht anwesenden Kaiser wiederholen wollte), doch es gelang dem Außenminister, die Aussagen im Protokoll auf jene wichtigen Forderungen zusammenzustutzen, die Belgrad vorgelegt werden sollten. Diese sollten nun so formuliert werden, daß sich eine Ablehnung voraussehen ließ und damit eine »radikale Lösung im Wege militärischen Eingreifens angebahnt würde«.

Während der nächsten zwei Wochen arbeiteten Berchtold und seine wichtigsten Militärs am Entwurf eines Ultimatums, das eine Zurückweisung durch Belgrad nicht nur wahrscheinlich, sondern sicher und daher einen österreichisch-serbischen Krieg unvermeidbar machen würde. Der Beamte, der dazu abkommandiert wurde, das Dokument zu verfassen, war Alexander von Musulin, der kroatischer Abstammung und in Balkanangelegenheiten sehr gut bewandert war. Noch wichtiger aber war, daß er im Ministerium als besonders geschickt im Verfassen diplomatischer Dokumente galt. In seinen nach dem Krieg veröffentlichten Memoiren betont er, daß jede Klausel in der Note sorgfältig in einer für Belgrad als akzeptabel erachteten Form entworfen wurde und daß Wien nur eine diplomatische Lösung anstrebte. Das war Täuschung – oder Selbst-

---

[40] Tisza war besonders entsetzt über den krassen Vorschlag Hoyos', den dieser Bethmann Hollweg unterbreitet hatte und zu dem er überhaupt nicht befugt war, daß Serbien schließlich zwischen Rumänien und Bulgarien aufgeteilt werden sollte.

täuschung – höchsten Rangs. Die Archive vom Ballhausplatz zeigen, daß Baron Wladimir Giesl, der österreichische Minister in Belgrad, vor seiner Rückkehr in seine Gesandtschaft von Berchtold die Anweisung erhielt, daß, unabhängig von der Reaktion der Serben, die Beziehungen mit der Monarchie abgebrochen werden müßten, damit es zu einem Krieg kommen könne. Diese deutliche Weisung wurde am 7. Juli erteilt, kurz nach den Beratungen des Gemeinsamen Ministerrats, bei denen es noch immer nicht gelungen war, Tisza von seiner strikten Ablehnung eines Kriegs abzubringen.

Es dauerte noch eine weitere Woche, bis Berchtold den ungarischen Ministerpräsidenten am 14. Juli zu der Zustimmung überreden konnte, daß man an Serbien ein Ultimatum mit einer kurzen Frist senden sollte.[41] Tisza konnte aus vier Gründen dafür gewonnen werden bzw. konnte sein Widerstand durch vier Gründe abgeschwächt werden: durch den anhaltenden Druck aus Berlin, seinen österreichischen Verbündeten schnell und energisch handeln zu sehen, durch den unvernünftigerweise unnachgiebigen Ton seitens Belgrad, durch die von Conrad vorgebrachten Argumente für ein militärisches Vorgehen und schließlich durch die ungern gezogene Schlußfolgerung, daß die Monarchie einer Herausforderung gegenüberstand, die nicht ignoriert werden konnte, wenn die Dynastie zu Hause und im Ausland ihre starke Stellung behalten sollte. Er stellte aber die Bedingung, daß vor Übergabe des Ultimatums noch ein weiterer gemeinsamer Ministerrat offiziell erklären sollte, daß Österreich im Kriegsfall »keinen Landerwerb aus dem Krieg gegen Serbien anstrebe«. Fünf Tage später, am 19. Juli, wurde dieser Rat einberufen (wegen größerer Dis-

---

[41] Am Tag vorher hatte Berchtolds juristischer Berater, Sektionsrat Dr. Friedrich Ritter von Wiesner, der auf eine 48 Stunden dauernde Ermittlungsmission nach Belgrad geschickt worden war, von dort berichtet, daß die serbische Regierung die großserbischen Organisationen, die für den ganzen Wirbel verantwortlich waren, zumindest »toleriert« hätte.

kretion in Berchtolds Wiener Residenz), und Tiszas Bedingung »keiner Eroberungspläne« wurde im Protokoll festgehalten, doch fast bis zur Bedeutungslosigkeit abgeschwächt.

Bei diesem Treffen sollten vor allem die endgültigen Bedingungen des Belgrader Ultimatums beschlossen werden. Diese waren in ihren groben Umrissen schon seit einer Woche fertig, doch jeder Entwurf und Neuentwurf Musulins war von Graf Forgach und dann von Berchtold selbst immer wieder überarbeitet worden, um ihn noch schärfer zu formulieren. Infolgedessen war die von Baron Giesl am Donnerstag, dem 23. Juli,[42] um sechs Uhr abends überbrachte Note wie ein Dolchstich mitten ins Herz Serbiens. Entscheidend waren in dieser Hinsicht Punkt fünf und sechs des ausführlichen Zehnpunktekatalogs. Diese forderten jeweils die Mitwirkung von Organen der k. u. k. Regierung bei der Unterdrückung der gegen die Monarchie gerichteten subversiven Bewegung und, was noch drastischer war, die tatsächliche Beteiligung österreichischer Delegierter an den Erhebungen gegen die »Beteiligten am Komplott vom 28. Juni«. Diese Forderung bedeutete nichts anderes, als das Königreich Serbien in eine österreichische Kolonie zu verwandeln. Doch gerade auf diesen Punkt waren Berchtold und seine Berater besonders stolz, und von ihm erhofften sie sich vor allem – und zu Recht, wie sich herausstellte –, daß er abgelehnt würde.

Berchtold und sein militärisches *alter ego,* Conrad von Hötzendorf, dürften an diesem Punkt von dem wahnwitzigen Drang erfaßt worden sein, das Schicksal selbst in die Hand zu nehmen, so als ob es schließlich sie und nicht die Deutschen wären, die die antislawische Mission der Germanen erfüllten. Das ging bereits so weit, daß der österreichische Außenminister nun sowohl seinen Monarchen als auch

---

[42] Die Übergabe wurde aufgeschoben, bis der französische Präsident Poincaré nach einem zweitägigen offiziellen Besuch in St. Petersburg auf seinem Schiff in Richtung Heimat war. Berchtold wollte seinen gegnerischen Alliierten nicht die Chance geben, das Ultimatum durchzubesprechen und ihre Vorgehensweisen aufeinander abzustimmen.

seine Bundesgenossen zu umgehen begann. Die Abwesenheit Franz Josephs von seiner Hauptstadt während der letzten zwei Wochen hatte Berchtolds Zwecken gedient, da er dadurch seine eigenen Karten in Wien ohne jede kaiserliche Einschränkung ausspielen konnte. Da der alte Kaiser das Telefon haßte, war der Kontakt vorwiegend von Berchtold selbst aufrechterhalten worden, der die siebenstündige Bahnfahrt nach Bad Ischl unternahm, um die Bewilligung für Maßnahmen einzuholen, die die Regierung bereits beschlossen hatte.[43] Franz Joseph, der mehr als 60 Jahre regiert und in dieser Zeit Dutzende größerer Krisen durch das Abhalten von Audienzen überwunden hatte, fand nichts Ungewöhnliches an diesem katastrophalen Arrangement. Seinen Höhepunkt erreichte es, als das Ultimatum am 20. Juli ins Ausland geschickt wurde, ohne daß es in seiner letzten Fassung dem Kaiser noch einmal vorgelegt oder gar von ihm bewilligt worden war. Darüber war sogar er selbst verärgert, und er ließ noch am selben Tag seinem Außenminister telegraphieren, was denn eigentlich hier vor sich gehe. Berchtold schickte in aller Eile eine Abschrift per Kurier nach Bad Ischl, wo er selbst am nächsten Morgen eintraf, um die Zustimmung des Kaisers einzuholen. Diese wurde dann auch ohne irgendwelche Änderungen des Textes erteilt.

Es war natürlich bereits zu spät für Änderungen. Der Text des Ultimatums, das wieder vorsichtig als befristete Note umschrieben wurde, war inzwischen nicht nur in Baron Giesls Händen in Belgrad, sondern in den Händen aller österreichisch-ungarischen Botschafter in den Hauptstädten der Großmächte. Diese wurden angewiesen, den Text am Freitag morgen, dem 24. Juli, dem Tag nach seiner Veröffentlichung in Wien, an die jeweilige Regierung weiterzuleiten.

[43] Abgesehen davon, daß der Kaiser abseits des Geschehens war, machten die wiederholten Zugreisen es auch für Berchtold schwierig, auf dem laufenden zu bleiben. Einmal mußte man ihn in Lambach aus dem Zug holen wegen eines dringenden Ansuchens aus St. Petersburg um eine Fristerstreckung des Ultimatums.

Von diesem Augenblick an begann der rasche und uner-
bittliche Marsch von der Sarajevokrise in einen europäischen Krieg. Obwohl allgemein erwartet wurde, daß die
Österreicher harte Forderungen an Belgrad stellen würden,
löste der tatsächliche Text des Ultimatums eine Welle der
Betroffenheit und sogar des Schocks aus. Den Deutschen
war der ungefähre Inhalt schon seit mehr als einer Woche
bekannt, und sie hatten seitdem auf Bekanntgabe des vollen
Inhalts gedrängt. Als Deutschland den Text dann kurz vor
den anderen Mächten[44] erhielt, erklärten Staatssekretär
von Jagow im Auswärtigen Amt und der Reichskanzler
Bethmann Hollweg (wieder in Hohenfinow), daß dies zu
weit ginge, und warfen Berchtold vor, den Text erst in letzter Minute bekanntgegeben zu haben. Kaiser Wilhelm war
sogar noch mehr verärgert, doch aus einem anderen Grund:
An Bord der *Hohenzollern* unterwegs auf hoher See, erhielt
er die erste Information davon über einen auf der Jacht
abgehörten Bericht einer deutschen Nachrichtenagentur.

In London veranlaßte der Text am Morgen des 24. Juli Sir
Edward Grey schon beim ersten Durchlesen zu dem oft
zitierten Kommentar, dies sei das »glänzendste Dokument,
das je ein Staat an einen anderen unabhängigen Staat
gerichtet habe«. Grey war der am meisten respektierte und,
nach dem mäßigen Erfolg seiner Botschafterkonferenz von
1913, der einflußreichste Außenminister Europas. Doch
obwohl ihn das Ultimatum erschütterte, begriff er die damit
verbundene Gefahr nicht und unternahm auch nicht rechtzeitig etwas dagegen. Sir Eyre Crowe, sein Spitzenbeamter
und ein Mann mit überragendem Weitblick, drängte auf
sofortiges Handeln in Form einer Warnung, daß England
an der Seite Frankreichs und Rußlands stehen würde, sollte
es zu einer Ausweitung des Konflikts kommen. Grey ignorierte diesen Rat, den er als verfrüht betrachtete. Welche
Entschuldigungen für dieses Zögern damals oder später

---

[44] Als spezielles Zugeständnis an seine hartnäckigen Bundesgenossen hatte Berchtold schließlich zugestimmt, Berlin den Text des
Ultimatums am Dienstag nachmittag, dem 22. Juli, zu zeigen.

auch immer vorgebracht wurden, London kann nicht ganz von einer gewissen Verantwortung für die nun folgende Katastrophe freigesprochen werden. War Franz Joseph der Meinung, daß die Krise durch weitere Audienzen bewältigbar wäre, so gab sich Sir Edward Grey der Illusion hin, daß sie durch weitere Konferenzen abgewehrt werden könne.

Daß Berchtold und Conrad nun unbedingt auf einen Krieg mit Serbien – und wenn nötig auch mit Rußland – drängten, zeigt sich an der Art, wie sie nun die Ereignisse vorwärts trieben, ohne Rücksicht darauf, welche Unruhe das Ultimatum im Ausland verursacht hatte. Giesl war bereits von Berchtold instruiert worden, daß keine Verhandlungen über die Note möglich wären und Vorbehalte oder eine Fristerstreckung nicht in Betracht kämen. Der serbische Ministerpräsident Nikola Pašić kam etwas außer Atem persönlich in die österreichische Gesandtschaft, um die Antwortnote seiner Regierung fünf Minuten vor sechs Uhr abends am 25. Juli – knapp fünf Minuten vor Ablauf des Ultimatums – zu überbringen. Die serbische Antwortnote, die fast alle Punkte akzeptierte, wurde später von vielen Seiten für eine Meisterleistung in ausweichendem Formulieren und diplomatischer Gewandtheit gehalten. Doch, wie Berchtold vorausberechnet hatte, gab es einen Punkt, in dem Belgrad nicht nachgeben konnte: die Forderung nach Mitwirkung österreichisch-ungarischer Organe bei den Untersuchungen.[45]

Ein falsch gesetztes Komma wäre vermutlich für Baron Giesl, der wußte, wie man Befehlen zu gehorchen hatte – er war gleichzeitig auch General in der österreichischen Armee –, schon genug gewesen. Tatsächlich hatte er seine offizielle Note der Zurückweisung bereits im voraus verfaßt, nun unterzeichnete er sie und schickte sie an Pašić, der gerade erst in sein Amt zurückgekommen war. Das war eine Rekordzeit für den Abbruch diplomatischer Beziehungen.

---

[45] Das war die berüchtigte Klausel sechs. Von den verbleibenden neun Forderungen hatte Pašić fünf akzeptiert und auf die restlichen vier ausweichend geantwortet, jedoch ohne sie zurückzuweisen.

Dann verbrannte Giesl die Codebücher, stieg in den draußen wartenden Wagen, in den sein Gepäck bereits verladen war, und war rechtzeitig mit seiner Frau und dem Gesandtschaftspersonal auf dem Bahnhof in Belgrad, um noch um 18.30 Uhr den Schlafwagenzug nach Budapest zu erreichen. Sogar dieser Zeitplan war ihm von Berchtold vorgeschrieben worden wie auch die Prozedur, die stattfand, als der Zug nur zehn Minuten später die ungarische Grenze bei Semlin überquerte. Giesl bestätigte in einem Telegramm an Wien den Abbruch der diplomatischen Beziehungen und rief Tisza in Budapest an. Es ist nur natürlich, daß der ungarische Ministerpräsident nach seinen Versuchen, eine gemäßigte Lösung zu finden, nicht vor Freude einen Luftsprung machte. Und so war seine erste Frage: »Mußte es denn sein?«

Eine ähnliche Reaktion gab es in Bad Ischl, wo Berchtold bereits auf den Ablauf des Ultimatums wartete. »Also doch«, soll der Kaiser gemurmelt haben, als die Nachrichten von Belgrad durchkamen. Dieser Tonfall amtsmüder Resignation war verständlich für einen alten Monarchen, der seine enorm lange Herrschaft sicher lieber in Frieden beendet hätte. Das betonte er auch noch, als er erst Berchtold und dann Giesl gegenüber bemerkte, daß der Abbruch diplomatischer Beziehungen noch nicht unbedingt den Krieg bedeuten müsse. Das war eine kaiserliche Variante dieser österreichischen Angewohnheit, in beide Richtungen zugleich zu schauen – doch das konnte nur in der Heraldik funktionieren. Der Kaiser hatte Forderungen an Belgrad zugestimmt, die eher brutal als hart waren. Er hatte mit einem Krieg gegen Serbien und sogar, dank dem verhängnisvollen Versprechen aus Berlin, gegen Rußland gerechnet. Doch obwohl sie diesen Konflikt heraufbeschworen hatten, schreckten nun sowohl Franz Joseph als auch Berchtold zurück, als sie sahen, daß nun wirklich das Schwert gezogen wurde. Nur Conrad, dessen Aufgabe und dessen Parole ja der Krieg war, rieb sich die Hände. Der Kaiser wurde dazu überredet, am Abend des 25. Juli den Befehl für die österreichische Mobilmachung zu unterzeichnen. Conrad sorgte sofort für sein Inkrafttreten am 28. Juli.[46]

Die bemerkenswerteste – und unerwartetste – Reaktion auf die Ereignisse in Belgrad kam jedoch nicht vom österreichischen Monarchen, sondern vom Deutschen Kaiser und Bundesgenossen. Der genaue zeitliche Ablauf der Ereignisse in dieser Phase der Krise, in der eine einzige Stunde – von einem ganzen Tag gar nicht zu reden – entscheidend sein konnte, wird an diesem Punkt wesentlich. Nachdem Wilhelm II. seine Kreuzfahrt in einer Stimmung beunruhigter Frustration – er war nicht einbezogen worden – abgebrochen hatte, kehrte er am Morgen des 27. Juli in seine Hauptstadt zurück. Nach dem Bericht eines Augenzeugen (Graf August Eulenberg) war seine erste Frage an den Reichskanzler auf dem Bahnsteig, wie dieses ganze Schlamassel denn überhaupt zustande gekommen wäre. Ein sehr erregter Bethmann Hollweg bot auf der Stelle seinen Rücktritt an, nur um dann zu hören: »Sie haben mir diese Suppe eingebrockt, nun sollen Sie sie auch ausfressen!«

Obwohl Bethmann Hollweg angesichts des immer drohenderen Sturms in Panik geriet, unternahm er anfangs nichts, um ihn abzuwehren. Der offizielle Text der serbischen Antwortnote lag bereits auf seinem Tisch, als er vom Bahnhof zurückkam, und hätte dem Kaiser sofort vorgelegt werden sollen. Statt dessen hielt er ihn noch über Nacht zurück, so daß Kaiser Wilhelm ihn nicht vor dem Morgen des 28. Juli zu lesen bekam, als es bereits zu spät war, Österreich davon abzuhalten, seine Kriegserklärung abzuschicken.[47] Bethmann Hollweg und das deutsche Außenmi-

<hr>

[46] Paradoxerweise war es Graf Tisza, der weitgehend für die schnelle Entscheidung verantwortlich war. Er hatte am 25. Juli von Budapest aus direkt an den Kaiser telegraphiert, daß jede Verzögerung der Mobilmachung der Stellung der Monarchie nur schaden könnte.

[47] Auf Anordnung Berlins hatte sich die deutsche Gesandtschaft in Belgrad geweigert, diese im Namen ihres Verbündeten zu überreichen, so daß sie schließlich einfach telegraphiert wurde. Berchtolds

nisterium hatten diese lautstark und mit zunehmendem Druck in Wien gefordert und angenommen, daß sie immer noch die Rückendeckung des Kaisers und Obersten Kriegsherrn hätten. Doch sie erwartete ein Schock.

Wilhelm II. kommentierte die serbische Antwortnote mit den Worten: »Ein großer moralischer Erfolg für Wien; aber damit fällt jeder Kriegsgrund fort ...« Weiters verfaßte er sofort ein langes Memorandum an Jagow im Außenministerium, in dem er in groben Zügen den Weg einer Friedensverhandlung, den er nun für offen hielt, vorzeichnete: Österreichs Ehre sollte Genüge getan werden durch die »militärische vorübergehende Besetzung eines Theils von Serbien« (später als »Halt in Belgrad« bezeichnet), während er persönlich im Namen seines Verbündeten als Friedensvermittler fungieren würde. Es wird weitgehend angenommen, daß die radikale Meinungsänderung des Kaisers auf seine plötzliche Angst davor zurückzuführen ist, Großbritannien würde im Falle einer Ausweitung des Konflikts vielleicht nicht mehr neutral bleiben. Doch bei genauerer Betrachtung sprechen die Fakten nicht dafür. Bis dahin hatte Sir Edward Grey, der zwar jeden von ihm empfangenen Botschafter auf die Gefährlichkeit der Situation hinwies, sein Vertrauen in Verhandlungen gesetzt und keinen Hinweis auf eine britische Einschaltung außer im diplomatischen Bereich gegeben.

Seine wichtigste Initiative wurde am 26. Juli gestartet, nach dem Abbruch der österreichisch-serbischen Beziehungen.[48] Es wurde eine weitere Londoner Botschafterkonferenz gefordert, doch diesmal nur mit jenen vier Mächten, die nicht

ursprünglicher Entwurf enthielt auch eine Bezugnahme auf einen serbischen Angriff, der angeblich bereits bei Temes Kubin an der Donau stattgefunden hätte. Dies strich er jedoch wieder, als sich die Meldung als falsch erwies.

[48] Typisch für Grey, der auf seinen Aufenthalt auf dem Land nur ungern verzichtete, war auch, daß die Genehmigung des ihm von seinen Beamten vorgelegten Plans aus seinem geliebten schottischen Zufluchtsort Itchen Abbas kam, wo er sich ein Wochenende zum Forellenfischen ergattert hatte.

unmittelbar in den Konflikt verwickelt waren: Deutschland und Italien, die für ihren österreichischen Verbündeten sprechen, und England und Frankreich, die die Interessen ihres russischen Partners vertreten würden. Deutschland lehnte diesen Vorschlag aus verschiedenen Gründen ab, wohl nicht zuletzt deshalb, weil man den Verdacht hatte, daß Italien sich als eine sehr unsichere Stimme erweisen und am Ende vielleicht sogar die Ententemächte unterstützen würde. Deutschland, so hatte der Kaiser zu Protokoll gegeben, würde es nicht gutheißen, seinen österreichischen Verbündeten vor einem Areopag angeklagt zu sehen. Doch Wilhelm und sein Auswärtiges Amt waren immer noch fest davon überzeugt, daß sie von England wenig zu befürchten hatten. Das einzige Warnsignal aus London war bisher die düstere persönliche Einschätzung der Lage des überaus anglophilen deutschen Botschafters Fürst Lichnowsky gewesen, über dessen Ansichten sich der Kaiser dauernd lustig machte.

Obwohl Grey in seinen Kommentaren immer deutlicher wurde, dauerte es noch bis zum späten Abend des 29. Juli, bis die erste unmißverständliche Warnung vor einer britischen Intervention aus seinem eigenen Mund Berlin erreichte. Lichnowsky berichtete, daß der Außenminister ihn an diesem Nachmittag noch einmal zu sich gerufen hätte, um klarzustellen, daß Großbritannien sich nur heraushalten könne, wenn die Angelegenheit sich auch weiterhin nur auf Österreich und Serbien beschränkte. Sollte sich der Konflikt ausweiten, dann wäre eine solche Unvoreingenommenheit nicht praktikabel und die britische Regierung »sähe sich gezwungen, schnell einen Entschluß zu fassen«. Grey konsultierte aber das Kabinett nicht, von dem er wußte, daß es sich nicht einig über die britische Vorgangsweise in dieser Beziehung war. Das brauchte er auch nicht. Er betonte, daß das, was er zu sagen hätte, »eine freundschaftliche und private Unterhaltung« wäre. Deshalb war sie aber nicht weniger wirkungsvoll. Der Deutsche Kaiser überhäufte Lichnowskys Depesche geradezu mit seinen explosiven Randbemerkungen, und am Ende bezeichnete er Grey als einen »gemeinen Hundsfott«, der Deutschland drohte, anstatt Rußland zurückzuhalten. Seine Schlußfolgerung war aufschlußreich: »England allein trägt die Verantwortung für Krieg und Frieden, nicht wir mehr!«

Zwei Dinge müssen zu dieser Episode noch angemerkt werden. Erstens hatte der Deutsche Kaiser seine eigene Friedensinitiative, rund 36 Stunden bevor er rotes Licht von der anderen Seite des Kanals erhalten hatte, gestartet. Er verdient daher alle Anerkennung für den Versuch, die Österreicher daran zu hindern, den von ihm drei Wochen zuvor voreilig ausgestellten Blankoscheck voll einzulösen. Zweitens kam Greys feierliche persönliche Warnung natürlich einige Tage zu spät, und diese Verzögerung sollte nun durch die Ausweichmanöver des deutschen Reichskanzlers noch verhängnisvoller werden. Noch bestimmte Wilhelm II. die deutsche Politik, und Bethmann Hollweg hatte keine andere Wahl, als dem neuesten Kurs des Kaisers zu folgen. Doch er wartete den ganzen Tag, bevor er am 28. Juli um 22.15 Uhr, rund sechs Stunden nach der Kriegserklärung Österreichs an Serbien, Tschirschky in Wien neue Weisungen übermittelte – der wiederum erhielt die entschlüsselte Botschaft erst beim Frühstück am Morgen des 29. Juli.

Aber selbst zu diesem Zeitpunkt war das, was der Gesandte zu lesen bekam, eine sorgfältig verwässerte Version jener Anweisungen, die der Kaiser fast 24 Stunden vorher in Potsdam gegeben hatte. Die Feststellung, durch die serbische Antwortnote entfalle »jeder Grund zum Kriege«, wurde nicht einmal erwähnt, da der Krieg ohnehin schon an diesem Nachmittag erklärt worden war. Erwähnt wurde auch nicht – und das war eine noch haarsträubendere Auslassung –, daß der Kaiser sich persönlich als Friedensvermittler angeboten hatte. Statt dessen drängte Bethmann Hollweg die Österreicher bloß darauf, sich auf eine »vorübergehende Besetzung Belgrads und gewisser anderer serbischer Lokalitäten« zu beschränken und in der Zwischenzeit alles zu tun, um sicherzugehen, »daß die Verantwortung für das eventuelle Übergreifen des Konflikts (…) unter allen Umständen Rußland trifft.« Dieses Ziel verfolgte Bethmann Hollweg von nun an wie ein Besessener. Worum er vor allem zitterte, war nicht so sehr die bevorstehende Katastrophe, sondern sein eigener Platz in der Geschichte.

Inzwischen hatten sich die Dinge so schnell entwickelt, daß eine Katastrophe ohnehin unvermeidlich wurde, als nacheinander mobil gemacht wurde und die Generäle die Politiker ablösten. Verzweifelte Bemühungen um eine diplomatische Einigung wirbelten in diesen letzten Friedenstagen wie Staub herum, nur um dann vom sich zusammenbrauenden Militärsturm weggeblasen zu werden. Der Deutsche Kaiser sprang dann eingeschnappt ab, als er am 29. Juli von Zar Nikolaus erfuhr, daß Rußland bereits fünf Tage zuvor eine Teilmobilmachung an der österreichisch-ungarischen Grenze angeordnet hatte. »Mein Amt ist aus!« schrieb er unter das Telegramm seines Cousins.[49] Und es war die unter Qualen zustande gekommene Entscheidung des Zaren Nikolaus, am Nachmittag des 30. Juli wieder die allgemeine Mobilmachung anzuordnen (nachdem er seinen früheren Befehl in der Nacht widerrufen hatte), die nach und nach die Armeen der anderen Großmächte aufmarschieren ließ und ihre Regierungen nacheinander in den Konflikt zog.

Die österreichisch-deutsche Beziehung während dieser letzten Friedenstage ist besonders faszinierend. Bethmann Hollweg, dessen recht ungeschickter Versuch, durch politische Bestechung die Neutralität Großbritanniens zu erlangen, gescheitert war, geriet plötzlich in Panik, und er verlor die Geduld mit Österreich. Am 29. und 30. Juli bombardierte er Wien mit einem Telegramm nach dem anderen, in denen er Berchtold drängte, die »Halt in Belgrad«–Lösung, die von Grey als letzter Ausweg vorgeschlagen worden war, zu akzeptieren. Berchtold hörte sich, nach Tschirschkys Worten, »blaß und ruhig« die dringende Bitte aus Deutschland an. Als er am Morgen des 31. Juli den Vorsitz über einen gemeinsamen österreichisch-ungarischen Minister-

---

[49] Dieses Telegramm ist eines der letzten der berühmten auf englisch abgefaßten »Willy-Nicky-Korrespondenz«, die bereits im vorangegangenen Jahrhundert begonnen hatte.

rat innehatte, der den Ratschlag des deutschen Bundesge-
nossen gänzlich ablehnte, war er weder blaß noch ruhig.
Nur eine Besetzung Belgrads allein hatte keinen Nutzen, der
Krieg gegen Serbien mußte unvermindert weitergehen und
Verhandlungen kämen nicht in Betracht, solange Rußland
die Mobilmachung nicht rückgängig machte. Diese letzte
Bedingung war, wie er wußte, utopisch, denn die »eisernen
Würfel des Krieges« waren schon im Rollen. Am nächsten
Tag folgten Frankreich und Deutschland dem russischen
Beispiel und ordneten die Mobilmachung an. Dann folgten
nacheinander die Kriegserklärungen, wobei die britische
Kriegserklärung an Deutschland am 4. August, nachdem
deutsche Truppen in Belgien einmarschiert waren,[50] den
Höhepunkt darstellte.

Also widersetzte sich Österreich, das 40 Jahre lang der
Juniorpartner im Zweibund gewesen war, seinem mächtigen Verbündeten in der schlimmsten Krise, die dieser Bund je
durchgemacht hatte. Die Monarchie, an der Berlin schon
aufgrund ihrer schwachen und schwankenden Haltung zu
verzweifeln begann, erwies sich nun so stur wie ein Esel,
indem sie unbeirrt über den Rand der Klippen hinaustrotte-
te und ganz Europa mit sich in den Abgrund riß. Der Kaiser,
der sie auf diesen Marsch geschickt hatte und dann nicht in
der Lage war, sie zu zügeln, gab jedem um sich herum – ob
Verbündeter oder Gegner – die Schuld an dem »Leichtsinn
und der Schwäche«, die die Welt nun in einen Krieg stürzten.
Sogar sein freundlicher, doch politisch gerissener Onkel,
König Eduard VII., der seit vier Jahren tot war, wurde noch
beschimpft, daß er selbst vom Grabe aus mit seiner »Ein-
kreisungspolitik« gegen Deutschland triumphiert habe.

[50] Aus verschiedenen Gründen, sowohl aus Sentimentalität als
auch aus strategischen Gründen, erklärten Frankreich und Großbritannien Österreich-Ungarn erst acht Tage später den Krieg. Sowohl
König Georg als auch Sir Edward Grey räumten dem österreichisch-
ungarischen Botschafter Mensdorff noch die Möglichkeit ein, persönliche Abschiedsbesuche zu erledigen. Daß die Monarchie größtenteils verantwortlich für diesen Konflikt gewesen war, darüber
wurde völlig hinweggesehen.

Der Kaiser kam natürlich nicht auf den Gedanken, sich selbst die Schuld zu geben oder seinem Generalstab, dessen modifizierter Schlieffen-Plan über die Vorgehensweise in der Kriegführung sogar die geringste Chance auf eine Regelung in letzter Minute zunichte machte. Alle anderen Großmächte konnten mobil machen und hinter ihren Grenzen abwarten, nur Deutschland war nach diesem Plan darauf vorprogrammiert, mobil zu machen und seinen Hauptgegner, Frankreich, anzugreifen und im gleichen Atemzug sowohl Luxemburg als auch Belgien als reine Zwischenstationen auf dem Marsch zu verschlingen.

Wenn in dieser letzten Phase Österreich-Ungarn das Deutsche Reich politisch in Richtung eines Armageddon gezogen hatte, dann war es das Deutsche Reich, das umgehend dessen militärische Dimensionen festlegte. Soweit dies die Doppelmonarchie betraf, sollte die deutsche Umklammerung während des langen bevorstehenden Kampfs der Monarchie schließlich die Luft abschnüren.

IV

Der Weg in die Zerstörung

1. Das Ende der Illusion

Jede Nation hatte ihren ganz persönlichen Grund für diese wahnsinnige Begeisterung, mit der der Kriegsausbruch im Hochsommer aufgenommen wurde. Die Deutschen sahen sich als die prädestinierten Herren über Europa an die Waffen gerufen, die Franzosen wollten ihre Rache für die Demütigungen von 1870, die Russen sahen ihre Pflichterfüllung als Schutzmacht aller Slawen, und sogar die Briten, die von allen Mächten am meisten überrascht und am wenigsten vorbereitet waren, konnten auf ihre chauvinistischen Erinnerungen an ihren großen Rivalen Deutschland im Flottenwettrüsten zurückgreifen. Die Bewohner der Doppelmonarchie waren weder überrascht noch unvorbereitet. Neben den Italienern, die im allgemeinen Bewußtsein immer noch *die* Feinde schlechthin waren, obwohl Italien seit 1882 ein Verbündeter Österreichs war, galten die Serben mit ihrem Traum von einem Großserbien als die größte Bedrohung an ihren Grenzen. Mit der Annexion Bosniens und der Herzegowina im Jahr 1908 hatte sich die Monarchie selbst einen Dorn eingetreten, der sich in den Balkankriegen von 1912 bis 1913 schmerzhaft entzündet hatte. Nun war der Zeitpunkt gekommen, ihn herauszuziehen.

Doch für diese Kriegsbegeisterung unter den habsburgischen Völkern gab es auch viel weiterreichende und tiefer greifende psychologische Beweggründe. Der Krieg kam auch einer Erlösung von der düsteren und allgegenwärtigen Stimmung des Verfalls und Niedergangs gleich, die ihren Eintritt in das 20. Jahrhundert gekennzeichnet hatte. Sie glaubten, ähnlich wie der alte Franz Joseph, daß das Kaiserreich, wenn es schon zugrunde gehen mußte, wenigstens anständig zugrunde gehen sollte. Im August 1914 zeigte sich sogar da und dort die Hoffnung, daß die Monarchie vielleicht doch nicht sterben, sondern vielmehr eine merkwürdige Form der Wiedergeburt durchmachen würde. Der Krieg ließ in vielen Menschen Stolz aufkeimen, ein Untertan des Vielvölkerreichs zu sein, ein Gefühl, das anfangs alle seine Nationen und die Angehörigen aller Klassen, Berufe und Glaubensbekenntnisse miteinander teilten. Auf höchster Ebene war die Rivalität zwischen Schönbrunn und der Belvedere-Clique Franz Ferdinands mit ihm begraben worden.

Was die Rivalität zwischen den politischen Parteien anlangte, verhielt es sich anscheinend ähnlich. Für Dr. Friedrich Funder, einem der Berater des ermordeten Erzherzogs und Chefredakteur und Herausgeber der katholischen monarchistischen *Reichspost,* hatte der Krieg dem Kaiserreich die Möglichkeit gegeben, seine Mission, die die Verteidigung der Freiheit seiner vielfältigen Nationen und die Erhaltung des politischen Gleichgewichts in Europa zum Ziel hatte, zu erfüllen. Er hatte – in gleichem Maße begeistert wie erstaunt – die jubelnden und marschierenden Massen beobachtet, und zwar nicht nur in den wohlhabenden Bürgervierteln der Hauptstadt, sondern auch in den reinen Arbeiterbezirken wie Ottakring, einer Bastion der sozialistischen Linken. Selbst die Tschechen, die einen guten Teil der Einwohnerschaft dieser trostlosen Vorstadt ausmachten, sangen Lobeshymnen auf die Dynastie und das Reich und eilten scharenweise zu den Fahnen. (Unter den enthusiastischen sozialistischen Rekruten befand sich kein Geringerer als Otto Bauer, der spätere Wortführer des Austro-Marxismus[1]). Das Organ der Sozialdemokraten, die *Arbeiterzeitung,* mit ihrem Chefredakteur Friedrich Austerlitz, war ebenso kriegsbegeistert wie Dr. Funders *Reichspost,* doch mit einem Unterschied. Für die katholi-

---

[1] Weiters diente in der kaiserlichen Armee auch ein kroatischer Unteroffizier namens Josip Broz, der später als Marschall Tito von Jugoslawien berühmt wurde.

schen Rechten diente dieser Kampf der Verwirklichung des alten Traums eines Großösterreichs zum Ruhm der Dynastie. Der sozialistischen Linken ging es darum, die deutsche Nation zu bewahren, allenfalls über das Instrument des internationalen Proletariats. Es wird sich zeigen, wie sich dieser Gegensatz in Österreich in den kommenden Jahren zu einer ideologischen Kluft ausweitete. Damals aber standen die Untertanen des Kaisers, die wie alle anderen Kämpfer überzeugt waren, zu Weihnachten wieder daheim zu sein, Seite an Seite. Die Loyalität zum übernationalen Herrscherhaus, einer der beiden Schlüsselfaktoren für die Herausbildung des österreichischen Charakters im Lauf der Jahrhunderte, erlebte daher im Sommer 1914 einen plötzlichen Aufschwung. Der Hunger, das Leiden, die Massen von Verwundeten und Gefallenen, die Niederlagen und die absolute Kriegsmüdigkeit, die an dieser Loyalität nagen sollten, – das alles konnte sich damals noch niemand vorstellen. Wie das restliche Europa hatten auch die Völker der Doppelmonarchie einfach keine Vorstellung von der Tragweite eines Weltkriegs. Verständlich, denn es hatte ja noch keinen gegeben.

Und was diesen anderen Faktor betrifft, der immer schon schwer auf der österreichischen Identität gelastet hatte, der Bund mit den Deutschen, so kam dieser nun voll zum Tragen. Nach 35 Jahren hatte das österreichisch-deutsche Bündnis, entsprechend der 1879 vereinbarten Bedingungen, seinen Weg aus den Aktenschränken auf das Schlachtfeld gefunden.[2] In den letzten Tagen der Krise hatten die beiden Generalstabschefs, Moltke und Conrad, direkt miteinander telefoniert bzw. einander telegraphiert, ohne vorher ihren Monarchen oder ihre Minister zu konsultieren. Das Militär hatte nun die Zivilisten abgelöst, und zum Leid-

[2] In der Schlüsselklausel war festgelegt worden, daß im Fall eines Angriffs von Rußland auf eine der beiden Mächte ihr die andere mit allen zur Verfügung stehenden Kräften zu Hilfe kommen würde. Das galt auch für den Fall eines von Rußland unterstützten Angriffs einer anderen Macht (d. h. Frankreich).

wesen der Österreicher war dies das Gebiet, auf dem sie nun nach und nach von den Deutschen verdrängt wurden. In Hinblick auf die österreichisch-deutsche Beziehung ähnelte der Erste Weltkrieg einer Zeitlupenwiederholung von Königgrätz, nur daß hier nicht die Deutschen die Österreicher innerhalb von ein paar Stunden als Feinde vernichteten, sondern sie allmählich über einen Zeitraum von vier Jahren als Verbündete bis zur Selbstaufgabe zermalmten.

Es war von Anfang an ein ungleiches Gespann. Die deutsche Armee von 1914 war die ausgezeichnetste Kampfmaschine ihrer Zeit, wahrscheinlich sogar der modernen Zeit überhaupt. Mit ihren Befehlshabern, den Waffen und der Ausrüstung, der Ausbildung, dem Versorgungswesen und der Kommunikation, ihrem Kader erfahrener Offiziere und Unteroffiziere, in der Qualität ihres Generalstabs und dessen Planung – kurz, in allem, was eine Kampftruppe ausmacht – war sie ihrem Verbündeten ganz allgemein überlegen. Darüber hinaus verfügte sie noch über ein weit ausgeprägteres Selbstbewußtsein und größere Moral. Die österreichische Armee hatte ein ständiges Auf und Ab von Erfolg und Mißerfolg hinter sich. Die deutsche Armee hingegen hatte, so weit man sich zurückerinnern konnte, nur Erfolge gehabt. Sie betrachtete Krieg als die Apotheose ihres Daseins und nicht als irgendeine unwillkommene Unterbrechung der Annehmlichkeiten eines friedlichen Garnisonslebens. Vor allem verfügte sie, wie das deutsche Volk selbst, über das Gefühl von Einheit und einem gemeinsamen Ziel, das sich aus der Zugehörigkeit zu einem Volk und einer Nation ergab. Der Fleckerlteppich der Völker des Habsburgerreichs, der hauptsächlich durch die Loyalität zum altehrwürdigen Herrscherhaus zusammengehalten wurde, hatte hingegen keinen vergleichbaren Antriebsmotor, als das Leid und die Opfer immer größer wurden.

Tatsächlich stellte die Dynastie selbst mit ihrer Unzahl von uniformierten Erzherzögen eigentlich ein Problem für die Armee dar. Mit 84 Jahren war der Kaiser viel zu alt, um selbst noch das Kommando auf dem Schlachtfeld zu übernehmen, wo er sich auch schon als junger Mann nicht gerade hervorgetan hatte. Franz Ferdinand, der für seine Nachfolge herangezogen worden war, lag nun in der Gruft von Artstetten, und der neue Thronfolger, Erzherzog Karl, konnte wohl kaum für ihn in die Bresche springen.[3] Noch nicht 27 Jahre alt, hatte Karl abgesehen von einem kurzzeitigen Pflichtdienst in der Garnison keine militärische Erfahrung, und obwohl er sicher kein Feigling war, hatte er doch ein sanftmütiges und ziemlich friedliebendes Wesen. Er war auch nie als große Persönlichkeit in den Reihen der Habsburger aufgefallen. Eigentlich war das einzige, wodurch er der Öffentlichkeit bekannt wurde, seine Heirat am 21. Oktober 1911 mit der wunderschönen und willensstarken französischen Prinzessin Zita von Bourbon-Parma. Diese für einen habsburgischen Erben ungewöhnliche Wahl hatte unter seinen zukünftigen Untertanen für etwas Aufregung gesorgt. Sie konnten aber nicht vorausahnen, welche Sensation dies eines Tages noch verursachen sollte.

Ein Erzherzog mußte jedoch gefunden werden, um als Oberbefehlshaber zu dienen, insbesondere weil der Oberste Kriegsherr, Wilhelm II., diese Rolle in Deutschland innehatte. Zwei Brüder standen zur Auswahl, die zwar reifen, doch noch nicht fortgeschritteneren Alters waren: die Erzherzöge Eugen und Friedrich, beide Enkel des großen Erzherzog Karl, der Napoleon auf dem Schlachtfeld bei Aspern geschlagen hatte. Der Kaiser entschied sich für Friedrich, den reichsten aller Habsburger, dessen Gemahlin die ehrgeizige Isabella war, die früher versucht hatte, sich Franz Ferdinand als Schwiegersohn zu schnappen, in einer nun scheinbar längst vergangenen Zeit und weit zurückliegenden Welt. Er wurde zuerst zum Oberbefehlshaber auf dem Balkan ernannt, und später, als feststand, daß es zu einer Ausweitung des österreichisch-serbischen Konflikts kommen würde, erhielt er das Kommando über alle kaiserlichen

[3] Karl war der Enkel Karl Ludwigs, des zweitältesten Bruders des Kaisers, und durch eine lange Kette von Selbstmord, verfrühten Todesfällen und schließlich durch die Ermordung seines Onkels auf den Thron gelangt.

Streitkräfte zu Lande, auf See und in der Luft. (Die Monarchie verfügte, was teilweise Franz Ferdinands Unterstützung zu verdanken war, bereits über eine noch etwas unerfahrene Luftwaffe.) Es handelte sich aber nur um ein nominelles Kommando, vor allem in bezug auf die Landstreitkräfte. Dem sanftmütigen Friedrich wurde natürlich der unumgängliche Conrad als Stabschef zugeteilt, und dieser führte dann praktisch in seinem Namen den Krieg. Der Platz des Erzherzogs auf dem Balkan wurde schließlich von General Oskar Potiorek eingenommen, dem eitlen Dummkopf, der die Sicherheitsvorkehrungen in Sarajevo im Juni so verpfuscht hatte.

Potiorek ging nun daran, einen noch größeren Pfusch auf dem Schlachtfeld zu inszenieren. Das kostspielige Fiasko seines Balkanfeldzugs von 1914 war eigentlich Anlaß für die ersten großen Zweifel an der Brauchbarkeit der Monarchie als Verbündete im Kampf. Eine auch nicht unbedingt große Hilfe war ein Konflikt innerhalb seines eigenen Oberkommandos und ein weiterer zwischen Österreichern und Deutschen über die Vorgangsweise in den ersten Phasen des Kriegs. Moltke wollte die Streitkräfte der Monarchie für eine Offensive in Galizien zusammenziehen, wodurch die russische Armee an der Ostfront festgehalten würde, während die Deutschen die Franzosen im Westen erledigen sollten. (Ihr optimistischer Zeitplan vom Jahr 1909 sah dafür nur sechs Wochen vor). Dann würden sich die beiden verbündeten Armeen zusammenschließen und die Streitkräfte des Zaren zur Aufgabe zwingen, hatte man vereinbart. Die Frage, wie, wann und mit welchen Ressourcen die Serben auf dem Balkan besiegt werden sollten, wurde unglücklicherweise mitten in diesem großartigen Plan aufgebracht. Sie warf sogar die österreichische Mobilisierung über den Haufen, da Divisionen, die zuerst für Serbien und dann für Rußland vorgesehen waren, zwischen den beiden Gebieten so schnell hin und her pendeln mußten, wie es ein überlastetes und veraltetes Eisenbahnnetz eben ermöglichte.

Doch die Streitereien und Schlampereien bei der Planung waren nichts im Vergleich zu dem kostspieligen Chaos, das folgte, als die Operationen wirklich begannen. Für die Deutschen war der Balkan ein Nebenkriegsschauplatz. Für die Österreicher, und vor allem für General Potiorek persönlich, war er das Hauptziel, der Ausgangspunkt der Gefahr eines Großserbiens und schuld an der Ermordung ihres Thronfolgers. Conrad hatte den Plan im Prinzip unterstützt, doch nun brach ein kräfteraubender Streit darüber aus, wie dieser in der Praxis ausgeführt werden sollte. Potiorek, der den Kaiser am 21. August überredet hatte, ihn zu einem unabhängigen Befehlshaber auf dem Balkan zu ernennen, wollte alle drei Armeen – die zweite, die fünfte und die sechste – an der Südfront aufbieten, um mit voller Stärke gegen die Serben zu marschieren. Conrad, dem klar wurde, daß er einen groben Fehler begangen hatte, indem er eine zu große Truppenstärke für die Südfront bewilligt hatte, verlangte die Überführung der zweiten Armee in den Norden an die galizische Front. In einem peinlichen Schauspiel folgte nun eine Intrige der anderen, als Potiorek nicht nur den Kaiser, sondern auch seine politischen Führer – Tisza in Budapest und Berchtold in Wien[4] – für seine Sache zu gewinnen versuchte.

Zwar gelang ihm dies zum Teil im Streit um die zweite Armee, doch sonst erwies sich sein Standpunkt als nicht unterstützenswert. Nach vier Monaten konfuser Kämpfe, in denen Potiorek nach anfänglichen Erfolgen als Held der Monarchie bejubelt wurde, nur um nach seinem Scheitern als manischer Stümper verflucht zu werden, zogen die kaiserlichen Streitkräfte am 15. Dezember schließlich von Belgrad ab. Das war seit dem Sommer das vierte Mal, daß sie die serbische Hauptstadt erobert und dann aufgegeben hatten. Nun, am Jahresende, waren sie wieder dort, wo sie bei Kriegsausbruch angefangen hatten. Der Preis für diese Niederlage, die zum Großteil durch ihren eigenen Kommandanten herbeigeführt wurde, der auf eine Reihe von kom-

---

[4] Berchtold wurde am 1. Januar 1915 als Minister des Äußern von dem soliden, hart arbeitenden Beamten Baron Stephan Burián abgelöst, der das genaue Gegenteil seines Vorgängers war.

promißlosen Offensiven mitten im Winter bestanden hatte, ohne Rücksicht auf das Gelände, das Wetter oder die Menschenopfer zu nehmen, war entsetzlich. Es gab über 270 000 Verluste, darunter rund 100 000 Tote oder Gefangene. Das war gut über die Hälfte der Gesamtstärke, die die Monarchie dieser Schlacht zugeteilt hatte, es überstieg auch die Verluste der ihnen gegenüberstehenden drei erschöpften und mittelmäßig ausgerüsteten serbischen Armeen um mehr als das Doppelte. Potiorek trat, knapp bevor er entlassen wurde, eine Woche nach dem Fall Belgrads zurück. Er zog sich in den Ruhestand nach Klagenfurt zurück, verärgert darüber, daß ihm die Chance auf einen endgültigen Sieg verwehrt worden war.

Wie erbärmlich die Leistung seines Rivalen auch gewesen sein mag, Conrad befand sich nicht in der Position, um mit Steinen werfen zu können. Als Kommandant an der russischen Front hatte er einen Feldzug geführt, der nach ähnlichem Schwanken zwischen Vorstoß und Rückzug und ähnlichen Befehlen an die Truppen, um jeden Preis vorwärts zu gehen, in einer noch viel größeren Katastrophe geendet hatte. Verschlimmert wurde diese noch, da sie zeitlich genau mit dem großen Triumph der Deutschen über die Russen bei Tannenberg, am äußersten Ende der Frontlinie in Ostpreußen, zusammenfiel.

War Belgrad der militärische und psychologische Schlüssel zum Balkan, dann war dies jenseits der Karpaten die befestigte Stadt Przemyśl in Galizien, zu beiden Seiten des San gelegen, 80 Kilometer westlich von Lemberg, der Hauptstadt der nördlichsten Provinz der Monarchie. Diese Festung war die stärkste, die je auf dem Boden der Doppelmonarchie errichtet wurde. Mit Befestigungsanlagen im Umkreis von fast 50 Kilometern, 1000 Geschützen und riesigen Feldern von Stacheldrahtverhauen davor hielt man sie für uneinnehmbar. Conrad hatte nie damit gerechnet, daß sie erstürmt werden könnte, als er am 15. August 1914 gegen die russische Armee auf einer 400 Kilometer breiten Front vorrückte, mit Lemberg im Zentrum. Doch einen Monat später waren Conrads Streitkräfte nach einer wirren

Schlacht gegen vier russische Armeen nicht nur bis nach Lemberg zurückgedrängt worden, sondern bis zur Sanlinie und schließlich ganz aus Galizien hinaus. Am Ende war er rund 240 Kilometer zurückgewichen und hatte mehr als ein Drittel der 900 000 Mann, die er für den Angriff eingesetzt hatte, verloren.

Ein Hilfeschrei (der erste von vielen) war an die Deutschen ergangen, die daraufhin ihre siegreichen Kräfte in Tannenberg zu einer neuen neunten Armee zusammenzogen, um nach Süden vorzurücken und ihre Verbündeten etwas zu entlasten, indem sie der russischen Dampfwalze in die Flanke fielen. Doch eine einzige deutsche Armee konnte Galizien nicht retten, und so lag Przemyśl nun isoliert auf der falschen Seite der Karpaten, wie ein riesiger österreichischer Igel, der von allen Seiten von feindlichen Truppen umgeben war.

Die Befreiung des belagerten Przemyśl wurde für das österreichische Kaiserreich nun zu dem, was die Belagerung von Mafeking[5] für das britische Empire im Burenkrieg um die Jahrhundertwende gewesen war: Es war nicht nur ein strategisches Ziel des Militärs, sondern ein Symbol der nationalen Ehre. Conrad wußte, daß er ohne deutsche Hilfe nicht einmal einen Versuch wagen konnte. Die Deutschen waren inzwischen schon zu dem nüchternen, für sie jedoch nicht überraschenden Schluß gekommen, daß ihre österreichischen Verbündeten wahrscheinlich keinen größeren Sieg an dieser oder irgendeiner anderen Front verzeichnen würden, wenn man sie sich selbst überließe. Ihre Heeresführung war in den Augen der Deutschen zu sprunghaft und unentschlossen, ihre Planung zu schlampig, ob sie zu vorsichtig waren oder zu großen Ehrgeiz an den Tag legten – immer lagen sie

---

[5] Die afrikanische Stadt, die heute Mafikeng heißt, wurde 1899 von den Buren angegriffen. Eine britische Garnison verteidigte die Stadt, und nach siebenmonatiger Belagerung wurde sie im Mai 1900 befreit. Damals war Mafikeng die außerhalb der Landesgrenzen liegende Hauptstadt der britischen Kolonie Betschuanaland, die 1966 als Botswana ihre Unabhängigkeit erreichte. (Anm. d. Ü.)

falsch, und die Kampfleistung ihrer Truppen konnte mit den hohen preußischen Vorgaben einfach nicht mithalten.

Dennoch waren die Deutschen bereit, einen neuen gemeinsamen Vorstoß an der Ostfront in Betracht zu ziehen, wenn auch nur weil ihre eigene Großoffensive an der Westfront gescheitert war. (Conrads Befehl zum Rückzug zum San fiel zeitlich fast genau mit Moltkes Abzug seines rechten Flügels in Frankreich zusammen.) Also verließ Conrad eine Woche vor Weihnachten die schlesische Stadt Teschen, in der die Österreicher ihr Armeeoberkommando[6] errichtet hatten, um sich zu Gesprächen mit dem deutschen Generalstabschef des Feldheers, General Erich von Falkenhayn, zu treffen. Diese fanden an einem ungewöhnlichen Ort, dem Bahnhof von Oppeln, in Oberschlesien statt und hatten sich gleich zu Beginn festgefahren. Erst nach einigen Streitigkeiten auf höchster Ebene in Berlin, in deren Verlauf sowohl Hindenburg als auch Bethmann Hollweg dem Kaiser ihren Rücktritt angeboten hatten, kam man überein, eine neue vereinigte Streitkraft zu bilden, die sogenannte Südarmee, um mitten im Winter zum belagerten Przemyśl vorzustoßen. Dieses Entsatzheer war nicht so sehr vereinigt, sondern eher durchmischt wie ein Stapel Karten, wobei deutsche und österreichisch-ungarische Truppen sogar auf Divisionsebene nebeneinander dienten.

Das Experiment erwies sich als deprimierend. In drei voneinander unabhängigen Karpatenoffensiven, die von Januar bis März dauerten, gelang es nicht, die belagerte Festung zu erreichen, obwohl schwere Verluste erlitten wurden, wobei sich unter den Opfern Tausende Männer befanden, die einfach erfroren waren. Nachdem ein verzweifelter Ausbruchsversuch seiner Garnison vereitelt worden war, ergab sich ein ausgehungertes Przemyśl am 22. März 1915 den Russen. 120 000 Österreicher folgten

---

[6] Sie hätten gar keine passendere Wahl für ein Vielvölkerreich treffen können. Die Stadt wurde durch die Olsa unterteilt. Von ihren 25 000 Einwohnern waren 15 000 Polen, die am rechten Ufer lebten, und 10 000 Tschechen am linken Ufer.

ihren 200 000 deutschen Kameraden in die russischen Kriegsgefangenenlager.

Das Scheitern dieser gemeinsamen Offensiven hinterließ zwei häßliche Spuren. Erstens kam es zu einer ständigen Verschlechterung der Beziehungen zwischen den beiden Bündnispartnern, die sich gegenseitig die Schuld für diesen kostspieligen Fehlschlag zuschoben. Die Einstellung der deutschen Heeresleitung schlug nun dem österreichischen Bundesgenossen gegenüber von militärischer Herablassung in Mißtrauen und Verachtung um. Das weitete sich auch auf den politischen und diplomatischen Bereich aus und vergiftete so die österreichisch-deutschen Beziehungen zu einem Zeitpunkt, als sie eigentlich hätten enger werden sollen. Noch düsterer war es aber um die Zukunft der Dynastie bestellt. Die höllische Kälte dieser karpatischen Winterfeldzüge führte sehr schnell zu einer Abkühlung der glühenden und loyalen Begeisterung, mit der alle Völker des Kaisers sechs Monate zuvor den Krieg begrüßt hatten.

Massendesertionen, zu denen es erstmals im Herbst gekommen war, nahmen nun immer mehr zu, bis schließlich ganze Kompanien zu den Russen überliefen. Bedrohlich war, daß es sich dabei meist um Tschechen handelte, die ganz offen Zuflucht bei ihrem großen slawischen Bruder suchten. Der Völkersaum der kaiserlichen Armee begann etwas auszufransen.

Je schlechter die Meinung der Deutschen über ihre österreichischen Verbündeten wurde, desto mehr entschlossen sie sich, ihre eigene Leistung zu steigern, und zwar wann immer möglich in von Deutschen geplanten und geführten Feldzügen. Als die Verbündeten zum Beispiel im Mai 1915 wieder einen Angriff auf die Ostfront eröffneten, wurde General August von Mackensen das Oberkommando übertragen, nachdem sein Stabschef, der preußische General Hans von Seeckt, den Einsatz geplant hatte. Im Gegensatz zu dem Winterdebakel erwies sich diese Offensive als spektakulärer Erfolg, aber nur solange sie von deutschem Verstand und deutschen Muskeln geführt wurde. Vier österreichisch-ungarische und drei deutsche Armeen (einschließlich Mackensens neu formierter elfter Armee im Zentrum der Frontlinie) rollten am 1. Mai auf einer 290 Kilometer breiten Linie vorwärts, die sich südlich von Warschau bis zur Bukowina hinunter erstreckte. Die russischen Kräfte, die zahlenmäßig unterlegen waren und überrumpelt wurden, konnten in die Flucht geschlagen werden.

Innerhalb von zwei Wochen gelang es, die gesamte Strecke von 130 Kilometern vom Karpatenvorland bis zum Schicksalsfluß San vorzurücken. Am 3. und 4. Juni wurde Przemyśl wieder rückerobert. Für die Österreicher hatten diese Siege einen doppelt bitteren Nachgeschmack. Erstens gab es wiederum eine Vielzahl an Massendesertionen – diesmal bei Sommerwetter – von der siebenten Armee, die weit unten im Süden kämpfte. Zweitens war die Rückeroberung von Przemyśl, die zwar in der ganzen Monarchie als Triumph ihrer eigenen heldenhaften Soldaten gebührlich gefeiert wurde, hauptsächlich das Werk von Mackensens Männern gewesen. Die Deutschen überließen ihrem Bündnispartner taktvoll die öffentlichen Lorbeeren, doch eine noch größere Peinlichkeit für Österreich, und eine, die man nicht übergehen konnte, lag noch vor ihnen.

Nach der Rückeroberung von Lemberg und dem Erreichen der Front am Bug war Mackensens Angriffskraft Mitte August schließlich verpufft, und der Nachschub ging aus. Gegen Ende des Monats startete Conrad auf eigene Faust einen weiteren Angriff, die sogenannte schwarzgelbe Offensive, um zu beweisen, daß die Monarchie die Hilfe der Deutschen nicht nötig hätte, um ihren gemeinsamen Feind zu besiegen. Obwohl er über fast die doppelte Stärke der gegnerischen russischen Truppen verfügte, endete der Vorstoß mit einer erbärmlichen Niederlage. Wieder einmal war es Österreichs »General Schlamperei«, der dem Feind am meisten in die Hände spielte. Im Armeeoberkommando in Teschen gab es ständig Streitereien und Intrigen, die die Befehlskette und die zu verfolgende Strategie betrafen. Auf dem Feld kam es zum Versagen der Heeresführung und, nur zu oft, auch der Kampfmoral. Innerhalb eines Monats startete die russische achte Armee General Brussilows – ein

Name, von dem die Österreicher im folgenden Jahr viel mehr hören sollten – mit Mut und Geschick einen Gegenangriff. Conrad schlug weiterhin trotzig um sich, machte damit seine mißliche Lage aber nur noch schlimmer. Bis Mitte Oktober, als er seine Niederlage akzeptierte, hatte er für seinen hochtrabenden Traum über 230 000 Soldaten, also rund zwei Drittel seiner Mannschaftsstärke, geopfert. Rund 100 000 waren in Gefangenschaft geraten. Die Anzahl der gefangengenommenen oder vermißten deutschen Soldaten während der Feldzüge an der Ostfront machte jeweils vergleichsweise nur einen kleinen Teil aus. Dieser Kontrast sagte alles.

Dieselbe Geschichte spielte sich in diesem Herbst auf dem Balkan ab, wo die Mittelmächte, die nun in dieser Region durch die Aufnahme Bulgariens in ihren Bund gestärkt waren, ihre vierte Offensive gegen Serbien einleiteten. Mackensen, der in den Süden geschickt wurde, um diesen Feldzug zu leiten, schlug sein Hauptquartier in Temesvár auf, von wo aus er die Befehle an seine österreichischen und bulgarischen Verbündeten ausgab. Conrads Versuche, selbst das Kommando über die Operationen in diesem Hinterhof der Doppelmonarchie zu erlangen, wurden schroff abgewiesen. Das war vielleicht ganz gut so, denn nichts hätte Mackensens Angriff noch überbieten können. Er startete den Angriff am 6. Oktober, und fünf Tage später war Belgrad wieder in der Hand der Mittelmächte; bis zum Monatsende wurde die heruntergekommene und halb verhungerte serbische Armee bis nach Montenegro zurückgeschlagen, und zurück blieben Zehntausende Gefangene. Es gab so gut wie keine serbischen Deserteure.

Diese vernichtenden Siege in Rußland und auf dem Balkan bedeuteten – neben der festgefahrenen Situation an der Westfront –, daß die Mittelmächte bei Anbruch des Jahres 1916 nicht vor einer Niederlage standen und daß sogar Hoffnung auf einen Sieg bestand. Dies ist eine jener Phasen im Ersten Weltkrieg, die so leicht übersehen werden, wenn man aus der Perspektive des Novembers 1918 zurückblickt. Doch zu diesem Zeitpunkt befanden sich die kriegführenden Lager in einem so ausgeglichenen Kräfteverhältnis, daß ein Verständigungsfriede zwischen ihnen machbar gewesen wäre. Das hätte den Fortbestand der drei Kaiserreiche in irgendeiner Form, zumindest für kurze Zeit, bedeutet. Es sollte nicht sein: Die einzigen ernsthaften Friedensbemühungen sollten zu spät kommen.

Der einzige Verlust der Mittelmächte, der dieses Gesamtgleichgewicht gegnerischer Allianzen zum Kippen brachte, war das Überlaufen Italiens zum Feind gewesen. Das kam nicht unerwartet. Italiens Loyalität war von Kriegsbeginn an offenkundig zum Verkauf gestanden, und die durch den geheimen Vertrag von London angebotenen Bestechungen durch enorme Gebietsabtretungen gaben den Ausschlag zugunsten der Entente.[7] Im Mai 1915 erklärte Italien seinen Verbündeten den Krieg und startete prompt eine im voraus geplante Offensive auf das Trentino und die Isonzofront. Aus bereits erklärten psychologischen Gründen kam es, daß die Österreicher hier ohne Hilfe ihrer Verbündeten gut genug kämpften, um sich, zumindest in der ersten Phase der Kämpfe, zu behaupten. Der italienische Kommandant Cadorna eröffnete seinen Großangriff am 23. Juni. Als dieser allmählich zu Ende ging, startete er eine erneute Offensive im Herbst, nur um wiederum auf hartnäckigen Widerstand der Österreicher zu treffen. Als er diesen Angriff schließlich im Dezember stoppte, waren seine Verluste auf über 275 000 Mann angestiegen, also auf fast das Doppelte der gegnerischen Verluste.

Der eigenständige österreichische Erfolg in Italien war jedoch die Ausnahme von der allgemeinen militärischen Situation, wie sie sich nun abzeichnete. Im Jahr 1915 hatte Deutschland seine Vorherrschaft im Bündnis begründet,

---

[7] Neben Dodekanesinseln von der Türkei und ein paar Belohnungen in den afrikanischen Kolonien, wurde Italien – ganz auf Kosten Österreichs – das gesamte Südtirol bis zum Brennerpaß (mit 250 000 deutsch-österreichischen Einwohnern) versprochen und noch dazu der große Hafen Triest, der Großteil Istriens und rund die Hälfte Dalmatiens und eventuell auch Inseln entlang der Adriaküste.

und während des Jahres 1916 hatten die Österreicher ihnen dabei geholfen, diese Stellung endgültig zu festigen. Wichtigster Kriegsschauplatz in dieser Beziehung war wieder Rußland, obwohl im Frühling und Sommer 1916 sich alle Kriegsfronten gegenseitig beeinflußten. Im Westen hatte sich der große deutsche Angriff auf Verdun schließlich festgefahren, aber die Österreicher nutzten die Gelegenheit, um ihre eigene Südtiroloffensive zu starten. Italien wandte sich an Rußland, das ja seit 1915 sein Verbündeter war, um die österreichischen Streitkräfte in Galizien erneut unter Druck zu setzen, damit keine Truppenverstärkungen an die Südfront geschickt werden konnten. Nach Auseinandersetzungen mit seinem Oberkommando durfte General Aleksej Brussilow, der den Österreichern im Vorjahr genug zu schaffen gemacht hatte, selbst eine Offensive einleiten. Sein erster Schlag am 4. Juni wurde gegen die österreichisch-ungarische vierte Armee bei Luck geführt, im Norden der 240 Kilometer langen Kampflinie. Sie wurde zusammengeknautscht wie Alufolie. Brussilow machte am ersten Tag rund 40 000 Gefangene und war bis zum sechsten Tag über 60 Kilometer Richtung Westen vorgestoßen, wobei er die gesamte Front der vierten Armee aufrollte. Ihr Kommandant, der unfähige Erzherzog Joseph Ferdinand, wurde auf der Stelle von einem Berufsgeneral abgelöst. Dieser noch nie dagewesene Schritt ließ ahnen, welche Panik in Teschen ausgebrochen war und nun die leichtlebige Atmosphäre von Konzerten, Jagdausflügen und Familientreffen, die typisch für das gesellschaftliche Leben in österreichischen Hauptquartieren waren, verdarb.

Es sollte noch schlimmer kommen. Am 10. Juni erfolgte der Zusammenbruch einer weiteren österreichischen Armee, der siebenten, die den äußersten Süden der Linie bei Czernowitz verteidigte. Dieses zweite Desaster führte zu dem von den Italienern erhofften Resultat. Die österreichische Offensive in Südtirol wurde abgebrochen, da nun in aller Eile Verstärkungen nach Galizien verschoben werden mußten. Außerdem wurde wieder einmal der preußische General von Seeckt zu Hilfe gerufen, und diesmal wurde er als ein »beaufsichtigender« Stabschef in der dezimierten siebenten Armee eingesetzt. Conrad protestierte wiederum gegen dieses Aufzwingen deutscher Führung, doch vergebens. Die nackten Tatsachen waren, daß 1916 wie auch schon 1915 die österreichisch-ungarischen Armeen in die Flucht geschlagen worden waren, während die deutschen standgehalten hatten.[8] Die Folgerungen waren unvermeidlich, und das waren auch deren Auswirkungen auf die Befehlsführung.

Zwei weitere Nebenprodukte des Brussilow-Feldzugs – der letzten großen Kraftanstrengung Rußlands im Krieg – müssen hier erwähnt werden. Das erste war das opportunistische Überlaufen Rumäniens ins Lager der Entente, eine Entscheidung, die es schnell wieder bereuen sollte. Das zweite war die überraschende Ernennung des Erzherzog-Thronfolgers Karl zum Kommandanten einer ganz neuen Heeresgruppe deutscher und österreichischer Streitkräfte in Galizien. Sein Stabschef war der allgegenwärtige General von Seeckt. Das tagtägliche und hautnahe Erleben preußischen Pflichtbewußtseins im Einsatz war für ihn eine lehrreiche Erfahrung, die er auch als Kaiser nicht vergessen sollte.

Im noch verbleibenden Jahr hatte die deutsche Armee freie Bahn. Im Juli und August gelang durch die sogenannte Hindenburg-Front schließlich der Gegenstoß gegen Brussilows Offensive, und es kam zu noch spektakuläreren Ergebnissen, als die Deutschen ihre Aufmerksamkeit den tollkühnen Rumänen zuwendeten. Kurz bevor sie ihren Balkanfeldzug starteten, hatten die Deutschen ihr Ziel erreicht – die Oberste Kriegsleitung über alle Truppen der Mittelmächte und ihrer Verbündeten. Eine Proklamation diesen Inhalts, die am 7. September unterzeichnet wurde, legte die Oberleitung der Operationen offiziell in die Hände des Deutschen Kaisers. In Wahrheit waren es nun natürlich Hindenburg und Ludendorff, die die Heeresleitung über

---

[8] Als Brussilows Vorstoß schließlich vor der Gebirgsbarriere der Karpaten zum Halt gekommen war, hatte er rund 350 000 österreichische Gefangene genommen, unter denen sich wieder tschechische Deserteure befanden.

die Doppelmonarchie ausübten. Trotz verschiedener ehrenrettender Floskeln, die den Schlag für Franz Joseph etwas dämpfen sollten (die Integrität seines Reichs wurde als ein Pfeiler deutscher Politik garantiert), war dies ein politischer Triumph Großdeutschlands im 20. Jahrhundert sowie ein dynastischer Triumph der Hohenzollern über die Habsburger.

Der alte österreichische Kaiser, der bis zu seinem Tod auch »ein deutscher Fürst« blieb, nahm dies nicht einmal annähernd so schlimm auf wie Conrad, der bis zum Ende für ein unabhängiges Kommando gekämpft hatte. Was die Deutschen erreichen konnten, wenn sie eine Operation planten und auch leiteten, wurde nun in der gegen Rumänien geführten Operation demonstriert. Bis Ende September hatten sie die Rumänen zurückgeworfen und waren nach Siebenbürgen vorgestoßen, bis Mitte November hatten sie die Gebirgspässe noch rechtzeitig vor Beginn des Winters durchbrochen, und am 6. Dezember zogen General Mackensens Streitkräfte nach einer hervorragenden Zangenbewegung in Bukarest ein. Das hoffnungsvolle neue Mitglied im Lager der Entente war in weniger als vier Monaten niedergeworfen worden.

Zwei Wochen vor diesem endgültigen Sieg auf dem Balkan hatten sich jedoch alle Blicke in der Doppelmonarchie vom Schlachtfeld abgewandt und nach Wien gerichtet. Fünf Minuten nach neun Uhr abend am 21. November 1916 starb Franz Joseph in seinem einfach möblierten Schlafzimmer im Schloß Schönbrunn. Er hatte sich bis in die letzten Stunden seines Lebens mit der Unterzeichnung seines täglichen Bergs von Dokumenten abgemüht. Nun hatte das alte Herz, das 68 Jahre lang auch den Pulsschlag seines Reichs angegeben hatte, schließlich aufgehört zu schlagen. Mit seinem Tod begann ein kurzes, aber erstaunliches Kapitel in der Geschichte der österreichisch-deutschen Beziehungen.

2. Eisentopf und Tontopf

Es herrschten gemischte Gefühle in der schweigsamen Menge, die am 30. November 1916 den Trauerzug durch die Straßen Wiens zur Kapuzinerkirche verfolgte, wo der tote Kaiser die letzte Ruhe neben seinen Ahnen fand. Viele hatten das Gefühl, als ob die stärkste Kraft in diesem Trauerzug im Sarg selbst ruhte. Ein Leben ohne Franz Joseph schien ebenso unvorstellbar wie ein österreichisches Kaiserreich ohne ihn auf dem Thron. Die Trauer wäre wohl in Friedenszeiten größer gewesen, doch zwei Jahre Krieg hatten genug eigenes Leid gebracht und damit den Schock etwas abgeschwächt. Dennoch war nun für die in der Vergangenheit verwurzelten Trauernden der Krieg selbst noch hoffnungsloser geworden. Der alte Kaiser hatte etwas Unsterbliches an sich gehabt und das bedeutete Unbesiegbarkeit. Ohne ihn wurden die Gespenster der Niederlage und der Zerstörung drohend sichtbar.

Doch nach privaten Tagebüchern und anderen zeitgenössischen Aufzeichnungen zu urteilen, empfanden nicht alle Beobachter so. Viele richteten ihren Blick auf das Trio, das gleich nach dem Leichenwagen folgte: der 29jährige neue Kaiser Karl, der wenig bekannt, doch zumindest von der Katastrophe von 1914 unbefleckt war, die aus Frankreich stammende 24jährige Kaiserin, eine wandelnde Säule in Schwarz, die vom Scheitel bis zur Sohle in Schleier gehüllt war, und, als ein kleiner weißer Fleck zwischen ihnen, der vierjährige Kronprinz Otto, mit seinem blonden Haar und seiner hellen Jacke. Könnten diese drei nicht für eine neue und rosigere Zukunft stehen, für einen Ausweg aus dem Krieg und einen Fortbestand danach? Karls Großonkel mag zwar der Grundfels des Reichs gewesen sein, aber vielleicht war dieses dynastische Gestein so fossil geworden, daß erst jetzt etwas Neues und Grünes aus ihm hervorsprießen konnte.

Die Proklamation, die Karl am Tag nach seiner Thronbesteigung veröffentlichte, ließ etwas Hoffnung auf neues

Leben aufkeimen. Die innenpolitische Szene wurde nur mit ein paar gutgemeinten Phrasen über »das sittliche und geistige Wohl meiner Völker ... fördern, Freiheit und Ordnung ... beschirmen ... die Rechtsgleichheit für alle sorgsam hüten« und so weiter abgehandelt. Doch der folgende kraftvolle Ruf nach Beendigung der Kämpfe kam gleichermaßen unerwartet für Untertanen, Verbündete und Feinde: »Ich will alles tun, um die Schrecknisse und Opfer des Krieges in ehester Frist zu bannen, die schwer vermißten Segnungen des Friedens Meinen Völkern zurückgewinnen, ...« Das waren starke Worte für einen Herrscher, dessen Reich sich dem militärischen Sieg verschrieben hatte, und für einen gerade erst von der Front zurückgekehrten Soldaten, der drei kaiserliche Armeen in ihrem Kampf um diesen Sieg an der russischen Front befehligte.

Noch überraschter wären Untertanen, Verbündete und Feinde aber gewesen, hätten sie gewußt, welche Ideen hinter dieser Forderung bereits Gestalt anzunehmen begannen. Karl war nicht nur dazu entschlossen, den Krieg zu beenden, er war auch dazu entschlossen, gleichzeitig der Unterwerfung der Habsburger unter die Hohenzollern, deren Zeuge er gerade im Feld geworden war, ein Ende zu bereiten. Es muß jedoch betont werden, daß seine Gedanken über Deutschland nicht erst auf dem Schlachtfeld aufgekommen waren. Sie hatten sich bereits in Friedenszeiten entwickelt und waren weitgehend durch seine Heirat geformt worden, die ja selbst schon vieles von dem, was noch kommen sollte, erahnen ließ.

Österreichs Erzherzöge waren durch die eisernen Gesetze ihres Glaubens auf eine katholische Braut beschränkt, und diese suchten sie äußerst bereitwillig unter den deutschen Fürstenhäusern, was zur Folge hatte, daß immer wieder Frauen aus Bayern und Sachsen im Stammbaum auftauchten. Die unglückliche Vermählung von Kronprinz Rudolf mit Prinzessin Stephanie von Belgien brach dieses Blutband nicht, denn ihr Vater, der unansehnliche Leopold II., stammte aus dem Haus Sachsen-Coburg, diesem winzigen deutschen Königshaus, das von

Bismarck wegen seiner Heiratsfäden, die es über ganz Europa gesponnen hatte und die sogar Königin Viktoria von England erreichten, das »Gestüt Europas« genannt wurde. Außerdem war Stephanies Mutter, Königin Marie Henriette, selbst von Geburt eine Erzherzogin von Österreich.

Nichts hätte weiter entfernt von all dem sein können als die Hochzeit des jungen Erzherzogs Karl und der Prinzessin Zita von Bourbon-Parma am 21. Oktober 1911. Zita war eines der 24 Kinder des Herzogs Robert von Parma[9], der durch das italienische Risorgimento sein Königreich, jedoch nicht seine Männlichkeit verloren hatte. Die Zeremonie fand in Schwarzau, einem Schloß am Steinfeld südlich von Wien, statt, das dem Herzog als Sommerresidenz diente und wo Braut und Bräutigam als Kinder gemeinsam gespielt hatten. Es bestand eine feste und gern gepflegte österreichische Verbindung zwischen den beiden Familien. Sie waren auch entfernt blutsverwandt, denn es gab im 18. Jahrhundert zwei österreichische Erzherzoginnen unter den Vorfahren Herzog Roberts. Doch dieser war in erster Linie Bourbone, und das hieß, daß er in erster Linie Franzose war. »Wir sind französische Fürsten, die in Italien regiert haben«, gab er Zita zur Antwort, als sie als Kind neugierig nach den Familienverhältnissen fragte.

Die Bedeutung von Schwarzau und der dort im Jahr 1911 gefeierten Hochzeit kann in diesem letzten Kapitel der Geschichte Habsburg versus Hohenzollern gar nicht oft genug betont werden. Die Heirat war eine wirkliche Liebesheirat zwischen zwei sich ergänzenden, doch völlig gegensätzlichen Menschen. Karl war eine angenehme, sanfte und unauffällige Erscheinung, während Zitas Gesicht, das dem einer klassischen dunkelhaarigen Schönheit

---

[9] Er hatte zwölf Kinder aus erster Ehe mit Maria Pia von Sizilien und dann – nachdem sie, durch die vielen Geburten geschwächt, gestorben war und er sich wieder verheiratet hatte – weitere zwölf, darunter Zita, mit Prinzessin Maria Antonia von Portugal.

recht nahe kam, Intelligenz und Vitalität ausstrahlte. Der Gegensatz zeigte sich auch in ihrem Charakter. Wäre er nicht königlicher Abstammung gewesen, dann hätten seine Bescheidenheit, Anständigkeit und Gerechtigkeitsliebe, also jene Eigenschaften, mit denen die Natur Karl ausgestattet hatte, den Anforderungen für irgendeinen ehrenvollen, aber nicht sehr anspruchsvollen Gouverneursposten in den Kolonien genügt. Zita hingegen war die geborene Kaiserin und nicht einfach nur eine Gemahlin. Sie war die stärkere Persönlichkeit und die Geistesgegenwärtigere von beiden und verfügte noch dazu über einen eisernen Willen. Doch obwohl sie beträchtlichen Einfluß auf Karl hatte, war sie nicht dominant. Er war leidenschaftlich pazifistisch, und keines ihrer Argumente hätte ihn davon abbringen können. Dasselbe galt für seine Entschlossenheit, selbst schon als junger Erzherzog, das Kaiserreich, das er eines Tages erben würde, zu modernisieren.

Eine Person hatte allerdings entscheidenden Einfluß auf ihrer beider Leben, und das war Prinz Sixtus, der älteste Sohn Herzog Roberts aus zweiter Ehe. Sixtus war einer der bemerkenswertesten hinter den Kulissen agierenden Männer seiner Zeit, und er ist für unsere Geschichte deshalb bedeutend, weil er sich die ganze Zeit hindurch bemühte, die deutsche Macht nicht nur zu schwächen, sondern nach Möglichkeit zu zerstören. Die Heirat von 1911, mit der er einen Schwager gewann, der neben dem habsburgischen Thron stand, eröffnete großartige, wenn auch momentan scheinbar noch nicht greifbare Möglichkeiten. Schon lange vor der Hochzeit hatten Sixtus und sein weniger tatkräftiger jüngerer Bruder Xavier oft mit Karl und seinem Kreis darüber diskutiert, wie die Österreicher ihren strengen Bund mit Deutschland durch eine losere und natürlichere Beziehung mit Frankreich und England ersetzen könnten. Dabei ging es nicht nur darum, die habsburgische Achse in Europa geographisch von der Vertikalen in die Horizontale zu verschieben, sondern die Monarchie politisch von ihrer konservativen in eine demokratische Form umzuwandeln.[10] Viele dieser Gespräche zwischen den jungen Hoheiten hatten auf dem breiten Balkon des Schlosses Schwarzau stattgefunden, wo sich anläßlich der Vermählung von Karl und Zita ein außergewöhnlich gut gelaunter Franz Joseph um die richtige Aufstellung der Gäste für die Hochzeitsphotos gekümmert hatte.

Als der Kriegsausbruch nun die Familien auseinanderreißen sollte, versammelten sich die bourbonischen Prinzen ein letztes Mal auf diesem Balkon.[11] Doch durch den Krieg und die Trennung bemühte sich Sixtus nur noch intensiver, Deutschland über seinen österreichischen Bundesgenossen zu attackieren. Sein Schwager, der seit dem Attentat von Sarajevo Thronfolger war, schien nun ein vom Himmel geschickter Verbündeter zu sein, und es war Sixtus dabei völlig gleichgültig, daß Karl im gegnerischen Lager stand. Der Feind Frankreichs konnte sicher durch dynastische Diplomatie in ein Instrument französischer Interessen verwandelt werden. Der Krieg war gerade erst fünf Wochen im Gange, da übermittelte Sixtus bereits seinen ersten Geheimbrief über Luxemburg an seine Schwester in Wien. Er drängte sie ohne lange Umschweife darauf, auf einen völligen Abbruch der österreichisch-deutschen Beziehungen hinzuarbeiten. Wie dies angestellt werden sollte, wo die Armeen der Alliierten Seite an Seite in ihrer ersten gemeinsamen Offensive gegen Rußland vorstießen, wurde nicht

[10] Wie Kaiserin Zita dem Autor später über diese Gespräche im familiären Kreis berichtete, wurde eine Föderation oder Konföderation von Nationen unter der Habsburger Krone ins Auge gefaßt, der sogar Republiken hätten angehören können – eine Meisterleistung des politischen Jonglierens, die nur das britische Commonwealth erreichen sollte.

[11] Sixtus und Xavier kehrten nicht ohne Schwierigkeiten nach Paris und ins Lager der Entente zurück. Dank der Intervention des alten Kaisers erhielten sie die Erlaubnis, Österreich am 22. August zu verlassen, nachdem sie zwei Wochen auf feindlichem Boden verbracht hatten. Drei weitere Brüder, die Prinzen Elias, René und Felix, die in Österreich aufgewachsen waren, blieben zurück und schlossen sich bald darauf der kaiserlichen Armee an.

näher erläutert. Niemand erkannte zu diesem frühen Zeitpunkt, wie die sich ändernden Geschicke auf dem Schlachtfeld alle parallelen Bemühungen, die Kämpfe zu beenden, überschatten sollten. Sixtus legte ohnehin nur den Grundstein für eine Langzeitstrategie: Im März des folgenden Jahres war er im Vatikan und versuchte Papst Benedikt XV. zu überreden, sich für einen Separatfrieden zwischen Österreich und den Ententemächten einzusetzen.

In den folgenden Monaten versuchte er das Interesse der oberen Stellen Frankreichs zu wecken, denen bald klar wurde, daß er das perfekte Werkzeug war, um einen fürstlichen Keil ins feindliche Lager zu treiben. Er war ein bourbonischer Prinz, ein fanatischer Franzose und ein vor Tatendrang strotzender politisch denkender Mensch, übte jedoch kein öffentliches Amt aus und konnte daher, wenn nötig, verleugnet werden. Andererseits war der zukünftige Kaiser von Österreich sein Schwager und ein Mann, auf den er eindeutig persönlichen Einfluß hatte. Die Idee, ihn als einen Abgesandten einzusetzen, setzte sich in Paris allmählich durch. Der frühere Außenminister, Kriegsminister und Ministerpräsident Charles de Freycinet wurde sein wichtigster Unterstützer, und im Herbst 1916 war die Sixtus-Mission in vollem Gange.

Im November machte sich der Prinz schließlich daran, den genauen Rahmen seiner Mission mit Jules Cambon, dem Vorkriegsbotschafter in Berlin, der zum Generalsekretär am Quai d'Orsay ernannt werden sollte, zu diskutieren.[12] Sie einigten sich schnell über die unbedingt erforderlichen Punkte; Frankreich mußte um jeden Preis Elsaß-Lothringen zurückgewinnen, um die Schmach von 1870 auszuwischen. Andererseits mußte Österreich den Verlust der südlichen Gebiete, die 1915 Italien im Geheimvertrag von London von den Ententemächten versprochen worden waren, akzeptieren. Vielleicht könnte das Habs-

---

[12] Cambon war der eine Teil eines hervorragenden Familienduos, das die damalige französische Diplomatie prägte. Sein Bruder Paul war lange Zeit Botschafter in London.

burgerreich nach Deutschlands Niederlage durch den Erwerb Serbiens entschädigt werden? Wichtiger als all diese Gespräche aber war der Zeitpunkt, denn diese Unterhaltung fand am 23. November 1916 statt. Franz Joseph war zwei Tage zuvor verstorben. Der Schwager des Prinzen war nun Kaiser von Österreich-Ungarn und hatte gerade erst von Wien aus seinen lauten Ruf nach Frieden verkündet.

Dies war jedoch nicht das einzige ermutigende Signal, das von dem jungen Herrscher ausging, denn Karl hatte sich sofort darangemacht, die Falken von 1914 von ihren hohen Positionen zu entfernen und sie nach seinem eigenen Gutdünken durch unbescholtene Persönlichkeiten zu ersetzen. So überdauerte Berchtold nur einen Monat unter dem neuen Regenten.[13] Am 22. Dezember wurde er als Außenminister von Graf Ottokar Czernin abgelöst, den Karl für einen Mann des Friedens und einen treuen Diener der Krone hielt. Ersteres sollte sich zum Teil bewahrheiten, doch zweiteres sollte sich als hoffnungsloser Irrglaube erweisen. Czernin wurde der umstrittenste und skandalumwittertste Minister, der je im Dienst der Habsburger Krone stand. Für seine Umgebung war er ein politisches und menschliches Rätsel – vielleicht sogar für sich selbst. Es gab nur zwei Konstanten in seinem wechselhaften Wesen. Die erste war ein übertriebener Stolz auf die Ehre und das Ansehen seines alten böhmischen Stammbaums, ein Stolz, der sogar für die neurotischen Standards seiner Klasse krankhaft war.[14] Daraus ergab sich eine grobe Überschätzung seines politischen Talents. Als dieses dann in seinem hohen Amt auf die Probe gestellt wurde, zeigte seine Brillanz zuwenig Tiefe und seine Energie zuwenig Stehvermögen. Er war nur ein weiterer

[13] Ihm wurde das rein repräsentative Amt eines Oberstkämmerers am Hof Karls angeboten, das er auch annahm. Obwohl seine gesellschaftlichen Qualitäten besser als seine politischen waren, war dies ein lächerlicher Abstieg für jemanden, der zum Ausbruch des Ersten Weltkriegs beigetragen hatte.

[14] Einer seiner Vorfahren stand an der Spitze des Hofs des König Przemyśl im Jahr 1200, lange bevor die Habsburger auf der europäischen Bühne überhaupt eine Rolle zu spielen begannen.

dieser österreichischen Möchtegern-Bismarcks, doch besaß er weder die staatsmännischen Fähigkeiten des Eisernen Kanzlers noch dessen unerschütterliche Hingabe an seinen Monarchen.

Er war ein berühmtes Mitglied in Franz Ferdinands Belvederekreis gewesen. Wie der ermordete Erzherzog wollte auch er die Ungarn auf ihre richtige Größe zusammenstutzen und könnte als Großösterreicher eingestuft werden, dessen Ziele am besten in Friedenszeiten hätten verwirklicht werden können. Das heißt, wenn sie sich überhaupt verwirklichen ließen, denn Czernin verlor privat allmählich die Hoffnung, daß noch irgend etwas das wackelige Habsburgergebäude vor dem Zusammenbruch retten könnte – und in diesem Fall konnte er, ähnlich wie Franz Joseph, nur befürworten, wenigstens »mit einem gewissen Anstand zu krepieren«. Doch auch in anderer Beziehung reflektierte Czernin die widersprüchlichen Bilder im österreichischen Spiegel. Er bewunderte Deutschland und trachtete nicht nach seiner Zerstörung. Eigentlich war er bei jedem Schritt, der auch nur dem Anschein nach darauf hinauszulaufen schien, das Bündnis zu unterwandern, ein Zerrissener. Als Außenminister arbeitete er eng mit seinen deutschen Kollegen zusammen und gegen Ende hin sollte er deutlich in ihren Bann geraten. Das brachte ihn in ein mehr als ambivalentes Verhältnis seinem eigenen Souverän gegenüber und führte schließlich zu Verrat. Nichtsdestotrotz sah es zum Zeitpunkt seiner Ernennung so aus, als ob die österreichische Diplomatie nun in eine Phase größeren Selbstbewußtseins und größerer Flexibilität eintrat.

Was für den Kaiser bei seiner neuen Machtausübung nun noch zu tun blieb war, ähnliche Veränderungen auf militärischem Gebiet durchzuführen. Das nahm schon mehr Zeit in Anspruch, denn Conrad von Hötzendorf, der andere große Falke von 1914, war als Gegner schwieriger zu beseitigen als der entgegenkommende Berchtold. Zur ersten Auseinandersetzung zwischen Karl und seinem Stabschef kam es wegen der Entscheidung des Kaisers, das Armeeoberkommando der Monarchie von Teschen in Schlesien nach Baden bei Wien, der gemütlichen kleinen Kurstadt in den Weinhügeln, zu verlegen. Obwohl die Gesamtleitung über die Strategie und die Operationen der Mittelmächte immer noch in deutscher Hand blieb, sollte mit diesem Schritt sowohl eine psychologische, als auch eine räumliche Distanz zwischen den Armeen der beiden Reiche geschaffen werden. Karls persönliche Übernahme des Oberbefehls über die gesamte bewaffnete Macht seines Reichs, die er nicht ganz zwei Wochen nach seiner Thronbesteigung verkündet hatte, hatte demselben Zweck gedient.

Conrads Einwände gegen diesen Schritt wurden beiseite gewischt, und so wurde das Armeeoberkommando wie geplant am 3. Januar 1917 verlegt, Karl selbst ließ sich mit seinem persönlichen Stab in einer bescheidenen gelbgestrichenen Villa am Hauptplatz der Stadt nieder.[15] Jetzt mußte nur noch Conrad selbst versetzt werden. Bei diesem Gedanken waren viele der anderen Generäle, die die Legende seines militärischen Genies nährten, obwohl es so wenige praktische Beweise dafür gab, vor Entsetzen wie gelähmt. Karl bestand jedoch weiterhin darauf, und so wurde Conrad nach langem Hin und Her schließlich am 27. Februar 1917 trotz heftigen Wehrens zum Rücktritt gezwungen. Ein kleiner Trost für ihn war die Verleihung des Großkreuzes des Maria-Theresien-Ordens und seine Ernennung zum Kommandanten der kaiserlichen Armee in Italien, einer Front, an der Großes geplant war. Seinen Platz nahm der General der Infanterie Arz von Straußenburg ein, den Karl als fähigen Armeekommandanten in Galizien kennengelernt hatte. Wenn auch nicht gerade außergewöhnlich, so war Straußenburg wenigstens solide und verläßlich. Der junge Kaiser hatte genug von militärischen Genies, genauso wie er von militärischen Falken genug hatte.

Diese Entwicklungen waren für die unmittelbare Zukunft der Doppelmonarchie wie auch für ihre Beziehung zum deut-

---

[15] Diese Unterkunft gefiel dem Kaiserpaar trotz Platzmangels wegen ihrer Atmosphäre. Außerdem lag Laxenburg, ihr Lieblingsschloß, ganz in der Nähe, so daß Karl pendeln konnte.

schen Seniorpartner von großer Bedeutung. Doch sie verblaßten angesichts anderer Ereignisse in den ersten Monaten
des neuen Jahres beinahe bis zur Bedeutungslosigkeit. Am
1. Februar startete Deutschland seinen uneingeschränkten
U-Boot-Krieg gegen feindliche und neutrale Schiffe, in der
Hoffnung, nicht nur die Deutschland wirtschaftlich lahmle-
gende britische Seeblockade zu durchbrechen, sondern Britannien selbst durch Aushungern in die Knie zu zwingen.
Sechs Wochen später, am 15. März, dankte Zar Nikolaus II.
angesichts einer Welle von Hungerrevolten im Land und
Massendesertionen auf dem Schlachtfeld ab. Obwohl die
erste Provisorische Regierung, an deren Spitze Fürst Georgij
Lwow stand, auch weiterhin den Ententemächten ihre Loyalität zusicherte, kehrten die revolutionären Soldaten und
Matrosen, die eine so große Rolle bei der Auslösung der
Explosion gespielt hatten, dem Krieg bereits für ganz Ruß-
land den Rücken. Weiters wurde bald klar, daß der wohlmei-
nende Fürst nicht lange gegen die radikalen Arbeiter- und
Soldatenräte, die sogenannten Sowjets, bestehen würde, die
nun nach und nach in den Fabriken, den Garnisonen und den
Städten immer mehr Macht an sich rissen.

Doch als diese riesige Tür für die Entente zufiel, öffnete
sich eine andere und noch größere. Am 6. April erklärten
die Vereinigten Staaten von Amerika, die unter anderem
über die Versenkung ihrer Handelsschiffe wütend waren,
Deutschland den Krieg.[16] Obwohl das nicht sofort den Ausschlag für die Entente gab, hatte sie doch im Westen einen
starken Machtzuwachs erfahren, der die sich im Osten
erschöpfende russische Unterstützung bei weitem aufwog.
All diese Ereignisse hatten hinter den Kulissen ihre Auswirkung auf die österreichisch-deutschen Beziehungen und vor
allem auf die abgenutzten Bande der Solidarität zwischen
den beiden Kaisern.

Czernin war von der geplanten U-Boot-Offensive bei seinem ersten offiziellen Besuch in Deutschland vom 5. bis 7.

[16] Die amerikanische Kriegserklärung an Österreich-Ungarn
folgte erst acht Monate später, am 17. Dezember 1917.

Januar unterrichtet worden und mit dieser Neuigkeit nach Wien zurückgekehrt. Welch tödliche Risse sich später auch zwischen dem Kaiser und seinem Außenminister auftun sollten, in diesem Punkt waren sich die beiden Männer einig. Karl war sowohl aus moralischen wie auch aus praktischen Gründen besonders entsetzt. Er hatte seine Zweifel an der deutschen Prahlerei, daß ihre neue Flotte von 102 modernen U-Booten (verglichen mit den 19 alten Einheiten, die 1914 zur Verfügung standen) England innerhalb von drei Monaten bis zur Aufgabe aushungern könne.[17] Andererseits war er überzeugt, daß ein uneingeschränkter deutscher U-Boot-Krieg im Atlantik unvermeidlich zu einer Einschaltung Amerikas führen würde. Für Karl war bereits die Anwesenheit eines akkreditierten Ministers der mächtigsten neutralen Macht in Wien ein Hoffnungsschimmer, und er hatte sich die größte Mühe gegeben, die Beziehungen zum amerikanischen Gesandten Charles Penfield entsprechend zu pflegen.

Am 20. Januar kam eine mächtige deutsche Delegation unter Führung des Unterstaatssekretärs des Auswärtigen Amts, Arthur Zimmermann, und des Chefs des deutschen Admiralstabs, Admiral Henning von Holtzendorff, nach Wien, um die österreichischen Verbündeten für die neue Strategie zu gewinnen. Karl selbst führte den Vorsitz über eine der gemeinsamen Konferenzen, Czernin über die andere. Das waren schon heisere Kassandrarufe, die da auf taube Ohren trafen. Aber auch wenn die Österreicher nicht überzeugt werden konnten, so konnte ihr Einspruch doch einfach abgewiesen werden, denn die Oberste Kriegsleitung der Mittelmächte lag ja noch immer beim deutschen Bundesgenossen. Eine Woche später, am 26. Januar, reiste Czernin mit seinem königlichen Herrn ins neue Große Hauptquartier der Deutschen in Pleß, um die Annahme des

[17] Sie waren gefährlich nahe dran: bis April 1917 verfügte Großbritannien aufgrund der Versenkungen nur noch über Getreidevorräte für ein paar Wochen. Neue Techniken auf dem Gebiet der U-Boot-Abwehr brachten die Wende.

U-Boot-Plans zu überbringen. Wenn ihre Zustimmung auch widerwillig war, so war zumindest der Zeitpunkt günstig. Am nächsten Tag war der 58. Geburtstag des deutschen Kaisers.

Diese Änderungen der Gesamtstrategie waren von vielen Friedensgesprächen umgeben, wenn auch nur, weil Ende 1916 das Kräfteverhältnis zwischen den kriegführenden Lagern wieder fein ausgewogen war. An den großen Fronten waren die Tage der Einschließungen und der scheinbar alles erobernden Vorstöße vorüber. Der Schlieffen-Plan hatte versagt, und die Kämpfe im Westen waren im Stellungs- und Grabenkrieg um ein paar Kilometer oder oft nur ein paar Meter buchstäblich im Schlamm von Flandern erstarrt. Sowohl in Rußland als auch in Italien drängten gegnerische Armeen erst vor und gleich darauf über denselben vertrauten Fluß wieder zurück. Nur am Balkan, wo ihnen so kleine Länder wie Serbien und Rumänien zum Opfer fielen, gelang es in den von Deutschen geleiteten Feldzügen alles sich ihnen in den Weg Stellende in heroischem preußischem Stil wegzufegen. Am 12. Dezember 1916, eine Woche nachdem Mackensen in Bukarest eingezogen war, richteten die Mittelmächte von Berlin aus ihren lange diskutierten Friedensappell an die westlichen Demokratien. Die Friedensnote war kurz und in etwas überheblichem Ton abgefaßt, ohne einen einzigen konkreten Vorschlag. Sie wurde mit gleicher Überheblichkeit von den Ententemächten als ein reines Kriegsmanöver zurückgewiesen.

Dann, eine Woche nach der fehlgeschlagenen deutschen Annäherung, betrat der amerikanische Präsident Wilson die politische Bühne mit einer Anfrage an beide kriegführenden Lager über die Bedingungen, zu denen sie zu einem Frieden bereit wären. Die Ententemächte antworteten am 11. Januar mit einer langen Liste von Vorausbedingungen, von der Wiederherstellung Belgiens, Serbiens und Montenegros bis zum Abzug aus allen besetzten Gebieten und dem völligen Ausschluß des Osmanischen Reichs aus Europa. Reparationen und Entschädigungen wurden von beiden Seiten gefordert. Hatten die Deutschen in ihrer Note zuwenig gesagt, dann hatten die Ententemächte vielleicht zuviel gesagt. Doch was Wilsons ersten Vermittlungsversuch völlig zum Scheitern brachte, war der Tonfall, in dem dieser in Paris zurückgewiesen wurde. »Die einzige Grundlage für einen künftigen Frieden«, so erklärte der französische Ministerpräsident Aristide Briand, »ist die Kapitulation der Mittelmächte.« Eine solche Sprache bedeutete, daß nur die völlige Erschöpfung eines der kriegführenden Lager sie dazu zwingen könnte, ihre Waffen niederzulegen.

Die Rückgabe von Elsaß-Lothringen an Frankreich schien unter den Gebietsforderungen der Entente nicht auf, obwohl dies als eine *conditio sine qua non* französischer Forderungen bekannt war. Die beiden Provinzen sollten nun aber namentlich im Schriftwechsel zwischen den beiden Seiten genannt werden, und derjenige, der mehr als jeder andere dafür gesorgt hatte, war der unermüdliche Prinz Sixtus. Am Abend des 23. März 1917 traf er bei Schneesturm in Begleitung seines Bruders Xavier auf Schloß Laxenburg im Zuge seiner halboffiziellen Friedensmission bei seinem kaiserlichen Schwager ein. Nach schwierigen, eher kriecherischen Kontakten mit französischen Beamten in der Schweiz wurden die beiden Prinzen als Zivilisten über die Grenze nach Österreich geschmuggelt und, nachdem sie über Nacht in Wien versteckt worden waren, weiter zu diesem außergewöhnlichen Rendezvous.[18]

Sixtus hatte mehrere Vorausbedingungen im Gepäck, darunter die Wiederherstellung von Serbien und Belgien, die bereits von den Ententemächten gefordert worden war. Dem fügte er noch die Bitte nach persönlicher Unterstützung seines Schwagers hinzu, sich für die Rückgabe Elsaß-Lothringens einzusetzen. Mehr noch: Er bestand darauf,

[18] Sie dienten nun als Leutnants in der belgischen Armee. Als Bourbonen war es ihnen nach einem republikanischen Gesetz aus dem Jahr 1889 verboten, in der französischen Armee zu dienen, und sie hatten vergeblich versucht, als Dolmetscher in die britische Armee aufgenommen zu werden.

daß Karl seine Zusicherung als Kaiser von Österreich niederschreiben sollte. Mündliche Versprechen, versicherte er ihm, würden nicht genügen, um Paris zufriedenzustellen, und Sixtus hatte auch schon einen Entwurf dieser Dokumente vorbereitet. Im Lauf dieser Diskussionen schloß sich Czernin den Gesprächen an. Der Außenminister war als einziges Regierungsmitglied die ganze Zeit hindurch über die Sixtus-Kontakte eingeweiht worden und hatte von Anfang an mit einem klassischen Zurschaustellen österreichisch-deutscher Ambivalenz reagiert.

Einerseits zeigte er Begeisterung für dieses Unternehmen und schrieb am 17. Februar sogar einen privaten Brief an die Kaiserin, in dem er sie drängte, diese familiären Verbindungen raschest weiterzuverfolgen. Diese Note war natürlich unterzeichnet. Anderseits betonte sein Memorandum, das er für den Kaiser an die Kontaktgruppe in der Schweiz geschrieben hatte, den »unauflösbaren« Charakter des Bündnisses der Mittelmächte und daß »der Abschluß eines Separatfriedens mit einem dieser Staaten für alle Zeiten ausgeschlossen« sei. Um noch mehr Verwirrung in dieses zu den Gedanken des Kaisers im Widerspruch stehende Memorandum zu bringen, weigerte er sich, seine Unterschrift unter dieses oder andere seiner Schreiben zu setzen. Auf Schloß Laxenburg verhielt sich nun Czernin ebenso merkwürdig. Er blieb zurückhaltend und ausweichend, und zwar in einem solchen Maß, daß am nächsten Tag, als alle außer dem Kaiserpaar wieder in Wien waren, die Prinzen Czernin auf eine Zusicherung drängten, daß er hinter der Initiative des Kaisers stünde. Sie erhielten diese Zusicherung letztlich, doch war sie mit einigen sehr ausdrücklichen Warnungen abgesichert. »Aber ich bitte Sie außerordentlich, klug zu sein«, drängte der Minister sie. »Denken Sie an die Macht Deutschlands und an meine eigene Verantwortlichkeit.«

Karl hatte inzwischen den entscheidenden Schritt gewagt. Das Ergebnis war der berühmte Sixtus-Brief vom 24. März 1917, für dessen Abfassung er fast den ganzen Tag benötigt hatte. Dabei wurde ihm beim Verfassen des französischen Texts von seiner Gemahlin geholfen, während Czernin telefonisch wegen gewisser diplomatischer Feinheiten konsultiert wurde. Als Sixtus zurückkam, um auch noch bei dem Entwurf mitzuhelfen, hatte er am Ende einen wirklichen Gewinn für Frankreich erlangt. Mitten im Brief, der an ihn als Mittelsmann gerichtet war, stand der Satz: »… bitte ich Dich, geheim und inoffiziell Herrn Poincaré, dem Präsidenten der Französischen Republik, zur Kenntnis zu bringen, daß ich mit allen Mitteln und unter Anwendung meines ganzen persönlichen Einflusses bei meinen Verbündeten die gerechten Rückforderungsansprüche Frankreichs mit Bezug auf Elsaß-Lothringen unterstützen werde.«

Das war selbst mündlich ein gewagtes Versprechen. Obwohl Karl Herzog von Elsaß-Lothringen war – durch die Heirat seiner großen Vorfahrin Maria Theresia mit dessen damaligem Herrscher –, waren die Herzogtümer schon seit fast einem halben Jahrhundert Teil des deutschen Kaiserreichs. Er verfügte daher über Besitzungen, die ihm gar nicht mehr gehörten. Dieses Versprechen auch noch in eigener Handschrift zu geben, war nicht mehr Wagemut, sondern schon Unbesonnenheit. Sowohl er als auch sein Reich sollten einen demütigenden Preis zahlen für ein Unternehmen, das zwar ehrgeizig, aber laienhaft war. Als Sixtus sich mit seiner Abschrift des Briefs wieder auf den Weg nach Paris machte, beschloß man, alle Beweise für seinen Besuch verschwinden zu lassen, und zwar nicht in einem Safe, sondern sie wurden in einen riesigen Schrank in Zitas Schlafgemach gestopft. Bei den Papieren handelte es sich um ein Sammelsurium zahlreicher Notizen über die Gespräche und mehrerer Briefentwürfe, doch keine über die endgültige Version. Diese »Sixtus-Affäre« war das letzte Beispiel dynastischer Diplomatie im Stil der alten Welt und nicht gerade eine hervorragende Werbung für diese Kunst.

Sie war ohnehin von Anfang an vom Pech verfolgt. Als Sixtus mit seinem wertvollen handgeschriebenen Brief nach Paris zurückkam, war die Regierung Aristide Briands, der dieses Unternehmen gefördert hatte (und der selbst nach dem Krieg noch ein Verfechter Österreichs und seines Herrscherhauses bleiben sollte), gestürzt worden. Alexandre Ribot, eine farblose Persönlichkeit, der Briands Begeisterung für diese königlichen Intrigen kaum teilte, war nun neuer Ministerpräsident. Seine Passivität wurde zwar mehr als aufgewogen durch den glühenden Enthusiasmus, mit dem Britanniens Kriegsherr die Idee eines Separatfriedens aufgenommen hatte. Lloyd George war schon lange von der blutigen und festgefahrenen Situation an der Westfront angewidert und frustriert und stürzte sich regelrecht auf die Chance, einen Schlag gegen den deutschen Riesen durch seinen schwächeren Partner im Süden zu richten.[19]

Doch Italien, der dritte involvierte Ententepartner, mußte erst dafür gewonnen werden, und dieses Unternehmen scheiterte am 19. April in einem Eisenbahnwaggon im kleinen französischen Urlaubsort Saint-Jean-de-Maurienne in den Alpen. Das war der merkwürdige Schauplatz eines Dreiertreffens, bei dem Lloyd George und Alexandre Ribot, ohne das Geheimnis des Sixtus-Briefs preiszugeben, den italienischen Außenminister Baron Sidney Sonnino drängten, sich grundsätzlich die Idee eines Separatfriedens mit Österreich zu überlegen. Sonnino reagierte mit einem absoluten Veto und drohte sogar, aus der Allianz auszutreten, sollte dieses Projekt weiterverfolgt werden. Seine Gründe waren, nur weil sie nicht genannt wurden, nicht weniger klar. Die riesigen Gebiete, die Italien 1915 durch den Londoner Geheimvertrag versprochen worden waren (und die Sonnino selbst ausgehandelt hatte), konnten nur einkassiert werden, wenn der Krieg bis zur völligen militärischen Niederlage Österreichs weitergeführt würde. Es war daher von größter Wichtigkeit für Italien, seinen Erbfeind in der Schlacht zu schlagen und ihn nicht, immer noch unbesiegt, durch Verhandlungen aus dem Krieg zu entlassen. Das italienische Veto, das wohl von Anfang an vorauszusehen war, begrub die Sixtus-Mission als diplomatische Spe-

---

[19] Ein Vorläufer der von Churchill im Zweiten Weltkrieg vertretenen ähnlichen Strategie, auf den »weichen Unterbauch der Achse« zu schlagen.

kulation, und diese tickte noch ein Jahr lang im Untergrund als politische Zeitbombe weiter.

In der Zwischenzeit hatte Karl, ebenso wie die Führer der Entente, seinen wichtigsten Verbündeten ausgehorcht. Zuerst einmal fuhr Czernin zu einer allgemeinen Besprechung über gemeinsame Kriegsziele mit Bethmann Hollweg nach Berlin. Sein vorsichtig unterbreiteter Vorschlag, daß vielleicht ein Teil des Elsaß im Tausch gegen das französische Bergbaugebiet Briey-Longwy an Frankreich zurückgegeben werden könnte, stieß beim deutschen Kanzler auf schroffe Ablehnung. Als nächstes begleiteten Czernin und der neue Generalstabschef, General Arz von Straußenburg, auf Karls Vorschlag hin den Kaiser am 3. und 4. April nach Bad Homburg zu einem Gipfelgespräch mit Wilhelm II. und dem so mächtigen Duo Hindenburg und Ludendorff.

In Bad Homburg wurde, wie in Berlin, kein Wort über die Sixtus-Mission und schon gar nicht über den Sixtus-Brief gesprochen. Alles, was die Deutschen mit Sicherheit wußten, war, daß sich österreichische und französische Vertreter in der Schweiz getroffen hatten, um unter anderem die Zukunft von Elsaß-Lothringen zu besprechen. Doch sie schöpften Verdacht und wurden mißtrauisch, als eine mögliche Übergabe der beiden Provinzen an Frankreich von österreichischer Seite erneut aufs Tapet gebracht wurde, diesmal verbunden mit einem noch besseren Angebot. Die beiden Verbündeten hatten schon seit langem darüber gestritten, wer von ihnen das polnische Königreich kontrollieren sollte, das sie nach dem Krieg zu schaffen beabsichtigten. Österreich, das das neue Polen von einem seiner Erzherzöge oder sogar von Karl selbst regiert sehen wollte, schlug nun die Möglichkeit vor, es unter deutsche Kontrolle zu stellen und auch noch das habsburgische Kronland Galizien anzuschließen – all das für die Rückgabe von Elsaß-Lothringen an Frankreich. Im Endeffekt erreichte Karl gar nichts, weil er nichts preisgegeben hatte. Das Treffen endete in nichtssagenden Phrasen.

Einen Tag nach Karls Rückkehr in seine Hauptstadt wurde die schlechte Nachricht, die er seit langem vorausgesagt hatte, verkündet: Amerikas Kriegserklärung an Deutschland, der letztendlich unweigerlich auch ein ähnlicher Schritt gegen Österreich-Ungarn folgen würde. Karl und Czernin – völlig einer Meinung in dieser Sache – schickten nun eine offene Warnung an die deutsche Reichsregierung, die sie ihr persönlich in Homburg hätten mitteilen sollen. Czernin verfaßte ein überaus pessimistisches Memorandum für seinen Souverän, der es mit einer persönlichen Bemerkung an Wilhelm II. weitergab. Die Kämpfe müßten eingestellt werden, schrieb Czernin, da die Monarchie fast am Ende ihrer militärischen Kräfte sei. Weiters stelle die russische Revolution zwar für die gesamte monarchische Struktur Europas eine Bedrohung dar, doch sei Österreich-Ungarn besonders verwundbar wegen seiner Millionen slawischer Untertanen. Ein weiterer Winter von Feindseligkeiten könne nicht in Betracht gezogen werden, vor allem da die so gepriesene U-Boot-Offensive England nicht in die Knie zwingen konnte.

Das Aneinandervorbeireden wurde zwischen den beiden Bündnispartnern nun auf dem Papier weitergeführt. Wilhelms Antwort war ein weiterer Kriegsgesang auf den »Endsieg«: Seine U-Boote würden den Kampf um Nachschub gegen England gewinnen (es war tatsächlich ein Rekordmonat von Versenkungen gewesen), Nordamerika hätte wenig Getreide für seine neuen Alliierten übrig, und in Rußland schließlich würden ja die Extremisten eigentlich für die Mittelmächte arbeiten. In diesem April 1917 sorgten die Deutschen auch dafür, daß die Extremisten, in die sie solche Hoffnungen gesetzt hatten, noch extremer wurden. Der Revolutionsführer Wladimir Iljitsch Lenin wurde aus seinem Schweizer Exil geschmuggelt und in einem plombierten deutschen Zug nach St. Petersburg gebracht, um Rußlands Zerstörung noch schneller voranzutreiben. Auch hier sahen die Monarchen wieder unterschiedlich weit und durch verschiedene Brillen. So war der Blick des Deutschen Kaisers und seiner Generäle einzig und allein auf die 40 Divisionen ihrer Armee gerichtet, die an die Westfront verschoben werden könnten, sobald die Kämpfe im Osten beendet wären. Lenin in die Kriegsgleichung einzufügen bedeutete für Karl hingegen, einen tödlichen Bazillus in die alte europäische Ordnung zu injizieren, der letztendlich zu ihrem sicheren Tod führen würde. Seine diesbezüglichen Warnungen wurden von Berlin als typisch wienerische Schwarzseherei abgetan.

Gar so erfreulich sah es in Wien ja auch nicht aus, und während des Jahres 1917, dem einzigen vollständigen Jahr seiner Herrschaft, versuchte der junge Kaiser, durch alle nur erdenklichen Mittel die Lage im Land etwas zu verbessern. Es galt nun zu überlegen, wie auf den Sturz des Zaren und die, wie es zuerst den Anschein hatte, Errichtung eines demokratischen Regimes in Rußland zu reagieren sei. Dadurch war Wien nämlich die einzige kriegführende Hauptstadt beider Lager, die nicht einmal scheinbar demokratisch regiert wurde. Der Reichsrat war seit 1914 kein einziges Mal zusammengetreten, denn ihm wurde die Macht durch den berüchtigten Ausnahmeparagraphen Vierzehn der Verfassung von 1867 genommen, was einer Regierung durch kaiserliche Verordnungen gleichkam. Karl und seine Berater entschieden daher, ihn wieder einzuberufen.

Der große Tag, auf den so viel Hoffnung gesetzt wurde, war der 31. Mai 1917. Die Gelegenheit, ein neues politisches Zeitalter einzuleiten, indem man die nationale Autonomie für all seine Völker, zumindest als ein Ziel für Friedenszeiten, proklamierte, ließ man aber ungenützt verstreichen.[20] Die Rede des Kaisers an den Reichsrat beschränkte sich auf die gleichen Allgemeinplätze einer Zusicherung »der freien, nationalen und kulturellen Entwicklung gleichberechtigter Völker«, die schon seit mehr als einem halben Jahrhundert vom Thron herab verkündet worden waren. Was aber die slawischen Abgeordneten, und besonders die Tschechen,

[20] Dieser Kurs wurde dem Kaiser von seinem einflußreichen Kabinettschef, Arthur von Polzer-Hoditz, aufgedrängt, doch die meisten seiner Minister und – überflüssig, es anzumerken – sowohl die österreichisch-deutschen als auch die ungarischen Magnaten waren dagegen.

von ihm hören wollten, war nicht das Hinarbeiten auf Autonomie, sondern das Versprechen ihrer tatsächlichen Umsetzung. Doch ist hier anzumerken, daß trotz dieser lauten Forderungen aus Prag nach »tschechischen Rechten« im »Manifest der tschechischen Schriftsteller« praktisch jeder im wiedereinberufenen Reichsrat nur eine nationale Autonomie innerhalb des Rahmens eines Vielvölkerreichs ins Auge faßte.[21] Daher widersetzten sich unter den Tschechen nur die winzige Progressive Partei, die zwei Sitze hatte, und die sogenannte Realistische Partei des emigrierten Tomáš Masaryk, die außer ihm überhaupt keine Abgeordneten hatte. Im Frühjahr 1917 galten sie immer noch als verrückte Randgruppen, denn es sollte noch ein Jahr dauern, bis sie, weitgehend von außerhalb, in den Mittelpunkt der Bühne gerückt wurden.

Wenn Karl auch die Gelegenheit nicht wahrgenommen hatte, dem Parlament die Freiheit der Nationen zu verkünden, so hatte er zumindest im selben Sommer etwas unternommen, um die Freiheit nationalistischer Agitatoren sicherzustellen. Wieder waren die Tschechen der Kern des Problems. Während Franz Josephs Regierungszeit waren der radikale Tschechenführer Dr. Karl Kramář und drei seiner wichtigsten Mitarbeiter von Militärgerichten zum Tod verurteilt worden, da man sie unter anderem der Zerschlagung der Monarchie beschuldigte. Die Strafen, die aufgeschoben worden waren, wurden vom neuen Kaiser prompt in Gefängnisstrafen umgewandelt. Nun ging Karl nicht nur bis an die gesetzlichen, sondern auch bis an die äußersten politischen Grenzen seines königlichen Vorrechts. Trotz scharfer Opposition seiner eigenen politischen und militäri-

[21] In Budapest, wo die Magyaren bis auf eine Handvoll alle 413 Sitze im Parlament innehatten, strebte man die Fortdauer *ad infinitum* dieser magyarischen Vorherrschaft an. Karl versuchte vergeblich, die Ungarn zu einer Form des allgemeinen Wahlrechts zu zwingen, wie es 1905 bereits in den österreichischen Ländern eingeführt worden war. Am 15. Mai 1917 trat Stephan Tisza wegen dieses Themas zurück.

schen Berater zu Hause und trotz stärkster Mißbilligung seitens seiner deutschen Verbündeten im Ausland, erließ er am 2. Juli 1917 eine Generalamnestie für alle Personen, »die von einem Zivil- oder Militärgericht wegen einer der folgenden im Zivilverhältnis begangenen strafbaren Handlungen verurteilt worden sind …: Hochverrat, Majestätsbeleidigung, Beleidigung des kaiserlichen Hauses, Störung der öffentlichen Ruhe, Aufstand, Aufruhr, …« Ausgenommen davon waren nur militärische Deserteure oder jene, die, wie Masaryk, vor der Monarchie ins Ausland geflüchtet waren. Ansonsten handelte es sich um eine vollständige und allgemeine Begnadigung, und noch vor Monatsende konnten 2593 politische Häftlinge das Gefängnis verlassen.

Das war eine persönliche Herausforderung des Kaisers an die seinen Thron umgebenden konservativen Kräfte. Er hatte weder Graf Czernin noch General Arz vorher über seine Absichten informiert, da er wußte, beide würden ihn davon abzubringen versuchen. Sogar die Kaiserin mußte erst von dieser Idee überzeugt werden. Die Juliamnestie war das äußerste, was Karl auf eigene Faust in Richtung einer Beruhigung nationaler Agitation unternehmen konnte. Die stürmische Begrüßung des befreiten Kramář, als er am 15. Oktober wie ein siegreicher römischer General nach Prag zurückkehrte, ließ eigentlich darauf schließen, daß der Kaiser für das Wohl der Monarchie zu weit gegangen war. Doch Karl hatte damit auch nicht ihr unmittelbares Wohl im Auge gehabt, sondern eher eine langzeitige Chance auf ihren Fortbestand. Weit weg in Amerika hatte Masaryk die potentielle Bedeutung der Amnestie erkannt und gemeint, daß ein weiterer solcher Schritt ihn sehr wohl erledigen könnte.

Diesem hochsommerlichen Hoffnungsschimmer an der heimischen Front entsprach im Herbst der wohl spektakulärste Triumph, den die österreichischen Armeen je auf dem Schlachtfeld verzeichnet hatten. Und die Tatsache, daß dieser auf Kosten von Italien, Österreichs meistgehaßtem Feind, erzielt wurde, versüßte den Sieg von Caporetto (Karfreit) nur noch mehr. Etwas ernüchternder war eine weitere unbestreitbare Tatsache, nämlich daß der Sieg von deutschen Generälen geplant und geleitet und größtenteils von deutschen Truppen errungen wurde. Ludendorff selbst hatte – um etwas gegen die dringende Warnung der Monarchie vor ihrem unmittelbar bevorstehenden Zusammenbruch zu tun – beschlossen, eine Offensive gegen Italien zu führen. Also wurde General Krafft von Delmensingen, ein Experte in der Gebirgskriegführung, der eine wichtige Rolle bei der Zurückschlagung der Rumänen gespielt hatte, in das Einsatzgebiet geschickt, um die Möglichkeiten mit den dortigen österreichischen Kommandanten, vor allem mit dem geläuterten Conrad, zu besprechen. Ein kleiner Brückenkopf, den die Österreicher immer noch am Westufer des Isonzo zwischen den Städten Flitsch und Tolmein hielten, wurde als Ausgangsbasis ausgewählt.

Ludendorffs nächstes Problem bestand darin, Soldaten für den gemeinsamen Angriff zu finden. Im Osten wurde immer noch leichter Druck von Rußland unter der Provisorischen Regierung Kerenskijs ausgeübt. Im Westen stand die deutsche Armee unter dem noch viel stärkeren Druck einer neuen britischen Offensive im Frontbogen von Ypern, einem äußerst kostspieligen Feldzug, der in dem erbitterten und sinnlosen Gemetzel, dem »Wahnsinn von Passchendaele«, gipfelte. Als einzige Möglichkeit konnte also inzwischen für diesen Angriff nur noch auf die sechs Divisionen der deutschen Reserve zurückgegriffen werden. Sie wurden also an die Isonzofront verlegt, wo sie zusammen mit neun österreichischen Divisionen die gerade geschaffene 14. Armee bildeten, die von einem Deutschen, General Otto von Below, kommandiert wurde, mit Krafft als Stabschef. Das war die Kampftruppe, die am 24. Oktober 1917 den entscheidenden Durchbruch schaffte.

Ihr Erfolg war überragend. Bis zum Monatsende, also nur eine Woche später, hatten die österreichisch-deutschen Truppen bis Udine alles weggefegt und waren rund 50 Kilometer bis zum Tagliamento vorgestoßen. Zwölf Tage später hatten sie weitere 50 Kilometer zurückgelegt und bereits den Piave erreicht, die nächste wichtige Linie, wo sie durch

Nachschubprobleme und Verstärkungstrupps der Entente schließlich zum Stehen gebracht wurden. Die Angreifer wären sogar noch schneller vorgerückt, wenn sie nicht pausiert hätten, um ihre knurrenden Bäuche mit unvorstellbaren Mengen guten italienischen Essens und Weins vollzustopfen. Doch dieser Sieg von Caporetto überstieg sogar die Erwartungen der Planer selbst. Die vor ihnen fliehende italienische zweite Armee war so gut wie ausgelöscht. Die Italiener hatten Verluste von rund 10 000 Toten, dreimal so vielen Verwundeten und – was statistisch am bedeutendsten ist – fast 30mal so vielen Gefangenen.

Das österreichische Volk erfuhr einen gewaltigen moralischen Aufschwung, als auch in den entferntesten Winkeln der Doppelmonarchie die Siegesglocken läuteten. Doch ironischerweise führte dieser Sieg zu noch größeren Reibereien zwischen der militärischen Führung der beiden Verbündeten. Die österreichischen Truppen hatten beim Vorstoß doch eine mehr oder weniger zweitrangige Rolle gespielt und waren an der Planung nur am Rande beteiligt gewesen. Conrads Wut war vorhersehbar, ebenso auch die Wut der Deutschen über das, was sie als einen weiteren Beweis für österreichische Schlaffheit und Schlamperei betrachteten, vor allem in bezug auf die stockenden Nachschublinien. Ludendorffs sechs Elitedivisionen kehrten mit der Überzeugung zu ihrem Stützpunkt zurück, daß das Kriegsglück der Mittelmächte mehr als je zuvor auf deutschen Schultern lag. Der Erste Generalquartiermeister selbst war schon seit langem dieser Überzeugung.

Und darin lagen die politischen Gefahren dieser ungleichen militärischen Partnerschaft. Viele Jahre später erinnerte sich Kaiserin Zita an einen langen Spaziergang mit ihrem Mann im Park von Schloß Schönbrunn im August 1914, knapp bevor der junge Erzherzog sich zu seinem Regiment an die Front begeben wollte. Er war, nun, da es zum Krieg gekommen war, besorgt über das Bündnis zwischen den beiden deutschen Reichen und stellte einen Vergleich mit La Fontaines Fabel über den Eisentopf und den Tontopf an, die sich friedlich auf einen Spaziergang begaben. »Die

Deutschen sind der eiserne Topf. Wenn wir zu weit und zu rasch Hand in Hand mit ihnen gehen, dann werden wir wie in der Fabel mit ihnen zusammenstoßen, und unser österreichischer Topf wird zerbrechen.«[22]

3. Ein verhängnisvoller Skandal

Das letzte schreckliche Jahr im Leben der Monarchie nahm an allen Fronten in rasantem Tempo seinen Anfang. Zu Hause löste die Herabsetzung der Grundration auf kärgliche 165 Gramm Mehl pro Tag die gewalttätigste und umfassendste Welle von Hungerunruhen aus, die man in diesem langen Krieg bisher erlebt hatte. Sie begannen am 14. Januar im Industriezentrum von Wiener Neustadt, wo die Fabriksarbeiter von Daimler ihre Arbeit niederlegten und das Rathaus besetzten. Innerhalb der nächsten fünf Tage hatte sich mehr als eine halbe Million österreichischer Arbeiter ihrem Streik angeschlossen, und eine Welle von Sympathiekundgebungen breitete sich von Galizien bis hinunter nach Triest aus. Jetzt richtete sich ihr Zorn auch nicht mehr nur gegen den Hunger und das Fortdauern des Kriegs. Auch der ideologische Hunger war größer geworden, und zum ersten Mal erklangen bolschewistische Parolen entlang der Donau. Der Leninbazillus, vor dem Karl gewarnt hatte, hatte nun tatsächlich auf die Monarchie übergegriffen. Übertragen wurde er von Deserteuren und freigelassenen Gefangenen, die von der russischen Front heimkamen, ausgenutzt wurde er von extremistischen Politikern und Nationalisten, wobei sich die tschechischen Radikalen besonders hervortaten. Sie münzten den berühmten kommunistischen Aufruf an die Proletarier aller Länder, sich gegen die kapitalistische Ordnung zu vereinen, zu einer

[22] Diese Anekdote wurde dem Autor von Kaiserin Zita am 28. März 1985 in Zizers erzählt.

Aufforderung an alle Slawen um, sich gegen die Krone zu vereinen.

Diese überzeugten Revolutionäre bildeten immer noch eine kleine Minderheit, und, wie dies in der Geschichte österreichischer Demonstranten immer der Fall war, ihre Lungen erwiesen sich als viel stärker als ihr Wille. Dennoch war die Beunruhigung in der Regierung und bei Hofe groß genug, um eine Niederschlagung durch militärisches Einschreiten vorzubereiten. Es war größtenteils dem mäßigenden Einfluß der Sozialdemokratischen Partei zu verdanken, daß die Gewalt schließlich eingedämmt wurde. Die eigenen Arbeiterräte machten die Streikkomitees unschädlich, indem sie sich diese einverleibten. Das Organ der Sozialdemokraten, die *Arbeiterzeitung,* die während des ganzen Tumults weiterhin gedruckt wurde, publizierte Aufrufe von oberster Stelle, wieder an die Arbeitsplätze zurückzukehren. Vielleicht spürten die Führer der Sozialisten, darunter der erfahrene Mitbegründer des Linzer Programms von 1882, Viktor Adler, wie auch Karl Seitz und Karl Renner, daß ihr Tag ohne Blutvergießen in den Straßen kommen würde (womit sie recht hatten). In der Zwischenzeit standen diese pragmatischen Säulen der Linken an der Seite des Throns. Adler hatte in einem privaten Gespräch Kaiser Karl persönlich seine Unterstützung zugesichert, und Renner, einer der kaiserlichen Staatsbeamten, konnte sich Reformen nur im kaiserlichen Kontext vorstellen. Die Zeit und der Opportunismus sollten vieles ändern.

Während diese Beben die Heimatfront erschütterten, brachte der erste Monat des Jahres 1918 politische Entwicklungen im Ausland mit sich, die für die gesamte Zukunft des Kaiserreichs und gleichzeitig auch für den Rest Europas entscheidend sein sollten. Am 8. Januar trat Präsident Wilson mit seinem Vierzehn-Punkte-Programm als Basis für den Frieden und eine neue Weltordnung in den Mittelpunkt der diplomatischen Bühne. Interessant sind hier nur jene zwei der Vierzehn Punkte, die die Doppelmonarchie direkt betreffen. Punkt Neun schien den Nachkriegsstatus der Viertelmillion deutschsprachiger Österreicher in Südtirol zu sichern. Jede Berichtigung der italienischen Grenze, so der Wortlaut, sollte »nach klar erkennbaren Linien der Nationalität« vorgenommen werden. Punkt Zehn bezog sich direkt auf Österreich-Ungarn, verlangte jedoch nur, daß seinen Völkern »die bestmögliche Form zur freien autonomen Entwicklung gewährt werden ...« solle.

Diese vorsichtige Formulierung entsprach genau der Zusicherung, die Karl selbst nicht einmal sechs Monate zuvor vor dem wiedereinberufenen Reichsrat gegeben hatte. Daß dies die derzeitige Einstellung im Lager der Entente exakt widerspiegelte – nämlich daß die Doppelmonarchie in irgendeiner rekonstituierten Form Teil der nationalen Ordnung der Dinge bleiben sollte –, zeigte sich durch die dezidierten Aussagen dazu seitens westlicher Politiker. Es war immerhin kaum ein Monat vergangen, seit Amerika auch Österreich-Ungarn den Krieg erklärt hatte, und das Hauptmotiv für diesen Schritt war die Stärkung Italiens gewesen. Wilsons Unterstützung für die Monarchie, die er am 8. Januar erneut zusicherte, war daher kaum überraschend. Noch weniger überraschend war die Erklärung, die Lloyd Georges drei Tage zuvor abgegeben hatte und in der er sogar hatte durchblicken lassen, daß eine Stärkung Österreich-Ungarns im Interesse der Entente liegen könnte.[23] Das war natürlich auch der Fall, vorausgesetzt daß diese Hand in Hand mit einer Schwächung Deutschlands ginge. Genau das war das oberste Ziel aller Mächte im westlichen Lager, und der britische Premier hatte nie die Hoffnung aufgegeben, die er während der Sixtus-Mission kurzzeitig vor Augen gehabt hatte, dieses Ziel durch ein separates Abkommen mit Österreich zu erzielen.

Als er sich am 5. Januar 1918 für die Monarchie aussprach, war Lloyd George eigentlich immer noch beim Verarbeiten der ersten Berichte über die wohl bedeutendsten

---

[23] Seine Rede vor dem Gewerkschaftskongreß am 5. Januar enthielt die Worte (die von seinem Kabinett einen Tag vorher gestrichen worden waren): »Wir erachten das Bestehen eines starken Österreich als wünschenswert.«

geheimen Friedensverhandlungen, die je zwischen Wien und den westlichen Demokratien stattgefunden hatten. Gemeint sind die Gespräche am 18. und 19. Dezember 1917 in Genf zwischen dem österreichisch-ungarischen Botschafter im London der Vorkriegszeit, Albert Graf Mensdorff-Pouilly, und als Vertreter Großbritanniens keiner geringeren Persönlichkeit als General Jan Smuts, einem südafrikanischen Staatsmann, der nun Mitglied des britischen Kriegskabinetts war. Lloyd George selbst hatte seine Mission unterstützt, weshalb es sich hierbei, im Gegensatz zum unrealistischen Vortasten der Franzosen im vorigen August,[24] um einen ernsthaften, von der britischen Regierung autorisierten Versuch handelte, Österreich aus dem Krieg herauszubekommen. Neben dem Austausch verschiedener Gebiete nach dem Krieg schlug Smuts ein spezielles Hilfsprogramm des britischen Empire für Österreich vor, falls es sich dem deutschen Einfluß entziehen könnte. »Wenn Österreich bereit ist, diese Rolle zu spielen und mit Deutschland zu brechen«, erklärte er einem erstaunten Mensdorff, »so würde es nicht nur unsere Sympathie, sondern auch unsere aktive Unterstützung erhalten. Wir würden alles in unserer Macht Stehende tun, um Österreich nicht nur zu erhalten und zu stärken, sondern ihm auch bei seinem wirtschaftlichen Wiederaufbau zu helfen.« Smuts stellte dann einen sehr verlockenden Vergleich der historischen Rolle der beiden Kaiserreiche an. Vorausgesetzt, Österreich würde liberale Reformen durchführen, dann könne es »für Mitteleuropa weitgehend das werden ..., was das britische Empire für die übrige Welt geworden sei ... und es würde für die Zukunft eine Mission haben, die weit größer sei als seine Mission in der Vergangenheit«.

[24] Nach einer Initiative des französischen Militärs hatte ein französischer Major der Armee, Graf Abel Armand, in Freiburg in der Schweiz den österreichischen Diplomaten Graf Nikolaus Revertera di Salandra getroffen. Die beiden Grafen tauschten verschiedene Ideen aus, wie Österreich auf Kosten Deutschlands für die Abtretung des Trentinos an Italien entschädigt werden könnte. Es war ein Versuchsballon, der nie an Höhe gewann.

In Wien hatte, wie schon während des französisch-österreichischen Austauschs, Czernin die Fäden in der Hand und blieb anfangs absolut loyal gegenüber dem deutschen Bundesgenossen.[25] Er hatte Mensdorff sogar mit der Anweisung nach Genf geschickt, jeden Vorschlag eines Separatfriedens abzulehnen und nur eine allgemeine Regelung, die Deutschland mit einschließt, zu diskutieren. Da das das genaue Gegenteil der Anweisungen war, die General Smuts erhalten hatte, überraschte es wohl kaum, daß die Gespräche sich allmählich festfuhren. Das letzte Zusammentreffen dieser Art fand am 9. März 1918 wieder in der Schweiz statt. Der Verhandlungspartner des Generals war diesmal der äußerst fähige Legationsrat der österreichischen Gesandtschaft, der sich eines für Smuts wahrscheinlich beinahe unaussprechlichen Namens erfreute: Ladislaw von Skrzynno-Skrzynski. Erst hatte es den Anschein, als ob sich auf österreichischer Seite ein völliger Sinneswandel vollzogen hätte, da nun gesagt wurde, daß über einen Separatfrieden diskutiert werden könne. Doch als Smuts den Zeitpunkt und Einzelheiten festzulegen versuchte, nahm man eine ausweichende Haltung ein. Nachdem nach einer Woche noch nichts erreicht worden war, fuhr der General am 14. März mit leeren Händen ab, und die Kontakte lösten sich, wie ein Trugbild, in Luft auf.

Natürlich brauchte Österreich den Frieden die ganze Zeit über genauso dringend wie vorher. War der Januar der Monat der Hungerunruhen, so war der Februar der Monat der Meuterei. Am 1. Februar rissen die Matrosen des großen Adria-Flottenstützpunkts Kotor (Cattaro) die Kontrolle über die gesamte Fünfte Flotte der Monarchie, die dort vor Anker lag, an sich. Das Zeichen für die Aktion wurde durch einen von der *Sankt Georg* abgefeuerten Schuß gegeben, dem Flaggschiff Admiral Hansas, dessen Offiziere völlig verblüfft waren, als sie beim Mittagessen die Schiffskapelle plötzlich von Wiener Walzer zur *Marseil-*

---

[25] Der Kaiser, der zwar über die Vorgänge informiert war, überließ diese formalen diplomatischen Kontakte jedoch seinem Außenminister.

laise überwechseln hörten. Bald flatterte die rote Fahne nicht nur auf der *Sankt Georg*, sondern von fast jedem zweiten der etwas über 40 Kreuzer, Zerstörer und Torpedoboote im Hafen. Doch trotz ihrer peinlich genauen Vorbereitungen hatten die Meuterer eines vergessen: den Funkverkehr der Flotte unter ihre Kontrolle zu bringen. Die österreichisch-ungarische Dritte Flotte wurde von Pola heraufgerufen, und als sie am 3. Februar ankam, brach die Rebellion zusammen. Österreichs großer Verbündeter kam ebenfalls zu Hilfe. So war es eigentlich der Anblick der im Hafen auftauchenden deutschen Unterseeboote, der die Meuterer endgültig einschüchterte.

Die Vorfälle in Kotor waren für militärische Verhältnisse eine harmlose Angelegenheit, verglichen mit der großen Rebellion in der französischen Armee von 1917. Doch ihre politische Bedeutung für das Schicksal der Monarchie war viel schwerwiegender, denn sie war auch eine Revolte der Nationalitäten. Von den vier Rädelsführern, die am Ende hingerichtet wurden, war einer Tscheche und die anderen drei Südslawen. Es war auch eine ideologische Rebellion gewesen. Bei den materiellen Forderungen der Meuterer ging es vor allem um extra Zigarettenrationen und längere Landurlaube. Ihre politischen Forderungen waren da schon gewichtiger: sofortiger Frieden mit Rußland, Annahme der Vierzehn Punkte Wilsons und eine demokratische Reform der Monarchie. Um die Verbindung zur russischen Revolution herauszustreichen, hatte František Ras, ein tschechischer Sozialdemokrat, der sich unter den erst später Hingerichteten befand, seinen eigenen »Sowjet« an Bord des Flaggschiffs eingerichtet, einen »Zentralrat der Matrosen«, in den Meuterer aller gekaperten Schiffe ihre Vertreter entsandten. Der »Sowjet« auf dem Flaggschiff war kurzlebig, ganz anders verhielt es sich jedoch mit seiner revolutionären Botschaft, die nicht nur der Offiziersbesatzung der Fünften Flotte – vorwiegend Österreicher und Ungarn – einen Schauer über den Rücken jagte.

In einem Punkt zumindest konnten die beiden verbündeten Kaiser und ihre militärischen und zivilen Berater den

Meuterern von Kotor zustimmen: Man mußte rasch mit Rußland Frieden schließen. Die Bolschewiken, die im November 1917 die Macht an sich gerissen hatten, traten ebenfalls mit einem eigenen Programm für einen sofortigen Friedensschluß an die Öffentlichkeit, zum Teil in dem Glauben, der sich als bedauerlicher Irrtum erweisen sollte, daß dies Sympathiekundgebungen im Proletariat Berlins und Wiens auslösen würde. Doch die Monarchie hatte von allen ein Abkommen am dringendsten nötig, um endlich an Getreidevorräte heranzukommen und so die Nahrungsmittelkrise, die in diesem Winter die österreichische Hälfte der Monarchie erschütterte, zu lindern. In Wien herrschte fast Panikstimmung bei dem Gedanken, daß die Verhandlungen, die im Dezember 1917 in Brest-Litowsk[26] aufgenommen wurden, scheitern könnten. Czernin, der die österreichisch-ungarische Delegation anführte, hatte von seinem Kaiser sogar die Weisung erhalten – sollte durch Deutschlands exzessive Gebietsforderungen ein Zusammenbruch der Verhandlungen drohen –, für die Doppelmonarchie einen eigenen Separatfrieden mit den Bolschewiken zu schließen.

Der österreichische Außenminister hatte daher von Anfang an ein schlechtes Blatt in der Hand. Das Spiel wurde ihm auch nicht leichter gemacht durch die dominante Erscheinung anderer Spieler am Tisch: Leo Trotzki, der gefährliche Revolutionsführer für Rußland, und der noch überwältigendere Generalmajor Max Hoffmann, der stiernackige Sprecher für die deutsche Oberste Heeresleitung. Nach äußerst riskantem politischem Vorgehen sicherte sich Hoffmann am 3. März 1918 einen Vertrag, der vom Bolschewikenstaat einen Streifen von der Ostsee bis zum Schwarzen Meer abschnitt. Czernin konnte nichts tun, um dieses annexionistische Programm seines Verbündeten zu verhindern, das für Österreich-Ungarn bedrohlich war, da es demonstrierte, wie eine multinationale Macht durch

---

[26] Die Stadt am Bug 100 Kilometer östlich von Warschau, die damals Sitz des deutschen Armeehauptquartiers an der Ostfront war.

Gewalt in Nationalitätenblocks aufgespalten werden konnte. Andererseits hatte derselbe Nationalismus ihm dabei geholfen, selbst einen Erfolg zu erringen. Die Ukraine, die am 22. Januar ihre Unabhängigkeit von Rußland erklärt hatte, unterzeichnete schließlich am 9. Februar ihren eigenen Vertrag mit der Monarchie: Endlich ein Separatfrieden. Was sich Österreich davon erhoffte, war eine Million Tonnen Getreide, tatsächlich wurde aber viel weniger geliefert. Der politische Preis, den es dafür zu zahlen hatte, war teuer. Die Ukrainer forderten die polnische Stadt Cholm für ihre neue Republik und bekamen sie auch. Das hatte heftige Wutausbrüche der Polen in der Monarchie zur Folge. Waren sie bisher kaisertreu gewesen, so wurden sie nun unruhig und erbittert. Die austro-polnische Version als mögliche Zukunftslösung war so gut wie gestorben.

Doch all diese Bedenken gingen nun in einer Welle hysterischer Begeisterung darüber unter, daß die Bäuche der Österreicher nun gefüllt werden würden, ohne ihre widerwilligen deutschen Verbündeten oder ihre knauserigen ungarischen Partner um mehr Getreide anbetteln zu müssen. Der Vertrag mit der Ukraine wurde überoptimistisch als »Brotfrieden« bejubelt. Der Kaiser erklärte diesen Tag zum glücklichsten seines Lebens und bot Czernin an, ihn in den Fürstenstand zu erheben, was der Außenminister, der stolz genug war, ein Ottokar Graf Czernin von und zu Chudenitz zu sein, ablehnte. Doch ob Fürst oder nicht, als er nach Wien zurückkehrte, war er der Volksheld des Tages. Dankschreiben fluteten herein, und im Stephansdom wurde eine große Erntedankmesse gefeiert. Die Schmeichelei stieg ihm gefährlich zu Kopf.

Es war in mehrfacher Hinsicht eine Zeit des übersteigerten Selbstbewußtseins. Am 21. März 1918 startete die deutsche Armee, nun verstärkt durch die 40 zusätzlichen Divisionen, die von der inzwischen ruhigen russischen Front abgezogen worden waren, etwas, das sich als ihre letzte Großoffensive an der Westfront erweisen sollte. Czernin wurde von Hoffmann informiert, daß die sogenannte Kaiserschlacht in Sicht wäre und daß diese die Westmächte ein für allemal erledigen würde. Es ist bezeichnend, daß nur eine Woche vor dieser Frühjahrsoffensive, von der man sich so viel versprach, Czernin die Gespräche zwischen Mensdorff und Smuts hatte auslaufen lassen, da er es als sinnlos erachtete, einen Frieden auszuhandeln, wenn dieser sowieso bald mit Gewalt durchgesetzt werden konnte. Anfangs schien es, als ob die kühnsten Siegesträume der Deutschen wahr werden sollten. Innerhalb von zwei Wochen hatten ihre Truppen eine Ausbuchtung von 60 Kilometern in die feindliche Front bei Amiens geschlagen, die von der britischen dritten und fünften Armee gehalten wurde – ein kolossaler Vorstoß für einen Stellungskrieg. Die Marne-Linie und dahinter Paris schienen schon greifbar nahe.

In dieser berauschenden Atmosphäre hielt Czernin am 2. April seine, wie man dies heute nennen würde, programmatische Rede in Wien. Seine unmittelbare Zuhörerschaft war eine von Bürgermeister Dr. Weißkirchner angeführte Delegation von Gemeinderäten, die ihm im Namen der Hauptstadt für den Brotfrieden mit der Ukraine danken wollte. Doch Czernins eigentliches Zielpublikum war das Lager der Entente, und hier vor allem Georges Clemenceau, der dynamische ehemalige Journalist, der im November 1917 das Amt des französischen Ministerpräsidenten übernommen hatte. Clemenceau war die Verkörperung französischen Revanchismus und stellte nun, in Czernins Augen, das größte Hindernis für einen Sieg dar. Nachdem er ein Abkommen mit den Ukrainern erreicht und, wenn auch in bescheidener Weise, dazu beigetragen hatte, mit den russischen Bolschewiken fertig zu werden, richtete der böhmische Möchtegern-Bismarck seine rhetorischen Waffen auf den »Tiger« in Paris. In Anspielung auf die deutsche Offensive, die bereits die westlichen Verteidigungslinien in Frankreich aufrollte, behauptete Czernin, daß einige Zeit vor Beginn der Offensive Clemenceau persönlich Friedensfühler in seine Richtung ausgestreckt hätte. Gescheitert sei dies jedoch, weil der französische Ministerpräsident jeden Kompromiß über die Rückgabe von Elsaß-Lothringen ausgeschlossen habe. Clemenceau, der überhaupt keinen Kontakt zum österreichischen Außenminister gehabt hatte, veröffentlichte mit gutem Recht ein Dementi.[27] Doch die Form, in der er diese Leugnung veröffentlichte, überschritt selbst für Kriegszeiten die Grenzen diplomatischer Gepflogenheiten. Die offizielle französische Nachrichtenagentur *Havas* veröffentlichte am 4. April den knappen Satz, den der Ministerpräsident ihnen in den Telefonhörer hineingebrüllt hatte: »Graf Czernin lügt.«

In den folgenden Wochen bombardierten die beiden Männer einander beide mit einem leichten Anflug von Größenwahnsinn, in aller Öffentlichkeit mit Telegrammen und Gegentelegrammen, wobei die Kommuniqués aus Paris sich immer mehr dem Thema von Karls schriftlicher Zusicherung an Sixtus näherten.[28] Czernin war zu sehr von sich eingenommen und zu wütend, um die Gefahr zu erkennen. Statt dessen feuerte er weiterhin Propagandageschoße nach Paris ab und enthüllte dabei Details über jegliche Geheimkontakte zwischen den beiden Lagern, auch über die erst vor kurzem stattgefundenen Gespräche zwischen Smuts und Mensdorff. Schließlich verlor Clemenceau die Geduld und antwortete mit einer Wortsalve, die Czernins Sache in tausend Stücke zerspringen ließ. Am 12. April veröffentlichte die französische Nachrichtenagentur vor den Augen der gesamten Weltöffentlichkeit den vollen Wortlaut des Sixtus-Briefs vom 24. März 1917 mit seinem kategorischen Versprechen, daß der österreichische Kaiser »mit allen Mitteln ... die gerechten Rückforderungsansprüche Frankreichs mit Bezug auf Elsaß-Lothringen unterstützen werde«.

[27] Czernin dachte dabei vermutlich an die Armand-Revertera-Gespräche in der Schweiz, doch diese hatten im August 1917 stattgefunden, also drei Monate vor der Machtübernahme durch Clemenceau, und sie hatten sich auch damals bereits im Sande verlaufen.

[28] Der Quai d'Orsay hatte bereits am 4. April einem erfreuten Clemenceau die Sixtus-Akte enthüllt, darunter die handgeschriebenen Briefe des österreichischen Kaisers. Damit war das von Sixtus gegebene feierliche Versprechen, daß die Briefe der französischen Führung zwar gezeigt, doch nie aus der Hand gegeben würden, gebrochen oder umgangen worden.

Dem Drama, das sich nun abspielte, ging eine 24stündige schwarze Komödie voraus, die in jedem anderen als in diesem tragischen Zusammenhang zum Lachen gereizt hätte. Als Karl und Zita nämlich zu dem Versteck in Zitas Schlafzimmer auf Schloß Laxenburg stürzten, wo die Sixtus-Dokumente verstaut worden waren, hatten sie keine Ahnung, welcher der nacheinander herauspurzelnden Entwürfe der endgültige war. Es kam sogar eine spätere Version vom 9. Mai 1917 zum Vorschein, die einen glatten Widerspruch zum Sixtus-Brief darstellte, mit der Erklärung, daß Frankreichs Anspruch auf die umstrittenen Provinzen leider *nicht* gerechtfertigt wäre. Sie wußten nur mehr aus dem Gedächtnis, daß dies nicht der Wortlaut des Texts war, den Sixtus mitgenommen hatte. Dieses glücklose kaiserliche Paar hatte ein königliches Durcheinander in die Dinge gebracht, und dieses Durcheinander sollte schreckliche Folgen nach sich ziehen.

Der Schaden war vielfältig. Den Westmächten, und vor allem Präsident Wilson, den Karl so sehr von seiner Aufrichtigkeit zu überzeugen versucht hatte[29], erschien der Kaiser und König von Österreich-Ungarn als ein wohlmeinender, doch verwirrter und etwas unaufrichtiger Stümper. Das war peinlich und bedauerlich, doch das war auch schon alles, denn die Entente war immerhin noch das feindliche Lager. Der größtmögliche Schaden jedoch war beim deutschen Bundesgenossen angerichtet worden. Das von Ludendorff angeführte habsburgerfeindliche Lager hatte die Monarchie schon seit langem als eine schwache Stütze in der Schlacht und einen dubiosen Partner in der Diplomatie gebrandmarkt. Doch nun war ihr Kaiser als jemand ent-

---

[29] So hatte er zum Beispiel im Februar 1918 ein persönliches Ansuchen (über seinen Verwandten Alfonso XIII. von Spanien) an den amerikanischen Präsidenten gesandt, in dem er um direkte Gespräche auf Basis der Vierzehn Punkte bat. Wilson gab zur Antwort, daß ein Treffen keinen Zweck hätte, sofern nicht vorher gewisse konkrete Zusicherungen gegeben würden. Dazu gehörten »die nationalen Bestrebungen der slawischen Völker« und, noch bedrohlicher, »definitive Konzessionen an Italien«.

larvt worden, der zwischen einem Betrüger und einem veritablen Verräter des Bündnisses stand.

Karl hatte die ganze Sache durch eine persönliche Nachricht an den Deutschen Kaiser, die abgeschickt wurde, kurz bevor der Telegrammwechsel mit Clemenceau seinen Höhepunkt erreichte, und in der er seinem kaiserlichen Kollegen versicherte, daß der französische Ministerpräsident lüge und daß »Ich für Deine Provinzen genauso kämpfe und ferner zu kämpfen bereit bin, als gelte es, Meine Länder zu verteidigen«, für sich selbst nur noch schlimmer gemacht. Diese beklagenswerte Heuchelei wurde durch den Verweis darauf, daß »die österreichisch-ungarischen Kanonen gemeinsam mit deutschen an der Westfront donnern ...«, auch kein bißchen glaubwürdiger. Der unbedeutende Beitrag, den die Monarchie bisher zum deutschen Kampf an der Westfront geleistet hatte, war für Berlin schon seit langem ein wunder Punkt gewesen. Nun schien der österreichische Kaiser den falschen Machenschaften auch noch falsche Heldentaten hinzuzufügen. Doch welchen Verdacht er auch immer über die Vorgänge in Wien haben mochte, Wilhelm II. schickte eine aufbauende Antwort zurück: Es sei ganz klar, daß ihre Feinde, da sie in einem fairen Kampf gescheitert waren, nun auf schmutzige Tricks zurückgreifen würden und daß natürlich die Solidarität zwischen ihren beiden Kaiserreichen dadurch nur noch weiter gestärkt würde. Diese ermutigende Nachricht langte in Baden, am Tag bevor Clemenceau seinen besten Trumpf ausspielte, ein: die Veröffentlichung des Sixtus-Briefs. Tatsächlich waren, ob Wilhelm II. sich dessen bewußt war oder nicht, einige sehr finstere Unterströmungen in den österreichisch-deutschen Beziehungen an die Oberfläche gekommen, Wochen bevor die große Lawine des Sixtus-Skandals losgetreten wurde. Anfang März 1918 hatte der österreichische Geheimdienst Kaiser Karl über einen geplanten Staatsstreich informiert, durch den er vorübergehend durch eine prodeutsche Regentschaft ersetzt, wenn nicht überhaupt gestürzt werden sollte. Ausgangspunkt der Verschwörung soll angeblich die deutsche Heeresleitung gewesen sein, und es hieß, daß ihr wichtigstes Instrument in Wien niemand anderer als Graf Czernin sei.

Diese Geheimdienstberichte sind nie mehr aufgetaucht und auch kein anderer Hinweis auf diese angebliche Verschwörung in Dokumenten, abgesehen von einem Tagebuch, dem ersten und letzten während ihrer Regierungszeit, das die Kaiserin über diese finsteren Iden des März führte. Allein die Tatsache, daß sie von ihrem eisernen Grundsatz, niemals Aufzeichnungen über politische Ereignisse zu führen, abgegangen war, ist schon Beweis genug dafür, daß Alarm geschlagen wurde. Das Tagebuch, das sich über die hektischen Tage vom 2. bis zum 14. April erstreckt, verfügt über ein nicht datiertes Vorwort, das in unzusammenhängenden kurzen Phrasen geschrieben ist, so als ob die Kaiserin selbst kaum begreifen konnte, was sie da niederschrieb:

> Warnung vor einem Complott. Alle Papiere verbrannt. Graf Cz.[ernin] wird immer unerträglicher: sprunghaft, oberflächlich, nervös. Wollte Kaiser im Januar durchaus dazu bringen, [von Baden und Laxenburg] nach Wien übersiedeln. ... Brest-Litowsk, groß [sic!] Freundschaft mit deutsch. General Hoffmann. Dort Complott ausgeheckt. Generale, Statthalter od. hohe Statthaltereiräte, oest. und ung. Adelsverschwörung, Erzherzöge ...[30]

Ob die Verschwörung wirklich in diesen Dimensionen existierte oder nur aus der Luft gegriffen war, werden wir wahrscheinlich nie erfahren. Sicher ist jedoch – wiederum nach Berichten aus erster Hand in diesem Tagebuch –, daß Czernin sich während der ganzen Krise des im April stattgefundenen »Kriegs der Kommuniqués« wie ein – etwas zerrütteter – Verschwörer benahm. Zweimal, am 12. und am 13. April, fuhr er nach Baden, um den Kaiser dazu zu

[30] Das Tagebuch wurde vom Autor in den Habsburger Familienarchiven (HFA) gefunden, die von der Familie im Lauf der Jahre in der Schweiz angelegt worden waren. Die Quellenangabe in dem umfassenden Katalog ist Kassette Nr. 22, Ordner 128.

überreden, er möge bescheinigen, daß der wirkliche Brief, den er Sixtus gegeben hätte, die verworfene Version wäre, welche unter anderem Frankreichs Anspruch auf Elsaß-Lothringen in Frage gestellt hatte. Als das Tyrannisieren nichts nutzte, versuchte er es mit Druck, und als auch das nichts nutzte, mit Erpressung. In einer langen Sitzung mit dem Kaiser am 12. April drohte er damit, sollte Karl ihm nicht sofort eine schriftliche ehrenwörtliche Erklärung darüber geben, daß der falsche Brief der echte sei, werde er »also sofort Berlin verständigen, und der Trümmerhaufen, der durch den Einmarsch und Revolution entstände«, könne der Kaiser dann »mit dem eigenen Gewissen ausmachen«. Karl, der zwar nicht verwirrt, aber krank und am Ende seiner Kräfte war, unterschrieb unvernünftigerweise diese Erklärung, die, wie beide wußten, reiner Schwindel war, nur um seinen lästigen Besucher loszuwerden. Als Gegenleistung mußte der Minister versprechen, den Inhalt der Erklärung nie einer Menschenseele zu verraten. Er brauche die Erklärung nur, »um seinen Kindern einen ehrenvollen Namen zu hinterlassen«, und sie würde für immer in seinem Schreibtisch versperrt bleiben. Noch am selben Tag zeigte Czernin, als er nach Wien zurückkehrte, wie wenig ihm an seiner eigenen Ehre oder der seines Kaisers lag. Er veröffentlichte die Erklärung in voller Länge als Teil eines weiteren sinnlosen Kommuniqués für Paris.

Zur letzten Konfrontation zwischen Czernin und dem Kaiserpaar kam es, als der Minister am folgenden Morgen wieder nach Baden fuhr. Da der Kaiser mit starken Brustschmerzen zu Bett lag, empfing die Kaiserin den weinerlichen und überreizten Czernin von zehn bis dreiviertelzwölf Uhr vormittags in ihren Räumen. In ihrem Tagebuch, das diesbezüglich sehr deutlich ist, berichtet sie von mehreren Ausbrüchen des Außenministers, die sogar sein Benehmen vom Vortag in den Schatten stellten. Erst drohte er mit Selbstmord. Als Alternative schlug er vor, daß sich alle drei gemeinsam das Leben nehmen sollten. (Auf diesen Vorschlag erwiderte die Kaiserin eisig: »Wenn ich schon in die Hölle kommen soll, ginge ich lieber in einer besseren Gesellschaft als in der Seinigen!«) Dann erinnerte Czernin drohend daran, daß ihre Brüder, wie er schon in der Früh am Telefon behauptet hatte, »in großer Gefahr seien, erschossen zu werden«.

Schließlich rückte er mit seiner Lösung des Dilemmas heraus, in das Clemenceau die Monarchie gestürzt hatte. Karl sollte erklären, daß er an »zeitweiligen geistigen Absencen« leide und während eines solchen »Aussetzers« den Sixtus-Brief geschrieben hätte, was nicht mehr länger geleugnet werden konnte. Deshalb sollte der Kaiser aus gesundheitlichen Gründen vorübergehend von der Macht zurücktreten und diese an den beliebten Feldmarschall Erzherzog Eugen aus der jüngeren Teschener Linie als Regenten übergeben. Die wahre Macht aber würde in seiner, also Czernins, Hand bleiben, der als »eiserner Kanzler« eine brauchbare Vereinigung mit Deutschland verhandeln würde. Sobald diese erreicht wäre, könne der Kaiser den Thron wieder besteigen. Karl erhob sich von seinem Krankenlager, um gemeinsam mit seiner Gemahlin diesen Vorschlag als absurd zurückzuweisen: »Kommt nicht in Frage. Wo kommen wir denn hin, wenn wir anfangen, die Monarchen als Geistesverwirrte zu erklären?« Nur eines war in diesem Durcheinander von Verwirrung, Erpressung und Hysterie ganz klar: Graf Czernin würde gehen müssen. Das tat er dann auch, in einem weinerlichen Anfall von Reue während einer anderen kurzen Sitzung mit dem Kaiser am nächsten Tag. Der verläßliche alte Packesel, Baron Burián, wurde von Karl als sein Nachfolger wieder ins Amt berufen.

Abgesehen vom historischen Wert des Tagebuchs der Kaiserin, lohnt es sich aus zwei Gründen, etwas genauer auf dieses Drama einzugehen. Erstens kann auf diese Weise anhand eines persönlichen Schicksals das Tauziehen zwischen österreichischer und deutscher Identität demonstriert werden, das bereits so viel Unheil über die Monarchie gebracht hatte und in der Zukunft sogar noch mehr Schaden anrichten sollte. Czernin war ein Monarchist, der immer sehr stolz auf seinen Orden vom Goldenen Vlies war. Diesen Orden, den nur der Kaiser namhaften katholischen

Persönlichkeiten verleihen konnte, war ihm, kurz bevor sich ihre Wege getrennt hatten, von Karl verliehen worden.[31] Bei dieser Trennung nahm Czernin auch gleich den nächsthöheren Orden der Monarchie entgegen, das Großkreuz des Sankt-Stephans-Ordens mit Brillanten, als eine Art Feigenblatt, um die allgemeine Peinlichkeit zu verdecken. Doch die Tatsache, daß der Deutsche Kaiser bei diesem Anlaß sein Eisernes Kreuz Erster Klasse beisteuerte, zeigte die Kehrseite der Medaille: Wenn Czernin wirklich des Verrats schuldig war, dann war er ein Verräter für die deutsche Sache.

Für eine nähere Betrachtung der Sixtus-Affäre vom April 1918 spricht jedoch noch ein weiterer und viel wichtigerer Grund. Sie führte nämlich schnell und direkt zum Ende des Habsburgerreichs als unabhängige Kraft in der Weltpolitik und letztendlich auch zu dessen Begräbnis als Staatsgebilde. Der Gipfel der Ironie in Karls Regierungszeit war wohl, daß die verpfuschten Friedensbemühungen, durch die er sein Reich zu retten gehofft hatte, diesem am Ende den Todesstoß versetzten.

Seine private Erklärung an den Deutschen Kaiser, daß eine bilaterale Verständigung mit Frankreich nur als Vorbereitung für ein allgemeines Abkommen zwischen den beiden Lagern gedient hätte, wurde von Hindenburg und Ludendorff beiseite gewischt. Inzwischen hatten sie den Obersten Kriegsherrn zu einer reinen Marionette reduziert, die an ihren Fäden auf der Bühne zu tanzen hatte. Entschuldigungen und Zeichen des guten Willens von österreichischer Seite genügten der deutschen Obersten Heeresleitung nicht. Was sie wollten, waren Garantien dafür, daß der Sünder nie mehr vom Pfad der Loyalität abkommen konnte, und um das zu erreichen,

---

[31] Nach dem Krieg, als die verwitwete Zita mit ihren Kindern im Exil in Spanien lebte, bat Czernin sie in einem Brief nach dem anderen, ihm den Orden aufgrund seines Verhaltens im Jahr 1918 nicht abzuerkennen. In einem dieser Briefe, datiert vom 14. Dezember 1923, gibt er zu, »... daß ich in exponirten politischen Lagen der schwierigsten Zeiten Fehler begangen habe, die ich auf das tiefste bedauere« (HFA, K 22, Ordner 84).

mußte man ihn mit Händen und Füßen an den deutschen Streitwagen fesseln. Neben den lautstark von Berlin erhobenen Forderungen nach Maßnahmen, um »die Atmosphäre zu reinigen«, wurde Karl in den letzten beiden Aprilwochen auch von Außenminister Burián und General Arz unter Druck gesetzt, um ihren Verbündeten zu beruhigen.

Das Ergebnis war ein weiteres Treffen auf höchster Ebene im deutschen Großen Hauptquartier in Spa im besetzten Belgien, doch diesmal war es für Karl ein Canossagang. Das dort am 12. Mai 1918 unterzeichnete und mit den Siegeln der beiden Kaiser geschmückte Abkommen hielt sich im großen und ganzen an einen bereits vorher in Berlin entworfenen Text. Die Bündnispartner verpflichteten sich darin zu »einem engen und langzeitigen politischen Vertrag zwischen den beiden Kaiserreichen«, zur Schaffung eines »Waffenbundes«, und zur Erzielung einer »größtmöglichen wirtschaftlichen Koordinierung« mit dem Endziel der Bildung eines einheitlichen Wirtschaftsraums. Diese dreifache Einmischung Deutschlands war eine getarnte Annexion und wies starke Ähnlichkeit mit der *Zusammenschlußpolitik* auf, die Adolf Hitler 20 Jahre später für sein altes Heimatland ursprünglich im Sinn hatte.

Um jeden Zweifel über den zukünftigen Status der Monarchie in der Partnerschaft zu beseitigen, unterzeichneten Feldmarschall Hindenburg und Generaloberst Arz eine separate Militärkonvention, die ebenfalls praktisch identisch mit dem deutschen Entwurf war und ein noch engeres militärisches Bündnis vorsah. Die Konvention enthielt Bestimmungen über Uniformen, Ausbildung und Organisation, einheitliche Ausrüstung, Waffen und Munition, ein koordiniertes Programm des Eisenbahnbaus und sogar über einen Austausch von Offizieren.[32] All das, so hieß es

[32] Die einzige Klausel, die von den Österreichern zurückgewiesen werden konnte, war der Vorschlag, Truppenkontingente zwischen den beiden Armeen auszutauschen. Sie brauchten nicht lange herumzustreiten, denn selbst Ludendorff erkannte bald, daß es wenig Sinn ergeben würde, kroatische oder slowenische Regimenter in einem deutschen »Endkampf gegen die Slawen« einzusetzen.

nüchtern, wäre »in einem künftigen Kriege« wesentlich. Und wieder war es letztlich Hitler, der diesen Teil des Programms erfüllen sollte. Für den derzeitigen Krieg war wesentlich, daß Österreich als Juniorpartner nach Spa gegangen und als Satellit Deutschlands zurückgekommen war.

In Wien wie in Budapest gab es viel Kritik an der Erniedrigung, die die Doppelmonarchie von Deutschland hatte erdulden müssen. Doch das war nur von geringer Bedeutung im Vergleich zu der tödlichen Wirkung, die das Abkommen von Spa im feindlichen Lager auslöste. Im Januar 1918 hatten der amerikanische Präsident und der britische Premierminister öffentlich ihre Unterstützung für die Doppelmonarchie zugesichert, jedoch nur in reformierter und demokratisierter Form. Im März hatte Lloyd George über General Smuts der Monarchie als kontinentalem Spiegelbild des britischen Empire volle Unterstützung angeboten – die Trennung von Deutschland vorausgesetzt. Nun waren die deutschen Knoten so fest geknüpft, daß Österreich, wie jedem klar war, sich niemals mehr würde freikämpfen können. Deshalb würde man beide, wie sie da so aneinandergekettet waren, zerstören müssen.

Am 30. Mai, knapp zwei Wochen nach Bekanntwerden des Vertrags von Spa, schrieb der amerikanische Außenminister Robert Lansing in einem Memorandum an das Weiße Haus: »Die Habsburgermonarchie ist nun eindeutig zu einem Satelliten Deutschlands geworden. Sie muß als Reich ausgelöscht werden.« Wilson sandte das Memorandum mit dem nur aus zwei Wörtern bestehenden Vermerk »Bin einverstanden« zurück.

Großbritannien war zu einem ganz ähnlichen Schluß gekommen. Ein Memorandum des britischen Außenministeriums, das dem Kabinett am selben Tag vorgelegt wurde, betonte, daß der Vertrag von Spa das zwischen den beiden Verbündeten bestehende militärische Bündnis in »eine ständige Interessengemeinschaft« umgewandelt hätte. Lloyd George konnte nichts dagegen unternehmen. Die Politik, die er über ein Jahr lang hartnäckig verfolgt hatte und die darauf ausgerichtet war, die beiden Mittelmächte in zwei Lager zu spalten, würde man nun aufgeben müssen. Und das hieß, die Habsburgermonarchie ihrem Schicksal zu überlassen.

Erst zu diesem Zeitpunkt erlebte die Sache des radikalen Nationalismus allmählich einen Triumph, gesteuert von den im Ausland befindlichen Führern der Nord- und Südslawen. Exilpolitiker sind gewöhnlich extremer als ihre Gegenstücke zu Hause, vielleicht auch nur, weil sie keinen Kompromiß mit der Realität des Alltags eingehen müssen. Die emigrierten Gegner der Monarchie während des Ersten Weltkriegs waren da keine Ausnahme. Und so hatten bereits im Juli 1917 der frühere serbische Ministerpräsident Nikola Pašic und der Kroatenführer Ante Trumbić von ihrem gemütlichen Asyl auf Korfu aus den Zusammenschluß aller südslawischen Völker nach dem Krieg in eine Union von Serben, Kroaten und Slowenen verkündet (man dachte dabei an ein Königreich unter der serbischen Dynastie der Karadjordjević). Doch die drei betroffenen Völker waren nie über ihre Vorstellungen befragt worden, und insbesondere die Kroaten fühlten sich nicht ganz wohl dabei, denn sie würden damit nur die Unterwerfung unter Budapest gegen eine Unterordnung unter Belgrad eintauschen.[33] Bis zum Sommer 1918 schwirrten drei rivalisierende Pläne für die Zukunft der Südslawen unentschieden herum – die von den Exulanten vorgeschlagene Lösung eines jugoslawischen Staatenbundes, Belgrads Traum von einem Großserbien und eine Version des alten Trialismus innerhalb einer reformierten Habsburgermonarchie. Die letztere Alternative erlebte mit dem sich ändernden Kampferfolg der Monarchie ein ständiges Auf und Ab, wurde jedoch erst nach dem großen Wendepunkt von Spa endgültig verworfen. So

[33] Eine berechtigte Befürchtung, wie die Ereignisse gezeigt haben. Schon bald nach der Schaffung des Nachkriegsjugoslawiens waren die Kroaten kampfbereit. Der kroatische Führer der Bauernpartei, Stephan Radić, wurde ins Gefängnis geworfen und schließlich ermordet, weil er sich für mehr Autonomie innerhalb des dreieinigen Staates einsetzte.

erklärte Trumbić in Propagandablättern, die bald danach von italienischen Flugzeugen über südslawischem Gebiet abgeworfen wurden: »Die Westmächte sind nun völlig davon überzeugt, daß Österreich nach dem Krieg nicht mehr existieren kann. Nun können wir unsere Freiheit und unsere Union erlangen.«

Ähnlich verhielt es sich mit den Tschechen, die jetzt mehr als je zuvor ausschlaggebend für die Zukunft der Monarchie wurden, kam doch mit der »Tschechischen Legion«, die in Rußland von Masaryk aus Kriegsgefangenen, die nach den Friedensverträgen von Brest-Litowsk freigelassen wurden, organisiert worden war, ein ganz besonderer Faktor ins Spiel. Diese außergewöhnliche Kampftruppe hatte sowohl monarchistische als auch bolschewistische Splittergruppen in ihren Reihen und versinnbildlichte so die allgemeine Verwirrung über die zukünftige Gestalt der Dinge. Bis zum Sommer 1918 hatte sie sich aber zu einer disziplinierten antibolschewistischen Armee von rund 50 000 Mann entwickelt, die im Auftrag der Westmächte, die sich gerade in einem etwas verfahrenen Kampf gegen die Revolution der Sowjets befanden, die Kontrolle über die so wichtige Transsibirische Eisenbahn an sich gerissen und gehalten hatte. Die Legion unterstand formell dem französischen Kommando und erhielt ihre Weisungen vom tschechischen Nationalrat in Paris. Welch zwiespältige Haltung die Tschechenführer zu Hause gegenüber der Habsburgermonarchie auch haben mochten,[34] die Exulanten im Ausland waren Mitstreiter im Kampf der Entente gegen ebendiese Monarchie geworden. Als daher Frankreich am 29. Juni 1918 als erste Westmacht den tschechischen Nationalrat als die »Grundlage einer zukünftigen Regierung« anerkannte, tat es dies mit einem Auge auf das russische Schlachtfeld und dem anderen auf das veränderte politische Bild in Mittel-

[34] In der sogenannten »Dreikönigserklärung« vom 6. Januar 1918 hatten die im tschechischen Parlament in Prag versammelten Abgeordneten das Recht »auf ein freies nationales Leben und Selbstbestimmung« gefordert, vermieden jedoch zu sagen, ob dies unter Habsburger Zepter sein sollte oder nicht.

europa gerichtet. So oder so, die französische Entscheidung, der sich am 14. August Großbritannien und am
3. September die Vereinigten Staaten anschlossen, machte
die Interessengruppe der Exilpolitiker zu den anerkannten
Erben des habsburgischen Throns. Die internationale Staa-
tengemeinschaft hatte das Kaiserreich abgeschrieben.

4. Ein Reich zerbricht

Diese für die Doppelmonarchie beinahe tödlichen Schläge an der politischen Front hätten nur an der militärischen Front überwunden werden können – durch einen Sieg
oder zumindest eine Pattsituation, in der Verhandlungen
möglich geworden wären. Doch das Schlachtenglück, das
den Mittelmächten im Frühjahr 1918 so hold zu sein schien,
wendete sich nun schnell und unbarmherzig gegen sie. Der
großen Kaiserschlacht im Westen, auf die im Frühling alle
Hoffnungen gesetzt worden waren, war bis zum Hochsommer die Luft ausgegangen. Die Flandernoffensive war von
der britischen zweiten Armee schon Ende April zum Stehen
gebracht worden. Im Juli wurde der deutsche Vorstoß
nach Paris in der historischen Schlacht an der Marne, der
letzten natürlichen Verteidigungslinie vor der französischen Hauptstadt, aufgehalten. Dann setzten die Alliierten
zum Gegenstoß an, und die riesige überbelastete Speerspit-
ze des deutschen Angriffs wurde immer mehr zurückgedrängt, bis sie am 8. August fast ganz abbrach. In einem in
der Dämmerung östlich von Amiens geführten Überraschungsangriff, dessen Spitze ein Rammbock von 450 britischen Panzern bildete, wurde die deutsche zweite Armee
einfach überrollt. Bis zum Einbruch der Nacht gelang ein
Vorstoß von zwischen neun und 13 Kilometern auf einer 22
Kilometer breiten Front, doch wurde das Ausmaß des Sieges nicht nur in Entfernungen gemessen, sondern auch an
dem fast beispiellosen Zusammenbruch der feindlichen

Kräfte. Am Ende des Tages wurden mehr als 20 000 deutsche Gefangene gezählt. Zum ersten Mal war der Moloch Krieg ins Wanken gebracht worden.

General Ludendorff, der diesen Moloch immer vorangetrieben hatte, reagierte etwas überzogen, als er, nachdem er diesen 8. August als »schwarzen Tag der deutschen Armee« bezeichnete, im nächsten Augenblick erklärte, daß der Krieg beendet werden müsse. So wie die Dinge standen, waren die Armeen der Entente ohne entsprechende Reserven nicht in der Lage, gleich nachzurücken, während die Mittelmächte immer noch über ein großes Widerstandspotential verfügten, vorausgesetzt, man verkürzte die Frontlinie im Westen und man konzentrierte sich ganz darauf, die Stellungen zu halten. Das war eines der Themen bei einer Krisensitzung, die am 14. und 15. August zwischen den beiden Kaisern und der militärischen und zivilen Führung beider Seiten stattgefunden hatte. Die Österreicher brachten wenig Vernünftiges aus Ludendorff heraus, der inzwischen nicht mehr verzweifelt war, sondern sich, was die Aussichten auf einen Sieg anlangte, kryptisch gab, kamen seinen Forderungen jedoch in gewisser Weise entgegen, indem sie ihre geplante Offensive in Italien verschoben und weitere Truppen an die Westfront verlegten.

Bei politischen Entscheidungen gingen die Meinungen der beiden Bündnispartner völlig auseinander. Karl war mit der Hoffnung nach Spa gekommen, die deutsche Zustimmung für einen uneingeschränkten und öffentlich an die Entente gerichteten Friedensappell zu erhalten. Die Deutschen lehnten dies aber mit dem Argument ab, daß »der Zeitpunkt noch nicht günstig wäre«. Das war das letzte Mal, daß Karl den Deutschen Kaiser sehen sollte, und als sein Zug vom Bahnhof in Spa abfuhr, wo Wilhelm II. auf dem Bahnsteig salutierte, verabschiedete sich mit ihm auch die letzte Hoffnung auf ein gemeinsames Bemühen, dem Krieg ein Ende zu bereiten. Am 14. September veröffentlichte Karl schließlich von Wien aus auf eigene Faust seine Friedensnote »An alle«. Sie erwies sich als erbärmlich wirkungslos: zu vage und philosophisch im Stil und vor allem zu spät. Nur 48 Stunden später starteten die Ententemächte ihre entscheidende Offensive, die Frankreich aus der Gewalt Deutschlands befreien sollte, die Schlacht von St. Mihiel, einem Brückenkopf zwischen Verdun und Metz. Zum ersten Mal kämpften amerikanische Truppen, die nun in einer Größenordnung von jeweils einer Viertelmillion pro Monat über den Atlantik hereinströmten, in schlagkräftigen Kampfformationen (sieben Divisionen zu je zwei Armeen) Seite an Seite mit ihren Verbündeten.[35] Diese verfügten nun über eine wahre Flut unverbrauchter Männer, die zwar unerfahren, aber übereifrig waren und einen ausgelaugten Gegner einfach überrollten. Obwohl die Kämpfe noch zwei Monate andauern sollten, war die Entscheidung im Westen bereits gefallen.

Was die Habsburgermonarchie anlangte, so brachte der September 1918 einen noch schwereren Schlag im Süden. Am 15. September, gerade als die Schlacht von St. Mihiel ihren Höhepunkt erreichte, stieß die alliierte Orientarmee (dazu gehörten italienische, serbische, französische und britische Divisionen) von ihrem Stützpunkt in Saloniki Richtung Norden nach Bulgarien vor. Die Bulgaren und die deutsche elfte Armee, die mit ihnen kämpfte, wurden auf breiter Front zurückgetrieben. Am 26. September kapitulierte Bulgarien ohne Vorwarnung und suchte um einen Separatfrieden mit dem französischen Oberbefehlshaber General Franchet d'Espérey an. Noch schwerwiegender als der militärische Verlust war die psychologische Wirkung

---

[35] Auf der anderen Seite kämpfte nun eine Handvoll österreichischer Infanteriedivisionen mit ihren deutschen Verbündeten an der Westfront. Das war Teil des von den Deutschen mit dem Vertrag von Spa herausgeschlagenen militärischen Preises (bisher hatten nur österreichische Artillerieeinheiten im Westen gekämpft), ihm wurde noch mehr Nachdruck verliehen durch die Drohung, deutsche Mehllieferungen zurückzuhalten. Die 35. österreichische Infanteriedivision erlitt schwere Verluste in den Kämpfen von St. Mihiel. Sie kämpfte ganz passabel, doch ohne ihren Kommandanten General von Podhoransky, der ganze sechs Wochen abwesend war – er war auf Urlaub!

auf das Bündnis der Mittelmächte. In seinem Hauptquartier im fernen Spa taumelte Ludendorff bereits unter neuerlichen Schlägen, die er im Meuse-Argonne-Abschnitt der französischen Front hatte einstecken müssen. Die Nachricht vom Überlaufen Bulgariens brachte ihn buchstäblich zu Fall: Am Tag als Bulgarien seine Kapitulation unterschrieb, stürzte er mit Schaum vor dem Mund in seinem Kartenraum zu Boden. In Wien warnte der Minister des Äußern, Baron Burián, den Kaiser bei einer Krisensitzung des Kronrats ganz offen: »Das Ausspringen Bulgariens schlägt dem Faß den Boden aus.«

Das überwältigende Gefühl, daß der Erste Weltkrieg plötzlich am fernen Kriegsschauplatz auf dem Balkan entschieden worden war, beschränkte sich nicht allein auf die Generäle und Minister der Mittelmächte. Ein britischer Kavallerieoffizier, der mit seinem Regiment östlich von Reims kämpfte, schrieb damals in sein Tagebuch: »Städte und Gefangene, Kanonen und Schiffe, all das ist vier Jahre lang von beiden Seiten erobert und erbeutet worden, ohne irgendwelche offenkundigen Auswirkungen auf den Kriegsverlauf … Doch wenn ganze Nationen bedingungslos kapitulieren, dann besteht wohl tatsächlich Grund zur Hoffnung … Wenn eine ausfällt, werden andere sicherlich nachfolgen.«

Die Türkei, das andere kleinere Mitglied des Vierbunds, hatte den Anschein, als ob sie als nächste dem bulgarischen Beispiel folgen würde. In diesem verhängnisvollen September waren Truppen aus Großbritannien und dem Commonwealth unter General Allenby von Palästina bis hinauf nach Damaskus vorgestoßen und hatten die türkische Armee[36] rund 800 Kilometer vor sich hergetrieben und so den Weg nach Konstantinopel freigemacht. Innerhalb von zwei Wochen war die Quadrupelallianz sehr erfolgreich

---

[36] Kommandiert vom gefährlichen deutschen General Liman von Sanders, der nur über eine Handvoll deutscher und österreichischer Einheiten verfügte, um seine heruntergekommenen und demoralisierten türkischen Divisionen zu stützen.

wieder auf die schon 40 Jahre alte Partnerschaft zwischen dem Reich der Habsburger und dem der Hohenzollern zurückgestutzt worden. Diese wiederum waren jetzt die Verteidiger einer belagerten Festung, deren äußere Bollwerke alle abbröckelten oder bedroht waren. Wie sollten ihre Herrscher da ihre Krone oder sogar ihre eigene Haut retten?

Am Ende der Kronratssitzung vom 26. September hatte Karl ein Notprogramm zur Rettung zweier Bereiche sanktioniert. Zu Hause war ein Sofortprogramm zur Umstrukturierung des Reichs vorgesehen. Trotz der praktischen Unmöglichkeit, in Kriegszeiten eine politische Reform durchzusetzen, sollte der Versuch dazu unternommen werden, wenn die slawischen Nationen innerhalb der Monarchie nicht abspringen und wie die Bulgaren ihren eigenen Weg gehen sollten. Auf internationaler Ebene würde man Deutschland verstärkt darauf drängen müssen, um einen sofortigen Frieden anzusuchen. Tatsächlich war aber gar kein Druck mehr nötig. Die deutsche Heeresleitung stimmte zu, denn Bulgariens Überlaufen hatte sie wieder zur Vernunft gebracht und gleichzeitig dem militärischen und politischen Faß den Boden ausgeschlagen. Am 29. September, zwei Tage nach der Entscheidung in Wien, gingen Hindenburg und Ludendorff zu ihrem Kaiser und gaben das bisher Unvorstellbare zu: Die deutsche Armee stand vor der totalen Niederlage. Drei Tage später sandten sie ein formelles Ansuchen an Deutschlands neuen Friedenskanzler, Prinz Max von Baden, Waffenstillstandsverhandlungen einzuleiten. Am 4. Oktober schickten die Mittelmächte unabhängig voneinander Noten an Präsident Wilson, in denen sie um Friedensgespräche auf der Grundlage der Vierzehn Punkte baten. Also hatten sich bis zum Herbst 1918 die lautstarken Rufe nach einem Endsieg, die im Frühling in Berlin erschallt waren, in solche nach einer Kapitulation verwandelt.

Karl brauchte seinen deutschen Bündnispartner nicht zu konsultieren, um den zweiten Teil seines Rettungspakets in letzter Minute durchzuführen – die Verfassungsreform im Inland. Doch mußte er bald feststellen, daß er vergeblich auf die magyarischen Nationalisten einredete, die ihre

Ohren noch fester verschlossen hielten als die preußischen Junker. Nachdem er zwei Wochen lang erfolglos versucht hatte, die Ungarn von der Notwendigkeit zu überzeugen, daß – wie auch immer eindringlicher in den aus Washington kommenden Schreiben betont wurde – auch den ihnen untergeordneten Völkern Autonomie gewährt werden müsse, machte Karl auf eigene Faust weiter. Am 16. Oktober 1918 unterzeichnete er sein berühmtes Völkermanifest, das zwei Tage später veröffentlicht wurde. Die wichtigste Passage lautet:

> Österreich soll dem Willen seiner Völker gemäß zu einem Bundesstaate werden, in dem jeder Volksstamm auf seinem Siedlungsgebiete sein eigenes staatliches Gemeinwesen bildet ...

> An die Völker, auf deren Selbstbestimmungsrecht das neue Reich sich gründen wird, ergeht Mein Ruf, an dem großen Werke durch Nationalräte mitzuwirken, die – gebildet aus den Reichsratsabgeordneten jeder Nation – die Interessen der Völker zueinander sowie im Verkehr mit Meiner Regierung zur Geltung bringen sollen.

Ein trauriger Satz in der Mitte des Textes machte deutlich, daß durch diese vorgeschlagene Neugestaltung, »die Integrität der Länder der heiligen ungarischen Krone in keiner Weise berührt wird«. Mit anderen Worten: das war ein Programm nur für Cisleithanien. Es richtete sich hauptsächlich an die Österreicher selbst und an die slawischen Gebiete – von Galizien über Böhmen und Mähren bis hinunter nach Slowenien und Bosnien –, über die sie in der westlichen Hälfte der Doppelmonarchie geherrscht hatten. Doch sogar innerhalb dieses eingeschränkten Radius hätte eine Verpflichtung zu einem solchen Föderalismus im Ausland wie im Inland einen gewissen Zweck erfüllen können, wäre sie vom Kaiser zwei Jahre zuvor bei seiner Thronbesteigung als grundlegendes Ziel für Friedenszeiten verkündet worden. Im Herbst 1918 aber, nach dem tödlichen Vertrag von Spa und dem Sieg, zu dem dieser den Radikalen im Exil verholfen hatte, und mit dem sich auf den Schlachtfeldern immer deutlicher abzeichnenden Zerfall der Monarchie, hinkte das Völkermanifest peinlich weit dem Lauf der Geschichte hinterher.

Das wurde den Österreichern auch in der mit Spannung erwarteten Antwort Präsident Wilsons auf ihren Friedens-appell vom 4. Oktober unter die Nase gerieben, in dem Washington selbstbeweihräuchernd an Wiens frühere Versuche, den Frieden und die Gerechtigkeit zu sichern, erinnert wurde. Deutschland hatte bereits am 9. Oktober seine Antwort erhalten, die Prinz Max von Baden und die Generäle als Verhandlungsbasis akzeptiert hatten. Doch Karl hatte seine Antwort noch immer nicht in Händen, als das Völkermanifest in aller Eile herausgebracht wurde. Wilson nahm sich weitere zwei Tage Zeit, um diese neue Entwicklung zu verdauen, sandte aber dann, am 20. Oktober, Österreich eine vernichtende Antwort. Die Dinge hätten sich geändert, betonte er, seit er dem allgemeinen Prinzip der Selbstbestimmung als zehnten seiner Vierzehn Punkte Nachdruck verliehen hatte. Der tschechoslowakische Nationalrat wäre nun eine »de facto kriegführende Regierung ..., die mit der entsprechenden Autorität ausgestattet ist«. Deshalb würde »die bloße Autonomie dieser Völker als eine Grundlage für den Frieden« nicht mehr genügen. Sie und nicht er sollten nun Richter darüber sein, »welche Aktion auf seiten der österreichisch-ungarischen Regierung die Aspirationen und die Auffassung der Völker von ihren Rechten ... befriedigen wird ...«. Das war höhnisch, denn Karl hatte diese Aktion ja gerade erst durchgeführt.[37] Überall in seinem Reich nahmen die Nationalräte, deren Bildung er seinen Völkern ans Herz gelegt hatte,

[37] Karl wandte sich eine Woche später noch ein letztes Mal vergeblich an Wilson. Am 27. Oktober telegraphierte er nach Washington und ersuchte um einen sofortigen Waffenstillstand und die Eröffnung von Verhandlungen mit Österreich-Ungarn allein. Der berühmte Separatfrieden ohne Deutschland war also schließlich doch noch in Angriff genommen worden, als Österreich keine einzige Karte mehr auszuspielen hatte.

Gestalt an – manchmal wurden sie anders bezeichnet, manchmal bauten sie auf bereits bestehende Organe auf. Keiner jedoch hielt sich an die zweite Verfügung in seinem Manifest, nämlich daß sie ab nun mit der Reichsregierung als Mitglieder eines »neuen Reichs« zusammenarbeiten sollten. Nacheinander erklärten die Nationen der Monarchie ihre Unabhängigkeit, zu der die Krone formell ihren Segen gegeben hatte, kehrten der Krone aber den Rücken.

Nichts könnte von der Wahrheit weiter entfernt sein als der damals von vielen republikanischen Führern vermittelte Eindruck (an dem seit damals Europas linke Ideologen festhalten), daß im Herbst 1918 das Habsburgerreich implodierte, durch die Massenrebellion seiner Völker von innen her zerstört wurde. In Wahrheit aber wurde nur in Budapest durch Gewalt ein Regimewechsel herbeigeführt, was ganz der ungarischen Geschichte und dem magyarischen Temperament entsprach.

Bis zur letzten Oktoberwoche blieb die alte Phalanx von konservativen magyarischen Magnaten, immer noch von der großen Figur des früheren Ministerpräsidenten Stephan Graf Tisza dominiert, an der unsicheren Macht. Doch ihre Macht versickerte schnell und floß in Richtung der reformistischen Parteien der Linken, besonders zur sogenannten Unabhängigkeitspartei, an deren Spitze der abtrünnige Adelige Michael Graf Károlyi stand. Dieser fehlgeleitete Idealist, dessen Schicksal es war, zugleich der Verräter der alten Ordnung und das Opfer der neuen zu sein,[38] war der Held dieser hektischen Stunde. Im Parlament, wo seine Partei über rund 20 Sitze verfügte, warfen er und seine konservativen Gegner sich häufig Beschimpfungen an den Kopf, wobei jeder den anderen des Verrats bezichtigte. Doch es war der Pöbel und nicht seine parlamentarische Redekunst,

[38] Er wurde schließlich am 16. November 1918 zum ersten Präsidenten der sogenannten ungarischen Volksrepublik gewählt. Innerhalb von drei Monaten hatte der bolschewistische ungarische Demagoge Béla Kun ihn von seinem Platz verdrängt und eine kommunistische Schreckensherrschaft eingeleitet.

der ihn an die Macht brachte. Am Abend des 24. Oktober fühlte sich Károlyi nach einem Zusammenstoß von Budapester Universitätsstudenten und unzufriedenen Armeeoffizieren mit der Polizei stark genug, einen Nationalrat liberaler und sozialistischer Fraktionen unter seiner Führung als Präsident auszurufen. Karl, der sich zu dieser Zeit selbst in Ungarn aufhielt und versuchte, etwas Ordnung in das Chaos zu bringen, zögerte immer noch, diesen störenden Exzentriker mit seiner Hasenscharte zu seinem verfassungsgemäßen Ministerpräsidenten zu ernennen. Statt dessen entschied er sich als Übergangslösung für eine Null, den Grafen Johann Hadik.

Daraufhin lösten die Pro-Károlyi-Agitatoren erneut eine Welle von Straßenunruhen aus, und am 30. Oktober wurden drei von ihnen in Zusammenstößen mit der Polizei erschossen. Die Budapester Garnison blieb untätig in ihren Kasernen sitzen, obwohl Karl dem Stadtkommandanten General Géza von Lucačics direkt über Telefon den Befehl durchgegeben hatte, alle nötigen Kräfte einzusetzen, um das sich zusammenbrauende Gewühl zu unterdrücken.[39] Da nun die Polizei eingeschüchtert war und sich die Garnison letztendlich für das Nationalkomitee aussprach, gab es in Budapest überhaupt keine Ordnungskräfte mehr, es herrschten nur noch Unordnung und Chaos. Der politische Erfolg von Károlyis Partei war nun nicht mehr aufzuhalten. Am 31. Oktober wurde Károlyi im Namen des Königs und Kaisers, der nun wieder in seiner österreichischen Hauptstadt war, um dort mit weiteren und noch viel ernsteren Schwierigkeiten fertig zu werden, offiziell zum Ministerpräsidenten Ungarns ernannt. Am selben Tag versammelten sich wieder viele Soldaten und Zivilisten um die Villa des Grafen Tisza, den sie, in krasser Unwissenheit darüber, wie er sich tatsächlich im Sommer 1914 verhalten hatte,

[39] Ironischerweise hatte Karl persönlich den hochdekorierten Lucačics (der als »Eiserner General« bekannt war) als Militärkommandanten von Budapest ausgewählt, um für Notfälle einen loyalen und resoluten Offizier zu haben.

beschuldigten, den Krieg angezettelt zu haben. Tisza hatte seine eigene Waffe zur Seite gelegt, um seine Familie davor zu beschützen, in einen Feuerwechsel zu geraten, und wurde vor ihren Augen niedergeschossen. Das war der erste von vielen Blutflecken auf Budapests Weste.

Diese Demonstration anhaltender Gewalt und sporadischer Greueltaten war der einzige wirkliche Aufstand, den die Doppelmonarchie im Laufe ihrer rapiden Auflösung durchmachte. Verglichen mit den Ereignissen in Ungarn war der Machttransfer von kaiserlichen in republikanische Hände in den anderen Kronländern des Reichs so anständig und diszipliniert wie ein Menuett über die Bühne gegangen.

So wartete etwa der durch das kaiserliche Manifest sanktionierte, in Prag gebildete Nationalrat geduldig bis zum letzten Oktobertag, bevor er den Versuch unternahm, die Zügel an sich zu reißen. Bis zum Ende gab es Männer wie den sehr einflußreichen Führer der Jungtschechen, Karl Kramář, die an einer monarchistischen Lösung festhielten und ihre Zweifel daran hatten, ob ein neuer tschechischer Staat jemals als Republik existenzfähig wäre. Männer seiner Überzeugung hatten immer daran geglaubt, daß die multinationale Doppelmonarchie mit all ihren Fehlern immer noch den besten Schutz gegen den grassierenden Antislawismus Deutschlands darstellte. Gemeinsam mit einer Gruppe älterer Staatsmänner war Kramář Mitte Oktober nach Genf gereist, um dort mit Beneš und seinen radikalen Exulanten über die Zukunft zu diskutieren.[40] In ihrer Abwesenheit entschieden die jüngeren und extremer nationalistischen Mitglieder des Nationalkomitees, denen inzwischen die Verantwortung in Prag überlassen worden war, nicht mehr länger zu warten.

Am 28. Oktober, dem Tag, an dem in Genf die Gespräche begannen, verabschiedeten sie eine Resolution, in der sie die

[40] Sie machten in Wien Zwischenstation für eine Audienz bei Kaiser Karl und Gespräche mit den Ministern seines letzten Kabinetts. Niemand dürfte den Versuch unternommen haben, sie in ihrer promonarchistischen Einstellung zu bestärken.

Errichtung eines »unabhängigen tschechischen Staates« forderten. Obwohl damit kein direkter Bruch mit der Monarchie verkündet wurde, lief dies doch auf eine implizite Ablehnung des von Karl vorgelegten föderalistischen Konzepts hinaus. Doch dann machten sich die tschechischen Nationalisten daran, diese Ablehnung sehr deutlich zu formulieren. Nationalratspräsident Antonin Šovelha verkündete, ab nun die Verantwortung für die Verpflegung Prags mit Lebensmitteln zu übernehmen, und zog ohne ein einziges Wort des Protests seitens der Beamten in das Getreideverteilungsamt ein. Von dort aus gingen seine Abgeordneten zum Palais des kaiserlichen Statthalters von Böhmen, Max Graf Coudenhove, und erklärten, im Interesse der öffentlichen Ordnung nun die gesamte Verwaltung des Landes zu übernehmen. Wieder gab es keinen Widerstand, als die Macht diesen teilnahmslosen Händen entrissen wurde. Bis Einbruch der Nacht am 28. Oktober fungierte der Nationalrat tatsächlich als die provisorische Regierung Prags, und das Sternenbanner wurde an einigen Stellen der Hauptstadt neben den roten und weißen Farben des neuen Staates gehißt. Die tschechischen Republikaner wußten, wer ihr wirklicher Retter gewesen war.

Es dauerte noch weitere zwei Tage, bis sie die anderen Provinzen unter ihren Einfluß bringen konnten. Sowohl die Sudetendeutschen als auch die Slowaken, die sich nur ungern von den Tschechen absorbieren ließen, ohne zumindest eine Volksabstimmung darüber durchzuführen, hatten ihre eigenen Nationalräte eingerichtet. Das waren Vorzeichen viel schwerwiegenderer Konflikte, zu denen es später in diesem Jahrhundert kommen sollte. Doch im Oktober 1918 erwiesen sie sich als Eintagsfliegen, die nur bis zum 30. überlebten, als sowohl Mähren als auch die Slowakei sich selbst als Teil der Republik erklärten. Am selben Tag stellte sich ein gewisser Vlastimil Tusar in Wien als diplomatischer Vertreter der neuen Republik vor. Sein oft zitierter Austausch von Komplimenten mit Dr. Heinrich Lammasch, dem letzten Ministerpräsidenten Altösterreichs, faßt die gelassene Atmosphäre dieses bedeutenden Übergangs zusammen: »Eure Exzellenz«, sagte Dr. Lammasch, »ich habe das Vergnügen, Sie als Botschafter des neuen tschechoslowakischen Staates willkommen zu heißen.« »Mein Herr«, erwiderte Tusar, »das Vergnügen ist ganz auf meiner Seite.«

Inzwischen waren die Kroaten dem tschechischen Beispiel gefolgt und hatten am 29. Oktober einen »gemeinsamen souveränen Nationalstaat der Serben, Kroaten und Slowenen« ausgerufen. Ihre Gebiete, einschließlich Dalmatien und Fiume, wurden als von Österreich und Ungarn unabhängig erklärt. Die Polen übernahmen die Verwaltung des alten Kronlands Galizien,[41] und ihre Rivalen, die Ukrainer, riefen ihre eigene Republik mit Przemyśl als Hauptstadt aus. Als dann am 1. November auch die Rumänen diesem Beispiel folgten, war der gesamte slawische Bereich Cisleithaniens von Wien abgefallen. Was aber war mit den Österreichern, die nun – isoliert, doch immer noch das Kerngebiet des Kaiserreichs – im Zentrum zurückblieben?

Sie, die jahrhundertelang die privilegierten Untertanen eines großen Vielvölkerreichs gewesen waren, wurden nun selbst in einem Zeitraum von drei Wochen zu Staatsbürgern einer winzigen »Republik Deutsch-Österreich«. Im Laufe dieses Verwandlungsprozesses blühten all die psychischen Merkmale auf, deren Entwicklung wir über Generationen herauf verfolgt haben. Was herauskam, war dasselbe alte österreichische Zögern, den Stier bei den Hörnern zu packen, dieselbe Neigung, in beide Richtungen zugleich zu schauen, derselbe Pragmatismus und Opportunismus, der sich aus eben dieser Zerrissenheit ergab, dasselbe Gerangel zwischen der Loyalität zum Herrscherhaus und der Loyalität zum »Germanentum«. Es war daher kein Wunder, daß die nun entstehende konstitutionelle Mißgeburt sogar von ihren Erschaffern selbst als »eine Nation ohne Staat« bezeichnet wurde.

[41] Die Polen hatten ihre sogenannte Liquidationskommission in Krakau eingerichtet, doch diese wurde von der Entente nicht anerkannt, da sie in unmittelbarem Konflikt mit dem neuen, nun als Republik wiedererrichteten Staat Polen stand.

Die Österreicher waren das erste Volk der Monarchie gewesen, das das Kaisermanifest in die Praxis umsetzte. Am 21. Oktober, fünf Tage nach seiner Unterzeichnung, wurde in Wien die sogenannte »Provisorische Nationalversammlung des unabhängigen Deutschösterreichs« konstituiert, als direkte Reaktion auf den Aufruf des Kaisers an seine Untertanen in der cisleithanischen Reichshälfte, daß jeder Volksstamm auf seinem Siedlungsgebiet einen Nationalrat bilden solle. Dementsprechend waren alle Abgeordneten aus geschlossen deutschsprachigen Gebieten der Monarchie, die in den Reichsrat von 1911 gewählt worden waren, anwesend und daher alle Parteien vertreten. Doch es war bereits klar, daß die Sozialdemokraten die Führung übernehmen würden. Sie waren immerhin die Partei der Reform, auch wenn sie selbst noch bei weitem keine klare Vorstellung darüber hatten, was dies für Reformen sein sollten. Karl Renner hielt an seinem alten Konzept eines Staatenbunds innerhalb eines demokratisierten monarchistischen Rahmens fest und wurde noch immer von Viktor Adler darin unterstützt. Doch der große alte Mann der Partei, dessen Leben wenige Tage später zu Ende gehen sollte, verband seinen letzten Ruf nach einer Föderation zwischen Österreichern und Slawen mit dem Ruf nach einer Union mit Deutschland. Die Monarchie wurde nicht unterstützt, aber auch nicht ausdrücklich denunziert in seiner Erklärung. Die Ambivalenz konnte gar nicht größer sein.

In dieser Phase der Geschehnisse klangen die Führer der großen Parteien des rechten Flügels viel positiver in ihren Überzeugungen. Sowohl der Sprecher der Christlichsozialen, der Tiroler Landeshauptmann Josef Schraffl, sowie sein deutschnationaler Kollege Dr. Otto Steinwender sprachen sich deutlich für eine konstitutionelle Monarchie aus. Die überzeugten Republikaner von Otto Bauers Schlag waren immer noch eine kleine Minderheit. Über eines waren sich jedoch alle einig: Es mußte eine Volksvertretung für die wachsende Autorität des, wie es in der Resolution hieß, »deutschen Volks von Österreich« geben. Die Nomenklatur blieb weiterhin ein Problem. Die »Provisorische Nationalversammlung« wählte ein Exekutivorgan aus 20 Mitgliedern. Zuerst bezeichnete sich dieses Organ selbst nur als »Vollzugsauschuß« und wagte es erst später, sich den Namen »Staatsrat« zu geben. Als solcher beanspruchte er sowohl die Autorität über »das gesamte Gebiet der deutschen Besiedelung« als auch das Recht, bei den Friedensverhandlungen für Österreich zu sprechen.

So zeigte sich ein Element wienerischer Possenhaftigkeit auch noch im Todeskampf dieses einstmals mächtigen Reichs. Als nämlich zehn Tage später die Versammlung wieder zusammentrat, um eine republikanische Verfassung auszurufen (jedoch immer noch, ohne die Republik auszurufen!), ernannte sie auch 20 Staatssekretäre, die die Leitung der einzelnen Ministerien übernehmen sollten. Minister konnte sie keine ernennen, weil es kein Staatsoberhaupt gab und dieses Vorrecht noch immer in der Hand des Kaisers lag, der am 27. Oktober den Ministerpräsidenten seiner letzten kaiserlichen Regierung ernannt hatte – Dr. Heinrich Lammasch. In diesen letzten Tagen des Wechsels gab es also ein doppeltes Vakuum. Auf der einen Seite waren die Staatssekretäre der nun aufkommenden Republik, die im Herzen der Hauptstadt, dem Gebäude des Niederösterreichischen Landtags in der Herrengasse, saßen und Anspruch auf die Macht erhoben, diese aber noch nicht ausübten. Im Schloß Schönbrunn in der westlichen Vorstadt herrschte andererseits weiterhin der Kaiser, dessen Macht zwar fast mit jeder Stunde abnahm, der jedoch noch nicht gewillt war, auf sie zu verzichten. Es war ein Tandem der Ohnmacht, das nur vom Lauf der folgenschweren Ereignisse gelenkt wurde.

Und solche hatte es in diesen zehn Tagen zwischen den beiden Oktobersitzungen der Nationalversammlung genug gegeben. In der letzten Woche dieses Monats kam es zu dem militärischen Debakel, das das Schicksal der Monarchie endgültig besiegelte und das Reich vom politischen Zerbröckeln in den Zerfall führte.

Am 24. Oktober, dem Jahrestag des Beginns der Durchbruchsschlacht von Flitsch-Tolmein, die den Österreichern im vorangegangenen Jahr einen solchen Triumph eingebracht hatte, leiteten die Italiener mit Unterstützung französischer und britischer Truppen den letzten alliierten Feldzug des Kriegs ein. 57 österreichische Divisionen mit rund 400 000 Soldaten standen ihnen als Gegner entlang der breiten, sich vom Piave bis hinauf zum Massiv des Monte Grappa erstreckenden Frontlinie gegenüber. Auf dem Papier sah dies nach einer mächtigen Streitkraft aus, und sie stellte tatsächlich mehr als zwei Drittel der nominellen Stärke der Kampfformationen der Monarchie dar, doch diese Zahlen sagten wenig über die wirklichen Verhältnisse aus. 19 dieser Divisionen verfügten nur noch über die Hälfte oder ein Viertel ihrer Stärke, neun waren von Malaria gezeichnet, und weitere sieben wurden erst neu formiert, nachdem sie aus dem Osten herangeführt worden waren. Außerdem hatten die meisten Männer schon Glück, wenn sie eine ordentliche Mahlzeit am Tag bekamen, wenn man bei der von der Feldküche servierten Kost aus Trockenobst, Käse und Kraut überhaupt von ordentlich sprechen kann. Mit den Uniformen und der Ausrüstung verhielt es sich noch schlimmer. Saubere Unterwäsche gab es fast überhaupt nicht, und ein Regiment (die 16. Infanterie) behalf sich mit ihrem Schneeschutz, um wenigsten eine Garnitur für jeden zusammenzuflicken. Die Leichname wurden oft so, wie die Soldaten gefallen waren, in den bloßen Sarg gelegt, denn Leinen für Leichentücher konnte man nicht entbehren.

Doch als die Angreifer zuschlugen, kämpfte dieses Heer hungriger Vogelscheuchen – darunter Tschechen, Polen, Kroaten, Slowaken, Ruthenen und Magyaren, deren Sprecher zu Hause sich bereits von der Monarchie lösten – drei Tage lang, als ob das Habsburgerreich, das sie immer noch repräsentierten, in seiner Blütezeit wäre. Es war ein auf dem Schlachtfeld aufrechterhaltenes Trugbild, das genauso täuschend war wie ein echter Ton, der noch aus einer Geigensaite geholt werden kann, selbst wenn diese schon bis auf den letzten Draht verschlissen ist. Am 26. Oktober riß die Saite. Desertionen und Meutereien, zu denen es schon vor dem italienischen Angriff gekommen war, breiteten sich nun über die gesamte, sich ohnehin auflösende Frontlinie aus. Es war nicht überraschend angesichts der Ereignisse in ihrer Heimat, daß nun die Ungarn den weiteren Weg bestimmten. Die erste Handlung Béla Linders, des Verteidigungsministers in Károlyis neuer Regierung in Budapest, bestand darin, alle seine Soldaten von der Front abzuziehen. Sogar schon bevor dieser Befehl gegeben wurde, legte eine ungarische Division nach der anderen, darunter auch Truppen, die sich im Kampf ausgezeichnet hatten, einfach die Waffen nieder und forderte den Rücktransport. Zwar hielten sich die österreichischen Formationen relativ gut, doch der Fäulnisprozeß griff auf alle slawischen Regimenter über. Bis Monatsende gab General Arz, dem Karl das Kommando über den italienischen Feldzug erteilt hatte, Hindenburg verzweifelt zu verstehen, daß mehr als 30 unter seinem Kommando stehende Divisionen durch Meuterei lahmgelegt seien und daß nun nur noch die Möglichkeit bestünde, um einen Waffenstillstand anzusuchen. Inzwischen hatten die Armeen der Entente den Piave überquert, und Arz blieb nichts mehr, das er ihren Brückenköpfen hätte entgegenschleudern können.

Dies war die düstere Situation, die Karl erwartete, als er von seinem erfolglosen Besuch in Budapest nach Schönbrunn zurückkehrte. Erste Kontakte mit den Italienern zeigten, daß es ihnen um viel mehr ging als um einen Waffenstillstand. Ihre Forderungen liefen auf eine völlige Kapitulation Österreichs hinaus: Rückzug bis zum Brenner (damit sicherten sie für Italien die 1915 versprochene Provinz Trentino), die vollständige Demobilisierung der kaiserlichen Armee und ihre Beschränkung in Friedenszeiten auf maximal 20 Divisionen, und in der Zwischenzeit hätten die Ententearmeen außerdem das Recht, »sich innerhalb der Grenzen Österreich-Ungarns frei bewegen und wichtige strategische Punkte besetzen zu können«.

Da die letzten beiden Bedingungen die Zukunft des österreichischen Staats betrafen – welche Gestalt dieser auch immer annehmen würde –, beschloß Karl, die in der Herrengasse lauernde Schattenregierung nach ihrer Ansicht zu befragen. Das war ein Eingeständnis, daß die der Hauptstadt noch verbleibende Macht nun geteilt wurde. Um vier Uhr nachmittags am 2. November trafen sich die beiden Seiten, die jeweils für Österreichs Vergangenheit und Zukunft standen, von Angesicht zu Angesicht in der exquisiten Umgebung des Blauen Chinesischen Salons im Schloß Schönbrunn. Für den Monarchen war dies ein bedrückendes Zusammentreffen. Die aus fünf Männern bestehende Delegation des Staatsrats[42] stimmte zu, die Kämpfe sofort einzustellen, hatte aber weder eine Idee, wie dies bewerkstelligt werden sollte, noch irgendwelche Vorschläge vorzulegen. Statt dessen begann der todkranke Sozialistenführer Viktor Adler, der schon beim Treppensteigen im großen Stiegenhaus zusammengebrochen war, nun aber wieder genug Kraft gesammelt hatte, mit einer Schimpfkanonade gegen die für den Kriegsausbruch Verantwortlichen, statt irgendeinen Vorschlag zu unterbreiten, wie dieser Krieg beendet werden könnte. Als die Delegation nach zwei Stunden wieder ging, weigerte sie sich noch immer, die Verantwortung für irgendeine Entscheidung zu übernehmen. Sie war offensichtlich entschlossen, den erschöpften Reichsadler so lange weiterfliegen zu lassen, bis ihm die Flügel abfallen würden, und sich erst nach seinem Absturz zu rühren. Karl konsultierte dann seine eigenen Minister, die sich einig waren, daß es keine andere Wahl gebe, als die italienischen Bedingungen fast ohne Abänderung zu akzeptieren.

Zu dieser Katastrophe kam nun noch ein Fiasko. Bei den Gesprächen über den Waffenstillstand in der Villa Giusti in Padua wurde der genaue Zeitpunkt der Waffenruhe gefährlich ungenau belassen. Der österreichische Vertreter, General von Weber,[43] dessen Zerstreutheit in erster Linie für das Durcheinander verantwortlich gewesen sein dürfte, nahm den Zeitpunkt mit drei Uhr nachmittags am 3. November

---

[42] Die Fraktionsvorsitzenden der drei großen Parteien und zwei der kürzlich ernannten »Staatssekretäre«.

[43] Generalmajor Viktor Weber von Webenau war seit dem 4. Oktober der Vorsitzende der österreichischen Waffenstillstandskommission gewesen, die am Vorabend des an Präsident Wilson gerichteten Friedensappells gebildet worden war.

an. Der italienische Kommandant General Badoglio[44] blieb seinerseits felsenfest dabei, daß die vereinbarte Zeit 24 Stunden später war. Der Streit darüber, ob nun die Dummheit der Österreicher oder das Doppelspiel der Italiener schuld am Mißverständnis war, sollte noch jahrelang weitergehen, doch seine unmittelbaren Auswirkungen waren unbestreitbar. Das Gebiet, das die Italiener seit 1915 in den zwölf aufeinanderfolgenden Isonzoschlachten vergeblich mit Gewalt zu nehmen versucht hatten, nahmen sie jetzt kampflos und ohne auf Widerstand zu treffen ein. Rund 350 000 österreichische Soldaten, die am Nachmittag des 3. November ordnungsgemäß die Waffen gestreckt hatten, erlebten, wie sie bis zum Nachmittag des 4. noch in Kriegsgefangenschaft gerieten. Und all das genau an jener Front, die den Österreichern schon immer am heiligsten von allen gewesen war.

Die Italiener, die viele Komplexe aus der Kriegszeit zu kompensieren hatten, nannten ihre militärische Prozession den Triumph von Vittorio Veneto und errichteten später in Rom das wohl pompöseste Siegesdenkmal überhaupt. Doch in der österreichischen Hauptstadt waren an diesem Tag die schwerwiegendsten Auswirkungen zu spüren. Selbst Franz Joseph hatte in der Blütezeit seines Reichs die Pfiffe und die Buhrufe seiner Wiener Untertanen nach seiner Rückkehr als geschlagener General vom italienischen Schlachtfeld über sich ergehen lassen müssen. Und nun, im November 1918, hatte sein junger Nachfolger, der kaum zwei Jahre auf dem bereits wackeligen Thron saß, in einem bereits verlorenen Krieg die Schmach einer viel größeren militärischen Schlappe zu ertragen, größer deshalb, weil sie in einem solch massiven Ausmaß zu verhindern gewesen wäre. Die Ehre und das Ansehen der Monarchie waren tödlich geschwächt worden. Es war nicht überraschend, daß am Abend der italienischen Katastrophe das erste Gerücht über Abdankung in Schönbrunn vernommen wurde.

[44] Er sollte sich später in Mussolinis Äthiopienfeldzug zweifelhafte Lorbeeren verdienen.

Zum ersten Mal war auch die Frage der Sicherheit der kaiserlichen Familie aufgebracht worden. Dr. Johann Schober, der sehr geschätzte Polizeichef – sowohl der Staatsrat als auch der Reichskanzler hatten ihn in seinem Amt bestätigt –, war durch und durch Monarchist. Mitten in den hektischen Diskussionen des Kaisers über den italienischen Waffenstillstand rief Schober in Schönbrunn an, um ihm mitzuteilen, daß er nicht mehr länger für die Sicherheit des Schlosses, dessen Garnison und Einheiten der Leibgarde sich allmählich auflösten,[45] garantieren könne und der Kaiser aus Sicherheitsgründen übersiedeln solle. Die Idee einer Abdankung hatte Karl kurzerhand verworfen, doch die Warnung des Polizeipräsidenten mußte ernster genommen werden. Später berichtete Zita, wie damals die Vorschläge für Zufluchtsorte von allen Seiten hereingeregnet waren. Bezeichnend war, daß die vorgeschlagenen Orte alle ausnahmslos innerhalb des Reichs lagen: Innsbruck, der traditionelle Zufluchtsort der Habsburger vor der Gefahr in der Hauptstadt, Brandeis an der Elbe, wo Karl als junger Erzherzog einmal als Garnisonsoffizier gedient hatte, das Stift Kremsmünster, wo die Kirche sicher Schutz gewähren würde, das Schloß von Fürst Starhemberg in Oberösterreich oder Preßburg an der Donau, wo dem jungen Paar erst ein paar Monate zuvor beim Erntedankfest am 16. Juli ein stürmischer Empfang bereitet worden war.[46] Eine Flucht ins Ausland wurde nicht einmal in Betracht gezogen. Selbst die Idee, aus dem Schloß zu fliehen, wurde nun fallengelassen, als Schober um 4.30 Uhr am Morgen des 3. November anrief, um mitzuteilen, daß die Gefahr »sich etwas verringert habe« und die königliche Familie genausogut dort bleiben könne.

[45] Kadetten aus der Militärakademie in Wiener Neustadt und der Artilleriekadettenschule von Traiskirchen erschienen plötzlich unaufgefordert, um sie zu ersetzen. Verschiedene Hilfsangebote langten in Wien von Kommandanten im Feld ein, nur um dann im Kriegsministerium bei den Akten liegenzubleiben.

[46] Preßburg bzw. Bratislava war die Hauptstadt des slowakischen Volks, das die Dynastie als Schutzschild gegen Übergriffe ihrer tschechischen oder ungarischen Nachbarn betrachtete.

Nun sollte man sich vielleicht einmal die Frage stellen, wie gewalttätig die Agitation des Volks gegen die Monarchie in der Hauptstadt eigentlich in diesen Herbstwochen geworden war (vorher war derartiges als politischer Faktor nicht existent). Anders ausgedrückt: Hat es in Wien im November 1918 jemals einen Aufstand gegeben, wie in der Literatur – vor allem jener des linken Flügels – später behauptet wurde? Die Antwort muß lauten, daß es einfach keine Revolution im herkömmlichen Sinn des Worts gab. Wohl gab es antimonarchistische Akte auf der Straße, wie etwa das Herunterreißen der Distinktionen von Offiziersuniformen (manchmal kamen die Offiziere selbst den Demonstranten wohlweislich zuvor). Es kam zu Plünderungen und Demonstrationen des Pöbels, was sich beides verschlimmerte, als die von der zusammengebrochenen italienischen Front heimgekehrten Soldaten die Zahl der plündernden *Soldateska,* von der es im ganzen Reich nur so wimmelte, noch vergrößerte.[47] Doch kein einziges Regierungsgebäude oder Ministerium wurde gestürmt. Eigentlich wurde noch nicht einmal ein einziger Ziegel durch ein kaiserliches Fenster geschleudert. Niemand wurde in seinem Haus ermordet wie Tisza in Budapest. Niemand wurde auf der Straße erschossen. Es gab keine Barrikaden. Die »Revolution« war eine Volksstimmung und nicht eine Volksbewegung. Diese setzte sich zusammen aus der Gleichgültigkeit bzw. der zögernden Haltung der Garnisonen, die in ihren Kasernen blieben, dem Anschwellen der Feindseligkeiten unter einer durch den Krieg halb ausgehungerten Zivilbevölkerung, die nun von den Niederlagen und Erniedrigungen, die dieser plötzlich mit sich gebracht hatte, angewidert war, und dem Eindringen extremistischer Aufwiegler, besonders jener, die von der russischen Front mit bolschewistischem Gedankengut – und nicht viel ande-

---

[47] Der sozialistische Staatsrat leistete einen wertvollen Beitrag zur Stabilität, indem er die radikalen Soldatenräte in seine eigenen Volkswehrbataillone eingliederte, die sich zum Teil aus arbeitslosen Fabriksarbeitern zusammensetzten.

rem – in ihrem Tornister zurückkehrten. Vor allem gab es da ein Vakuum im Zentrum, in das all diese Elemente nun hineinstürzten, und es gab das Gefühl, daß dieses Zentrum in Form der belagerten Habsburgerdynastie von der Außenwelt bereits abgeschrieben war.

Diese Paradoxie dauerte bis zum Ende an. Der 4. November war der Namenstag des Kaisers, und am 4. November 1918 zelebrierte Kardinal Piffl wie im Vorjahr ihm zu Ehren ein Hochamt im Stephansdom. Wiens größte Kirche war bis zum letzten Platz besetzt, und die meisten Minister und die anderen bedeutenden Würdenträger des Reichs saßen auf ihren angestammten Plätzen in den vorderen Kirchenbänken (obwohl sie ohne Uniform durch die Seiteneingänge gekommen waren). Am Ende wurde die Kaiserhymne *Gott erhalte* mit gehöriger Leidenschaft – und ein paar Schluchzern – gesungen. Es war das letzte Mal, daß sie von einer solchen Gesellschaft zu hören war. Diese Messe war die Gedenkfeier für die Dynastie.

Wie während der gesamten Endphase des Zerfalls kamen die entscheidenden Schläge von außen. Am 8. November sandte Präsident Wilson ein Grußtelegramm an Dr. Karl Seitz, den Vorsitzenden des Staatsrats in Wien, in dem er seiner Freude darüber Ausdruck verlieh, »daß den konstituierenden Völkerschaften die Befreiung vom Joche des österreichischen Reiches nun gelungen ist«. Zehn Tage zuvor hatte der Staatsrat den früheren Princeton-Professor im weit entfernten Weißen Haus direkt über seine Bildung informiert. Wilson hatte reagiert, als ob er der formelle wie auch der *De facto*-Lenker des österreichischen Schicksals wäre. Mit diesem Telegramm hatte Wilson die österreichische Republik so gut wie für tot erklärt – vier Tage bevor ihre eigenen Republikaner dieselbe ausgerufen hatten. Kurz darauf, am 9. November, kam die Neuigkeit aus Berlin, daß der Deutsche Kaiser abgedankt hätte und von seinen Generälen ins Exil nach Holland verfrachtet worden war, mit ebensowenig Zeremoniell wie ein unerwünschtes Möbelstück, das ins Lager abgeschoben wird. So spielten Hohenzollern und Habsburger noch einmal, diesmal in ihrem Todeskampf, zusammen. Der Seniorpartner und Oberste Kriegsherr ihres Bündnisses war von seinem Thron gestürzt worden. Die Zukunft des Juniorpartners war nun ein Thema, dem man nicht mehr länger ausweichen konnte. Irgendwie mußten die Unentschlossenheit und die Realitätsferne, die wochenlang über Schloß Schönbrunn gehangen hatten, zerstreut werden. Also hatte am Ende der »Eisentopf« tatsächlich den »Tontopf« zertrümmert.

Nur weniges macht den Unterschied zwischen den beiden germanischen Dynastien – in Berlin ein militaristischer Emporkömmling, in Wien ein seit sechseinhalb Jahrhunderten in den geschichtlichen Teppich Europas eingewobenes Herrscherhaus – so deutlich wie die gegensätzliche Art und Weise ihres Abgangs. Der habsburgische Adler gebot noch immer eine gewisse Ehrfurcht, obwohl seine Kraft erschöpft war, und niemand streckte die Hand aus, um ihn gewaltsam von seinem hohen Platz herunterzuholen. Hätte Franz Joseph zwei Jahre länger gelebt und in Schönbrunn residiert: Hätten seine Untertanen es gewagt, ihm vorzuschlagen, er solle das Schloß nach 70 Jahren, die er damals auf dem Thron gewesen war, verlassen? Diese Spekulation drängt sich jedenfalls bei all den Überlegungen und Gewissensprüfungen auf, die dem ehrenvollen Kompromiß vorausgingen, der nun für seinen Nachfolger, den anständigen, aber uncharismatischen Karl, der noch nicht ganz zwei Jahre regiert hatte, ausgedacht wurde.

Es war der junge Kaiser selbst, der eine Lösung für seine Dynastie in groben Zügen vorlegte, genauso wie er einen Monat zuvor eine Lösung für sein Reich umrissen hatte. Er würde nicht abdanken und er würde nicht aus dem Land fliehen, unterrichtete er seine Berater bei einem mitternächtlichen Treffen am 9. November, sondern es sei an den Parlamentsparteien, nun an der politischen Front zu ihren Überzeugungen zu stehen. Abgesandte wurden in den frühen Morgenstunden zu den Parteisprechern und zu Kardinal Piffl geschickt, an den Karl einen persönlichen Appell richtete. Die Stimme der Kirche war außerordentlich wichtig. Johann Hauser, Führer der rechtsorientierten Christlichsozialen Partei – traditionell die politische Stütze der Monarchie – war selbst ein Prälat, während Ignaz Seipel, der hellste unter den aufgehenden Sternen in der Bewegung, auch ein katholischer Priester war.[48]

Seipel war dann auch hauptsächlich jene Zauberformel zu verdanken, die die Würde der Dynastie und sogar ihren nominellen Fortbestand bewahren, zugleich aber der Republik Österreich die Möglichkeit geben würde, sich unter den angelegten Flügeln des Reichsadlers zu entfalten. Der Kaiser würde formell auf die Macht, jedoch nicht auf den Thron verzichten. Das war der Kompromiß, der nach Besprechungen am 10. November, die den ganzen Tag zwischen Lammasch und seinen Ministern als Vertreter der Krone und Seitz und Renner für die Sozialisten geführt wurden, herausgeschlagen wurde.

Also erreichte die Woge des Republikanismus um elf Uhr am folgenden Vormittag doch noch Schönbrunn. Sie kam nicht etwa in Form einer Flutwelle von Menschen oder von Gewalt die Mariahilfer Straße entlang, sondern fuhr dem Anlaß entsprechend mit einem Automobil vor, denn die Erklärung wurde dem Kaiser durch zwei Mitglieder seines eigenen Kabinetts, seinem Kanzler und seinem letzten Innenminister, Edmund Gayer, überbracht. Beide Männer waren am Rande eines Nervenzusammenbruchs. Sie verfolgten den Kaiser von einem Zimmer in das nächste und drängten ihn, das Dokument, das sie ihm gerade erst in die Hand gedrückt hatten, sofort zu unterzeichnen, da dieses bis drei Uhr nachmittag gedruckt und in Wien veröffentlicht werden sollte.

Karl schüttelte sie noch einmal ab, um eine letzte Sitzung allein mit seinen Beratern und seiner Gemahlin im Porzellanzimmer abzuhalten. Zita mußte erst überzeugt werden, daß es sich bei diesem Dokument nicht um eine völlige Abdankung handelte. Karls Berater waren sich alle darüber

---

[48] Nur vier Jahre später sollte Seipel Kanzler der jungen Republik Österreich werden und ein Jahrzehnt lang der dominierende Führer des rechten Flügels im Staat bleiben.

einig, daß es keinen anderen – oder zumindest keinen besseren – Weg gebe. Der Kaiser kehrte nach nebenan in den Blauen Salon zurück und setzte mit seinem metallenen Stift, den er immer bei sich trug, die kurze Unterschrift »Karl« unter die Urkunde, die seine alte Dynastie nur noch in einen Namen auflöste.[49] Die wesentlichen Passagen lauten:

> »Im voraus erkenne Ich die Entscheidung an, die Deutsch-Österreich über seine künftige Staatsform trifft. Das Volk hat durch seine Vertreter die Regierung übernommen. Ich verzichte auf jeden Anteil an den Staatsgeschäften. …

> Möge das Volk von Deutsch-Österreich in Eintracht und Versöhnlichkeit die Neuordnung schaffen und befestigen. … Nur der innere Frieden kann die Wunden dieses Krieges heilen.«

Es war für einen Mann, der als »Friedenskaiser« in die Geschichte eingehen sollte, eine passende Art und Weise, sich von der Macht zu verabschieden. Vom Licht der Öffentlichkeit hatte er sich jedoch noch nicht verabschiedet, und noch weniger von seinem eigenen Reich. Sowohl die schweizerischen als auch die holländischen Gesandten an seinem Hof hatten ihm Geleitschutz ins Asyl in ihrem Land angeboten. Es war aber Eckartsau, sein Jagdschloß östlich von Wien, wohin sich die kaiserliche Gesellschaft an diesem Abend begab.[50]

Ihr Autokonvoi verließ das Schloß unbemerkt und ohne Zwischenfälle durch das östliche Seitentor. Maria Theresias großartiges Schloß blieb leer und unbewacht zurück.

[49] Selbst die Zweite Republik bewahrte die Erinnerung an dieses historische Ereignis. Im Sommer 1992, als der Autor eine TV-Dokumentation über den Zusammenbruch der Monarchie drehte, mit Szenen im Schloß Schönbrunn, holten die Schloßverwalter stolz jenen Tisch hervor, auf dem das Manifest unterzeichnet worden war.

[50] Eckartsau liegt im Marchfeld, unweit des Schlachtfelds, wo im Jahr 1278 Karls ferner Vorfahre Rudolf I. von Habsburg die Dynastie in die Geschichte katapultiert hatte.

Es wurde weitgehend in Frieden gelassen, sieht man von einem nächtlichen Räuber ab, der bis zum Schlafgemach der Kaiserin kam und sich auf die unter der Tagesdecke versteckte Klingel der Kaiserin setzte. Das löste sofort im ganzen Schloß ein schrilles Läuten aus, doch es war niemand da, um darauf zu reagieren.

Am nächsten Morgen, am 12. November 1918, wurde in Wien das »demokratische Deutsch-Österreich« offiziell ausgerufen, »als Teil der Deutschen Republik«. Karl Renner drückte die ethnischen Bande der Stunde in einer Litanei aus: »Heil unser deutsches Volk und heil Deutsch-Österreich.« Die Christlichsozialen, die sich zwei Tage zuvor immer noch für die Monarchie ausgesprochen hatten, gaben diese nun, fast bis auf den letzten Mann, auf. Selbst in diesen Zeiten qualvoller Selbstzweifel, der Verwirrung und des Opportunismus war dies eine spektakuläre Wendung um 180 Grad. Unter der winzigen Gruppe dreier Kaisertreuer, die sich weigerten, ihr Mäntelchen nach dem Winde zu hängen, befand sich der 46jährige Abgeordnete Wilhelm Miklas. 20 Jahre danach legte er als österreichischer Bundespräsident dieselbe seltene Zivilcourage gegenüber Adolf Hitler an den Tag.

Eine von vielen Anekdoten veranschaulicht, auf welch schickliche Weise sich dieser Übergang von der Monarchie zur Republik vollzogen hat. In den ersten Stunden der neuen Republik spazierte Fürst Franz Liechtenstein, eine der Stützen des alten Systems, in sein bevorzugtes Herrenmodengeschäft in Wien, um sich ein Paar neue Handschuhe zu besorgen. Er wurde vom Verkäufer höflich zur Tür hinauskomplimentiert mit den Worten: »Wenn sich Eure Hoheit bitte morgen noch einmal herbemühen wollten. Heute ist Revolution.«

V

Der Weg zu Hitler

1. »Der Rest ist Österreich«

D er Ladentisch im Herrenmodengeschäft, über den hinweg der Prinz und der Verkäufer ihren höflichen Wort-
wechsel hatten, war nicht der einzige Ort in Wien, wo an diesem 12. November der Übergang von der alten Monarchie
zur jungen Republik allem Anschein nach erstaunlich reibungslos über die Bühne ging. Karl Renner wurde als Staatssekretär schon vor den ersten Wahlen de facto Chef der neuen
Regierung.[1] Dr. Lammasch war am Vortag dankbar und mit
Auszeichnungen überhäuft von der politischen Bühne abgegangen. (Während der letzten Stunden in Schönbrunn hatte
der Kaiser noch die Zeit gefunden, ihm das Großkreuz des
Sankt-Stephans-Ordens zu verleihen und – typisch österreichisch – ihn mit einer schönen Pension zu belohnen). Die
unter seiner letzten kaiserlichen Regierung angestellten
Beamten waren aber fast alle wieder an ihren Schreibtisch
zurückgekehrt, um unter den neuen Staatssekretären der
Republik weiterzuarbeiten und dadurch die Kontinuität in
der Verwaltung zu wahren. Schober, ein Garant für Stabilität,
blieb als ein von allen Seiten für vertrauenswürdig befunde-
ner Polizeipräsident auch in den kommenden Jahren im Amt.
   Aber bald zeigte sich, daß dieses friedliche Bild zu schön
war, um wahr zu sein. Als die rotweißrote Fahne der Republik vor dem Parlament anstelle der schwarzgelben habsburgischen Farben gehißt wurde, gelang es einer Gruppe kom-

---

[1] Viktor Adler, der große alte Mann der Sozialdemokratischen
Partei, war am Vorabend ihres größten Triumphs, der Ausrufung
der Republik, verstorben.

munistischer Demonstranten während der Feierlichkeiten, der Fahne habhaft zu werden, den mittleren – weißen – Streifen herauszureißen und eine nun ganz rote Fahne zu hissen. Kurz danach stürmte eine Gruppe dieser Extremisten in Uniform, die sogenannte Rote Garde, das Parlamentsgebäude selbst.[2] Im anschließenden Durcheinander kam es zu einem Schußwechsel, dem zwei Tote und 45 Verwundete zum Opfer fielen, was zum Teil auf die für Wien so typische Schlamperei zurückzuführen war. Die Soldaten hätten an diesem Tag ihre Waffen eigentlich in den Kasernen lassen sollen, während das Parlament selbst ordentlich zu bewachen gewesen wäre. Doch weder das eine noch das andere wurde in die Praxis umgesetzt. Dieser Zusammenstoß deutete aber auch noch auf etwas anderes hin – die unüberwindliche Spannung auf der Linken zwischen einer Minderheit von bolschewistenähnlichen Extremisten und der Mehrheit ihrer gemäßigteren sozialistischen Genossen. Diese sollte sich in den kommenden Monaten auf eine gewalttätigere, doch ebenso wirkungslose Art entladen. Die »Revolution« richtete sich gegen die »Revolution« und nicht gegen die Dynastie. Wien war, 24 Stunden nachdem die Monarchie sich leise von der Bühne geschlichen hatte, mit dem ersten Blut befleckt worden. Es ließ nichts Gutes ahnen, daß dieses Blut in einem eher ideologischen als politischen Zusammenstoß vergossen wurde. Renner saugte sich schnell eine Lösung aus den Fingern: Er begnadigte die Rädelsführer der Extremisten mit der Begründung, daß sie nur Akteure in einer gewaltigen geschichtlichen Übergangsphase seien. Und aus dieser Perspektive betrachtet, war das Handgemenge vom 12. November ja tatsächlich eher ein lauter Protestschrei als ein Putsch.

Im Moment waren Renner und seine Kollegen auf alle Fälle mit zwei viel schwierigeren Problemen konfrontiert.

[2] Die Rote Garde hatte sich Anfang des Monats unter der Führung des Oberleutnants und Journalisten Egon Erwin Kisch formiert. Die Zahl ihrer aktiven Mitglieder ging nie über ein paar Hundert hinaus, doch die durch sie verursachte Beunruhigung war überproportional groß.

Erstens, wie sollten die Bürger des neuen Staats am Leben erhalten werden. Zweitens, wie sollten die Grenzen gegen eine Invasion verteidigt werden. Die Einwohner von Deutsch-Österreich, vor allem die Stadtbevölkerung, hatten während der vier Kriegsjahre ihren Gürtel allmählich bis zum letzten Loch enger schnallen müssen. Nun, im Herbst 1918, gerade als eine gute Ernte dringend nötig war, fiel der Ertrag der noch genutzten und reduzierten Flächen sowohl beim Weizen als auch beim Roggen auf unter 50 Prozent der Vorkriegserträge. Damit wurde trotz der damaligen drakonischen Rationierungsmaßnahmen weniger als ein Viertel des Mehlbedarfs gedeckt. Der Engpaß bei Fleisch, Kartoffeln und vor allem Fett war noch schlimmer. Ohne die bescheidene Lebensmittelversorgung durch das vom zukünftigen amerikanischen Präsidenten Herbert Hoover organisierte alliierte Hilfsprogramm wären die Wiener in diesem ersten Winter des Bestehens ihrer Republik mit einer Hungersnot konfrontiert worden. Eine damals an 186 000 Schulkindern der Hauptstadt durchgeführte medizinische Untersuchung ergab, daß über 150 000 Kinder unterernährt, die meisten davon sogar extrem unterernährt waren.

Die räumliche Isolierung dieser hungerleidenden Zwergrepublik verschlimmerte die Not noch zusätzlich. Als dominierendes Volk des alten Cisleithaniens hatten sich die Österreicher immer um Kohle für den eigenen Herd und ihre Fabriken an die alten Kronländer Böhmen und Mähren wenden können – wie auch um den Zucker für ihren Kaffee. Nun schnitt der neu errichtete Staat der Tschechoslowakei sie aber praktisch von jedem Nachschub ab. Im November 1918 waren fünf aufeinanderfolgende diplomatische Proteste in Prag nötig, um den Transit eines einzigen Zugs nach Österreich auf tschechischer Bahnstrecke zu sichern. In den Hochöfen erlosch das Feuer ebenso wie in den Öfen daheim, sogar die Wiener Straßenbahnen kamen zum Stillstand, da es an Kohle für die Elektrizitätswerke mangelte. Wieder war es der ehemalige Feind, der in Form des Hilfsprogramms der Alliierten die größtmögliche Hilfe zur Linderung der Not leistete.

Zur slawischen Wirtschaftsblockade kam die militärische Herausforderung ihrer Armeen an den ethnischen Rändern Deutsch-Österreichs. Ohne das Urteil der Siegermächte bei der Friedenskonferenz – im Fall Österreichs sollte es noch sechs Monate dauern – abzuwarten, besetzten tschechische Truppen das Gebiet der drei Millionen Sudetendeutschen, das die Österreicher als das Land ihrer Blutsbrüder im Norden beanspruchten.

Weit unten im Süden, an der historischen Bruchlinie zwischen Kärntens Volksgruppen, ging eine unmittelbarere Bedrohung vom neuen Staat Jugoslawien aus. Als erste drangen Slowenen ein, eines der jugoslawischen Teilvölker, deren slowenische Kärntner Landsleute schon seit Generationen Gegenstand hartnäckigster Nationalitätenstreitigkeiten der Monarchie gewesen waren. Innerhalb von zwei Wochen nach Bildung der österreichischen Republik beschlagnahmten slowenische Einheiten, die noch Wochen zuvor für die Monarchie gekämpft hatten, die Stadt Ferlach und stießen nach Norden zur Drau vor. Dann kehrte bis zum Frühling wieder Ruhe ein, als mächtigere Einheiten, diesmal der vereinigten Streitkräfte Jugoslawiens, eine neue Offensive starteten, die die Kärntner Hauptstadt Klagenfurt zum Ziel hatte. Während die Wiener Regierung sowohl unfähig, als auch nicht dazu bereit war, den Sudetendeutschen zu Hilfe zu kommen, so erwiesen sich die Kärntner als ziemlich entschlossen, sich selbst zu verteidigen, egal welche Nervosität in Wien über ihren Abwehrkampf herrschte.

Waffen und Munition waren reichlich vorhanden, denn das gesamte Gebiet hatte während des Kriegs als wichtigste Nachschubzone für die Italienfront gedient. Auch waren Soldaten zu Zehntausenden dort, eine inhomogene Masse militärischen Treibguts, die mit den letzten Wellen des italienischen Vorstoßes über die Grenze geschwemmt worden war. Viele wurden zu Marodeuren, sie schlossen sich den Reihen der undisziplinierten *Soldateska* an, die das ganze Land heimsuchten. Etliche warfen ihre Uniform weg und kehrten geradewegs in ihre Heimatdörfer zurück. Doch es waren noch genug übrig, vor allem jene, die in

Kärntner Einheiten der Sechsten Armee in Italien gedient hatten, die nun bereit waren, gegen einen neuen Feind zur Verteidigung ihrer Heimat zu kämpfen. Unter dem Kommando von Oberstleutnant Ludwig Hülgerth wurde eine irreguläre Streitkraft aufgestellt, in der die Parteipolitik Wiens kaum eine Rolle spielte. Sie waren Kärntner, nicht Sozialdemokraten oder Christlichsoziale, und sie kämpften aus Lokalpatriotismus. Es gab viele Traditionalisten in ihren Reihen, die in ihrem Herzen eher für ein altes Kronland der Monarchie als für ein neues Bundesland der Republik kämpften.[3]

Auf kurze Sicht sollten sie dieser Republik einen guten Dienst erweisen, denn selbst die mächtigen Friedensstifter in Paris wurden auf ihren Fall aufmerksam und trafen dafür besondere Vorkehrungen. Auf lange Sicht hatten Oberstleutnant Hülgerths Soldaten eine unheilvollere Bedeutung. Sie hatten vorgeführt, daß nicht nur der linke Flügel mit seiner Volkswehr im Namen des Sozialismus eine provisorische Streitkraft aufstellen konnte. Österreichs Konservative waren dazu ebensogut in der Lage, und zwar im Namen des Patriotismus. Und so zeichneten sich in den ersten Wochen des Bestehens der Republik die groben Umrisse jener Konfrontation ab, die sie schließlich auseinanderreißen sollte.

Die Tatsache, daß Kärnten auf eigene Faust auf die drohende Gefahr reagiert hatte, spiegelte eine der weitreichendsten Entscheidungen des Staatsrats in Wien wider, die Anerkennung der Integrität und Halbautonomie der alten habsburgischen Länder innerhalb der neuen Republik.[4]

---

[3] »Kärnten den Kärntnern« war ihr Slogan, und sie machten deutlich, daß man sich, wenn nötig, den Wünschen Wiens so wie auch jenen der Slowenen und Serben würde widersetzen müssen.

[4] Eines der ersten Gesetze der Republik, das am 22. Dezember 1918 erlassen wurde, hatte die Landeshauptleute mit der Exekutive der Verwaltung der Bundesländer betraut. In der Verfassung der Republik vom 1. Oktober 1920 gaben die Länder die Kontrolle über grundlegende gemeinsame Angelegenheiten wie Verteidigung und Außenpolitik wieder an die Bundesregierung zurück, blieben aber in allen anderen Bereichen souverän.

Anders hätte es auch nicht sein können, denn diese alten Stammländer waren immer die Säulen jedes österreichischen Staats gewesen, egal ob Kaiserstaat oder Republik, und würden es auch immer bleiben. Sie waren praktisch unerschüttert geblieben in den bewegten Zeiten der Expansion der Dynastie, während der großen Religionskriege der Christen, während der Kämpfe der Monarchie gegen den Islam, gegen Napoleon und gegen Preußen und hatten schließlich auch alle Reformen Franz Josephs überstanden, selbst die Einführung des Dualismus und das Entstehen der Parlamente. Sie sollten auch allen Versuchen der nationalsozialistischen Gleichschaltung standhalten, und durch ihren Fortbestand bewahrten sie die grundlegenden Elemente einer österreichischen Identität.

Das lag aber noch 20 Jahre in der Zukunft; im Jahr 1918 verursachte ihr heftiger Individualismus dem neuen Staat einige seiner schlimmsten Kopfzerbrechen bezüglich der Verfassung. So suchten die Tiroler nördlich des Brenners zum Beispiel lieber in Berlin als in Wien Unterstützung in ihrem Kampf um die Tiroler Landsleute südlich des Gebirgspasses, die nicht den Italienern in die Hände fallen sollten. »Der Tag, an dem auf dem Innsbrucker Landhause neben unserem roten Adler die schwarzrotgoldene Flagge hochgeht, bringt auch für unser Land im Süden das erste Morgenrot der kommenden Erlösung«, erklärte ihr Sprecher Dr. Richard Steidle. Es war nicht einmal die Rede davon, daß die rotweißrote Fahne Österreichs irgendwo zwischen diesen Bannern Deutschlands und Tirols flattern würde. Zum Glück für die Republik verlief sich diese Welle des Separatismus bald im Sande, hauptsächlich deshalb, weil Steidle von den Deutschen selbst eine Abfuhr erteilt bekam, als er nach Berlin, Weimar und München reiste, um für seine Sache einzutreten.

Viel stichhaltiger war da schon die drohende Abspaltung Vorarlbergs, des westlichsten und auch am meisten mit sich selbst beschäftigten österreichischen Bundeslands. Hier war die Schweiz der magische Anziehungspunkt. Die Geschichte der Vorarlberger stand oft in enger Verflechtung mit der der Schweizer Kantone, und ihr stark kehliger Dialekt ähnelt mehr dem Schwyzerdütsch Zürichs als dem Wiener Dialekt. Außerdem störte es sie schon lang, daß ihre Hauptstadt Bregenz unter der Kontrolle Innsbrucks stand. Es war daher nicht überraschend, daß sie am Tag nach Ausrufung der Republik ihre eigene Kampagne für einen Anschluß an die Schweiz starteten. Wien versuchte, Zeit zu gewinnen und lehnte ab, das Land freizugeben, und die Schweiz wollte in der Frage, ob sie das Bundesland aufnehmen sollte, auf Nummer Sicher gehen. Doch nachdem sich 80 Prozent der Vorarlberger in einer Volksabstimmung am 11. Mai 1919 für eine Vereinigung mit der Schweiz aussprachen, war klar, daß noch eine lange konstitutionelle und diplomatische Auseinandersetzung bevorstand. Es dauerte noch weitere zwei Jahre, bis das Bundesland widerwillig seinen Platz innerhalb der Republik akzeptierte – aber erst nachdem Georges Clemenceau und die Pariser Friedenskonferenz sowie der gerade erst gegründete Völkerbund mit diesem Problem der klein gewordenen Alpenrepublik belästigt worden waren.

Diese beiden unterschiedlichen Infragestellungen der Autorität Wiens seitens Innsbrucks und Bregenz' trafen die junge Republik in ihrem Innersten: Sollte ihre Struktur zentralistisch oder föderalistisch sein? Wie so vieles andere tauchte auch diese Frage in so krasser Form erst jetzt auf, da sich das österreichisch-ungarische Kaiserreich aufgelöst hatte. Zwar waren die alten Länder auch die Säulen der Monarchie gewesen, doch die Habsburgermonarchie war ein so riesiges und weitläufiges Gebäude, daß sie unter deren Dach im Verhältnis nie allzu groß gewirkt hatten. Nun beherrschten sie die Szene, und da über die verbindende Loyalität zur Krone und die Tradition des gemeinsamen Diensts am Herrscherhaus der Vorhang schon gefallen war, war das österreichische Identitätsgefühl wieder einmal gespalten – diesmal von innen.

Schließlich gewann das föderalistische Konzept mühelos, doch nicht bevor das Thema zum ersten Mal ein ideologisches wurde. In jedem Staat bestehen Gegensätze und

Spannungen zwischen Hauptstadt und Land. Unter der Monarchie waren diese vorwiegend sozialer und funktionaler Natur und daher relativ leicht zu beherrschen gewesen. Selbst gegen Ende des 19. Jahrhunderts, als die Stimme der wachsenden Industriearbeiterschaft in den Städten fast so laut wurde wie die der Bauernschaft auf den Feldern, gab es immer noch viele Gemeinsamkeiten. Welch größeren Segen hätte sich ein Kaiser wünschen können, als daß sich gerade Karl Lueger, ein leidenschaftlicher rechtssstehender Katholik und Monarchist, zum unangefochtenen Sprecher für Wiens kleine Leute entwickelte? Diese waren nämlich genau jene Handwerker, Ladenbesitzer und Fabriksarbeiter, die sich anderswo scharenweise den aufkommenden sozialistischen Parteien des industrialisierten Europas anschlossen.

Nun, im Jahr 1918, war diese Verknüpfung auch in Österreich hergestellt, ja sogar institutionalisiert. Das Rote Wien drängte auf eine zentrale Regierung, wenn auch nur weil dies Teil des wesentlichen Dogmas des Sozialismus war. Die ländliche Bevölkerung wurde nicht nur zum Rivalen, sondern zum Klassenfeind. Alles, was konservativ, rechtsorientiert und konterrevolutionär war (als ob es je eine Revolution gegeben hätte!) fiel in diese Kategorie: der Adlige in seinem Schloß, der Bauer in seinem Bauernhaus, der Priester in seiner Pfarrkirche. Die Sozialisten Wiens – und insbesondere jene von Otto Bauers austromarxistischer Prägung – sahen erwartungsvoll einem Utopia der internationalen Solidarität der Arbeiterschaft entgegen, das nie wahr werden sollte. Die Konservativen auf dem Land blickten auf eine Vergangenheit zurück, die nie wieder zum Leben erweckt werden konnte. Das war eine neue Variante dieser altbekannten österreichischen Pose, sinnlos in entgegengesetzte Richtungen zu blicken. Sie sollte der bevorstehenden Tragödie als Grundlage dienen.

Im Moment standen aber sowohl Stadt als auch Land (mit Ausnahme der aufsässigen Vorarlberger) weitgehend hinter der Forderung nach einem Deutsch-Österreich, der Vereinigung aller deutschsprachigen Gebiete des früheren

Cisleithaniens mit der neuen Republik Deutschland. Daß sich im Herbst 1918 beinahe alle Österreicher unter den Farben ihrer Volksgruppe zusammendrängten, war nicht weiter überraschend. Da das Vielvölkerreich aufgelöst und der Ruf nach der Zugehörigkeit zum eigenen Volk durch das von Wilson gepredigte Prinzip der Selbstbestimmung sanktioniert war, welche andere Parole hätte es da schon geben können? Doch in all dem lag sowohl Ironie als auch Selbsttäuschung. Die Ironie bestand darin, daß jahrhundertelang die Slawen der Monarchie in Wien Schutz vor Berlin gesucht hatten, jetzt blickten die Österreicher dieser untergegangenen Monarchie nach Berlin, um Schutz vor den Slawen zu suchen.

Die Selbsttäuschung bestand darin, daß sich die Deutsche Republik, genausowenig wie das Deutsche Reich, zu den eigenen Problemen nicht auch noch das lästige Österreich aufhalsen wollte. Es war paradox und auch persönlich tragisch, daß gerade Otto Bauer, der leidenschaftlichste Vertreter des ursprünglichen Anschlußgedankens, als erster die bittere Wahrheit erfahren sollte. Bauer war während der frühen Feldzüge an der Ostfront in Gefangenschaft geraten und war, nachdem er drei Jahre hinter Stacheldraht verbracht hatte, nach Wien zurückgekehrt, vollgestopft mit diesem fanatischen Scheuklappenextremismus, der so oft in den russischen Gefangenenlagern herangezüchtet wurde. Er wurde zum obersten Apostel der Doktrin, daß der Anschluß an Deutschland lebenswichtig sei, weil dies den »Anschluß an den Sozialismus« bedeute. Nur durch eine Vereinigung mit der Deutschen Republik, so argumentierte er, könne die Gefahr eines Entente-Imperialismus, eines tschechischen Imperialismus und sogar des altmodischen habsburgischen Imperialismus in Schach gehalten werden.

Diese Doktrin sollte sich für die Zukunft als ebenso destruktiv erweisen, wie sie für die damalige Zeit unrealistisch war, denn sie machte aus einer bereits komplexen Nationalitätenfrage auch noch eine ideologische. Außerdem verwandelte sie etwas, das im wesentlichen eine Frage nationaler Identität war (in Bauers Gedankenwelt nicht vorhanden und wahrscheinlich verachtet), in eine parteipolitische Frage. Denn wenn die Sozialisten den Anschluß zum Schwerpunkt ihres Parteiprogramms machten, was sollten ihre Gegner dann tun? Bei den ersten Wahlen[5] der Republik, am 16. Februar 1919, wurden 72 sozialdemokratische Abgeordnete in die Nationalversammlung gewählt, knapp gefolgt von 69 Christlichsozialen und 26 Vertretern der deutschnationalen Gruppen. Die beiden stärksten Parteien bildeten eine Arbeitskoalition, wobei sich die kleinste Partei abseits hielt, um das so wichtige Gleichgewicht zu gewährleisten. Die Deutschnationalen standen, schon namens- und traditionsmäßig, dem Anschlußgedanken am nächsten, doch mit den Christlichsozialen verhielt es sich ganz anders. Ihre anfängliche Befürwortung einer möglichen Vereinigung mit Deutschland entwickelte sich aus einem Gefühl der Verzweiflung und Orientierungslosigkeit heraus. Als der Sturm sich legte, peilten sie wieder ihre natürliche und traditionsgemäße Richtung an, nämlich den Stolz darauf, was Österreich einst erreicht hatte und wieder erreichen könnte – vielleicht in Form einer Donauföderation. Zwischen den beiden großen politischen Kräften der Republik tat sich eine tiefe Kluft auf, nicht nur über die Frage, wie Österreich regiert werden sollte, sondern auch wo sein Platz in Europa war.

In dieser ersten Regierung wurde erwartungsgemäß Dr. Karl Renner Staatskanzler und der Vorarlberger Christlichsoziale Jodok Fink Vizekanzler. Otto Bauer übernahm die Auswärtigen Angelegenheiten und brach fast unverzüglich nach Deutschland auf mit dem Ziel, einen sofortigen Anschluß zu verhandeln, zumindest auf dem so wichtigen Gebiet der Währung. Die Finanzwelt war in Aufruhr, da sowohl die Jugoslawen als auch die Tschechen die alten Kronen der Monarchie für ungültig erklärt hatten und

[5] Diese umfaßten natürlich nicht alle deutschsprachigen Gebiete, die im Reichsrat vertreten waren. Teile Kärntens und der Steiermark sowie des Sudetenlands und Südtirols waren von fremden Truppen besetzt und konnten nicht wählen.

damit ihr Funktionieren als Tauschmittel bedroht war. Mit Renners Zustimmung begab sich Bauer Anfang März nach Berlin, um von der Reichsbank einen hohen Kredit in Papiergeld zur Stützung der österreichischen Währung aufzunehmen und damit die Krone – abgesehen vom Namen – in die Deutsche Mark umzuwandeln. Die Deutschen lehnten ab und wiesen darauf hin, daß sie solche Verpflichtungen nicht eingehen könnten, bevor die finanziellen Auswirkungen der bevorstehenden Friedensverträge nicht bekannt wären. Es gelang Bauer jedoch, sich das persönliche Versprechen des deutschen Außenministers, Graf Brockdorff-Rantzau, der bald die Delegation seines Landes bei den Pariser Friedensgesprächen anführen sollte, zu sichern, daß Deutsch-Österreich eine bevorzugte finanzielle Behandlung von Berlin erhalten würde, sollten die Siegermächte einen Anschluß sanktionieren, doch eben davon machte er die ganze Sache abhängig. Dieses Versprechen konnte leicht gegeben werden, denn es war schon jetzt unwahrscheinlich – nach dem Tonfall französischer Stellungnahmen zu urteilen –, daß Deutschland je erlaubt würde, es einzuhalten. Der Anschluß war in Wirklichkeit schon lange gestorben, bevor die Alliierten ihn für tot erklärten. Dennoch blieb er Schwerpunkt des Dossiers, das Renner und seine Kollegen im Frühjahr 1919 für die Friedenskonferenz entwarfen.

Bevor Renner bei dieser Konferenz als Sprecher für die Republik erschien, mußte innerhalb ihrer Grenzen jedoch noch eine sehr merkwürdige Verkörperung der Monarchie entfernt werden. Kaiser Karl residierte immer noch mit seiner Frau, seiner Familie und einem Gefolge von Beratern in seinem Jagdschloß Eckartsau östlich von Wien, wohin er am Abend des 11. November 1918 gefahren war. Einer plötzlichen Eingebung folgend hatte sich Renner zu Beginn des neuen Jahres selbst dorthin begeben in der Absicht, persönlich an den ehemaligen Herrscher zu appellieren, er solle im Interesse des neuen Staats, den Karl zu respektieren versprochen hatte, das Land verlassen und gleichzeitig seine formelle Abdankung erklären. Doch der Besucher bekam den Mann, dessen Kaiserreich er einst gedient und das er unterstützt hatte, gar nicht zu Gesicht. Trotz der verheerenden spanischen Grippe, des Lebensmittelmangels, völliger Abgeschlossenheit von der Außenwelt und der gelegentlichen Bedrohung durch ungebärdige Marodeure, die an den Gartentoren rüttelten, betrachtete sich Eckartsau selbst immer noch als ein Miniaturhof.

Dr. Renner, ehemaliger kaiserlicher Bürokrat als Bibliothekar im Reichsrat, hatte nicht um eine Audienz angesucht, und es wurde ihm auch keine gewährt. Er konnte daher auch nicht empfangen werden. Doch das Protokoll schloß Höflichkeit nicht aus. Also wurde dem Besucher, während sich die königliche Familie in ihren Gemächern im ersten Stock des exquisiten Barockgebäudes aufhielt, von einem Adjutanten das beste Mittagessen, das man auftreiben konnte, aufgewartet. Über Politik wurde erst gar nicht diskutiert, und schon gar nicht über eine Abdankung. Die Bemerkung wurde fallengelassen, daß die Donauauen für die Gesundheit nicht zuträglich wären, doch diese wurde vom Adjutanten übergangen. Es muß ein verwirrter und frustrierter Staatskanzler gewesen sein, der an diesem Januarnachmittag nach Wien zurückfuhr: Wie in aller Welt könnte der Monarch, der vom Thron gestiegen war, dazu gebracht werden, ihm nun ganz den Rücken zu kehren?

Die Lösung kam für den Kaiser, für Renner und alle anderen Beteiligten aus heiterem Himmel und nahm ihren Ausgang an einem Schauplatz, den man wohl am wenigsten vermutet hätte, dem Londoner Buckingham Palace. Und wieder war die treibende Kraft hinter dem Schicksal der österreichischen Kaiserfamilie Prinz Sixtus, der Anfang Februar für sie eine private Rettungsaktion gestartet hatte. Erst wandte er sich an Präsident Poincaré und bat um die Hilfe Frankreichs, um Karl und seine Familie in das sichere Schweizer Asyl zu bringen. Als Poincaré ablehnte, wandte sich Sixtus an König Georg V. in London und erinnerte ihn nachdrücklich an die Ermordung der russischen Zarenfamilie durch Bolschewiken im vorigen Juli. Ein zweites Jekaterinburg mußte doch sicher um jeden Preis vermieden werden, selbst wenn es um einen ehemaligen Feind und nicht blutsverwandten Monarchen ging und nicht um einen früher verbündeten Souverän und Cousin ersten Grades? Sixtus konnte damals nicht ahnen, wie sehr dieser Vergleich eingeschlagen hatte, denn erst in späteren Jahren stellte sich heraus, daß König Georg selbst – aus Angst vor Massenprotesten in Großbritannien – beschlossen hatte, den Zaren seinem Schicksal zu überlassen.

Die Gewissensbisse bewegten nun den ansonsten wenig unternehmungslustigen König, der sich normalerweise streng an die Regeln hielt, zu sehr unkonventionellen Handlungen. Am Ende kam dabei heraus, daß am 21. Februar 1919 ein gewisser Oberstleutnant Edward Lisle Strutt beim Mittagessen im Hotel Danieli in Venedig durch ein Telegramm gestört wurde, in dem er die Anweisung erhielt, sich sofort für einen Sondereinsatz bei der Britischen Militärmission in Wien zu melden. Die Aufgabe, die ihm dort erteilt wurde, bestand darin, »alles in seiner Macht Stehende zu unternehmen, um die Lebensbedingungen des Kaisers und der Kaiserin zu verbessern und sie der moralischen Unterstützung der Britischen Regierung zu versichern«.[6] Die vage formulierte Botschaft wies leider nicht darauf hin, was unter »moralischer Unterstützung« zu verstehen sei, doch Strutt erwies sich von dem Moment an, als er am 27. Februar durch das Tor von Schloß Eckartsau fuhr, als äußerst fähig, selbst das Drehbuch zu schreiben und Regie zu führen. Er kam dem Anlaß entsprechend in einem großen Austro-Daimler nach Eckartsau, den er aus der kaiserlichen Garage in Wien hatte beschlagnahmen lassen und auf dem das Wappen überpinselt worden war.

Obwohl König Georg bei der Auswahl dieses Begleitschutzes seine Hand nicht im Spiel gehabt hatte (nachdem er das Unternehmen ins Rollen gebracht hatte, hatte er sich eigentlich aus allem herausgehalten), hätte in der ganzen

---

[6] Die Militärmission war bereits eine Woche vorher deshalb alarmiert worden, doch das Kriegsministerium hatte aus politischen Gründen beschlossen, nicht offiziell involviert zu sein.

britischen Armee keine bessere Wahl getroffen werden können. Strutt war ein katholischer Adliger, ein Sprachentalent, er sprach unter anderem fließend Deutsch, ein kampferprobter Offizier mit der Brust voller britischer und ausländischer Tapferkeitsmedaillen und, nicht zuletzt, ein Mitglied dieser königlichen Gesellschaft Europas, die nun für immer verschwunden war.[7] Doch trotz all dieser Vorzüge brauchte er einen ganzen Monat, um Karl dazu zu bewegen, sein Exil in der Heimat gegen eine weniger unsichere Residenz im Ausland zu tauschen. Nicht nur die sich verschlimmernde Sicherheitssituation rund um das Jagdschloß veranlaßte Strutt zu diesem Schritt. Am 15. März, dem Tag der offiziellen Bildung von Renners Koalitonsregierung, verstärkte das britische Kriegsministerium seinen Druck mit einer klaren Aufforderung an Wien, »alle möglichen Schritte zu unternehmen, um die Abreise des Kaisers zu beschleunigen«. Jetzt war der einköpfige Adler der Republik offiziell auf seinem hohen Platz, da konnte es nirgendwo auf diesem Sockel noch Platz geben für seinen alten doppelköpfigen Rivalen. Über die Kaiserin, die er als das eigentliche Familienoberhaupt betrachtete, brachte Oberstleutnant Strutt einen zögernden Karl schließlich dazu, das Asylangebot der Schweizer Regierung anzunehmen. Als Abreisetag wurde Sonntag, der 25. März, festgelegt. Strutt, der sein Wort darauf gegeben hatte, daß der Kaiser nicht wie »ein Dieb in der Nacht« hinausgeschmuggelt würde, stellte für die Reise den Hofzug in seinem ganzen Glanz zusammen, auch die kaiserlichen Wappen auf den Waggons fehlten nicht, und die habsburgische Flagge wehte (neben Großbritanniens Union Jack) von der Lokomotive. Die Ängstlichkeit (Feigheit wäre wohl auch kein zu harter Ausdruck), die der österreichische Adel bei diesem Anlaß an den Tag legte, machte der früheren Herrscherklasse wenig Ehre. Obwohl sie ihre Titel, und viele von ihnen

---

[7] Das erste, das ihm in seinem Schlafzimmer in Eckartsau auffiel, war eine Photographie von ihm und Erzherzog Franz Ferdinand bei einem Winterurlaub in St. Moritz.

auch ihren Besitz, der Dynastie verdankten, soll kein einziger von ihnen an irgendeinem Bahnhof entlang der langen Reisestrecke erschienen sein, um dem letzten Träger der Kaiserkrone Abschied zu wünschen, nicht einmal mit dem leisesten »Hurraruf«.[8] Nur auf dem Bahnsteig des Tiroler Dorfs Imst gab es eine Ehrenwache von Soldaten, die in perfektem Drill das Gewehr präsentierten, als der Zug vorbeirollte. Doch sie gehörten zur »Honourable Artillery Company«, einem Teil der lokalen britischen Garnison, die ihrem Regimentsnamen alle Ehre machte.

Die Alliierten müssen wohl ebenso erleichtert gewesen sein wie Dr. Karl Renner, den Kaiser die Republik verlassen zu sehen (auch wenn der Ex-Monarch, bevor er die Schweizer Grenze überquerte, noch einmal in einem Manifest seine Einwände niederlegte[9]). Der Kanzler mußte jetzt nur noch unter Beweis stellen, daß er nicht nur im Amt war, sondern sein Volk auch unter Kontrolle hatte. Ganz plötzlich war es am Donnerstag vor Ostern 1919 zu einem kurzen Aufflackern der Infragestellung seiner Autorität gekommen, als die Wiener Aposteln der Weltrevolution (aufgestachelt und finanziert vom bolschewistischen Regime Béla Kuns im benachbarten Budapest) wieder auf die Straße gingen. Noch einmal wurde das Parlament gestürmt, die Abgeordneten flohen, und diesmal gelang es den Randalierern, das Feuer zu eröffnen. Noch einmal kam es zu einem Schußwechsel zwischen Polizei und Demonstranten mit ein paar Verlusten auf beiden Seiten. Doch wieder einmal wurde,

---

[8] Während der gesamten kritischen Zeit des Machtverzichts dürfte nur ein einziger Adeliger freiwillig seine Dienste zum Schutz seines Kaisers angeboten haben: Franz Graf Walderdorff, ein Regimentskamerad Karls noch aus der Friedenszeit, als sie bei den Siebener-Dragonern dienten. Im November 1918 verließ er sein Krankenbett in Böhmen und machte sich mit dem Gewehr unter seinem Jagdumhang auf den Weg nach Schönbrunn.

[9] Das sogenannte Feldkircher Manifest, durch das Karl die Rechtmäßigkeit der Republik als »null und nichtig« zurückwies. Dieser Salto war im voraus vorbereitet worden, um zukünftige Versuche, die Krone wiederzuerlangen, zu rechtfertigen.

typisch österreichisch, nicht auf eine Entscheidung gedrängt.

Die Regierung hielt sich zurück, den Ordnungskräften freie Hand zu lassen, und weigerte sich, den Ausnahmezustand zu verhängen. Nachdem die Demonstranten Dampf abgelassen und dem Kanzler ihre Forderungen unterbreitet hatten (die hauptsächlich mehr Brot und Arbeit betrafen, mit keinem Wort wurde ein Neues Jerusalem erwähnt), verschwanden sie einfach mit der beginnenden Dämmerung und ließen die Hauptstadt in völliger Ruhe zurück. Typisch für diesen sehr wirren Tag war, daß man Elemente der extremistischen Roten Garde sowohl auf seiten der Polizei als auch auf der Gegenseite hatte kämpfen sehen. Wie sich wieder einmal zeigte, war das Dynamit dieses österreichischen Revolutionsgeists ein sehr feuchtes. Die Alliierten, die den Ungarn angesichts der bolschewistischen Unruhen in Budapest jede Einladung zur Friedenskonferenz vorenthielten, entschieden nun, daß Österreich jetzt stabil und respektabel genug wäre, um sein Schicksal zu erfahren. Am 14. Mai 1919 traf Karl Renner an der Spitze der österreichischen Friedensdelegation in Paris ein. Sie wurden komfortabel in der Villa Reinach nahe von Schloß Saint-Germain-en-Laye untergebracht, wo ihnen am 2. Juni nach einer frustrierenden Wartezeit von zwei Wochen die Friedensbedingungen unterbreitet wurden.[10]

Saint-Germain ist ein düsteres Schloß, und die Steinzeithalle – so genannt nach ihren Deckenfresken – ist eine der eher häßlichen Räumlichkeiten. Die Zeremonie paßte zur Umgebung. Renner und seine Kollegen, die als Verlierer über die enge Wendeltreppe des Dienstboteneingangs hereingeführt worden waren, standen wie Angeklagte in einem Gerichtssaal vor der hufeisenförmigen Richterbank. Die

[10] Diese Verzögerung schadete der österreichischen Sache. Während Renner und sein Team von jedem direkten Kontakt mit den Ententemächten isoliert waren, nutzten die »Kriegskollegen«, vor allem die Tschechen, ihren privilegierten Zugang zu den Alliierten, um ihnen ein Zugeständnis nach dem anderen zu entlocken.

Hauptpersonen, die alle sitzen blieben, waren die Großen Vier der Alliierten: Georges Clemenceau für Frankreich, Präsident Wilson für die Vereinigten Staaten, Lloyd George für Großbritannien und Vittorio Orlando für Italien. Dieses Bild war zu erwarten gewesen, obwohl es eigentlich der einzige Anlaß war, bei dem die vier Staatsmänner zusammenkamen, um über Österreichs Fall zu entscheiden. Renner hatte jedoch nicht erwartet, eine Militäruniform unter den schwarzen Anzügen auf der Richterbank zu sehen. Sie gehörte dem französischen Marschall Ferdinand Foch, der in dem schrecklichen Frühling von 1918 zum Oberkommandierenden aller Truppen der Entente ernannt worden war. Er nahm nun seinen Platz nicht nur als Oberkommandierender im Krieg ein, sondern auch als Verfechter von Frankreichs oberster Friedensforderung: die Reduzierung von Deutschlands militärischer, politischer und wirtschaftlicher Macht auf einen Stand, von dem aus es nie mehr zu einer Bedrohung für den Kontinent werden könnte.

Die Botschaft dieser Uniform und der eiserne Wille des schmächtigen 68jährigen Mannes, der sie trug, beherrschten nun die Verhandlungen. In den gleichzeitigen, doch mit Deutschland separat im nahe gelegenen Versailles geführten Verhandlungen wurden Fochs Wünsche, das andere Rheinufer als eine permanente Pufferzone gegen jede zukünftige Aggression aus dem Osten zu beschlagnahmen, vereitelt. In Saint-Germain war er daher doppelt entschlossen, eine so große slawische Pufferzone wie nur möglich im Süden um den germanischen Block zu errichten und im gleichen Zug diesen Block in seiner Größe zu reduzieren. Sein politischer Chef, der »Tiger«, mußte von der Vordringlichkeit dieses Schritts nicht erst überzeugt werden. Das zeigte sich nun in den ersten Minuten der Verhandlungen. Als Clemenceaus formelle Einleitung ins Deutsche übersetzt wurde, bezog sich der Dolmetscher auf Dr. Renner und seine Kollegen als die »Bevollmächtigten der Republik Deutsch-Österreich«. Der französische Staatschef hob seine Hand, um zu unterbrechen, und, nachdem hin und her geflüstert worden war, ließ der Dolmetscher das Wort »Deutsch«

weg. Von Ende Mai an wurde in Paris in jedem mündlichen oder schriftlichen Verkehr und in jedem folgenden offiziellen Dokument ausschließlich auf die Republik Österreich[11] Bezug genommen.

Clemenceaus Intervention ist manchmal, zwecks dramatischerer Wirkung, als jener Moment hingestellt worden, in dem die österreichische Delegation zum ersten Mal vom Anschlußverbot erfuhr. Das entspricht nicht den Tatsachen. Den ganzen April und Mai über hatte der diplomatische Vertreter Frankreichs in Wien, Henri Allizé, deutlich zum Ausdruck gebracht, welchen Standpunkt Frankreich einnehmen würde. Während der zwei Wochen, in denen sie sich in der Villa Reinach gegenseitig auf die Füße getreten waren, hatte Renners Team reichlich Beweise dafür gesammelt, daß in diesem Punkt die französische Politik unter den Ententemächten bestimmend sein würde.[12] Es war dennoch ein ziemlicher Schock für die Österreicher, als sie hörten, wie selbst die Bezeichnung des Staats, den sie repräsentierten, so plötzlich geändert wurde. Die Erste Republik hatte es ohnehin schwer genug gehabt, lebend auf diese Welt zu kommen. Nun war die von ihren Eltern ausgestellte Geburtsurkunde zerrissen worden.

Im Laufe dieser kurzen Eröffnungszeremonie, die kaum länger als eine Stunde dauerte, wurde Renner ein schweres Dokument von rund 300 Seiten überreicht. Es enthielt, was Clemenceau als die »wesentlichen Klauseln« des Vertragsentwurfs bezeichnete. Noch mehr sollte folgen. In der Zwi-

[11] Selbst Clemenceau mußte aber zugeben, daß die Einwohner dieser Republik nicht daran gehindert werden konnten, sich selbst als Deutsch-Österreicher zu beschreiben, wenn sie dies wollten, doch der Staat selbst mußte anders benannt werden.

[12] Österreichs einzige Hoffnung auf ein wenig Unterstützung lag paradoxerweise bei seinem Erbfeind Italien. Italiens Hauptanliegen war, das Aufkommen einer möglichen Alternative zum Anschluß zu verhindern – eine Donauföderation, die seine eigenen Bestrebungen im Adriaraum hätte gefährden können. Großbritannien und die Vereinigten Staaten hatten sich nach anfänglichem Zögern dem französischen Standpunkt angeschlossen.

schenzeit, so wurde den Österreichern gesagt, hätten sie nur zwei Wochen, um irgendwelche Kommentare zu dem bereits erhaltenen Teil vorzubereiten.

Als die österreichischen Delegierten in ihre Villa zurückkamen und die 300 Seiten durchblätterten, kamen bald die Lücken im Vertragsentwurf zum Vorschein. So gab es darin weder eine Bestimmung über die zukünftige Stärke der Streitkräfte der Republik[13] noch irgendwelche genaueren Angaben über Reparationszahlungen. Doch die neuen Grenzen der Republik waren durch Clemenceaus »wesentliche Klauseln« schon so gut wie einzementiert. Sie machten jede Hoffnung Österreichs zunichte, daß Wien weiterhin Zentrum eines großen und durchgehend deutschsprachigen Blocks bleiben würde. Grenzgebiete Niederösterreichs sollten an den neuen tschechoslowakischen Staat abgetreten werden, und ähnliche Gebietsstreifen der südlichen Steiermark sollten an Jugoslawien gehen. Den bei weitem größten Verlust, sowohl flächen- als auch bevölkerungsmäßig, stellte aber das Sudetenland dar, dessen dreieinhalb Millionen deutschsprachige Einwohner ebenfalls der Tschechoslowakischen Republik zugeteilt wurden.

Die Österreicher konnten dagegen zwar als ein Verstoß gegen Wilsons »geheiligte Doktrin« der Selbstbestimmung protestieren, was sie auch taten, doch waren sie gezwungen, die praktische Realität zu akzeptieren: Sobald Deutsch-Österreich einmal vernichtet war, war damit auch das Sudetenland verloren. Isoliert hätte die Republik Österreich keine direkte Verbindungslinie mit dem sudetischen Rand Böhmens gehabt, und sogar dieses Gebiet war an einigen Stellen unterbrochen. Oft wurde das neue Österreich mit einer Kaulquappe verglichen, mit dem riesigen Kopf Wien im Osten, sich bis zum schmalen, zappelnden Schwanz Vor-

---

[13] Charakteristisch für Foch war, daß er ein Höchstmaß von 15 000 Männern vorschlug, während Lloyd George bereit war, eine großzügigere Zahl von 40 000 Männern zu bewilligen. Die Alliierten einigten sich schließlich auf 30 000.

arlberg im äußersten Westen hin verjüngend. Es würde gegen jede Logik verstoßen, außer gegen die Nationalitätenlogik, das Sudetenland wie einen widerborstigen Haarschopf auf diese wasserkopfartige Hauptstadt draufzusetzen. Und widerborstig blieb es, hatten doch Masaryk und Beneš in Paris einen politischen Gewinn verzeichnet, für den sie und die westlichen Demokratien 20 Jahre später in München teuer bezahlen mußten.

Der Verlust von Südtirol war eine viel bitterere Pille, obwohl es flächenmäßig viel kleiner war als das Sudetenland. Die Viertelmillion Einwohner der Provinz waren seit Jahrhunderten in ihrer Abstammung, Sprache, Kultur und Tradition durch und durch deutsch, und es war viel Blut vergossen worden, um sie vor französischen und italienischen Armeen zu schützen. Doch auch hier wurde die Schlacht in Paris verloren, bevor sie überhaupt begonnen hatte. Renner hatte nicht im voraus über alle Einzelheiten dieser verhängnisvollen Gebietsabtretungen Bescheid wissen können, mit denen Frankreich und Großbritannien im Jahr 1915 Italien bestechen und zu einem Kriegseintritt auf ihrer Seite bewegen wollten. Er wußte aber, daß große Gebiete der alten Monarchie, sowohl im Adriaraum als auch in Norditalien, auf dem Spiel standen, wenn auch nur weil Wien selbst im Frühjahr 1915 in Konkurrenz mit den Westmächten Rom ebenfalls Gebietsversprechungen gemacht hatte. Doch konnte nun, im Jahr 1919, auch wenn die teilweise italienischsprachige Provinz Trentino abgegeben werden mußte, dieser einheitliche Block einer Viertelmillion Deutschsprachiger weiter nördlich sicher gehalten werden? Wo wäre sonst die Logik und wo wäre die Gerechtigkeit in der gesamten Wilson-Doktrin, auf der die Pariser Friedenskonferenz ja angeblich beruhte?

Derselbe Widerspruch war den Beratern des amerikanischen Präsidenten aufgefallen, vor allem, da der neunte seiner Vierzehn Punkte sich besondere Mühe gab, genau festzulegen, daß die Grenzen des Nachkriegsitaliens »nach klar erkennbaren Linien der Nationalität« verlaufen sollten. Schon bevor sich Wilson am 4. Dezember 1918 an Bord der

George Washington nach Europa einschiffte, hatten sich seine »Argonauten« (wie er die etwas über 200 Historiker, Wissenschafter, Geographen, Ethnologen, Wirtschaftler und Juristen nannte, die mit ihm ausliefen) darüber und über die vielen anderen Nationalitätenprobleme, die es noch zu lösen galt, den Kopf zerbrochen. Da er ihnen, als sie am 10. Dezember an den Azoren vorbeisegelten, versichert hatte, daß er bei den Friedensgesprächen immer hinter ihren Urteilen stehen würde, legten sie, in Paris angekommen, mit einiger Bestimmtheit den von ihnen gewählten Kompromiß für Südtirol vor. Dieser besagte, daß die neue österreichisch-italienische Grenze auf halbem Weg zwischen der Sprachengrenze und der 1915 versprochenen Brennergrenze gezogen werden sollte. Dabei wären immer noch rund 160 000 deutschsprachige Einwohner unter italienischer Herrschaft geblieben, doch zumindest wäre damit ein bescheidenes Zugeständnis an die Selbstbestimmungsdoktrin gemacht worden. Ein britisches Expertenteam war sogar noch weiter gegangen und dafür eingetreten, daß die Sprachengrenze selbst die Grenze bilden sollte, mit ein oder zwei Grenzkorrekturen, um Italiens Sicherheitsbedürfnissen entgegenzukommen.

Präsident Wilson, dessen Land den Londoner Geheimvertrag von 1915 weder unterzeichnet noch zu Gesicht bekommen hatte und dessen Stimme in Paris immer potentiell entscheidend war, lehnte alle Vorschläge ab und sanktionierte das von den Italienern so begehrte *fino al Brennero*. Der Gedankengang, der diesen selbsternannten Philosophenkönig zur Aufgabe seines Punkts Neun veranlaßt hatte, war geographischer Natur: Die Alpen bildeten eine natürliche Grenze, die sich über alle ethnischen Prinzipien hinwegsetze und nicht bestritten werden könne. Tatsächlich war er in diesem und mehreren anderen Fällen aber nur von genau jener Geheimdiplomatie der alten europäischen Ordnung geschlagen worden, die er zu vernichten geschworen hatte. Orlando und Sonnino, die sich beide bei ihm eingeschmeichelt hatten, sicherten sich seine Unterstützung durch eine subtile Kombination von Erpressung und schönen Worten.

Die wirksamste Erpressung bestand in der Forderung des Schlüsselhafens Fiume zusätzlich zur gesamten Italien 1915 versprochenen Beute im Adriaraum. Die wirksamsten schönen Worte bestanden in der Zusicherung Italiens bedingungsloser Unterstützung für das Völkerbundprojekt des Präsidenten zur Sicherung des Weltfriedens nach dem Krieg. Das war Wilsons Hauptanliegen und wurde für ihn fast schon zu einer fixen Idee während seines sechsmonatigen Aufenthalts in Paris. Es lenkte ihn ständig von den Einzelheiten des Friedensschlusses ab, von denen er ohnehin nur bedauerlich wenig verstand.[14] Außerdem war er mit einer starken Opposition von britischer und französischer Seite über bestimmte Artikel in der von ihm vorgeschlagenen Völkerbundakte konfrontiert. Die Unterstützung Italiens, des kleinsten Landes der Großen Vier, für Wilsons Traum gekoppelt mit dessen Zustimmung, auf das von ihm beanspruchte Fiume zu verzichten, reichte aus, um sich die Brennergrenze zu sichern und damit auch eine Viertelmillion Südtiroler, die seit Jahrhunderten in seinen nach Süden gerichteten Tälern gelebt hatten.

Renner tat sein Bestes für sie und schlug zum Beispiel vor, um Italiens Sicherheitsansprüchen gerecht zu werden, sollten sowohl Süd- als auch Nordtirol eine entmilitarisierte Zone bilden, die im Kriegsfall von Schweizer Truppen besetzt werden könnte. Doch dieser zugegebenermaßen bizarre Vorschlag wurde abgelehnt. Die Großmächte, so schrieb er verbittert an seine Frau, »schreiten einfach über solche Zwergstaaten, wie wir es sind, hinweg, ohne viel zu fragen«. In der von ihm vor der Konferenz überzeugend dargelegten Rechtsauffassung brachte er das triftige Argument, daß der Krieg genauso von den Ungarn, Tschechen, Polen, Kroaten und Slowenen des alten Vielvölkerreichs gefochten worden sei wie von seinen österreichischen Untertanen und daß die Republik Österreich ohnehin eine

[14] Als das Problem der deutschsprachigen Südtiroler zum ersten Mal diskutiert wurde, hatte er die naive Frage gestellt, ob sie lieber zu Österreich oder zu Italien gehören würden.

Neuschaffung sei, wie auch die anderen neuen Staaten. Weshalb sollte sie nun als einzige bestraft werden?

Die Experten der Ententemächte mußten gezwungenermaßen die Stichhaltigkeit dieses Arguments eingestehen, obwohl davon nur wenig an die Öffentlichkeit dringen durfte. Österreich, so beschloß Wilson, war beides, ein neuer Staat *und* ein Feindstaat. Das zweite Konzept überwog, und der endgültige Vertragstext, den Renner Anfang September 1919 dem Wiener Parlament unterbreiten mußte, war das Friedensdiktat der Siegermächte an die Verlierer. Zugeständnisse waren im Bereich der Höchstgrenzen für das Nachkriegsmilitär und die Reparationszahlungen gemacht worden, doch die zentralen politischen Klauseln blieben so, wie sie im Juni vorgelegt worden waren. Am 6. September nahm das Parlament unter lautem Protest die Bedingungen mit 97 zu 23 Stimmen formell an. Vier Tage danach betrat Renner wieder den Steinzeitsalon des Schlosses Saint-Germain, um den Vertrag zu unterzeichnen. Wie zuvor war er über den Dienstbotenaufgang von französischer Polizei hereingeführt worden. Sobald seine Unterschrift aber auf dem Dokument war, galt er nicht mehr als Vertreter einer Feindmacht. Zum ersten und letzten Mal verließ er das Schloß über die große Freitreppe, wo ihm nun die französischen Gendarmen salutierten.

Woodrow Wilson, der Architekt des österreichischen Schicksals, war bei seiner Inkraftsetzung nicht als Zeuge anwesend. Er hatte sich unmittelbar nach der Unterzeichnung des Hauptvertrags mit Deutschland am 28. Juni in Versailles auf den Heimweg begeben.[15] Seine Stimmung auf der Heimfahrt war eine ganz andere als der überschwengliche Optimismus, den er und seine »Argonauten« sechs Monate zuvor an Bord der *George Washington* an den Tag gelegt hatten. Er war bereits ein kranker Mann. Das Gefühl, bei der Umsetzung seiner Ziele, die sowohl ehrgeizig als

[15] Artikel 80 dieses Vertrags hatte Deutschland dazu verpflichtet, die Unabhängigkeit der Republik Österreich anzuerkennen und zu respektieren, wodurch das Anschlußverbot formalisiert wurde.

auch stark vereinfachend waren, versagt zu haben, steigerte seine Niedergeschlagenheit. »Was von mir erwartet wurde«, bemerkte er, »könnte nur Gott erreichen.« Für viele der Völker Europas kam dieser Ausbruch presbyterianischer Demut jedoch reichlich spät.

Der Preis, den die Republik Österreich für die Anerkennung durch die Entente bezahlt hatte, war enorm. Clemenceau faßte dies, indem er auf die neugezeichnete Karte Mitteleuropas zeigte, mit den Worten zusammen, *Ce qui reste, c'est l'Autriche* (»Der Rest ist Österreich.«). Und dieser Rest war wirklich bescheiden. Verglichen mit der alten österreichischen Hälfte der Doppelmonarchie wurde sie von fast 30 Millionen Einwohnern auf rund sechseinhalb Millionen reduziert und von rund 450 000 Quadratkilometer auf 83 000. Wien wurde von einem der großen Zentren einer europäischen Macht, dessen Größe und Zusammensetzung dem Status der Hauptstadt eines Vielvölkerreichs entsprach, in ein überdimensionales und ungünstig gelegenes Zentrum einer kleinen Republik verwandelt. Dieses Mißverhältnis sollte nie mehr ausgeglichen werden, und die Nostalgie schwand erst nach Jahrzehnten.

Etwas Trost, in Form von Quadratkilometern wie auch in ausgleichender Gerechtigkeit, sollte die neue Republik doch noch erhalten. Lange nach Abschluß des Friedensvertrags konnte sie sich sowohl ihre Grenze mit Jugoslawien als auch mit Ungarn gemäß jenem Prinzip der nationalen Zugehörigkeit sichern, das ihr überall sonst verwehrt worden war. Für die erste dieser Vereinbarungen, die Kärntner Volksabstimmung, waren von den Siegermächten Vorkehrungen getroffen worden. Die Verfasser des Friedensvertrags waren durch die heftigen Kämpfe, die zwischen jugoslawischen Truppen und österreichischen paramilitärischen Verbänden immer wieder während des Winters und Frühjahrs 1918/19 ausgebrochen waren, dazu gezwungen, vom Grenzkonflikt Notiz zu nehmen. Die Tatsache, daß Italien, aus Angst vor jeder jugoslawischen Machtexpansion, in diesem Fall für die österreichische Seite eintrat, war eine der vielen Ironien auf der Pariser Bühne. Als Folge fuhr im Januar 1919 eine amerikanische Mission unter der Leitung eines gewissen Oberstleutnant Miles kreuz und quer durch Südkärnten und sprach sich aus ethnischen Gründen gegen eine Teilung des Klagenfurter Beckens aus, wodurch die Drau, wie von Jugoslawien gefordert, zur Staatsgrenze geworden wäre. Am 10. Oktober 1920 wurde dieses Urteil von den Kärntnern selbst bestätigt. In einer beispielhaften und unter Aufsicht der Alliierten durchgeführten Volksabstimmung sprachen sich 59 Prozent der Einwohner der umstrittenen Gebiete für ein Verbleiben bei Österreich aus, und nur 41 Prozent entschieden sich für Jugoslawien. Das Thema sorgte weiterhin für Spannungen zwischen den Volksgruppen und sollte durch Marschall Tito am Ende des Zweiten Weltkriegs auf alarmierende Weise zum Aufflackern gebracht werden. Für die Erste Republik Österreich war das Problem jedoch politisch ad acta gelegt worden.

Der Kampf um die Sicherung der Ostgrenze war da schon komplexer und langwieriger. Das Burgenland liegt auf der anderen Seite der Leitha und hatte daher unter der Monarchie zu Ungarn gehört. Da aber die Masse seiner bäuerlichen Einwohnerschaft aus rund einer Viertelmillion deutschsprachiger Österreicher bestand, blieb der Pariser Friedenskonferenz rechtlich und moralisch nicht viel anderes übrig, als das Gebiet der Republik zuzusprechen. Diese Angelegenheit war nicht durch irgendwelche geheimen Versprechen seitens der Entente verkompliziert worden, und Pläne, die außerhalb der Diplomatie aufkamen – die strategischen Ziele Italiens, Jugoslawiens und der Tschechoslowakei –, hoben sich meist gegenseitig auf. Was aber im Wege stand, war derselbe magyarische Fanatismus, der Österreich das Leben in der Doppelmonarchie so schwer gemacht hatte. In gewisser Hinsicht war es wie in alten Tagen: Die Ungarn wendeten dasselbe Druckmittel an, das sie immer schon gegen Wien verwendet hatten – die Drohung, Lebensmittel zurückzuhalten. Ihre Stimmung war verständlich. Sie hatten sogar noch schwerer unter den Händen der Siegermächte zu leiden gehabt als Österreich und gaben nur ungern auch nur einen einzigen Quadratmeter des »Landes des heiligen Stephan« her – selbst an ihre früheren Partner im Kaiserreich und ihre Leidensgenossen im Friedensprozeß.[16] Nach viel militärischem Geplänkel und diplomatischen Intrigen waren sie letztendlich gezwungen, die gesamten strittigen 4000 Quadratkilometer abzutreten. Der einzige Trostpreis für den heiligen Stephan war die Stadt Sopron (Ödenburg), die nach einer umstrittenen Volksabstimmung am 14. Dezember 1921 vom Burgenland abgetrennt und Ungarn zugewiesen wurde. Diese unnatürliche Regelung zeigte, daß sogar das Prinzip der Selbstbestimmung zu reinem Unsinn verkommen konnte, wenn man es bis zum Äußersten trieb.

Der Gewinn des Burgenlands stellte den einzigen Gebietszuwachs der Republik dar. Obwohl dieser begrüßt wurde, weil er auf dem Prinzip der nationalen Zugehörigkeit beruhte, sank er durch den Verlust Südtirols und vor allem durch das Scheitern einer Vereinigung mit der Deutschen Republik in die Bedeutungslosigkeit ab.

1866 hatte Bismarck die Österreicher aus dem Deutschen Bund hinausgeworfen und sie gezwungen, sich selbst zu fragen, wer sie waren und wofür sie lebten. Es kam zu einem unausgegorenem Denken über dieses Rätsel, doch zu keiner klaren Lösung. 1919 hatte Clemenceau die Österreicher wieder von den Deutschen getrennt und sie vor ähnliche Fragen über ihre Identität und ihren Lebenszweck gestellt. Das unausgegorene Denken begann unter dem Deckmantel der Republik wieder von vorne. Diesmal sollte das Rätsel jedoch eine brutale Lösung finden.

[16] Nach dem Frieden von Trianon, der von Ungarn am 4. Juni 1920 unterzeichnet wurde, blieben Ungarn nur noch ein Drittel seines ehemaligen Staatsgebiets und nur siebeneinhalb Millionen der 20 Millionen Einwohner verschiedener Nationalitäten.

2. Selbstmord durch Ideologie

Clemenceau war nicht der einzige, der sich abschätzig über den Rumpfstaat Österreich äußerte. Renner selbst hatte ihn »eine Republik ohne Republikaner« genannt. Für andere war er »eine Nation ohne Staat«, »ein Land ohne Namen«, »ein Land ohne Existenzberechtigung« oder »der Staat, den keiner wollte«. All das lief darauf hinaus, daß ein Staatskörper ohne Herz geboren worden war. Wien war immer noch da, und seine großen Schlösser und Ministerien waren immer noch intakt. Doch ihr Vorhandensein allein war schon ein Hohn, denn es gab kein Zentrum mehr, um das sich die Regierung wie auch das Volk drehen konnte.

Ein Bundespräsident trat ordnungsgemäß sein Amt in der Hofburg an, der aber ganz im Gegensatz zu seinem deutschen Gegenstück eine rein repräsentative Funktion hatte; das war den Sozialisten zu verdanken, die, als die Verfassung von 1920 ausgearbeitet wurde, immer noch die stärkste politische Kraft waren. Niemand unter den Linken Wiens, Gemäßigte und Extremisten in gleicher Weise, wollte es riskieren, einen populistischen Cäsar auf den leeren Habsburgerthron gehoben zu sehen. Also wurde der österreichische Bundespräsident, anstatt vom Volk als Staatsoberhaupt gewählt zu werden, wie bei Republiken üblicherweise der Fall, von beiden Kammern der Bundesversammlung ernannt. Die Christlichsozialen, insbesondere ihr Sprecher Ignaz Seipel, Sekretär des Verfassungsausschusses, argumentierten vergebens, daß direkte Wahlen eher eine Garantie für die Freiheit des Volks als eine Einladung zur Autokratie wären. Doch die Sozialisten wollten davon nichts wissen, und die Republik mußte fast zehn Jahre warten, bis die gefährlich einseitige Machtverlagerung ausgeglichen wurde. Bis dahin war es fast schon zu spät, das Gleichgewicht wiederherzustellen.

Während der ersten zehn Jahre übte das Parlament daher fast uneingeschränkte Macht aus. Das war die erste Wunde, die sich das neue Österreich selbst zufügte, denn weder das Wiener Parlament noch die Parteien, die seine Reihen füllten, waren auch nur im entferntesten zu einer verantwortungsvollen Regierung fähig. Sie hatten ihr Leben als quasirepräsentative gesetzgebende Körperschaften erst im Jahr 1908 begonnen. In den sechs Jahren bis zum Ausbruch des Kriegs hatten sie nicht den Eindruck erweckt, daß ihnen klar war, welche Aufgaben ein modernes Parlament eigentlich hatte. Es herrschte dasselbe Chaos, dieselbe Gier nach nationalistischen Themen, dieselbe Mißachtung der Regeln, wie sie die Nationalversammlungen der Monarchie immer schon zur Schau gestellt hatten, und diese unerfreulichen Eigenschaften kamen prompt wieder zutage, als Kaiser Karl die Abgeordneten 1917 wieder einberief (Franz Joseph hatte sie 1911 nach Hause geschickt).

Hätte ein Land wie Großbritannien mit einem einzigen Schlag bei Kriegsende sowohl seine Dynastie als auch sein Empire verloren, dann hätte sein altes und bewährtes Parlament, das bereits Mitte des 17. Jahrhunderts seinen Monarchen enthaupten ließ und selbst eine Republik errichtete, in die Bresche springen können. Das Gebäude an der Ringstraße war jedoch gemessen an seiner Macht und Verantwortung immer schon ein erboster Zwerg gewesen, obwohl in früheren Zeiten die despotische Struktur der Monarchie ebenso Schuld daran trug wie das Kaliber der Abgeordneten. Doch als nun die Farce wieder von vorne losging, waren diese Abgeordneten ein einziger Haufen von Despoten. Bald flogen wieder dieselben Tintenfäßchen durch die Gegend, und es hallte nur so von persönlichen Beschimpfungen.

Diesmal war das Ziel jedoch ein anderes. Vorbei war es mit den alten Beschimpfungen der Nationalitäten untereinander. Obwohl es im Sitzungssaal zu alldeutschen Ausbrüchen kam, waren die Slawen und die Deutschen in Wirklichkeit durch den verlorenen Krieg für Österreich nicht mehr erreichbar. Die neue Konfrontation war eine ideologische, und so wurden die österreichische Seele und der österreichische Geist von einem neuen Kampf erfaßt, der unsachlichen und weitgehend ergebnislosen Fehde zwischen den politischen Parteien. Diese rückten nun vom Rand der Macht in deren Zentrum und führten – ohne einen Kaiser oder ein effektives Staatsoberhaupt, um sich einzuschalten – ihren Kampf gegeneinander ungehindert bis zur Selbstzerstörung weiter.

Noch andere Spannungen hafteten diesem ideologischen Konflikt an und führten zu einer weiteren Verschärfung. Das rote Wien, die Bastion der Sozialdemokraten, entwickelte sich immer mehr zum fixen Gegenpol der »schwarzen«, konservativen ländlichen Gegend. Der Klassenkrieg trug ebenfalls zur Verschärfung des politischen Konflikts bei, als die Extremisten des linken Flügels die Fahne der internationalen Proletarierrevolution aufrollten. Diese Banner sollten dort, wo sie hingen, langsam verwittern. Nichtsdestotrotz stellten sie in diesen ersten wichtigen Lebensjahren der Republik einen weiteren Faktor dar, die gemeinsame Loyalität der Staatsbürger zu untergraben. Nun hieß es Bürgertum gegen Arbeiterschaft sowie Hauptstadt gegen Bundesländer.

Der linke Flügel hatte die parlamentarische Macht nicht ganz zwei Jahre in der Hand, denn aus den Wahlen vom Oktober 1920 gingen die Christlichsozialen als eindeutige Gewinner hervor.[17] Von diesem Zeitpunkt an bis zu ihrem Ende 18 Jahre später wurde die Republik durchgehend von den Rechten regiert, die mit wechselnden Koalitionen arbeiteten und die ganze Zeit über immer näher auf ein autoritäres Regierungssystem zusteuerten. Das Niveau des parlamentarischen Lebens war so miserabel, daß die Sozialdemokraten, sobald ihnen die Macht entglitten war, nie auf den Gedanken kamen, als verantwortungsvolle Opposition zu funktionieren. Statt dessen gingen sie auf Bauers Anregung hin zu einer systematischen Obstruktion der Versammlung über, während sie in der Stadt draußen ihr eige-

[17] Die Verteilung der Sitze war 79 Christlichsoziale, 62 Sozialdemokraten und zwei alldeutsche Gruppen, die zusammen 24 Mandate hatten.

nes sozialistisches ›Neues Jerusalem‹ aufbauten. Das erreichten sie mit krankhaftem und berechtigtem Stolz, doch es war fast so, als ob das restliche Land überhaupt nicht existierte.

Folglich wurde das rote Wien immer mehr zu einem Modell für ein Wohlfahrtssystem, einer Versorgung von der Wiege bis zur Bahre, doch immer weniger ein Zentrum der gesamten Nation. Die Gesellschaft, die sie erschaffen wollten, basierte auf Parteimitgliedschaft und nicht auf der Staatsbürgerschaft im weiteren Sinn. Für Männer wie Friedrich Austerlitz war Österreich einfach nur noch der Name einer verhaßten und verbannten Dynastie. Selbst der gemäßigtere und pragmatischere Renner leugnete noch ein Jahrzehnt nach der Geburt der Republik die Berechtigung eines unabhängigen Österreichs. Die Österreicher wären nie eine Nation gewesen und würden nie eine sein, erklärte er im Dezember 1928.

Zwei Jahre zuvor hatten seine Sozialdemokraten ein in etwa gleich verzweifeltes Urteil über ihre eigenen Aussichten als Regierungspartei gefällt. Bei einem Parteitag in Linz, wo schon das berühmte Linzer Programm von 1882 ins Leben gerufen worden war, fand sich die Versammlung offensichtlich mit der Tatsache ab, daß die Bürgerlichen ihre Machtposition in der Republik konsolidiert hätten. Es erhob sich daher die Frage, wie sie ins Wanken gebracht werden könnte. Könnten diese bürgerlichen Herrscher nicht einfach dazu überredet werden, eine Republik der Arbeiterklasse zu akzeptieren? Wahrscheinlich nicht. Oder sollten sie dazu gezwungen werden, und wenn ja, wie? Bauer war zwar ein leidenschaftlicher Marxist, doch nie ein Befürworter von Gewalt, und er warnte nun vor ihren Gefahren. Doch das Programm von 1926, für dessen Entwurf er weitgehend die Verantwortung trug, war in dieser Beziehung gefährlich vage formuliert. Es war da die Rede von einer »Gegenrevolution« (einer faschistischen oder monarchistischen) der Rechten, die die Linke zu einer Lösung durch einen Bürgerkrieg zwingen könnte (darin lag schon eine unbewußte Prophezeiung). Wie ehedem Laokoon war Bauer hoffnungslos in den Schlingen seiner eigenen Sprache gefangen.

Seine Zerrissenheit – gewillt zu verletzen, doch nicht gewillt zu töten – war ein sehr österreichischer Wesenszug. Bei dieser Beschreibung wäre er wohl zusammengezuckt, da sie andeutete, daß auch er die typischen Merkmale seines eigenen Volks aufwies.[18] Die wirkliche Bedeutung des neuen Linzer Programms lag darin, daß zwar die Rede war von Klasse, Partei, von Linken und Rechten und Ideologie – als ob die Debatte in irgendeinem Areopag auf dem Mond stattfände –, daß aber an Österreich, an die Österreicher als ein Volk und noch weniger an dieses unaussprechliche Wort Vaterland kein Gedanke verschwendet wurde. Das bringt die Rolle der Partei im Leben der Republik auf den Punkt: Sie brachte ihr ein soziales Bewußtsein, gestand ihr aber kein nationales Bewußtsein zu.

In dieser Sache müssen wir uns den Parteiführern und Bundeskanzlern des rechten Flügels zuwenden, die nach 1920 nicht mehr von der Macht verdrängt wurden. Ein Dutzend von ihnen kam und ging, bevor die Republik ausgetilgt wurde, doch nur drei unter ihnen waren von historischer Bedeutung. Zufällig sind es genau die drei, die in diesen turbulenten Jahren das österreichische Volk davon zu überzeugen versuchten, daß ihre Republik ein eigener Staat sei, der auf eigenen Füßen stehen könne. Kurz gesagt: sie waren die Fahnenträger eines neuen österreichischen Patriotismus. Das Trio war eine merkwürdige Auswahl: Ein Sohn eines Wiener Fiakers (und damit der archetypische »kleine Mann« Luegers), der sich zu einem katholischen Prälaten und Philosophen emporarbeitete; ein lediges Kind einer niederösterreichischen Bauernmagd, dessen erstes Ziel, als es heranwuchs, ebenfalls darin bestand, katholischer Geistli-

---

[18] Er war der Sohn Philipp Bauers, eines jüdischen Wiener Textilhändlers. Die Familie stammte aus Nordböhmen, und der Vater hatte die alldeutsche Begeisterung aus diesem deutschen Randgebiet mitgebracht. Der Sohn übernahm diese, setzte sie aber für die Sache des alldeutschen Sozialismus ein.

cher zu werden, und schließlich ein niederer Tiroler Adeliger slowenischer Abstammung, der von den Jesuiten erzogen worden war, was sein ganzes Leben beeinflußte. Ihre Namen waren Ignaz Seipel, Engelbert Dollfuß und Kurt von Schuschnigg.

Der erste war ein Hochintellektueller mit wenig Leidenschaft oder Charme, der zweite ein etwas naiver Bauernführer mit enormer Leidenschaft und enormem Charme, der dritte eine würdige, doch farblose Erscheinung, die eher in eine Anwaltskanzlei oder ein Studierzimmer gepaßt hätte als auf die Rednerbühne der politischen Welt – ganz zu schweigen von der brutalen Welt Adolf Hitlers. Trotz der Unterschiede zwischen ihnen hatten sie zwei Dinge gemeinsam, die ihr Österreichbewußtsein untermauerten. Das erste war ihr tiefer katholischer Glaube, das zweite ihre Ehrfurcht vor der Vergangenheit. Es bestand daher ein Gegensatz in Orientierung und Ideologie zwischen ihnen und ihren politischen Gegnern. Die Sozialisten, die es müde waren, jene internationalen Horizonte abzusuchen, die nie näherzurücken schienen, beschränkten sich statt dessen auf ihren unmittelbaren Gesichtskreis und errichteten die Wohlfahrtswelt des roten Wiens, das mit seinen riesigen Gemeindebauten, Kindergärten, Sportvereinen und, um für die Bestattungskosten der Genossen aufzukommen, sogar Sterbevereinen ein in sich geschlossenes Disneyland war. Der rechte Flügel ließ sie gewähren und richtete seine Blicke auf der Suche nach Inspiration entweder nach oben zum Himmel oder zurück auf die Geschichte.

Ignaz Seipel, der erste christlichsoziale Führer dieses Schlags, trat seine erste Amtsperiode als Bundeskanzler im Mai 1922 an, nur einen Monat nach dem Tod des glücklosen Kaisers Karl in seinem Exil auf Madeira. Seipel war durch und durch Monarchist und hatte den früheren Regenten in der Schweiz, dem ersten Auslandsexil, besucht. Seipel schloß die Möglichkeit einer Restauration niemals aus, die auch tatsächlich im kommenden Jahrzehnt ernsthaft in Betracht gezogen werden sollte. Doch in seiner ersten Amtsperiode konnte er sich sicher nicht mit diesem Gedanken tragen, vor allem angesichts der haarsträubenden Abenteuer, auf die sich Karl im Jahr vor seinem Tod eingelassen hatte.[19]

Der Prälat konnte im Moment gerne auf Scherereien mit der Dynastie verzichten, denn er hatte genug Probleme mit der Republik geerbt. Der neue Staat hatte die Hungersnot in den ersten vier Jahren seines Bestehens überlebt. Nun war er vom Fieber der galoppierenden Inflation befallen. Um ihren wöchentlichen Lebensmittelkorb zu füllen, mußte eine Arbeiterfamilie Anfang 1922 über 75 000 Kronen ausgeben (zehnmal soviel wie im vorangegangenen Sommer). Bei Seipels Amtsantritt mußte sie schon 300 000 Kronen ausgeben, und der Preis für einen einzigen Laib Brot schnellte in den Sommermonaten von 1230 auf 5670 Kronen hinauf. Die Löhne wurden dementsprechend angeglichen (einschließlich Seipels jährlicher Pension von 20 000 Kronen, die er als jüngeres Mitglied des Lammasch-Kabinetts von Kaiser Karl erhalten hatte), doch dieses Neudrucken von einer viel zu großen Anzahl von Banknoten entsprach einer völlig verrückt spielenden Wirtschaft. Auf irgendeine Weise würde irgendwer die Ordnung wiederherstellen müssen.

Der geistliche Politiker schien kaum für diese Aufgabe geeignet zu sein. Seipel zog es zum Beispiel vor, von der Sei-

---

[19] Ungarn war aus den Friedensverträgen mit demselben Namen und unverändertem Status eines Königreichs hervorgegangen. Admiral Horthy, einst ein Adjutant bei Karls Hochzeit, hatte 1919 die Macht ergriffen und war ein Jahr später im Namen des Kaisers und Königs Reichsverweser geworden. Zu Ostern 1921 schmuggelte sich Karl aus seinem Schweizer Exil wieder nach Ungarn zurück in einem vergeblichen Versuch, Horthy zur Machtübergabe zu überreden. Im Oktober kam er erneut zurück und stellte in Westungarn eine königliche Miniaturarmee auf (mitten im Durcheinander um die Burgenland-Volksabstimmung). Diese rückte mit der Bahn nach Budapest vor, nur um dann in der Vorstadt durch eine Kombination aus Verrat und Unentschlossenheit in Karls Lager und reiner Improvisation auf seiten der Gegner geschlagen zu werden. Der internationale Protest der benachbarten Nachfolgestaaten brachte die Westmächte dazu, die königliche Familie nach Madeira abzuschieben, wo Karl am 1. April 1922 im Alter von nur 35 Jahren starb.

te photographiert zu werden, und die offiziellen Porträtstudien heben seine gewölbte Stirn, die lange spitze Nase und die leicht eingefallenen Wangen, die an einen asketischen Philosophen erinnern, besonders hervor. Es ist wenig an diesem aristokratischen Profil des Wiener Fiakersohns – und noch weniger, das auf einen realistischen Akteur in der internationalen Finanzwelt schließen ließe. Doch Seipel stellte sich als der rechte Mann an der rechten Stelle heraus, ein Reisender in Sachen Republik in der Welt der Hochfinanz. Eine Londoner Konferenz über Auslandshilfe brachte keine Lösung. Ein persönlicher Appell an Großbritanniens König Georg V. erzielte, wie vorauszusehen, noch weniger Wirkung. Unverzagt begab sich Seipel auf eine Einmannmission, um zuerst auf seine Nachbarn (die Tschechoslowakei, Deutschland und Italien) einzuwirken und schließlich auch auf den Völkerbund, der gerade seine dritte Versammlung in der Schweiz abhielt.[20]

Mit der Rede, die Seipel am 6. September vor dieser Versammlung hielt, rettete er nicht nur die Staatsfinanzen. Damit wurde auch zum ersten Mal Wien ein Platz, wenn auch nur ein bescheidener, in der europäischen Diplomatie zugewiesen. Die entscheidenden Worte fielen gleich zu Beginn. Er wäre, so erklärte er, vor dem Rat des Völkerbunds erschienen, um für »mein Vaterland Österreich« einzutreten. Er tat dies nicht als Bittsteller mit aufgehaltener Hand. Er betonte eher, daß, da ja die Republik von den Siegerstaaten geschaffen wurde, es nun auch an ihnen sei, für ihre Lebensfähigkeit zu sorgen. Nur auf diese Weise könne die Stabilität, nicht nur Österreichs, sondern ganz Mitteleuropas gesichert werden, nur so könnten die Gefahren eines Machtvakuums vermieden und die Friedensziele des Völkerbunds realisiert werden.

Die Rede dieser schwarzgekleideten Gestalt wurde mit der ruhigen Autorität eines Priesters, der seine Gemeinde

---

[20] Österreich war dem Völkerbund am 15. Dezember 1920 beigetreten, erhielt aber erst am 16. August 1927 den Status eines Vollmitglieds.

anspricht, gehalten und erzielte eine enorme Wirkung. Schließlich hatte sie die sogenannten Genfer Protokolle als Ergebnis, die am 4. Oktober 1922 von den Regierungen Großbritanniens, Frankreichs, Italiens, der Tschechoslowakei und Österreichs unterzeichnet wurden. Die wichtigste Vereinbarung war eine Völkerbundanleihe für Österreich von 650 Millionen Goldkronen, um seinen Haushalt in Ordnung zu bringen. Als Gegenleistung verpflichtete sich Österreich, auf Geheiß der Engländer und Franzosen, daß dieser Haushalt nicht unter einem deutschen Dach geführt würde. Somit wurde der Artikel 88 des Friedensvertrags von Saint-Germain, durch den ein Anschluß verboten worden war, für einen vereinbarten Zeitraum von – was merkwürdig war – 20 Jahren erneuert. Das war eine alte Geschichte, doch die Anerkennung des internationalen Status der Republik war neu. Kein Geringerer als Lord Balfour, der Sprecher Großbritanniens, erklärte, daß die Abkommen, deren Ziel es war, Österreich »Wohlstand, Zahlungsfähigkeit und Selbstachtung« zu bringen, es ihm auch ermöglichen würden, »wieder ein großer Faktor in der europäischen Kultur zu werden«.

Es kostete den Sprecher des »Vaterlandes Österreich« nichts, noch einmal gemäß dem Anschlußverbot ganz formell seine Anerkennung der Unabhängigkeit und Souveränität Österreichs zum Ausdruck zu bringen. Er hatte schon lange die Meinung vertreten, daß Völker mit einer gemeinsamen Sprache nicht automatisch zur selben Nation gehören müßten[21] und daß Österreichs wahre Mission im wesentlichen eine supranationale wäre. Einmal schrieb er, daß es keineswegs sicher wäre, »wo Gott uns Deutschösterreicher will«, daß aber ihr Platz ziemlich sicher innerhalb einer zukünftigen Donauföderation läge. Es war ihm sehr wohl bewußt, daß seine alldeutschen Koalitionspartner schwer an dem erneuerten Anschlußverbot zu schlucken haben würden, doch die bösartigen Beschimpfungen, die

---

[21] Zum Beispiel in *Nation und Staat*, seine 1916 veröffentlichte Studie, mit der er sich erstmals einen Namen machte.

ihm die Sozialdemokraten deshalb ins Gesicht schleuderten, übertrafen seine schlimmsten Befürchtungen.

In den Augen des linken Flügels, der Gemäßigten und der Extremisten gleichermaßen, war er nicht der Retter, sondern der Verräter des Staats. Für sie hatte er dreifachen Verrat begangen. Er hatte die Kontrolle über Österreichs Schicksal in fremde Hände gelegt (womit gemeint war, daß er das Überwechseln dieser Kontrolle in deutsche, sozialistische Hände verhindert hatte), und hatte dabei die ketzerische Äußerung gewagt, daß die Republik als eine von Deutschland separate Einheit lebensfähig wäre, und schließlich hatte er sich des Kapitalismus angenommen, dem Satan des marxistischen Weltbilds. Erst nachdem eine Kampagne von Beschimpfungen und Obstruktionen[22] seitens des linken Flügels im Sand verlaufen war, gab das Parlament seine Zustimmung zu den Genfer Protokollen, und selbst dann wurde die entscheidende Abstimmung einem Sonderausschuß überlassen, anstatt in einer Plenarsitzung abgehandelt zu werden. Dieses Vorgehen wurde der skrupellosen Gerissenheit des jesuitischen Prälaten, wie Seipel einmal von den Sozialisten genannt wurde, zugeschrieben. Weiters unterstellte man ihm, er wolle sich selbst zum »Kaiser von Österreich« machen.

All das war ein trauriger Beweis dafür, daß die Sozialdemokraten, die Partei der Demokratie, keine Partei des Parlaments mehr war, sobald sie die Macht über dieses Organ verloren hatte. Auch die Gesamtresultate von Seipels Wiederaufbauprogramm trugen nichts dazu bei, um diesen Riß zu schmälern. Bis zum folgenden Herbst war, viel früher als vorgesehen, das Budgetdefizit ausgeglichen und die österreichische Krone wurde sogar – etwas optimistisch – als Alpendollar bezeichnet. Doch die Finanzreform ging, wie in Genf vereinbart, Hand in Hand mit strikten Sparmaßnahmen. Die Arbeitslosenrate stieg sprunghaft an, und die Steu-

---

[22] Im Oktober reiste Renner nach Prag, um in der tschechischen Hauptstadt Angriffe gegen die Politik des österreichischen Kanzlers anzustacheln.

ern wurden erhöht. Beide Belastungen trafen vor allem die Arbeiterschaft, obwohl durch den Abbau von mehr als 80 000 Staatsbeamten auch der Mittelstand getroffen wurde.

Die Sozialisten waren jedoch unfähig, die Unzufriedenheit in Wählerstimmen umzuwandeln. Seipel wurde im Oktober 1923 problemlos wiedergewählt, wohl gleichermaßen wegen seiner antimarxistischen Haltung als auch aus Stolz auf seine Leistungen auf der Weltbühne. Österreich wurde vom Ausland wieder beachtet, und seine Konten daheim waren wieder ausgeglichen. Was aber gefährlich aus dem Gleichgewicht war, war die Parteipolitik und die zunehmende Macht der außerhalb dieser Parteien stehenden Kräfte. All das geriet ins Schwanken und brachte den Staat während Seipels letzter Amtsperiode beinahe zum Sturz.[23] Diese begann am 16. Oktober 1926, und die folgenden zweieinhalb Jahre bezeichneten einen Wendepunkt in der Geschichte der Republik. Bis Seipel wieder zurücktrat, hatte sich die Konfrontation zwischen Linken und Rechten vom Parlament auf die Straße verlegt. Die gegnerischen paramilitärischen Kräfte hatten ihre Kampflinie aufgestellt, und Gewalt war an die Stelle von Beschimpfungen getreten. Der Tumult und das Blutvergießen an diesem Freitag, dem 15. Juli 1927, war eine schon lange fällige Tragödie. Trotzdem, wie das bei scheinbar Unvermeidlichem oft der Fall ist, schien sie wie ein Blitz aus heiterem Himmel zu kommen. Am 14. Juli hatte ein Geschworenengericht in Wien sein Urteil über zwei Todesfälle verkündet, die sechs Monate zuvor Folge eines Zusammenstoßes zwischen rechten paramilitärischen Wehrverbänden und dem Republikanischen Schutzbund der Sozialdemokraten im burgenländischen Ort Schattendorf waren. Die Opfer dieses blutigen Sonntags, dem 30. Januar 1927 – ein Kriegsinvalide und ein

---

[23] Er war im November 1924 vom Kanzleramt zurückgetreten, hauptsächlich aufgrund von Kompetenzstreitigkeiten zwischen Wien und einigen Landesregierungen. Sein Nachfolger, Dr. Rudolf Ramek, führte jedoch seine Koalition und seine Politik weiter, und Seipel blieb die dominierende Persönlichkeit im rechten Flügel.

17jähriger Arbeitersohn –, waren eindeutig durch Schüsse der Rechten getötet worden, die vom Fenster des Dorfgasthauses aus auf die sozialistische Straßenkundgebung abgefeuert wurden. Nun blieb nur noch zu entscheiden, ob die drei Männer auf der Anklagebank in Notwehr gehandelt hatten. Nach einer elftägigen Gerichtsverhandlung befanden die Geschworenen, daß dem so wäre, und die Angeklagten wurden dementsprechend von der Anklage der »öffentlichen Gewalttätigkeit« freigesprochen.[24]

Obwohl das Urteil von einem ordnungsgemäßen Geschworenengericht gefällt worden war und nicht durch irgendein eigenmächtiges Kriegsgericht, wurde das rote Wien dennoch zum Schauplatz von Massenprotesten. Was sich in den nächsten 24 Stunden abspielte, war nicht nur ein klassischer Fall von österreichischer Schlamperei im allgemeinen, sondern von der Schwäche der Befehlsstrukturen der Linken im besonderen. Ohne jemanden zu konsultieren, beschlossen die Arbeiter der städtischen Elektrizitätswerke, zum Streik aufzurufen. Um doch eine gewisse Erlaubnis einzuholen, wandten sie sich dann in den frühen Morgenstunden nicht an die Parteizentrale, sondern an die Redaktion der *Arbeiterzeitung*. Dort trafen sie ihren messianischen Chefredakteur an, immer noch Friedrich Austerlitz, der seinen Leitartikel über die Angelegenheit verfaßte. Als dieser am nächsten Morgen erschien, wurde damit nicht nur der Protest abgesegnet, sondern es wurde fast schon zur Gewalt aufgerufen. Kein Sozialist konnte das Geschworenengericht als solches angreifen, denn es war ein Pfeiler der Demokratie. Dafür beschuldigte er die betreffenden Geschworenen, »den Eid, den sie geleistet haben, ... mit Füßen getreten zu haben«, und warnte vor der Katastrophe, die aus dieser Saat der Ungerechtigkeit erwachsen könne.

[24] Diese milde Anklage war an sich schon vielsagend. Straßenkämpfe zwischen feindlichen österreichischen Fraktionen waren schon gar nicht mehr aus dem politischen Leben wegzudenken, so daß eine Anklage auf Mord oder fahrlässige Tötung erst gar nicht erhoben wurde.

Zur Katastrophe kam es dann auch. Aus allen Richtungen strömten Demonstranten aus den Wohnsiedlungen der Vorstadt in die Innere Stadt. Einige Stunden lang war die Situation auf allen Seiten völlig außer Kontrolle geraten. Die Parteiführung hatte ihren eigenen Schutzbund nicht davor gewarnt, von Gewaltaktionen abzusehen. Als sich die Demonstranten in einen steinewerfenden Pöbel verwandelten, konnte die Polizei nur noch mit berittenen Einheiten und mit gezogenem Säbel gegen sie vorgehen. Sie hatten keine Gewehre, mit denen sie ein paar ernüchternde Warnschüsse in die Luft hätten abfeuern können. Als dann einige Schutzbundeinheiten in den Straßen erschienen, war es dazu bereits zu spät. Gleich nach Mittag stürmte der Pöbel den Justizpalast auf dem Schmerlingplatz und steckte ihn in Brand. Für sie war er zu einer Festung der Ungerechtigkeit des rechten Flügels geworden, weshalb er fallen mußte.

Ein Wahnsinn jagte den nächsten. Beinahe zwei Stunden lang hinderte der Pöbel durch Straßensperren auf allen Zufahrtsstraßen die Wiener Feuerwehr, zu dem in Flammen stehenden Ministerium zu gelangen. Als die Feuerwehr schließlich durchkam, war es zu spät, um das Gebäude oder die Situation noch zu retten. Polizeiverstärkungen – diesmal trugen sie Armeegewehre und hatten die volle Genehmigung, sie zu benutzen – waren ebenfalls am Schauplatz erschienen.[25] Eine Salve nach der anderen wurde abgefeuert, um den Platz zu räumen, und in der ganzen Hauptstadt kam es zu blutigen Zusammenstößen, vorwiegend auf Polizeirevieren in Arbeiterbezirken. Am Ende dieses blutigen Freitags, als die Kämpfe sich ebenso schnell legten, wie sie ausgebrochen waren, zählte man 84 Tote, fast alle von ihnen Demonstranten, und rund 500 Verletzte. Wie Seipel später dazu bemerkte, hatte die Gewalt solche Ausmaße

---

[25] Der Wiener Polizeipräsident Dr. Schober hatte in dieser Situation, die sich nun rasch zu einer Rebellion auswuchs, die notwendigen Maßnahmen zur Wiederherstellung der Ordnung ergriffen. Wie Austerlitz saß auch er seit den ersten Tagen der Republik auf dem gleichen Posten.

angenommen, wie sie Wien seit der Revolution von 1848 nicht mehr erlebt hatte. Der Übergang von der Monarchie zur Republik hatte kein einziges Menschenleben gefordert. Nun hatte die Republik sich selbst auszubluten begonnen.

Am hervorstechendsten war die Hilflosigkeit der sozialistischen Führung gegenüber dieser durch ihre eigenen Propagandaslogans ausgelösten Demonstration. Es gab wohl kaum etwas Jämmerlicheres an diesem Tag als den Anblick des großen Ideologen Otto Bauer und des ehrwürdigen sozialistischen Wiener Bürgermeisters Karl Seitz bei dem Versuch, vom Dach eines Löschfahrzeugs aus den Pöbel zu beruhigen. Ihre aufgebrachten Genossen trieben sie einfach mit Steinen in die Flucht. Die beiden Männer trafen auf ebenso harte, wenn auch höflichere Zurückweisung, als sie sich ins Bundeskanzleramt begaben, um Seipel zur Beruhigung der aufgebrachten Arbeiterschaft zu Konzessionen oder gar zum Rücktritt zu überreden. Gesetz und Ordnung, darauf wies der Kanzler sie hin, seien Angelegenheit des Innenministers Karl Hartleb, den er gerne für sie herbeiholen lassen würde. Und was seinen Rücktritt anlangte, gab ihnen der Prälat mit beißender Ironie zurück, so wäre dies natürlich in der Monarchie einfach gewesen, doch nun erforderte das ein Mißtrauensvotum gegen ihn im Parlament.

Seipel erwies sich also in einem politischen Ausnahmezustand als ebenso unnachgiebig wie während der Finanzkrise fünf Jahre zuvor. War seine persönliche Position auch unerschütterlich, so hatte die Gewalt in den Straßen ihm doch eine wichtige Lektion erteilt. Wenn seine kürzlich gebildete »Einheitsfront«[26] geschützt werden sollte, dann müßten die verschiedenen rechten paramilitärischen Ver-

---

[26] Seipels Bildung einer Einheitsfront oder Einheitsliste, um alle nichtsozialistischen Fraktionen des Landes einschließlich der Alldeutschen in einer Bewegung zusammenzufassen, führte nur zu einer noch stärkeren Trennung zwischen Linker und Rechter. Aus den Wahlen vom April 1927 ging Seipels neue »Front« mit 85 Sitzen und die Sozialisten mit 71 hervor.

bände, die über das ganze Land verstreut waren, in einer einzigen Kampftruppe organisiert werden. So wurde die österreichische Heimwehr als zentrale Streitkraft als Gegenspieler des sozialistischen Schutzbunds wiederaufgebaut. Der Zusammenprall der Ideologien spiegelte sich schon in ihren Namen wider. Die Linken hatten schon fast ein Jahrzehnt lang ihren Schutzbund, und seine Aufgabe war, die sozialistische Partei und ihre Ideologie zu schützen. Was die Rechten zu schützen beschlossen hatten, war das Konzept des »Heims« oder des »Heimatlands«.

Obwohl die Heimwehr schließlich dem österreichischen Bundesheer, das durch den Friedensvertrag auf 30 000 Mann beschränkt war, zahlenmäßig überlegen war, wurde ihre Leistungsfähigkeit immer durch die unterschiedliche Loyalität der Orts- und Landesgruppen, auf denen sie sich begründete, beschränkt. Trotz ihrer sozialen Geschlossenheit als ein Bürgerblock war sie gleichzeitig politisch ein buntgemischter Haufen. Innerhalb dieses Blocks gab es Alldeutsche, die eine österreichische Zukunft auf Grundlage einer Verbindung mit den Blutsbrüdern im Norden[27] anstrebten (in dieselbe Richtung blickten auch die Sozialisten, doch aus ideologischen Gründen), aber auch Traditionalisten oder absolute Monarchisten, die sich eine verstärkte Hinwendung der Republik nach dem Osten und zu den alten Partnern im Donauraum wünschten. In ihren Reihen marschierten gehässige Antisemiten Schulter an Schulter mit Juden, die vor ihnen Schutz suchten. Eine solche Mischung konnte nur durch eine gemeinsame Parole zusammengehalten werden, und das konnte nur die Parole des Antimarxismus sein. So entwickelte sich in Seipels letzten Regierungsjahren ein tragisches Paradoxon. Gerade als die Sozialdemokraten, durch ihre Niederlage am Schwar-

---

[27] Seipels Standpunkt dazu und zur Anschlußfrage im allgemeinen war wohlüberlegt. Obwohl er immer an der Souveränität der Republik festhielt, sagte er auch, daß Österreich ohne Deutschland nichts tun könnte, und mit dieser schwammigen Formulierung gaben sich seine alldeutschen Partner zufrieden.

zen Freitag ernüchtert, ein Übereinkommen mit dem rechten Flügel zu suchen begannen, schloß ein zunehmend autoritärer Kanzler, getrieben von einer immer schärferen Heimwehr, die geringste Aussicht auf einen politischen Kompromiß aus.

Seipel trat, wieder ohne Vorwarnung, im April 1929 zurück. Als Diabetiker war er seit langem ein körperlich kranker Mann, und nun fühlte er sich auch politisch ausgelaugt. In der Außenpolitik waren seine Versuche, Österreichs Einfluß in Mitteleuropa zu vergrößern, zum Erliegen gekommen, während Mussolini sein Bemühen um Konzessionen für die Viertelmillion Südtiroler, die seit 1918 unter italienischer Herrschaft lebten, verächtlich zurückgewiesen hatte. Auch die innenpolitischen Zukunftsaussichten trugen zu Seipels Niedergeschlagenheit bei, da weder eine Lösung der Spannungen innerhalb seiner eigenen Einheitsfront noch der Reibereien zwischen der Hauptstadt und den Ländern in Sicht war. Das hatte ihn am Ende seiner langen Regierungszeit zu einer immer autoritäreren Weltanschauung gebracht. Gleichzeitig wurde sie aber auch immer verwirrter. Er betrachtete die Kirche als wahre Hüterin der Demokratie, doch nur in Form einer katholischen Autarkie, die sogar die Deutschen mit einschließen könnte. Als Politiker hatte er nun endgültig keine Ahnung mehr, wie das österreichische »Vaterland« zu regieren wäre.

Als Priester machte ihn auch der Erfolg des Rachefeldzugs krank, den die Sozialisten gestartet hatten, um katholische Gläubige zum Kirchenaustritt zu bewegen. Sie behaupteten, in den zwei auf den Schwarzen Freitag folgenden Monaten 13 000 solcher Überläufer gewonnen zu haben. Seipel hatte immer schon erklärt, daß er von Gott in die Politik berufen worden war. Nun mußte er wohl das Gefühl gehabt haben, daß es in Gottes Interesse läge, wenn er sich aus ihr zurückzöge. Was immer ihn dazu bewegt haben mag – sein plötzlicher Rücktritt als Bundeskanzler verschlug dem rechten Flügel die Sprache. Über fast zehn Jahre hinweg hatten sie sich daran gewöhnt, daß diese unbestechliche Vaterfigur ihnen die Denkarbeit abnahm.

Er hatte der Republik auch das einzige europäische Profil verliehen, das sie je besessen hatte. Nun war auch dieses wieder verschwunden, und Seipels dreimonatige Amtszeit als Außenminister in einer Minderheitsregierung im Herbst 1930 reichte nicht aus, um es wieder zu erlangen.

Das Ende der Ära Seipel leitete eine Zeit des Regierungschaos ein. Nicht weniger als fünf Kanzler unterschiedlicher rechter Tendenzen folgten ihm in einem Zeitraum von vier Jahren. Die Unruhe auf dem Finanzsektor griff auf die Politik über, als die Creditanstalt, die letzte der alteingesessenen Banken aus der Zeit der Monarchie, unter dem enormen Schuldenberg zusammenbrach.[28] Im selben Jahr kam es zu einer diplomatischen Krise für die Republik, als ihr Plan einer Zollunion mit Deutschland, vor allem auf Druck von französischer Seite, als Verstoß gegen das von Österreich in Genf gegebene Versprechen der Unabhängigkeit abgelehnt wurde. Die Republik schien am Rande eines Strudels zu treiben. Dessen Sog entkam sie erst, als im Mai 1932 die starke Hand des Prälatenpolitikers Seipel durch die noch stärkere des Bauernpolitikers Dollfuß abgelöst wurde. Traurigerweise sollte er, kaum daß er das Ruder ergriffen hatte, einen Kurs ansteuern, der Österreich direkt auf die Felsen zutreiben ließ.

Engelbert Dollfuß war unter allen politischen Persönlichkeiten in der Geschichte der Republik die bemerkenswerteste. Sein Leben begann auf höchst obskure Weise und endete äußerst dramatisch. Seine Regierungszeit als Bundeskanzler dauerte nur 26 Monate, doch in diesem kurzen Zeitraum vermittelte er seinem Volk nicht nur ein neues Identitätsgefühl, sondern verwandelte sein Land auch in

---

[28] Das veranlaßte Seipel zu seiner letzten politischen Intervention, wobei er hinter den Kulissen agierte. Er brachte die Idee einer großen Koalition mit seinen traditionellen Rivalen, den Sozialdemokraten, in Umlauf, die bei den Wahlen im November 1930 wieder als stärkste Partei hervorgegangen waren. Es war nicht überraschend, daß die Sozialisten es ablehnten, für ihn die Kastanien aus dem Feuer zu holen.

einen neuen und einzigartigen Staatstypus. Und schließlich bezeichnete sein Tod als erstes ausländisches Hitleropfer den Beginn von Europas zehn Jahre andauerndem Kampf gegen die Vorherrschaft der Nazis.

Das Kind, das am 4. Oktober 1892 in einem strohgedeckten Bauernhaus im niederösterreichischen Ort Texing zur Welt kam, lernte seinen Vater nie kennen. Glaubt man dem Tratsch, dann war er ein Arbeiter aus dem Ort, der für zu minder erachtet wurde, um in die Familie der Mutter einzuheiraten, deren Name dem Kind gegeben wurde. Es war ein stolzer Name. Bereits im späten 16. Jahrhundert hatte ein Dollfuß dieses Land als freier Bauer bestellt, und seit damals war seine Familie dort ansässig. Die Kindheit im ruhigen und konservativen Herzland der alten Monarchie prägte ihn als Mann und als Politiker sein ganzes Leben. Hier konnte ein Österreicher, ob Monarchist oder Republikaner, seine Wurzeln spüren, die tief in den Heimatboden hinunterreichten.[29]

Das Bauernhaus war der prägende Einfluß für die Entwicklung des Jungen, doch auch der der Dorfkirche war nicht viel schwächer. Sein erstes Bestreben bestand darin, bei der Sonntagsmesse das Weihrauchfäßchen schwingen zu dürfen. Das gelang ihm erst, nachdem er den Mesner überredet hatte, das Ministrantengewand um fast 20 Zentimeter zu kürzen (er war ein kleingewachsenes Kind, und selbst als ausgewachsener Mann sollte er nur knapp über 1,50 m groß werden). Sein zweites Bestreben, das er dank eines Freiplatzes ebenfalls erreichte, war, Schüler des erzbischöflichen Knabenseminars in Oberhollabrunn auf der anderen Seite der Donau zu werden. Dort verbrachte er acht Jahre seines Lebens und bereitete sich auf das Priester-

---

[29] Als er kaum ein Jahr alt war, ging Dollfuß' Mutter eine standesgemäße Ehe mit einem Bauern ein, der rund zwölf Hektar Grund bei Kirnberg, nur fünf Kilometer von ihrem Elternhaus entfernt, bewirtschaftete. Der kleine Dollfuß erhielt damit einen Stiefvater vom Schlag der Dollfußfamilie und schließlich auch eine Familie von Stiefgeschwistern.

amt vor; das war auch immer noch sein Ziel, als er im Jahr 1913 an die Theologische Fakultät der Wiener Universität ging, um dort seine Ausbildung zu vollenden. Doch ein paar Monate in der Kaiserstadt mit all den glänzenden neuen Aussichten, die sich einem dort eröffneten, reichten aus, um seine Meinung zu ändern. Im Januar 1914 warf er alles hin und erklärte seinen Freunden, daß er »lieber ein guter Christ als ein schlechter Pfarrer« wäre. Der wirkliche Grund aber war, daß er nun einen flüchtigen Einblick in eine Welt erhalten hatte, die sich weit über den Wirkungskreis eines Weihrauchfäßchens hinaus erstreckte, und an der er teilhaben wollte.

Es dauerte nicht einmal mehr ein halbes Jahr, bis Prinčips Pistolenschüsse in Sarajevo Dollfuß und Millionen seiner Landsleute in die Uniform der k. u. k. Armee steckten. Doch die drei Schritte, die er während dieser sechs Monate setzte, wiesen alle schon die Richtung, die er einschlagen sollte. Er begann Jus zu studieren, um sich einen noch leichteren Zugang zu einem öffentlichen Amt als durch die Kirche zu verschaffen. Er wurde Mitglied der mächtigen und ver-schworenen katholischen Brüderschaft, dem Cartellver-band, und trat als CVler in die innerste geschlossene Welt von Österreichs Schwarzen ein. Gleichzeitig stürzte er sich in die soziale Wohlfahrtsarbeit der christlichen Studentenverbände und verbrachte so manchen freien Abend damit, im Arbeiter-heim im dritten Wiener Bezirk Stenographie zu unterrichten. Alle Elemente von Dollfuß als Staatsmann waren vorhanden: das realistische Streben wie auch der religiöse Glaube, die politische Unbeugsamkeit wie auch das private Mitgefühl.

Vier Jahre später kehrte Dollfuß als Oberleutnant in der Elitetruppe der Kaiserschützen aus dem Krieg zurück, die schmale Brust geschmückt mit acht Medaillen und mit einem noch größeren Verlangen danach, es im zivilen Leben zu etwas zu bringen.[30] Der Weg in die Politik ging bei ihm

[30] Er konnte im Jahr 1914 nur einrücken, weil er auf Zehenspit-zen stand, um die erforderliche Mindestgröße am Meßgerät des Militärarzts zu erreichen.

über den öffentlichen Dienst. 1922 hatte er es zum Sekretär bei der niederösterreichischen Landwirtschaftskammer gebracht, deren imposantes Wiener Büro in der Löwelstraße nicht einmal 300 Meter vom Bundeskanzleramt entfernt lag. Fünf Jahre später wurde er zum Direktor befördert und machte sich sofort daran, die österreichische Landwirtschaft umzukrempeln.

Seine Landwirtschaftsreformen, deren Auswirkungen noch das ganze Jahrhundert zu spüren sein sollten, liefen auf zwei Ebenen – auf der technischen und der sozialen. Neue Maschinen, Düngemittel, Saatkulturen und Viehzuchtmethoden wurden eingeführt. Noch revolutionärer war die Einführung einer neuen Versicherungsgesetzgebung, einer Kranken-, Unfall- und sogar Pensionsversicherung für das ländliche Proletariat – die Lohnarbeiter in der Landwirtschaft und das Hauspersonal in den Bauernhäusern. Ende der zwanziger Jahre war der Name Dollfuß in der Hauptstadt zu einem Begriff geworden. Es war daher keine Überraschung, als er am 18. März 1931 zum Land- und Forstwirtschaftsminister in einer unter der Führung von Dr. Otto Ender, dem christlichsozialen Landeshauptmann Vorarlbergs, notdürftig zusammengestoppelten Regierung ernannt wurde.

Dollfuß war nicht der einzige Neuling auf Wiens politischer Bühne. Im Jahr zuvor hatte die Heimwehr eine neue Identität angenommen und einen neuen Heimwehrführer gewählt. Die neue Identität war, daß sie nun auch eine parlamentarische Vertretung hatte. In Anbetracht des Parteiprogramms, das sie für die Bewegung bereits am 18. März 1930 im berüchtigten Korneuburger Eid verkündet hatte (»Wir verwerfen den westlichen demokratischen Parlamentarismus und den Parteienstaat!«), war dies doch ein etwas verwirrendes Unterfangen. Aber eigentlich war ja fast alles an dieser Heimwehr verwirrend, für die Heimwehr selbst und für alle anderen, und das traf vor allem auf den Mann zu, den sie nun als ihren Führer gewählt hatte. Ernst Rüdiger Fürst Starhemberg hatte vorher das Kommando über die Heimwehrverbände in seinem Bundesland

Oberösterreich innegehabt, wo sein Stammschloß Eferding und viele seiner riesigen Güter lagen. Als direkter Nachfahre des namensgleichen Stadtverteidigers, der in der historischen Schlacht von 1683 vom Kahlenberg herunter gegen die Türken marschiert war, mußte der junge Fürst ein Österreichbewußtsein ja fast schon in den Genen haben, was immer auch sonst noch dort sein mochte.

Es war dieses »sonst noch«, das seinen Landsleuten in dem gerade begonnenen kritischen Jahrzehnt so viel Kopfzerbrechen bereitete. Die Zerrissenheit war schon seit langem ein österreichischer Charakterzug, der den Menschen hier zu einem großen Teil durch die geographische Lage und die Geschichte aufgezwungen worden war und der gewöhnlich in dem Versuch bestand, gleichzeitig in entgegengesetzte Richtungen zu blicken. Doch dieser sprunghafte junge politische Leichtfuß hatte sich auf seiner Suche nach einem Platz im österreichischen Irrgarten zumindest von drei verschiedenen Richtungen inspirieren lassen. Erst ließ er sich von Adolf Hitler inspirieren, bei dem er tatsächlich als Freiwilliger an den Straßenkämpfen, die im Münchner Putschversuch von 1923 gipfelten, beteiligte. In den folgenden zehn Jahren bemühte sich dann Hitler um den Fürsten und bot ihm 1931 sogar die Führung einer neuen Bewegung an, die eine Kombination der Heimwehrverbände mit denen der immer mehr um sich greifenden österreichischen Nazis darstellen sollte. Doch inzwischen hatte Starhemberg seinen Blick bereits auf einen anderen Star, auf Benito Mussolini, und ein anderes ideologisches Modell, das des italienischen Faschismus, gerichtet.

Schließlich gab sich Starhemberg, neben seinen wechselnden politischen Vorlieben, einem weiteren dauerhaften Zeitvertreib hin – jenem des gesellschaftlichen Lebemanns, wobei es ihm sein Vermögen und sein Ansehen gestatteten, dem Privatvergnügen mit ebensolcher Ausdauer nachzujagen wie dem Licht der Öffentlichkeit. Er war der einzige Politiker der Ersten Republik, der sowohl über die Eigenart als auch die Mittel verfügte, sich, wann immer es ihm beliebte, monatelang völlig aus der großen Politik zurückzuziehen – wie etwa in der zweiten Hälfte des Jahres 1931, von der er einen großen Teil auf der Jagd in den Hügeln des Mühlviertels verbrachte. Offiziell war er auf »verlängertem Urlaub«, um seine finanziellen Angelegenheiten in Ordnung zu bringen, nachdem er die Heimwehrführung stellvertretend Dr. Walter Pfrimer, dem steirischen Heimwehrführer, übergeben hatte. Pfrimer, dessen Labilität schon an politischen Wahnsinn grenzte, nutzte seine neue Macht dazu, am Wochenende des 12. und 13. September einen Heimwehrputsch gegen die Regierung zu inszenieren und sich selbst zum »Staatsführer« Österreichs auszurufen. Schlecht organisiert wie immer, verlief dieser Putsch innerhalb einiger Stunden im Sand, und Starhemberg distanzierte sich von seinem ländlichen Zufluchtsort aus sofort davon. Der Gegensatz zwischen dem fürstlichen Lebemann und den unermüdlichen, zielstrebigen Politikern wie Bauer und Renner auf der Linken oder Seipel und Dollfuß auf der Rechten könnte gar nicht grundsätzlicher sein. Ihnen allen gelang es nicht, Starhembergs wahres Gesicht hinter seinen sich ständig ändernden Masken zu erkennen.

Dollfuß war derjenige, der mit dem Rätsel zu leben hatte, als er am 10. Mai 1932 unerwartet vom österreichischen Bundespräsidenten[31] zum Kanzler ernannt wurde, um einen weiteren toten Punkt in der Politik zu überwinden. Wie Seipel vor ihm brauchte auch Dollfuß die rechten Heimwehrverbände als Gegengewicht zum paramilitärischen Schutzbund der Linken (beide Lager verfügten inzwischen ungefähr über die gleiche Grundstärke von rund 30 000 bewaffneten Männern). Er war auch auf die acht gewählten Abgeordneten ihres sogenannten Heimatblocks

---

[31] Dr. Wilhelm Miklas, der sich als christlichsozialer Abgeordneter fast als einziger gegen die Ausrufung der Republik im November 1918 ausgesprochen hatte. Dank einiger schon lange überfälliger Verfassungsreformen des Jahres 1929 war das Präsidentschaftsamt mit einem gewissen Maß an echter Autorität ausgestattet worden. Das nun vom Volk gewählte Staatsoberhaupt hatte die Macht, das Parlament einzuberufen und aufzulösen.

für ein Mandat im Parlament angewiesen, obwohl er sich nur äußerst widerwillig mit dieser kunterbunt zusammengewürfelten und unberechenbaren Bande zusammentat. Selbst mit ihrer so wichtigen Unterstützung brauchte er zehn Tage, um eine rechte Mehrheit zusammenzustoppeln, und diese begründete sich nur auf dem äußerst knappen Vorsprung von einer Stimme: 83 zu 82.

Das war das Parlament, dessen Zustimmung Dollfuß benötigte, als er im Juli mit einer weiteren lebenspendenden Völkerbundanleihe für Österreich aus Lausanne zurückkam. Sie war – wie jene, die Seipel zehn Jahre zuvor gesichert hatte – an die Bedingung einer internationalen Kontrolle und einer Verpflichtung zur Erneuerung des Anschlußverbots geknüpft. Aus beiden Gründen taten sich nun die Sozialisten mit den Großdeutschen, ihren Partnern im Lager der Opposition, zusammen, um das zu blockieren. Wieder einmal hatten Parteiideologie und Parteiintrigen Vorrang vor den offensichtlichen Bedürfnissen des Landes.

Dollfuß konnte seinen Antrag erst nach einem sowohl erschöpfenden als auch makaberen Kampf durchbringen, und das führte ihm deutlich vor Augen, was in Wien als parlamentarische Demokratie galt.[32] Er stand dadurch auch immer mehr in der Schuld der Heimwehr und war daher zunehmend ihrer politischen Gnade ausgeliefert. Er hatte bereits zwei relativ unbedeutende Heimwehrmänner in sein erstes Kabinett berufen. Nun übernahm bei einer Regierungsumbildung im Herbst 1932 Major Emil Fey, Starhembergs Abgeordneter, die Schlüsselposition des Staatssekretärs für Inneres, ein Ministerium, das er bald leiten sollte. Selbst Starhemberg gab später zu, daß die Beförderung Feys innerhalb der Heimwehr ein schlimmer Fehler für die Bewegung selbst war. Feys Eintritt in die Regierung sollte sich als eine noch größere Bedrohung für das Land erwei-

---

[32] Einmal wurde die hauchdünne rechte Mehrheit durch Seipels Tod gefährdet, bald danach hatte Schobers Tod eine ähnliche Bedrohung für die Opposition dargestellt. Es war, als ob der Totengräber nun im Nationalrat das Sagen hätte.

sen. Dieser in Kriegszeiten hochdekorierte Major hatte sich in Friedenszeiten in einen rücksichtslosen politischen Freibeuter verwandelt, verzehrt von einem krankhaftem Haß, der sich gleichermaßen gegen Marxisten, Sozialisten, Demokraten und Parlament richtete, in seinen Augen eine tödliche rote Gefahr, die zu zerschlagen er entschlossen war. Seine Gegner waren sich seiner Ansichten und seines rücksichtslosen Vorgehens sehr wohl bewußt. Eine direkte Folge seiner Ernennung war in der Tat das Scheitern der Sondierungsgespräche, die Dollfuß mit Sprechern der Sozialdemokraten in der Hoffnung führte, wenn schon nicht einen politischen Friedensvertrag, so doch wenigstens einen Waffenstillstand zu erzielen. Trotz der Beschimpfungen, die sich die beiden Seiten während der Debatte über die Lausanner Anleihe an den Kopf warfen (Bauer wurde als Bolschewik und Dollfuß als Faschist gebrandmarkt), waren die gemäßigten Linken ihrerseits gewillt, mit einem Kanzler zu verhandeln, der immer bereit zu sein schien, sich ihnen in der konstitutionellen Arena zu stellen. Mit Fey und seinesgleichen war kein Gespräch möglich, denn der sarkastische Major hatte geschworen, die gesamte parlamentarische Struktur in Trümmer zu schlagen.

Für alle Beteiligten löste sich dieses Problem bald, als sich die Struktur in dem wohl lächerlichsten parlamentarischen Selbstmord des Jahrhunderts selbst zerstörte. Am 4. März wurde im Parlament über Disziplinarmaßnahmen gegen streikende Bahnarbeiter debattiert, und die geteilten Ansichten darüber hatten wie immer zu einer völlig festgefahrenen Situation geführt, mit 81 Stimmen dafür und 81 dagegen. Als Unregelmäßigkeiten bei den von den Sozialdemokraten abgegebenen Stimmen entdeckt wurden, kam es zum Tumult und erneut zu einer Entzweiung. Und nun begann Otto Bauer, der an der Wiege der parlamentarischen Demokratie der Republik gestanden war, ungewollt ihr Grab zu schaufeln. Er überredete Karl Renner, den ersten Nationalratspräsidenten, vom Podium herunterzukommen und sich seinen Parteikollegen im Saal anzuschließen. Die Überlegung dabei war, daß der zweite Nationalratspräsident, der Christlichsoziale Rudolf Ramek, sich ihm anschließen würde und dadurch die Regierung irgendwie eine entscheidende Stimme weniger hätte.

Lenin hatte Bauer einst als einen »gebildeten Idioten« bezeichnet, worunter man politisch gesehen wohl jemand mit mehr Durchtriebenheit als gesundem Menschenverstand verstehen könnte.[33] Wenn diese Beurteilung je gerechtfertigt war, dann jetzt. Bauer sah nicht voraus, daß in einem so hysterischen und irrationalen Parlament wie diesem wahrscheinlich gleich das ganze Dach einstürzt, sobald man sich an den einzigen stützenden Säulen zu schaffen machte. Wie Bauer vorausgesagt hatte, folgte Ramek dem Beispiel Renners. Damit blieb jedoch immer noch ein dritter Nationalratspräsident, der Sprecher der Großdeutschen Partei, Sepp Straffner, übrig, von dem man erwartete, daß er seine Tätigkeit fortführte. Doch zur allgemeinen Überraschung und Bestürzung (nicht zuletzt zu der Otto Bauers) sprang Straffner ebenfalls auf und legte sein Amt nieder, wobei das nichts anderes als ein Pawlowscher Reflex war. Das Parlament hatte sich selbst ausgeschaltet und war in einen selbstgemachten Teufelskreis geraten – ein irgendwie passender Höhepunkt einer deprimierenden Chronik der Unfähigkeit und des Chaos.

Dollfuß war im Herzen kein Diktator, sonst wäre er spontan durch das Tor zur Macht getreten, das da plötzlich weit vor ihm aufgesprungen war. Zwei Dinge trieben ihn durch diese Tür. Das erste war das Drängen der ihn umgebenden Aktivisten, vor allem der Heimwehr, diese vom Himmel gesandte Gelegenheit zu ergreifen, das Parlament ohne einen gewaltsamen Staatsstreich ausschalten zu können. Doch für den frommen Kanzler war der wahre vom Himmel gesandte Anstoß (er sagte sogar, er hätte »den Finger Gottes« gespürt) das, was sich in Deutschland an die-

[33] Das war in Lenins sarkastischer Ausdrucksweise so etwas Ähnliches wie eine Beförderung. Am meisten verachtete er die »nützlichen Idioten«: westliche Idealisten, die darauf hereingefallen waren, das bolschewistische System zu unterstützen.

sem kritischen Wochenende ereignete. Am Sonntag, dem 5. März, dem Tag nachdem das Parlament in Wien seine Verantwortung niedergelegt hatte, sicherte sich Hitler die Macht im Reichstag in Berlin.

Hitler war bereits am 30. Januar 1933 zum deutschen Reichskanzler ernannt worden, als Kandidat der Industriebarone, die in diesem ehemaligen österreichischen Gefreiten und jetzigen deutschen Aufhetzer das beste Instrument zur Unterdrückung von Kommunismus, Sozialismus, Gewerkschaft und von allem, das ihren Profit gefährdete, sahen.[34] Das war jedoch der Hitler im schwarzen Gehrock. Er hatte, als er das Amt von der lebenden Legende Feldmarschall Hindenburg entgegennahm, der gerade zum zweiten Mal zum Reichspräsidenten ernannt worden war, eine grotesk anständige Figur abgegeben, verglichen mit der bevorstehenden Verwandlung. Doch durch die Wahl am 5. März war Hitler in der Lage, sowohl seine Garderobe zu wechseln, als auch sein wahres Gesicht zeigen. Seine Nationalsozialisten gewannen 288 von 648 Sitzen im deutschen Parlament und hatten zusammen mit ihren Verbündeten die absolute Mehrheit. Hitler war nun nicht mehr der Kandidat einer Industriellenpartei, die einen politischen Handlanger brauchte, der tat, was man ihm befahl. Er wurde in seiner Wahlheimat in freien Wahlen gewählt. Der Gehrock konnte nun durch die braune Uniform und alles, das sie symbolisieren sollte, ersetzt werden.

So wurde wieder einmal der Lauf der österreichischen Geschichte durch die Ereignisse in Deutschland vorgegeben. Schon zu Anfang des Jahres hatten die österreichischen Nationalsozialisten bei Landtagswahlen spektakuläre Gewinne erzielt.[35] Sowohl in der Hauptstadt als auch in den Ländern waren die Wahlsiege der Nazis größtenteils auf

[34] Alfred Hugenberg, Führer der Deutschnationalen, die Hitlers politische Verbündete waren, war auch Generaldirektor des Rüstungsgiganten Krupp in Essen.

[35] So hatten sie zum Beispiel in Wien über 200 000 Stimmen erhalten, im Vergleich zu nur 27 000 Stimmen zwei Jahre zuvor.

Kosten der Partei des Kanzlers gegangen. Könnte da nicht, durch das deutsche Beispiel angeregt, das Wiener Parlament von derselben braunen Flut verschlungen werden, wenn durch neue Parlamentswahlen die Schleusen geöffnet würden? Dollfuß beschloß, dieses Risiko nicht einzugehen, und war bei dieser Entscheidung überzeugt, daß Gott im Himmel auf seiner Seite wäre. Damit mußte er nur noch den Bundespräsidenten Wilhelm Miklas überzeugen, und alles, was dieser, der es mit dem Gesetz ganz genau nahm, verlangte, war, daß man dabei vorschriftsmäßig vorzugehen habe.

Man wurde in den Gesetzbüchern der untergegangenen Monarchie fündig, die dieser ehemalige Schuldirektor nie zu betrauern aufgehört hatte. Das Wirtschaftliche Ermächtigungsgesetz von 1917, das eingebracht worden war, um die Lebensmittelversorgung im Krieg durch offizielle Verordnungen regulieren zu können, stand immer noch in den Gesetzbüchern der Republik.[36] (Es hatte in den Nachkriegsjahren während der großen Hungersnot sogar Zeiten gegeben, da es vielleicht ganz brauchbar gewesen war.) Doch welches eingeschränkte Ziel mit dem Gesetz ursprünglich auch verfolgt worden war, es konnte ja erweitert werden, um die Verhängung direkter Regierungskontrolle über den gesamten Bereich der öffentlichen Angelegenheiten zu decken. Diese Notverordnung machte sich Dollfuß nun zunutze. Um einer Herausforderung vom Ausland gegenüberzutreten, holte die Republik Österreich eine Lösung aus ihrer Vergangenheit hervor.

Am Dienstag, dem 7. März, wurden Proklamationen plakatiert, die ganz in demokratischem Stil gleich zu Beginn das Fehlen einer »dem allgemeinen Wohl dienenden Volksvertretung« bedauerten. Im folgenden entfernte man sich jedoch mit jedem Satz weiter von der Demokratie:

Die Führung eines Staates liegt aber nicht allein bei der Gesetzgebung, sondern ebenso beim Staatsoberhaupt

[36] Unter der Monarchie hatte es nur für Cisleithanien gegolten.

und der Regierung. Die vom Herrn Bundespräsidenten ernannte gesetzmäßige Regierung ist im Amte. Sie ist von der Parlamentskrise, die ohne ihr Zutun heraufbeschworen wurde, nicht berührt; es gibt daher keine Staatskrise!

Und dann machte sich der Staat daran, unter Berufung auf das Ermächtigungsgesetz von 1917 jede Art von Versammlungen und Kundgebungen zu verbieten und die Pressezensur einzuführen.

Zusammen mit den Ereignissen in Deutschland war dieses schicksalhafte Wochenende in Wien ein Wendepunkt in der Geschichte Europas ebenso wie in jener der Republik. Österreich hatte sich nun tatsächlich als die »kleine Welt, in der die große ihre Probe hält« herausgestellt. Durch diese Proklamation war die Macht der Regierung über jene der gewählten Gesetzgeber gestellt worden, wie eine Woche später anschaulich demonstriert wurde.

Als der dritte Nationalratspräsident, Dr. Straffner, sich plötzlich am 15. März dazu aufraffte, das Parlament wieder einzuberufen, wurde die Polizei geholt, um die Versammlung aufzulösen, die anwesenden Oppositionsabgeordneten zu vertreiben und hinter ihnen die Tür abzuschließen.[37] Um dem ganzen noch eine Spur mehr Absurdität zu verleihen, hatte ein nervöser Dr. Straffner die Sitzung, zehn Minuten bevor die ersten Gendarmen ankamen, für geschlossen erklärt. Also war in echt verwursteltem Wiener Stil am Anfang niemand sicher, ob das österreichische Parlament sich selbst vorschriftsmäßig ausgeschaltet hatte oder ob es durch äußere Gewalt aufgelöst worden war.

Zwei Dinge aber waren kristallklar. Erstens hatte die österreichische Linke – 1932 wie auch 1927 und 1919 – ihren leidenschaftlichen Worten nicht die geringsten leidenschaftlichen Taten folgen lassen. Am 8. März, dem Tag nach der Verhängung des Ausnahmezustands, hatte Dollfuß einen

[37] Die christlichsozialen Abgeordneten und ihre Partner aus der Heimwehr und dem Landbund waren auf Anordnung der Parteiführung ferngeblieben.

letzten Versuch zu einer friedlichen Regelung mit den Sozialisten unternommen, indem er dem Parteisekretär Robert Danneberg die Schaffung einer neuen Form der Nationalversammlung auf korporativer Grundlage anbot. Das Angebot wurde abgelehnt in der Hoffnung, daß der Kanzler dann ganz aufgeben würde, wenn er mit einem Generalstreik und Massenaufmärschen des Schutzbunds konfrontiert würde. Schließlich wurde aber weder das eine noch das andere angeordnet. Die Parteiführung zauderte eine Woche lang und drückte sich letztendlich vor jeder Konfrontation. An dem Tag, an dem die Polizei das Parlament in Wien mit einem Vorhängeschloß absperrte, gab es drinnen von sozialistischer Seite nicht einmal die leiseste Gegenwehr, geschweige denn, daß draußen auch nur ein Schuß aus einem Schutzbundgewehr abgegeben worden wäre.

Zweiteres ergab sich aus ersterem. Ohne jede Opposition konnte Dollfuß mit Leichtigkeit von der Anordnung einer milden Polizeiaktion zur Errichtung eines milden Polizeistaats übergehen. Die Iden des März 1933 hatten der Ersten Republik in ihrer ursprünglichen Form ein Ende gesetzt. Gleichzeitig begann ein Überlebenskampf gegen Hitler, der seinen Höhepunkt – und wieder waren es die Iden des März – sechs Jahre später finden sollte.

3. Erbauer und Zerstörer

Wer A sagt, muß auch B sagen, so lautet eine alte österreichische Redensart. Dollfuß, der mit der Schließung des Parlaments ganz laut »A« gesagt hatte, mußte dem nun nicht nur ein »B« folgen lassen, sondern auch ein »C«. Jetzt mußte er erst einen neuen politischen Rahmen für eine Republik schaffen, die ab nun ohne Parteien und ohne Wahlen funktionieren sollte. Dann mußte er sich eine neue politische Anschauung zurechtlegen, um diesem Rahmen durch einen moralischen Zweck Achtbarkeit zu verleihen. Beide Lösungen verkörperte der fromme katholische Bauernbub aus Kirnberg.

Bevor er sich aber an eine der beiden Aufgaben machte, begab er sich auf einen in aller Eile arrangierten Besuch nach Rom. Der offizielle Zweck seines Besuchs war die Verhandlung eines neuen Konkordats mit dem Vatikan. Sein wirkliches Ziel aber bestand darin, sich Mussolinis Unterstützung zu versichern für den Fall einer eventuellen Kraftprobe zwischen Österreich und dem neu errichteten Regime Adolf Hitlers in Deutschland. Dollfuß kehrte äußerst erleichtert nach Wien zurück. Nicht nur, daß sofort ein persönliches Nahverhältnis zwischen dem kleinwüchsigen Kanzler und dem bulligen Duce entstanden war, es wurde auch deutlich, daß sie gemeinsame politische Interessen hatten. Wie schon die italienischen Staatsmänner, die er verdrängt hatte, hatte auch Mussolini seinen Blick auf eine Expansion jenseits der Adria gerichtet. Hier stand ihm das Nachkriegskönigreich Jugoslawien im Weg, das seit den Intrigen bei der Pariser Friedenskonferenz Italiens neuer Rivale war. Der Blick des Duce reichte sogar noch weiter. Italiens alter Feind, die große Habsburgermonarchie, die sich gegenüber den meisten italienischen Gebieten als Herrin aufgespielt hatte, war nun eine schwache kleine Republik, die Schutz suchte. Im gesamten Donaubecken herrschte ein Machtvakuum, das sich der Duce sehr wohl zu füllen zutraute. Österreich war daher sowohl gegen serbische Bestrebungen als auch gegen jeden Expansionsdrang des nun in Berlin eingeführten dynamischen Regimes sein natürlicher Verbündeter. Die Grundbedingung dafür war, daß die Republik von einer starken Hand und von Gleichgesinnten regiert würde.

Also fiel Österreichs Schicksal wieder Kräften außerhalb seiner Grenzen und außerhalb seiner Kontrolle zum Opfer. Wie das Schicksal der Zweiten Republik durch den Konflikt zwischen zwei großen europäischen Machtblöcken bestimmt werden sollte, so wurde die Zukunft der Ersten Republik ab nun durch das politische Kräfteverhältnis zwischen zwei großen europäischen Diktatoren entschieden.

Österreich war nur so lange sicher, als Mussolinis Italien Hitlerdeutschland an militärischem und diplomatischem Einfluß überlegen war. 1932 neigte sich die Waage eindeutig zugunsten Roms. Obwohl sich dies schnell wieder ändern sollte, hielt es gerade lange genug für Dollfuß' kurze Regierungszeit.

Der Kanzler war kaum ein paar Wochen wieder in seiner Hauptstadt, da spürte er bereits, wie Hitlers Hand seinem Land die Kehle immer fester zudrückte. Am 29. März 1932 nutzte der Führer die Gelegenheit einer österreichischen »Provokation«[38] (eine Taktik, die er von nun an verfolgen sollte), um eine Abgabe von 1000 DM auf jedes deutsche Touristenvisum nach Österreich zu verhängen. Das war ein brutaler Schlag für den Tourismus des Landes, vor allem für Tirol, das im Vorjahr über 1,5 Millionen Gäste aus Deutschland verzeichnet hatte, doch es löste keinen, wie Hitler es sich gerne gewünscht hatte, wirtschaftlichen Zusammenbruch aus und zwang Österreich auch nicht innerhalb von zwölf Monaten in die Knie. Also wurde im folgenden Sommer eine gemeinere Herausforderung inszeniert.

Die ersten Kader der sogenannten Österreichischen Legion wurden in Bayern aufgestellt und formierten sich aus österreichischen Nazis, die aus ihrem Land geflüchtet waren und davon träumten, im Triumph gegen Wien zurückzumarschieren. Dieser Traum sollte ihnen aber von ihrem Führer verwehrt werden, der sich lieber, sollte es zu einer Kraftprobe kommen, auf seine reguläre Armee verließ. Dennoch wuchs die Legion, die als nationalsozialistische paramilitärische Truppe organisiert und ausgerüstet wurde, schließlich zu einer in 13 Kommandogruppen unterteilten Streitkraft von rund 15 000 Mann, die immer wieder die Ursache von grenzüberschreitenden Kämpfen

[38] In diesem Fall war es die Ausweisung des bayerischen Justizministers Dr. Hans Frank, der bei einem unwillkommenen Besuch in Österreich Mitte Mai 1932 in öffentlichen Reden das Volk dazu aufgerufen hatte, sich von Dollfuß und all seinen Unternehmungen loszusagen. Die »Provokation« ging nur von deutscher Seite aus.

und Sabotageakten waren. Noch beunruhigender war die anhaltende Terrorkampagne, die von heimischen Nazigruppen in Österreich im Hochsommer 1933 vom Stapel gelassen wurde. Straßenkämpfe und Bombenattentate brachen in einer offensichtlich koordinierten Offensive kreuz und quer im ganzen Land aus. Seinen blutigen Höhepunkt fand diese am 19. Juni, als Handgranaten der Nazis in Krems in der Wachau ein Todesopfer und 29 Verwundete forderten. Das war eine bewußte Provokation, und Dollfuß nahm die Herausforderung sofort an. Wenige Stunden nach der Greueltat wurde die NSDAP in Österreich für illegal erklärt, und alle Parteibüros wurden geschlossen. Zum ersten Mal seit Königgrätz war es wieder offiziell ernst geworden zwischen Deutschen und Österreichern.

Die Nation stand in dieser Angelegenheit geschlossen hinter Dollfuß. Obwohl Millionen Österreicher Bismarck sogar dann noch verehrt hatten, als er sie vor den Kopf stieß, beschränkte sich die Verehrung Adolf Hitlers im Sommer 1933 auf eine Minderheit von Radikalen. Daß sein brutales Regime in Berlin tatsächlich an die Macht gekommen war, ernüchterte die Alldeutsch-Gesinnten Österreichs. So strich etwa die Sozialdemokratische Partei schweren Herzens den Anschluß aus ihrem politischen Programm, klammerte sich aber immer noch an die Hoffnung, daß es in einer neuen demokratischen Ära eines Tages doch noch zu einer Union mit Deutschland kommen könne. Doch damit die Nation weiterhin hinter ihm stand, ob widerwillig oder enthusiastisch, mußte Dollfuß die nationalistische Trommel rühren, und dies viel intensiver als Seipel, der das Volk nie dazu hatte aufrufen müssen, einer solchen Gefahr gegenüberzutreten. Und so erschallten überall in der Republik die ersten lauten Klänge eines österreichischen Patriotismus. Er rief zum Stolz auf Österreich als lebensfähiger souveräner Staat auf, der sich einen ehrenvollen Platz im Nachkriegseuropa errungen hatte. Seine Kraft und Inspiration schöpfte er aber auch aus Österreichs Vergangenheit. In dieser Beziehung stellte er den ersten Versuch dar, die Staatsbürger der winzigen Republik mit den Untertanen eines einstmals mächtigen Kaiserreichs als Glieder einer Kette zu verbinden und damit zumindest einige Fäden ihrer gemeinsamen Geschichte zu bewahren.

Jetzt mußte noch der alldeutsche Kreis mit der Gesinnung dieser Patriotenneulinge in Einklang gebracht werden. Um das zu erreichen, griff Dollfuß wieder auf jene Prinzipien zurück, die ein Jahrhundert zuvor Felix Fürst Schwarzenberg in der Politik und Franz Grillparzer in der Literatur gepredigt hatten, nämlich daß die Österreicher die wahren Träger des heiligen germanischen Grals wären. Am 30. Juni 1933 sprach Dollfuß in Dornbirn von Österreich als einer »christlich-deutschen Kultur«, die in einer Zeit zum Vorschein kommt, »da die Welt vor einem gewissen Deutschtum erschrickt«. Fünf Monate später, in einer Rede in Retz am 15. November, war seine Sprache bereits viel deutlicher und der Appell an die Vergangenheit viel lauter geworden. Es sei undenkbar, erklärte er, daß Österreich, das einst jahrhundertelang von der Kaiserkrone regiert worden war, eine Provinz Berlins werden und das österreichische Volk entnationalisiert und unter fremde Herrschaft gestellt werden sollte. Statt dessen sollte Österreich in Frieden gelassen werden, um seine historische Sendung in den deutschen und mitteleuropäischen Ländern wahrnehmen zu können. Das war eine offene politische Kampfansage an Hitler. Außerdem wurde damit auch angedeutet, sollte der Goliath in Berlin ernsthaft kämpfen wollen, so wäre der winzige David in Wien sehr wohl dazu bereit, es mit ihm aufzunehmen.

Dollfuß nannte sein neues politisches Forum die Vaterländische Front. Sie war eine Vorläuferin vieler solcher Fronten, die im Lauf des Jahrhunderts in Europa gegründet wurden (Volksfront, Patriotische Front, Nationale Front, Demokratische Front), und die meisten von ihnen wurden, wie jene von Dollfuß, auf den Trümmern von Parlamenten errichtet. Die Vaterländische Front machte aber, im Gegensatz zu ihren Nachfolgerinnen, ihrem Namen alle Ehre. Für

Dollfuß bedeutete sie genau das. Ihre Parole war »Österreich, erwache!«, und der Kanzler zögerte nicht, diese Botschaft an jene alten Länder, auf denen die Nation beruhte, zu richten. Kaum hatte Hitler seine Tausend-Mark-Sperre eingeführt, da war Dollfuß auch schon in Innsbruck und stellte bei der Massenkundgebung im Freien die Frage: »Sollen wir unsere Freiheit für ein paar Fremdensaisonen verkaufen?« Das Nein, das ihm 40000 Münder zurückbrüllten, zeigte ihm, daß er genau jenen trotzigen Tiroler Stolz geweckt hatte, an dem sich einst Napoleons Generäle die Zähne ausgebissen hatten.

Im Gegensatz zur Ablehnung Hitlers (die in Dollfuß' Tagen von ganz Österreich geteilt wurde) hatte seine Vaterländische Front nur wenig Hoffnung darauf, eine landesweite Bewegung zu werden. Er hatte Probleme, seine eigenen Christlichsozialen zu gewinnen, die sich noch immer dagegen sträubten, ihr etabliertes Image als Staatspartei aufzugeben. Selbst nachdem sie sich durchgerungen hatten, die Bühne für Dollfuß zu räumen, hielt der Ärger noch an, besonders unter jenen Parteimitgliedern, die in den christlichen Gewerkschaften aktiv gewesen waren oder die immer noch den parlamentarischen Traditionen nachtrauerten. Das waren aber nur kleinere Schwachstellen in der ansonsten geschlossenen Front. Der große Bruch bestand natürlich gegenüber den Sozialisten.

Wiederholt suchte man nach einem Weg, wenn schon nicht die Mitgliedschaft des linken Flügels, so doch wenigstens seine Anerkennung zu gewinnen. Manchmal ging die Initiative von Dollfuß aus, etwa als er Friedrich Funder, der schon seit der Belvederezeit Franz Ferdinands die Pressestimme des österreichischen rechten Flügels war, zum sozialistischen Wiener Bürgermeister Karl Seitz, dem politischen Veteranen der Linken, schickte, um dessen Ansichten einzuholen. Dollfuß streckte seine Fühler auch auf Landesebene aus, und angesichts seines eigenen Geburtsorts war es nicht verwunderlich, daß er dafür das Bundesland Niederösterreich wählte. Dort waren seine Sprecher oft Freunde und Kollegen aus seiner Zeit bei der Landwirtschaftskammer, und ihre Amtskollegen waren Männer wie Oskar Helmer, ein gemäßigter Sozialist, der im Leben der Zweiten Republik eine wichtige Rolle spielen sollte. Hinter den meisten Vorschlägen der Linken stand die unermüdliche Gestalt Karl Renners, Österreichs Pragmatiker par excellence, der sich nun seinen einfallsreichen Kopf über eine mögliche und würdevolle Übereinkunft mit der neuen Ordnung zermarterte.

Schließlich war aber herzlich wenig Würde in der Kapitulation der Sozialisten. Am 15. Oktober 1933, an ihrem letzten Parteitag, drückten sie sich vor jeder unmittelbaren Kraftprobe mit der Regierung, zählten aber vier Punkte auf, derentwegen sie auf die Barrikaden gehen würden: die Auflösung ihrer Partei, die Auflösung ihrer unabhängigen Gewerkschaften, das Unterminieren des Roten Wien und die Schaffung einer neuen Verfassung, die nicht auf einer parlamentarischen Demokratie beruht. Wie gewöhnlich stand Otto Bauer hinter diesem mutigen Gerede, und er erwies sich wieder einmal in seinen Worten als Löwe, doch in seinen Taten als Lamm. Jeder einzelne der als *casus belli* genannten Schritte wurde von Dollfuß ganz oder teilweise in den folgenden Monaten vollzogen. Doch niemand ging auf die Barrikaden – bis es plötzlich zufällig dazu kam. Es wäre unfair zu sagen, daß es Dollfuß in all seinen Kontakten mit dem sozialistischen Lager nur um die Politik ging. Sicher, die antinationalsozialistische Karte war für ihn auch eine sehr nützliche antimarxistische. Doch Patriotismus war die Hauptantriebsfeder seiner Politik, und er war durch den Druck der Nazis auf ihn nur noch gefestigter geworden. Um dieser Bedrohung entgegenzutreten, hätte er seine Front gebildet, egal welche politischen Vorteile oder Nachteile sie brachte.

Nichts war symbolischer für die neue politische Ordnung des Kanzlers als der Tag, den er für ihre Ankündigung wählte: den 11. September 1933, den 250. Jahrestag des Sieges über die Türken vor den Toren Wiens. So begann er seine programmatische Rede am Trabrennplatz mit den Worten: »Im Zeichen des Stephansdoms und der Türkenbefreiung werden wir an die große Geschichte unserer Heimat erinnert …« Wieder einmal wurden Erinnerungen an die Vergangenheit heraufbeschworen, um den Glauben an die Gegenwart zu wecken, wobei Fürst Starhemberg als lebendige Verbindung zwischen diesen beiden Welten auf dem Podium des großen Wiener Trabrennplatzes saß. Zweieinhalb Jahrhunderte zuvor hatte Österreich die westliche Zivilisation gerettet, indem es sich selbst gerettet hatte. Dollfuß rief nun seine Landsleute dazu auf, diese Leistung zu wiederholen, nur daß diesmal anstelle der Ungläubigen die Nazis der gemeinsame Feind waren. »Wir glauben, daß wir ehrliche deutsche Kultur in diesem christlichen Teile Mitteleuropas zu erhalten und zu hüten und … die christlich-deutsche Kultur in diesem Lande zu gestalten haben.«

In der Rede wurde das erste öffentliche Versprechen zur Schaffung eines korporativ gegliederten Staates bzw. *Ständestaats* gegeben, wie dieser später genannt wurde. Auf diesem Gebiet ließ sich Dollfuß gerne vom Mittelalter inspirieren, das er als »… jene Zeit, in der das Volk berufsständisch organisiert und gegliedert war, jene Zeit, in der der Arbeiter gegen seinen Herrn nicht aufstand; jene Zeit, wo Wirtschaft und Leben auf der Zusammenfassung aller gegründet war, die in einem Beruf ihr Brot erhalten haben« bezeichnete.

Nur drei Wochen vor dieser Rede hatte Dollfuß sein wichtigstes Treffen mit Mussolini abgehalten, die sogenannte Badeanzug-Konferenz im Adriaurlaubsort Riccione vom 19. bis 20. August. Die Rede stand insofern mit dieser Konferenz in Zusammenhang, als der Duce seinen Gast dazu gedrängt hatte, Österreichs neues System im kommenden Monat auf »faschistischer Grundlage« einzuführen. Doch allzuschnell wird die ideologische Verbindung mit Mussolinis Italien überbewertet. Erstens hatte der Duce selbst oft erklärt, daß der Faschismus für das italienische Volk gemacht sei und sich nicht einfach so exportieren lasse. Weiters hatte Dollfuß im Prinzip bereits im Frühling, vier Monate vor dem Treffen in Riccione, entschieden, seine neue Ordnung auf einer Form des Ständestaats basieren zu lassen, und wie Mussolini wollte er diesen auf die ureigene

Art seines eigenen Volks zuschneiden. Das wird klar, wenn man einmal die Zweideutigkeit des Wortes »Stand« betrachtet. Damit wird ja nicht nur der Berufsstand, sondern auch ein genau festgelegter Platz in der gesellschaftlichen Hierarchie ausgedrückt. (Die Verbindung von Franz Ferdinand und Sophie Chotek wurde ja auch als nicht *standesgemäß* bezeichnet, weil der Erzherzog unter seinem Stand geheiratet hatte.)

Dieses ehrfürchtige Denken in hierarchischen Strukturen lebte nach 1918 weiter. Da alle Adelstitel verboten wurden, wirkten andere Titel – ob akademische Titel, Berufstitel oder Amtstitel – umso glanzvoller, und es gibt keine Nation in Europa, die titelsüchtiger ist als die Österreicher.[39] Genauso wie das Leben unter dem Kaiser angeblich erst »vom Grafen aufwärts« anfing, so begann die höfliche Gesellschaft in der Republik erst bei der Würde eines Herrn Doktor. Es ist auch erwähnenswert, daß der rein monarchische Titel eines Hofrats in der Bürokratie beider Republiken trotz wiederholter Versuche, ihn abzuschaffen, beibehalten worden ist. Er mag zwar archaisch sein, aber er *klingt* einfach so schön und ist als solcher immer noch gleichermaßen von Beamten des rechten und des linken Flügels begehrt. Wie bizarr der Versuch auch anmuten mochte, die horizontale Struktur der Klassengesellschaft durch die vertikale Struktur der berufsständischen Gesellschaft zu ersetzen (und wie sehr er auch angesichts der zunehmenden Komplexität und Mobilität der modernen Gesellschaft zum Scheitern verurteilt war), der Ständestaat sprach etwas an, das tief in der österreichischen Psyche verwurzelt war. Und auch im heutigen Wien feiert es noch fröhliche Urständ auf den traditionellen Faschingsbällen der Juristen, Zahnärzte, Architekten, Schauspieler, Journalisten, der Polizei, der Feuerwehr und sogar der Elektriker, der Fleischhacker und der Rauchfangkehrer.

[39] Das wohl anschaulichste Beispiel, das dem Autor je untergekommen ist, ist eine Grabinschrift auf dem Wiener Zentralfriedhof, die in einem langen Wort die dort Beerdigte als k. u. k. Lokomotivführerswitwe bezeichnet.

Dollfuß' Anschauung war in überwältigendem Maße von Italien geprägt worden, doch hatte dieser Einfluß seinen Ausgang nicht in Rom, sondern im Vatikan genommen, vor allem in der berühmten Enzyklika *Quadragesimo Anno*[40], die von Papst Pius XI. am 15. Mai 1931 erlassen worden war. Papst Pius sanktionierte nicht nur Dollfuß' Vision eines *Austria Instaurare in Christo*, sondern er lieferte auch gleich eine passende Exegese dazu. Am dringendsten müsse man heute, so hieß es in der Enzyklika, den Riß zwischen Kapital und Arbeit, der durch die industrielle Revolution aufgetan wurde, kitten. Skrupelloser Liberalismus wäre die Doktrin der besitzenden Klasse geworden und skrupelloser Marxismus die Doktrin der Besitzlosen. Der Konflikt zwischen den beiden zerstöre die christliche Kultur und könne nur durch die Errichtung einer neuen Gesellschaftsstruktur gelöst werden:

> Erneuerung einer ständischen Ordnung ist also das gesellschaftspolitische Ziel … Durchgreifende Abhilfe erscheint kaum anders möglich als dadurch, daß wohlgeordnete Glieder des Gesellschaftsorganismus sich bilden, also Stände, denen man nicht nach der Zugehörigkeit zur einen oder anderen Arbeitsmarktpartei, sondern nach der verschiedenen gesellschaftlichen Funktion des einzelnen angehört.

Die Idee eines Ständestaats als Instrument einer katholischen Gesellschaftsreform in Österreich hatte auch seine weltlichen Wurzeln. Die stärkste wurde im ausgehenden 19. Jahrhundert von Karl Freiherr von Vogelsang[41] gepflanzt, einem katholischen Konvertiten aus dem Norden, der sich in Wien niedergelassen hatte, um das erzkonservative Blatt *Vaterland* herauszugeben – wieder einer in dieser langen Liste von Deutschen, die nach Wien gekommen

---

[40] So genannt, weil sie am 40. Jahrestag der von Papst Leo XIII. erlassenen bahnbrechenden Enzyklika *Rerum Novarum* erschien.
[41] Es gibt heute immer noch ein Vogelsangheim in Wien.

waren, um den Österreichern dabei zu helfen, mit ihren geistigen Wirren ins reine zu kommen. Nach Papst Pius stand es »den Menschen völlig frei, eine Form nach ihrem Gefallen zu wählen«. Vogelsang hingegen war ein absoluter Befürworter des autoritären Regierungssystems und stieß daher in den dreißiger Jahren genau in das gleiche Horn wie Mussolini.

Unmittelbareren Einfluß auf Dollfuß hatte der Ideologe und Publizist Ernst Karl Winter, ein enger Freund des Kanzlers und Regimentskamerad im Krieg. Winter war der führende Kopf der katholischen sozialistischen Wohlfahrt, ein Kredo, das ihn zu einem akzeptablen Verhandlungspartner der gemäßigten Linken machte. An Winter wandte sich Dollfuß dann auch hauptsächlich, um die politischen Brücken wieder zu reparieren, nachdem diese von einem kurzen, aber blutigen Bürgerkrieg erschüttert worden waren. Winters Slogan lautete »Steh rechts, aber denk links.« Das war bewundernswert klug, erwies sich am Ende aber nur als eine weitere undurchführbare österreichische Verrenkung. Ein ähnliches Schicksal erwartete Winters Versuche, die Vergangenheit mit der Gegenwart durch die Restauration der Habsburgerdynastie auszusöhnen – ein Kurs, den Dollfuß trotz seiner Verehrung für das Kaiserreich und seines Stolzes darauf, die kaiserliche Uniform getragen zu haben, niemals unterstützte. Winters Bedeutung für Österreich lag nicht in dem, was er erreichte, sondern – wie bei Franz Ferdinand – in dem, was er glaubte.

Doch welchen Einfluß Vogelsang, Ernst Karl Winter und ihre Jünger auf die Denkweise des Kanzlers auch gehabt haben mögen, diese begründete sich auf der Enzyklika *Quadragesimo Anno*. Der fromme Bauer aus Kirnberg, der ursprünglich Priester werden wollte, hatte sie immer und immer wieder durchgelesen. Er hatte ihre Botschaft so vollständig in sich aufgesogen, daß viele Schlüsselpassagen seiner Trabrennplatzrede sie nicht nur inhaltlich, sondern Satz für Satz wiedergaben. Als Dollfuß versuchte, dieser Enzyklika eine konkrete politische Form zu geben, löste es sogar eine weitere Gegenreformation in Österreich aus, bei der

der katholische CV die Rolle der Jesuiten übernahm. Die Protestanten schlugen zurück, und zwar viel wirkungsvoller als im 18. Jahrhundert, und behaupteten, daß allein 1934 mehr als 25 000 Österreicher zum evangelischen Glauben übergetreten seien. Das war für den kampfbereiten Kanzler sogar ein größerer politischer als ideologischer Schaden. Die Protestanten Österreichs rückten in ihrem gemeinsamen Widerstand gegen Dollfuß' Modell eines übermäßig katholischen Vaterlands immer mehr mit den österreichischen Nazis zusammen. In kleinem Rahmen wiederholte sich hier der Kampf Lutherdeutschlands gegen die Habsburgermonarchie.

Obwohl Papst Pius allgemeine Anweisungen über Regierungsformen vermieden hatte, enthielt die Enzyklika ein kompromißloses politisches Edikt: »Es ist unmöglich, gleichzeitig ein guter Katholik und ein wirklicher Sozialist zu sein.« Dollfuß mag dies nur zögernd akzeptiert haben, doch war er nun gezwungen, in einer Tragödie, die zeigte, wie breit die Kluft zwischen den gegnerischen Lagern der Rechten und der Linken in Österreich geworden war, die Fäden in der Hand zu haben.

War der Schwarze Freitag vom Juli 1927 ein längst fälliger Ausbruch gewesen, so war die viel stärkere Eruption im Februar 1934 schon seit Jahren überfällig. In jedem politischen Konflikt sind Extremisten für gewöhnlich Menschen, die vor Gewalttaten nicht zurückschrecken. Das Fatale an den Spannungen in der Republik Österreich war, daß die Gewalttätigen mit ihren rivalisierenden, außerhalb des Gesetzes stehenden Privatarmeen, mit denen das Gesetz auch außer Kraft gesetzt werden konnte, auch die Mittel zur Gewalt in Händen hielten. Von Anfang an waren die Fanatiker auf der Rechten in dieser Beziehung viel verwerflicher als jene auf der Linken. Die Rote Garde, die 1918 das Parlament zu stürmen versucht hatte, wie auch der Pöbel, der beinahe zehn Jahre später den Justizpalast in Brand steckte, wurde, wenn überhaupt, von Agitatoren angeführt, die Nullen waren und weder die leiseste Ahnung davon hatten, wie man die Macht ergreift, noch irgendeine

Hoffnung darauf hatten. Doch die Fanatiker, die von der Rechten zuschlugen, wurden von persönlichem Ehrgeiz getrieben und versuchten, Intrigen oder Gewalt als Druckmittel einzusetzen, um sich selbst an die Macht zu bringen. Das war der Fall bei Pfrimers lächerlichem Heimwehrputsch im Jahr 1931, und das war auch nun wieder bei der Kettenreaktion von Katastrophen, die Emil Fey in Gang setzte, der Fall.

Der Heimwehrführer, der sich nach dem Ruhm des Ersten Weltkriegs nie ans Zivilleben gewöhnt hatte, war im letzten September zum Vizekanzler befördert worden und behielt außerdem weiterhin die Gesamtleitung über das Sicherheitsressort. Heimliche Kontakte zwischen der Heimwehr und den Nazis waren nie abgebrochen, und so mancher in Berlin – und in Rom[42] – sah Fey als den kommenden Führer in Österreich. Fey versuchte nun seinerseits, sich als starken Mann darzustellen, der sich am besten dafür eignete, die neue autoritäre Republik zusammenzuhalten. Statt dessen wäre es ihm beinahe gelungen, sie auseinanderzureißen. In einer Hetzrede am Sonntag, dem 11. Februar, in Langenzersdorf bei Wien sagte er seinen Heimwehrmännern: »Morgen werden wir an die Arbeit gehen, und wir werden ganze Arbeit leisten für unser Vaterland.« Am nächsten Morgen machte sich die Heimwehr ordnungsgemäß an die Arbeit und führte in der Morgendämmerung Razzien in allen vermuteten Waffendepots des Schutzbunds in Linz durch, darunter auch im Parteiheim im Hotel Schiff, dem wichtigsten Stützpunkt der Sozialisten in der Stadt. Fey rechnete vermutlich nicht mit viel Widerstand und er dachte sicher nicht an Bürgerkrieg. Daß es dann aber tatsächlich soweit kam, war einzig und allein der

[42] Fulvio Suvich, Mussolinis Unterstaatssekretär für Auswärtige Angelegenheiten, war vom 18. bis 20. Januar in Wien gewesen. Er kam, um Dollfuß zu drängen, sofort die mit dem Duce in Riccione besprochenen antimarxistischen Maßnahmen zu ergreifen. Doch Suvich führte auch Privatgespräche mit Fey, dem Antimarxisten par excellence.

Reaktion eines weiteren Einzelgängers im gegnerischen Lager zuzuschreiben, dem Kommandanten des Linzer Schutzbunds, Richard Bernaschek.

Bernaschek war diese *rara avis* im österreichischen Vogelhaus, ein Mann, der halbe Sachen verabscheute. Für ihn war der Wortreichtum Otto Bauers oder der Pragmatismus Karl Renners nichts, er wollte handeln.[43] Die Ereignisse, die er nun ins Rollen brachte, wären lächerlich gewesen, hätten sie nicht einen so tragischen Ausgang genommen. Er hatte in der Nacht zwei Kuriere zur Parteiführung nach Wien gesandt und sie gewarnt, wenn neuerlich Waffenrazzien stattfänden (Gerüchte darüber waren bereits in Umlauf), er erst Widerstand leisten und dann zum Angriff übergehen würde. »Dieser Entschluß und seine Durchführung sind unabänderlich«, so endete sein Brief. Die sozialistische Führung geriet in Panik durch die resolute Sprache ihres Gefolgsmanns und sogar noch mehr durch die Aussicht darauf, nun vielleicht wirklich für ihre Überzeugungen kämpfen zu müssen. Bauer, der an diesem Abend mit seiner Frau im Kino gewesen war, sandte in den frühen Morgenstunden ein Telegramm an Bernaschek und wies ihn an, die Operation zu verschieben. Der einzige Grund, der dafür in dem rätselhaften Code-Telegramm angegeben wurde, war, daß »Ernst und Otto schwer krank« wären. Otto war natürlich zufällig Bauers Vorname. Wenn er sich nur verschrieben hatte, dann auf sehr passende Art.

Zum Leidwesen Bauers und Österreichs stellte sich Bernaschek als das republikanische Äquivalent jener Fatalisten der Vorkriegszeit heraus, die meinten, daß die Monarchie, wenn sie schon zugrunde gehen müsse, zumindest anständig zugrunde gehen sollte. Er weigerte sich, das Gewehr zu schultern, und eröffnete sogar als erster das Feuer, als die Polizei einbrach. Die Schüsse im Hotel Schiff lösten einen

[43] Bernaschek hatte eigentlich von Bauer selbst den allerletzten Segen bekommen. Das Linzer Programm der Sozialdemokraten von 1926 hatte die Anwendung von Gewalt seitens der Arbeiter vorgesehen, sollte die Regierung außerhalb des Gesetzes handeln.

dreitägigen Kampf zwischen dem Schutzbund auf der einen und den vereinten Kräften der rechten Paramilitärs, der Polizei, der Gendarmerie und schließlich auch des regulären Bundesheers auf der anderen Seite aus. Obwohl nach Zählungen am 15. Februar die Verluste auf beiden Seiten ungefähr gleich hoch waren,[44] bestand schon am 12. Februar ab 11.30 Uhr vormittags kein Zweifel mehr daran, daß die Arbeiter weitgehend die Aufrufe der sozialistischen Führung zum Generalstreik ignorierten. Post, Telefon, Telegraphen, Eisenbahn, Wasser- und Lebensmittelversorgung funktionierten wie gewohnt. Die Teilnahmslosigkeit von Bauers so geschätztem Proletariat hatte selbst seine pessimistischsten Vorstellungen übertroffen und zeigte wieder einmal, daß die Österreicher nicht dafür geschaffen waren, auf die Barrikaden zu steigen.

Zeigte dies etwas vom österreichischen Charakter der Linken, so waren die Reaktionen Dollfuß' auf die Krise ebenso erhellend für die Rechten. Wien war Hauptschauplatz der Kämpfe. Hier verfügte der Schutzbund über eine Stärke von rund 17 500 Mann. Dem vorgefaßten Aktionsplan zufolge sollten seine Sturmtrupps den Regierungssitz in der Innenstadt abriegeln, wobei ihnen Fahrzeuge der städtischen Leichenbestattung aus dem sozialistischen Rathaus als Panzer dienen sollten. Daß diese seltsame Offensive niemals stattfand, verminderte die latente Gefahr nicht. Dollfuß wußte, daß er sie sofort niederschlagen mußte, nicht zuletzt um die Ausbreitung über die Grenzen hinaus zu verhindern. Es war damit zu rechnen, daß die Tschechen den Rebellen in einem anhaltenden Konflikt Unterstützung gewähren würden. Hitler könnte sich als eine noch viel größere Bedrohung erweisen: Ein »bolschewistischer Aufstand« in der, wie er es sah, zweiten deutschen Hauptstadt würde ihm den idealen Vorwand für eine Intervention bieten, und selbst Mussolini hätte dagegen nur schwer argumentieren können.

[44] 105 Tote und 319 Verletzte auf Regierungsseite verglichen mit 137 Toten und 399 Verletzten beim Schutzbund.

Für Dollfuß stellte sich nun die Frage, wie der Widerstand gebrochen werden sollte, vor allem in den riesigen Arbeitersiedlungen, wo die Regierung die wichtigsten Arsenale des Schutzbunds vermutete.[45] Dollfuß stürzte sich nicht vergnügt in brutale Aktionen, wie es später immer in der linken Dämonologie dargestellt wurde. Es gab in Wahrheit etwas von diesem typisch österreichischen Zaudern in seinem Vorgehen. Der größte Wiener Stützpunkt des Schutzbunds war der »Karl-Marx-Hof« in Heiligenstadt, ein riesiger Gebäudekomplex aus Beton von rund einem Kilometer Länge, mit Ecktürmen aus fast einen halben Meter dicken Mauern und vier durch eiserne Verbindungstüren verbundenen Höfen. Eine solche Wohnfestung mit Infanterie zu stürmen hätte Hunderte von Opfern gefordert, Artillerie war daher die einzige Lösung für eine Regierung, die mit offener bewaffneter Rebellion fertig werden mußte. Doch vier verschiedene Augenzeugen[46] haben berichtet, mit welchem Zögern Dollfuß die Bombardierung bewilligte, und welche Seelenqualen ihm dies im nachhinein bereitete.

Seine erste Idee war, die Garnison im Karl-Marx-Hof mit Tränengas auszuräuchern. Kurz vor Mittag am 12. Februar rief er von seiner Wohnung in der Stallburggasse, wohin er für ein hastig eingenommenes Mittagessen mit seiner Frau, die ausgerechnet an diesem Tag Geburtstag hatte, zurück-

[45] Wie spätere Polizeidurchsuchungen zeigten, waren ihre Vermutungen sehr begründet. In fast jeder Arbeitersiedlung der Hauptstadt wurden beträchtliche geheime Waffendepots gefunden. Vier verschiedene Depots wurden im Rudolfsheim gefunden, im größten waren zwei schwere Maschinengewehre und 146 Mannlichergewehre plus Stahlhelme und Gasmasken versteckt. Im großen Arbeiterbezirk Floridsdorf fand man 2500 Gewehre, 250 Revolver, 1500 Handgranaten, 100 000 Schuß Munition und genug Dynamit, um jedes Ministerium in der Stadt in die Luft zu jagen.

[46] Eine Freundin der Familie, Irmgard Burjau-Domanig, seine Frau Alwine Dollfuß, Dr. Stepan, der Bundesführer der Vaterländischen Front, und Hofrat Rischanek gaben dem Autor eine beeidete Erklärung darüber ab, als dieser an seiner Dollfuß-Biographie arbeitete.

gekehrt war, im Hauptarsenal des Heers an. Die Antwort, die er erhielt, als er Tränengas für einen unmittelbaren Einsatz anforderte, veranlaßte ihn, den Telefonhörer wütend auf die Gabel zu knallen. Das österreichische Bundesheer hatte kein Tränengas. Im Friedensvertrag von Saint-Germain war jegliche Art von Gaskampfstoff verboten worden. Damit blieb nur noch die normale Artillerie, wie man bei einer Dringlichkeitssitzung des Kabinetts übereinkam. Doch was an diesem Abend folgte, war weit entfernt von einem wahllosen Granatenhagel auf unbewaffnete Arbeiter. Mit vier leichten Gebirgshaubitzen wurden in Abständen einzelne Schüsse mit Übungsmunition abgefeuert, von denen viele nicht explodierten. Nach jeder Salve folgten Aufrufe, sich zu ergeben, und Dollfuß selbst appellierte über Rundfunk mindestens einmal pro Stunde an die Arbeiter. Und schließlich, da in Wien ja nichts ohne Musik ablaufen kann, wurden am Anfang und Ende jedes Feuerstoßes Trompetensignale gegeben. Zwar wurde durch die Aktion etwas Blut vergossen, blutdürstig konnte man sie deshalb aber nicht nennen. Am 15. Februar erreichte die Regierung das gewünschte Ergebnis, ohne den Gebäudekomplex stürmen zu müssen. Endlich wurde die weiße Fahne gehißt, die Schutzbundeinheiten marschierten heraus, und hinein marschierten problemlos zwei Infanteriebataillone.[47]

Es war nicht so sehr die Art und Weise, wie die Regierung den Aufstand niederschlug, sondern vielmehr das von ihr hinterher an den Tag gelegte Verhalten, das Dollfuß und seiner Umgebung als töricht und sträflich vorzuwerfen ist. Vereinzelte Ausschreitungen von regulären Heerestruppen (zum Beispiel wurden kurzerhand acht gefangene Schutz-

[47] Bauer und Deutsch waren in einem anderen Arbeiterwohnhaus, dem Ahornhof, von wo aus sie die Operationen während der ersten 24 Stunden des Aufstands zu koordinieren versuchten. Sobald Bauer sah, daß das Spiel aus war, stahl er sich davon, und am Nachmittag des 13. Februar war er bereits hinter der tschechischen Grenze in Sicherheit. Deutsch folgte 48 Stunden danach. Es herrschte verständlicherweise Verbitterung unter den Zurückgelassenen, die nun für alles geradestehen mußten.

bündler in Holzleiten erschossen) konnten ihr nicht zur Last gelegt werden. Auch die Welle der Verhaftungen – insgesamt rund 1500 – war nicht übertrieben, gemessen am Ausmaß des Konflikts. Nicht zu rechtfertigen, moralisch und vom gesunden Menschenverstand her, waren aber die neun später vollstreckten Todesurteile. Der direkt dafür Verantwortliche, der damalige Justizminister Kurt von Schuschnigg, konnte zur Verteidigung vorbringen, daß die neun nur einen kleinen Prozentsatz der gesamten Angeklagten ausmachten und daß der Kanzler die Rädelsführer ohnehin von der Generalamnestie ausgenommen hatte, die allen Rebellen versprochen worden war, die ihre Waffen niederlegten. Das war Wortklauberei eines Juristen, der nicht über seinen Schreibtisch hinaussieht. Wie ihm sehr wohl bekannt war, konnten Todesurteile erst verkündet und dann umgewandelt werden. Denn schon ein einziges vollstrecktes Todesurteil war eines zuviel, sowohl wegen der öffentlichen Meinung im Ausland als auch für eine Versöhnung im Inland. Wie Schuschnigg als Nachfolger Dollfuß' entdecken mußte, sollte sich bei allen späteren Versuchen, Österreichs linken und rechten Flügel zusammenzubringen, um gemeinsam der Nazigefahr entgegenzutreten, der Henkersstrick wie eine Barriere zwischen ihnen spannen.

Infolge des Bürgerkriegs war der sozialistische Schutzbund als eine Sicherheitsbedrohung des Regimes ausgeschaltet worden, doch hatten sich die Spannungen innerhalb der eigenen Partei verstärkt. Die Heimwehr war gemeinsam mit den Ostmärkischen Sturmscharen[48] bei den Kämpfen in vorderster Kampflinie gestanden und hatte unverhältnismäßig viele Opfer erlitten. So präsentierte sich Fey selbst als der wahre Held der Stunde, und obwohl Starhembergs verletzte Eitelkeit ihn dazu veranlaßte, sich in ein Kräftemessen mit seinem Gegner einzulassen, war der Vizekanzler in Berlin im Kurs sogar noch höher gestiegen. Zur

[48] Ein paramilitärischer Verband, der von Schuschnigg aufgestellt wurde und seine Basis in Tirol hatte.

selben Zeit wurden weitere dunkle Fäden zwischen Theo Habicht, Hitlers Landesinspektor für österreichische Angelegenheiten, und potentiellen Verrätern im Dollfußlager gesponnen. Der gefährlichste von ihnen war Major Fey; der skrupelloseste war Dr. Anton Rintelen, der Landeshauptmann der Steiermark, den Dollfuß aus dem Weg geschafft hatte, indem er ihn als österreichischen Gesandten zu Mussolini abschob. Die beiden waren das beste Beispiel für diese äußerst gefährliche Gruppe von Opportunisten, die, ohne selbst Nazis zu werden, dazu bereit waren, ihre österreichische Seele an Hitler zu verkaufen, um unter dem Hakenkreuz an die Macht zu gelangen.

Es gab für Dollfuß in den zehn Wochen, die ihm nach dem Ende des Bürgerkriegs noch blieben, zwei denkwürdige Momente. Paradoxerweise hatten beide ihm Grund zur Hoffnung gegeben, daß seine neue Ordnung überleben würde. Der erste betraf die Unterzeichnung der sogenannten Römischen Protokolle zwischen Italien, Österreich und Ungarn am 17. März 1934 in der italienischen Hauptstadt. Da Ungarn unter Reichsverweser Horthy ebenfalls autoritär war, gab es einen passenden ideologischen Genossen für Dollfuß und Mussolini ab. Doch das Abkommen, das sie nun für eine Koordinierung der Außenpolitik der drei Länder abschlossen, schien überhaupt politisch stimmig zu sein. Mussolini sicherte sich ein weiteres Standbein im Donaubecken, und Ungarn erlangte Unterstützung gegen die unter Frankreichs Schutz stehende Kleine Entente (Tschechoslowakei, Rumänien und Jugoslawien) an seinen Grenzen.[49] Doch vor allem hatte Dollfuß den größtmöglichen diplomatischen Schutz gegen eine deutsche Aggressi-

[49] Im vorangegangenen Sommer hatte Dollfuß versucht, die Kleine Entente in eine neue österreichisch-ungarische Vereinigung einzubringen und somit die Gewinner und Verlierer des Donauraums von 1918 in einer Fünfmächte-Gruppe gegen Deutschland zusammenzuschließen. Doch Ungarn schreckte vor jedem Abkommen zurück, das die Anerkennung seiner Gebietsverluste in den Friedensverträgen implizieren könnte. Die tausendjährigen Länder des heiligen Stephan waren immer noch sakrosankt.

on erhalten, den er sich, betrachtet man das vorherrschende Kräfteverhältnis in Europa, erhoffen konnte. Die Vereinbarung zwischen den drei Signatarstaaten, »miteinander zu beraten«, wann immer es einem von ihnen notwendig erschien, bedeutete nicht gerade viel, aber es war viel besser als nichts in einer Zeit, als Mussolini immer noch der mächtigste Diktator auf dem Kontinent war.

Der österreichische Erfolg konnte am Zorn gemessen werden, den er in Berlin hervorrief, wo die Römischen Protokolle als ein schwerwiegender diplomatischer Rückschlag betrachtet wurden und auch als eine Provokation durch den österreichischen Kanzler. Doch Dollfuß' zweiter glorreicher Augenblick – diesmal in der Innenpolitik – erzürnte die Nazis noch viel mehr. Am 1. Mai 1934 wurde nach hitzigen Diskussionen über eine Reihe von Entwürfen endlich seine neue Verfassung für den Ständestaat verabschiedet. Die Einzelheiten seiner komplizierten Maschinerie sind hier von wenig Interesse, denn diese Mißgeburt politischer Jurisprudenz kam in ihrer kurzen Lebensspanne von vier Jahren nie richtig zur Anwendung.[50] Für unseren Zweck ist bedeutend, was sie über die Vision des Kanzlers für seine Landsleute aussagte.

Er sah die Österreicher als Träger einer heiligen Mission, denn seine Maiverfassung stellte den ersten (und letzten) Versuch in diesem Jahrhundert dar, ein Reich Gottes auf Erden zu errichten. So wird in der Einleitung erklärt, das

---

[50] Die Endversion legte die Exekutive fest in die Hände der Regierung, der fünf neue gesetzgebende Körperschaften zur Beratung unterstellt wurden: ein Staatsrat, Bundeskulturrat und Bundeswirtschaftsrat, ein Länderrat und ein Bundestag, der das Recht hatte, die ihm vorgelegten Maßnahmen abzulehnen. (Da die Regierung über Notverordnungen regieren konnte, bedeutete diese Macht nicht sehr viel.) Sieben Stände oder Berufsgruppierungen sollten ihre Delegierten entsenden, doch nur zwei von ihnen – jene der Bauern und der Staatsbeamten – schafften es überhaupt, sich zu organisieren. Der Streit zwischen der Hauptstadt und den Ländern darüber, wie das Staatsoberhaupt gewählt werden sollte, wurde dadurch beigelegt, daß er von den Bürgermeistern der Städte gewählt wurde.

österreichische Volk erhielte seine neue Verfassung »im Namen Gottes, des Allmächtigen, von Dem alles Recht ausgeht«, und Dollfuß rief dazu auf, ihr mit demselben Eifer zu dienen wie einst die Kreuzritter. Er beschwor Österreichs Vergangenheit als ein Kaiserreich sowie auch seinen katholischen Glauben gegen den Nazidämon herauf. Das von der Republik im Jahr 1918 angenommene Wappen war doch so etwas wie eine heraldische Fehlgeburt gewesen. Darauf war ein einköpfiger Adler zu sehen, von dessen Sporn eine zerbrochene Kette baumelt und der Hammer und Sichel in seinen Klauen schwingt – das Symbol Deutschlands, dem die Symbole des Marxismus angeheftet wurden. Dollfuß stieß diesen unnatürlichen Vogel von seinem Sockel und stellte wieder den doppelköpfigen Adler, der jahrhundertelang seine Flügel über Wien ausgebreitet gehalten hatte, auf seinen Platz. Österreichs neuerliche Herausforderung an Nazideutschland würde nun auf jedem offiziellen Mast im Land gehißt werden.

Hitler reagierte mit einer weiteren systematischen Terrorwelle. Nacheinander wurden die österreichischen Bundesländer für Sprengstoffanschläge auf Schienen, Fernsprechämter, Tankstellen, Kraftwerke und öffentliche Gebäude ausgewählt. Im Mai und frühen Juni konzentrierten sich die Saboteure auf Salzburg, dann kam Niederösterreich dran, gefolgt von der Steiermark, und bis Ende Juni hatten die Anschläge auf Tirol und Vorarlberg übergegriffen, wo sie unter anderem lebenswichtige Aquädukte zum Ziel hatten. Neben den Bombenanschlägen versuchte der Führer auch persönlichen Druck auf Mussolini auszuüben, damit dieser seine schützende Hand über Dollfuß zurückzöge. Bei einem Treffen der beiden Diktatoren in Venedig am 14. Juni sagte Hitler nachdrücklich, während er erklärte, die Anschlußfrage sei »gegenstandslos, denn dieser sei keineswegs aktuell und … international nicht durchführbar«, daß er niemals mit dem derzeitigen österreichischen Kanzler zusammenarbeiten könne. Dollfuß solle, so meinte er, durch eine »neutrale« Person ersetzt werden, worauf er aber nicht genauer eingehen wollte, und dann sollten neue

Wahlen abgehalten werden, um die politische Atmosphäre zu reinigen.

Doch der Duce, der gar nicht daran dachte, seinen Schützling fallenzulassen, gab sich besondere Mühe, ihn zu verteidigen. Dollfuß, so gab er ihm zur Antwort, wünsche ernsthaft eine Verständigung mit dem Reich und man könne ihm »keinen Vorwurf daraus machen, daß er sich mit allen Mitteln verteidige ... in Anbetracht der Kampfmethoden, die gegen ihn angewandt werden«. Also fand sich Hitler Anfang Mai an zwei Fronten blockiert. Innerhalb Österreichs hatte seine Terrorkampagne trotz allem Schaden, den sie angerichtet hatte, weder den Mut noch die Überlebensfähigkeit der Regierung gebrochen. Und außerhalb Österreichs war es ihm nicht gelungen, Dollfuß auf friedliche Weise aus seinem Amt zu entfernen. Sein zäher kleiner Gegner schlug sogar auf beiden Fronten zurück, wobei im zugute kam, daß der Führer vorübergehend mit seinen eigenen innenpolitischen Problemen beschäftigt war.[51] Sein zunehmender Zweifel an der Loyalität Feys hatte ihn bereits dazu veranlaßt, den rätselhaften Major im Mai seiner Vizekanzlerschaft zu entledigen (Starhemberg trat an seine Stelle). Am 10. Juli führte Dollfuß eine weitere Regierungsumbildung durch, bei der Fey auch seiner Funktion als Staatssekretär für Sicherheit enthoben wurde, ein Ressort von entscheidender Bedeutung, das Dollfuß nun selbst übernahm. Dadurch erhielt er die direkte Kontrolle über Polizei und Gendarmerie sowie über die bewaffnete Macht. Er hatte seine Festung so gut es ging abgesichert.

Dollfuß beabsichtigte in diesem verhängnisvollen Juli auch, seine Position im Ausland durch einen weiteren Besuch bei Mussolini zu konsolidieren, nur um sicher zu gehen, daß Hitler in Venedig keinen Schaden angerichtet hatte. Es sollte wieder eine Privatreise an die Adria sein, wo sich seine Frau und die Familie bereits als Gäste des Duce

---

[51] Insbesondere die Eliminierung des SA-Flügels (Sturm-Abteilungen) seiner Partei nach einem angeblichen Putschversuch durch den SA-Stabschef, Ernst Röhm, mit Unterstützung einiger Armeeführer.

aufhielten. Er bereitete sich für diese Reise auf ganz besondere Art und Weise vor. Zu einem Familienurlaub am Meer gehörte auch der Badeanzug, das Problem war nur, daß Dollfuß niemals schwimmen gelernt hatte. Um sich und Österreich nicht zu blamieren, zog er sich also in eine abgelegene Villa am Mattsee im Salzburger Land zurück und nahm einen dreitägigen Unterricht bei einem Schwimmlehrer der Polizei. Dollfuß kam nie dazu, mit seinem Brustschwimmen anzugeben. Dieses Wochenende am See sollte das letzte in seinem Leben sein.

Inwieweit Hitler in den fehlgeschlagenen Naziputsch vom 25. Juli 1934 in Wien verwickelt war, konnte nie nachgewiesen werden. Betrachtet man aber den Empfang, der ihm gerade erst von Mussolini in Venedig bereitet worden war, den Aufstand, den er daheim niederschlagen mußte, und seinen Anfängerstatus im damaligen Europa, dann ist klar, daß er einer offiziellen Unterstützung Deutschlands für jegliche Gewaltaktionen gegen Österreich niemals zugestimmt hätte. Dementsprechend wurden während der kurzen Krise keine Einschüchterungsaktionen des Militärs entlang der österreichischen Grenze unternommen, und sogar der paramilitärischen Österreichischen Legion, die direkt an dieser Grenze stand, wurden keine Übergriffe angeordnet. Regierungssprecher und deutsche Diplomaten hielten weiterhin einen korrekten und nicht provokativen Ton aufrecht und predigten weiterhin während des ganzen Sommers die Doktrin des friedlichen Durchdringens. Das war wahrscheinlich gleichermaßen auf Unwissenheit als auch auf bewußte Täuschung zurückzuführen.

Genauso klar ist aber, daß der Putschversuch nie ohne zumindest die stillschweigende Zustimmung des Führers gegenüber seinem wichtigsten Mann für österreichische Angelegenheiten, Theo Habicht, hätte zustande kommen können. Hitler hatte seinen Ministern immer wieder eingeschärft, daß jede endgültige Entscheidung über Österreichs Zukunft von ihm persönlich getroffen würde, und Theo Habicht war ständig zwischen seinem Münchner Stützpunkt und Berlin unterwegs, um Bericht zu erstatten und

Anweisungen entgegenzunehmen. Dabei gelang es ihm auch, Hitler davon zu überzeugen, daß die Nazibewegung in Österreich nun im ganzen Land solche Ausmaße erreicht hätte, daß die Österreicher, sobald das Dollfußregime einmal abgelöst wäre, scharenweise zum Hakenkreuz strömen würden. Dazu konnte Hitler leicht seine Zustimmung geben. Wenn auch nur annähernd mit einer solch massiven und spontanen Reaktion gerechnet werden konnte, dann wäre der tote Punkt überwunden und all seine Probleme wären gelöst. Jeder österreichische militärische Widerstand würde zusammenbrechen und Mussolini wäre vor ein *fait accompli* gestellt.

Die Wirklichkeit sah dann aber ganz anders aus. Es wäre überaus schmeichelhaft für das österreichische Image, wenn man behaupten könnte, daß die Verschwörung durch eine einheitliche Widerstandsfront der Landsleute des zum Untergang verurteilten Kanzlers vereitelt wurde. Zwiespältigkeit und Unentschlossenheit hingen an diesem Tag über Wien wie der Nebel über den Donauauen. Die ganze Katastrophe enthüllte diesen »Fluch der halben Tat« der Nation in seinem schlimmsten Zaudern. Gleichzeitig zeigte sie, wie sich nun der Nationalsozialismus allmählich allen anderen Kräften anschloß, die Österreichs neues Identitätsgefühl untergruben. Die einzigen tatkräftigen Akteure in diesem Drama waren die Anführer der Verschwörung, ihre zukünftigen »Strohmänner«, und das Opfer mit seiner unmittelbaren Begleitung. Fast überall sonst war alles undurchsichtig und schwankte zwischen Verrat und Loyalität.

Der Putschplan selbst war über ein Jahr alt, obwohl das erste Treffen der Dollfußmörder auf oberster Ebene erst einen Monat vor Beginn der Aktion in Zürich abgehalten worden war. Zwei der vier Verschwörer beim Treffen waren Deutsche: Theo Habicht und sein Stabschef, der Industrielle Dr. Rudolf Weydenhammer,[52] und noch ein

---

[52] Sein »Bericht über den Aufstand der Nationalsozialisten am 25. Juli in Wien«, der Hitler überreicht wurde, enthält die meisten Details über die Angelegenheit von nationalsozialistischer Seite.

weiterer von Habichts Beratern waren dabei. Die restlichen Mitglieder des Quartetts waren illegale österreichische Nazis: Dr. von Wächter, ein intelligenter junger Jurist, der der Hauptorganisator wurde, und Fridolin Glass, Kopf der sogenannten SS-Standarte 89. Dies war eine kleine Kommandoeinheit, die im österreichischen Untergrund zusammengestellt wurde und sich großteils aus Soldaten formierte, die wegen ihrer offensichtlichen nationalsozialistischen Neigungen aus der Armee ausgeschlossen worden waren. Wie ihre deutschen Sponsoren schwankten Glass und Wächter niemals in ihrer Entschlossenheit.

Die genauso rücksichtslose Gestalt im Mittelpunkt des Geschehens war der pathologische Verschwörer der Heimwehr, Dr. Anton Rintelen, der seine Seele sogar an Dschingis-Khan verkauft hätte für die Aussicht auf ein höheres Amt. Er war von den Nazis als Dollfuß' Nachfolger in einer nationalsozialistischen Regierung ausgewählt worden, und er hatte es sich im Wiener Hotel Imperial bequem gemacht, um den Ruf des Schicksals abzuwarten. Der angebliche Grund für seine Anwesenheit in der Hauptstadt war, als österreichischer Minister in Rom über Mussolinis Absichten in bezug auf das geplante Treffen mit Dollfuß zu berichten. Es bestand kein Zweifel an seinem lupenreinen Verrat. Weydenhammer enthüllte später, daß er in den ersten sechs Monaten des Jahres nicht weniger als 14mal heimlich nach Rom gereist war, um die Einzelheiten des Putsches mit Rintelen zu besprechen, der lautstark eine Aktion vor Ende Juli gefordert hatte.

Die Verschwörung war gut vorbereitet worden, zumindest auf dem Papier. Glass und seine SS-Standarte 89 sollten am 24. Juli zuschlagen; zu dieser Zeit würde Dollfuß seine letzte Ministerratssitzung vor der langen Sommerpause abhalten. Der Kanzler und alle Minister sollten in der Hauptaktion am Ballhausplatz gekidnappt werden (es war keine Rede von Mord). Bundespräsident Dr. Miklas sollte in einem parallel geführten Sturm auf seine Amtsräume, die im selben Gebäudekomplex lagen, in Gewahrsam genommen werden. Weitere SS-Gruppen sollten den österreichischen Rundfunksender und die Fernsprechzentrale Wiens stürmen. Auf diese Weise würden die gesamte Regierung, das Staatsoberhaupt und die wichtigsten Kommunikationskanäle den Rebellen in die Hände fallen, Rintelen würde, vom gefangengehaltenen Präsidenten ernannt, als Kanzler einer neuen Marionettenregierung einziehen, und die deutschen Drahtzieher jenseits der Grenze hätten Österreich in ihrer Hand.

Weydenhammer und Wächter hatten sich in Wien getroffen, um vor Ort die Drahtzieher zu spielen (Weydenhammer reiste als ein Mr. Williams, britischer Geschäftsmann). Ihr Organisationstalent wurde bald auf die Probe gestellt. Zuerst fanden sie heraus, daß der Bundespräsident sich bereits auf den Weg zu seiner Sommervilla am Wörthersee in Kärnten gemacht hatte, und es mußte ein Sondertrupp mit dem Nachtzug dorthin geschickt werden, um ihn festzuhalten. Eine noch viel unangenehmere Komplikation trat ein, als die für den 24. Juli anberaumte Kabinettsitzung plötzlich in letzter Minute um einen Tag verschoben wurde. Obwohl alle Hebel für die Aktion schon in Bewegung gesetzt worden waren und einige der mit Waffen beladenen Lastwagen schon ihrem Ziel entgegenrollten, gelang es Wächter und seinem Team, die von einem Kaffeehaus aus operierten, alle Beteiligten in ihren Stützpunkt zurückzurufen, ohne aufgedeckt zu werden. Die Verschwörer verbrachten die ganze Nacht damit, ihre Pläne an einem neuen Treffpunkt völlig umzukrempeln. Sie trafen sich nun in der Wohnung des Herrn von Altenburg, einem Mitglied des deutschen Gesandtschaftspersonals.

Aus dem Lager der Rebellen war etwas über den Putsch am 24. Juli zur Polizei durchgesickert, doch erreichte dies leider nie den Kanzler, noch wurden irgendwelche zusätzlichen Vorkehrungen für seine Sicherheit getroffen.[53] Das

---

[53] Da er irgendwo im Wiener Untergrund den Braten roch, hatte Dollfuß jedoch selbst verstärkte Sicherheitsmaßnahmen angeordnet, die auf die Hauptverdächtigen abzielten. Er beauftragte eine Spezialeinheit der Polizei mit der Überwachung von Rintelens Aktivitäten im Hotel Imperial und ordnete die ständige Überwachung von Fey durch drei Kriminalbeamte an.

war Verrat durch Pflichtversäumnis, doch es war nichts im Vergleich zu all dem Verrat und Halbverrat, von dem es in der Wiener Szene am 25. Juli, dem Tag des Putsches, nur so wimmelte. Alles in allem ergibt sich daraus ein anschauliches Bild der Schizophrenie, die vom österreichischen Geist Besitz ergriffen hatte.

Das erste Beispiel, und ein Prachtexemplar dieser Spezies, war Johann Doppler, ein Bezirksinspektor der Wiener Polizei. Er hatte sich der Verschwörung erst zwei Tage zuvor angeschlossen und auch dann nicht aus Überzeugung, sondern aus Respekt vor seinen Vorgesetzten, denn man hatte ihm versichert, daß Dr. Steinhäusl, der designierte Polizeipräsident, auf der Seite der Rebellen wäre. Am Morgen des Putsches hatte Dopplers österreichisches Gewissen jedoch die Oberhand gewonnen, und er beschloß, die Verschwörung zu verraten – die Frage war nur, an wen? Da er, zu Recht, der Polizei selbst mißtraute und fürchtete, daß auch die Ministerien bereits durchdrungen sein könnten, wandte er sich an die einzige seiner Meinung nach vertrauenswürdige Person, an Dr. Karl Maria Stepan, den Bundesführer der Vaterländischen Front.

Die Handlung verlagerte sich nun, in echt wienerischer Manier, in die Kaffeehäuser der Hauptstadt. Doppler, dem es nicht gelungen war, Stepan telefonisch zu erreichen, hinterließ ihm einfach eine Nachricht, in der er ihn bat, »wegen einer wichtigen Mitteilung« ins Café Weghuber zu kommen. Dort erkannte der Polizeiinspektor, während er frustriert Däumchen drehte, an einem Nebentisch einen Kassier von Feys Wiener Heimwehrbüro und schüttete diesem sein Herz aus. Dopplers Mitteilung wurde über den korrekten Dienstweg der Heimwehr, den niemand abzukürzen wagte, von einem zum anderen weitergeleitet. Über den Hauptkassier und den Chefbuchhalter erreichte sie schließlich Feys Adjutanten, Major Wrabel, der seinen Vorgesetzten in seiner Wiener Wohnung anrief. Es war nun kurz nach zehn, und das Kabinett sollte um elf Uhr zusammentreten. Major Wrabel wurde bald darauf ein zweites Mal angerufen und vorgewarnt, diesmal von einem Kommandanten eines seiner Wiener Heimwehrregimenter, Hauptmann Ernst Mayer. Der Hauptmann hatte wie der Kassier sein Frühstück im Café Weghuber eingenommen, und der von Panik erfaßte Doppler hatte seinen anstrengenden Vormittag damit beendet, auch ihm vom nahe bevorstehenden Coup zu berichten.[54]

Und damit kam es auch der wohl undurchsichtigsten und wahrscheinlich aufbrausendsten aller österreichischen Persönlichkeiten zu Ohren, Major Emil Fey selbst. Fey war immer noch wütend über die zweifache Zurücksetzung, die er durch den Kanzler hatte erleiden müssen, und ihm war klar, daß Dollfuß nun sein eingeschworener Feind war. Doch er durfte mit dem ehrenrettenden Amt eines Ministers ohne Portefeuille in der Regierung verbleiben, und es stand ihm daher zu, der Kabinettsitzung beizuwohnen. Er kam kurz nach elf Uhr vormittags an, als die Sitzung oben schon begonnen hatte. Er unternahm nichts, um die Herren zu warnen, und ergriff auch dann keine Sofortmaßnahmen, als ihm Major Wrabel den endgültigen Beweis für die Verschwörung brachte: den schriftlichen Befehl an Doppler unter dem Codezeichen 89, sich zur Aktion zu melden. Verhängnisvoll war, daß Fey nun noch mehr Zeit damit vergeudete, Verstärkungen seiner eigenen Wiener Heimwehr zu mobilisieren. Einem seiner Regimenter, die im Prater Manöver abhielten, wurde angeordnet, sofort zum Kanzleramt zu marschieren.[55] Feys Motive scheinen in dieser Phase klar. Wie im Jahr 1932, doch diesmal mit viel größerer Wirkung und viel größerem persönlichem Ruhm, würde seine Heimwehr das Land vor dem Nazionalsozialismus retten, genauso wie sie Österreich vor dem Marxismus gerettet hatte. Erst nachdem er dies veranlaßt hatte,

---

[54] Doppler dürfte nach dem Erlebnis, im Zeitraum von 48 Stunden sowohl Dollfuß als auch Hitler verraten zu haben, nur noch ein nervliches Wrack gewesen sein. Er beging kurz danach Selbstmord.

[55] Starhemberg behauptete später, daß Fey in Vorausahnung der Schwierigkeiten diese Manöver als Vorsichtsmaßnahme vor dem 25. Juli angeordnet und scharfe Munition an die Männer ausgegeben hätte. Diese Behauptung ist, wie so vieles in Starhembergs unzuverlässigen Memoiren, nicht erwiesen.

schlüpfte Fey ins Sitzungszimmer, entschuldigte sich für seine Verspätung, holte Dollfuß in eine Ecke und flüsterte ihm die ersten warnenden Worte zu.

Es war nun Mittag, und obwohl Fey den genauen Zeitablauf nicht kannte, sollten die bewaffneten Putschisten in knapp einer Stunde unten hereingestürmt kommen. Feys Warnung kam gerade noch rechtzeitig, um die Regierung zu retten und damit den Putsch zum Scheitern zu verurteilen, auch wenn damit unwissentlich Dollfuß' Schicksal besiegelt war. Feys geflüsterte Mitteilung (der genaue Wortlaut ist nicht bekannt) lief nur auf eine vage Warnung hinaus, daß etwas Unheilvolles im Gange sei, das sich gegen das Kanzleramt richte. Doch das reichte für Dollfuß, der die Gefahr in der Luft schon seit einigen Tagen gewittert hatte. Er vertagte die Sitzung und behielt nur drei seiner Minister bei sich: Fey, Baron Karl Karwinsky, Feys Nachfolger als Sicherheitsstaatssekretär, und General Wilhelm Zehner, den neu ernannten Verteidigungsminister. Den übrigen Ministern, vor allem Schuschnigg, wurde angeordnet, sofort in ihre Amtsräume zurückzukehren. Dadurch wurde der absolut regierungslose Zustand, mit dem die Verschwörer gerechnet hatten, verhindert, obwohl nicht einmal mehr eine Stunde Zeit blieb.

In den 50 Minuten zwischen der Auflösung des Kabinetts und der Erstürmung des Gebäudes zeigte sich noch einmal deutlich, was im besten Fall bürokratische Schlamperei und im schlimmsten Fall Parteiverrat war. Es wurde kein Versuch unternommen, das Bundesheer zu rufen, vielleicht weil man sich seiner Loyalität nicht völlig sicher sein konnte. (Zumindest einer der höheren Offiziere, Oberstleutnant Sinzinger, Stabschef des Wiener Stadtkommandos, war an der Verschwörung beteiligt. Dem ursprünglichen Plan zufolge hätten sich die Putschisten sogar im Wiener Stadtkommando versammeln sollen.) Noch außergewöhnlicher war, daß innerhalb dieser 50 Minuten keine Spezialeinheiten der Polizei das Kanzleramt erreichten. Erst um 12.35 Uhr, als die Rebellen in ihre Lastwagen stiegen, verließen die Polizeikommandos ihre Kasernen. Und dann benötigten sie für eine Fahrt, die normalerweise weniger als fünf Minuten hätte dauern sollen, noch über fünfzehn Minuten. Die bewaffnete Polizei kam, kurz nachdem die Putschisten das Gebäude gestürmt hatten, an.

Im Gegensatz zu allen anderen waren die Putschisten auf die Minute pünktlich, und zwar aus einem sehr guten Grund. Sie wußten, daß Punkt 12.50 Uhr die Wachablösung vor dem Kanzleramt stattfand. Als die Ablöse hineinmarschierte, donnerten die Lastwagen der SS-Standarte 89 einfach hinter ihr durch das offene Tor. Sie waren ungehindert von ihrem Versteck aus (eine Turnhalle in der Siebensterngasse) hierher durchgekommen, obwohl viele der 154 »Soldaten« aufrecht in den Lastwagen standen und wie Banditen verkleidet waren; einige der alten zivilen Lastwagen trugen sogar noch die Firmenaufschrift. Aber der Bluff war gelungen, und sobald sie im Hof waren, fand diese Bande von Desperados das Glück – in Form der guten alten Wiener Geistlosigkeit – auf ihrer Seite. Denn als die falschen Soldaten sich daranmachten, die echten zu entwaffnen, stellten sie fest, daß das gar nicht nötig war. Die Kanzleramtsgarde war eine reine Ehrengarde. Das bedeutete, daß sie keine Munition für ihre Gewehre hatte.

In der peniblen Planung des Angriffs war die Ermordung des Kanzlers höchstwahrscheinlich nicht vorgesehen, wohl aber seine Gefangennahme; in später gefundenen Nazidokumenten befand sich unter den Codezeichen auch eines für die Ankündigung von Dollfuß' Tod: »Alte Muster von Messerschmiedwaren angekommen«, lautete der wenig schmeichelhafte Text. Als die Putschisten eindrangen, war Dollfuß mit Karwinsky und Fey alleine in seinem Amtszimmer im ersten Stock. Seine letzte Weisung hatte darin bestanden, General Zehner ins Verteidigungsministerium zurückzuschicken, um festzustellen, ob man auf das Bundesheer zählen könne. Mit diesem Schritt half Dollfuß der Republik das Leben zu retten, obwohl er sich nun dem Ende seines eigenen Lebens näherte. Nach einigen Überlegungen darüber, welchen Fluchtweg er nehmen sollte, fand er sich schließlich in dem an sein Büro angrenzenden Eckzimmer eingesperrt. Als Dollfuß und Karwinsky kehrtmachten, platzte eine Gruppe von zehn Putschisten unter der Führung von Otto Planetta vom Stiegenhaus herein. Ohne ein einziges Wort ging Planetta auf den Kanzler zu und feuerte aus nächster Nähe zwei Schüsse auf ihn ab.[56] Sie trafen ihn in den Nacken und die Achselhöhle, und er fiel blutüberströmt zu Boden. Das geschah kurz nach 13 Uhr, knapp zehn Minuten nachdem die Putschisten durch das Tor hereingestürmt waren.

Erst nach mehr als zweieinhalb Stunden war der tödlich verletzte Mann verblutet, und währenddessen litt er noch unzählige Qualen. Zum körperlichen Schmerz kam die seelische Qual, denn seine Angreifer hatten ihm sowohl einen Priester als auch einen Arzt verweigert. Auch politisch hatte er noch Qualen zu erleiden, denn er starb in dem Glauben, daß die Putschisten erfolgreich gewesen waren und daß der Erzverräter Rintelen sich nun darauf vorbereitete, seine Stelle einzunehmen.[57] Tatsächlich war aber zu dem Zeitpunkt (rund 15.45 Uhr), als der Tod seinem Leiden ein Ende bereitete, die Sache der Rebellen verloren, und das Österreich seiner Vaterländischen Front hatte überlebt.

Von den anderen beiden großen Operationen, die in diesem Putsch geplant waren, hatte der Angriff auf den Wiener Rundfunksender nur vorübergehenden Erfolg gebracht. Einer kleinen Gruppe von Putschisten gelang es, das Gebäude um rund 13 Uhr zu stürmen und den Radiosprecher zu der Durchsage zu zwingen, daß Dollfuß »zurückgetreten« sei und Anton Rintelen seinen Platz eingenommen hätte. Weiter kamen sie nicht. Die Polizei schloß den Hauptsender auf dem Bisamberg, den die Putschisten übersehen hatten, und bis 14.45 Uhr war das Gebäude der Radio-Verkehrs-

---

[56] Planetta behauptete später, er hätte in Notwehr geschossen, um einen Schlag des Kanzlers gegen ihn abzuwehren. Diese Version wird angesichts des zweiten Schusses nur noch fadenscheiniger.

[57] Ein weiterer Kummer blieb Dollfuß erspart. Er starb, ohne zu erfahren, daß sein Mörder einst mit ihm in Italien als Soldat in seinem eigenen so geschätzten Regiment der Kaiserschützen gekämpft hatte.

AG (Ravag) nach heftigem Feuerwechsel wieder unter Regierungskontrolle.

Zur dritten Operation, der Gefangennahme von Bundespräsident Wilhelm Miklas in Kärnten, kam es erst gar nicht. Die örtliche Polizei, die von einem anonymen Informanten einen Hinweis erhalten hatte, löste Wächters Entführungseinheit auf, bevor sie in Aktion treten konnte. Der Bundespräsident, der nach der Verfassung als einziger die Macht hatte, einen neuen Kanzler zu ernennen, kam zum Verteidigungsministerium in Wien durch, wo die Mehrheit des Kabinetts versammelt war. Genaugenommen wäre der Vizekanzler, derzeit Starhemberg, nun der logische Nachfolger gewesen, doch – zum Glück für Miklas und für Österreich – sonnte sich der fürstliche Lebemann gerade wieder einmal in Italien. Erleichtert konnte sich der Bundespräsident Kurt Schuschnigg zuwenden, der am Telefon interimistisch als Kanzler vereidigt wurde und die Anweisung erhielt, alle erforderlichen Kräfte aufzubieten, um den Aufstand niederzuschlagen und die Gefangenen im Kanzleramt zu befreien. Da es erst 14.30 Uhr war, war der wirkliche Kanzler Österreichs noch am Leben, jedoch hilflos und langsam sterbend.

Obwohl der Putsch inzwischen völlig zusammengebrochen war, dauerte es noch unglaubliche fünfeinhalb Stunden, bevor um acht Uhr abends der Regierungssitz wieder in österreichischer Hand war. Ein Grund für die Verzögerung war das zunehmend unverständlichere Verhalten Feys im Inneren des Gebäudes. Selbst wenn er an der Inszenierung des Putsches nicht beteiligt gewesen war, schien er nun entschlossen, für sich den größtmöglichen Nutzen herauszuschlagen. Zweimal erschien er auf dem Balkon, um die inzwischen unten versammelte Armee und die Heimwehrverbände von einer Erstürmung des Gebäudes abzuhalten; sie wurden vielmehr zu einer zeitvergeudenden Verhandlung hereingebeten. Als nächstes wurde Fey von seinen nationalsozialistischen Kidnappern überredet, Botschaften zur Verteilung vor dem Gebäude zu unterschreiben, daß Rintelen nun Kanzler sei und seine Befehle zu befolgen seien. Zu behaupten, er habe dies nur unter vorgehaltener Waffe getan, spricht nicht gerade für die Tapferkeit eines der am höchsten ausgezeichneten österreichischen Offiziere im Ersten Weltkrieg. Und er stand sicher nicht unter Zwang, als er, wie später erwiesen wurde, das Angebot des Putschkommandanten annahm, in Rintelens nicht existierender »Regierung« das Sicherheitsressort zu übernehmen. Fey war nach diesem Ereignis ein Kollaborateur geworden, eine neue Variante der österreichischen Malaise.

Eigentlich wurde das Kanzleramt nie gestürmt, selbst nachdem schon bekannt war, daß Dollfuß seinen Verletzungen erlegen war. Die Deutschen hatten die Putschisten hineingeschickt, und sie holten sie auch heraus. Um etwa 19.30 Uhr rief der Führer der Putschisten, Hauptmann Holzweber, den deutschen Minister in Wien, Dr. Kurt Rieth, an und bat ihn, persönlich zum Kanzleramt zu kommen. Er sollte als Garant für das Angebot der Regierung an die Aufständischen auftreten, ihnen freies Geleit bis zur deutschen Grenze zu gewähren, wenn sie sich ergäben. Törichterweise stimmte der Gesandte zu, denn damit prägte er dem Putsch den Stempel der Unterstützung von offizieller Seite auf. Er erschien als Privatperson am Ballhausplatz samt Homburg und Spazierstock, als ob er einen Höflichkeitsbesuch abstattete, und flüsterte durch den Türspalt, daß er tatsächlich die notwendigen Zusicherungen von Schuschniggs Ministern erhalten hätte. Dann schoß er wie ein aufgeschreckter Hase davon und in seinen diplomatischen Bau zurück.

Die Putschisten, die nun glaubten, ihren Kopf aus der Schlinge gezogen zu haben, öffneten die Tore, und die Belagerer – Soldaten, Polizisten und Heimwehrmänner in einer Stärke von ein paar tausend Mann – strömten ungehindert hinein. Sie hätten zu jeder beliebigen Zeit vom späten Nachmittag an diese Tore einfach selbst aufbrechen können. Die einzig konsequente Handlung am Ende dieser traurigen Episode war das gebrochene Regierungsversprechen. Statt zur deutschen Grenze geleitet zu werden, wurden die Männer der SS-Standarte 89 direkt ins Gefängnis gebracht und die Rädelsführer eine Woche später hingerichtet. Natürlich bemühte sich Schuschnigg, eine Rechtfertigung für diesen Vertrauensbruch vorzubringen. Doch es war ein trauriges Omen für die Zukunft, daß er erst grausam handelte, sobald jede Gefahr vorbei war.

Wäre Dollfuß der Mann gewesen, der die Operationen von außen geleitet hätte, dann hätte er wohl ganz anders gehandelt. Das ist die wirkliche Bedeutung dieses Tages. Wie Franz Joseph der Herzschlag der Monarchie gewesen war, so war Dollfuß zum Herzschlag der Republik geworden, einfach nur eines Österreichs, und nicht des Deutsch-Österreichs, das in verschiedenen Formen sowohl von den Nazis als auch von den Sozialdemokraten der Nation ins Auge gefaßt wurde. Dieser Herzschlag sollte nie mehr so stark und konstant zu hören sein.

4. Die gestattete Vergewaltigung

Nach der Ermordung seines wackersten Fürsprechers blieben Österreich nur mehr vier Jahre des Bestehens. Es war ein unbarmherziger Countdown bis zu seinem Untergang, der angesichts der sich verändernden Machtverhältnisse in Europa scheinbar unaufhaltsam war. Hitler hatte nie irgendwelche Zweifel an seinem Endziel gelassen. So beginnt der zweite Absatz auf der ersten Seite in *Mein Kampf,* das er in den frühen zwanziger Jahren im Gefängnis[58] schrieb, unmißverständlich: »Deutschösterreich muß wieder zurück zum großen deutschen Mutterlande.« Doch der gewaltsame und verfrühte Versuch, Österreich durch einen internen Putsch wieder zurückzuholen, war gescheitert, und er wagte es nicht, Militärgewalt gegen sein Vaterland anzuwenden, solange Mussolinis Arm stärker als sein

[58] Nach dem Scheitern des Hitlerputsches in München im Jahr 1923 wurde er zu fünf Jahren Festungshaft in Landsberg verurteilt, wurde aber begnadigt und bald wieder freigelassen.

eigener war. Dieser hatte ihn während der Julikrise durch die Entsendung italienischer Divisionen an den Brenner ausgestreckt und hielt ihn immer noch schützend über Wien. Eigentlich war dieser Schutz kaum sechs Monate, nachdem Dollfuß von der Bühne entfernt worden war, sogar noch in einer Form erweitert worden, die das Herz des kleinen Märtyrers erfreut hätte. Im Januar und Februar 1935 hatten Frankreich und Großbritannien, alarmiert durch Hitlers wachsende Provokationen, unabhängig voneinander Protokolle unterzeichnet, in denen sie sich im Falle irgendeiner Bedrohung von Österreichs Unabhängigkeit zu »Konsultationen« verpflichteten. Im folgenden April wurde das Abkommen durch ein in Stresa unterzeichnetes Dreimächteabkommen mit Italien noch konsolidiert.

Die sogenannte Stresafront bestand nur aus Papier oder im besten Fall aus steifem Karton, da sie im Falle einer österreichisch-deutschen Krise nur diplomatische Aktionen versprach. Großbritannien ging in seiner Intervention auch nie über diese Verpflichtung hinaus. Wie schon in den Tagen der Habsburgermonarchie betrachtete Großbritannien das Donaubecken auch heute als eine komplizierte Problemzone von geringer strategischer Bedeutung für ein britisches Empire, das schon genug damit zu tun hatte, mit sich immer mehr erschöpfenden Ressourcen über ein Viertel der Erdkugel zu herrschen. Frankreich hatte ein viel größeres Interesse an dem Gebiet, als politische, wirtschaftliche und militärische Schutzmacht der Kleinen Entente war es eigentlich bis Ende der zwanziger Jahre die stärkste und angesehenste europäische Macht im Donauraum gewesen. Doch die Dritte Republik hatte diese Interessen nie entschlossen verteidigt. Die französische Politik war passiv und fatalistisch und in ständigem Aufruhr. In den 25 Jahren zwischen den beiden Weltkriegen gab es in Paris rund 40 verschiedene Regierungen. Das Ministerium Chautemps etwa wählte für seinen Zusammenbruch ausgerechnet die allerletzten Stunden von Österreichs Todeskampf.

Die Stresafront – und mit ihr noch vieles andere – wurde aber natürlich letzten Endes unter dem Sand der ostafrikanischen Wüsten begraben. Bis Ende der dreißiger Jahre hätte Nazideutschland das faschistische Italien ohnehin in militärischer und wirtschaftlicher Hinsicht überholt und dann gänzlich abgedrängt. Daß sich Mussolini im Oktober 1935 auf seinen katastrophalen Abessinienfeldzug einließ, beschleunigte diesen Prozeß nur noch. Einerseits hatte er damit die Brücken zu den westlichen Demokratien gesprengt, die berechtigte, jedoch unwirksame Sanktionen gegen Italien verhängten. Andererseits hatte ihn dies in die Arme seines Diktatorkollegen getrieben, und diese Partnerschaft wurde bald durch ihre gemeinsame Teilnahme am Spanischen Bürgerkrieg besiegelt. Die Achse Berlin–Rom ging wie ein Pfahl mitten durch das Herz Österreichs.

Dollfuß' Nachfolger hatte deshalb wenig realistische Hoffnung, sein Land davor zu bewahren, Hitler eines Tages in die Hände zu fallen. Vielleicht hätte Schuschnigg den Schlag aber noch eine Zeitlang hinauszögern können. Er hätte ihn mit mehr Phantasie, mutiger Diplomatie und mit ein bißchen Muskelspiel abwehren können. In mancherlei Hinsicht sind die letzten beiden österreichischen Kanzler in der falschen Reihenfolge aufgetreten. Schuschnigg mit seiner Gelassenheit eines Rechtsanwalts hätte sich vielleicht am Anfang als bessere Waffe gegen den Nationalsozialismus erwiesen. Dollfuß' Leidenschaft hätte ziemlich sicher der österreichischen Sache am Ende besser gedient. Für Dollfuß gab es so etwas wie österreichisches Blut. Für Schuschnigg existierte das nicht. Für ihn gab es nur deutsches Blut, und dieses konnte er einfach nicht vergießen, selbst wenn deswegen sein eigenes Land verbluten sollte.

Das war weitgehend auf seine Erziehung zurückzuführen, hatte seinen Ursprung aber auch in der Zeit vor seiner Geburt, in einer tief in der Monarchie verwurzelten Familiengeschichte. Väterlicherseits waren die Schuschniggs in der dritten Generation Tiroler[59], doch im 18. Jahrhundert lagen ihre Wurzeln in Kamnik in Slowenien, wo

---

[59] Für die ultrakonservativen Begriffe dieses Bundeslandes kaum lang genug, um als echter Tiroler zu gelten.

sich die Familie »Susnik« schrieb. Sie waren also germanisierte Slawen, und obwohl Schuschnigg seine Abstammung immer herunterzuspielen versuchte, ging dieser Umstand wahrscheinlich doch nicht ganz spurlos an seinem Charakter vorüber. Zum Katholizismus übergetretene Protestanten sind oft päpstlicher als der Papst, und ein zum Tiroler mutierter Slowene kann in seiner Gesinnung viel deutschnationaler eingestellt sein als ein dortiger Einheimischer, eben weil er seine slawischen Wurzeln ausreißen will. (Schuschnigg war, als er als Hitlers Gefangener seine arische Abstammung nachweisen mußte, gezwungen, an seine Wurzeln zurückzugehen und die Chronik von Kamnik als lange zurückliegenden Beweis anzuführen.)

Das zweite und viel stärker prägende Element in seinem Werdegang war die lange Tradition der Familie im Dienst der Armee. Ein Jahr nach seiner Geburt am 14. Dezember 1897 wurde sein Großvater Alois von Kaiser Franz Joseph für seine Dienste als Generalmajor in der k. u. k. Armee in den Adelsstand erhoben. Es handelte sich zwar nur um den sehr niederen Titel eines Edlen von, doch dieser war erblich. Das Wappen, das der General wählte, war symbolisch: Neben dem doppelköpfigen Reichsadler waren darauf auch noch die blauweißen Farben Bayerns abgebildet, die für die Verwandtschaft mütterlicherseits jenseits der Grenze standen. Kurt Schuschnigg trug in seinen Genen beide rivalisierenden Elemente, deren Spur wir über die Jahre herauf verfolgt haben – das rein Deutsche wie auch das multinationale Österreichische. Er verkörpert daher das Dilemma und die Tragödie der Ersten Republik.

Alle vier Söhne des berühmten Generals traten ebenfalls in die k. u. k. Armee ein. Schuschniggs frühe Kindheitsjahre führten ihn daher mit seinem Vater Artur Viktor von Schuschnigg von einer Garnison der Monarchie zur nächsten. Und wieder muß etwas Deutsches und etwas Kaiserliches seine Spuren bei dem Buben hinterlassen haben. Wann immer die Familie in eines dieser slawischen Länder in Cisleithanien versetzt wurde, wurde ihm in der kleinen Welt des Garnisonslebens die Kluft zwischen den privilegierten Deutschsprachigen und dem Rest der kaiserlichen Untertanen in der österreichischen Hälfte der Monarchie bewußt gemacht. Wenn er auch als Erwachsener nie zu einem Rassisten wurde, wurde Schuschnigg schon als Bub sehr wohl klar, wofür das Deutsche in Sprache, Abstammung und Kultur stand.

Verschwommen mögen diese Bilder vielleicht gewesen sein, die er über einem Exerzierplatz irgendeiner polnischen oder slowakischen Garnisonsstadt flüchtig erblickte. Doch sie sollten schärfer werden und sich dann durch die nächste Phase seiner Erziehung für immer einprägen, die Jahre, die er als Internatsschüler in einem Jesuitenkolleg der Stella Matutina in Feldkirch in Vorarlberg verbrachte. Er trat im Alter von nicht ganz zehn Jahren ein und blieb dort, bis er etwas über 17 Jahre alt war, als das Reich sich also schon im Kriegszustand befand. Diese Jahre prägten seinen Charakter fürs Leben. Damit ist nicht nur gemeint, daß das enthaltsame und halbmönchische Internatsleben den schüchternen Buben in einen introvertierten jungen Mann verwandelte, der nur wenig von dem Charme, der Lebensfreude und der Geselligkeit besaß, die dem Österreicher im Blut liegen. Viel entscheidender für seine Landsleute und für seinen eigenen Platz in der Geschichte ist, daß diese besondere Schar von Jesuiten ihn sowohl zu einem Deutschgläubigen als auch zu einem Sohn Gottes bekehrten.

Die Priester, die an der Stella Matutina unterrichteten, waren keine gebürtigen Österreicher, sondern Verbannte aus dem Deutschland der Hohenzollern, denen Franz Joseph 40 Jahre zuvor gestattet hatte, sich in Vorarlberg niederzulassen. Geistig und intellektuell hingen sie mit der Besessenheit von Emigranten an ihrem alten Vaterland. Bei allen festlichen Anlässen wurde der schwarze Adler des Deutschen Reichs neben der habsburgischen Fahne Österreichs über dem alten Kolleg gehißt. Obwohl der humanistischen Bildung der Vorzug eingeräumt wurde, waren Musik und Literatur ein wesentlicher Bestandteil des Lehrplans, und hier wurden Bach und Beethoven vor Mozart und Schubert gepflegt, während Schiller und Goethe lang vor Grillparzer rangierten. Sie waren überzeugt – und predigten das auch –, daß die Deutschen die Träger der europäischen Kultur seien und daher die naturgemäßen Führer Europas wären. Der 17jährige Schüler verließ die Stella Matutina mit einem Minderwertigkeitskomplex gegenüber allem Deutschen. Zu seinem eigenen Leidwesen und dem seiner Landsleute sollte er ihn niemals ablegen, nicht einmal als Hitler sein braunes Nazihemd über den weißen Mantel deutschen Rittertums zog.

In weniger als 20 Jahren wurde aus dem Jesuitenschüler der österreichische Bundeskanzler. In diesen zwei Jahrzehnten wandelte er auf den Spuren der Monarchie in den Untergang und folgte der Republik auf ihrem Leidensweg. Entgegen den Wünschen seiner Lehrer, die in ihm einen vielversprechenden Rekruten für ihre eigenen Reihen sahen, war er aus dem Kolleg ausgetreten und hatte sich im Juli 1915 freiwillig zur kaiserlichen Armee gemeldet, in der sein Vater inzwischen, wie sein Großvater davor, zum General aufgestiegen war. Als Tiroler mit einer so imposanten militärischen Vorgeschichte wurde er in eines der Kaiserjägerregimenter aufgenommen. Wie Dollfuß erlebte er einen langen und anstrengenden Dienst an der italienischen Front und hatte am Ende auch, ähnlich wie er, die Brust voller Orden als Zeichen seiner Tapferkeit. Schuschniggs drei Kriegsjahre trugen nichts dazu bei, seinen Respekt, ja man könnte fast schon sagen seine Ehrfurcht, vor den Deutschen zu schmälern. Und Deutschland wurde im Krieg sogar ein noch überwältigenderer Partner für die Monarchie als in Friedenszeiten. Leutnant Schuschnigg sah mit eigenen Augen, was mit der Disziplin und dem Selbstvertrauen der Deutschen erreicht werden konnte, als sie die große Isonzo-Offensive von 1917 planten und anführten. Er sah auch genug Beweise für Schlamperei und schlechte Führung auf österreichischer Seite, darunter die kostspieligste aller Schlampereien, nämlich jene über den Zeitpunkt für den Waffenstillstand von 1918. Er erlebte noch in Uniform den Zerfall der Monarchie, als in jenem schrecklichen November ein Regiment dieser Vielvölkerarmee nach dem anderen meuterte oder desertierte. Er folgte seinem Vater in die italienische Kriegsgefangenschaft und kehrte schließlich im Herbst 1919 mit ihm nach Innsbruck zurück. Hier erlebte er selbst die Verbitterung dieser merkwürdigen Roten Republik, die an die Stelle der Kaiserstadt getreten war, in der er vier Jahre zuvor eingerückt war. Wie so manch anderer ehemaliger Offizier, der in seiner feldgrauen Uniform durch die Straßen ging, weil er so wie sie kein Geld hatte, um sich Zivilkleidung zu kaufen, mußte er seine Orden verstecken und seine Rangabzeichen entfernen, um nicht von Passanten angepöbelt zu werden. Für den katholischen Monarchisten war das ein erster Eindruck des gedankenlosen Marxismus, der nie ganz verschwand.

Auf seinem Weg aus den Trümmern nach oben folgte er ziemlich genau jenem Mann, dessen Nachfolge am Ballhausplatz er eines Tages antreten sollte. Wie Dollfuß trat er in die Öffentlichkeit, nachdem er sein Jusstudium mit dem Doktorat abgeschlossen hatte. Wie Dollfuß geriet auch er in den Bann des großen Staatsmanns Prälat Ignaz Seipel, und wie Dollfuß fühlte auch er sich zu Seipels rechter »Staatspartei«, den Christlichsozialen, hingezogen. In Schuschniggs Fall unterstützte Seipel persönlich dessen Einstieg in die Politik als christlichsozialer Abgeordneter für Tirol. Es war der Sommer 1927, als der 29jährige neue Abgeordnete in Wien ankam, um seinen Sitz im Parlament einzunehmen. Seine ersten Eindrücke vom republikanischen Wien waren ebenso ernüchternd wie jene, die er vom republikanischen Innsbruck gehabt hatte. Es war der Sommer des Schwarzen Freitags und der Sommer, in dem der Justizpalast von einem linken Pöbel, den nicht einmal mehr die Parteiführung unter Kontrolle hatte, in Brand gesteckt wurde. Schuschnigg konnte das Chaos mit eigenen Augen miterleben. Diese Erfahrung ließ in ihm endgültig die Überzeugung reifen, daß sein Land eine neue Regierungsform finden müsse und einen neuen Glauben, um dieses sinnlose Aufeinanderprallen von Parteislogans und Straßenkämpfen zu ersetzen, das fast zehn Jahre lang in Österreich für eine parlamentarische Demokratie gehalten worden war.

Nur fünf Jahre später saß Schuschnigg selbst, nachdem er innerhalb seiner Partei einen kometenhaften Aufstieg erlebt hatte, in diesem restaurierten Gebäude am Schmerlingplatz, als Justizminister in der umstrukturierten christlichsozialen Regierung Dr. Buresch. Einer seiner Kollegen im Kabinett war ebenfalls ein Neuling im Amt, der Landwirtschaftsminister Engelbert Dollfuß. Es entwickelte sich sofort eine Beziehung zwischen den beiden Männern. Aufgrund ihres gegensätzlichen Temperaments und Charakters fühlten sie sich zueinander hingezogen: Schuschnigg, der reservierte und introvertierte Verstandesmensch, und Dollfuß, die aufgeschlossene Persönlichkeit mit Charme und Leidenschaft. Doch sie teilten dieselbe religiöse und politische Anschauung, und mit dieser Kombination von Verstand und Herz konnte die Vaterländische Front geschaffen werden. Soviel zur persönlichen und politischen Geschichte des Tiroler Rechtsanwalts, der nun in die Fußstapfen seines ermordeten Freundes trat. Über die nächsten vier Jahre wurde dieser Mann, der so viele Probleme der Republik verkörperte, zum Katalysator ihrer Selbstzerstörung.

Schuschnigg gewann – und zwar entschieden – den wichtigsten, rein innenpolitischen Kampf während seiner Regierungszeit als Kanzler, und zwar gegen die fortdauernde Infragestellung der Regierungsgewalt durch die Heimwehr. Diese war schon die ganze Zeit durch die Rivalität zwischen Starhemberg und Fey geschwächt worden, und schließlich gelang es Schuschnigg, diese beiden Eigenbrötler[60] loszuwerden und die Heimwehr in die neu formierte Frontmiliz, die Miliz seiner Vaterländischen Front, einzubauen. (Schweren Herzens mußte er dasselbe Fusionsverfahren auch auf seine eigenen Ostmärkischen Sturmscha-

---

[60] Im Oktober 1935 benutzte er Starhemberg (der seine Heimwehrverbände in den Bundesländern mobilisierte, um einem möglichen Putschversuch durch Feys Wiener Regimenter zu entgegnen) dazu, den Major aus sämtlichen politischen Ämtern und Parteiposten zu entfernen – zum Trost erhielt dieser den lukrativen, aber einflußlosen Posten des Vorsitzenden der Donaudampfschiffahrts-

ren anwenden.) Doch die wirklich verhängnisvolle Herausforderung kam natürlich von der anderen Seite der Grenze – aus Nazideutschland. Angesichts der bereits beschriebenen Umwälzungen innerhalb der europäischen Machtstrukturen während der letzten vier Jahre konnte Schuschnigg nicht einmal hoffen, gegen diesen Druck lange standhalten zu können, geschweige denn ihn zu bezwingen. Bevor er eine Kapitulation in Betracht zog, mußte er einfach zurückweichen. Es war die Art und Weise dieses Rückzugs, die soviel über diesen Mann aussagte und für sein Land ein so zweifelhaftes Zeugnis hinterließ.

Als Schuschnigg den halben Weg seines Rückzugs hinter sich hatte, hatte er auch die Halbzeit seiner Kanzlerschaft erreicht. Das berühmte österreichisch-deutsche Abkommen vom 11. Juli 1936 war zum Großteil die Arbeit des aalglatten Franz von Papen. Der frühere Vizekanzler Deutschlands hatte Hitler den Weg zur Macht geebnet in dem traurigen Irrglauben, den auch seine Freunde, die Industriebarone, teilten, daß der Demagoge im Regenmantel zu ihrer Marionette werden würde, sobald man ihn mit einem Gehrock ausstaffierte. Das mag die Fehleinschätzung des Jahrhunderts gewesen sein, doch es war ein seltenes Fehlurteil des Herrn von Papen, der sich hinaufgearbeitet hatte, indem er die Ambitionen und Schwächen seiner Umgebung studierte und sie mit einer Mischung aus Schmeichelei und List gegeneinander ausspielte. Das waren genau jene Eigenschaften, die Hitler nach dem peinlichen Fiasko des Putsches von 1934 in Österreich einsetzen mußte. Da die Republik nicht mit einem Schlag niedergestreckt werden konnte, war nun langsames Erdrosseln angesagt.

Also war von Papen in dem besonderen Rang eines Botschafters (was ihn an die zweite Stelle auf der diploma-

---

gesellschaft. Im darauffolgenden Juli unterschrieb Starhemberg sein eigenes politisches Todesurteil, als er Mussolini in einem Telegramm zu seinem Sieg in Abessinien gratulierte. Ein ironisches Trostpflaster für den Lebemann und Fürsten war der Vorsitz über die Hilfsorganisation für österreichische Mütter.

tischen Liste setzte, gleich nach dem päpstlichen Nuntius[61])
und dem Sonderauftrag, Schuschnigg langsam und sanft bis
zur Aufgabe zu zwingen, nach Wien geschickt worden. Das
gelang ihm ironischerweise nicht nur, weil er den schärferen
politischen Verstand hatte, sondern auch viel mehr Charme
besaß als sein Opfer, obwohl der ein Österreicher war. Die
dafür gewählte Methode war die sogenannte evolutionäre
Taktik, was bedeutete, daß die beiden deutschen Nationen
durch ein Spinnennetz spezieller Verbindungen immer
näher zusammengebracht werden sollten, und in diesem
Netz sollte Österreich letztendlich die Rolle der hilflosen
Fliege spielen. Die Fliege sollte durch die Vorteile des sogenannten »Zusammenschlusses« angelockt werden. Unter
diesem Begriff verstand man die langsame Fusionierung der
beiden Länder – im Bereich der Verteidigung, der Wirtschaft und der Außenpolitik –, wobei aber jedes am Ende
immer noch seine eigenständige Identität behalten hätte.

Waren dies schon im Zeitalter Bismarcks düstere Aussichten, so konnte sich im Zeitalter Hitlers nur ein Verrück-
ter diesem Traum hingeben. In Schuschniggs Umfeld gab es
aber ein paar Leute, die diesen Traum dennoch träumten.
Der Kanzler selbst war vermutlich zu realistisch, zu pessi-
mistisch und letztendlich auch zu alldeutsch, um wie sie zu
glauben, daß die Rettung in einem Kompromiß liegen
könnte. Das Juliabkommen, das sehr österreichisch war,
da Wien wieder einmal in beide Richtungen zugleich zu
schauen versuchte, faßte das Problem zusammen. Der veröffentlichte Text kündigte an, daß Deutschland einerseits
Österreichs »volle Souveränität« anerkenne, während
Österreich sich verpflichtete, von nun an seine Politik
»gemäß der Tatsache zu führen, daß es sich als deutscher
Staat bekennt«. Damit wurde also mit der einen Hand gegeben, was mit der anderen genommen wurde.

Die Klauseln eines separaten Gentlemen's Agreement
zeigten, wieviel Hitler sich zurückholte. Unter anderem ver-

---

[61] Da Österreich nur eine kleine Macht war, wurde das Ausland
in der Hauptstadt nur durch Minister vertreten.

sprach Schuschnigg eine politische Amnestie für alle bis auf die schuldbeladensten österreichischen Nazis (insgesamt wurden über 17 000 freigelassen). Noch unheilvoller war, daß er zusagte, in naher Zukunft Angehörige der sogenannten nationalen Opposition in Österreich in sein Kabinett einzubauen. Das war etwas Neues in der Kriegführung: Der Kommandant der belagerten Festung wurde aufgefordert, sich sein Trojanisches Pferd selbst zu bauen.

Einige der Kämpfer im Bauch des Trojanischen Pferdes nahmen nun ihre Plätze ein – wenn auch mit unterschiedlichen Vorstellungen darüber, wie es am vorteilhaftesten für sie und ihre Ideen vorwärts bewegt werden sollte. Schuschnigg hatte sich verpflichtet, zwei sogenannte »betont Nationale« in seine Regierung zu ernennen. Einer der Kandidaten bot sich mehr oder weniger von selbst an: General Edmund von Glaise-Horstenau, der Direktor des Wiener Kriegsarchivs. Der General hatte im Krieg als Verbindungsoffizier zwischen der bewaffneten Macht der Monarchie und Hindenburgs Heeresleitung gedient und war nun als führende Persönlichkeit im »Deutschen Club« Wiens entschlossen, Österreich und Deutschland im Frieden genauso unentwirrbar miteinander zu verflechten wie im Krieg. Es wurde ihm eine vielversprechende Plattform für seine Arbeit geboten: als Minister ohne Portefeuille, betraut mit der Sonderaufgabe, den soeben verkündeten innenpolitischen Waffenstillstand zu überwachen. Der andere, viel unerwartetere Kandidat war der vom Kanzler selbst ausgewählte junge Rechtsanwalt Guido Schmidt, den er zum Staatssekretär des Außenministeriums ernannte, während er die Leitung des Ministeriums selbst behielt. Schmidt wollte einen Abstand zwischen Österreich und Deutschland halten und gehörte daher nicht wie der General zum Lager der absoluten Nationalisten. Er war aber ganz froh darüber, dem sogenannten »deutschen Weg« zu folgen, vor allem wenn sich dieser mit seinem eigenen Weg deckte – das einzige, was diesen Karrieristen wirklich interessierte.

Eine dritte Gestalt, die damals noch ohne ein Amt aus dem Schatten trat, war die des unheilverkündenden Arthur

Seyß-Inquart. Ein Rechtsanwalt wie Schuschnigg und Schmidt und wie sie ein ehemaliger Schüler der Stella Matutina, verband ihn außerdem noch mit dem Bundeskanzler der gemeinsame Dienst an der Italienfront. Seyß-Inquart, der von nun an auf der Wiener Bühne immer mehr in den Vordergrund rückte, war der klassische Befürworter des Zusammenschlusses, der verrückten Vorstellung, daß eine Fusion mit Nazideutschland ohne völliges Aufgehen in ihm möglich wäre. Das sollte ihn nahe an Verrat, dann zu kurzlebigem Ruhm und schließlich auf die Anklagebank in Nürnberg führen. 1936 war er jedoch noch nicht einmal Mitglied der Nationalsozialistischen Partei. Wie Schmidt und Glaise-Horstenau stellte auch er nur eine dieser verschwommenen Farben im Spektrum des österreichischen rechten Flügels dar.

Als sich von Papen ein Jahr später gegenüber einem ungeduldigen Führer wegen, wie er es sah, *seines* Juliabkommens rechtfertigte, wies er ihn darauf hin, daß durch das Abkommen Österreich nicht nur isoliert wäre, sondern auch die zunehmenden Bemühungen in Richtung einer Wiedereinsetzung der Habsburger gestoppt würden. 1937 war das richtige Jahr, um Hitlers Aufmerksamkeit auf dieses Problem zu lenken. Inzwischen war der Erbe der habsburgischen Ansprüche kein unbedeutender und minderjähriger Exilant mehr, der unter der Vormundschaft seiner verwitweten martriarchalischen Mutter, der Kaiserin Zita, stand. Erzherzog Otto, nun 24 Jahre alt und Absolvent von Belgiens berühmter Universität von Louvain, war zum reinsten Zoon politikon herangewachsen, das je aus seiner Dynastie hervorgegangen ist. Der Zufluchtsort der Familie in den dreißiger Jahren, Schloß Ham in Steenokkerzeel in der Nähe von Brüssel, war zugleich Denkfabrik und Machtzentrum des österreichischen Monarchismus, und der junge Kopf des verbannten Hauses hinterließ schon seine Spuren in Europa.

In Österreich selbst belief sich die monarchistische Bewegung in den dreißiger Jahren nach eigenen Schätzungen des jungen Thronanwärters auf nicht mehr als rund 20 000 aktive Unterstützer. Selbst als Interessengruppe (sie konnte formell nicht als Partei auftreten) wurde sie noch geschwächt, da sie unter demselben kunterbunten Haufen an Mitgliedern und demselben Wirrwarr von Zielen und Vorstellungen litt, vom dem das österreichische Denken damals geplagt wurde. Doch die politische Tür war durch die Maiverfassung des Jahres 1934 von Dollfuß einen Spalt weit geöffnet worden, da einige der drakonischen Habsburgergesetze der Republik fallengelassen worden waren. Am 13. Juli 1935 machte Schuschnigg die Tür noch weiter auf, indem er die Landesverweisung für das Erzhaus aufhob. Allen Mitgliedern wurde nun das bedingungslose Recht zur Rückkehr eingeräumt – einzige Ausnahme Otto selbst und seine Mutter. Sie verpflichteten sich jedoch, die Grenze nicht ohne ausdrückliche Erlaubnis des Kanzlers zu überschreiten – wozu es nie kam. Ein solch klassisches Ergehen in »halben Taten« konnte nur dem Kopf eines Juristen entsprungen sein.

Doch Otto und seine Sache nahmen in Schuschniggs Gedanken einen immer größeren Stellenwert ein. Da Mussolinis Hand immer schwächer und Hitlers Hand immer stärker wurde, und da alle verspäteten Bemühungen, die Sozialisten wieder ins politische Spiel zurückzubringen, mißglückten, war die Karte der Legitimisten praktisch die einzige, die noch auszuspielen blieb. Außerdem erfreute sie sich 1936/37 zunehmender Unterstützung im Volk, besonders in den konservativen ländlichen Gegenden, wo über 1500 Dörfer und Gemeinden dem jungen Prätendenten die Ehrenbürgerschaft verliehen hatten. Er war sogar von Schuschnigg in der Angelegenheit des Juliabkommens fast wie ein außerordentliches Mitglied seiner Regierung behandelt worden. Kurz vor Unterzeichnung schickte der Bundeskanzler seinen Pressechef Edmund Weber als Sonderbeauftragten nach Steenokkeerzel, um Ottos Ansichten über das Abkommen einzuholen und ihn zu fragen, ob er auf jeden Fall helfen würde, die Ängste der französischen Regierung nach seinem Bekanntwerden zu zerstreuen. Dem Hilfeansuchen stimmte Otto zu, das Abkommen selbst prangerte er aber als einen Ausverkauf an. Schuschnigg hielt die Legitimisten nicht von einer öffentlichen Ablehnung des Juliabkommens in Wien ab.

Hitler brauchte Papen nicht, um ihn daran zu erinnern, daß die einzige reine, weder von Opportunismus noch vom Deutschkomplex getrübte ständige Quelle des Widerstands gegen ihn in Österreich ihren Ursprung im Lager der Legitimisten hatte. Das Hakenkreuz und das schwarzgelbe Banner konnten niemals Seite an Seite wehen. Nicht umsonst hatte der Plan des deutschen Generalstabs für eine eventuelle militärische Aktion gegen Österreich den Codenamen Operation Otto oder Sonderfall Otto erhalten. Sein ursprüngliches Ziel war eigentlich, etwaigen Restaurationsversuchen zuvorzukommen. Der Führer wäre sicher versucht gewesen, ohne weitere Umstände einzumarschieren, hätte er je erfahren, was am 7. Januar 1937 in einem abgelegenen Kloster in Einsiedeln nahe Zürich vor sich ging. Unter strengster Geheimhaltung traf an diesem Tag Bundeskanzler Schuschnigg, begleitet von Guido Schmidt, mit dem Prätendenten und seinen Beratern zusammen, um zu besprechen, wie und wann eine Restauration durchgeführt werden könnte. Die einzigen über diese Gespräche erhaltenen Aufzeichnungen sind die Notizen, die der Sekretär des Erzherzogs bei dieser Gelegenheit machte und die in den Habsburger Familienarchiven aufbewahrt werden.[62] Guido Schmidt sagte während seines Hochverratsprozesses vor dem Wiener Volksgericht 1947 nichts über die Affäre, und Schuschnigg erwähnt diese wichtige Begegnung in den verschiedenen Werken seiner politischen Rechtfertigung, die er nach dem Krieg veröffentlichte, nicht. Das ist angesichts der Versprechen, die er an diesem Tag gab und in den folgenden Monaten brach, nicht überraschend. Er rechnete

[62] HFA, Kassette Nr. 33, Ordner 805, aus der die folgenden Zitate stammen. Otto Habsburg erzählte dem Autor, daß es davor schon zwei geheime Sondierungsgespräche mit Schuschnigg in einem »sicheren Haus«, dem Hotel du Parc in Mulhouse, das ihm vom französischen Geheimdienst zur Verfügung gestellt wurde, gegeben hätte. Das Treffen in Einsiedeln war jedoch das entscheidende.

vermutlich nicht damit, daß das Geheimnis je an die Öffentlichkeit dringen würde.

Das Protokoll von Einsiedeln beginnt unter der unmißverständlichen Überschrift »Vorbereitungen der Restauration«:

> Es besteht Einigkeit, daß diese jetzt energisch in Angriff genommen wird; Schu.[schnigg] hat die Absicht, so schnell wie möglich im heurigen Jahr die Rest.[auration] ... durchzuführen, eventuell auch im Falle einer schweren europäischen Konflagration.

Danach folgte eine rege Diskussion über den Vorschlag des Kanzlers, Hitler (der einzige »eventuell aktiv auftretende Gegner«) von dem Plan in Kenntnis zu setzen und im voraus eine Einigung mit den Deutschen, oder zumindest ihre Einwilligung, zu sichern. Otto, den Schuschnigg die ganze Zeit über als Eure Majestät anredete, lehnte diesen Vorschlag entschieden ab. Der Kanzler stimmte daraufhin zu, die Idee auf Eis zu legen und keine weiteren Schritte mehr in dieser Richtung ohne Zustimmung »Seiner Majestät« zu unternehmen. »Inzwischen«, so heißt es weiter in den Aufzeichnungen, »wird Schu.[schnigg] seine Ideen formulieren und sie noch im Laufe des Januar ... S.M. [Seiner Majestät] unterbreiten.« Die beiden Seiten diskutierten dann die aktuelle politische Lage in Österreich und die wahrscheinliche Reaktion Ungarns und Jugoslawiens auf eine Restauration in Wien. (Die feindselige Haltung der Tschechen wurde als gegeben hingenommen.)

Schließlich versprach Schuschnigg laut den Aufzeichnungen noch, bevor er wegging: »Einem Prozeß aggressiver Art von seiten Deutschlands gegen die Selbständigkeit von Österreich will Schuschnigg mit Waffengewalt Widerstand leisten.« Besonders dieses Versprechen sollte jämmerlich klingen, als der Kanzler 14 Monate später auf die Probe gestellt wurde.[63]

---

[63] Zum Glück für den eigenen Seelenfrieden glaubte der »Hof im Exil« nie an Schuschniggs mutige Worte. Kaiserin Zita bemerkte einmal dem Autor gegenüber, daß Schuschnigg sicher seinen guten

Obwohl das Treffen in Einsiedeln nur mehr ein historisches Kuriosum bleibt, ist es für unseren Zweck von Bedeutung, da es Licht auf die völlige Gedankenverwirrung Schuschniggs wirft. Von allen Möglichkeiten, die man zur Lösung der österreichischen Notlage ersinnen könnte, war die absurdeste wohl eine Wiedereinsetzung der Habsburger, die noch dazu von Hitler sanktioniert werden sollte. Diese Idee konnte nur einem Geist entspringen, der in seiner Loyalität gespalten war – einerseits Österreichs deutsche Vergangenheit und andererseits sein Glanz als Kaiserreich.

Doch Schuschnigg hoffte wirklich, daß er die beiden Ideen miteinander in Einklang bringen könnte. In einem Treffen, über das es dank der deutschen Archive Aufzeichnungen gibt,[64] drängte er sogar Hitlers Reichsaußenminister Freiherrn von Neurath ernsthaft das Thema auf, als dieser am 23. Februar 1937 Wien einen Besuch abstattete. Dem Bericht des verwirrten Besuchers zufolge hatte Schuschnigg das Argument vorgebracht: »In Österreich ist das alte Herrscherhaus sehr beliebt und die Wiederkehr der Monarchie wäre die beste Möglichkeit, eine Beruhigung der innenpolitischen Lage zu erreichen.« Darauf entgegnete von Neurath unverblümt, »eine habsburgische Restauration wäre für Österreich die beste Möglichkeit, Selbstmord zu begehen«. Trotz dieser Abfuhr ließ sich der Kanzler nicht aus dem Konzept bringen. Er drängte seinen Gast weiter und sagte ihm sogar, daß er es zwar vorzöge, Deutschland in der Angelegenheit zu konsultieren, er aber keine Garantie dafür geben könne, daß Österreich nicht doch auf eigene Faust vorgehe. Was immer sich auch ein Jahr später ereignen sollte, im Moment versuchte Schuschnigg mit allen Mitteln die Quadratur des Legitimistenkreises, den er in Einsiedeln gezogen hatte.

Willen gezeigt habe, es aber fraglich gewesen wäre, ob er auch über die notwendige Willenskraft verfügte. Dies wäre von ihrer Seite immer bezweifelt worden.

[64] Dokumente zur deutschen Außenpolitik, Reihe D, 1. Bd., Nr. 215.

Es war natürlich aussichtslos, von Hitler zu erwarten, daß er irgendein Abkommen anerkennen würde, das Österreich für ihn außer Reichweite brachte. Das Abkommen von 1936 hatte für ihn nur den einen Sinn, seinen Fuß in die Wiener Tür zu bekommen. Sein einziger Gedanke in den darauffolgenden Monaten war, wie er sie noch weiter aufdrücken könnte. Das oft zitierte Hoßbach-Protokoll[65] vom 10. November 1937 über ein Gipfeltreffen zur Besprechung strategischer Pläne, das Hitler am 5. November 1937 in Berlin einberief, zeigt auf, daß der Führer das Jahr 1938 als einen günstigen Zeitpunkt für eine Blitzinvasion in Österreich und der Tschechoslowakei hielt, um Deutschlands Verteidigungslinien zu verkürzen und zu stärken.

Auch seine Gefolgsleute in Wien waren nicht untätig. Am 25. Januar 1938 machten die österreichischen Sicherheitskräfte, durch entschlüsselte Codes alarmiert, eine Razzia in Büro und Wohnung des für Wien bestimmten künftigen Gauleiters Dr. Leopold Tavs und entdeckten detaillierte Pläne für den Sturz der Republik von innen. Die österreichischen Nationalsozialisten, denen im Juliabkommen viel größere Handlungsfreiheit eingeräumt worden war, sollten im Frühjahr eine so grausame Terrorkampagne einleiten, daß Schuschnigg gezwungen wäre, das Heer auf den Plan zu rufen. Daraufhin hätten die Deutschen einmarschieren können, um ihre »verfolgten Brüder« zu retten. Schließlich benötigte Hitler aber weder eine militärische Offensive noch einen innenpolitischen Aufstand, um Österreich in das deutsche Mutterland heimzuführen. Papen lieferte es ihm aus, indem er Schuschnigg dazu überredete, dem Führer in Berchtesgarden einen Besuch abzustatten.

Papen hatte über Weihnachten darauf zu drängen begonnen und war zu Beginn des neuen Jahres mit Hitlers persönlicher Einladung in der Tasche aus Berlin zurückgekehrt.

---

[65] Oberst Friedrich Hoßbach hatte bei einem Treffen als Berichterstatter gedient, bei dem sich die Oberbefehlshaber aller deutschen Wehrmachtteile versammelt hatten, darunter Göring, der bald eine führende Rolle bei der Durchführung des Anschlusses selbst spielen sollte.

Schuschnigg hatte die Einladung im Prinzip am 8. Januar angenommen, unternahm dann aber nichts mehr. Er hatte geahnt, womit Papen rechnete: daß er als schüchterner Ehrenmann aus Tirol mit einer Abscheu vor diesem öffentlichen Theater einem Treffen von Angesicht zu Angesicht mit dem zähesten politischen Schlägertypen und größten Showman des Jahrhunderts nicht gewachsen sein würde. Schuschnigg hatte seine Befürchtungen wegen des Treffens, doch als Hitlers formelles Einladungstelegramm am 26. Januar ankam, blieb ihm nicht viel anderes übrig als zuzusagen. Immerhin wurde der Besuch in äußerst gastfreundlicher Art als »eine Begegnung der beiden deutschen Kanzler« präsentiert. (Der miese Aspekt an dieser Formulierung kam Schuschnigg wahrscheinlich nie in den Sinn.)

Die Vorbereitungen, die Schuschnigg nun für das Ereignis in Angriff nahm, waren seltsam, aber sehr aufschlußreich, sowohl über seinen Charakter als auch über die österreichische Wesensart, die in diesem Charakter zutage trat. Weit davon entfernt, sich eine resolute Verteidigungsstrategie zurechtzulegen (geschweige denn einen Angriff aufzubauen), plante Schuschnigg minutiös einen Rückzug. Das stimmte genau mit jener pessimistischen österreichischen Lebensanschauung überein, die in dem Spruch »Es wird schon schiefgehen« zum Ausdruck kommt. Und so sah Seyß-Inquart, der bereits Weisungen von Göring entgegennahm, plötzlich sein sogenanntes Kleines Programm vom Kanzler akzeptiert. Dabei handelte es sich um ein Paket weiterer Zugeständnisse an die österreichischen Nazis; unter anderem wurde ihnen der Eintritt in ein umstrukturiertes Kabinett in Aussicht gestellt, wogegen sich Schuschnigg seit Monaten gewehrt hatte, obwohl er persönlich immer noch seinem rechtsstehenden katholischen Freund und Kriegskameraden vertraute.

Noch verheerender war, wie sich herausstellte, daß er nun daranging, Österreichs Rückzugsbedingungen (ein Vorstoß dürfte nie geplant gewesen sein) für das Treffen detailliert zu definieren. Zehn Punkte, die sogenannten Punktationen, wurden vom Generalsekretär der Vaterländischen Front, Guido Zernatto, vorbereitet und dem Kanzler am 11. Februar, dem Vorabend seiner Abreise, unterbreitet. Seyß-Inquart war bei diesem Treffen ebenfalls anwesend und sorgte heimlich dafür, daß ein Nazikurier mit einer Zusammenfassung der österreichischen Position mit dem Nachtzug nach Berchtesgarden fuhr. Es war glatter Verrat an Schuschnigg und eine wertvolle Hilfe für Hitler.[66] Die zehn Punkte gingen über das Kleine Programm hinaus und stellten auf allen Gebieten – selbst im militärischen und ideologischen Bereich – weitere Konzessionen an Nazideutschland dar. Der Führer wußte daher, ein paar Stunden bevor Schuschnigg in Begleitung von Schmidt die Grenze erreichte, daß sein Gast eine leichte Beute sein würde.[67]

Hitlers Tiraden in Berchtesgarden (wie auch die Anwesenheit von dreien seiner Generäle, die einzig und allein dazugerufen worden waren, um als Statisten zu dienen) waren typisch für diese kalkulierten Wutanfälle und Drohungen, die er später bei so vielen seiner politischen Opfer anwenden sollte. Der einzige darüber erhaltene Bericht aus erster Hand ist jener oft zitierte, den Schuschnigg aus dem Gedächtnis niederschrieb und zum ersten Mal in seinen Memoiren veröffentlichte. Da er dabei über seinen eigenen Platz in der Geschichte berichtete, kann man wohl sicher sein, daß er – ohne eine Verfälschung zu beabsichtigen – sich selbst in dem günstigsten Licht präsentierte, das die Fakten zuließen. Das läßt seine nervöse defensive Haltung und seine absolute Entschlußlosigkeit, die er darin beschreibt, nur noch beklagenswerter erscheinen. Hitler beschuldigte *ihn*, das Abkommen von 1936 gebrochen zu haben, warf Öster-

[66] In einem seiner früheren Werke, *The Last Empress* (London, 1991), schrieb der Autor versehentlich diese entscheidende Stelle dem Freiherrn Viktor von Frölichstal zu, dem Sekretär des Kanzlers.

[67] Schuschniggs Reise wurde ganz nach österreichischer Art getarnt. Die Faschingssaison hatte ihren Höhepunkt erreicht, und er war pflichtgemäß auf dem Ball seiner Vaterländischen Front erschienen – der die letzte feierliche Parade in Dollfuß' Ständestaat sein sollte. Bei der ersten Hälfte der Zugreise trug Schuschnigg sportliche Kleidung, so als ob er sich auf ein Skiwochenende nach Tirol begebe.

reich vor, seine ganze Geschichte sei ein »ununterbrochener Volksverrat«, und erklärte, er sei nun entschlossen, diesem »Verrat« ein Ende zu machen, wenn nötig mit Gewalt: »Wer weiß – vielleicht bin ich über Nacht auf einmal in Wien; wie der Frühlingssturm! Dann sollen sie etwas erleben! ... und niemand wird die Rache hindern können, auch ich nicht!«

Das war eine nackte Drohung, in das Land einzumarschieren, dessen Souveränität er nicht einmal zwei Jahre zuvor anzuerkennen versprochen hatte. Schuschnigg wies ihn nicht einmal darauf hin, ganz zu schweigen davon, daß er – wie Dollfuß es vielleicht getan hätte – dem Führer das gebrochene Versprechen ins Gesicht zurückgeschleudert hätte. Er bestritt auch nicht den grotesken Vorwurf, Österreichs ganze Geschichte sei ein ununterbrochener »Volksverrat«. Statt dessen führte er an, daß Österreich immerhin seinen Beitrag zum »gesamtdeutschen Kulturbild« geleistet hätte und nannte dann Beethoven (und nicht etwa Mozart) als Beispiel. Der Führer entgegnete ihm bissig und zu Recht, daß Beethoven zufällig ein Deutscher sei. Der Fauxpas brachte Schuschnigg nicht im mindesten durcheinander, weil er ihn nicht als solchen sah. Metternich, gab er zur Antwort, wäre ebenfalls von Deutschland nach Wien gekommen, aber »es fällt ja auch niemandem ein, z. B. Metternich als Rheinländer zu betrachten«. Diesem ehemaligen Schüler der Stella Matutina gewiß nicht.

Als Hitler sich dann in Tiraden über Österreichs Befestigungen an der deutschen Grenze erging (die hauptsächlich gegen Marodeure der Österreichischen Legion errichtet wurden), tat Schuschnigg erst so, als ob er nichts davon wüßte, dann versprach er, den Bau einzustellen. Wie bei den Punktationen fügte man sich schließlich auch hier. Hitler wußte genau, wie er bei diesem Besucher vorgehen mußte. »Ich gebe Ihnen die einmalige Gelegenheit, Herr Schuschnigg,[68] daß Sie

---

[68] Der Führer verwendete die ganze Zeit diese geringschätzige Anrede, mit einer bedeutenden Ausnahme. Als Schuschnigg auf die Ereignisse des Juli 1934 zu sprechen kam, ohne jedoch den Naziputsch zu verurteilen, redete Hitler seinen Gast als »Herr Bundeskanzler« an und behauptete, er hätte nichts mit der Ermordung Dollfuß' zu tun.

auch Ihren Namen in die Reihen der großen Deutschen einfügen können.« (Und, in einer abfälligen Anspielung auf Schuschniggs entfernte slawische Vorfahren, wies Hitler darauf hin, daß, wenn überhaupt, *er* von beiden das größere Recht darauf habe, sich als Österreicher zu bezeichnen.) Die Rechnung, die Schuschnigg für die Aufnahme in das germanische Pantheon bezahlen sollte, wurde ihm nach einem in höflicher Atmosphäre eingenommenen Mittagessen präsentiert. Dem Kanzler wurde eine zweiseitige Liste von zehn Konzessionen zur Unterzeichnung übergeben, die einer völligen Aufgabe der Unabhängigkeit seines Landes gleichkamen. Die wichtigsten Forderungen waren die sofortige Ernennung Seyß-Inquarts zum österreichischen Innenminister »mit Unterstellung des Sicherheitswesens«, die völlige politische Gleichstellung der nationalsozialistischen Partei in Österreich und die Freilassung der restlichen Gefangenen einschließlich der Anführer des Putsches von 1934 sowie der unmittelbare Austausch von 100 Offizieren zwischen der deutschen und der österreichischen Armee. Fast absurd mutete an, daß Hitler seinerseits das Versprechen wiederholte, die Selbständigkeit jenes Landes zu respektieren, das er soeben zum Tod verurteilt hatte. Schuschnigg unterzeichnete dieses Urteil fast unverändert und holte als einzige Konzession drei Tage Zeitaufschub für die Umsetzung der einzelnen Bestimmungen heraus. Papen begleitete die österreichische Gruppe wieder zur Grenze zurück. Da er das Gefühl hatte, etwas sagen zu müssen, versicherte er dem unter Schock stehenden Schuschnigg, daß Hitler sich nicht immer so verhalte.[69] Ganz im Gegenteil, der Führer könnte mitunter »ausgesprochen charmant« sein, wie der nun abreisende Besucher

[69] Papen befand sich selbst in einem leicht traumatisierten Zustand. Nicht ganz eine Woche zuvor war er aufgrund politischer Unruhen in Deutschland mit anderen deutschen Botschaftern in Schlüsselpositionen plötzlich nach Berlin zurückgerufen worden. Damals wurde unter anderem Joachim von Ribbentrop, der bisherige Botschafter in London, zum neuen Außenminister ernannt. Als Papen dem Führer berichtete, daß Schuschnigg einem Treffen zugestimmt hätte, wurde er sofort wieder nach Wien zurückgeschickt.

zweifelsohne bei ihrem nächsten Zusammentreffen selbst herausfinden würde. Die beiden »deutschen Kanzler« sollten sich nie mehr treffen. Hitlers nächste Einladung wurde von einem Bevollmächtigten der Gestapo überbracht.

Schuschnigg hatte große Schwierigkeiten, seine Regierungskollegen und Bundespräsident Miklas zur Zustimmung zu seinem neuen Kabinett zu bewegen, in dem Seyß-Inquart die von Hitler geforderten Schlüsselpositionen innehatte. Eine noch größere Schwierigkeit war, wie der Alptraum von Berchtesgarden der Außenwelt dargelegt werden sollte. Wieder gewannen die angeborene Schüchternheit dieses Mannes und seine ambivalente Haltung gegenüber allem Deutschen die Oberhand. Die nackte Wahrheit – auch wenn sie nur auf geheimem diplomatischen Weg übermittelt würde – hätte ausreichen müssen, um Großbritannien und Frankreich zumindest zu Konsultationen mit Italien anzuspornen, wie dies im Abkommen von Stresa 1935 festgelegt worden war. Statt dessen wurde London und Paris, wo die Beunruhigung und die Sympathie für Österreich immer größer wurden,[70] nur ein Teil der Wahrheit, und der nur auf Raten, mitgeteilt. Die österreichischen Gesandten in ganz Europa wurden anfangs nur über »schwierige Umstände«, die sich in Berchtesgarden ergeben hätten, informiert. Dann erhielten sie die Weisung, diese in allen öffentlichen Diskussionen sogar noch herunterzuspielen aufgrund »der Notwendigkeit allgemeiner Beruhigung«. Die Betonung solle auf das »nunmehr durch die Besprechungen in Berchtesgarden bereinigte Verhältnis zum Reich« gelegt werden.

Unwahrheiten, die einem guten Zweck dienen, sind in internationalen Beziehungen akzeptabel. Hier aber log der

---

[70] In London startete der damalige Führer der Oppositionspartei, der Labour Party, Clement Richard Attlee, im Parlament eine Kampagne, um die Regierung zu greifbareren Aktionen bezüglich Österreichs zu drängen. In Paris versuchte der französische Außenminister M. Delbos ebenfalls, die Briten zu einer gemeinsamen *démarche* in Berlin zu überreden.

Kanzler in einer verhängnisvollen Sache in der Hoffnung, die Krise würde sich von selbst lösen, wenn er so täte, als würde es sie nicht geben. Nun beging Schuschnigg eine noch größere Torheit. Er dachte die ganze Zeit daran, um jeden Preis eine Provokation des Führers zu vermeiden, doch der Kurs, den er letztendlich einschlug, lief wohl auf die allergrößte Provokation hinaus. In Berchtesgarden hatte Hitler unter all seinen Drohungen auch eine nüchterne Herausforderung geäußert: »Versuchen Sie es doch einmal und machen Sie eine freie Volksabstimmung in Österreich, in der Sie und ich gegeneinander kandidieren; dann werden wir ja sehen!« Und genau das beschloß Schuschnigg zu tun.

Das ruhige und leicht kalkulierbare Wesen des Kanzlers unterlag nun einigen wilden Stimmungsschwankungen. Später deutete er diese einerseits als Gefühlswallungen, die wahrscheinlich auf Streß zurückzuführen seien, für den er jedoch nicht einmal eine Erklärung hätte, und andererseits als das Produkt einer kalkulierten Strategie.[71] In einer Rede vor der österreichischen Bundesversammlung am 24. Februar wurde das Lamm von Berchtesgarden plötzlich zum Löwen von Wien. Nicht Nationalismus, sondern Patriotismus stehe auf der Tagesordnung, erklärte er. Und was das jüngste Abkommen mit Deutschland anlange, so sei dies ein Fall von »bis hierher und nicht weiter«. Er schloß mit dem fast schon ekstatischen Ruf »Bis in den Tod! Rot-weiß-rot! Österreich!«. Zum ersten Mal war etwas in ihm an die Oberfläche gekommen, von dem er keine Ahnung gehabt hatte: Leidenschaft und eine Kraft der Rhetorik, mit der er die Massen zu beeinflussen vermochte. Die unmittelbare Reaktion ging weit über die auf der Ringstraße versammelten Bürger hinaus, die die alte Kaiserhymne anstimmten, als sie seine Rede hörten. In Paris war am nächsten Tag die Nationalversammlung begeistert von

---

[71] Dieser Bericht über Schuschniggs Verhalten in den kritischen Wochen nach Berchtesgarden beruht weitgehend auf seinen Briefen an den Autor und mehreren Gesprächen mit dem Autor, die in den sechziger Jahren in Salzburg und New York stattfanden.

Schuschniggs mutigem Auftreten, und ein Abgeordneter erklärte sogar, daß »Frankreichs Schicksal sich nun an den Ufern der Donau entscheiden würde«. Das alles zeigte, was mit ein bißchen Bravour erreicht werden konnte.

Jahre später verlieh Schuschnigg seiner Rede noch einen praktischen Anstrich. Sie sollte, so sagte er, Hitlers Absichten ein letztes Mal auf die Probe stellen. Wenn es zu heftigen Reaktionen vom Führer gekommen wäre, hätte es keinen Zweifel mehr an seinen gewaltsamen Absichten gegeben. Das war ein merkwürdiger Gedankengang, und Hitlers Marionetten bereiteten ihm prompt ein Ende. Lokale Nazigruppen veranstalteten Massenkundgebungen in allen Bundesländern. Am gewalttätigsten waren sie in Graz, wo es den Demonstranten gelang, für kurze Zeit das Hakenkreuz vom Dach des Rathauses wehen zu lassen. Schuschnigg unterdrückte den Aufstand mit einer Demonstration bewaffneter Macht, fühlte sich aber gezwungen, seinen zuverlässigsten politischen Unterstützer, Dr. Karl Maria Stepan, zur Beschwichtigung der Aufrührer aus seinem Amt als Landeshauptmann zu entfernen. Währenddessen durchreiste sein neuer Sicherheitsminister Seyß-Inquart das Land und verkündete in einer Rede nach der anderen: »Österreich ist deutsch und nur deutsch.« Hitlers Kandidat für die Macht benahm sich, als ob er bereits Kanzler wäre, obwohl er sich selbst eingestehen mußte, daß er die Randalierer nicht mehr unter Kontrolle hatte.

So eingeengt, stürzte sich Schuschnigg in vier Richtungen zugleich. Viel zu spät suchte er ernsthaften Kontakt mit der sozialistischen Führung, die, im Bürgerkrieg vier Jahre zuvor grün und blau geschlagen, seither in den Untergrund abgewandert war. Ein konkretes Resultat war die von der sozialistischen Führung zögerlich bestätigte Zusicherung der Gewerkschaften, daß die Arbeiterschaft ihn in einem Kampf gegen Hitler unterstützen würde. Gleichzeitig schloß er die legitimistische Möglichkeit als zu riskant aus. Otto Habsburg hatte ihm am 17. Februar einen langen und bewegenden Brief geschickt, unterschrieben mit »Otto – In der Fremde«, in dem er ihn drängte, dem Druck Deutschlands standzuhalten, und ihm sogar anbot, ihn als Kanzler abzulösen – »wenn Österreich in Gefahr ist, hat der Erbe des Hauses Österreich mit diesem Land zu stehen und zu fallen«. Schuschnigg, der Monarchist, der im Jahr davor voller Versprechungen gewesen war, brauchte ganze zwei Wochen, um über diesen ganz neuen[72] Vorschlag nachzugrübeln; doch dann stellte er in seiner Antwort den doppelköpfigen Adler wieder fest zurück auf seinen Platz im Exil. Die von Baron Neurath am Ballhausplatz ausgesprochene Warnung fast wortgetreu wiedergebend, schrieb er dem Thronprätendenten, daß »jeder Versuch einer Restauration … mit hundertprozentiger Sicherheit den Untergang Österreichs bedeuten müßte«.

Nachdem er den Sozialisten einen schmalen Pfad geöffnet und den Monarchisten einen noch schmaleren versperrt hatte, unternahm Schuschnigg einen letzten Versuch, den Weg nach Rom wieder frei zu machen. Er weihte Mussolini über das aufsehenerregendste Vorhaben, das er im Sinn hatte, ein, nämlich die Durchführung einer nationalen Volksabstimmung, und fragte ihn um seinen Rat. Der Duce, inzwischen nur noch ein Abglanz seiner früheren Machtposition und nun ebenso wie Schuschnigg darauf bedacht, den Führer nicht zu provozieren, riet ihm nachdrücklich davon ab. Wie immer das Ergebnis einer solchen Abstimmung auch ausfiele, antwortete der Duce, es wäre eine »Bombe, die in der Hand Schuschniggs platzen würde«. Da wäre es schon viel besser, auf Görings guten Willen zu vertrauen. Die Aufforderung, den menschenfressenden Tiger zu streicheln, war die letzte persönliche Nachricht, die Schuschnigg von Österreichs einstigem Protektor erhielt.

[72] Und eigentlich auch nicht durchführbaren Vorschlag, wie Erzherzog Otto dem Autor gegenüber nach dem Krieg eingestand, als er mit ihm eine deutsche Dokumentation anläßlich seines 80. Geburtstags drehte. Das Vorhaben war ursprünglich von seiner Mutter Zita ausgegangen, die ihn sogar dazu drängte, die Zurückweisung zu ignorieren und mit dem Privatflugzeug in Wien zu landen.

Über den Ausgang der Volksabstimmung, für die sich der Kanzler schließlich am 6. März entschied, bestand wenig Zweifel. Die Frage, die er drei Tage später in einer weiteren Bravourleistung in Innsbruck ankündigte, lautete: »Sind Sie für ein freies und deutsches, unabhängiges und soziales, für ein christliches und einiges Österreich?« Damit war alles abgedeckt, außer Demokratie und Ständestaat. Es war bemerkenswert, daß unmittelbar nach dem Ruf nach Freiheit, der der Stimmung der Stunde entsprach, der Ruf nach Zugehörigkeit zum deutschen Volk folgte, der durch die Jahrhunderte herauf zu hören war. Niemand konnte etwas gegen die anderen oben erwähnten Forderungen einwenden, und mit der nun sicheren Unterstützung der Industriearbeiter konnte Schuschnigg mit einer Mehrheit von 70 Prozent rechnen.[73] Seine Schlußworte, »Sagt ja zu Österreich!«, drückten eine gewisse Zuversicht aus.[74] Die einzige Voraussetzung war, daß dieses glühende Eisen patriotischer Leidenschaft nicht auskühlen durfte. In diesem Sinn setzte Schuschnigg den Abstimmungstag für den kommenden Sonntag, den 13. März, an. Bis dahin waren es nur noch vier Tage, Zeit genug für Hitler, die Volksabstimmung und damit Österreich in Grund und Boden zu stampfen.

Sobald Hitler die Direktübertragung der Rede am Mittwoch abend hörte, wußte er, daß ihm nicht einfach nur eine politische Herausforderung, sondern eine persönliche Demütigung bevorstand. Im besten Fall konnte man damit rechnen, daß ein Drittel der österreichischen Wähler aus dem Umfeld der Nazis und radikalen Alldeutschen mit Nein stimmen würde. Das Ergebnis wäre eine öffentliche Ablehnung des Reichs und des Führers gewesen, und noch

[73] Es muß erwähnt werden, daß Schuschnigg sein Bestes gab, um das Ergebnis zu »frisieren«. So wurde zum Beispiel das Wahlalter auf 24 Jahre angehoben, um die jugendliche Bevölkerung auszuschließen, die von der Naziideologie stark infiziert worden war.

[74] Zur Freude seines Innsbrucker Publikums fügte er noch Andreas Hofers berühmten Aufruf zum Kampf gegen Napoleon im Tiroler Dialekt hinzu: »Mander, 's ischt Zeit.«

dazu in einer Form, die die größte Wirkung auf die westlichen Demokratien gehabt hätte, da sie die offizielle Meinung einer ganzen Nation in einer freien Abstimmung ausgedrückt hätte.[75] Hitler begann wütend gegen Schuschnigg zu wettern, doch diesmal war seine Wut echt und nicht nur Theater, und in den frühen Morgenstunden des Donnerstag hatte er bereits mit den Vorbereitungen für seine Zerstörung begonnen. Das Prestige des »größten aller Deutschen« stand nun auf dem Spiel.[76]

Vor Tagesanbruch am 10. März hatte er die beiden Generäle, die eine Schlüsselrolle in jeder Operation gegen Österreich spielen sollten, nach Berlin beordert: General Schober, der das Kommando über das siebente Armeekorps in München hatte, und General von Reichenau, Oberbefehlshaber der vierten Armeegruppe bei Leipzig (letzterer wurde von Kairo zurückgerufen, wo er an einem Treffen des Olympischen Komitees teilnahm). Die beiden wichtigsten Generäle der Wehrmacht, Wilhelm Keitel, Chef des Oberkommandos der Wehrmacht, und Ludwig Beck, der Generalstabschef, wurden im Laufe des Vormittags herbeizitiert, um über ihre Pläne für eine Invasion Bericht zu erstatten. Als Beck zugab, daß nichts Detailliertes auf dem Papier existierte (»Operation Otto« war nur in groben Zügen als Notplan entworfen worden), befahl ihm Hitler, binnen weniger Stunden einen Plan anzufertigen, und legte diesen mündlich in Umrissen dar.

[75] »Es scheint ein starkes Stück, zu sagen, daß ein Regierungschef keine Volksabstimmung abhalten darf, wenn er es will.« Das sagte Lord Halifax, der gerade Anthony Eden als britischer Außenminister gefolgt war, zu Ribbentrop, der sich wieder in London aufhielt, um als scheidender Botschafter einige Abschiedsbesuche zu erledigen. Das Gespräch fand im britischen Außenministerium am 10. März statt. Es wurden scharfe Worte ausgetauscht, doch sonst nichts.

[76] Hitler war eigentlich schon ein paar Stunden früher von einem seiner Spitzel, einer Sekretärin in Zernattos Büro, vor der geplanten Volksabstimmung gewarnt worden. Doch der Führer konnte nicht glauben, daß Schuschnigg ihm solchen Widerstand leistete, bis er es selbst übers Radio hörte.

Das Ergebnis war die »Weisung Nr. 1« des Führers, in der die achte Armee den Auftrag bekam, den Angriff durchzuführen, und in der die ersten Ziele festgelegt wurden: die Besetzung von Nieder- und Oberösterreich, Salzburg und Tirol, die rasche Einnahme von Wien und die Sicherung der österreichisch-tschechischen Grenze. Und was das österreichische Bundesheer anlangte, so müsse jeder Widerstand »unbarmherzig durch Waffengewalt gebrochen werden«. Andererseits sollten die einmarschierenden Truppen den Eindruck erwecken, »daß wir keinen Krieg gegen unsere österreichischen Brüder beginnen wollen«. So wurden gleichzeitig Zuckerbrot und Peitsche gegeben. Wie sich herausstellte, reichte schon eine leichte Andeutung mit der Peitsche, und für das Zuckerbrot sorgten die Österreicher selbst.

Hitler hatte sich in den frühen Morgenstunden des 10. März auch mit Göring in Verbindung gesetzt, und jetzt nahm der Feldmarschall und Oberbefehlshaber der Luftwaffe die Sache im Namen des Führers in die Hand. Göring sollte acht Jahre später bei seinem Nürnberger Prozeß stolz erklären, »daß nunmehr endlich die heiß ersehnte Möglichkeit bestand, die ganze und klare Lösung durchzuführen. Und von diesem Augenblick ab muß ich die Verantwortung für das Weitere, was geschah, hundertprozentig auf mich nehmen.« Jedenfalls war die Lösung klar genug für den Feldmarschall, um sich in seinem Jagdschloß Karinhall ein Fresko der Karte Deutschlands und Mitteleuropas auf die Mauer malen zu lassen, auf der überhaupt keine Grenze mehr zu Österreich bestand, und klar genug für ihn, um damit vor seinen Besuchern anzugeben, darunter Mussolini und, im November 1937, Guido Schmidt. Das Äußerste, das Schuschniggs Staatssekretär als Protest aufbieten konnte, war, Göring darauf hinzuweisen, daß dieser den Ereignissen ganz schön weit vorausgegriffen hätte. Der Duce bewunderte überhaupt nur die Arbeit des Künstlers. Dieses Fresko von Karinhall war von sehr viel Symbolik umgeben.

Göring ging am 10. und 11. März natürlich nicht seine eigenen Wege. Obwohl er es war, der am 10. den Einmarschbefehl gegeben hatte, geschah dies offensichtlich im Namen des Führers, wie er später aussagte. Am folgenden Tag jedoch machte er sich seine eigene Eroberungsmethode zu eigen. Am 11. März wurde die Erste Republik Österreich zum ersten – und bisher letzten – Land in der Geschichte, das fast ausschließlich per Telefon eingenommen wurde.

Zugegeben, der Führer hatte die Grundlagen dafür geschaffen. Schuschniggs »betont nationaler« Minister ohne Portefeuille, Glaise-Horstenau, war zu dieser Zeit zufällig in Berlin und wurde am frühen Morgen des 11. März mit einem persönlichen Brief des Führers für Seyß-Inquart, seinem wichtigsten Handlanger, eiligst nach Wien zurückgeschickt. Der Innenminister wurde angewiesen, sich sofort zum Kanzler zu begeben und eine Verschiebung der Volksabstimmung um zwei Wochen zu fordern. Beide Kandidaten Hitlers im Kabinett würden zurücktreten, sollte Schuschnigg sich weigern, und das Ultimatum (der Mittag des 11. März war die ursprünglich vorgegebene Zeit) war gespickt mit kaum verschleierten Androhungen von Nazigewalt und sogar einer deutschen Invasion.

In Schuschniggs Stimmung vollzog sich in den nächsten drei Stunden ein außergewöhnlicher Wandel. Zu Mittag hatte er scheinbar vor Trotz gesprüht, so als ob er immer noch auf der Rednerbühne in Innsbruck stünde. Er hatte dem Wiener Polizeipräsidenten Dr. Michael Skubl, auf dessen Loyalität er sich im Gegensatz zu vielen in den unteren Rängen verlassen konnte, mehrere Sicherheitsvorkehrungen für den Ernstfall angeordnet. Der Jahrgang 1915 der Reservisten wurde einberufen, angeblich um am Tag der Volksabstimmung für Ordnung zu sorgen, auch zusätzlicher Treibstoff für die motorisierten Truppen wurde angefordert, und die Betriebsmiliz der Bundesbahn wurde mit Waffen und scharfer Munition ausgerüstet. Die Nazis hatten ihre Spitzel überall, und noch in der gleichen Stunde, in der die Maßnahmen angeordnet wurden, hatte sie die deutsche Gesandtschaft auch schon nach Berlin gemeldet. Hitler wußte deshalb, daß er entweder vor einer echten Herausforderung stand oder man nur so tat als ob, aber woran er nun wirklich war, wußte er nicht. Man kann durchaus die Meinung vertreten, daß Hitler sich vielleicht zurückgehalten hätte, auch wenn Schuschnigg nur geblufft und gleichzeitig an die Weltöffentlichkeit appelliert hätte. Das war jedenfalls eine der Möglichkeiten, die Schuschnigg einer Gruppe seiner engsten Berater vorlegte, die sich um 14 Uhr in seinen Amtsräumen versammelten. Doch nur eine halbe Stunde später, nach einer weiteren kurzen Konfrontation mit Seyß-Inquart und einer noch kürzeren Besprechung mit Bundespräsident Miklas, gab er plötzlich klein bei und sagte die schicksalhafte Volksabstimmung ab.

Selbst seine Kollegen waren bestürzt über diese plötzliche Kapitulation in einer Angelegenheit, auf die er seine eigene Zukunft und die seines Landes gesetzt und in der er den ganzen Vormittag über eine solche Hartnäckigkeit gezeigt hatte. Der einzige Umstand, der ihn über die Mittagszeit so entmutigt haben könnte, war, daß in Rom der Duce für ihn telefonisch »nicht erreichbar« gewesen war. Doch das war nur eine Bestätigung dessen, was für den Kanzler ohnehin bereits offensichtlich war – daß im Jahr 1938, ganz im Gegensatz zu 1934, der Duce keinen Finger gegen Hitler erheben würde. Seine Antwort an Dollfuß' Witwe Alwine, die persönlich an ihn appellierte, die vier Jahre zuvor gewährte Hilfe zu wiederholen, sprach für sich: Er riet ihr, mit ihren Kindern in die Schweiz zu gehen. Eine mögliche Begründung für Schuschniggs Kehrtwendung war, daß er die Nerven verlor. Das wäre keine unehrenhafte Erklärung gewesen, die er selbst hätte vorbringen können. Aber er wies sie zurück. Viel später schrieb er,[77] daß er trotz der Belastung seine Nerven diesen ganzen schrecklichen Tag über unter Kontrolle hatte. Er erlitt zwar tatsächlich einen Nervenzusammenbruch, doch dieser war eine verspätete Reaktion, als er bereits in einer Gefängniszelle der Nazis saß.

Die wirkliche Erklärung lag nicht in Schuschniggs nervlicher Verfassung, sondern in seinem Charakter und seiner

77 In einem Brief an den Autor vom 16. Februar 1962.

gespaltenen Persönlichkeit. Im Gegensatz zu seinem österreichischen Landsmann Adolf Hitler war er weder ein Bluf-
fer, noch liebte er das Rampenlicht. Dieser schüchterne und
im Grunde seines Herzens zurückhaltende Mann dürfte vor
diesem plötzlichen grellen Licht der Öffentlichkeit, in das er
sich selbst gestellt hatte, zurückgeschreckt sein. Was seine
gespaltene Persönlichkeit betrifft, so war sie Ausdruck des
alten Ringens zwischen der Loyalität zum österreichischen
Staat und der Loyalität zum deutschen Volk, das hier ein
letztes verhängnisvolles Mal in der Geschichte der Republik auftauchte. In seinen Memoiren schrieb er, daß er im
Innersten der festen Überzeugung war: »Kein zweites
1866 …!« Es war in mancherlei Hinsicht ein merkwürdiger
Vergleich aus der Vergangenheit, doch in anderer Hinsicht
hatte sich der Kreis der Geschichte geschlossen. In Königgrätz waren die Deutschen in den Krieg gezogen, um Österreich aus ihrem Reich zu vertreiben. Nun versuchte Hitler,
sie wieder mit Gewalt zurückzuholen, und ab 14.30 Uhr an
Österreichs längstem Tag stand ihm der Weg nach Wien
offen.

Görings telefonischer Blitzkrieg[78] begann nur 15 Minuten, nachdem Schuschnigg die Volksabstimmung verworfen hatte. Als er von Seyß-Inquart hörte, daß Schuschnigg
die Volksabstimmung abgesagt hatte, bemerkte der Feldmarschall grimmig, daß dies »in keiner Weise« genüge, er
aber im Moment nicht mehr dazu sagen könne. Eine Stunde
später, nachdem er sich mit Hitler über die Angelegenheit
beraten hatte, telefonierte er wieder mit seinem Wiener
Handlanger, und diesmal hatte er viel zu sagen. Schuschnigg müsse »infolge des Bruches des Berchtesgardener
Abkommens« zurücktreten, und noch innerhalb dieser
Stunde müsse Bundespräsident Miklas den Mann am
Hörer, Arthur Seyß-Inquart, zu seinem Nachfolger ernennen. Käme es zu irgendeiner Verzögerung, dann sollte Hit-

---

[78] Es gibt vollständige Aufzeichnungen davon im Telefonjournal
des deutschen Reichsluftfahrtministeriums in Berlin, die 1945 den
Alliierten in die Hände fielen.

lers künftiger Kanzler ein schon vorbereitetes Telegramm nach Berlin senden, um militärische Unterstützung anzufordern.

So wie eineinhalb Stunden vorher Schuschniggs Berater verblüfft über seinen Rückzieher bezüglich der Volksabstimmung waren, war nun seine gesamte Umgebung völlig durcheinander wegen des plötzlichen und brutalen Vorgehens der Deutschen. Seyß-Inquart selbst konnte nur mit den Schultern zucken, als ihn die anderen Minister zu einer Erklärung drängten. »Fragen Sie nicht mich«, gab er zur Antwort, »ich bin nichts als ein historisches Telefonfräulein«. Die Reaktion auf die neuesten Ereignisse von Hitlers anderem Kabinettssprecher sagten noch viel mehr über die konfuse Naivität, die das österreichische Denkvermögen weitgehend lahmlegte. »Man weiß nicht, ob man als anständiger Mensch unter diesen Umständen noch mitmachen kann«, war der gequälte Kommentar des einstigen k. u. k. Offiziers General Edmund von Glaise-Horstenau. Man möchte fast glauben, daß er und seinesgleichen allen Ernstes erwartet hatten, der Führer werde mit Glacéhandschuhen an die Arbeit gehen.

Schuschnigg wußte es nun besser, doch nachdem er sich beim ersten Schlag ergeben hatte, hatte er keinen Kampfgeist mehr, um dem K.o.-Schlag standzuhalten. Um 16 Uhr war er bereits beim Bundespräsidenten, um seinen Rücktritt einzureichen.[79] Miklas war, wie er bereits 1918 unter Beweis gestellt hatte, aus härterem Holz geschnitzt, und es war nur seinem hartnäckigen Widerstand und seiner Verzögerungstaktik zu verdanken, daß Österreichs offizielle Kapitulation bis nach Mitternacht hinausgezögert wurde. Auf Görings Forderung, er solle Seyß-Inquart zum neuen

[79] Es ist historisch erwähnenswert, daß die oft zitierte Botschaft von Lord Halifax aus London, daß Großbritannien nicht in der Lage sei, »irgendeinen Schutz zu garantieren«, in der britischen Gesandtschaft in Wien erst eine halbe Stunde danach einlangte. Anders gesagt, Schuschnigg kapitulierte, bevor er in seinem Rückzieher bestätigt wurde, wie verfrüht dieser auch war.

Bundeskanzler ernennen, gab er unverblümt zur Antwort, daß es Deutschland nichts angehe, wer in Österreich regiere. Das war die Sprache vom Mittwoch und vom Donnerstag, doch am Freitag klang sie schon beunruhigend überholt. Aber Miklas hatte einen Pluspunkt, und zwar einen, dessen sich Hitler sehr bewußt war. Wie alle politischen Briganten (die sowjetischen Kommunisten folgten ihm in dieser Hinsicht) wollte er seine Taten mit dem Mäntelchen der Legalität bedecken, und die Unterschrift des österreichischen Staatsoberhaupts war nötig, um sich diese Legalität zu sichern.[80]

Über zehn Stunden lang – eine Ewigkeit gemessen an den Blitzereignissen an diesem Tag – weigerte sich Miklas, zu unterschreiben. Erst versuchte er Schuschnigg dazu zu überreden, im Amt zu bleiben, mußte sich aber mit dessen widerwilliger Zustimmung zufriedengeben, nur noch die Regierungsgeschäfte weiterzuführen, bis ein Amtsnachfolger gefunden sei.[81] Miklas suchte überall nach diesem Ersatzmann, stieß jedoch zumindest dreimal auf glatte Ablehnung. Skubl wies darauf hin, daß er bereits auf Hitlers schwarzer Liste stehe, der frühere christlichsoziale Kanzler Dr. Ender sagte, daß er von diesem Amt »mehr als genug« hätte, General Sigismund Schilhawsky, der Generalinspekteur des Bundesheers, antwortete, daß er Militär und kein Politiker sei und er sich überdies zu kränklich fühle. Göring hatte inzwischen einen seiner eigenen Generäle ins Spiel

[80] Der andere rechtliche Vorwand war vom Führer im vorhinein vorbereitet worden: ein Telegramm von Seyß-Inquart, in dem die Hilfe der Deutschen zur »Wiederherstellung der Ordnung« angefordert wird. Der Text wurde ordnungsgemäß in Berlin veröffentlicht, obwohl Seyß-Inquart leugnete, diese Botschaft je abgeschickt zu haben.

[81] In seinen Memoiren macht Schuschnigg eine aufschlußreiche Bemerkung über sein Verhalten zu diesem Zeitpunkt: »Meine Aufgabe ist nun zu Ende … ich darf dem anderen nicht die Blutschuld tragen helfen, wenn es zum Äußersten kommt und wieder einmal Kain daran geht, seinen Bruder Abel zu erschlagen.« (Mit »Kain« meinte er vermutlich Österreich!)

gebracht, Generalleutnant Wolfgang Muff, den deutschen Militärattaché in Wien. Dieser Wackere wurde um etwa sechs Uhr früh zum Bundespräsidenten geschickt, um ihm das Ultimatum zu stellen, daß die deutsche Armee einmarschieren würde, sollte Seyß-Inquart nicht bis 19.30 Uhr zum Bundeskanzler ernannt werden. Miklas setzte den Eindringling wie einen begossenen Pudel wieder vor die Tür.

Doch obwohl Miklas der Hüter der österreichischen Verfassung war, war Schuschnigg verantwortlich für das, was von der österreichischen Regierung und Exekutivgewalt noch übrig war. Die Meldung, daß deutsche Truppen Görings Befehl ausgeführt hätten und nun über die Grenze marschierten, traf bald nach Ablauf des Ultimatums in Wien ein. Obwohl die Nachricht sich als falsch erwies, reichte schon das Gerücht darüber aus, Schuschnigg von einem Rückzug zur totalen Kapitulation zu bewegen. Um 8.10 Uhr erklärte er im Namen des Bundespräsidenten in einer Rundfunkübertragung vom Ballhausplatz, daß Österreich angesichts der deutschen Einmarschdrohung »der Gewalt weiche«. Das österreichische Bundesheer habe den Befehl erhalten, keinen Widerstand zu leisten, »weil wir um keinen Preis, auch in dieser ernsten Stunde nicht, deutsches Blut zu vergießen gesonnen sind«. Die Verwirrung zwischen den beiden Völkern erklang aus den allerletzten Worten, die er an seine Landsleute richtete – er endete mit »einem deutschen Wort und dem herzinnigen Wunsch: Gott schütze Österreich«. Das Mikrofon stand in dem an seine Amtsräume angrenzenden Eckzimmer, nur ein paar Schritte von der Stelle entfernt, wo Dollfuß vier Jahre zuvor in dem gescheiterten Putsch von den Kugeln eines Nazis niedergestreckt worden war. Jetzt wurde gerade das ganze Land niedergestreckt – und ohne daß ein Schuß fiel.

Das war zwar eine Kapitulation, aber noch keine Lösung. Zwar hatte sich Schuschnigg von der Macht verabschiedet, doch Seyß-Inquart war nicht an die Macht gekommen, denn Miklas weigerte sich, die von ihm erstellte Ministerliste zu akzeptieren. Hitlers Kanzlerkandidat versuchte es noch einmal und brachte eine weitere Mischung österreichischen Nationalsozialismus gemildert durch alldeutschen Katholizismus hervor. Der unvermeidliche Glaise-Horstenau war der wichtigste Sprecher des Kanzlers im letzteren Lager. Dr. Franz Hueber, ein Schwager Görings, und die finstere Gestalt Ernst Kaltenbrunners vertraten die österreichischen Nazis jeweils als Justizminister und als Staatssekretär für Sicherheit. Das war die Liste, unter die Miklas schließlich lange nach Mitternacht seine Unterschrift setzte. Für Hitler war sie die notwendige Legalitätsfassade, für Österreich das Leichentuch über dem Leichnam der Republik.

Für Seyß-Inquart bedeutete sie jedoch noch etwas anderes, und zwar die Illusion, daß der doppelköpfige Adler, nun wieder Symbol Österreichs, und das deutsche Hakenkreuz nebeneinander von einem Fahnenmast wehen könnten. Um diesem Traum nachzujagen, ließ er sogar Hitler am selben Morgen um 2.30 Uhr aufwecken mit der Bitte, den Einmarsch abzusagen. Das war der absolute Gipfel der Ambivalenz, die Vorstellung, daß es noch immer eine Grenze zwischen Nazideutschland auf der einen Seite und Österreich als eine Art separater Satellitenstaat auf der anderen Seite geben könnte.

Hitler machte natürlich kurzen Prozeß mit dem Vorschlag. Seine » Weisung Nr. 1 «, erklärte er, bevor er wieder zu Bett ging, sollte wie geplant bei Tagesanbruch ausgeführt werden. Seyß-Inquart hatte, wenn er je davon gewußt hatte, die Freskokarte in Karinhall vergessen.

VI

Die Hakenkreuzjahre

1. Kurze Flitterwochen

Der deutsche Einmarsch (von einer Invasion konnte man nicht sprechen) entsprach kaum den Blitzkriegdrohungen, die Hitler in Berchtesgarden von sich gegeben und die Göring nun gerade ins Telefon gebrüllt hatte. Ganz im Gegenteil: Nachdem die Deutschen am 12. März 1938 in der Morgendämmerung einmarschiert waren, war die Straße nach Linz und weiter nach Wien mit kaputten und hängengebliebenen Lastwagen und einspurigen Fahrzeugen übersät.[1] Es gab auch ernsthafte Mängel in der Kommunikation, und überhaupt bot die achte Armee General Schobers militärisch einen nicht sehr beeindruckenden Anblick. Sie kam nur deswegen so mühelos vorwärts, weil die Österreicher selbst ihr alles aus dem Weg räumten. An vielen Grenzübergängen waren die Grenzbalken schon lange bevor die deutschen Soldaten in Sicht kamen entfernt worden, und an den übrigen halfen die österreichischen Zöllner bereitwillig beim Abbauen. Die wichtigsten Grenzgebiete Passau, Salzburg und Kiefersfelden – wo österreichische Pioniere die Inntalüberflutungsanlage als ihre erste Grenzverteidigungslinie vorbereitet hatten – waren alle bis zum Frühstück in deutscher Hand. Dieser Erfolg hätte sicher vereitelt werden können, wenn der österreichische Widerstandsplan des Generalstabs zum Einsatz

---

[1] Nach späteren Schätzungen des deutschen Generalstabs kam fast ein Drittel der Panzerfahrzeuge auf den Straßen zu Schaden, und rund 70 Prozent aller Fahrzeuge blieben hängen – entweder wegen Maschinenschaden oder wegen schlecht ausgebildeter Fahrer.

gekommen wäre. Der Plan, der von Schuschnigg Ende 1937 in allen Einzelheiten bewilligt worden war, sah zwei Kampftage gegen die Deutschen in der befestigten Grenzzone vor und dann den bewaffneten Rückzug in die Täler. Auf das Zeichen »Grenzen sichern« sollte das österreichische Heer die Landminen aktivieren und sofort auf jeden bewaffneten Eindringling schießen.[2]

Nach dem Krieg wiederholte Schuschnigg immer wieder seine Gründe (und läßt einen dabei an die französische Maxime *Qui s'excuse, s'accuse* denken), weshalb er nie den Befehl dazu gab. Rein pragmatisch gesehen, waren sie ganz vernünftig. Von den westlichen Demokratien hätte er sich im Notfall nicht mehr als diplomatischen Protest erhoffen können. 1938 war der Duce doch das eher untergeordnete Mitglied in der europäischen Diktatorenpartnerschaft und wollte, wie sich zeigte, den Führer auf keinen Fall verärgern, und ihm zu drohen, kam ihm schon gar nicht in den Sinn. Militärisch gesehen konnte ein sich selbst überlassenes Österreich nur sehr kurzfristig Widerstand leisten. Im 20. Jahrhundert hätte eine Schlacht zwischen den beiden deutschen Nationen zwar länger, aber nicht viel länger als Königgrätz gedauert.

Es gab auch triftige Gründe für einen Widerstand, doch waren diese nicht gerade überwältigend. So kann man argumentieren, daß Hitler nicht sicher sein konnte, ob Mussolini einfach untätig zusehen würde, wie die Deutschen bis hinunter zur Brennergrenze marschieren.[3] Diese Unge-

<hr>

[2] Nach diesem Plan hätte eine Streitkraft von 5000 Mann binnen sechs Stunden nach dem Alarmsignal in Bereitschaft stehen können. In den nächsten zwei Tagen wäre in den westlichen Bundesländern und entlang der Traun die Hauptstärke von 25 000 Mann mit 350 Geschützen verfügbar gewesen. Weitere 50 000 Mann wären dann in den folgenden fünf Tagen bereitgestanden.

[3] Diese Spekulation erwies sich später als sehr begründet. Hitler hatte persönlich einen Sonderbeauftragten, Prinz Philip von Hessen, nach Rom geschickt, um den Duce dazu zu überreden, ein *fait accompli* in Österreich zu akzeptieren. Als Mussolini sich fügte, schickte ihm Hitler ekstatische Dankschreiben und sicherte ihm seine Hilfe in

wißheit wurde weiter verstärkt durch die innenpolitische Krise, mit der der Führer zu kämpfen hatte und durch die eine anhaltende Demonstration österreichischen Widerstands, selbst wenn dieser in Wirklichkeit nicht mehr als ein Bluff gewesen wäre, ihm hätte schaden können. Außerdem hätte man sich darauf verlassen können, daß die österreichische Armee gekämpft hätte, hätte sie Befehl dazu erhalten. Ihr Offizierskorps war sorgfältig gesäubert worden und wies, so nahm man an, nicht mehr als fünf Prozent von Nazisympathisanten auf. Unter der loyalen Mehrheit befanden sich sogar einige, die sich entschlossen auf einen Konflikt vorbereiteten. So hatte zum Beispiel der Kommandant der Militärakademie von Wiener Neustadt, Generalmajor Towarek, an seine Kadetten scharfe Munition ausgegeben, als ob er sie darauf vorbereitete, die Republik im Jahr 1938 so zu verteidigen wie ihre Vorgänger, die sich 20 Jahre vorher um den Kaiser im Schloß Schönbrunn geschart hatten.

Letztendlich mußte auch der störende tschechische Faktor in die deutsche Risikorechnung miteinbezogen werden. Görings schwärzestes Szenario für seinen Überfall auf Österreich war nicht so sehr eine feindselige Reaktion von Rom – die er, im Gegensatz zu Hitler, anscheinend von Anfang an ausgeschlossen hatte – als vielmehr eine Intervention von Prag, der Hauptstadt einer slawischen Nation, die seit Jahrhunderten jeder germanischen Aggression in welcher Uniform und Gestalt auch immer Widerstand geleistet hatte. Hätte Präsident Beneš, seit 1935 Masaryks Nachfolger, einfach demonstrativ seine Truppen entlang der deutschen Grenze aufmarschieren lassen, wäre er vielleicht von Rußland, der alten Schutzmacht aller Slawen, unterstützt worden, und möglicherweise hätte sich sogar

jeder zukünftigen Krise zu. Erwähnenswert ist auch, daß der Duce noch bis 1936 Österreich bei der Aufrüstung für einen Kampf gegen Hitler unterstützt hatte. In diesem Jahr gab er 150 österreichische Geschütze mit Munition zurück, die seit ihrer Erbeutung während des Kriegs von 1914 bis 1918 in Italien gelagert worden waren.

Frankreich als Patron der Kleinen Entente dazu aufgerafft. Das Schicksal Wiens wäre dann über Nacht zu dem geworden, als das es letztendlich, doch viel zu spät, betrachtet wurde – eine europäische Angelegenheit, und nicht nur eine österreichisch-deutsche. Göring mußte sich alle Mühe geben, um mit Unterstützung des deutschen Außenministeriums den tschechischen Minister in Berlin, Vojtech Mastný, davon zu überzeugen, daß Hitler der Tschechoslowakei nicht zu schaden beabsichtige. Bis zum Abend des 12. März hatte der Gesandte wiederum Beneš beruhigen können, der sich dann von der ganzen Affäre distanzierte.

Also hätte es in Wirklichkeit sehr wohl Gründe für einen Widerstand gegeben, aber Schuschnigg wog nicht so sehr die Argumente ab, sondern folgte vielmehr dem Ruf des Blutes. Wären die Rollen der Diktatoren der Achse Berlin-Rom 1938 vertauscht gewesen und hätte ein mächtiger und aggressiver Mussolini den Brenner überquert, um sich Nordtirol zu greifen, dann hätten die Österreicher gemeinsam gegen ihn gekämpft wie in die Enge getriebene Tiere. Wie auch immer, Hitlers Deutsche waren keine Feinde im herkömmlichen Sinn, sie gehörten keinem fremden Volk an, sondern waren alte Verbündete ein und desselben Volks. Der Anschluß konnte daher als der Höhepunkt und die Lösung eines langen Familienstreits gesehen werden. So läßt sich der militärisch gesehen eigenartigste Aspekt an diesem 12. März leichter erklären. Damit ist nicht Schuschniggs Befehl zur Kapitulation an die Soldaten gemeint, sondern vielmehr der Umstand, daß jeder einzelne von ihnen diesem Befehl gehorchte. Egal welcher Dienstgrad, welches Regiment oder Bundesland, an diesem Tag wurde von österreichischer Seite kein einiger Schuß abgegeben, nicht einmal in die Luft als Geste des Widerstands oder der Verzweiflung. Auch nahm kein einziger aus Protest auf der Stelle seinen Hut, obwohl später viele Offiziere ausgeschlossen wurden. Österreichs schwärzeste Stunde war keinesfalls seine größte.

Dieses Muster wiederholte sich bei der Zivilbevölkerung, als am Nachmittag des Einmarsches Hitler selbst um

15.50 Uhr die österreichische Grenze bei seinem Geburtsort Braunau am Inn überquerte. Es war eine merkwürdige Heimkehr. In einer Botschaft an die Welt, die an diesem Morgen vor seinem Abflug aus Berlin über Rundfunk gesendet worden war, hatte sich Hitler auf den »Betrug« der von Schuschnigg vorgeschlagenen Volksabstimmung konzentriert. Diese, so wurde in der Rede behauptet, wäre der Gipfel einer langen Kampagne der Ungerechtigkeit, »gegen die sich endlich das deutsche Volk in Österreich selbst erhoben« hätte. (Eine übertriebene Formulierung für die Intrigen einer Handvoll hoffnungsvoller Alldeutscher, die von Göring zu Aktionen getrieben worden waren.) Aufgrund dieser »Erhebung«, so hieß es weiter, habe er sich entschlossen, »den Millionen Deutschen in Österreich nunmehr die Hilfe des Reiches zur Verfügung zu stellen«. Das Ziel sei, dem Volk die Möglichkeit zu geben, »durch eine wirkliche Volksabstimmung seine Zukunft und damit sein Schicksal selbst zu gestalten«. Hitlers letzte Worte lauteten: »Ich selbst als Führer und Kanzler des deutschen Volkes werde glücklich sein, nunmehr wieder als Deutscher und freier Bürger jenes Land betreten zu können, das auch meine Heimat ist.«

Doch in welcher Eigenschaft sollte er es betreten? Krieg war keiner erklärt worden, also konnte er kaum als siegreicher Oberbefehlshaber einziehen. Die österreichischen Nazis waren genaugenommen immer noch verboten, also konnte er nicht an einer Parteiversammlung teilnehmen. Als ein offizieller Regierungsbesuch konnte es auch nicht gelten, da er vom österreichischen Bundespräsidenten, der ja immer noch im Amt war, nicht eingeladen worden war. Also erklärte der »freie Bürger«, er hätte die Grenze überschritten, um »das Grab seiner Mutter zu besuchen«.[4] Das

---

[4] Diese »Erklärung« übergab Göring dem britischen Botschafter in Berlin, Sir Neville Henderson, der (aufgrund seiner berüchtigten prodeutschen Einstellung etwas zögernd) eine formelle Protestnote bezüglich der österreichischen Krise überreicht hatte. Göring agierte in Hitlers Abwesenheit als Regierungschef.

ganze Affentheater symbolisierte gleich mehreres: zum einen die ewige Verwirrung der Begriffe »deutsch« und »österreichisch«, weiters, wie weit die Propagandamaschinerie der Nazis schon ging, um die Wahrheit zu verdrehen, und ebenso die offensichtliche Verachtung, die man in Berlin gegenüber der Meinung der westlichen Demokratien empfand.

Dem Empfang nach zu urteilen, der Hitler nun auf seinem Triumphmarsch nach Wien bereitet wurde, hätten diese westlichen Staatsmänner sehr wohl glauben können, daß er wirklich als Retter einer unterdrückten Nation gekommen wäre. Wie kein einziger Schuß von Österreichs Soldaten abgegeben worden war, so wurde kein einziger Stein von seinen Zivilisten geworfen, und nicht eine geballte Faust war in dem Wald von Armen zu sehen, die entweder winkend oder zum Nazigruß ausgestreckt die Straße durch Ried und Wels bis zur Landeshauptstadt Linz säumten. Hier sollen nach Schätzungen an diesem Abend fast fünf Sechstel der Stadtbevölkerung zu seiner Begrüßung gekommen sein. Seyß-Inquart war als Leiter des Empfangskomitees nach Linz geflogen, und Hitler, der »freie Bürger«, nahm zur Kenntnis, daß das Oberhaupt einer immer noch österreichischen Regierung anwesend war. »Deutsche, deutsche Volksgenossen, Herr Bundeskanzler«, begann die Rede des Führers. Und weiter ging es mit gut kalkulierter Verwirrung. Zwar wurde die Existenz einer österreichischen Regierung im Moment noch anerkannt, doch von Österreichern war keine Rede mehr.

Die Verwirrung sollte sich bald auflösen, zumindest für die Deutschen, und der ganzen Farce sollte dank des stürmischen Empfangs, den Hitler gerade erlebt hatte, schnell ein Ende bereitet werden. Selbstzerstörung zieht sich wie ein roter Faden durch die österreichische Geschichte, doch selten zeigte sie sich stärker als an jenem Abend des 12. März in Linz. Die in einer Landeshauptstadt versammelte ekstatische Menschenmenge jubelte ihr ganzes Land buchstäblich in den Untergang. Als Hitler die Grenze überquerte, hatte er nichts Drastischeres im Sinn als den Zusammenschluß der

Regierungen der beiden Länder mit ihm selbst als gemeinsames Staatsoberhaupt. Österreich wäre dabei nominell eigenständig geblieben. Überhaupt wäre es die Lösung gewesen, auf die die Alldeutschen aus dem Lager Seyß-Inquarts gehofft hatten und für die auch tatsächlich in Berlin ein Gesetz entworfen worden war. Hitler zog nun gezwungenermaßen den Schluß, daß mehr von ihm erwartet wurde – von seinen eigenen Landsleuten wie auch vom Schicksal.

Wie immer, wenn er eine instinktive Entscheidung traf, handelte er mit atemberaubender Schnelligkeit. Staatssekretär Stuckart vom Innenministerium, der die Gesetzgebung für die Personalunion der beiden Länder ausgearbeitet hatte, wurde nach Linz eingeflogen und erhielt die Weisung, auf der Stelle ein neues Gesetz für einen totalen Anschluß vorzubereiten.[5] Bis zum Morgen des 13. März war es fertig, und am selben Nachmittag wurde es in Wien Seyß-Inquart und seinem Kabinett vorgelegt. Österreichs letzter Kanzler, dessen Lebenstraum von zwei deutschen Staaten plötzlich zerstört war, akzeptierte das neue »Wiedervereinigungsgesetz« ohne Protest. Er konnte weder mit Hitler noch mit der jubelnden Menge streiten. Noch einmal machte Bundespräsident Miklas eine Geste für sich selbst und für die Geschichtsbücher, als er sich weigerte, das Dokument zu unterzeichnen. Doch da er einwilligte, sämtliche Funktionen dem derzeitigen Kanzler zu überlassen, war dies nur noch ein wirkungsloser Akt der Distanzierung. Seyß-Inquart begab sich noch einmal nach Linz, um die Auslöschung seines Landes zu formalisieren. Die einzige Gefälligkeit, um die er den Freudentränen weinenden Führer bat, war ein günstigerer Umrechnungskurs für den Schilling. Hitler zeigte sich einverstanden, war es doch ein

[5] In Berlin hatte Göring denselben Schluß aus der stürmischen Begrüßung in Linz gezogen, die er im Radio verfolgt hatte. Es scheint, als ob sein Kurier nach Linz, der Hitler einen Anschluß vorschlagen sollte, sich in der Luft mit Hitlers Kurier gekreuzt hätte, der den Befehl dazu in der Tasche hatte.

niedriger Preis dafür, daß er Österreich so einfach zu einem »Land des Deutschen Reiches« erklären konnte.

Nun stand ihm der Weg in die Hauptstadt offen. Wenn die Linzer bei seinem Empfang ihn nicht dazu überredet hätten, seine Annexionspläne zu ändern, so hätten ihm sicher die Wiener diesen Gefallen getan. Es gibt peinliche, ja beschämende Episoden im Leben aller Nationen. Eine solche war für einen Österreicher mit einem Funken patriotischen Gewissens der Anblick der riesigen Menschenmenge, die am Morgen des 15. März den Wiener Heldenplatz füllte. Hitler war am Nachmittag zuvor in die Hauptstadt eingezogen, eine düstere Gestalt im braunen Mantel der Sturmtrupps, aufrecht im offenen Wagen stehend und die rechte Hand steif zum Nazigruß erstarrt. Die Fahrt von Linz hatte über sechs Stunden gedauert. Dieses Schneckentempo wurde zum Teil infolge von Treuekundgebungen und den Blumenbombardements *en route* verursacht, zum Teil aber auch, weil erst die kaputten Fahrzeuge seiner achten Armee, die überall entlang der Straße hängengeblieben waren, weggeräumt werden mußten. Ihr Anblick mag die Ursache für seine grimmige Haltung gewesen sein.

Doch jetzt, nach einer Nacht im Hotel Metropole, war er wieder in überschwenglicher Stimmung. Vom Balkon der Hofburg hielt er weniger die Rede eines Eroberers, sondern vielmehr eine Dankesrede für ein ihm überreichtes Geschenk. Und wieder wurde Österreich kaum beim Namen genannt – nicht einmal bei seiner eigenen Grabrede, was es ja eigentlich war: »Ich proklamiere nunmehr für dieses Land seine neue Mission ... Die älteste Ostmark des deutschen Volkes soll von nun an das jüngste Bollwerk der deutschen Nation und damit des Deutschen Reiches sein.« In Hitlers Schlußworten hallte das Versprechen wider, das er 15 Jahre zuvor im Landsberger Gefängnis niedergeschrieben hatte: »Als der Führer und Kanzler der deutschen Nation und des Reiches melde ich vor der Geschichte nunmehr den Eintritt meiner Heimat in das Deutsche Reich.«

Der Anblick jener 250 000 Staatsbürger dieses »jüngsten Bollwerks«, die unten jubelten und winkten, belastet das österreichische Gewissen seit damals. Diese Menge war immerhin rund ein Siebentel der Wiener Bevölkerung, und im Lauf der Jahre sind verschiedene Versuche unternommen worden, eine einleuchtende Erklärung für dieses Phänomen zu finden. Wien, und nicht Linz, ist eigentlich der Ort, um die allgemeine Euphorie ins rechte Licht zu rücken. Es reicht nicht zu sagen, daß der Heldenplatz einfach »vollgestopft« wurde mit österreichischen Nazischaren, die von außerhalb vom Reichsführer SS Heinrich Himmler, der drei Tage vor dem Führer in Wien angekommen war, eingeschleust worden waren. Tausende Hitlerjugendgruppen waren einberufen worden (alle Schulen waren geschlossen), doch die Masse machten die Wiener aus, auch wenn darunter ein großer Haufen der traditionellen *Adabeis* der Stadt war, auf deren Erscheinen man sich bei jedem farbenprächtigen Anlaß verlassen konnte.[6] Die Tatsache, daß an diesem Tag alle Geschäfte und Fabriken geschlossen waren und traumhaftes Frühlingswetter herrschte, ließ ihre Zahl nur noch mehr anwachsen.

Doch viel wichtiger für eine historisch ausgewogene Betrachtung war die Blitzoperation, die Himmler einleitete, kaum daß er in der Hauptstadt war. In der Nacht vom 12. auf den 13. März wurde jeder prominente, auf der Gestapoliste angeführte, österreichische Nazigegner aufgegriffen und eingesperrt, viele von ihnen waren für den Weitertransport ins Konzentrationslager Dachau bestimmt. Die Zahl von über 70 000 Opfern bei dieser ersten Verhaftungswelle (wie im offiziellen österreichischen *Rot-Weiß-Rot-Buch* von 1946 angegeben) stellte sich als stark übertrieben heraus. Viele – vielleicht der Großteil – jener, die sofort festgenommen wurden, kamen im Lauf der nächsten Wochen

---

[6] 44 Jahre später etwa strömten Menschenmassen in die Innenstadt, als am 13. November 1982 die ehemalige Kaiserin Zita zum ersten Mal wieder Wien besuchen durfte, das sie im November 1918 verlassen hatte. Es gab damals laute Jubelrufe, doch viele waren einfach nur gekommen, um diese einzigartige Überlebende aus der Vergangenheit anzustarren.

und Monate wieder frei. Laut einem Gestapobericht waren von den insgesamt knapp unter 21 000 Verhafteten bis Jahresende weniger als 1500 Österreicher immer noch in Schutzhaft. Es ist schwierig, die genaue Zahl zu ermitteln, da sich sogar die deutschen Statistiken widersprechen. Doch selbst wenn die untere Grenze von rund 20 000 Verhaftungen für den Frühling 1938 angenommen wird, hatte Himmler mit einem Schlag jeden im politischen, bürokratischen oder militärischen Leben der Ersten Republik von der Bühne entfernt, der in den Augen der Nazis eine Gefahr für die »Neue Ordnung« hätte darstellen können.[7]

Weiters gab es neben jenen, die Hitler am 15. März zujubelten, und jenen, die bereits hinter Gittern saßen, Hunderttausende Wiener, die an diesem Tag einfach zu Hause blieben – betäubt von den Ereignissen oder sogar aus Angst vor dem, was die Zukunft noch bringen würde. Zu letzterer Kategorie gehörten vor allem die 175 000 Juden der Stadt, die wußten, daß mit der Zerstörung der letzten Hoffnung auf eine wenigstens nominelle Unabhängigkeit eines österreichischen Staates nun sicher sie an die Reihe kommen würden. Doch wo es keine Begeisterung für Hitler gab, da herrschte Teilnahmslosigkeit gegenüber seiner Anwesenheit. Eine seltene Ausnahme war ein Wiener Ehrenmann von tadellosem antifaschistischem Ruf, Fred Payrleithner, ein Monarchist und liberal-konservativer Katholik, der sich am Morgen des 15. März mit einer geladenen Pistole auf den Weg machte, deren Kugeln für Adolf Hitler bestimmt waren. Nachdem er eine Stunde lang durch die Straßen der Stadt gewandert war, in denen sich anscheinend nur beglückte Bürger drängten, kehrte er niedergeschlagen und unverrichteter Dinge in seine Wohnung zurück. Selbst

---

[7] Unter seinen Opfern befand sich auch Schuschnigg selbst, der es ablehnte, aus dem Land zu fliehen (im Gegensatz zu vielen führenden Politikern der Linken und der Rechten). Die erste Phase seiner Haft, die bis 1945 dauerte, verbrachte er im Hotel Bristol. Sein erster Wachposten war derselbe österreichische Nazi, der ihm auch als Wachposten in Berchtesgaden einen Monat zuvor salutiert hatte.

wenn es möglich gewesen wäre, auf den Führer zu schießen, so schien an diesem Tag ein Attentat völlig fehl am Platz zu sein.[8]

Nicht nur an diesem Tag: Das allgemeine Klima der Begeisterung schien sich in den folgenden Wochen noch zu vertiefen. Nach der Ausrufung Österreichs als ein Land des Deutschen Reiches kündigte Hitler bereits im nächsten Atemzug an, daß am Sonntag, dem 10. April 1938, »eine freie und geheime Volksabstimmung der über zwanzig Jahre alten deutschen Männer und Frauen Österreichs über die Wiedervereinigung mit dem Deutschen Reiche« abgehalten würde. Obwohl das österreichische Volk über vollendete Tatsachen abstimmen würde, war dem Führer eine bloße Mehrheit nicht genug. Das mochte für Demokratien ausreichen, er aber war, in echt diktatorischem Stil, auf eine allgemeine Zustimmung aus oder wollte einer solchen zumindest so nahe kommen, wie dies durch eine Wahl möglich war. Da die Vaterländische Front von der Bühne entfernt war und die Sozialisten schon lange unterdrückt waren, mußte nicht erst gegen eine politische Opposition angekämpft werden, um dieses Resultat zu erzielen, sondern es mußte nur das Lager der Unentschlossenen beeinflußt werden. Auf der Rechten drängten sich diese nun um die katholische Kirche, und auf der Linken um das, was von der sozialistischen Führung übriggeblieben war. Beide waren leichte Zielscheiben.

Der Wiener Erzbischof Kardinal Innitzer hatte gleich von Anfang an seine Bereitschaft gezeigt, sich dem vorherrschenden Wind zu beugen. Auf seine Anweisung hin war der Führer bei seinem Einzug in die Hauptstadt mit Glockengeläut und aufgerollten Hakenkreuzfahnen von den Kirchtürmen begrüßt worden. Soviel zu dem Mann, der

---

[8] Sein Sohn Alfred Payrleithner, Mitarbeiter des ORF, stellte dem Autor freundlicherweise das Tagebuch seines Vaters zur Verfügung. Diese persönlichen Aufzeichnungen waren nie für eine Veröffentlichung vorgesehen, was ihrer Authentizität besonderes Gewicht verleiht.

der geistliche Führer des christlichen Ständestaates war. Die völlige Bekehrung gelang dann Papen. Der deutsche katholische Totengräber der Republik machte seinen letzten Spatenstich, indem er Hitler während der Heldenplatzfeierlichkeiten überredete, den Kardinal unmittelbar danach persönlich zu empfangen. Das Ergebnis ihres Privatgesprächs im Hotel Imperial überstieg wahrscheinlich sogar Papens Erwartungen, der dabei anwesend war. Innitzer, selbst sudetendeutscher Abstammung, drückte seine Freude über die Verwirklichung des »alten Traums von der deutschen Einheit« aus. Österreichs Katholiken, so versprach er, würden »die treuesten Söhne des großen Reiches werden, in dessen Arme sie an diesem denkwürdigen Tage heimgekehrt seien«. Als Gegenleistung versprach Hitler eine gute Zusammenarbeit. Dadurch erhoffte sich der Erzbischof freie Bahn, oder zumindest weitgehende Freiheit bei der religiösen Erziehung und Ausbildung im ganzen Großdeutschen Reich.

Es war der alte vertraute Handel, den die katholische Kirche über die Jahrhunderte herauf mit der jeweiligen Macht abgeschlossen hatte: Die Übergabe des Staatskörpers an den Kaiser, solange dieser nur die Seele in Ruhe lasse. In Österreich stieg im Frühling 1938 der Führer besser aus dem Handel aus. Am 27. März wurde eine feierliche Erklärung, die die österreichischen Bischöfe zehn Tage zuvor unterzeichnet hatten, von allen Kanzeln des Landes herunter verlesen. Nachdem die Nationalsozialistische Partei für ihr Armenhilfswerk und ihren Kampf gegen den Bolschewismus gelobt wurde, endete die Botschaft: »Am Tage der Abstimmung ist es für uns Bischöfe selbstverständlich nationale Pflicht, uns als Deutsche zum Deutschen Reich zu bekennen, und wir erwarten von allen gläubigen Christen, daß sie wissen, was sie ihrem Volk schuldig sind.«[9]

---

[9] Österreichs Führer der protestantischen Kirche folgten am 1. April mit einer noch begeisterteren Erklärung, in der sie an ihre historische Sehnsucht nach einer »Heimkehr ins Deutsche Reich« erinnerten.

454

Zwei der von Innitzer zur Unterzeichnung der Proklamation nach Wien berufenen Prälaten hatten schon einen Vorgeschmack erhalten, wie die »nationale Pflicht« unter dem neuen Regime erzwungen werden sollte. Der Salzburger Erzbischof Waitz war zwei Tage lang von den Nazis unter Polizeiaufsicht gestellt worden, während sein Kollege aus Graz, Bischof Pawlikowski, sogar für 24 Stunden ins Gefängnis gebracht worden war. Als ein weiteres unheilvolles Zeichen der Zeit war Innitzer gezwungen worden, seinen Begleitbrief mit *Heil Hitler* zu unterschreiben. Erst eine Woche zuvor, am 11. März, hatte Innitzers Diözese erklärt: »Als österreichische Staatsbürger stehen und kämpfen wir für ein freies und unabhängiges Österreich!«

Als die Proklamation der Bischöfe verlesen wurde, war die Volksabstimmung nur noch zwei Wochen entfernt. Die Nazis brauchten noch eine weitere Woche, um ihr zweites Opfer festzunageln. Die Sozialisten hatten viel größere Zweifel als die Kirche an den Tag gelegt, sich für Hitler auszusprechen, und sie hatten auch viel größere Schwierigkeiten, einen Sprecher zu finden. Ein Sofortprogramm zur Arbeitsbeschaffung und Projekte der Kinderwohlfahrt schwächten ihre feindselige Haltung. Am 3. April, genau eine Woche vor der Abstimmung, wurde ihre Kapitulation schließlich von dem ewigen Pragmatiker und politischen Überlebenskünstler Karl Renner bekanntgegeben. Sie fand in Form eines Interviews im Wiener *Tagblatt* statt, in dem der Ex-Kanzler auf seine vergeblichen, schon 20 Jahre zurückliegenden Versuche, Österreich mit Deutschland zu fusionieren, zurückgriff. Die danach folgende »20jährige Irrfahrt des österreichischen Volkes« wäre nun zu Ende. Seine Worte waren wohlüberlegt und würdevoll, und er wagte sogar, Mißfallen über die Methoden, durch die der Anschluß herbeigeführt worden war, zu äußern. Doch das abschließende Versprechen war alles, das zählte, und dieses lieferte die breite Schlagzeile: »Ich stimme mit ›Ja‹.«[10]

---

[10] Zu dieser Zeit war Renners Kollege Dr. Robert Danneberg, ein früherer Generalsekretär der Partei, bereits inhaftiert, nachdem er den vergeblichen Versuch unternommen hatte, Otto Bauer und den ande-

Als die Urnen geleert und die Stimmen gezählt waren, wies das offizielle Wahlergebnis eine enorme Wahlbeteiligung und eine massive Zustimmung zum Anschluß auf. Von den 4 484 000 Wahlberechtigten hatten 4 453 000 mit Ja gestimmt. Es wurden nur 11 929 Nein-Stimmen gezählt, und – was fast gleich verachtend war – weitere 5776 Wähler hatten ihren Stimmzettel aus Protest verfallen lassen. Daraus ergab sich eine Mehrheit von 99,73 Prozent für Hitler, und obwohl solche Zahlen in ihrer Neuheit aufsehenerregend waren, so waren sie nicht wirklich überraschend, betrachtet man den unsichtbaren Druck, der an diesem Tag ausgeübt wurde, die Stimmung des Augenblicks und alle Schocks, die der Wahl vorangegangen waren.

Die damals wirkenden Hauptfaktoren waren nicht politische, ja nicht einmal ideologische (wenn man die fanatischen Nazis ausnimmt). Sie waren psychologischer Natur, ein Gefühl der Isolierung verbunden mit einem Gefühl äußerster Hilflosigkeit. Der kleine Staat, der sich so sehr auf Italiens Schutz verlassen und so hoffnungsvoll zu den westlichen Demokratien um Hilfe geblickt hatte, war in Rom, Paris und London so gut wie abgeschrieben worden. Die Österreicher, die – abgesehen von Dollfuß und ein paar treuen Anhängern seiner Vaterländischen Front – nie allzuviel Vertrauen in ihre Republik gesetzt hatten, hatten diese jetzt ebenfalls abgeschrieben und damit auch sich selbst. Dazu kam noch eine Fülle anderer Faktoren, wie etwa der Groll gegen den Friedensvertrag von Saint-Germain, den Hitler zurechtzurücken geschworen hatte, und die Hoffnung, daß seine dynamischen Wirtschaftsprogramme Österreichs Probleme lösen und vor allem die hohe Arbeitslosenzahl von 400 000 reduzieren könnten.

Es wäre sicher nicht zu einer so enormen Mehrheit gekommen, hätte es eine Oppositionspartei gegeben, die ohne Angst vor einer Einschüchterung Gegenpropaganda

ren ins Ausland zu folgen. Danneberg war Jude, und ein mögliches Motiv für Renners Erklärung mag sehr wohl darin bestanden haben, die Freilassung Dannebergs und anderer Gefangener sicherzustellen.

gemacht hätte. Selbst ohne eine solche freie Debatte wären die Ja-Stimmen sicher zurechtgestutzt worden, wenn nicht über 350 000 Wähler, geschätzte acht Prozent der Österreicher über 20 Jahre, von Anfang an als nicht wahlberechtigt erklärt worden wären. Die größte Gruppe unter den von der Wahl Ausgeschlossenen stellten die Juden dar – rund 170 000 allein in Wien – und ein buntgemischter Haufen anderer Unerwünschter, darunter natürlich die Tausende politischer Gefangener, die bereits hinter Gittern saßen. Dieser Aspekt wurde von der Schar ausländischer Journalisten übersehen, die, nachdem sie ihre Runde zu den Wahllokalen hinter sich gebracht hatten, berichteten, daß ihnen keine Unregelmäßigkeiten aufgefallen wären und sie keine Verletzungen des Wahlgeheimnisses beobachtet hätten. Sie dürften auch den scharfen Atem des Polizeistaates, der bereits in der Luft lag, nicht gespürt haben. Es bestand ein feiner Unterschied darin, die Österreicher dazu zu drängen, Hitler zu unterstützen, und ihnen zu verstehen zu geben, daß es nicht klug von ihnen wäre, sich gegen ihn zu stellen. Die ganze Zeit über arbeitete der Propagandaapparat der Nazis ungehindert auf Hochtouren an einer Kampagne, deren Höhepunkt der Besuch des Führers in Wien am Vorabend der Abstimmung war.

Doch wenn all diese Faktoren berücksichtigt werden und alle theoretischen Berichtigungen des Resultats erfolgt sind, scheint es dennoch wahrscheinlich, daß selbst in einer freien Wahl die Mehrheit am 10. April 1938 hinter Hitler gestanden wäre, genauso wie sie am 13. März hinter Schuschnigg gewesen wäre, hätte er seine Volksabstimmung abhalten können. Der Umschwung, der in diesem Zeitraum stattfand, war aber dennoch verblüffend: Ein Chor von »Rotweiß-rot bis in den Tod« wandelte sich zu Sieg-Heil-Rufen für den Totengräber, sang die Menge vorher noch die alte Kaiserhymne *Gott erhalte,* so hörte man nun das *Horst-Wessel-Lied* der Nazis, und oft aus den gleichen Hälsen. Bis zu einem gewissen Grad hatte der gewaltsame Umschwung der Ereignisse diesen gewaltigen Stimmungswandel mit sich gebracht. Angst, Überdruß, Opportunismus und Hoffnung überwogen mit Sicherheit den Fanatismus. Doch es gab auch etwas sehr Österreichisches an diesem plötzlichen Wandel, das vor allem auf die Wiener zutraf: Sie waren mit einem weinenden und einem lachenden Auge auf die Welt gekommen, was in Schuberts Musik so deutlich spürbar ist. Die Hauptstadt des Walzers und der Operetten war auch die Stadt der neurotischen Angst und der Rekordselbstmordraten – in die österreichische Psyche ist ein Pendel eingebaut.

Und schließlich müssen wir einen Blick auf diese Antisymbiose der Rassen werfen, die die Österreicher über die Jahrhunderte herauf verfolgt und die in jenen Wochen ihren turbulenten Höhepunkt erreicht hatte. Schuschnigg weigerte sich »deutsches Blut« zu vergießen, Seyß-Inquart huldigte am Schrein des »deutschen Kulturerbes«, Renner ließ den Traum eines »Deutschösterreich« von 1918 wieder aufleben, sowohl Hitler als auch Innitzer erweckten die »deutsche Ostmark« wieder zum Leben, ein tausend Jahre altes auf die Babenberger zurückgehendes Gebilde. Im Frühling 1938 stand das Wort »deutsch« für fast alles, und war daher praktisch inhaltlos geworden.

Das Pendel begann jedoch wieder auszuschlagen, zwar langsamer, doch diesmal entschlossener. In dem vielleicht größten Paradoxon ihrer Geschichte begannen die Österreicher in dem Augenblick ihre Identität zu entdecken, als sie sie verloren.

2. Unglückliche Ehe

Nun mußten die Österreicher ein noch viel schwierigeres Kunststück vollbringen, als in zwei Richtungen zugleich zu schauen – und zwar ein Leben in zwei Dimensionen leben, jener der österreichischen und jener der alldeutschen Identität, in der sie nun aufgegangen waren. Von allen Völkern Kontinentaleuropas, die nacheinander Hitlerdeutschland zum Opfer fallen sollten, waren ihre Erfahrungen unterm Hakenkreuz einzigartig. Alle diese Länder brachten ihren Anteil an faschistischen Führern und eine breite Masse von Kollaborateuren hervor. Doch weil die betreffenden Nationen slawisch, gallisch oder nordisch waren, waren diese Gruppen Minderheiten, die von der gesamten Bevölkerung als reine Egoisten oder als Verräter betrachtet wurden.

Im Fall von Hitlers Österreichern, einem deutschen Volk, das sich soviel Mühe gab, ihn willkommen zu heißen, verhielt sich das ganz anders. Für die nächsten sieben Jahre waren sie die Agenten des Terrors und zugleich seine Opfer, sie wurden Folterknechte wie auch Gefolterte, sie waren die Stützen eines bösartigen Regimes und gleichzeitig jene, die diese Stützen umzustoßen versuchten. Zu einer Schwerpunktverlagerung zwischen diesen beiden Rollen kam es, als die Hoffnung und die Verzückung in Desillusion umschlugen, was noch beschleunigt wurde, als klar wurde, daß der Führer nicht nur ein strenger Zuchtmeister, sondern auch ein militärischer Verlierer war. Aber irgendwie hielt diese Dualität sieben Jahre lang und umfaßte die ganze Nation. Das muß man sich von Anfang an vor Augen halten, besonders weil die Österreicher, nachdem alles vorüber war, die respektable Rolle hervorhoben und die verrufene herunterzuspielen oder zu vertuschen versuchten. Niemand konnte natürlich in seiner Verteidigung so weit gehen, sie ganz abzustreiten.

Die Ernüchterung setzte sehr früh ein, selbst unter jenen, die sich Mitte März noch heiser geschrien hatten. Dazu kam es, als man erkannte, was es wirklich für Österreich bedeutete, dank dieser Jubelrufe zu einer Provinz Deutschlands degradiert zu sein. Das sogenannte Kabinett Seyß-Inquart überlebte nur drei Tage, als sein Traum vom Zusammenschluß und Hitlers Konzept für eine Personalunion sich auflösten. Am 15. März wurde dieser kurzlebigste Bundeskanzler Reichsstatthalter für die Ostmark. Alle Hoffnungen, die er immer noch gehegt haben mag, sein Amt dazu zu verwenden, wenigstens Bruchstücke einer eigenständigen

Identität zu bewahren, wurden schnell zunichte gemacht. Gleich am nächsten Tag ernannte Hitler Wilhelm Keppler, vor dem Anschluß sein wichtigster Berater unter den österreichischen Nazis, zu seinem Sonderkommissar für die Wiedervereinigung Österreichs mit dem Deutschen Reich. Damit wurden Seyß-Inquarts bereits zerfledderte Flügel weiter gestutzt. Ganz ausgerissen wurden ihm die Federn am 23. April, als Keppler durch den deutschen Nazi Josef Bürckel, Hitlers früherem Gauleiter für das Saarland, ersetzt wurde. Bürckel hatte drei Jahre zuvor das Saarland mit großem Erfolg Deutschland eingegliedert und sollte nun in viel größerem Rahmen das gleiche mit Österreich machen. Von nun an waren die Tage von Seyß-Inquart und seinen Brüdern im Traume gezählt. Die neue Ostmark wurde immer noch von Regierungsbeamten verwaltet, die genaugenommen unter ihrer Kontrolle standen. Die wirkliche Macht war aber auf ein Parteinetz der Nazis übergegangen, das von Berlin aus gelenkt und durch einen Terrorapparat aufrechterhalten wurde.

Sein Inkrafttreten wurde durch ein Memorandum angekündigt, das Bürckel, eine Woche nachdem er Kepplers Platz eingenommen hatte, an Seyß-Inquart sandte. Darin wies der Reichskommissar den Reichsstatthalter an, ihm alle bevorstehenden Gesetzesänderungen und Änderungen im alten österreichischen Rechtssystem vorher zur Genehmigung vorzulegen. Alle neuen Maßnahmen dürften nur von seinem Büro durchgeführt werden. Somit war der Partei- und Polizeistaat offiziell eingeführt worden.

Die österreichische Polizei war bereits gesäubert worden. Eine von Himmlers ersten Handlungen in Wien war die Entlassung Dr. Michael Skubls, des Staatssekretärs für Sicherheit, der Schuschnigg treu geblieben war. Er wurde als Minister von Ernst Kaltenbrunner abgelöst, der während der Jahre, als die Vaterländische Front die Nationalsozialistische Partei in den Untergrund getrieben hatte, beim Wiederaufbau der österreichischen SS mitgeholfen hatte. Kaltenbrunner war einer aus dieser gefährlichen Bande von hohen österreichischen Nazis, die es in ihrem Fanatismus und in ihren Übeltaten mit jedem Schuft, der in Hitlers Reich nur aufgetrieben werden konnte, aufnehmen sollten. Er glaubte an dieses Reich und kämpfte bis zum bitteren Ende dafür.

Himmler brauchte nicht lange nach einem Ersatz für Skubl als Wiener Polizeichef zu suchen. Der neue Mann war niemand anderer als Otto Steinhäusl, der vier Jahre zuvor führend am gescheiterten Putsch gegen Dollfuß beteiligt gewesen war. Es gab kaum Probleme mit der Basis der Polizei. Viele von ihnen waren am Morgen dieses kritischen 11. März mit Hakenkreuzarmbinden, die sie in ihren Taschen versteckt hatten, ausgerückt, und bis zum Einbruch der Nacht befanden sich die Binden bereits an ihren Armen. Dennoch hielt Himmler es für vernünftig, diese so schnell zum Nationalsozialismus bekehrten Österreicher durch seine eigenen bewährten Männer zu verstärken. Über 6000 gewöhnliche deutsche Polizisten kamen hinter der deutschen Armee über die Grenze, gefolgt von größeren Kontingenten von deutscher SS und Gestapo.

Obwohl der Macht entkleidet, unternahm Seyß-Inquart einen letzten Kampf um die Erhaltung einer gewissen eigenständigen Rolle für Österreich und für sich selbst innerhalb der Neuen Ordnung, und er führte den Kampf auf dem einzigen ihm noch verbliebenen Gebiet, der Kultur. Er hatte bereits in einem persönlichen Brief von Hitler vom 23. April 1938 das Versprechen auf einen nicht näher definierten Ministerposten im Reich erhalten, sobald sein Posten in Österreich formell aufgelöst wäre. Den ganzen Sommer und Herbst 1938 über bat er den Führer um seine Ernennung in ein eigens dafür zu schaffendes Ostmarkministerium, dessen Aufgabe die Verbreitung österreichisch-deutscher Kultur im gesamten Donaubecken wäre. Dieses Konzept einer »österreichischen Mission« hatte seinen Ursprung tief in der Habsburgermonarchie und zog sich auch durch die Republik Österreich von Seipel bis Dollfuß herauf.[11] Doch Seyß-Inquart sollte dies nie verwirklicht

---

[11] Es sollte gegen Ende unseres Jahrhunderts in Wien sogar mit noch größerer Energie wieder an die Oberfläche kommen.

sehen; erst einmal wurde die kulturelle Eigenständigkeit Österreichs zusammen mit den Überbleibseln seiner politischen Identität verschlungen. Im Juni 1939 wurde tatsächlich die Bezeichnung Ostmark offiziell für Österreich eingeführt, doch nur neun Monate später, im April 1940, wurde diese durch die nebulose amtliche Bezeichnung Donau- und Alpen-Reichsgaue ersetzt.[12]

Die Schaffung dieser Gaue mag vielleicht auf dem Papier alle Spuren eines eigenständigen Landes Österreich verwischt und damit der Nation ihre lange Geschichte abgesprochen haben. In der Tat hatte Hitler aber in einer weiteren paradoxen Wendung in der Anschlußgeschichte durch die Aufsplitterung der Ostmark in Parteilehen unbeabsichtigt die Grundwurzeln der österreichischen Identität genährt. Die sieben Gaue, die er schließlich am 23. Mai festlegte, beruhten auf den zur Republik umgewandelten historischen Ländern der Monarchie.[13] Alle sieben von ihm ernannten Gauleiter waren Österreicher, die daher zu kleinen lokalen Herrschern wurden, nicht viel anders als die Landeshauptleute in der Republik, an deren Stelle sie getreten waren und deren weitreichende Regierungsgewalten sie mehr oder weniger übernahmen. Das mag vielleicht nur eine reine Parteistruktur gewesen sein, für die Bürckel in Wien verantwortlich war (der wiederum Göring in Berlin unterstand). Doch die alte Loyalität und Tradition der Länder war nicht ausgelöscht, sie hielt nur ihren Winterschlaf und würde wieder erwachen, sobald der lange Winter unterm Hakenkreuz vorüber wäre.

Das Naziregime war nun in der Ostmark fest etabliert, und es ist Zeit, einmal einen Blick auf die Österreicher zu werfen, die – freiwillig oder unfreiwillig – in den folgenden sieben Jahren zu seinem Werkzeug wurden, sowie auf das

[12] Am 19. Jänner 1942 verbot Hitler die Verwendung des Namens Ostmark überhaupt. Ab diesem Zeitpunkt war nur noch von Gauen die Rede.
[13] Wien, Niederdonau, Oberdonau, Salzburg, Steiermark, Kärnten mit Osttirol und Tirol mit Vorarlberg.

gegnerische Lager der Opfer und Gegner des Regimes und schließlich auf die große Masse der Bevölkerung, die unruhig und größtenteils teilnahmslos dazwischen dahintrieb. Werkzeuge des Regimes waren jene, die Hitler entweder in der Uniform der Wehrmacht oder der SS dienten.

Neben den österreichischen Devisenreserven und Goldvorräten, die von den Deutschen jeweils auf 230 Millionen bzw. 148 Millionen Reichsmark geschätzt wurden, stellte die gesamte Mannschaftsstärke des Bundesheers für Hitler den wertvollsten materiellen Gewinn, den er durch den Anschluß erzielte, dar. Die deutsche Armee zählte im März 1938 nur rund 40 Divisionen, so daß das österreichische Bundesheer, das damals sieben Infanteriedivisionen plus einer leichten, mobilen Formation und über 100 verschiedene Regimenter, Bataillone und technische Kompanien umfaßte, eine willkommene Verstärkung war. In einem gezielten Versuch, die Erinnerung an das alte Bündnis zwischen den beiden Armeen während der Kaiserzeit aufleben zu lassen, waren einzelne Bundesheereinheiten nur drei Tage nach dem Anschluß in einer gewaltigen Parade »Schulter an Schulter« mit ihren deutschen Kameraden die Ringstraße entlangmarschiert.

Die Realität hinter dieser Propagandafassade von totaler Solidarität sah ganz anders aus. An diesem 15. März wurden 67 österreichische Offiziere entlassen, darunter zwölf Generäle, neun Obersten und 29 Stabsoffiziere. Nach einem Jahr waren rund 55 Prozent aller Generäle und 40 Prozent aller Obersten, die im Bundesheer gedient hatten, vom Dienst in der Wehrmacht ausgeschlossen worden. Einige waren aus praktischen Gründen entfernt worden: ältere Offiziere etwa wurden in den Ruhestand versetzt, um Platz für junges Blut zu machen. Aber es war auch eine Säuberung der politisch Unzuverlässigen. Mit dem widerspenstigen harten Kern, darunter jene, die sich weigerten, Hitler den Treueid zu schwören, wurde sehr brutal verfahren. Zirka 30 Offiziere des Bundesheers wurden ins Gefängnis oder ins Konzentrationslager geschickt, und sechs starben sogar in der Gefangenschaft.

Das prominenteste Opfer der Säuberung war General Wilhelm Zehner, Schuschniggs resoluter Staatssekretär für Verteidigung, der sicherlich das Feuer auf Hitlers achte Armee erwidert hätte, hätte er den Befehl dazu erhalten.[14] Gleichzeitig kehrten die etwas über 50 Offiziere, die von Schuschnigg aufgrund ihrer nationalsozialistischen Sympathien entlassen worden waren, triumphierend in die neue Wehrmacht zurück, und nun war die Reihe an ihnen, bei der Identifizierung der für einen Ausschluß bestimmten Kandidaten behilflich zu sein.[15]

Wie ihre deutschen Kameraden mußten alle neuen Offiziere der Ostmark in der Wehrmacht des Führers feierlich und öffentlich einen Treueid auf seine Person schwören. Trotz des abscheulichen und letzten Endes katastrophalen Verlaufs, den Hitlers Krieg nehmen sollte, behielt dieser Eid bis zum bitteren Ende eine magische Wirkung auf viele, die ihn geschworen hatten, Österreicher wie Deutsche. Für viele junge Bundesheerrekruten, die ihn im Jahr 1938 schworen, symbolisierte er sogar den Anfang einer militärischen Laufbahn, deren Aussichten bei weitem glänzender waren als alles, das sie in der kleinen Republik erwarten konnten. Einer von ihnen, der gerade erst zum Offizier ernannt worden war, faßte dieses Gefühl viele Jahre später in einem Satz zusammen: »Immerhin war eine Abkommandierung nach Dresden viel aufregender als der Garnisonsdienst in Pinkafeld.«[16] Die Tatsache, daß der Mann, der diese Worte von sich gab, einer der Anführer der Verschwörung gegen Hitler von 1944 werden sollte, verleiht ihnen noch mehr Gewicht.

[14] Er wurde bald nach seiner Entlassung in seiner Wohnung tot aufgefunden. Offiziell hatte er Selbstmord begangen, doch es waren berechtigte Gerüchte in Umlauf, daß er von der Gestapo ermordet worden sei.

[15] Seltsamerweise wurde ihnen, wohl aus sentimentalen Gründen, gestattet, zu entsprechenden Anlässen ihre alte österreichische Uniform zu tragen, doch es wurde ihnen verboten, die Wehrmachtsuniform anzulegen.

[16] Major Carl Szokoll in einem Gespräch mit dem Autor in Wien am 11. Oktober 1994.

All das lag noch in ferner Zukunft, als Hitlers Sache sich als militärisch hoffnungslos sowie moralisch verabscheuenswürdig herausstellte. Doch zu keinem Zeitpunkt während des Kriegs hatte Hitler Grund dazu, den in seinen zwei österreichischen Wehrkreisen[17] aufgestellten Divisionen wegen ideologischer Unzuverlässigkeit zu mißtrauen. Er hatte auch keinen Grund, den beruflichen Ehrgeiz oder den persönlichen Mut seiner Ostmärker in Uniform in Frage zu stellen. Mehr als 200 Österreicher stiegen in Hitlers bewaffneter Macht[18] in den Rang eines Generals auf, und 49 von ihnen sollten an der Front fallen. (Weitere fünf wurden nach Kriegsende als Kriegsverbrecher hingerichtet.) Außerdem erhielten 326 Österreicher die höchste militärische Auszeichnung des Deutschen Reichs, das Ritterkreuz. Schon der erste Soldat der Wehrmacht, dem diese Auszeichnung verliehen wurde, war ein Österreicher: Leutnant Josef Stolz, der sich seine Medaille im September 1939 in Polen erkämpfte. Fast ein Drittel der 325 Mann, die sich ihm in dieser Elitegruppe anschließen sollten, fielen oder erlagen später ihren Verletzungen, wobei die Luftwaffe und die Marine der Armee in dieser besonderen Aufzählung führend war. Im August 1940 zollte Hitler dem Mut seiner österreichischen Soldaten in einer Rede besonderen Tribut, die in Wien durch seinen Stellvertreter Rudolf Heß verlesen wurde. Nach dem Krieg erging sich ein österreichischer Militärhistoriker in noch größeren Lobreden über die österreichischen Helden des Ritterkreuzes, die sich mit ebenso dauerhaftem Ruhm bedeckt hätten wie ihre Väter und Großväter in deren unermüdlicher Verteidigung des

---

[17] Wehrkreise XVII und XVIII. Es gab keine Divisionen in der Wehrmacht, die sich ausschließlich aus Österreichern zusammensetzten, obwohl dies nur aus administrativen und einsatzbedingten Gründen so war.

[18] Über ein Viertel hatte nichtdeutsche Namen, wobei jene tschechischen Ursprungs am meisten hervorstachen, neben Südslawen, Ruthenen und Magyaren. Die alte Vielvölkermonarchie marschierte unter Hitler noch immer weiter.

Westens.[19] Die Lobrede war zweifellos aufrichtig gemeint, und die Lorbeeren waren sicher verdient. Genau deshalb werden sie immer schwer in Einklang zu bringen sein mit der allseits bekannten österreichischen Nachkriegshaltung gegenüber ihren Verlusten unter Hitler. Dabei werden naiverweise alle Gefallenen mit den Juden und den anderen Hilflosen, die unter dem Regime zu leiden hatten, als Naziopfer in einen Topf geworfen.

Und analysiert man die Kampfordnung in den verschiedenen Feldzügen, dann kann die Behauptung auch nicht mehr aufrechterhalten werden, daß Hitler seine österreichischen Truppen opferte, um seine verläßlicheren Deutschen zu retten. Diese Anschuldigung machte in Wien ihre Runden, besonders nach der verheerenden Niederlage der Wehrmacht bei Stalingrad. Diese große Schlacht, deren Höhepunkt zwischen dem 10. Januar und dem 2. Februar 1943 zur Liquidierung der gesamten sechsten deutschen Armee führte, wandelte das Bild, das sich die Österreicher von Hitler gemacht hatten, und stellte auch einen Wendepunkt im Krieg selbst dar. Die österreichischen Verluste waren bei dieser Katastrophe (über 40 000 Ostmärker wurden getötet oder starben in russischer Gefangenschaft) unbestreitbar hoch im Vergleich zu den deutschen Opfern. Doch das war eher auf Pech als auf gezielte Taktik zurückzuführen: Viele der Rekruten für die sechste Armee kamen zufällig vorwiegend aus den beiden österreichischen Wehrkreisen, in denen drei der 20 Wehrmachtdivisionen, die in der Schlacht vernichtet wurden, aufgestellt worden waren.[20] (Sowjetischen nach dem Krieg veröffentlichten Angaben zufolge wurden insgesamt 35 Divisionen auf österreichischem Boden formiert, deren

[19] Professor Nikolaus von Preradovich in der deutschen Militärzeitschrift *Feldgrau*, 1961.
[20] Ich bin Dr. Manfried Rauchensteiner, Direktor des Heeresgeschichtlichen Museums in Wien, zu Dank verpflichtet für seine aufschlußreichen Ausführungen und mehrere andere statistische Angaben über die österreichische Beteiligung am Krieg. Die drei

Mannschaft sich bis zu 80 Prozent aus Österreichern zusammensetzte.)

Es muß jedoch das gesamte Bevölkerungsgefüge des Reichs betrachtet werden, um diesen und andere Vergleiche in den richtigen Zusammenhang zu bringen. Insgesamt gab es zur Zeit des Anschlusses 70 Millionen Deutsche in Hitlers Reich. Das von ihm vereinnahmte Österreich zählte fast sieben Millionen Einwohner. Daher wäre für alle weiteren Vergleiche ein Verhältnis von eins zu zehn als Norm anzusehen. Auf dieser Basis kamen Hitlers deutsche Soldaten bei den grausigen Berechnungen, die lange nach dem Krieg angestellt wurden, im allgemeinen eher schlechter weg als seine Ostmärker.[21] Alles in allem wurden zwischen 1939 und 1945 rund 18 Millionen Männer in die Wehrmacht und die Waffen-SS einberufen. Davon stammten 1,2 Millionen aus Österreich, also eher weniger als der bevölkerungsmäßige Anteil. Die deutschen Verluste wurden schließlich mit 3,5 Millionen festgesetzt (also jeder fünfte), die der Österreicher mit rund 250000 (also jeder sechste).

Das war kein Schulter-an-Schulter-Propagandamarsch mehr die Wiener Ringstraße entlang. Es war die Geschichte zweier deutscher Völker, die fünf Jahre lang Seite an Seite in Einsätzen gekämpft hatten, die oft grausam, oft aber auch heroisch waren. Es war daher unvermeidlich, daß der Kameradschaftsgeist, der im Ersten Weltkrieg aufgeflackert war, wieder angefacht wurde. Doch für die Österreicher der alten Schule war dies wohl durch die Erkenntnis getrübt, daß Hitlers Krieg etwas ganz anderes war. Derselbe ehemalige k. u. k. Offizier Fred Payrleithner, der sich am Tag des Anschlusses mit seiner Pistole auf den Weg machte, wurde 1941 wieder eingezogen und, als ein Mann mittleren Alters, als Adjutant zu einer Transporteinheit an der Hei-

österreichischen Divisionen in der sechsten Armee waren die 44. und die 297. Infanterie und die 100. Leichte Artillerie. Auch zwei rumänische Divisionen kämpften und fielen bei Stalingrad.

[21] Die Ziffern basieren auf Berechnungen des Heeresgeschichtlichen Museums in Wien vom September 1993.

matfront abkommandiert. Als dann im Herbst 1942 die sechste Armee des General Paulus vor Stalingrad zusammengezogen wurde, kam der Befehl, daß Offiziere seines Rangs an die Front zu verlegen seien. Als er das Kommando einer Panzereinheit übernehmen sollte, brachte Payrleithner seine Bedenken zu Papier. Es waren nicht die Bedenken eines Feiglings:

> Bei der Verteidigung meiner engeren Heimat hätte ich mich voll und ganz eingesetzt wie seinerzeit im Weltkrieg. Für einen Angriffskrieg hatte ich hingegen nichts übrig. Großdeutschland und Nationalsozialismus sind eins. Da ich nie Nationalsozialist war und nie einer sein werde, kann ich auch nicht offensiv für Großdeutschland kämpfen, weil ich damit Kämpfer für den Nationalsozialismus sein würde. Dieses Kommando hätte mich also in schwere Gewissenskonflikte gestürzt ...[22]

Schließlich blieb ihm das Dilemma erspart. Die Würfel des Krieges fielen günstig für ihn, und er sah sich zu einer Sanitäts-Transportkompanie nach Tunesien abkommandiert. In dieser relativ humanen Umgebung blieb ihm die Konfrontation mit dem wuchernden Nationalsozialismus erspart. Doch es gab genug von diesem (für ihn anstößigen und kontraproduktiven) preußischen Ethos an seinen deutschen Offizierskollegen, und er tat sein Bestes, um dagegen anzukämpfen:

> Uns alten Offizieren hat man seinerzeit ganz andere Begriffe von Pflichterfüllung, Fürsorge für die Mannschaft und Verantwortungsfreudigkeit eingeimpft, Grundsätze, die mir auch heute noch richtiger erschienen als die in der deutschen Armee geltenden Begriffe von Gehorsam und Disziplin. Der Kadavergehorsam wird jedem österreichischen Offizier der kaiserlichen Schule immer unverständlich bleiben. Unserer Meinung nach

[22] Tagebucheintragung von Fred Payrleithner, S. 6

genügt es nicht, einen Befehl nur auf die Macht des höheren Ranges zu stützen. Daß der Mann einen Befehl ausführen muß, ist selbstverständlich. Unserer Auffassung nach muß der Mann aber auch wissen, warum ich den Befehl gebe. Erst wenn der Mann den Zweck kennt, kann ich erwarten, daß er den erhaltenen Befehl auch sinngemäß ausführt. Andernfalls muß der Mann versagen, sobald unvorhergesehene Schwierigkeiten in der Befehlsgebung auftreten. Unserer Meinung nach muß der Mann die Überzeugung haben, daß sein Offizier alles besser weiß und besser kann als er, und daß nichts anbefohlen wird, was nicht unbedingt nötig ist zur Erreichung des Zieles. Er muß auch das Gefühl haben, daß sein Offizier Freud und Leid mit ihm teilt und daß sein Vorgesetzter Verständnis hat für die kleinen Sorgen des Mannes.[23]

Das sind mehr als nur die Gedanken eines österreichischen Offiziers mittleren Alters, der 1943 in der afrikanischen Wüste diente. Sie fassen den Kontrast – und den Konflikt – zwischen dem Sympathischsten an der österreichischen Lebensphilosophie und dem Unangenehmsten an der deutschen zusammen.

Bis jetzt haben wir uns nur mit den Österreichern in Hitlers Armee befaßt. Das Bild wird abwechslungsreicher, aber auch düsterer, wenn wir uns nun mit jenen auseinandersetzen, die die Uniform seiner Fanatiker und Henker trugen. Das geringste Übel (obwohl das relativ ist) unter dieser Gruppe war die Waffen-SS, Elitekampfformationen, die äußerst tapfer an der Front kämpften, aber hinter den Linien einige der abscheulichsten Greueltaten gegen Zivilisten begingen. Die Gesamtstärke der Waffen-SS wurde im Frühjahr 1945 auf zirka eine Million Männer geschätzt, und nach Schätzungen des Heeresgeschichtlichen Museums in Wien waren bis zu einem Zehntel von ihnen Österreicher, was dem Bevölkerungsverhältnis entspricht. Theoretisch waren sie alle Freiwillige. Praktisch gesehen zählten zu den

[23] Tagebucheintragung von Fred Payrleithner, S. 218

österreichischen Kontingenten aber auch viele Volksdeutsche vom Balkan, die einfach vor die Wahl gestellt wurden, sich entweder der Waffen-SS anzuschließen oder ins Konzentrationslager zu wandern. Es ist klar, daß der echte Freiwillige den in ihn gesetzten Erwartungen voll und ganz entsprach. Über 40 der 326 Österreicher, die mit dem Ritterkreuz ausgezeichnet wurden, hatten in der Waffen-SS gekämpft. 15 fielen im Kampf, vier von ihnen waren Generäle, darunter der berühmte Obergruppenführer Arthur Phleps. Einmal hatte er das Kommando über die nur aus Freiwilligen gebildete SS-Gebirgsdivision Prinz Eugen, ein glorreicher Name in der Chronik der Habsburgermonarchie, der nun in den Schmutz von Hitlers Krieg gezogen wurde. Alles in allem konnte sich Heinrich Himmler, der Reichsführer SS, kaum über den Kampfgeist der Ostmärker in seinen militärischen Reihen beschweren.

Noch weniger zu murren hatte er über ihren Beitrag zum absolut Schlimmsten, das er in seiner anderen Eigenschaft als Hitlers Polizei- und Gestapochef schuf – sein teuflisches Netz von Konzentrations- und Vernichtungslagern. Die Österreicher trugen anfangs keine Schuld oder Verantwortung an der Errichtung dieser Lager auf ihrem Boden. Am Ende waren es insgesamt 31 Lager, doch das erste, das in Mauthausen errichtet wurde, blieb das größte und das berüchtigtste. Himmler hatte die Errichtung beschlossen, als er den Ort bald nach seiner Ankunft in Österreich im März 1938 besichtigte. Mauthausen war ein frühes Beispiel für den wohl schauerlichsten Aspekt der Konzentrationslager: die Einbeziehung menschlichen Leids in die Produktionsleistung der Nazis auf wissenschaftlicher Basis. Das neue Lager sollte einer speziellen Firma dienen, die von der SS eigens für den Abbau von Granitvorkommen im gesamten Reich errichtet worden war. Dieses Unternehmen, die Deutsche Erd- und Steinwerke GmbH, betrachtete den Mauthausener Steinbruch als eine wichtige Rohmaterialquelle für die Renovierung der großen Städte des Reichs und den Wiederaufbau einer neuen Stadt in Linz, dessen Umwandlung in eine zweite Donauhauptstadt der Ostmark Hitlers Traum war.

Die doppelte Ironie der Situation war, daß Wien nicht nur als eine der sanierungsbedürftigen Städte ausgewählt wurde, sondern daß die Steinbrüche selbst sogar der Gemeinde gehörten. Den ganzen April und Mai 1938 mußte die SS in Berlin deshalb mit dem Rathaus in Wien über die Übernahmebedingungen verhandeln. Die Stadtbehörden stiegen bei diesen Verhandlungen nicht allzugut aus. So geht aus ihren Archiven hervor, daß sie sachlich und bürokratisch reagierten, obwohl sie von Anfang an darüber informiert wurden, daß in Mauthausen ein staatliches Konzentrationslager für zwischen 3000 und 5000 Insassen geschaffen werden sollte. Sie sicherten sich als Teil des Abkommens, daß diese Inhaftierten die traditionellen Pflastersteine für die Straßen Wiens liefern würden. Der einzige andere Vorbehalt betraf die Produktqualität. Wären diese neu eingesetzten und ungelernten Arbeiter wohl in der Lage, die hochwertigen Pflastersteine zu erzeugen, für deren Verbesserung man viele Jahre der Erfahrung gebraucht hatte? Die Antwort auf diese Frage ist nicht bekannt.

1938 wurde eigens eine SS-Totenkopfdivision für die Überwachung von Mauthausen gebildet. Als »Ostmark« bezeichnet, war sie erst die vierte solcher im Reich geschaffener Einheiten, die anderen drei hießen »Oberbayern«, »Brandenburg« und »Thüringen«. Dieses Konzentrationslager sollte eines der grausamsten sein, und die Opferstatistik sollte diesem Regime der besonderen Strenge entsprechen. Von 1938 bis 1945 wurden über 197 000 Gefangene nach Mauthausen gebracht, von denen 35 318 offiziell als verstorben in die Bücher eingetragen wurden, also sogar mehr als in Buchenwald. Da fragt man sich, ob die Wiener Stadtväter eine Ahnung davon hatten, oder ob sie je erfuhren, daß der allererste Schub von Insassen, der am 8. August 1938 ankam, 300 österreichische politische Gefangene waren, die von Dachau überstellt wurden.

Den Großteil der Opfer machten in Mauthausen wie in jedem anderen Konzentrationslager natürlich die Juden aus. Die Österreicher können zwar nicht für Hitlers grausame Verfolgungskampagne gegen diese Unglückseligen zur Verantwortung gezogen werden, haben aber mit Sicherheit ihren Beitrag bei der Ausführung geleistet. Lange nach dem Krieg wurde von einer angesehenen, wenn auch umstrittenen Persönlichkeit die Behauptung aufgestellt, daß die Österreicher in der einen oder anderen Weise für den Tod von bis zur Hälfte der sechs Millionen Juden, die im Holocaust umgekommen sind, verantwortlich wären.[24] Eine so allgemeine Schätzung läßt sich weder beweisen noch widerlegen. Klar ist aber, daß vom ersten Tag des Anschlusses an dem traditionellen Antisemitismus der Österreicher, und vor allem dem der Wiener, freier Lauf gelassen wurde.

Der erste Ausbruch, der sich auf die Hauptstadt konzentrierte, war eher widerlich als brutal und richtete sich nicht nur gegen die Juden der Stadt. Unmittelbar nach dem deutschen Einmarsch überfielen und plünderten österreichische Nazis, viele in der Uniform der SS oder SA-Polizei, nach Belieben Geschäfte und Büros und beschlagnahmten als ihr persönliches Eigentum Büros und Wohnungen, die Juden oder Mitgliedern der Vaterländischen Front gehört hatten. Diese unkontrollierten Ausschreitungen nahmen derartige Ausmaße an, daß das Büro des Gauleiters ein allgemeines Verbot aller nicht offiziell genehmigten Räumungen und Beschlagnahmen erlassen mußte. Doch diese »persönlichen Initiativen« gingen bis Mitte Mai weiter, als Reichskommissar Bürckel einen weiteren und viel schärferen Befehl herausgab, in dem allen zukünftigen Tätern und ihren unmittelbaren Vorgesetzten mit dem Ausschluß aus der Partei gedroht wurde.

Nun setzte die zweite Welle der von zentraler Stelle gelenkten Einschüchterungsaktionen gegen Juden ein. Die Phase des sogenannten »legalen Antisemitismus« konzentrierte sich auf die 175 000 Personen starke jüdische Gemeinde in Wien, die die überwältigende Mehrheit aller

---

[24] Dr. Simon Wiesenthal, Leiter des jüdischen Dokumentationszentrums in Wien, in einem Gespräch mit dem Autor am 23. September 1993.

Juden im Land ausmachten. Sie wurden aus den Schulen hinausgeworfen, es wurde ihnen verboten, den Beruf eines Anwalts und Apothekers auszuüben, und sie wurden aus dem künstlerischen und kulturellen Leben der Hauptstadt, das sie seit Jahrzehnten prägten, vertrieben. Gleichzeitig lief eine organisierte Kampagne, durch die sie dazu gebracht werden sollten, das Land zu verlassen. Zur Verwaltung dieses Programms der forcierten Auswanderung errichtete Bürckel am 22. August 1938 in Wiens früherem Palais Rothschild ein eigenes Büro, die Zentralstelle für Jüdische Auswanderung.[25] Sein stellvertretender Leiter war ein SS-Offizier, der als des Teufels Helfershelfer in die Geschichte eingehen sollte – Adolf Eichmann, geboren in Hitlers österreichischer Lieblingsstadt Linz. Eichmann stellte von Anfang an seine Tüchtigkeit unter Beweis. Bis Ende des Jahres hatten insgesamt 79 000 österreichische Juden das Land verlassen, die meisten von ihnen auf legalem Weg über die Zentralstelle. Bis zum Herbst 1939 war die Zahl auf über 126 000 emporgeschnellt. Sie wurden einige Male auf eine nichts Gutes ahnen lassende Weise darauf hingewiesen, daß sie nur im Ausland Sicherheit finden könnten. Manchmal handelte es sich um gezielte Übungen auf dem Gebiet der Überredungskunst, so zum Beispiel im Mai 1938, als Bürckel die Massenverhaftung von 2000 Wiener Juden anordnete, um ihre Aufmerksamkeit auf die Vorzüge einer Ausreiseerlaubnis zu lenken. Eine viel größere Panik löste da die Welle von Plünderungen und Verhaftungen in der jüdischen Gemeinde am 9. November 1938 aus. Das Pogrom dieser sogenannten Reichskristallnacht (eine Anspielung auf die Tausende von eingeschlagenen Fensterscheiben in jüdischen Geschäften, Privathäusern und Synagogen) war Teil der berüchtigten Vergeltungsaktion im gesamten Reich für die Ermordung von Ernst vom Rath, einem Sekretär der deutschen Botschaft in Paris, durch

[25] Für ihre Ausreiseerlaubnis bezahlten ausländische jüdische Hilfsorganisationen Schutzgeld. Insgesamt brachte die österreichische Operation über 1,6 Millionen US-Dollar ein.

einen jungen Juden. Bis zum Abbruch der Operation am 16. November waren 6547 Juden verhaftet worden, von denen 3700 nach Dachau deportiert wurden. Über die Hälfte dieser Unglückseligen wurde jedoch »vorläufig« nach Wien zurückgeschickt, da sie aus medizinischer Sicht nicht arbeitsfähig waren.

Solche Skrupel wurden später natürlich fallengelassen, als völlig neue Anweisungen von Himmler kamen. Bis Ende 1942 blieben nur noch 8102 Juden in Österreich, von denen mehr als die Hälfte in Mischehen lebte. Der Grund für diesen weiteren drastischen Rückgang war einfach: nicht mehr eine forcierte Emigration, sondern Vernichtung war jetzt die vorherrschende Politik in der Ostmark und überall sonst im Reich. Eichmann, der seine Basis nun in Berlin hatte, begann seine letzte und ehrgeizigste Mission: die Endlösung.

Eichmann sollte in mancher Hinsicht den österreichischen Anteil an der Schuld und der Verantwortung für die Schrecken des Holocaust symbolisieren. Die Tatsache, daß die Österreicher mehr als ihren bevölkerungsmäßigen Anteil von zehn Prozent für Wachmannschaften in Konzentrationslagern gestellt hatten, war zum Teil auf ihre besonderen Voraussetzungen zurückzuführen: die Rassenvielfalt lag ihnen buchstäblich im Blut. Dementsprechend hielt Himmler sie im Umgang mit dem ethnischen Gemisch an »Untermenschen«, die da hinter Stacheldraht zusammengepfercht und letztendlich für die Gaskammern bestimmt waren, viel geeigneter als seine rein deutschen Arier. Dieselben in der Geschichte verwurzelten Qualifikationen spielten auch eine Rolle bei Himmlers Auswahl für die Besetzung höherer Posten. Am Balkan waren die meisten höheren Positionen der SS sowie die Posten der Polizeichefs von Österreichern besetzt, die nun in den alten Kronländern nicht dem Doppeladler, sondern dem Hakenkreuz dienten. Eigentlich waren einige der schlimmsten Erscheinungen, die in dieser ganzen Alptraumlandschaft auftauchen sollten, Österreicher.

474

Ein typisches Beispiel dafür war der ehemalige Wiener Gauleiter Odilo Globocnik, ein Kärntner, dessen slawische Abstammung aus seinem Namen zu hören ist. Im Jahr 1940 wurde er in das sogenannte Generalgouvernement des besetzten Polens transferiert und beaufsichtigte die Ermordung von rund zwei Millionen Juden in den Lagern Treblinka, Sobibor und Belzec. 90 seiner österreichischen Landsleute gehörten zu seiner Belegschaft, und der Kommandant von Treblinka, dem berüchtigtsten der Lager, war ebenfalls ein Landsmann, ein Franz Stangl, wie Eichmann ein gebürtiger Linzer. Ein weiterer österreichischer Lagerkommandant, der in Wien geborene Amon Goeth, gelangte lange nach seinem Tod durch ein bekanntes Buch und den nicht weniger bekannten Film zu trauriger Berühmtheit.[26] Ernst Kaltenbrunner sollte sie alle in ihrem Rang überragen, denn der illegale österreichische Nazi, der im März 1938 als Oberboß der Polizei und Sicherheit der Ostmark eingesetzt wurde, stieg in den zweithöchsten SS-Posten des gesamten Deutschen Reichs auf. 1942 trat er die Nachfolge von Reinhard Heydrich, der von einem in Großbritannien ausgebildeten tschechischen Todeskommando ermordet worden war, als Leiter des Reichssicherheitshauptamts an.

Doch obwohl Eichmann an Kaltenbrunners Rang nicht herankommt und einem Stangl oder Goeth in psychopathischer Rage nicht das Wasser reichen kann, bleibt er der kaltblütigste österreichische Nazi von allen. Im Gegensatz zu den anderen agierte er wie ein Roboter. Bis zu seiner Verhandlung und Hinrichtung durch den Strang in Israel im Jahr 1962[27] behauptete er, daß die von ihm organisierte Vernichtung von Millionen Juden nichts mit Gut oder Böse zu tun hätte. Er hätte nur Befehle befolgt, und mehr gab es für ihn darüber nicht zu sagen. Um dem österreichischen Volk

---

[26] Steven Spielbergs Film *Schindlers Liste*, der auf dem umfassend recherchierten Buch von Thomas Keneally *Schindler's Ark* beruht.

[27] Nach dem Krieg gelang ihm die Flucht nach Argentinien, wo er aufgespürt und von einer israelischen Kommandoeinheit 1960 entführt wurde.

gegenüber gerecht zu sein, muß dazu doch angemerkt werden, daß dieser niederträchtigste unter ihren Landsleuten auf keinen Fall typisch ist. Die Österreicher sind wie alle Nationen eine Mixtur aus Guten, Bösen und nur schwer Zuzuordnenden, sie sind jedoch alles andere als Roboter.

Wir haben uns bereits ausgiebig mit der Zwiespältigkeit der Österreicher befaßt, die in den Tagen der Monarchie zwischen Deutschtum und Imperialismus hin und her gerissen waren, und über ihren Opportunismus, angesichts der vielen plötzlichen Veränderungen ihrer politischen Zukunft in der Republik. Jetzt kommen wir aber zu einem Kapitel in ihrer Geschichte, in dem weder Zwiespältigkeit noch Opportunismus eine Rolle spielen: die Geschichte ihres Widerstands gegen das Naziregime. Es ist, wie immer in diesen Fällen, die Geschichte einer Minderheit. Die realistischste Nachkriegsschätzung über die Gesamtzahl der Österreicher, die zwischen 1938 und 1945 in irgendeiner Weise aktiven Widerstand gegen das Naziregime geleistet haben, beläuft sich auf rund 100 000.[28] Bedenkt man, daß das über den ganzen Zeitraum von sieben Jahren nur einer von 70 aus der Bevölkerung war, so ist das nicht gerade beeindruckend, wenn man einen Vergleich mit den Statistiken der meisten anderen von Hitler besetzten europäischen Länder zieht. Die Zahlen sehen aber schon beachtlicher aus, wenn man zwei wichtige Faktoren, die einzigartig für Österreich sind, mit einbezieht.

Erstens gab es im Unterschied zu den eroberten Ländern im Westen – und besonders zu Norwegen, Holland und Frankreich – keine offene Küste oder irgendeine direkte geographische Verbindung zwischen dem Binnenland der Ostmark und den Armeen der Alliierten. Außerdem entwickelten sich die Widerstandsbewegungen in Ländern wie diesen direkt aus dem militärischen Widerstand gegen die

[28] Die Schätzungen beziehen sich auf das Landesinnere. Dazu können noch die 20 000 Emigranten gezählt werden, die sich den Armeen der Alliierten anschlossen, und die rund 5000, die mit den Partisanen außerhalb Österreichs kämpften.

Deutschen, wohingegen die Österreicher Teil der Wehrmacht waren. Von noch größerem Gewicht war der zweite schon vertraute Faktor, der grundsätzlich deutsche Charakter Österreichs. Für die Franzosen, Holländer, Belgier, Dänen und Norweger, und noch viel mehr für die Polen und Jugoslawen, war Deutschland ein fremder Eindringling mit einer anderen Sprache, Rasse und Kultur. Für viele Österreicher waren die Deutschen 1938 als der große germanische Bruder gekommen, der einen sich lange hingezogenen Familienstreit gewonnen hatte.

Jeder österreichische Widerstandskämpfer mußte sich deshalb das Diktum vom März 1938, daß kein deutsches Blut vergossen werden dürfe, durch den Kopf gehen lassen und dabei sein Leben gefährlich aufs Spiel setzen. (Die Tatsache, daß das Deutsche immer eine Anziehungskraft ausübte, und daß Deutsch die Sprache auf beiden Seiten des Kampfes war, machte alle österreichischen Widerstandsbemühungen außergewöhnlich anfällig für Durchdringung und Verrat.) Dieser fundamentale Gegensatz zum restlichen besetzten Europa kam, ziemlich unbeabsichtigt, durch einige der bedeutendsten Werke zum Ausdruck, die von Österreichern selbst über ihren Widerstand geschrieben wurden. Ein solches Werk trägt den Titel *Der Ruf des Gewissens,* ein anderes heißt *Das einsame Gewissen.*[29] Hätte ein Franzose ein solches Buch verfaßt, dann hätte er sich nicht um die moralische Größe des Gewissens gekümmert. Für ihn ging es einfach darum, Frankreich gegen einen alten Feind zu verteidigen.

Die erste öffentliche Demonstration gegen das Regime sollte auch die größte und die letzte in dieser Art bleiben. Es handelte sich um einen Massenprotest gegen den Nationalsozialismus von rund 10 000 Katholiken vor dem Wiener Stephansdom am 7. Oktober 1938. Dieser Tag, das Rosenkranzfest, hatte eine patriotische Bedeutung, doch lag diese – typisch österreichisch – Jahrhunderte zurück: er wurde

---

[29] Verfaßt von Otto Molden, Wien 1958, bzw. von Ludwig Jedlicka, Wien 1965. (Beide waren mit dem Autor befreundet.)

1573 von Papst Gregor XIII. als Dank für den österreichischen Sieg über die Türken auf See zwei Jahre zuvor angeordnet und von Papst Klemens XI. 1716 erweitert im Gedenken an Prinz Eugens Triumph über dieselben Ungläubigen in der Schlacht von Peterwardein. Die Demonstranten, hauptsächlich aus der katholischen Jugendbewegung, waren jedoch weniger mit dem fernen Glanz der Monarchie beschäftigt als mit den Schlägerbanden der Hitlerjugend, die die Versammlung aufzulösen versuchten. Es kam zu einem Handgemenge, Nazislogans wurden mit Dollfußliedern, Kaiserhymnen und »Österreich! Österreich!«-Rufen gekontert, und verspätet traf dann die Polizei ein, um die Ordnung wieder herzustellen und die Führer der Katholischen Jugend der Gestapo zu übergeben. Dutzende von ihnen endeten in Mauthausen und Dachau.[30]

Der Kopf einer der drei wichtigsten Widerstandsbewegungen, die in den ersten Jahren Österreichs unter dem Hakenkreuz mutig, wenn auch nur kurz aufflackerten, war der katholische Priester Karl Roman Scholz, ein 26jähriger Chorherr im Stift Klosterneuburg. Im Sudetenland geboren, war er mit der alldeutschen und pronazistischen Inbrunst, die in diesem Randgebiet florierte, nach Wien gekommen, doch seine Begeisterung verging bald, als er die Realität von Hitlers Polizeistaat sah. Vom Stift aus gründete er im Anschlußjahr seine »Österreichische Freiheitsbewegung« und brachte schließlich zwischen 300 und 400 Anhänger zusammen, von denen jeder mit einer winzigen Mitgliedskarte ausgestattet wurde.[31]

[30] Fritz Molden, der als junger Bursch auf dem Stephansplatz war, beschrieb, wie die Polizei ihn und seine jungen Freunde nach ihrem Alter fragte. Wer unter 14 war, wurde einfach heimgeschickt. Die älteren Burschen wurden ins Gestapo-Hauptquartier im Hotel Metropole geschickt. (Gespräch mit dem Autor, Wien, 27. September 1993.)
[31] Durch diese etwas seltsame Vorkehrung sollte sichergestellt werden, daß sich die Mitglieder der verschiedenen Zellen untereinander zu erkennen geben können und im Fall eines Kriegs auch gegenüber der alliierten Armee. Die Bewegung bestand dafür aber nicht lange genug.

Scholz erfuhr bald von der Existenz zweier anderer Widerstandsgruppen in Wien mit ähnlichem oder sogar identischem Namen. Eine war die »Großösterreichische Freiheitsbewegung«, gegründet von einem Anwaltskollegen und Freund Schuschniggs, Dr. Jakob Kastelic, die den alten katholischen Traum einer Vereinigung mit Bayern und einer donauländischen Mission träumte. Kastelic war es dennoch gelungen, sich mit Anhängern der Sozialdemokraten zusammenzutun, und durch den nicht unterzukriegenden jüdischen Monarchisten Oberstleutnant Dr. Johann Heinrich Blumenthal hatte er Verbindung zu österreichischen Traditionalisten in der Wehrmacht aufgenommen. Die dritte Gruppe, die für ihr Netz denselben Namen wie Scholz gewählt hatte, wurde von Dr. Karl Lederer angeführt, einem Beamten der Wiener Finanzprokuratur, der regelmäßig eine Flut von antinationalsozialistischen Flugblättern druckte und in Umlauf brachte. Im April 1940 gelang es Lederer, alle drei Gruppen mit einer Gesamtstärke von mehr als tausend aktiven Mitgliedern zusammenzuschließen.

In Anbetracht der an sich amateurhaften Organisation war diese Zahl gefährlich hoch, um noch sicher genug zu sein, und das zeigte sich auch bald. 1939 hatte die Gestapo ihren eigenen Mann in die Scholzgruppe eingeschleust, einen gewissen Otto Hartmann, ein zweitklassiger Schauspieler, der wie so viele beruflich Gescheiterte, seine Erfüllung in der NS-Partei suchte. Am 22. Juli 1940, nachdem Hartmann die Pläne der Bewegung für einen Angriff auf ein Munitionsdepot und die Sprengung eines Gasometers im Wiener Gebiet verraten hatte, beschloß die Gestapo, daß es nun Zeit wäre, zuzuschlagen. In den folgenden Wochen wurden 143 Widerstandskämpfer aller drei Gruppen in Haft genommen und mehr als doppelt so viele Mitglieder zur Vernehmung festgehalten. Folter half zweifellos, die Untersuchungen voranzutreiben. Bis die letzten verhört wurden, waren 127 der Angeklagten inhaftiert worden, einige auf Lebenszeit, und elf Todesurteile waren verkündet worden. Jene über die Rädelsführer wurden von den

Gerichten nicht vor Februar und März 1944 gefällt, die neun erklärten Urteile (darunter jene von Scholz, Kastelic und Lederer) wurden im Laufe dieses Sommers vollstreckt. Als Karl Roman Scholz zur Guillotine im Wiener Landesgericht gebracht wurde, rief er aus »Für Christus und Österreich«. Der Priester und der Patriot waren zu einer Einheit verschmolzen.

Die Bemühungen dieser frühen österreichischen Widerstandsgruppen hatten keinerlei Auswirkungen auf den Verlauf des Kriegs. Die Außenwelt hörte nie von ihnen und hätte ihnen ohnehin damals nicht helfen können. Doch genau das verleiht dem Schicksal dieser ersten Opfer eine wirklich heroische Eigenschaft. Sie gehörten nicht zu irgendeiner anerkannten Untergrundbewegung, die von einer Kriegsexilregierung in Großbritannien unterstützt und zum Teil gesteuert wurde. Österreich verfügte niemals über eine Exilregierung, was zum Teil auf die unaufhörlichen Zankereien zwischen den verschiedenen Fraktionen im Ausland zurückzuführen war, und wurde außerdem in diesen ersten Kriegsjahren als ein fixer Bestandteil von Hitlers Reich betrachtet: »Alles deutet darauf hin, daß Österreich nun die deutsche Herrschaft anerkannt hat. Es wird nicht angenommen, daß die Österreicher bereit oder imstande sind, sich gegen Deutschland zu erheben.« So lautete das Urteil eines Berichts des britischen Generalstabschefs vom 4. September 1940, in dem nacheinander die Aussichten auf einen Widerstand gegen Hitler in den besetzten europäischen Ländern geprüft wurden.[32] Dieses Dokument wurde kaum einen Monat nach Verhaftung des letzten der Kastelicgruppe in Wien vorgelegt. Diese Männer hatten alleine gekämpft und sollten alleine sterben, ohne wirkliche Hoffnung auf Erfolg oder Rettung.

Die kommunistische Widerstandsbewegung in Österreich, die sich bei weitem als die stärkste und hartnäckigste erweisen sollte, gehört in eine ganz andere Kategorie.

[32] Anhang zu *Review of Future Strategy,* COS (40) No. 683, des Generalstabschefs.

Ihre Beweggründe waren eher ideologische als nationale, und vom Anfang bis zum Ende wurde sie von Moskau unterstützt und zeitweise sogar völlig von Moskau gelenkt. Sie fühlte sich nie alleine oder im Stich gelassen. Es zeigte sich aber, daß sie genauso anfällig für Verrat war wie die bürgerlichen Widerstandsgruppen. Die erste Gestaporazzia Anfang 1941 (die 536 Verhaftungen und nicht weniger als 300 Hinrichtungen zur Folge hatte) war auf die Gefangennahme eines Kuriers auf seinem Weg nach Prag zurückzuführen. Ab diesem Zeitpunkt aber wurde der ganze Schaden von zwei in ihr Zentralkomitee eingeschleusten Gestapospitzeln angerichtet, einem kommunistischen Juden und seiner ebenfalls jüdischen Freundin, denen mit dem Konzentrationslager gedroht wurde, sollten sie nicht zu einer Kooperation bereit sein. Folglich wurde die Spitze der Bewegung wiederholt ausgelöscht und von Moskau ersetzt, nur um dank dieses Informantenpaars, das wegen seiner einwandfreien Parteiakte – der Mann, Kurt Koppel, war Veteran des Spanischen Bürgerkriegs – nie aufgedeckt wurde, wieder ausgelöscht zu werden.

Die Kommunisten brachten mehr Propaganda in Umlauf, warfen mehr Bomben, sprengten mehr Eisenbahnstrecken und beschädigten mehr militärische Einrichtungen als die restlichen österreichischen Widerstandsgruppen zusammen, und sie bezahlten einen entsprechend hohen Preis dafür. Laut nichtkommunistischen Schätzungen nach dem Krieg hatten von ihren 20 000 aktiven Mitgliedern oder Unterstützern mehr als die Hälfte irgendwann einmal ein Gestapogefängnis von innen gesehen, und zirka 2500 waren hingerichtet worden.[33] Die kommunistische Führung der Sowjetunion war sich wohl bewußt über die politische Dividende, die diese Opferzahlen ihr nach dem Krieg vielleicht einbringen würden.

[33] Nach dem Ausbruch des Kriegs mit Rußland wurde von Berlin der Befehl zur wahllosen Hinrichtung kommunistischer Störenfriede im ganzen Reich ausgegeben.

Die letzte Phase des österreichischen Widerstands fällt mit dem endgültigen Zusammenbruch Deutschlands zusammen. Betrachten wir inzwischen doch einmal das Verhalten des gesamten österreichischen Volks in den Jahren nach dem Anschluß – diese Mehrheit, deren genaue Zahl sich unmöglich erfassen läßt, wahrscheinlich aber irgendwo zwischen 70 und 80 Prozent liegt, die weder fanatische Nazis noch aktive Nazigegner waren, sondern die einfach das Beste daraus machen, das meiste aus dem Leben unter dem Hakenkreuz herausholen und vor allem überleben wollten. Hitler soll schon am 1. April 1938 die Bemerkung gemacht haben, daß er hoffe, die »Anschlußfreude« der Österreicher würde nicht in »Reichsüberdruß« umschlagen. Dieser Wandel vollzog sich auch tatsächlich, obwohl es viel länger als nur die zwei vom Führer vermuteten Wochen dauerte. Das gleichmäßige Ansteigen der NSDAP-Mitgliederzahl in der Ostmark in den vier Jahren nach dem deutschen Einmarsch zeigt, wie die Österreicher scharenweise auf den fahrenden Nazizug aufsprangen – auch wenn ihre Zweifel an denen, die ihn lenkten, immer größer wurden.

Im November 1938 waren schon mehr als 207 000 Österreicher als Parteimitglieder registriert, und es warteten noch viele Ansuchen darauf, positiv erledigt zu werden. Bis 1942 – das Spitzenjahr, nach dem die Mitgliederzahl allgemein wieder absank – betrug die Gesamtzahl, einschließlich jener Mitglieder, die in der Armee oder in Hilfseinheiten dienten, an die 850 000, mehr als zwei Drittel von ihnen waren seit 1938 eingetreten. Rechnet man die Familien der registrierten Nazis dazu, so wäre nach diesen Schätzungen ein Viertel der Ostmarkbevölkerung in die Arme der Partei gelaufen. Die Mitglieder waren vor allem männlich und kamen aus dem Mittelstand. In vielen Fällen – etwa bei Beamten im Rechtswesen oder in zentralen bzw. lokalen Regierungsstellen – ging das Parteiabzeichen Hand in Hand mit dem Posten.[34] Doch diese Mitglieder blieben immer

[34] Über 90 Prozent der Angestellten des Wiener Rathauses und der Gemeinde, meist von ihrem Hintergrund her eingefleischte Sozialdemo-

noch die Minderheit. Die große Masse war aus eigensüchtigen Beweggründen und aus Gründen des persönlichen Vorteils beigetreten.

Das zeigt sich auch bis zu einem gewissen Grad in der großen Diskrepanz zwischen den Mitgliederzahlen der sieben Reichsgaue, die nun an die Stelle von Österreich getreten waren. Die Mitgliederzahl war in Gauen wie Oberdonau, Salzburg und Tirol am deutlichsten angestiegen, also in Gebieten, in denen sich der Lebensstandard seit dem Anschluß weitgehend erhöht hatte und auf die die Planer in Berlin ihre Entwicklungsprogramme konzentriert hatten. Mit einer Mitgliederzahl von unter 45 000 lag Kärnten, eine wirtschaftlich rückständige Region, die relativ vernachlässigt geblieben war, an letzter Stelle.

Doch welche materiellen Vorteile Hitlers Neue Ordnung auch kurzfristig brachte, es waren auch schon früh Unzufriedenheit und Enttäuschung zu bemerken – besonders in der kosmopolitischen, ethnisch gemischten Hauptstadt, die dem Führer immer schon das größte Kopfzerbrechen bereitet hatte. Das neue Regime konnte eine rapide und drastische Senkung der Arbeitslosenrate, von 400 000 im März 1938 auf nur 250 000 zwei Jahre später, aufweisen (zum Teil durch die Verschickung Tausender Ostmärker zu Bauprojekten irgendwo anders im Reich). Doch die Einführung niedrigerer Löhne und höherer Steuern traf den Geldbeutel der arbeitenden Bevölkerung und führte sogar noch innerhalb eines Jahres nach dem Anschluß zu Proteststreiks in Fabriken in und um Wien.

Die von Hitler gefürchtete Enttäuschung setzte sogar noch früher ein und ging viel tiefer. Dabei handelte es sich in der Frühphase nicht um Widerstand, sondern vielmehr um das nicht untypische Verlangen der Nation, ihr Stück vom Kuchen zu erhalten und essen zu dürfen. Selbst jene, wie der oben zitierte junge ehrgeizige Bundesheeroffizier, die Geschmack an ihren beruflichen Aufstiegschancen in einem

kraten, schworen Hitler Treue und schlossen sich der Partei oder damit verbundenen Gruppierungen an, um ihren Arbeitsplatz zu behalten.

großen Reich fanden, sahen nur ungern, wie das alte Österreich mit seinen traditionellen Eigenheiten und Bräuchen und sogar seinem Namen im Reich aufging. So berichtete die Gestapo, daß der vorgeschriebene deutsche Gruß großteils umgangen würde, vor allem in den Regierungsbehörden in Wien.[35] Statt mit einem Heil Hitler begannen die Bürokraten ihren Büroalltag mit dem gewohnten Grüß Gott oder Guten Tag, je nachdem welche ideologischen Wurzeln ihrer Gewohnheit zugrunde lagen.[36] Es gibt sogar Fälle, wo man sich über den Hitlergruß lustig machte, ein abscheuliches Verbrechen, das von österreichischen Richtern oft sehr mild beurteilt wurde.

Die vielen sprachlichen Verschiedenheiten waren ebenfalls ein Reizthema in den Monaten nach dem Anschluß. Deutsche statt Paradeiser Tomaten und statt Erdäpfel Kartoffeln sagen zu hören, wenn sie als Touristen in Österreich unterwegs waren, war eine Sache. Es war aber etwas völlig anderes, als diese und Hunderte anderer Unterschiede im täglichen Leben miteinander konkurrieren mußten. Münzt man den bekannten Aphorismus über die Briten und die Amerikaner auf diese Situation um, so kann man sagen, daß die Deutschen und die Österreicher durch eine gemeinsame Sprache getrennt waren. All das war symbolisch für den Konflikt zwischen den beiden Kulturen, ein Kampf, der im Kopf des Führers weiterarbeitete und Wien zum Mittelpunkt hatte.

Obwohl Adolf Hitler mit seiner dämonischen Energie und der rücksichtslosen Schnelligkeit, mit der er seine Entscheidungen fällte, ganz uncharakteristisch für seine Landsleute war, war seine Einstellung gegenüber der alten

[35] Dieser und alle folgenden Auszüge aus Gestapoberichten in Österreich sind dem sehr aufschlußreichen Werk *Österreich 1938–45, im Spiegel der NS-Akten* von Karl Stadler (Wien, 1966) entnommen.

[36] Eine weitere Möglichkeit, den Führer nicht nennen zu müssen, bot, zumindest zur Mittagszeit, der Gruß »Mahlzeit«, den man ja genauso erwidern konnte.

Kaiserstadt immer von einer sehr österreichischen Ambivalenz getrübt. Einerseits verachtete er die Stadt wegen ihrer großen Zahl von slawischen und jüdischen Einwohnern, andererseits achtete er sie wegen ihrer kulturellen Vormachtstellung, die sie schon immer in der deutschen Welt genossen hatte, zum Teil dank eben dieser kreativen nichtarischen Bevölkerungsschichten. Auch konnte er schwerlich ihre unanfechtbare Position als Tor zu Mittel- und Südosteuropa leugnen. Bevor der Kriegsausbruch solchen grandiosen Projekten ein Ende bereitete, plante er sogar, die Stadt in eine Art Hamburg an der Donau zu verwandeln, einen großen Handelsumschlagplatz mit neuen Kanalsystemen und Hafenanlagen, der das Reich mit dem gesamten Balkanraum verbinden würde.

Hitler konnte Wien nie ganz aus seinem Kopf verdrängen, er sorgte persönlich für die Änderung einiger Wiener Straßennamen und behielt sich das letzte Wort bei der Besetzung der höheren Positionen der Staatsoper vor. Gleichzeitig war er entschlossen, die gefährlichen Erinnerungen an den Glanz der Kaiserzeit auszulöschen. So ließ er zum Beispiel am 6. September 1938 die Insignien der Habsburger und die Kronjuwelen aus der Schatzkammer in der Hofburg entfernen, wo sie seit 1796 verwahrt waren, und nach Nürnberg bringen, im Mittelalter eine Freistadt des alten deutschen Reichs und nun der Tempel des neuen Naziglaubens. Demütigungen dieser Art riefen die unliebsame Realität, daß Wien von einer auf kaiserlichem Glanz begründeten Hauptstadt nun zu einer Provinzstadt der Neuen Ordnung degradiert worden war, schmerzlich ins Bewußtsein. Nach Kriegsausbruch beschloß Hitler, Wiens aufgeplustertes Gefieder wieder etwas zu glätten, indem er der Stadt auf kulturellem Gebiet so etwas wie Autonomie zugestand. Er hielt das für den klügsten Weg, eine Zunahme der Opposition in dieser Bastion seiner südöstlichen Front von Anfang an zu unterdrücken.

Doch all das lag noch in der Zukunft, als am 13. März 1939 der erste Jahrestag des Anschlusses kam. Verärgert mußte die Gestapo in ihren Berichten zugeben, daß der allgemeine Jubel an diesem Tag sehr zu wünschen übrig lasse, und daß selbst die offizielle Anordnung, Hakenkreuzfahnen aus den Fenstern zu hängen, in vielen Fällen ignoriert worden sei. Noch im gleichen Monat versetzte Hitler der Begeisterung seiner Wiener Untertanen durch die Invasion der Tschechoslowakei einen weiteren Schlag. Immerhin waren 30 Prozent der Wiener Bevölkerung slawischer Herkunft, und zwar vorwiegend Tschechen. Bei ihnen konnte der Anblick der deutschen Soldaten in einer Propagandasendung der Wochenschau bei ihrem triumphierenden Einmarsch in Prag nur den jahrhundertealten Groll zwischen den beiden Völkern wiederaufleben lassen.

Als nach der Danzigkrise und der deutschen Invasion Polens schließlich im September 1939 Hitlers Krieg mit den westlichen Demokratien begann, reagierten die Österreicher auf ganz andere Art als ihre Vorgänger im Jahr 1914. Es herrschte zwar Zustimmung und eine gewisse Aufregung, aber nichts von dieser spontanen Massenbegeisterung, die die Habsburgermonarchie in den Ersten Weltkrieg und am Ende in die Zerstörung geführt hatte. Zumindest ein einzelner einfacher Österreicher stellte sofort einen Vergleich mit der damaligen katastrophalen Niederlage an. Die Gestapo berichtete über dieses Beispiel an Hausverstand von einem Tischlergehilfen aus Herzogenburg: »Die Engländer haben nie einen Krieg verloren, sie werden auch diesen Krieg gewinnen.«

Das war meilenweit von dem Kampfgeist entfernt, den der Führer sich wünschte. Dennoch sollte sich im Laufe der kommenden Jahre, als erst Rußland und dann die Vereinigten Staaten nach Großbritannien in den Krieg eintraten, allmählich die ganze Nation dem Urteil des Tischlergehilfen anschließen. Diese Einstellung führte am Höhepunkt des Kriegs zum organisiertesten Widerstand, den die Österreicher je auf die Beine gestellt hatten, der für Hitler eine Bedrohung darstellen und den Befreiern wenigstens ein klein bißchen bewaffnete Hilfe bieten konnte.

3. Gewaltsame Trennung

Die in der Ostmark früh empfundene Bewunderung für Hitlers militärische Erfolge dürfte durch etwas, das den Österreichern immer schon mehr bedeutete als Kampfesruhm, mehr als aufgewogen worden sein, und zwar das Leben in vollen Zügen und mit vollem Bauch zu genießen. Neben den ständig steigenden Steuerlasten verursachten die stets geringer werdenden Lebensmittelrationen immer stärkeres Murren und lieferten damit den Hintergrund für die wachsende Enttäuschung, vor dem sich aktiver Widerstand entwickeln konnte. Im ersten Kriegswinter herrschte ein Mangel an Erdäpfeln, Obst, Gemüse, Reis und Speisefett. Jene, die alt genug waren, um sich noch zu erinnern, stellten ungünstige Vergleiche mit der Nahrungssituation von 1914 an, und außerdem herrschte weitgehend der Verdacht, daß Deutschland bei der Lebensmittelversorgung nun auf Kosten der Ostmark bevorzugt würde. Das führte zu mehreren außergewöhnlichen Aktionen. So berichtete die Polizei am 27. Januar von einer wütenden Hausfrauendemonstration gegen die Nazis auf dem Wiener Meiselmarkt. Eine Frau ging sogar so weit auszurufen: »Der Führer ist am Krieg schuld. Was geht uns der Krieg an! Was haben wir davon; bei Schuschnigg wäre uns das nie passiert!« Ihr Publikum stand offensichtlich hinter ihr, denn als eine ältere Frau für den Führer Partei ergreifen wollte, wurde sie vom Marktplatz gejagt.

Dieses wütende Murren über die Nahrungssituation führte sogar direkt zu kleineren Sabotageakten. So mußte im selben Monat ein Bereich der Munitionsfabrik von Enzesfeld südlich von Wien vorübergehend geschlossen werden, weil eine Arbeiterin Kantinentee in die Geschoßhülsen der Handgranaten gegossen hatte. Er schmeckte so scheußlich, daß er für nichts anderes zu gebrauchen wäre, gab sie zu ihrer Verteidigung an. Viel schwerwiegender waren da schon die Sabotageakte von Industriefacharbeitern, die genau wußten, wo und wie sie bei wichtigen Anlagen den größten Schaden anrichten konnten: Schrauben in den Metallbohrmaschinen, Sand in Öltanks und Getriebe, ein paar durchtrennte Kabel in Pumpanlagen, alte Eisenklumpen in Stahlpressen, durchgeschnittene Bremsleitungen bei Straßenbahnen und so weiter.

Daß die verbotene Bewegung der Sozialisten zumindest hinter einigen dieser Vorfälle steckte, ging aus einem ihrer geheimen Flugblätter hervor, das von der Polizei im April 1940 beschlagnahmt wurde. Dort heißt es:

> Genossen, Freunde!
> Was können wir praktisch tun, um Schluß zu machen mit der Hitler-Diktatur? Vor allem eins: Sabotage! ... Ihr sollt nicht große Sabotageakte machen – ihr sollt nicht euer und unserer Kameraden Leben gefährden. Aber jeder Arbeiter kann dazu beitragen, das Hitler-Regime zu stürzen – durch: Verlangsamung der Arbeit – schonungslose Behandlung von Maschinen und Material ... Es ist eure Pflicht, euch zu zweien und dreien zusammenzutun, euch zu beraten und zu handeln ... Es wird dir Hilfe werden von innen und außen – aber du mußt wenigstens ein Lebenszeichen von dir geben, damit deine Freunde wissen, wo du steckst. Es lebe der wahre Sozialismus! Nieder mit den Nazibonzen![37]

Trotz wiederholten Verrats und Säuberungen in ihren Reihen stellten die kommunistischen Saboteure die größte Bedrohung für das Regime dar, vor allem nachdem Hitler im Juni 1941 den Krieg gegen Rußland eröffnete. Von diesem Zeitpunkt an wurde, wie überall in den Fabriken des besetzten Europas, der kommunistische Untergrund wie die Partisanen im Gebirge und in den Wäldern ein Teil des Kampfes der Roten Armee. Sie stellten nicht nur rund 90 Prozent der antinationalsozialistischen Propagandaliteratur her, sondern waren auch im Bereich der Sabotage

---

[37] Zitiert in Stadler op.cit., S. 178 f. Die Gestapo hat vielleicht die Bedeutung solcher Vorfälle übertrieben, aber nicht erfunden.

führend. Einer der wirklich ernstzunehmenden Fälle, der 1942 aufgedeckt wurde, betraf eine Gruppe von Bergleuten im großen Bergbaugebiet des steirischen Erzbergs, wo die harten Arbeitsbedingungen die Bildung einer lokalen kommunistischen Zelle begünstigten. 14 von ihnen wurden inhaftiert und »im Namen des deutschen Volkes« verräterischer Akte angeklagt, die von der Verwendung von Sprengstoff für »kommunistische Sabotage« bis zum Abhören verbotener Auslandssender reichten.[38] (Die Staatsanwaltschaft gab zu, daß es nach dem Kriegsausbruch mit Rußland dem Feind gelungen war, durch seine Propagandasendungen zu Sabotagehandlungen in Einrichtungen, die von entscheidender Bedeutung für Deutschlands Krieg waren, anzuregen.)

Der Widerstand, sowohl der aktive als auch der passive, verstärkte sich 1943, nicht nur wegen der deutschen Katastrophe bei Stalingrad, die dieses Jahr der gewaltigen Wende einleitete. Wie im ganzen Reich wurde auch in der Ostmark Stalingrad als der Anfang vom Ende von Hitlers Wehrmacht angesehen. Doch auf viele Österreicher hatte ein weniger folgenschwerer Sieg der Alliierten am anderen Ende des riesigen Schlachtfelds eine noch größere Wirkung: Die endgültige Zurückdrängung von Rommels Streitkräften in Nordafrika und ihre Kapitulation in Tunesien im Mai sowie die Landung der Alliierten auf Sizilien und in der Folge auf dem italienischen Festland. Ein junger österreichischer Patriot, der damals eine führende Rolle in der wiederbelebten Widerstandsbewegung spielte, beschrieb viele Jahre später seine Reaktion: »Das war für uns wirklich bedeutender als Stalingrad. Die Ostfront war immer noch Hunderte Kilometer weit weg und in mancher Hinsicht noch in weiter Ferne. Aber als die Alliierten im Mittelmeer daherkamen und sogar über Italien nach Österreich vor-

---

[38] Sieben der Angeklagten wurden von einem Berliner Kriegsgericht zum Tod verurteilt, dessen Vorsitz Hitlers wichtigster Helfershelfer in der Justiz innehatte, der Präsident des Volksgerichtshofs, Dr. Roland Freisler.

stießen, kam Österreich zum ersten Mal im Krieg in den unmittelbaren Kriegsbereich und wir konnten zumindest eine Verbindung zum Ort des Geschehens herstellen.«[39]

Inzwischen wurde in der gesamten Ostmark die feindselige Haltung gegenüber den Deutschen immer stärker, und sie richtete sich immer mehr gegen die Menschen als Deutsche und nicht als Nazis. Schuld daran waren nicht nur die Entbehrungen im Krieg und das Gefühl der Österreicher, nun auf der Seite der Verlierer zu stehen. Sie entwickelte sich nach fünf Jahren des Zusammenlebens mit ihren deutschen Partnern aus der ernüchternden Erkenntnis, daß die Deutschen eigentlich nicht ihre natürlichen Blutsbrüder waren. Wenn es unter der nicht nationalsozialistischen Mehrheit überhaupt noch ein Gefühl der familiären Bindung gab, dann höchstens noch als Cousins ersten Grades. Immer stärker setzte sich in den Nörgeleien der Österreicher die alte Bezeichnung Piefke, eine verächtliche Bezeichnung für die Deutschen aus der Zeit der Monarchie, anstelle von Nazi durch. Der schwedische Journalist Arvid Fredborg berichtete nach einem langen Aufenthalt in Österreich im Frühling 1943 in seiner Zeitung *Svenska Dagbladet,* daß sich viele einfache Menschen fragten: »Sind wir wirklich dasselbe Volk wie die Deutschen?«

Schade, daß dieser scharfsinnige neutrale Beobachter nicht auch im kleinen niederösterreichischen Dorf Schleinbach vorbeikam. Dort hätte er die Dorfbewohner in hellem Zorn über eines ihrer Bauernmädchen angetroffen, das ein lediges Kind erwartete. Nicht etwa, daß dies etwas Außergewöhnliches war, erzürnt waren sie nur darüber, daß der Vater in diesem Fall ein *deutscher* Soldat war. Es schien sie überhaupt nicht zu stören, daß mindestens ein Dutzend

[39] Fritz Molden in einem Gespräch mit dem Autor in Wien am 22. September 1993. In den folgenden Monaten stellte Molden den ersten Kontakt solcher Art selbst her, indem er sich durch die deutschen Linien in Italien bis zum Alliierten-Hauptquartier Caserta durchschlug. Der Autor, der damals in Caserta diente, hat immer bedauert, ihm damals nicht begegnet zu sein.

anderer Mädchen aus der Nachbarschaft ebenfalls uneheliche Kinder erwarteten, doch alle aus einer Liebesaffäre mit französischen, polnischen und anderen ausländischen Arbeitern, die den örtlichen Fabriken zugeteilt waren. Die Schleinbacher müssen auf Österreichs langsamem Marsch zu seiner eigenen Identität rühmlich erwähnt werden.

Die wichtigste Entscheidung fiel für Österreich 1943 nicht auf irgendeinem Schlachtfeld, sondern war eine politische Entscheidung der *Grand Alliance,* wie die Kriegspartnerschaft zwischen den Vereinigten Staaten, Großbritannien und der Sowjetunion später genannt wurde. Nach langen Beratungen und immer neuen Entwürfen veröffentlichten die drei Mächte am 1. November 1943 in Moskau jene Deklaration, die über Österreichs Zukunft in der Nachkriegszeit entscheiden sollte – wieder ein Beispiel dafür, daß das Schicksal der Österreicher außerhalb ihrer Grenzen bestimmt wurde. Diesmal hatten sie jedoch allen Grund, sich selbst zu der Entscheidung, die über ihre Köpfe hinweg gefällt wurde, zu gratulieren. Von einer einzigen Klausel abgesehen, hätten sie die Dinge selbst kaum besser arrangieren können.

Nachdem Österreich als »das erste freie Land, das der Angriffspolitik Hitlers zum Opfer fallen sollte« beschrieben wurde, äußerten die drei Mächte ihren Wunsch, Österreich als einen »freien und unabhängigen« Staat wiedererrichtet zu sehen. Angesichts der Begeisterung, mit der so viele Österreicher Hitler über ihre Grenzen hereingebeten hatten, ohne auch nur einen einzigen Stein nach seinen Panzern zu werfen, war dies ein schmeichelhaftes Urteil. Es stellte Österreich auf dieselbe Stufe mit allen späteren Opfern, die heftig, wenn auch nur für kurze Zeit, mit ihren regulären Armeen gegen die deutschen Invasoren gekämpft hatten, und später, kaum daß diese niedergeworfen worden waren, mit ihren landesweiten Untergrundbewegungen den Kampf fortsetzten. Österreich hatte nur das Glück, daß ein Land genausowenig als ein Halbopfer gelten kann wie eine Frau als halb schwanger. Und so wurde also im Zweifelsfall zugunsten der Nation entschieden, und die Ereignisse vom März 1938, die die westlichen Demokratien damals immerhin als ein *fait accompli* akzeptiert hatten, wurden beiseite gewischt.

Was nicht vergessen werden darf, ist die Rolle, die die Österreicher in weiterer Folge – ob bereitwillig oder ungern – in Hitlers riesiger Maschinerie der militärischen Aggression und des Polizeistaatterrors gespielt haben. Darauf wurde im letzten Absatz der Deklaration eingegangen: »Österreich wird aber auch daran erinnert, daß es für die Teilnahme am Kriege an der Seite Hitler-Deutschlands eine Verantwortung trägt, der es nicht entrinnen kann, und daß anläßlich der endgültigen Abrechnung Bedachtnahme darauf, wieviel es selbst zu seiner Befreiung beigetragen haben wird, unvermeidlich sein wird.«

Mit diesem Beitrag zur »endgültigen Abrechnung« werden wir uns noch genauer befassen. Hier müssen jene glücklichen Zufälle aufgezählt werden, die die Moskauer Deklaration für die Österreicher so günstig ausfallen ließ, ohne daß diese sich dessen überhaupt bewußt waren. Über diese Tatsache herrscht bis heute große Unkenntnis. Eigentlich war es Josef Stalin, der als Begründer von Österreichs Unabhängigkeit nach dem Krieg anzusehen ist. Anthony Eden, damals Churchills Außenminister, schildert in seinen Memoiren, wie das Thema aufkam, als er sich im Dezember 1941 zu seinem ersten Treffen mit dem sowjetischen Diktator seit der Gründung der *Grand Alliance* nach Moskau begab. Als das Gespräch auf die Gestaltung Europas nach der Niederlage Hitlers kam, schlug Stalin laut Eden vor, daß Polen auf Kosten Deutschlands nach Westen expandieren sollte. Alle anderen besetzten Länder, fügte er hinzu, sollten wieder ihre alten Grenzen bekommen. Eden pflichtete ihm bei: »Wir sind sicher für ein unabhängiges Österreich.«

Tatsächlich war das aber weit entfernt von der bevorzugten Lösung der westlichen Regierungen, Großbritannien mit eingeschlossen. Als die anglo-amerikanischen Planer sich im folgenden Jahr ernsthaft mit dem Problem Österreich auseinanderzusetzen begannen, herrschte während der nächsten beiden Jahre Einstimmigkeit darüber, daß die

Unabhängigkeit bei weitem nicht die beste Lösung wäre. Das Land könnte, so wurde argumentiert, passiv oder willentlich, wieder unter deutsche Herrschaft fallen. Einige Experten waren der Meinung, es sollte überhaupt gleich in ein bundesstaatlich organisiertes Deutschland eingegliedert werden. Die ideologischen Streitereien der österreichischen Exilgruppen in London und in Washington, die die Bildung einer künftigen Regierung verhindert hatten, wurden als ein schlechtes Beispiel für politische Reife betrachtet. Diese streitenden Flüchtlinge schienen, wie ehedem die Bourbonen, nichts gelernt und nichts vergessen zu haben.

Dementsprechend wurde im Westen allgemein die Meinung vertreten, daß Österreich nur florieren und der Stabilität Europas einen nützlichen Dienst erweisen könnte, wenn es wieder zu seiner alten Rolle als das Zentrum einer Konföderation der Donauvölker zurückkehrte. Churchill überlegte, ob diese nicht nach Norden ausgeweitet werden könnte, um gemeinsam mit Bayern einen vergrößerten katholischen Block zu bilden. Obwohl er sich wahrscheinlich nicht über die Parallele bewußt war, zog Sumner Welles, Unterstaatssekretär im amerikanischen Außenministerium, einmal sogar dieselbe radikale Kursänderung in Betracht, die der junge Kaiser Karl zum ersten Mal angeregt hatte, nämlich Österreich durch eine Verbindung mit Frankreich dem deutschen Magnetfeld überhaupt zu entziehen.

Es war der Gedanke an solch verschiedenartigste Funktionen für Österreich, insbesonders jene eines Donaubundes, der Stalin schon 1941 dazu veranlaßt hatte, Österreichs Unabhängigkeit vorzuschlagen. Er wollte Österreich nach dem Krieg auf eigenen Füßen stehen sehen, weil er plante, es wenn möglich zu überrollen, so wie die anderen Donauländer, die nacheinander von der Roten Armee eingenommen werden sollten. Prominente österreichische Kommunisten, die in den dreißiger Jahren in die Sowjetunion geflohen waren, warteten das Ende des Kriegs bequem in Moskauer Hotels ab, so auch einige ihrer Gesinnungsgenossen aus Polen, Ungarn, der Tschechoslowakei und den Balkanstaaten. In Stalins Programm waren sie die Männer, die nach dem Krieg in ganz Osteuropa prosowjetische Regimes bilden sollten. Sobald diese Regimes einmal eingeführt wären, würden sie unvermeidlich miteinander verbunden werden; doch das Zentrum dieser Gruppierung sollte Moskau und nicht irgendein imperialistisch dominiertes Wien sein.

Die »Imperialisten« verfolgten inzwischen ihre eigenen Pläne weiter, und bis zum Sommer 1943 hatten sie diese auf Ministerebene zusammengestellt. Als ein vom Kriegsministerium genehmigtes Schriftstück des britischen Außenministeriums vom 11. Juli 1943 mit dem Titel *The Future of Austria* in Washington vorgelegt wurde, stellte sich heraus, daß es mit den Ansichten des amerikanischen Außenministeriums übereinstimmte. Die regionale Lösung wurde bestätigt, und die Errichtung eines demokratischen Donaubundes nach dem Krieg mit Österreich als wesentlicher Stütze schien zur offiziellen anglo-amerikanischen Politik geworden zu sein. Diese hielt sich jedoch nicht lange, denn nicht ganz drei Monate später wurde mit der Moskauer Deklaration ein völlig anderer Schwerpunkt gesetzt. Die österreichische Unabhängigkeit wurde nun zum vorrangigen Ziel der Alliierten, wobei mit keinem Wort eine ähnliche freie Eigenstaatlichkeit für alle anderen von Deutschland besetzten Länder Osteuropas erwähnt wurde. Die ursprünglichen anglo-amerikanischen Pläne eines Donaubundes klangen eigentlich nur noch ganz schwach aus der in der Deklaration zum Ausdruck gebrachten Hoffnung, daß das österreichische Volk zusammen mit seinen Nachbarstaaten »politische und wirtschaftliche Sicherheit« finden möge. Warum kam es zu dieser offensichtlichen Kehrtwendung in der westlichen Vorgangsweise?

Ein Faktor war, auf höchster Ebene, der Gesinnungswandel Präsident Roosevelts. Entgegen den Vorschlägen seiner Experten vom Außenministerium neigte der Präsident nun zu der Ansicht, daß es die vorrangigste Sache wäre, auf der Seite Rußlands zu stehen, um gemeinsam gegen Japan vorgehen zu können, sobald der Krieg gegen Hitler gewonnen wäre. Wenn man als Gegenleistung Stalin gestatten müßte, im Kielwasser der Roten Armee entlang der Donau politisch Fuß zu fassen, dann würde man diesen Preis als eine vorübergehende Maßnahme eben zahlen müssen.[40] Das wurde dann auch tatsächlich bei der Konferenz von Teheran festgelegt, die einen Monat nach der Moskauer Außenministerkonferenz zwischen den Großen Drei stattfand. Bei diesem Gipfeltreffen sah sich Churchill plötzlich als einziger Befürworter des Plans einer regionalen Zusammenfassung der Donauländer, um Deutschlands Einfluß einzudämmen. Stalin ließ gegenüber seinen Partnern keinen Zweifel daran, daß er die osteuropäischen Länder als dem sowjetischen Einflußbereich zugehörig betrachtete, und bestand darauf, daß Ungarn wie auch Österreich unabhängige Staaten bleiben sollten. Roosevelt stimmte zu und rückte mit einem seltsamen neuen Plan einer Aufsplitterung Nachkriegsdeutschlands in sieben separate Zonen heraus.

Doch noch ein Faktor, der von einer niedrigeren, aber immer noch wichtigen Machtebene ausging, beeinflußte die Moskauer Deklaration. Es handelte sich dabei um den wachsenden Einfluß der sogenannten politischen Kriегführung im anglo-amerikanischen Lager. Großbritanniens Propagandisten konnten auf eine Vergangenheit hervorragender Operationen im Ersten Weltkrieg zurückblicken und hatten beträchtliche Erfolge im Zweiten Weltkrieg erzielt. Als die Amerikaner in den Krieg eintraten, verband sich ihre Leidenschaft für Massenmedien und Werbefeldzüge mit britischer Fachkenntnis zu einer gewaltigen Interessengruppe, und diese bestimmte 1943 Österreich zum Hauptziel ihrer Propaganda. Als man Italien einmal los war, war Österreich die nächste Stütze in der Struktur, die ins Wanken gebracht werden mußte. Die beste Methode, diesen Stützpfeiler auszuhöhlen, wäre es, in der österreichischen Bevölkerung den Widerstand gegen die Deutschen

---

[40] Roosevelt glaubte naiverweise, daß die wirtschaftliche Vormachtstellung Amerikas nach der Sicherung des Weltfriedens so überwältigend sein würde, daß es Moskau alle für notwendig befundenen Berichtigungen in Europa aufzwingen könnte.

anzufachen, was am besten durch eine Kombination von Versprechungen und Warnungen erreicht werden könnte.

Während des Spätsommers und Frühherbsts 1943 gingen im anglo-amerikanischen Lager die Diskussionen über die richtige Mischung weiter, wobei die Propagandisten in beiden Hauptstädten oft nicht einer Meinung mit den Diplomaten waren.[41] Ein Plan nach dem anderen wurde entworfen und dann wieder revidiert. Sollte nicht auch ein Hinweis auf die Atlantik-Charta für freie Nationen eingebaut werden? Man entschied sich schließlich dagegen, weil Österreich immerhin feindliches Gebiet war und zu dem Verlust seiner Unabhängigkeit selbst beigetragen hatte. Sollte dieser Verlust als Annexion oder einfach als Okkupation beschrieben werden? Und was am heikelsten war, wie sollte die Kriegsschuld formuliert werden?

Es ist wichtig, an dieser Stelle einmal klarzustellen, daß diese Klausel zusammen mit der restlichen Deklaration Teil des gemeinsamen anglo-amerikanischen Texts ist, der Moskau vorgelegt wurde. Sie wurde nicht, wie gewöhnlich angenommen, ursprünglich von sowjetischer Seite vorgeschlagen, sondern gehörte zum Plan des Westens, den lahmen Widerstand der Österreicher zum Leben zu erwecken. Die Russen taten nicht mehr, als den westlichen Entwurf in manchen Punkten noch etwas zu verschärfen, um ihn ihren eigenen politischen Interessen anzupassen und auch um die schrecklichen Verluste zu reflektieren, die Hitler ihnen mit der Hilfe österreichischer Divisionen zugefügt hatte. Auch bestanden die Sowjets darauf, daß eine Bezugnahme auf »die Österreicher« auf »Österreich« geändert wurde, wodurch sie erreichten, daß der zukünftige Staat für Reparationszahlungen haftbar war.

Es gab jedoch keine ernsthafte Auseinandersetzung zwischen Ost und West, und die drei Außenminister brachten

[41] Der Autor war im Generalstab des Londoner Kriegsministeriums tätig und arbeitete eng mit dem Political Intelligence Department (PID), dem Politischen Nachrichtendienst, zusammen. Er war daher mit den beschriebenen Ereignissen vertraut.

die Deklaration ohne Kommentar und sogar ohne Unterschrift heraus. Für die Österreicher war dieses Dokument die Geburtsurkunde ihres neuen Staates. Für die Großen Drei hatte es damals hauptsächlich den Zweck, die Österreicher zu einem ernsthaften und organisierten Widerstand aufzufordern und gleichzeitig vor den Konsequenzen zu warnen, sollten sie dazu nicht bereit sein. Die wichtigste Frage für jene, die das Dokument entworfen hatten, war, ob der Aufforderung Folge geleistet würde. Der österreichische Widerstand hatte als eines von mehreren Elementen, die zu Hitlers Niederlage auf dem Schlachtfeld führen sollten, auf der Moskauer Tagesordnung gestanden und sollte daher nach seinem militärischen Beitrag beurteilt werden. In diesem strategischen Kontext sollten die Alliierten eine traurige Enttäuschung erleben. Nach der Veröffentlichung der Erklärung vergingen Monate, und es gab kein äußerliches Anzeichen dafür, daß Österreich irgendeinen bedeutenden »Beitrag zu seiner Befreiung« leistete. Es kam zwar zu vereinzelten Sabotageakten in Waffenfabriken und Kraftwerken, doch waren diese ziemlich unkoordiniert, und in der Ostmark braute sich mit Sicherheit nichts zusammen, das in irgendeiner Weise Einfluß auf die Endphase des Kriegs nehmen könnte.

An der Enttäuschung darüber im Lager der Alliierten waren diese weitgehend selbst schuld. Sie hatten frühere Berichte, die von Exilgruppen übereifrig ausgeschmückt und verbreitet wurden, für bare Münze genommen, denen zufolge die Österreicher vor Unzufriedenheit mit den Nazis nur so kochten, sodaß es zu einer nationalen Erhebung kommen könnte. Sie mußten auch noch die Erfahrung machen, daß die Österreicher zwar äußerst gut köchelten, aber weniger leicht überkochten. Weiters unterschätzten sowohl die Experten der politischen Kriegführung als auch die Diplomaten die praktischen Schwierigkeiten, mit denen jeder Widerstand in Österreich konfrontiert war, und auch die einzigartigen psychischen Probleme, die überwunden werden mußten. Vielleicht herrschte aufgrund ihrer eigenen Fehleinschätzungen im Lager der Alliierten auch etwas

Bitterkeit und Enttäuschung. Bis zum Sommer 1944 waren die westlichen Planer zu dem Schluß gekommen, daß all ihre Hoffnungen auf eine offene Revolte der Österreicher vergebens gewesen waren, denn zu wenige von ihnen, das war jetzt klar, waren bereit, Kopf und Kragen zu riskieren. Oliver Harvey, Leiter des Central Department des Foreign Office, also jener Abteilung des britischen Außenamts für deutsche und österreichische Angelegenheiten, war noch weniger nachsichtig. Am 4. Juli 1944 gab er zu Protokoll: »Wenn es nicht von strategischer Wichtigkeit wäre, Österreich von Deutschland getrennt zu halten, würden wir dieses Land ohne Saft und Kraft schmoren lassen.« Er stand natürlich noch unter dem Eindruck der Landung der Alliierten in der Normandie im Monat zuvor, ein bedeutendes Ereignis, das im Idealfall von gleichzeitig stattfindenden Erhebungen im ganzen besetzten Europa hätte unterstützt werden sollen. Österreich hatte sicher nichts unternommen, um diesen Hoffnungen gerecht zu werden. Weniger als drei Wochen nachdem dieses abschätzige Urteil geschrieben wurde, zeigte das »Land ohne Saft und Kraft« jedoch, daß es doch noch resolute Widerstandskämpfer aufzuweisen hatte, selbst unter jenen, die Hitlers Uniform trugen. Für österreichische Verhältnisse war noch viel bemerkenswerter, daß sie ebenso effizient wie mutig waren.

Der mißglückte Attentatsversuch vom 20. Juli 1944, deren Ziel die Ermordung Hitlers und die Beseitigung seines Regimes durch einen Staatsstreich der Verschwörer war, kann natürlich nicht als eine österreichische Widerstandsaktion bezeichnet werden. Sie wurde ausschließlich von deutschen – und vor allem preußischen – Nazigegnern ausgeheckt, geplant und in Gang gesetzt und auf militärischem Gebiet von Claus Graf Schenk von Stauffenberg angeführt. Aber nirgendwo in Europa, außer vielleicht in Paris, arbeiteten seine Zweigstellen so flink und reibungslos wie in Wien. Schon wenige Stunden nach Durchsage des Codeworts Walküre war jedes Hauptquartier der Wehrmacht in und um die Hauptstadt von österreichischen Einheiten beschlagnahmt worden, wie auch Flughäfen, Rundfunk,

Kommunikationszentren und Bahnhöfe. Außerdem wurden fast ausnahmslos die Naziparteiführer, die SS-Führung und die Polizeichefs schon im vorhinein als Ziele ausgewählt und verhaftet. Nachdem der Plan gescheitert war und das Hitlerregime sich gerächt hatte, saßen rund 600 Österreicher, die auf der Watchlist der Gestapo standen, hinter Gittern. Dutzende österreichische Armeeoffiziere, die der Beteiligung an der Verschwörung verdächtigt wurden, wurden ebenfalls verhaftet, und unter jenen, die im folgenden Monat im Berliner Gefängnis Plötzensee hingerichtet wurden, waren auch zwei der drei Rädelsführer – Oberst Rudolf Marogna-Redwitz und Oberstleutnant Robert Bernardis.

Der dritte Mann des Führungstrios entkam dank seiner persönlichen Sicherheitsvorkehrungen. Dieser war niemand anderer als der 1938 gerade zum Offizier ernannte Mann, der die viel verlockendere Laufbahn in Hitlers großer Wehrmacht dem Garnisonsdienst im österreichischen Bundesheer vorgezogen hatte. Carl Szokoll, nun Hauptmann im Stab des Österreichischen Wehrkreiskommandos XVII, hatte sich der deutschen Verschwörung nur unter einer Bedingung angeschlossen: »Ich sagte Stauffenberg, daß ich meinen eigenen Kommunikationskanal zu ihm wollte, der vom Rest getrennt und absolut wasserdicht sein sollte. Er war einverstanden, und ich bekam eine spezielle Direktleitung zu seinem Büro. Genau diese Berliner Nummer wählte ich an diesem hektischen 20. Juli, um festzustellen, ob der Führer immer noch am Leben war, und wenn ja, was unternommen werden sollte. Dieses Gespräch dürfte nicht abgehört worden sein. Auf alle Fälle hatte ich danach keine Probleme mit der Gestapo.«[42]

Welch ein tragischer und blutiger Fehlschlag die »Operation Walküre« letztendlich auch war, in Wien und anderswo hatte sie gezeigt, daß ein österreichischer Widerstand effizient funktionieren konnte, wenn es einen so sorgfältig koordinierten Rahmen dafür gab wie Stauffenbergs Mei-

[42] Carl Szokoll zum Autor, Wien, am 11. Oktober 1994.

sterplan. Es gab Österreicher, die das von Anfang an erkannt hatten, besonders Dr. Hans Sidonius Becker, ein weiterer dieser außergewöhnlich mutigen Antinazis, der für die Außenwelt ein unbesungener Held blieb, weil er jahrelang gezwungen war, alleine zu operieren. Becker, hochdekorierter Offizier im Ersten Weltkrieg, wurde Propagandaleiter der Vaterländischen Front, und mit der Gefahr eines Anschlusses vor Augen begann er schon vor 1938 an Widerstandsplänen für Österreich unter deutscher Okkupation zu arbeiten. Er wurde deshalb auch von der Gestapo verhaftet und ins Konzentrationslager Mauthausen geschickt, eines von Himmlers ersten Vermächtnissen an die Ostmark. Im Frühling 1941 wurde er freigelassen, und er machte sich sofort daran, obwohl er unter Polizeibeobachtung stand, ein Widerstandsnetz aufzubauen, das alle Bundesländer und alle politischen Fraktionen der ehemaligen Republik umfassen sollte. Er nahm auch Verbindung zu antinationalsozialistischen Offizieren in der Wehrmacht auf.

Er benötigte drei Jahre für diese Aufgabe. Erst im Frühling 1944 entstand eine breite, aber auf einer losen Verbindung bestehende Organisation – die Österreichische Freiheitsbewegung, die bald unter dem Decknamen O5 operierte (für den ersten und fünften Buchstaben von ›Oesterreich‹). Ein ideales Symbol, um auf Wände geschmiert oder eingeritzt zu werden, und da dies die leichteste Aktivität im Widerstand ist, war das geheimnisvolle Zeichen bald in der ganzen Ostmark zu sehen. Nur wenige kannten damals seine Bedeutung, aber es war klar, daß es ein Zeichen des Protests war, und das wurde später in Flugblättern auch verdeutlicht. Erst im Herbst 1944 – ein ganzes Jahr nach der Moskauer Deklaration – gelang es Becker, einen gemeinsamen Führungsrat, den sogenannten Siebener-Ausschuß, unter seinem Vorsitz zu gründen. Inzwischen hatten Gruppen von Monarchisten und katholischen Konservativen, die ihn natürlich unterstützten, eine gemeinsame Front mit Widerstandszellen der alten sozialistischen Kader und ihren Gewerkschaften aufgebaut. Er erreichte daher viel mehr auf dem Wege der Versöhnung, als es österreichische Exilpolitiker jemals taten. Das war nicht überraschend: Die Emigranten machten nie die ernüchternde Erfahrung, Monat um Monat und Jahr um Jahr in einem Polizeistaat zu leben. Sie konnten sich daher ganz darauf konzentrieren, sich gegenseitig zu bekämpfen.

Da der Sieg der Alliierten fast schon in Sicht war, mußte Österreichs kleine Widerstandsbewegung zwei Dinge erreichen. Erstens mußte ein direkter Kontakt mit den Westmächten hergestellt werden, wenn auch nur um diesen ihre Visitenkarte als Zeichen ihrer Existenz in die Hand zu drücken. Daß dies erreicht wurde, war weitgehend O5-Aktivisten wie zum Beispiel Major Alfons Stillfried oder dem jungen Fritz Molden zu verdanken, der 1942 nach wiederholten Verhaftungen vor die brutale Wahl gestellt worden war, sich der Wehrmacht anzuschließen oder ins Konzentrationslager zu wandern. Er zog natürlich die feldgraue Uniform dem breitgestreiften Gewand der KZler vor. Eine gute Entscheidung sowohl für die Bewegung als auch für ihn selbst. Als Soldat konnte er sich im Frontgebiet frei bewegen – wenn auch nur mit gefälschten Papieren und der Gewißheit, daß, sollte er aufgedeckt werden, er als Deserteur hingerichtet würde.

Bis zum Herbst 1944 hatte man nicht nur einen regelmäßigen Kurierkontakt mit dem Hauptquartier der Alliierten in Italien hergestellt, sondern auch mit den Vertretern der Westmächte in der Schweiz, und vor allem mit dem American Office of Strategic Services in Bern. Als Folge wurden sechs französische und amerikanische Verbindungsoffiziere nach Österreich in den Untergrund geschmuggelt, um sich so gut wie möglich auf die einzelnen Länder zu verteilen. Ebenso wurde die unbedingt notwendige Ausrüstung, vor allem Funkgeräte, ins Land gebracht. Die ersten Fallschirmabwürfe wurden ebenfalls durchgeführt, allerdings mit sehr gemischtem Erfolg, denn die O5 verfügte bei der Koordinierung solcher Operationen nicht über die lange Erfahrung der französischen Résistance. All diese Aktivitäten hatten einen bescheidenen Umfang und

entsprachen damit dem bescheidenen Beitrag im militärischen Bereich – mehr konnte man vom österreichischen
Untergrund nicht erwarten. Doch selbst mit dieser eher
symbolisch zu nennenden Geste kam Österreich einigermaßen der Verpflichtung nach, die zwölf Monate zuvor in
der Moskauer Deklaration niedergelegt worden war.

Zweitens mußte der österreichische Widerstand in dieser
letzten Kriegsphase die Alliierten davon überzeugen, daß er
eine nationale Bewegung darstellte. Die sinnlosen Streitereien der Emigranten und ihre Unfähigkeit, auch nur eine
einzige österreichische Kampftruppe im Ausland aufzustellen, geschweige denn eine österreichische Schattenregierung zu bilden, hatten ein gefährliches Vakuum verursacht.
Otto Habsburg war die einzige bekannte Persönlichkeit
unter den Emigranten, und dank seiner internationalen
Kontakte aus der Vorkriegszeit und seiner engen Freundschaft mit Präsident Roosevelt im Krieg war er auch der
einzige, der politischen Einfluß hatte. Er und seine Familie
hatten sich auf beiden Seiten des Atlantiks wirklich unaufhörlich bemüht, ein repräsentatives Organ für Österreich
ins Leben zu rufen. Doch gab es immer zu viele unter den
anderen Emigranten, die – von ihrem ideologischen Standpunkt aus ziemlich verständlich – sich nie der Führung eines
Erzherzogs unterstellen konnten, der obendrein noch
Kronprätendent war. Wie selbst die Ultrakonservativsten
im Widerstand erkannt hatten, war der Monarchismus eine
viel zu schmale Basis für eine Einheit.

Daher versuchten die Patrioten innerhalb Österreichs in
den letzten Kriegsmonaten – wenn auch nur, um das von
den Emigranten im Ausland hinterlassene Vakuum zu füllen – ein Organ aufzustellen, das an die Stelle der O 5 treten
und die Nation als Ganzes repräsentieren sollte. Es war ein
mutiges, doch leider sehr kurzes Unterfangen. Die Entscheidung, das sogenannte Provisorische Österreichische Nationalkomitee (POEN) zu gründen, fiel am 12. Dezember 1944.
Es dauerte aber noch sechs weitere kritische Wochen, bis
am 25. Februar 1945 die Mitgliederliste fertiggestellt werden konnte. Neben Widerstandsveteranen wie Hans Sido-

nius Becker und Major Alfons Stillfried, zählten zu den Mitgliedern auch Ernst Molden, der Vater der Brüder Molden und in der Vorkriegszeit Herausgeber der *Neuen Freien Presse,* sowie der Sozialistenführer Adolf Schärf, der eines Tages der Bundespräsident der Nachkriegsrepublik werden sollte.[43] Kommunisten und Liberale wurden ebenfalls in die, wie es zumindest auf dem Papier hieß, einheitliche nationale Front aufgenommen.

Außer in Tirol sollte eine Widerstandsbewegung auf so breiter Basis nur auf dem Papier bestehen, und selbst diese nicht einmal für eine Woche. Am 2. März stürzte sich die Gestapo, die schon seit dem Tag der endgültigen Gründung des Komitees auf der Lauer lag, auf seine Mitglieder und verhaftete die meisten von ihnen. Ob sich nun jemand verplapperte oder ob Verrat im Spiel war – das POEN war jedenfalls, noch bevor es mit seiner Hauptaufgabe beginnen konnte, nämlich mit der Zusammenarbeit mit den alliierten Mächten, ausgelöscht worden. Damit blieb nur noch das gigantische Schlachtfeld, das nun gerade auf österreichischen Boden vorrückte, als einziger Schauplatz, an dem der Widerstand seinen Mut noch unter Beweis stellen konnte. Die letzte Chance war auch die potentiell größte, wenn man die Moskauer Deklaration heranzog. So sah es sicher der amerikanische Außenminister Cordell Hull. Schon im September 1944 soll er die Österreicher gewarnt haben, daß sie

---

[43] An einer Stelle in seinen Memoiren beschreibt Schärf, wie einer der Führer des geplanten deutschen Aufstands, Wilhelm Leuschner, bei einem Treffen in Wien im Sommer 1943 davon geschwärmt hatte, daß der Anschluß auch nach Hitlers Niederlage aufrechterhalten bliebe. Drei Stunden später machte Schärf plötzlich einen völligen Sinneswandel durch und erklärte, der Anschluß sei gestorben, weil den Österreichern die Liebe zum Deutschen Reich ausgetrieben worden sei. Diese Stelle sollte oft von Österreichern zitiert werden. Doch niemand von ihnen hielt kurz inne, um sich darüber zu wundern, daß ein achtbarer und intelligenter Mann wie Schärf erst fünf Jahre unter Nazis und Piefkes leben mußte, um seinen alten sozialistischen Traum aufzugeben – und selbst dann nur, weil ein Deutscher versuchte, ihn am Leben zu erhalten.

sich sofort gegen die Deutschen erheben müßten, wenn sie sich ihre Freiheit nach dem Krieg verdienen wollten. Doch die Aufforderung wurde nie befolgt. Zumindest soweit das Hauptschlachtfeld betroffen war, sollte der österreichische militärische Widerstand eine weitere bittere Geschichte des Versagens werden, die nur durch die waghalsigen Heldentaten einzelner ausgeglichen wurde.

Der bemerkenswerteste von ihnen kam bedauerlicherweise erst sehr spät zum Zug. Am 2. April sandte der unermüdliche Szokoll, der nun als Major das koordinierte, was vom aktiven Wiener Untergrundwiderstand übriggeblieben war, einen seiner treuen Anhänger, Oberfeldwebel Ferdinand Käs, durch die deutsche Hauptkampflinie im Semmeringgebiet, um innerhalb von elf Stunden einen direkten Kontakt mit dem Hauptquartier des Oberkommandos der Roten Armee herzustellen. (Alle Versuche einer Kontaktaufnahme über Funk waren gescheitert.) Mit falschen Papieren ausgestattet, gelang es Käs am nächsten Tag, das Hauptquartier der Dritten Ukrainischen Frontarmee zu erreichen, welches nun bereits in Hochwolkersdorf stationiert war, nicht einmal 50 Kilometer südöstlich von Wien. Es war vielleicht ein Glück, daß ihn seine Mission zu den Russen führte, die nun ja die offensichtlichen Befreier der Hauptstadt waren. Wären die Briten in dieser Position gewesen, wie sie es einst vorgesehen hatten,[44] hätte jemand, der nur Oberfeldwebel war, Schwierigkeiten gehabt, als vollwertiger Verhandlungspartner akzeptiert zu werden. Doch die Rote Armee hatte in dieser Beziehung weniger Hemmungen, und sie war außerdem Teil eines Polizeistaates, in dem ein niederer Rang oft zur Tarnung von großem Einfluß diente.

[44] Am 17. Juni 1944 hatte General Wilson, der britische Oberkommandierende im Mittelmeerraum, einen Plan für eine sofortige Landung der Alliierten im nördlichen Adriaraum vorgelegt. Fünf Divisionen, davon zwei Luftlandetruppen, sollten Triest einnehmen und durch die Laibacher Senke hinauf vorstoßen, um sowohl Wien als auch Budapest zu befreien. (Zu diesem Zeitpunkt war die Rote Armee immer noch fast 500 Kilometer weit weg im Osten.) Trotz energischer Unterstützung durch Churchill wurde der Plan von den Amerikanern abgelehnt.

Käs gelang es jedenfalls, den sowjetischen Offiziersstab sowohl von seinem *bona fide* als auch vom Vorteil eines Umfassungsangriffs auf Wien durch einen breiten Sturm vom Westen, wo die deutschen Truppen dünn gesät waren, zu überzeugen. Er kam am 5. Mai zu Szokoll zurück, kom- *April* plett ausgerüstet mit den vereinbarten Plänen, durch den Abwurf von Leuchtkugeln zwischen den vorstoßenden Russen und den Wiener Widerstandsgruppen Signale aus- zutauschen. Nach diesem Signalaustausch würden letztere weiße Armbinden anlegen und der Roten Armee durch die Besetzung aller öffentlichen Gebäude, Kommunikations- zentralen und Bahnhöfe sowie durch die Einnahme aller wichtigen Brücken, um deren Sprengung zu verhindern, zu Hilfe kommen. Der Plan war durchführbar, denn Szokoll konnte mit mehreren Widerstandseinheiten innerhalb der Wehrmacht rechnen, darunter auch mit einer viergeschüt- zigen Feldhaubitzenbatterie der Kroaten. Doch die Ver- schwörung wurde schon verraten, während sie ausgeheckt wurde. Ein gewisser Leutnant Walter Hanslik, NS-Füh- rungsoffizier der Heeresstreife Wien, hörte zufällig einen Telefonanruf von Szokoll an einen seiner wichtigsten Mit- arbeiter ab, Major Karl Biedermann, und warnte die Nazi- gauleitung. Biedermann wurde sofort verhaftet und ent- hüllte unter schwerer Folter das Kennwort »Radetzky«, das der Gestapo die anderen Zellen der Verschwörung öff- nete.

Noch einmal gelang Szokoll die Flucht, die selbst Houdi- ni alle Ehre gemacht hätte, und in den letzten Tagen des Kampfs um Wien brachte er auch noch das Kunststück zustande, das noch verbliebene Widerstandsnetz zu einigen bewaffneten Aktivitäten zu bewegen. Das war aber ein arm- seliger Ersatz für das, was hätte sein können – ein Massen- aufstand der patriotischen Österreicher gegen deutsche Nazis in ihrer Hauptstadt, wie dies vom westlichen Propa- gandaapparat im November 1943 vorgesehen und ein Jahr später wieder von westlichen Führern heraufbeschworen wurde. Selbst die Behauptung, daß die fast unblutige Umfas- sung Wiens vom Westen durch die Rote Armee Käs' Mission zu verdanken war, ist – was vielleicht verständlich ist – von den Chronisten des Widerstands übertrieben dargestellt worden. Die Frontberichte von Marschall Tolbuchins Dritter Ukrainischer Frontarmee zeigten später, daß seine sechste Panzerarmee, die bereits südwestlich der Hauptstadt bei Baden stand, am 3. April, also bevor der gute Oberfeldwebel überhaupt im Hauptquartier der Roten Armee angekommen war, in einem großen Bogen durch Heiligenstadt und Preßbaum vorzustoßen begonnen hatte. Tolbuchin war von Anfang an entschlossen, einen weiteren kostspieligen Frontalangriff zu vermeiden, wie er gegen Budapest geführt worden war, wo die Wehrmacht über sechs Wochen die Stellung gehalten hatte. (Die Russen wären aber dennoch dankbar gewesen für die von Käs gelieferten Informationen und für die Lotsendienste, die der Widerstand in den letzten Tagen der Schlacht leisten konnte.)

An der gescheiterten Käs-Mission waren für die Patrioten rückblickend die Beweggründe jenes Mannes, der sie verraten hatte, am deprimierendsten. Leutnant Hanslik war Österreicher, doch wie Käs in seinen Memoiren schrieb, war er ein Landsmann, dem Hitlers verrückte Befehle mehr bedeuteten als seine eigene Heimatstadt und die Menschen darin.

Bis April 1945 gab es nicht mehr allzu viele Hansliks in feldgrauer Uniform, dennoch kam es zu keinen Massendesertionen oder Meutereien in den Reihen der Zehntausenden Österreicher, die gegen den Vorstoß der Dritten Ukrainischen Frontarmee kämpften. Der Widerstand innerhalb der Wehrmacht war, selbst als Hitlers Sturz klar erkennbar war, nie eine spontane Massenreaktion, sondern konzentrierte sich auch weiterhin auf eine Handvoll antinationalsozialistischer Offiziere, die von diesem Trio treuer Majore ausgebildet worden waren: Szokoll, Stillfried und Biedermann. Abgesehen von solchen »Verrätern« konnte sich der Führer nicht über die Leistung seiner österreichischen Soldaten in der letzten Kriegsphase beklagen. Ein Grund dafür war natürlich, daß sie nun nicht in weitgespannten Eroberungsfeldzügen im Einsatz waren, sondern ihr eigenes Heimatland verteidigten. Ein anderer Grund war die Angst vor der Gefangennahme durch einen unversöhnlichen Feind, den viele schon im Osten kennengelernt hatten.

Hitlers Taktiken spielten auch eine Rolle. Vorausblickend hatte er schon im Herbst 1944 den Befehl gegeben, daß Wien bis auf den letzten Mann zu verteidigen und mit jedem Rebellen rücksichtslos zu verfahren sei. Doch da er selbst Österreicher war, hatte er seine Zweifel an der Zähigkeit seiner »halbslawischen Wiener« und hatte besondere Maßnahmen getroffen, sie durch Überzeugungskraft und Drohungen dazu zu bringen, hart zu bleiben. Also wurde die deutsche Heeresgruppe Süd, die Tolbuchins Streitkräften gegenüberstand, in Ostmark umbenannt und in den allerletzten Tagen des Kampfs um die Hauptstadt sogar einem österreichischen Oberbefehlshaber unterstellt. Dieser glücklose Offizier war Generaloberst Lothar Rendulic, der noch am 4. April 1945 die Heeresgruppe in Lettland am anderen Ende der langen Kampffront kommandiert hatte. Hier hatte er sich einen beachtlichen Namen mit seiner Defensivtaktik gemacht, und nun sollte er der Wehrmacht ebenso gute Dienste leisten.

Er erreichte sein neues Hauptquartier (in St. Leonhard am Forst in Niederösterreich) erst am Abend des 8. April, also nur fünf Tage vor der endgültigen Kapitulation Wiens vor einem weiteren Eindringling aus dem Osten, wie er es betrachtete.[45] Er wußte trotz des gezwungenen Optimismus seines Führers, der ihn auf der Durchreise in seinem Berliner Bunker empfangen hatte, daß die Hauptstadt vor dem Fall stand und der Krieg verloren war. Dennoch war es weitgehend dem Geschick Rendulics und dem hartnäckigen Nachhutkampf seiner Armeekommandanten zu verdanken, daß der Mehrheit der 600 000 Mann in seinem »Ost-

[45] Der deutsche Kommandant in der Hauptstadt, General von Bünau, kämpfte bis zum Ende, nicht zuletzt aus Angst davor, daß seine Frau und Kinder zu Hause eingesperrt würden, wenn er zu früh kapitulierte. Dieses Schicksal hatte die Familie General Laschs ereilt, der die Königsberger Garnison am 4. April kapitulieren ließ.

mark«-Kommando die Flucht nach Westen in Richtung der vorrückenden Amerikaner gelang. Hitlers »zweite Stadt an der Donau« kämpfte für ihren Führer bis zum letzten Atemzug. Zwei Wochen nach dem Fall Wiens und nur noch zehn Tage vor Kriegsende erhielt Rendulic 65 nagelneue Tiger-und-Panther-Panzer, die gerade erst aus der Linzer Fertigungsstraße gerollt waren.

Jetzt schlossen sich auch die anderen Armeen der *Grand Alliance* den Russen auf österreichischem Boden an. Oder sie purzelten vielmehr etwas unzusammenhängend herein, als ob sie sich nun in der Praxis so verhalten wollten wie in den konfusen Debatten, die monatelang am Verhandlungstisch über westliche Okkupationspläne und Österreichs Zukunft im allgemeinen geführt wurden. Präsident Roosevelt und seine höchsten Berater hatten sich ursprünglich gegen eine militärische Beteiligung Amerikas ausgesprochen und waren deshalb bereit, einer Aufteilung Österreichs in nur zwei Zonen, zwischen Briten und Russen, zuzustimmen. Dies entsprach Roosevelts Politik, Stalin im Donauraum nicht auf die Zehen zu treten, und auch seiner Abneigung davor, in das historische Gewirr der Balkanintrigen verwickelt zu werden, wozu Österreich seiner Ansicht nach gehörte. Seine militärischen Berater waren anfangs mit ihm einer Meinung. Sie traten dafür ein, daß die amerikanische Militärmacht sich auf Nordwesteuropa konzentrieren sollte, wodurch unter anderem die großen Ostseehäfen gesichert würden, die für die Verschiffung ihrer Divisionen an die Pazifikfront gebraucht wurden.

Die Schwerpunktverlagerung an der politischen Front kam erst Mitte 1944, als der Präsident dem anhaltenden Druck von US-Botschafter John G. Winant, seinem fähigen Vertreter in der European Advisory Commission (EAC), der Europäischen Beratenden Kommission, nachgab und einer amerikanischen Besatzungszone in Österreich zustimmte.[46] Die militärischen Argumente für eine

---

[46] Eines der von Winant vorgebrachten Argumente war nicht gerade schmeichelhaft: Österreichs schöne Landschaft, schlug er

Verschiebung von amerikanischen Truppen nach Süden wurden weitgehend von der Propagandamaschinerie des Joseph Goebbels genährt. Mit seiner Hilfe konnten die Westmächte davon überzeugt werden, daß die Deutschen auch nach einem Sturz Berlins mit Hitler an ihrer Spitze von der sogenannten Alpenfestung aus, einem großen Streifen eines leicht zu verteidigenden Gebirgslandes mit den österreichischen Alpen im Zentrum, weiterkämpfen könnten. Das Projekt war im militärischen Kontext von 1945 kaum glaubwürdig und wurde auch nie ernsthaft angestrebt. Doch die Drohung reichte aus, um General Dwight D. Eisenhower, den Oberbefehlshaber der alliierten Invasionstruppen, dazu zu bewegen, seinen Vormarsch auf Berlin Ende März abzubrechen und zwei amerikanische Armeen, die Dritte und die Siebente, nach Süden zu schicken. De Gaulles französische Truppen, die immer mehr an Profil gewannen, sollten von Westen her angreifen.

Nachdem die sogenannte Alpenfestung wie eine Eierschale zerbrochen worden war, kamen schließlich die Amerikaner als erste in Innsbruck an. Hier bekam die 103. US-Infanteriedivision bei ihrem Eintreffen am Abend des 3. Mai 1945 ein erfreuliches und ungewohntes Spektakel zu Gesicht. Die Stadt war bereits von lokalen Widerstandsgruppen befreit worden, und die amerikanischen Soldaten marschierten auf Straßen ein, die nicht von den weißen Fahnen der Kapitulation, die sie in Deutschland begrüßt hatten, sondern von österreichischen Fahnen gesäumt waren. Selbst die deutschen Soldaten, die immer noch bewaffnet unter der jubelnden Menge standen, hatten vorsichtigerweise Armbinden mit der Aufschrift »Freies Österreich« angelegt.

Die Tiroler Widerstandsbewegung war schon immer, begünstigt durch die gebirgige Gegend des Landes und die streitbare unabhängige Tradition seines Volkes, eine Sache

vor, würde ein ideales Erholungsgebiet für die in Deutschland stationierten amerikanischen Streitkräfte abgeben.

für sich gewesen.[47] Außerdem hatten die Tiroler ja den Süden und den Brennerpaß direkt vor sich, hinter dem 250 000 Blutsverwandte von ihnen lebten, die sie im Jahr 1918 verloren hatten und die Hitler nicht wieder hatte zurückbringen können. Tirol war auch die Front, zu der die Alliierten langsam vorrückten, und daher war seit 1944 die so wichtige Verbindung mit kleinen alliierten Kommandoeinheiten hergestellt, die mit dem Fallschirm abgesetzt oder hereingeschmuggelt wurden, um den örtlichen Widerstandsgruppen zu Hilfe zu kommen. Mitte April wurden diese unter der Führung des zukünftigen österreichischen Außenministers Karl Gruber zusammengeschlossen, und mit vereinter Kraft hatten sie zum Preis von 41 Menschenleben praktisch über die Köpfe der deutschen Garnison hinweg die Kontrolle über Innsbruck an sich gerissen. Diese Aktion veranschaulichte, was der österreichische Widerstand auf einer breiteren Basis hätte erreichen können, wenn Münder geschlossen geblieben wären, Verrat vermieden worden und eine direkte Ermutigung und Unterstützung vom Ausland gekommen wäre.

Es war immer vorgesehen gewesen, daß die alliierten Armeen hauptsächlich im Süden über Italien hereinkommen sollten. Tatsächlich waren die Briten aber die letzten der vier Besatzungsmächte, die in Österreich einmarschierten: die Vorhut ihrer achten Armee überschritt die Grenze nach Kärnten erst am 8. Mai. Auch hier kam es zu unerwarteten Komplikationen. Erst einmal lebten die uralten Spannungen zwischen den Volksgruppen in der Grenzzone plötzlich wieder auf das heftigste auf, als Titos Partisanen – die für die Sache der slowenischen Minderheit zum größeren Ruhm des neuen Jugoslawiens eintraten – in Schwärmen über das gesamte Gebiet herfielen und sogar Anspruch auf die Hauptstadt Klagenfurt erhoben. Die Situation wur-

---

[47] Im Gegensatz zu den redseligen Wienern behielten sie ihre Gedanken meist für sich. (»Drei Tiroler, vier Tische«, so wurde ihr zurückhaltendes Wesen in einem Spruch charakterisiert.) Dadurch war eine viel größere Sicherheit gegeben.

de so angespannt, daß die britische 78. Infanteriedivision sich sogar auf eine Kehrtwendung und die gewaltsame Vertreibung der Partisanen vorbereitete,[48] bis Tito, nicht zuletzt von Moskau, dazu gebracht wurde, seine Meinung zu ändern und abzuziehen.

Waren die Russen in dieser Beziehung behilflich, so sollten sie eine nichts Gutes ahnen lassende Bockigkeit an den Tag legen, als die achte Armee nach Norden vorstoßen und das benachbarte Bundesland Steiermark, das ihr zugeteilt worden war, besetzen wollte. Ein Grund, weshalb die Briten so bestrebt waren, die früher an Ungarn grenzende Steiermark in die Hände zu bekommen, ging auf die von den Ereignissen immer noch nicht in alle Winde zerstreute anglo-amerikanische Vision zurück, einen westlichen Brückenkopf zwischen Österreich und den Donauvölkern im Osten zu errichten. Genau das war der Grund, weshalb die Russen dies alles zu verhindern versuchten und die achte Armee nicht vor dem Sommer über die Mur setzen und Graz okkupieren konnte.

Zu ähnlichen territorialen Streitigkeiten kam es zwischen den Amerikanern und den Russen im Norden, und es dauerte Monate, bis die Demarkationslinien der vier Besatzungszonen endgültig festgelegt wurden. Damit fielen Tirol und Vorarlberg an die Franzosen, Salzburg und Oberösterreich südlich der Donau und westlich der Enns an die Amerikaner, Kärnten mit Osttirol und der Steiermark an die Briten, und das Burgenland, Niederösterreich und Oberösterreich nördlich der Donau und östlich der Enns an die Russen. Obwohl man sich darauf einigte, Wien in vier Besatzungszonen aufzuteilen, hatte sich im Lauf der Besat-

---

[48] Diese hastig geplante Operation trug den Decknamen »Bee-Sting« (Bienenstich). Die verzweifelte Notwendigkeit, das Brigadegebiet von den Zehntausenden Gefangenen zu befreien, die die Verbindungslinien völlig blockierten, war ein Grund für die tragische Episode der Übergabe der gefangengenommenen Kosaken an die Russen. Der Autor war zu diesem Punkt mit der für Österreich gebildeten British Intelligence Organisation persönlich in Kärnten.

zungszeit ein gefährliches Ungleichgewicht in der bereits abbröckelnden *Grand Alliance* gezeigt. Die Westmächte waren sich immer noch nicht im klaren darüber, worauf sie in Österreich eigentlich hinauswollten, denn der Plan einer Donauföderation wurde noch immer der Idee einer wiederhergestellten Republik, die auf eigenen Füßen stehen sollte, vorgezogen. Stalin hingegen wußte genau, was er wollte: soviel, wie er von Österreich durch Waffengewalt an sich reißen konnte, und schließlich, wenn die Karten richtig fielen, auch noch Wien, um es in das neue Donaureich, dessen Bildung er für sich selbst plante, einzugliedern.

Als Hitlers Krieg im Frühling 1945 endete, trat daher bereits der kalte Krieg zwischen Ost und West an seine Stelle, und Österreich war Mittelpunkt eines gigantischen Tauziehens.

VII

Der Weg heim

1. Das Warten auf die Freiheit

Das Tauziehen zwischen den Großmächten über Österreichs Zukunft hatte schon lange vor ihrem Zusammentreffen in Wien durch ihre Stellvertreter begonnen. Am russischen Ende des Taus zog ein starkes Quartett österreichischer kommunistischer Parteiführer, die den Großteil des Kriegs im bequemen Moskauer Exil verbracht hatten: Ernst Fischer, Johann Koplenig, Franz Honner[1] und Friedl Fürnberg. Im April 1945 kamen sie im sowjetisch besetzten Wien an, um sich für Stalins Gastfreundschaft erkenntlich zu zeigen. Am anderen Ende zog, wenn auch nicht mit so vereinten Kräften, ein gemischtes Team von Österreichern des rechten Flügels. Einige von ihnen waren gerade erst aus dem Gefängnis oder dem Konzentrationslager entlassen worden, einige waren führend am österreichischen Widerstandskampf beteiligt gewesen, und einige tauchten einfach aus dem Dunkel auf, in das sie sich während der Hitlerjahre zurückgezogen hatten. Dazwischen stand Österreichs Meister des Kompromisses und oberster Überlebenskünstler, der sozialistische Baumeister und Kanzler der Ersten Republik, Karl Renner.

Einer hartnäckigen Legende über die Schaffung der Zweiten Republik zufolge sollen Stalin und Karl Renner sich sozusagen zufällig gefunden haben. Nichts könnte von

---

[1] Im Juni 1944 hatte Honner seine Kollegen im Moskauer Hotel Lux zurückgelassen und war nach Jugoslawien geflogen, wo er das erste der beiden österreichischen Freiheitsbataillone aufstellte, die mit Titos Partisanen kämpften.

der Wahrheit weiter entfernt sein. Die Rote Armee hatte kaum die Grenze nach Ostösterreich überschritten, da wurde auch schon auf Stalins Befehl hin dem Hauptquartier der Dritten Ukrainischen Armee angeordnet, den altgedienten Sozialistenführer Renner ausfindig zu machen. Man sollte ihn darüber informieren, die Rote Armee würde ihm helfen, wieder eine demokratische Ordnung herzustellen, sobald man sich seiner Vertrauenswürdigkeit versichert hätte. Das war am 3. April, zufällig an jenem Tag, an dem Renner (der sich während des Kriegs im niederösterreichischen Gloggnitz aufgehalten hatte) sich meldete, als er sich beim lokalen russischen Kommandanten über das Verhalten seiner Truppen beschwerte. Doch auch Renner suchte Stalin, indem er schon nach der politischen Macht tastete, die ihm nur dieser große Befreier verleihen konnte. Dementsprechend hatte er seinen formellen Protest mit dem Angebot verbunden, der Roten Armee beim Wiederaufbau einer österreichischen Republik seine Dienste zur Verfügung zu stellen.

War Renner hinter der Macht her (und wollte seinem Volk dienen, was alle Politiker für das gleiche halten), so war Stalin hinter einer ehrwürdigen und respektierten Persönlichkeit her, die eines Tages für ihn in Wien eine gemeinsame Front des linken Flügels leiten könnte. Die Ereignisse, die sich bald im benachbarten Ungarn entwickeln sollten, enthüllten die übliche Vorgangsweise. Dort wurde der sozialdemokratische Führer der Vorkriegszeit, Arpad Szakasits, von Stalin dazu benutzt, seine Partei mit der ungarischen Kommunistischen Partei zur sogenannten Vereinigten Ungarischen Arbeiterpartei zusammenzuschließen, deren Vorsitzender er nominell wurde. Dann wurde er mit dem noch nominelleren Amt des Präsidenten der neuen Volksrepublik belohnt, bevor er ein Jahr später, als der Kreml ihn nicht mehr brauchte, einer Säuberung zum Opfer fiel. Karl Renner war eine insgesamt viel gefestigtere Persönlichkeit als Szakasits. Österreich unter der Kontrolle der vier Besatzungsmächte war außerdem ein viel härter zu durchdringendes Ziel als das Nachkriegsungarn, das zwar von Anfang an unabhängig war, aber doch immer die Spitze des russischen Bajonetts im Nacken spürte. Aus diesen Gründen reichte Renners Verhalten im Frühling 1945 schon aus, um im westlichen Lager die schlimmsten Ängste und das größte Mißtrauen auszulösen.

Obwohl er vom sowjetischen Oberkommando sofort mit der Aufgabe betraut wurde, die neue Republik ins Leben zu rufen, und für diesen Zweck mit seiner Familie in eine geräumige neue Residenz auf Schloß Eichbüchl nahe Wiener Neustadt gebracht wurde, war sich Renner Stalins Unterstützung immer noch nicht ganz sicher. In den Augen Moskaus war er immerhin ein feiger Opportunist, der sieben Jahre zuvor geholfen hatte, Hitlers Truppen nach Österreich hereinzuwinken. Außerdem hatte er nach 1938 weiterhin für den Anschluß geworben. Also verfaßte Renner eine Woche nach seinem Einzug in Eichbüchl einen langen Brief an Stalin, den er später vermutlich lieber verdrängt hätte. Diese *Apologia pro vita sua* war in einem unterwürfigen Ton geschrieben, der sowohl auf Egoismus als auch auf ein schlechtes Gewissen zurückzuführen sein mag, aber unter den gegebenen Umständen völlig unnötig war. Der Verfasser erinnerte stolz an die Begegnungen mit Lenin und Trotzki[2] vor dem Krieg, zählte seine einzigartigen Qualifikationen für die bevorstehende Aufgabe auf und forderte den sowjetischen Diktator auf, Österreich unter seinen »mächtigen Schutz zu nehmen«.

Als Krönung des ganzen folgte das Versprechen: »Die österreichischen Sozialdemokraten werden sich mit der K.P. brüderlich auseinandersetzen und bei der Neugründung der Republik auf gleichem Fuß zusammenarbeiten.« Das war genau das Grundprinzip für die Errichtung der vom Kreml dominierten »Volksfronten«. Stalin muß wohl geglaubt haben, den richtigen Mann gefunden zu haben. Die am 26. April von Renner gebildete Provisorische Regierung entsprach auch genau den sowjetischen Anforderun-

---

[2] Dies zu erwähnen, war ohnehin nicht allzu geschickt, denkt man an Trotzkis tiefes Zerwürfnis mit Stalin, der ihn schließlich ermorden ließ.

gen – was nicht überraschend war, denn ihr Oberkommando hatte ja die Mitgliederliste bewilligt. Der neu gebildete österreichische rechte Flügel war zwar vertreten, doch Renners Kabinett wurde von gemäßigten Sozialdemokraten wie ihm selbst und Adolf Schärf und von den kommunistischen Kandidaten Moskaus dominiert. Die zwei Schlüsselressorts, von denen jeweils Geist und Körper kontrolliert werden konnten, waren beide in kommunistischer Hand. Ernst Fischer erhielt das Ministerium für Volksaufklärung, für Unterricht und Erziehung und für Kultusangelegenheiten, während Honner das Staatsamt für Inneres übernahm und als solcher für die Polizei verantwortlich war. Damit war der Prozeß der Machtübernahme in Gang gesetzt, wie schwierig es auch gewesen wäre, ihn zu vollenden.

Doch Karl Renner, nun wieder österreichischer Bundeskanzler, hatte nicht umsonst Jahrzehnte des politischen Jonglierens hinter sich, wobei seine Erfahrungen sogar bis in die Kaiserzeit zurückreichten. Er streute in sein Kabinett eine sorgfältig ausgewählte Mischung von Unterstaatssekretären ein, um eine Kontrolle über die jeweiligen Staatssekretäre (wie im Februar 1919 wurden die Minister so genannt) zu ermöglichen. Die wichtigsten dieser Kontrolleinrichtungen besonderer Art waren jene beiden, die den Genossen Honner im Innenministerium im Auge behalten sollten: der gemäßigte niederösterreichische Vorsitzende der Sozialdemokraten, Oskar Helmer, und Raoul Bumballa, der einzige Vertreter der österreichischen Widerstandsbewegung in der ersten Regierung nach Hitler.

Der rechte Flügel war immer noch unterrepräsentiert, zum Teil weil es ihm an Führungspersönlichkeiten mit wenigstens ein bißchen Amtserfahrung mangelte, aber auch aufgrund von Problemen bei seinem eigenen politischen Neubeginn. Dieser war viel radikaler gewesen als alles, das auf der nichtkommunistischen Linken unternommen wurde. Die früheren Sozialdemokraten hatten sich einfach zur Sozialistischen Partei Österreichs umgestaltet, und die Gemäßigten, verkörpert durch Renner und Schärf, hatten nun unbestritten die Kontrolle über den übriggebliebenen

Rest von Otto Bauers Radikalen.[3] Die Christlichsoziale Partei aus der Zeit vor dem Anschluß wurde aber im Frühling 1945 ein für allemal zu Grabe getragen, und ein neuer Geist wie auch ein neuer Name und eine neue Führung wurden an ihrer Stelle ins Leben gerufen. Es war nicht schwierig, das Wort »sozial« aufzugeben, das sowieso immer das Kennzeichen der Opposition gewesen war. Doch auch das Wort »christlich« aus dem Parteinamen wegzulassen stellte einen deutlichen Bruch mit dem katholisch dominierten Ständestaat von Dollfuß und Schuschnigg und dem gesamten damit verbundenen politischen Alptraum des autoritären Regierungssystems dar. Und so benannten sich die früheren Christlichsozialen, als die Vertreter des rechten Flügels im April in Wien zusammenkamen, um ihre Zukunft zu planen, einfach in Österreichische Volkspartei um.

Ihnen fehlte ein politisches Äquivalent zu Karl Renner, das an ihre Spitze treten könnte. Der einzige unter ihnen, der wenigstens in einer unteren Regierungsstelle tätig gewesen war, war der Niederösterreicher Julius Raab, wenn auch nur in der kurzlebigen Regierung Seyß-Inquart im März 1938, was wohl kaum als Qualifikation gelten konnte. Noch weniger akzeptabel war Raabs Vergangenheit als Landesheimwehrführer. Seine Zeit sollte noch kommen, doch im Frühling und Sommer 1945 galt die Aufmerksamkeit immer mehr einem Niederösterreicher der jüngeren Generation, dem Bauernbunddirektor Leopold Figl. Zwar wurde Leopold Kunschak als Vorsitzender der neuen Partei vorgeschlagen, doch dieser 74jährige altgediente Christlichsoziale hatte weder die Energie noch die Ambition, die Führung der Partei zu übernehmen. Als Renner am 24. September seine Regierung erweiterte und umbildete, war es daher keine Überraschung, daß Kunschak dankbar aus der

---

[3] Der leidenschaftliche Wortschmied der Bewegung, Otto Bauer, war 1939 in Paris gestorben. Eine kleine Gruppe unter der Leitung des Parteisekretärs Erwin Scharf versuchte 1945, den radikalen Weg fortzusetzen, indem sie für eine enge Partnerschaft mit den Kommunisten eintrat, doch der Versuch konnte leicht vereitelt werden.

Politik ausschied und mit ihm der letzte Christlichsoziale der alten Garde. Leopold Figl trat nun ein und bildete gemeinsam mit Schärf und Koplenig das Spitzentriumvirat des sogenannten Politischen Kabinetts.[4]

Der Bauernbub und ausgebildete Ingenieur aus dem Tullnerfeld besaß einwandfreie persönliche und politische Qualifikationen. Sein Patriotismus, der sein Volk durch die bevorstehenden schwierigen Jahre führen sollte, stand außer Frage. Der Name Leopold Figl war beim Anschluß ganz oben auf der Gestapoliste gestanden, und er befand sich unter der ersten Schar von Österreichern, die schon ein paar Stunden nach dem deutschen Einmarsch nach Dachau verfrachtet wurden. Dort war er über fünf Jahre inhaftiert und hatte die schlimmste Behandlung erlitten, die ein Konzentrationslager jemandem zumessen konnte. Selbst seine Freilassung 1943 brachte ihm nur vorübergehend die Freiheit. Im Oktober des folgenden Jahres wurde er wegen des Verdachts der Betätigung im Untergrund wieder verhaftet, nach Mauthausen und dann ins Gefängnis im Wiener Landesgericht, dem gefürchteten Grauen Haus, geschickt, aus dem ihn erst die russischen Befreier retteten.

Es ist oft behauptet worden, daß Österreichs ideologische Brüche der Vorkriegszeit in Hitlers Konzentrationslagern ausgeheilt wurden, wo das gemeinsame Leid ein gegenseitiges Verständnis zwischen den alten Rivalen entstehen ließ und somit eine Grundlage für die Nachkriegspolitik geschaffen wurde. Das trifft nur bis zu einem gewissen Grad zu. Hinter dem Stacheldraht von Dachau waren Gefangene der alten Rechten verwahrt wie Walter Adam, Pressechef des Schuschniggregimes, Anhänger der Vaterländischen Front wie Alfons Gorbach, Karl Maria Stepan und der Held der Widerstandsbewegung, Hans Sidonius Becker, aber auch Häftlinge der alten Linken wie zum Beispiel der Führer des Republikanischen Schutzbunds, Alex-

---

[4] Der Führer der Tiroler Widerstandsbewegung, Karl Gruber, wurde als Kandidat der Volkspartei der De-facto-Außenminister und sollte in diesem Amt für die nächsten acht Jahre bestätigt werden.

ander Eifler, und andere prominente Sozialdemokraten wie Robert Danneberg und der frühere Wiener Bürgermeister Richard Schmitz. Nun waren sie zum ersten Mal als Österreicher zusammengeworfen worden und begannen als solche zu denken. Da die Gegenwart unerträglich war, sprachen sie über die Zukunft, und das hieß, die Vergangenheit zu begraben.

Doch sie waren nicht die einzigen menschlichen Säulen, auf denen das neue Österreich erbaut werden sollte. Es gab auch Männer wie Julius Raab auf der Rechten und Karl Renner auf der Linken, die, ohne ihre Seelen an Hitler zu verkaufen, den Schwierigkeiten ausgewichen waren und niemals ein Konzentrationslager von innen gesehen hatten. Und es gab Bindungen auf Landesebene, wie zum Beispiel diese so wichtige Beziehung, die Figl 1945 mit dem gemäßigten Führer der Sozialisten Niederösterreichs, Oskar Helmer, aufgebaut hatte, der in den Hitlerjahren auch die Gefahr gemieden hatte. Gestützt wurde all das durch den langsamen, aber letztendlich massiven Meinungsumschwung gegen Nazis und Piefkes, der im gesamten österreichischen Volk stattgefunden hatte. Nach sieben Jahren unter dem Hakenkreuz hätten die Österreicher eine Rückkehr zu den alten Parteistreitereien und -zänkereien der Vorkriegszeit einfach nicht toleriert.

Renners Kabinettsumbildung mag die Stellung seiner Regierung im Inland verbessert haben, doch sie half wenig, um das Mißtrauen und die Feindseligkeit zu verringern, die ihr von den Westmächten, allen voran von Großbritannien, entgegengebracht wurden. Von Anfang an hatten sie sich geweigert, ein Regime anzuerkennen, das (ihrer Ansicht nach) einen verdächtigen Kommunistenfreund als Kanzler und in zwei seiner Schlüsselministerien engagierte Kandidaten Moskaus hatte. Das war nicht das Österreich, das sie sich vorgestellt hatten, ein Grundpfeiler einer antikommunistischen Struktur; es sah viel eher nach einem weiteren vom Kreml geformten Ziegelstein aus, der in dessen eigene Brücke zum Donauraum paßte. Sowjetische Obstruktionstaktiken vor Ort, die die Besetzung der ihnen zugeteilten

Zonen durch die Westmächte und die Einnahme ihrer Position in Wien verzögert hatten, steigerten die Beunruhigung im Westen nur noch.

Folglich stellten sich Großbritannien und Amerika beim letzten Treffen der sich auflösenden drei Großmächte zwischen 17. Juli und 2. August 1945 in Potsdam wegen des Rennerregimes immer noch auf die Hinterbeine. Die Konferenz befaßte sich fast ausschließlich mit den Prinzipien, nach denen Deutschland behandelt werden sollte. Diese wurden in allen ihren Aspekten diskutiert, von der Verhaftung von Kriegsverbrechern und dem Prozeß gegen sie bis zur Versenkung der U-Boot-Flotte, von der Ausweitung der deutschen Kohleförderung bis zu einer gemeinsamen Linie für Forstwirtschaft und Fischerei. Im Schlußprotokoll war sogar die kurze Passage über die Zukunft der Stadt Königsberg zweimal so lang wie Absatz VII, in dem Österreich behandelt wurde. Dort wurde in zwei Sätzen festgehalten, daß die sowjetische Regierung die Ausweitung der Autorität der Provisorischen Regierung auf ganz Österreich vorgeschlagen hatte, aber später beschlossen wurde, daß diese Frage erst nach dem Einzug britischer und amerikanischer Truppen in die Stadt Wien geprüft werden würde. Der dritte und letzte Satz sollte auf längere Sicht von größerer Bedeutung sein. Er drückte den einstimmigen Beschluß aus, daß von Österreich keine Reparationszahlungen gefordert werden sollten. Das war von politischer Bedeutung, da damit Österreichs glücklicher Status als befreites und nicht als erobertes Land unterstrichen wurde. Damit wurde auch eine potentiell erdrückende wirtschaftliche Belastung von Österreich genommen, obwohl die Russen ihren eigenen Weg fanden, Österreich für seinen Anteil an Hitlers Krieg zahlen zu lassen.

Renner mußte noch weitere zweieinhalb Monate auf den gemeinsamen Segen von Ost und West warten. Erst am 11. September 1945, nach dem lange hinausgezögerten Einzug der Westmächte in die Hauptstadt, hielt der Alliierte Rat der vier Mächte im Haus der Industrie am Schwarzenbergplatz seine erste offizielle Sitzung ab. In seiner Proklamation wurde lautstark verkündet, daß er nun die oberste Kontrolle über alle österreichischen Angelegenheiten übernommen hätte. Er bekannte sich wieder zur Moskauer Deklaration und definierte als seine dringlichste Aufgabe die »Beseitigung ... der Hitler-Mißwirtschaft und jedes deutschen Einflusses auf das gesamte Leben Österreichs«. Demokratischen Parteien wurde freie Hand bei der Propagierung ihrer politischen Ziele gelassen, mit dem Ziel, so früh es die Umstände erlaubten, freie Wahlen abzuhalten. Aber es war immer noch keine Rede von der Provisorischen Regierung, die das Land seit fünf Monaten regierte. Erst nachdem Renner nach einer Konferenz der Landeshauptleute aller Bundesländer, die vom 24. bis 26. September in der Hauptstadt abgehalten worden war, sein Kabinett erweitert hatte, um für eine stärkere Repräsentation von Westösterreich zu sorgen, und den 25. November als Fixtermin für die Abhaltung von allgemeinen Wahlen ankündigte, erklärten ihn die Westmächte für – um ein jüdisches Wort zu verwenden – koscher. Am 20. Oktober, nachdem der allerletzte Widerstand Großbritanniens überwunden worden war, wurde Renner informiert, daß seine Provisorische Regierung, unter der Kontrolle des Rats, als eine gesamtösterreichische Regierung akzeptiert werde. Die erste Konfrontation zwischen Ost und West in Wien war vorüber, aber es war klar, daß der Wettstreit zwischen ihnen weitergehen würde. An diesem 20. Oktober kündigte der sowjetische Oberbefehlshaber Marschall Konjew Renner in einem freundschaftlichen Brief voreilig an, daß seine Regierung nun die diplomatischen Beziehungen mit Österreich durch den Austausch von Gesandten eröffnen würde. Die Westmächte brauchten drei Wochen, um mit drei knapp formulierten Erklärungen ihrerseits gleichzuziehen.

Die Russen hatten wohl kaum etwas gegen freie Wahlen einwenden können. Daß sie so bereitwillig zustimmten, läßt sich wahrscheinlich darauf zurückführen, daß sie glaubten, die österreichischen Kommunisten würden bei den Wahlen mit Leichtigkeit gut genug abschneiden, um zwischen den beiden Großparteien das Gleichgewicht zu halten.[5] Als die Urnen geleert und die Stimmen ausgezählt wurden, zeigte sich, daß die Volkspartei mit 1 602 277 Stimmen von fast 50 Prozent unterstützt wurde, die Sozialisten mit 1 434 898 Stimmen hatten 44,6 Prozent erreicht, und die Kommunisten lagen mit nur 174 255 Stimmen, also weniger als 5,5 Prozent der gesamten Wählerschaft, weit zurück auf einem jämmerlichen dritten Platz. Die Österreicher hatten im Lauf der Geschichte miserable Stunden durchgemacht, insbesondere im März 1938, diese aber war eine ihrer größten Stunden. Selbst in der sowjetisch besetzten Zone, wo allein schon durch die Präsenz russischer Truppen Druck ausgeübt wurde, war die Ablehnung des Kommunismus überwältigend. In Parlamentssitze umgewandelt, lautete das Urteil der Nation 85 Sitze für die Volkspartei, 76 für die Sozialisten, und lächerliche vier für die Kommunisten.

Mehrere besondere Faktoren könnten zur Erklärung für dieses Debakel angeführt werden. Die Orgien von Vergewaltigungen und Plünderungen durch Truppen der Roten Armee (die eher den Fernmeldetruppen der zweiten Eroberungswelle als den Kampftruppen der ersten Welle angehörten) hatten die Frauen getroffen, die im Herbst 1945 64 Prozent der Wählerschaft ausmachten. Die Kommunisten hatten mit ihrer Wahlkampagne auch, sogar viel stärker als die Sozialisten, als Todfeinde der österreichischen Nazis Schiffbruch erlitten. Da es von ihnen 670 000 gab (alle waren von der Wahl ausgeschlossen), kam es auch zu einer feindseligen Haltung unter einer weiteren Million in Familie und Freundeskreis der einfachen Ex-Braunhemden (ein frühes Zeichen für das wichtige parteipolitische Problem, das die Nazifrage noch bringen sollte). Doch nachdem diese und alle anderen Faktoren miteinberechnet worden waren,

---

[5] Mit dieser Voraussage standen sie nicht allein da. Der Autor diente damals in der Nachrichtenstelle des Britischen Hochkommissariats im Schloß Schönbrunn und war unter anderem Sekretär des streng geheimen Joint Intelligence Committee (JIC). Dort schätzte man, daß die Kommunisten zwischen 20 und 25 der 165 Sitze im neuen Parlament gewinnen könnten. Figl rechnete sogar mit mehr.

konnte es in den westlichen Demokratien nur Lob und Erleichterung über Österreichs Bekenntnis zu den westlichen Werten geben.

Leopold Figl, der nun der erste Kanzler in einer gewählten Nachkriegsregierung wurde, war der ideale Mann, um sein Land durch die einzigartigen Probleme zu führen, mit denen es konfrontiert war. Ein kleines und schwaches Österreich, das nicht einmal Souveränität über seine eigenen Angelegenheiten besaß, war keine Bühne für einen europäischen Staatsmann von Seipels Format. Ein Dollfuß, obwohl resolut genug, wäre für die damaligen pragmatischen und nüchternen Bedürfnisse zu feurig und auch zu ideologisch gewesen. Ein Intellektueller wie Schuschnigg wäre zu unzugänglich gewesen. Das Volk hätte nicht einmal im Traum daran gedacht, diesen strengen und zurückhaltenden Rechtsanwalt »Kurtl« zu nennen. Aber Figl war der »Poldl«, selbst außerhalb seiner fest verschworenen bäuerlichen Gemeinschaft im heimischen Niederösterreich. Er besaß die ganze Stärke und natürliche Würde eines echten Bauern, aber nichts von dessen Engstirnigkeit oder Wortkargheit. Figl konnte mit seinem sprühenden Sinn für Humor und seiner Freude am Umgang mit anderen die Wiener in Sachen Charme in den Schatten stellen, und diesen setzte er auf subtile Weise unterschiedlich bei den vier gegensätzlichen Kommandanten der Alliierten ein, die nach der Reihe seine politischen Herren waren. Seine Liebe zum Wein (jedoch nicht zum Wodka), sein Sinn für Humor mit einer ganzen Fundgrube von Anekdoten, und seine echt österreichische Leidenschaft für die Jagd machten ihn bei den meisten von ihnen beliebt.

Selbst jene, mit denen er nie warm wurde, respektierten ihn wegen seiner Integrität und Furchtlosigkeit. Nicht nur einmal unterbrach er einen herrischen russischen General und sagte ihm, daß er gegenüber dem Bundeskanzler von Österreich einen anderen Tonfall anschlagen solle. Einige dieser Konfrontationen im luxuriösen Hotel Imperial, wo die Russen ihr Wiener Hauptquartier eingerichtet hatten, dauerten so viele Stunden, daß seine Familie schon zu befürchten begann, man habe ihn schon wieder in irgendein Gefängnis gesteckt, diesmal allerdings in ein mit sowjetischem Stacheldraht bestücktes. Aber letzten Endes spazierte Figl immer mit einem Lächeln auf die Ringstraße hinaus, wenn auch oft etwas schwummerig im Kopf.

Es konnte jedoch weder von ihm noch von seiner Volkspartei erwartet werden, allein zu regieren, wie immer die Verteilung im Parlament auch aussah. Zwei Monate vor den Wahlen hatte Renner die Westmächte darauf hingewiesen, daß nach den Wahlen eine Art Koalition zwischen den beiden demokratischen Parteien aufgestellt werden müsse. Nur dadurch wäre sichergestellt, daß in einer Ausnahmesituation die Verantwortung in den Augen der Nation geteilt, und daß diese Politik nicht von Parteistreitereien belastet werden würde. Figls Koalitionsregierung wurde also gebildet und die Liste der Mitglieder vom Alliierten Rat am 19. Dezember bewilligt. Die wichtigsten Ernennungen waren die von Adolf Schärf zum Vizekanzler, Oskar Helmer, dem niederösterreichischen Führer der Sozialisten, zum Innenminister, und Karl Gruber zum Außenminister, wodurch sowohl Tirol als auch der Widerstandsbewegung ein fester Platz in der Regierung eingeräumt wurde.[6]

Man erwartete, daß die Koalition höchstens ein Jahr im Amt sein würde, denn im Herbst 1945 schätzte man – zumindest seitens der Westmächte – die Dauer der Kontrolle durch die vier Besatzungsmächte derart überoptimistisch ein. Tatsächlich dauerte die Besatzungszeit, und damit die Pflichtkoalition, aber zehn lange Jahre, und während dieses Jahrzehnts wurde ein negativer Aspekt der österreichischen Koalitionspolitik in Zement gegossen: der Proporz bzw. die Aufteilung der Posten im öffentlichen Sektor zwischen den Kandidaten der Linken und der Rechten. Wie man sehen konnte, war es in der Ersten Republik nichts Neues für die Österreicher, sich für Protektion und Aufstieg in erster Linie an ihre politische Partei zu wenden. Die

---

[6] Renner zog sich, nachdem seine Aufgabe vollbracht war, aus der Parteipolitik zurück und wurde Bundespräsident der Republik.

Sozialisten jener Ära hatten, vor allem in Wien, ein Leitsystem aufgebaut, um das Leben ihrer Mitglieder von der Wiege bis zur Bahre zu gestalten. Die Christlichsozialen und noch mehr die autoritäre Vaterländische Front hatten sich mit fast dem gleichen Engagement um ihre eigene Herde gekümmert, und die Nazis waren natürlich diesem Beispiel gefolgt.

Aber der Proporz der Nachkriegszeit war etwas anderes: Die Aufteilung der gesamten Skala von Posten in Bürokratie, Finanzwesen, im akademischen Bereich, in Massenmedien und Industrie, die von der Regierung besetzt werden konnten, unter Roten und Schwarzen – und all das freiwillig organisiert in einer freien Gesellschaft und zur offensichtlichen Befriedigung der beiden betroffenen Hauptlager. Es war nicht überraschend, daß selbst in den Jahren nach der Besatzungszeit, in denen es zeitweise wieder zu einer Einparteienregierung kam, der Proporz unverändert weiterging. Wenn ein Botschafter in einer der normalerweise »schwarzen« diplomatischen Stellen wie London oder Rom ein Schützling der Volkspartei blieb, dann kam sein Stellvertreter gewöhnlich immer aus den Reihen der Sozialisten. Dasselbe galt auch für den Bankensektor, die verstaatlichte Industrie und alle Bereiche außer dem rein privaten Sektor. Die Folge war etwas, das der Masse der Österreicher kaum auffiel und um das sie sich kaum kümmerten, sobald das Leben es wieder gut mit ihnen meinte: die Abschwächung ihrer wiedergefundenen nationalen Identität durch die Loyalität zu einer Partei und die Abhängigkeit von ihr und nicht so sehr vom Staat.

Nichtsdestoweniger lieferte die Koalition aber diese relativ stabile Front, die die Regierung brauchte, um mit den Herausforderungen in den Besatzungsjahren fertig zu werden. Vier dieser Herausforderungen können hier herausgegriffen werden. Die vordringlichste Aufgabe war, die Trümmer des Kriegs wegzuräumen und die Bäuche der Nation zu füllen. Parallel dazu bestand die Notwendigkeit, ein gewisses Maß an Unabhängigkeit vom nun in Wien eingerichteten allmächtigen Alliierten Rat zurückzugewinnen.

Auf längere Sicht gesehen, gab es in der Innenpolitik zwei Hauptprobleme: Wie sollte man einerseits das Nazierbe loswerden und gleichzeitig die neue Gefahr, die vom Kommunismus und seinem mächtigen Schutzpatron, der Roten Armee, drohte, abwehren?

Figl faßte die unmittelbare Notlage in einer denkwürdigen Botschaft an die Nation zum ersten Weihnachtsfest nach dem Krieg zusammen: »Ich kann euch für den Christbaum, wenn ihr überhaupt einen habt, keine Kerzen geben, kein Stück Brot, keine Kohle zum Heizen, kein Glas zum Einschneiden. Wir haben nichts. Ich kann euch nur bitten, glaubt an dieses Österreich.« Die unverblümte und ernste Sprache war jener nicht unähnlich, die Winston Churchill bei seinem Antritt als Premierminister eines kampfbereiten Großbritanniens fünf Jahre zuvor gebraucht hatte. Doch es gab einen großen Unterschied. Es wäre Churchill nie in den Sinn gekommen, sein Volk aufzufordern, an das eigene Land zu glauben. Für ihn war das selbstverständlich, Figl aber wußte, daß der Glaube erst aufgebaut werden mußte.

Die Versorgung mit dem »Stück Brot« war anfangs ein langsamer und qualvoller Prozeß. In der schlimmsten Zeit betrug die offizielle Lebensmittelration in Wien nur 600 Kalorien pro Tag, weniger als in so manchem Konzentrationslager. Es war hauptsächlich Notlieferungen von Mehl und anderen Vorräten aus amerikanischen Armeelagern zu danken, daß die Ration im Winter 1945/46 auf nahrhaftere 1550 Kalorien pro Tag anstieg, nur um im Frühling wieder auf 1200 herabgesetzt zu werden. In diesen Monaten blühten Schwarzmarkt und Tauschhandel, als Perserteppiche im Wiener Resselpark gegen Speisefett eingetauscht wurden und Zigaretten zu einer eigenen Währung wurden. Von 1947 an, als regelmäßige Lieferungen im Rahmen des Marshallplans die Nothilfe ablösten, ließ die Jagd nach Nahrung allmählich nach, und die Wirtschaft kehrte wieder zur Normalität zurück. Bis zum Herbst 1948 war die Lebensmittelgrundration wieder auf 2100 Kalorien pro Tag angestiegen, Anfang 1949 wurde die Rationierung bei Mehl und Brot überhaupt abgeschafft. Inzwischen war die Währung wieder ausgeglichen, wenn auch noch nicht ganz stabilisiert, und die Industrieproduktion lag sogar über dem Vorkriegsniveau. Ironischerweise war der Lebensstandard von Hitlers früheren Ostmärkern zu diesem Zeitpunkt bereits in mancher Hinsicht höher als jener im Nachkriegsgroßbritannien, das sich in seinem Kampf gegen Hitler selbst erschöpft und in den Bankrott geführt hatte. Noch ironischer ist, daß die siegreichen Briten diesen Rückstand nie aufholen sollten, ja er wurde im Lauf des Jahrhunderts sogar immer größer.

Die österreichische Wirtschaft hätte in den ersten Besatzungsjahren noch schneller expandiert, wäre ihr nicht am 27. Juni 1946 ein schädigender Schlag von den Russen versetzt worden. An diesem Tag kündigte Generaloberst Wladimir Kurassow, dem gerade der Oberbefehl über die russischen Besatzungstruppen übertragen worden war, die sofortige Übernahme des gesamten sogenannten deutschen Eigentums in der sowjetischen Zone an. Bereits im Februar hatten die Russen die Kontrolle über die Donaudampfschiffahrtsgesellschaft mit Hauptsitz in Wien übernommen. Österreich hätte an der Seite Deutschlands gekämpft, entgegneten sie ohne Umschweife westlichen Einwänden. Nach mehreren gescheiterten Versuchen, den Österreichern Aktiengesellschaften aufzuzwingen, hatten die Russen sich jetzt auf eine umfassende Beschlagnahme verlegt. Kurassow hatte den Buchstaben des Gesetzes auf seiner Seite. Fast in den allerletzten Stunden der Potsdamer Konferenz waren die Westmächte übereingekommen, daß das Eigentum des Dritten Reichs und seine Investitionen in die frühere Ostmark gemäß den Zonen aufgeteilt werden sollten, sobald die Besetzung Österreichs durch die Alliierten einmal in Kraft wäre. Durch diese Formulierung hatten die Westmächte Österreich als einem »befreiten Land« die Last der Reparationszahlungen erspart. Es kam ihnen nie in den Sinn, daß die Belastung durch die sowjetische Ausbeutung noch größer sein würde, denn sie hatten nie genau definiert, was unter »deutschem Eigentum« zu verstehen war.

General Kurassow klärte sie nun gründlich darüber auf: 252 Fabriken mit über 50 000 Arbeitern, die große Donaudampfschiffahrtsgesellschaft, die bereits in russischer Hand war, die wichtigen Ölfelder von Zistersdorf nördlich der Hauptstadt und rund 2400 Quadratkilometer Ackerland und Wald. Jeder Österreicher, der dieses Eigentum beschädigte oder seinen Transfer in russische Hände behinderte, wurde »vor Gericht gebracht«, eine Formulierung, die in diesen Tagen die sofortige Verhaftung durch die Rote Armee und die Gefahr einer Gefängnisstrafe oder sogar der Hinrichtung als Saboteur bedeutete. Obwohl die Westmächte sofort alles unternahmen, um die Wirkung dieser »Bombe« abzuschwächen, indem sie formell auf solche Ansprüche in ihren eigenen Zonen verzichteten, entstand beträchtlicher Schaden. Der sowjetische Staat-im-Staat war in Österreich errichtet worden, er zahlte keine Steuern und führte alle Gewinne in eine eigens dafür geschaffene Militärbank im Wiener Trattnerhof ab. In den zehn Jahren der Besatzungszeit betrug der Gesamtverlust des österreichischen Staates in Produktion und öffentlichen Einnahmen nach vorsichtigen Schätzungen über eine Milliarde Dollar, eine enorme Summe im damaligen Geldwert.

Ironischerweise hatten die Russen in ebendiesem Juni 1946 unerwartet den Österreichern auf politischem Gebiet genausoviel Boden abgegeben, wie sie ihnen auf wirtschaftlichem Gebiet weggeschnappt hatten. In einer revidierten Version des Kontrollabkommens (einen Tag nach der Unterzeichnung des sowjetischen Befehls Nr. 17 für die Beschlagnahmung deutschen Vermögens) erlangte die österreichische Regierung weitgehende Kontrolle über die Gesetzgebung. In Zukunft würden alle dem Alliierten Rat unterbreiteten Gesetze, mit Ausnahme konstitutioneller Maßnahmen, in Kraft treten, außer die vier Ratsmitglieder, nun Hochkommissare genannt, meldeten innerhalb von 31 Tagen ihren *einstimmigen* Einspruch an.

Diese Abschaffung des sowjetischen Vetos war kein momentaner Fehler seitens General Kurassows. Seine politischen und juristischen Berater hatten sich seit Februar das revidierte Kontrollabkommen, das auf einem britischen Entwurf basierte, durch den Kopf gehen lassen, und es waren verschiedene russische Änderungen vorgenommen worden.[7] Dadurch erscheint die sowjetische Zustimmung zur Endfassung des Texts noch verwunderlicher, und es ist noch nie eine zufriedenstellende Erklärung dafür gefunden worden. In einer Zeit, als der Kreml immer noch hoffte, Österreich in seinen Einflußbereich ziehen zu können (und sich selbst soeben als eine souveräne Macht mitten in die österreichische Wirtschaft gesetzt hatte), wurde Figls Koalitionsregierung praktisch Autonomie über die Gesetzgebung gewährt.

Der Kanzler verschwendete keine Zeit damit, das Rätsel hinter dieser Fehleinschätzung zu entschlüsseln, sondern konzentrierte sich statt dessen darauf, den größten Nutzen daraus zu ziehen. Die wichtigsten Gesetze, mit denen sich die Regierung nun befassen mußte, betrafen die Behandlung österreichischer Nazis. In den ersten Monaten der Besatzung war dies in den Händen der vier Mächte gelegen, wobei jede in ihrer Zone den Schwerpunkt anders setzte. Die Amerikaner taten auch weiterhin das, was sie während des ganzen Kriegs in ihrer nachrichtendienstlichen Sammelaktivität getan hatten – sie häuften enorme Mengen an Information an, die sie dann entweder nicht richtig interpretieren oder koordinieren konnten. Die 80 000 Fragebögen von jeweils sieben Seiten Umfang, die sie früheren Parteimitgliedern in ihrem Zuständigkeitsbereich vorlegten, waren oft von zweifelhaftem Wert, da es jedem einzelnen überlassen war, entweder zu gestehen, zu leugnen oder Ausflüchte zu gebrauchen. Vor allem waren die Papierberge nicht mehr zu bewältigen, und man nahm an, daß kaum ein Viertel der Antworten jemals ausgewertet wurde.

[7] Die vier Mächte hatten unter anderem genau festgelegt, was eine österreichische konstitutionelle Maßnahme wäre. Das entkräftet das später manchmal vorgebrachte Argument, daß die Russen sich der rechtlichen Implikationen ihrer Handlung nicht bewußt gewesen wären.

Die Briten verteilten ebenfalls nach amerikanischem Muster Fragebögen, doch sie erwarteten sich mit ihrem charakteristischen Pragmatismus viel weniger von diesem Unterfangen und konzentrierten sich statt dessen darauf, in den beiden in ihre Zone fallenden Bundesländern wieder ein demokratisches System in Gang zu bringen.[8] Die Franzosen waren insgesamt weniger gewissenhaft. Erst einmal waren sie spät auf der Bühne erschienen und hatten wenig Vorbereitungen getroffen. Außerdem waren sie im Gegensatz zu den Angelsachsen in ihrem eigenen Land ebenfalls mit dem Problem der Nazikollaborateure konfrontiert und zögerten daher, in Tirol und Vorarlberg zuviel Wirbel zu machen. Die Russen gingen wiederum anders an die Sache heran. Sie hatten ja ihre getreuen kommunistischen Vertreter in der österreichischen Regierung (vor allem Honner als Innenminister) sitzen und überließen es diesen, die einzelnen Schritte bei der Entnazifizierung über die offiziellen österreichischen Kanäle in die Wege zu leiten. Im Gegensatz zu den Angelsachsen operierten die Russen immer mit der Waffe der Verschleppung in der Hinterhand, um mit jedem fertig zu werden, den sie besonders ablehnten oder dem sie mißtrauten, und von dieser Waffe wurde häufig Gebrauch gemacht.

Es war daher eine ganz natürliche Entwicklung, daß die vier Mächte im Februar 1946 den gesamten Entnazifizierungsprozeß der österreichischen Regierung überantworteten. Immerhin waren die Österreicher die einzigen, die die Wahrheit hinter den Antworten in all diesen Fragebögen kennen konnten. Wie die Westalliierten, die bei ihrer Arbeit von ihren eigenen unzulänglichen »schwarzen Listen« ausgingen, bald erkannten, waren die Österreicher auch die

[8] Es hatte, vor allem in der Steiermark, spezielle Faktoren in Zusammenhang mit dem Naziproblem gegeben. Die Steirer waren für Hitlers Rassenpropaganda doppelt so empfänglich, weil sie am ethnischen Rand des alten Kaiserreichs und der neuen Republik lebten. Für sie war die Drau, was die Memel in Ostpreußen war, die Grenzlinie des germanischen Volks und germanischer Kultur zu den Slawen.

einzigen, die die Schurken identifizieren konnten, die aus ihrer Mitte heraus operiert hatten, ohne überhaupt Parteimitglieder gewesen zu sein. Der Nationalsozialismus wäre nicht so sehr eine Frage der Parteiabzeichen, sondern vielmehr eine Frage des Charakters, so das scharfsinnige Urteil eines Opfers des Regimes.[9]

Insgesamt wurden 1946 536 000 registrierte Nazis verzeichnet, von denen etwa 100 000 sogenannte Illegale waren, die in den letzten vier Jahren des Bestehens der Ersten Republik im Untergrund gegen sie gekämpft hatten. 1945 waren sie in eine eigene Kategorie der sogenannten Belasteten eingereiht worden. Die sich daraus ergebende Folgerung war, daß die Minderbelasteten, die nach dem Anschluß scharenweise der Nazipartei beigetreten waren, sehr wohl aus Angst, Opportunismus oder einfach aufgrund der Massenhysterie dazu gebracht worden sein könnten – alles Faktoren, die tatsächlich nach dem Frühjahr 1938 zum Tragen gekommen waren.

Die Belasteten stellten zumindest anfangs eine relativ leicht unter dem Verbotsgesetz von 1945 zu erfassende Gruppe dar, das ihnen nicht nur alle politischen Rechte entzog und spezielle Steuern einhob, sondern auch eine Form der Strafe verhängte, die später als Dienst an der Gemeinschaft bekannt wurde. Die Erweiterung davon, das Nationalsozialistengesetz, zielte auf einen kleineren und »schwärzeren« Kreis ab. Das Gesetz wurde von speziellen Volksgerichten durchgeführt, gegen deren Urteile keine Berufung möglich war. In den zehn Jahren ihres Bestehens fällten sie 13 600 Schuldsprüche, verhängten zehn Todesurteile und 34 lebenslängliche Gefängnisstrafen. Obwohl einige österreichische Kriegsverbrecher, allen voran Eichmann, damals durch alle Netze schlüpften, war im großen und ganzen der Gerechtigkeit und der Rache Genüge getan worden.

[9] Der berühmte Dirigent jüdischer Abstammung, Josef Krips, in einem Gespräch mit dem Autor bei einem privaten Klavierkonzert in der Wiener Wohnung des Autors im Winter 1945/46.

Als man an die Entnazifizierung der Beamtenschaft ging, waren die Resultate schon lückenhafter. Die österreichischen Bürokraten hängen wie ihre Kollegen in allen anderen Ländern der Welt wie Blutegel an ihren Schreibtischen und Pensionsrechten. Diese Eigenschaft zeigte sich nach 1945 in Wien – und noch mehr in einigen Landeshauptstädten – ziemlich deutlich. Einige der älteren Beamten, die aufgerufen wurden, den Treueid auf die Zweite Republik zu schwören, hatten in ihrer beruflichen Laufbahn schon nacheinander dem Kaiser, der sozialistischen Ersten Republik, ihrer Nachfolgerin unter der Vaterländischen Front und schließlich Hitler dieses Versprechen gegeben. Obwohl viele diese fünfte Hürde der Zweiten Republik nicht mehr schafften, gelang es einer stattlichen Anzahl, sie zu überwinden, entweder durch Freunde in hohen Positionen oder aufgrund ihrer »Unentbehrlichkeit«. Nach einer offiziellen Zählung vom 1. Januar 1948 waren mehr als 100 000 Beamte wegen ihrer Nazivergangenheit entweder vom Dienst suspendiert oder überhaupt entlassen worden. Auf diese Statistik wurde von der Regierung immer wieder verwiesen, die verständlicherweise darauf bedacht war, ihren demokratischen Ruf wiederherzustellen. Weniger an die große Glocke gehängt wurde die Tatsache, daß sich unter der Gesamtzahl von 315 200 Staatsbeamten zu dieser Zeit mehr als 40 000 minderbelastete ehemalige Nazis befanden, die es geschafft hatten, ihren Posten zu behalten. In Tirol und Vorarlberg machten sie mehr als 30 Prozent des Landesdienstes aus.[10]

Mehrere Amnestien sollten bald den gesamten Entnazifizierungsprozeß zu einem Ende bringen, aber das wirkliche Problem in diesen unmittelbaren Nachkriegsjahren war, wie man mit den Schwärmen von »kleinen Fischen« verfahren sollte, die in den Nazifangnetzen hängengeblieben

---

[10] Einer, der nicht im Amt bleiben konnte, war ein Polizist, der dreist genug gewesen war, in einem persönlichen Brief an den Bundeskanzler Berufung einzulegen. Figl erkannte in ihm genau den Mann, der ihn am 13. Mai 1938 während der ersten Welle der Gestaposäuberungen verhaftet hatte.

waren. Vor den Begnadigungen von 1948 gab es in Österreich zirka eine Million Personen, denen die staatsbürgerlichen Rechte entzogen worden waren und die mit ihren Familien ein Viertel der Gesamtbevölkerung ausmachten. Für die Politiker war aber noch viel wichtiger, daß diese Personen ohne Wahlrecht die Mitgliederzahl jeder der beiden Großparteien überstieg. Sobald sie einmal das Wahlrecht wieder erhalten hatten, begann deshalb der Kampf – der seitdem nie zu einem Ende gekommen ist – um ihre Wählerstimmen. Das Ergebnis dieses etwas unschicklichen Gerangels sollte von entscheidender Bedeutung für die Politik der Zweiten Republik sein.

Es war nicht überraschend, daß die rechtsorientierte Volkspartei am intensivsten und mit großem Erfolg versuchte, Österreichs frühere Nazis in ihre Reihen zu locken, doch am Ende gingen diese ihren eigenen Weg. 1948 hatte eine stark nationalistische Gruppe, die von den beiden Salzburger Journalisten Herbert Kraus und Viktor Reimann angeführt wurde, unter amerikanischer Protektion in Westösterreich an Stärke gewonnen. Im Frühsommer 1949, als die allgemeinen Wahlen im Oktober schon in Sicht waren, gründeten sie ihre eigene Partei, den Verband der Unabhängigen (VdU). Ursprünglich verfolgten sie das Ziel, ein Netz auszuwerfen, das weitmaschig genug war, um diese gemischten Wählerströme einzufangen, die ziellos zwischen den beiden politischen Hauptlagern herumschwammen. Diese reichten von Gewerkschaftsmitgliedern ohne Parteizugehörigkeit auf der Linken bis hin zu den Bannerträgern von Schönerers Alldeutschen, diese nicht unterzukriegenden Überlebenden aus der Kaiserzeit, auf der Rechten.

Es waren jedoch die kleinen Fische kürzlich begnadigter Nazis, die sich vor allem in diesem Netz verfingen, noch dazu in großen Mengen. Mit Hilfe ihrer Wählerstimmen konnte sich die VdU vor allem bei den Herbstwahlen als die dritte Macht in der österreichischen Nachkriegspolitik etablieren. Mit mathematischer Genauigkeit nahmen sie je acht Mandate von der Volkspartei und von der Sozialistischen Partei, und mit den gewonnenen 16 Sitzen wurden sie die Königsmacher zukünftiger Koalitionen. Es wäre falsch, den VdU selbst in ihren frühen Jahren einfach als eine Neonazipartei zu betrachten.[11] Aber sie war die natürliche Heimat der ehemaligen Nationalsozialisten und bedeutete ihre Wiedereingliederung in das Leben der Zweiten Republik durch einen völlig demokratischen Prozeß. Das schien damals ein überraschendes Phänomen zu sein. Doch im wesentlichen war die Struktur der Zweiten Republik nur wieder zum politischen Modell der Ersten Republik zurückgekehrt: zwei große Hauptparteien der Rechten und der Linken mit einer nationalistischen, liberalen und unabhängigen Gruppe dazwischen, die das heikle Gleichgewicht zwischen ihnen hält.

Die Österreicher hatten wieder einmal ihren instinktiv konservativen Charakter demonstriert. Sie hatten auch begonnen, einen weiteren traditionellen Charakterzug zur Schau zu stellen: die Neigung, alles nur irgendwie Unerfreuliche unter dem geheiligten Motto »Schwamm drüber!« unter den Teppich zu kehren. Die Rehabilitation der Nazis war eigentlich keine rein parlamentarische Angelegenheit gewesen. Sie vollzog sich auch in der Psyche der gesamten Nation. Der erste Beweis dafür zeigte sich in mehreren aufschlußreichen Meinungsumfragen, die in Österreich zwischen September 1946 und Februar 1948 von einer Organisation für Langzeitumfragen durchgeführt wurden. Den in diesem Zeitraum in regelmäßigen Abständen befragten Personen wurden dieselben Fragen über ihre rückblickende Beurteilung des Nationalsozialismus gestellt: War er ein schlechter Gedanke, oder war die Idee gut und nur die Ausführung schlecht? (Auch den »Weiß ich nicht«-Typen wurde Platz eingeräumt.)

Im September 1946 beantworteten 45 Prozent die erste Frage mit Ja, dagegen hielten bereits beträchtliche 33 Pro-

---

[11] Reimanns eigene Laufbahn ist symbolisch für die nicht einheitlichen Anfänge der Bewegung. Er begann als illegaler Nazi vor 1938, schloß sich dann 1941 der katholischen Widerstandsgruppe von Karl Roman Scholz an und wurde 1943 zu zehn Jahren Haft verurteilt.

zent die zweite Version für richtig, und 22 Prozent hatten dazu keine Meinung. Doch im August 1947 lagen jene, die den Nationalsozialismus für eine an sich gute, jedoch schlecht ausgeführte Idee hielten, mit 38,7 Prozent sogar über den 31,6 Prozent jener, die ihn immer noch für eine insgesamt schlechte Idee hielten. Im Frühjahr 1948, mit dem Amnestiegesetz in Sicht, war die Meinung immer noch gleich geteilt, wobei zirka 40 Prozent auf jede der beiden Hauptantwortgruppen fielen.[12] Zehn Jahre nach dem Anschluß und nicht einmal drei Jahre nach dem Ende des Hitlerterrors hatten die Österreicher bereits begonnen, ihr Gedächtnis auszumisten und damit auch ihr Gewissen. Das sollte den Beginn einer einzigartigen Übung in Massenamnesie darstellen.

Nach der Lösung des Naziproblems mußte die Regierung Figl auch noch die Kommunisten bändigen, und hier hatte sie es nicht mit der Vergangenheit, sondern mit der Gegenwart zu tun, in Gestalt der sowjetischen Besatzungsmacht und dem noch mächtigeren Schatten des Kremls dahinter. Schon im Juni 1947 war Figl in unbesonnene direkte Gespräche mit Ernst Fischer über die Bedingungen, unter denen die Russen ihre erpresserische Wirtschaftspolitik in Österreich lockern würden, hineingezogen worden. Die Antwort hätte nur direkt aus Moskau kommen können. Der Preis, der dafür verlangt wurde, war, daß prowestlich gesinnte Minister wie Helmer, Schärf, Gruber und der Bundeskanzler selbst gehen müßten, wobei Figl durch einen »neutraleren« Bundeskanzler wie Julius Raab ersetzt werden sollte und die Kommunisten im neuen Kabinett stärker hätten vertreten sein müssen. Das hätte fast genau den politischen Umwälzungen entsprochen, die Moskaus Handlanger im benachbarten Ungarn inszeniert hatten. Dort war

[12] Die Anzahl jener, die den Nationalsozialismus im Prinzip für eine gute Sache hielten, sprang im Dezember 1947 auf abnorme 51 Prozent an, zweifellos aufgrund der durch die Währungsreform in diesem Monat verursachten Unruhen. Wirtschaftliche Faktoren waren in der öffentlichen Meinung ohnehin vorherrschend.

der resolute prowestliche Ministerpräsident, der Bauernführer Ferenc Nagy, als Vorbereitung für die totale Übernahme des Landes durch die Sowjets zum Rücktritt gezwungen worden. Für den Kreml war Figl der Nagy Wiens, doch in Österreich waren im Gegensatz zu Ungarn die Westmächte mit ihren Streitkräften präsent, und die sogenannte Figl-Fischerei brach in dem Moment in sich zusammen, als sie publik wurde.

Den Kommunisten blieb noch eine Waffe, um die Regierung Figl zu stürzen oder sie zumindest zu schwächen: Streiks und Massenunruhen unterstützt durch bewaffnete Demonstrationen. Dies hatten sie in relativ bescheidenem Ausmaß schon 1948 versucht, im September und Oktober 1950 setzten sie wieder zu einem gewaltigen Angriff an, indem sie die tatsächliche Unzufriedenheit der Arbeiterschaft über ein von der Regierung vermasseltes neues Lohn-Preis-Abkommen ausnutzten.[13] An manchen Tagen in diesem Krisenherbst herrschten in Österreich wieder bürgerkriegsähnliche Zustände, als Fabriken, Bahnhöfe und Postämter gestürmt und dann von rivalisierenden politischen Gangs wieder eingenommen wurden. Doch im Unterschied zu 1934 war dies nicht eine bewaffnete Machtprobe zwischen Rechts und Links, sondern hauptsächlich ein Kampf zwischen holzknüppelschwingenden Kommunisten und Sozialisten um die Unterstützung der Arbeiter. Zu ihrem dauerhaften Ruhm blieben die Sozialisten stark, organisierten sich, angeregt durch Gewerkschaftsführer wie Franz Olah, zu Schlägertrupps und setzten sich schließlich durch. Am 6. Oktober beendete das kommunistische Aktionskommitee den Streik, und die letzte ernsthafte Bedrohung der Demokratie in der Zweiten Republik war vorüber.

[13] Es gab auch einen globalen Aspekt an dieser Affäre. Der Ausbruch des Koreakriegs im Juni 1950 hatte dem Ost-West-Konflikt eine neue und gefährliche Dimension gegeben. Er hatte auch eine nachteilige Auswirkung auf Österreichs wirtschaftlichen Wiederaufbau gerade zu dem Zeitpunkt, als die Hilfeleistungen durch den Marshallplan ihrem Ende zugingen.

Daß die Russen hinter dieser Herausforderung standen, war unbestritten. Obwohl sie ihren einzigen in einer Spitzenposition verbliebenen Mann im Innenministerium drei Jahre zuvor verloren hatten (als Helmer mutig den kommunistischen Leiter der Wiener Staatspolizei, Heinrich Dürmayer, entließ), waren die Polizeichefs in allen von den Sowjets besetzten Bezirken der Hauptstadt dieselben kommunistischen Anhänger, die 1945 eingesetzt worden waren. Natürlich arbeiteten sie mit den Streikenden zusammen, und die sowjetischen Militärbehörden halfen ihnen auch weiter, indem sie die normale Polizeitätigkeit in diesen Bezirken lahmlegten, die Polizei von den Straßen abziehen ließen und den Transport von Sicherheitsverstärkungen in die Hauptstadt verboten. Aber es war auch genauso klar, daß die Russen, pragmatisch wie immer, zu einem Rückzieher bereit waren, sobald der Widerstand zu groß und das Spiel verloren war. Sie unternahmen auch keinen Versuch, ihre Handlanger zu retten, als am 20. Oktober die Regierung eine massive Säuberungsaktion unter den kommunistischen Polizeibeamten in und um Wien durchführte, einschließlich der Kommissare in den vier sowjetisch besetzten Bezirken Wiens, wo die Verschwörung ausgeheckt worden war.

Die Herbstkrise von 1950 zeigte, wie fest Österreich nun in den kalten Krieg verwickelt war, der auf den Zerfall der Großen Allianz, der *Grande Alliance,* gefolgt war. Die Sowjetunion unternahm alles in ihrer Macht Stehende, um die Hauptstadt – und wenn möglich das ganze Land – in ihr neues Donaureich zu ziehen. Die österreichische Regierung war ebenso entschlossen, sich an die Westmächte um Unterstützung zu klammern. Es muß hier betont werden, angesichts der Propaganda, die einsetzte, nachdem Österreich seine Freiheit durch einen Handel mit Moskau erlangt hatte: daß nämlich die Regierung schon immer eine neutrale Stellung zwischen Ost und West angestrebt hätte. Nichts könnte von der Wahrheit weiter entfernt sein, zumindest während der sieben Jahre unter Figl.

Während dieser ganzen Periode beschränkte sich Österreichs Verpflichtung dem Westen gegenüber nicht nur auf die freie Beziehung in Wirtschaft und Ideologie. Sie erstreckte sich auch, wenn auch im geheimen, auf den militärischen und strategischen Bereich. Schon am 22. November 1945 hatte die »Special Operations Executive« (SOE) der Westmächte in Verbindung mit dem britischen Geheimdienst einen Plan für geheime Aktivitäten in der britischen Zone Österreichs für den Kriegsfall mit der Sowjetunion ausgearbeitet. Dem Zielgebiet wurde sogar Priorität eingeräumt als einem jener Länder, die wahrscheinlich in der frühesten Phase eines Konflikts mit Rußland überrannt werden würden, derzeit aber noch nicht unter russischer Herrschaft standen.[14] Das Ziel der kleinen geheimen Kerngruppe, die dort eingesetzt wurde, bestand darin, im Kriegsfall eine rasche Erweiterung in eine verläßliche Widerstandsbewegung herbeizuführen. Eine kleine ausgewählte Gruppe österreichischer Funktionäre wurde nach der Bildung der Figl-Schärf-Koalition in den Plan mit einbezogen.

Eine noch gründlicher ausgewählte Gruppe österreichischer Heeres- und Sicherheitsoffiziere begann bald darauf mit einem streng geheimen Projekt, das in Zusammenarbeit mit den Westmächten geplant wurde, um ihre Kräfte aus Wien herauszuziehen. Dieser Plan sollte entweder im Falle des Ausbruchs eines umfassenden Kriegs mit der Sowjetunion in Aktion treten, aber auch in einem geringeren Notfall wie dem Versuch einer Abriegelung der österreichischen Hauptstadt, ähnlich der kompletten Blockade, die die Russen ohne Erfolg 1948 über Berlin verhängen wollten. Für beide Fälle wurden auch einige Ausweichpläne für die Verteidigung Westösterreichs entlang der strategischen Linie der Enns skizziert.[15]

[14] Vielleicht ist eine Quellenangabe des Britischen Archivs von Interesse: COS (45) 671 (0) der Cabinet Papers 80/98 im Public Record Office.

[15] Einer der Österreicher, der aktiv an diesen Plänen beteiligt war, war der jüdische Führer des katholischen Widerstands, Oberstleutnant Johann (Hans) Blumenthal, einer der lebenslangen engen Freunde des Autors.

Schließlich lohnt es daran zu erinnern, daß, sobald die Erlaubnis der Alliierten für die Wiederaufstellung eines Österreichischen Bundesheers in Sicht war, die erste Frage, die Außenminister Gruber seinem britischen Amtskollegen, Ernest Bevin, im Frühjahr 1949 stellte, dahingehend lautete, ob diese Streitkräfte nicht irgendwie mit dem Nordatlantikpakt (NATO) verbunden werden könnten. Soweit hatte man im Westen noch gar nicht gedacht, und es handelte sich ohnehin nur um eine überflüssige Verschönerung. Es wurde von allen Seiten – auch von der Sowjetunion – stillschweigend akzeptiert, daß bei Ausbruch eines dritten Weltkriegs das Bundesland Tirol mit seinen so wichtigen Verbindungslinien zwischen der deutschen und der italienischen Front zwangsläufig zum Operationsfeld der NATO gehören würde.

Das besetzte Österreich war daher vom Anfang bis zum Ende ein kleines, aber bedeutendes Element in der strategischen Ost-West-Gleichung. Nur wegen einer plötzlichen Verlagerung des Gleichgewichts in dieser Gleichung kam die Viermächtebesatzung selbst schließlich zu einem Ende.

2. Die Schweizer Lösung

Als der deutsche Dichter-Philosoph Friedrich Hebbel Österreich als »eine kleine Welt, in der die große ihre Probe hält« beschrieb, war Wien die Hauptstadt eines großen Kaiserreichs, das Preußen immer noch weit überlegen war. Doch Hebbels oft zitierte Worte waren nie zutreffender als fast ein Jahrhundert später, als die Rivalitäten zwischen den Supermächten wie Strahlen durch ein Prisma auf das scheinbar unbedeutende Problem einer kleinen österreichischen Nachkriegsrepublik gelenkt wurden.

Die vier Mächte, vertreten durch Sonderdelegierte ihrer Außenminister, kamen zum ersten Mal am 16. Januar 1947 in London an einem Tisch zusammen, um das Problem zu diskutieren. Alle von ihnen, außer vielleicht das sowjetische Mitglied, wären erstaunt gewesen, hätten sie erfahren, daß sie und ihre Nachfolger sich in den nächsten sechs Jahren weitere 259mal zusammensetzen würden, um dasselbe Thema zu diskutieren, und daß selbst nach Beendigung ihrer eigenen Arbeit noch über zwei Jahre vergehen sollten, bevor man zu einer Lösung gelangen würde. Für die Österreicher gab es einige erfreuliche Unterschiede, aber auch einige beunruhigende Parallelen zu der Pilgerfahrt zur Pariser Friedenskonferenz, die der Sprecher der Ersten Republik eine Generation zuvor unternommen hatte.

Bundeskanzler Figl, der die Delegation anführte, war im Gegensatz zu seinem Vorgänger Karl Renner nicht wie 1919 gezwungen, das Konferenzgebäude durch einen Seiteneingang zu betreten, um seinen Status als Sprecher einer ehemaligen Feindmacht zu symbolisieren. Er und sein Team[16] kamen durch den Haupteingang als Vertreter eines »befreiten Staates« herein, der als solcher von Anfang an Zutritt zu den sogenannten Hearings der Verhandlungen hatte. Die erniedrigende Isolierung von Saint-Germain wurde nicht wiederholt.

Andererseits schienen die von der Delegation der Föderativen Volksrepublik Jugoslawien, die ebenfalls den Hearings beiwohnen durfte, vorgebrachten Forderungen wie eine kommunistische Wiederholung der feindseligen Haltung, die das neu errichtete Königreich Jugoslawien Wien nach dem Ersten Weltkrieg entgegengebracht hatte. Ihr Führer Joze Vilfan rückte sofort mit einer Forderung von 150 Millionen Dollar Reparationszahlungen an Österreich heraus. Im Vergleich zu den territorialen Ansprüchen war das sogar noch bescheiden: 2470 Quadratkilometer von Kärnten, einschließlich der Landeshauptstadt Klagenfurt und Teilen der Stadt Villach, plus ein kleines Gebiet von 130 Quadratkilometern von der Steiermark. Das uralte Problem der gemischtsprachigen Grenzgebiete und die Kon-

---

[16] Vizekanzler Schärf und Außenminister Gruber waren die anderen wichtigsten Mitglieder.

frontation von Germanen und Slawen entlang dieser Bruchlinie zwischen den Völkern war noch einmal an die Oberfläche gekommen, wie die Österreicher übrigens befürchtet hatten. Was aber das Wiederaufleben dieser Rivalitäten doppelt so unheilvoll machte, war die Tatsache, daß 1947 die mächtigste unter den Siegermächten, die Sowjetunion, hinter den Forderungen ihrer kommunistischen Kollegen in Belgrad stand.

Zum Glück für Österreich verlor diese Unterstützung nach dem spektakulären Bruch zwischen Stalin und Tito 1948 viel an Bedeutung. Doch zu dieser Zeit überschattete ohnehin schon jenes Thema, mit dem Österreichs Aussichten auf die Freiheit standen oder fielen, alles andere rund um diese Gespräche: wieder einmal in seiner Geschichte sollte Österreichs Schicksal von der Lösung des deutschen Problems abhängen.

Stalin hatte nun für Rußland die Rolle übernommen, die Clemenceau für Frankreich bei den Friedensgesprächen nach dem Ersten Weltkrieg gespielt hatte: Deutschland die Füße mit allen nur erdenklichen Fesseln zusammenzubinden – wirtschaftlich, militärisch, strategisch oder politisch. Wie schon 1918 und 1919 brachte die Ausweitung slawischen Territoriums auf Kosten Deutschlands eine solche Einschränkung (obwohl es nun slawisches Gebiet unter kommunistischer Kontrolle sein mußte). Wie schon 1918 und 1919 mußte die Expansion Deutschlands nach dem Krieg, egal in welche Richtung, um jeden Preis verhindert werden, und das bedeutete vor allem eine Erneuerung des Anschlußverbots für Österreich. Bei der Pariser Friedenskonferenz hatte Österreich den Preis für die Niederlage zu zahlen, nachdem es aus freiem Willen an der Seite des verbündeten deutschen Kaiserreichs gekämpft hatte. Nun zahlte es den gleichen Preis für einen verlorenen Krieg, den es, als ein fixer Bestandteil von Hitlers kurzlebigem Dritten Reich, zu kämpfen gezwungen gewesen war. Der Schauplatz war ein völlig anderer, so wie auch die Hauptprotagonisten, doch die Argumentation war die gleiche.

Dennoch gingen nun, als sich die Verhältnisse des kalten Kriegs selbst durch Ereignisse, die gar nichts mit Österreich zu tun hatten, änderten, sowohl die Westalliierten als auch die Sowjets anders an die österreichische Frage heran. Erst einmal schienen die Russen nachzugeben: ganz abgesehen davon, daß sie Jugoslawien zu überreden versuchten, seine territorialen Forderungen an Österreich zurückzuschrauben, schien der Kreml auch zu eigenen Konzessionen auf wirtschaftlichem Gebiet bereit zu sein. Dann verschärfte sich die Ost-West-Konfrontation auf globaler Ebene, und das österreichische Problem war dazwischen eingezwickt. Schon im März 1947 hatte Präsident Truman seine historische Doktrin des Containment, also der Eindämmung des sowjetischen Einflußbereichs, als Basis der amerikanischen Politik erklärt. Ein Jahr danach ließ der kommunistische Putsch in Prag, der den Sturz der Demokratie bedeutete, die dort mit dem Segen der Amerikaner eine Generation zuvor eingerichtet worden war, die Politik des Containment noch relevanter erscheinen.

Neue Brisanz wurde ihr auch durch die Ereignisse in Berlin im selben Jahr verliehen: der sowjetische Auszug aus der Alliierten Kontrollkommission und der Versuch einer Berliner Blockade durch die Sowjets, die nur von der berühmten Luftbrücke des Westens überwunden wurde. Im darauffolgenden Jahr wurde das gesamte deutsche Problem im kalten Krieg eingefroren. Die Schaffung der Bundesrepublik Deutschland im September 1949 bot dem Westen eine neue Machtbasis, die sich fast zwangsläufig in eine militärische Allianz entwickeln sollte. Die Gründung der Deutschen Demokratischen Republik in einer reflexartigen Reaktion einen Monat später machte den Weg frei für die formelle Eingliederung der sowjetisch besetzten Zone als ein Staat in dieses neue osteuropäische Reich des Kremls. Der Westen hatte jetzt den Eindruck, als ob nun die kommunistische Bedrohung, egal wo man auch hinsah, immer mehr an Boden gewann. Das galt auch für den Luftraum, denn im August 1949 war Amerikas Monopol als Atommacht gebrochen worden, als Rußland seine erste Atombombe zündete. Und auch der sich verdunkelnde asiatische Horizont gehörte dazu, wo im Oktober Mao Tse-tung, der als Sieger aus dem chinesischen Bürgerkrieg hervorgegangen war, die kommunistische Volksrepublik ausgerufen hatte. Als im Juni des folgenden Jahres der bewaffnete Konflikt zwischen Ost und West in Korea ausbrach, verwandelte sich der kalte Krieg vorübergehend in einen heißen. Würde sich nun das asiatische Muster in Europa wiederholen?

Eines war klar: das war für beide Seiten nicht der Zeitpunkt, um aus Österreich abzuziehen, außer zu Bedingungen, unter denen dies im gesamten Mächtegleichgewicht günstig wäre – oder zumindest keinen Nachteil bedeuten würde. Die Zweite Republik war zu einer Brücke geworden, auf der beide bewaffneten Lager einen Fuß gesetzt haben wollten und daher eine totale Kontrolle durch die gegnerische Seite nicht zuließen. Durch dieses strategische Abstandhalten wurde jeder am Verhandlungstisch erzielte Fortschritt illusorisch. Beim Außenministertreffen in Paris im Mai und Juni 1949 konnte schließlich eine Einigung über den Fall Jugoslawien gegen Österreich erzielt werden (Rußland hatte inzwischen seine Unterstützung für sämtliche territorialen Ansprüche Titos zurückgezogen). Es gab sogar im Prinzip (doch nicht in den so wichtigen Einzelheiten) eine gewisse Übereinstimmung über das schwierige Problem des deutschen Eigentums. Doch die Gespräche erstarrten in dem feindseligen Klima der Ost-West-Konfrontation. Österreich könnte nur dann geräumt werden, erklärten die Russen, wenn die westlichen Truppen aus Triest abzögen.

Der September 1949, bis zu welchem Zeitpunkt die Delegierten der Außenminister die wirtschaftlichen Aspekte des Abkommens über Österreich abschließen sollten, war genau der Monat, in dem die Bundesrepublik Deutschland mit dem Segen des Westens und nach westlicher Ausrichtung ins Leben trat. Der Nordatlantikpakt (NATO), die Apotheose der Politik des Containment, war bereits im Frühjahr gegründet worden. Die Ost-West-Konfrontation in Europa, obwohl dazu bestimmt, durch das neue nukleare »Gleichgewicht des Schreckens« in Schach gehalten zu werden, war nun militarisiert worden. In diesem Kontext waren Österreichs Aussichten darauf, vom Kreml die Freiheit zu erlangen, durch die Erklärung des Staatssekretärs der Volkspartei, Ferdinand Graf, Österreich werde sich gleich nach Erlangung seiner Unabhängigkeit der NATO anschließen, nicht gerade begünstigt worden. Im Gegensatz zu den geheimen Fühlungnahmen zu genau dem gleichen Thema, die Außenminister Gruber bereits bei seinem britischen Amtskollegen Ernest Bevin unternommen hatte, lief Grafs Intervention ziemlich öffentlich ab, denn er erwähnte dies 1949 in einem Interview gegenüber einem Schweizer Journalisten. Obwohl seine Regierung sie herunterzuspielen versuchte, verlor die kommunistische Propaganda keine Zeit, sie hochzuspielen. Grafs Bemerkungen mögen vielleicht nur ein nicht befugter Soloakt gewesen sein, aber sie bestätigten nur, was der Kreml bereits wußte: es gab einflußreiche österreichische Minister, Beamte und Industrielle, vor allem im traditionalistischen rechten Flügel, die davon überzeugt waren, daß sich ihr Land um militärischen Schutz und auch um seine wirtschaftliche Rettung an den Westen wenden sollte.

Es war deshalb kaum überraschend, daß in den nächsten paar Jahren unverminderter Spannungen zwischen Ost und West die Russen jeden Versuch einer Lösung dieses österreichischen Problems blockierten.[17] 1953, im Jahr der Beendigung des Koreakriegs, ließ die Spannung etwas nach, doch von noch größerer Bedeutung für die Geschichte des österreichischen Staatsvertrags war der Führungswechsel, der sich innerhalb von ein paar Wochen voneinander unabhängig in Moskau und in Wien vollzog. Am 5. März 1953 starb Josef Stalin, seit 24 Jahren oberster Diktator der Sowjetunion. Am 2. April trat Julius Raab nach einer sorg-

---

[17] Der einfallsreichste Vorschlag war das von den Westmächten am 13. März 1952 vorgebrachte Konzept des sogenannten Kurzvertrags. Dieser Entwurf setzte sich nur aus acht einfachen Artikeln zusammen und wurde von Figl sogar als ein »Räumungsprotokoll« begrüßt.

fältig organisierten Verschwörung innerhalb der Partei die Nachfolge Figls als österreichischer Bundeskanzler an. In seiner Regierungserklärung im Parlament richtete er einen leidenschaftlichen Appell an die vier Mächte, Österreich die Freiheit wiederzugeben, denn das österreichische Volk wolle »auf seinem Territorium nur eine Fahne sehen: die rotweißrote!«. Es war nichts Ungewöhnliches an einer solchen Sprache. Neu war aber, daß Raab, im Unterschied zu seinem Vorgänger, von Anfang an davon überzeugt war, daß der Schlüssel zur Unabhängigkeit ein österreichisches Bekenntnis zur Neutralität wäre. Dieser nüchterne Bauingenieur hatte nicht viel Ahnung von Rechtswissenschaft und mußte sich schließlich von den Rechtsexperten am Ballhausplatz ausarbeiten lassen, was nach dem Völkerrecht Neutralität eigentlich genau bedeutete. Er war auf eine einfachere Art an die Sache herangegangen. Sein Bruder Heinrich war mit einer Schweizerin verheiratet und war 1938 in die Schweiz gezogen. Nach dem Krieg führte er die Schweiz dauernd als ein Modell für die Zweite Republik an, obwohl Julius Raab sich anfangs skeptisch gab.

Sollte der Eintritt Raabs in die Spitzenpolitik das österreichische Problem immer näher in Richtung einer Lösung bewegen, so gab ihm das Ausscheiden Stalins aus dieser den entscheidenden Schub. Solange der Diktator und das nach ihm benannte System an ihrem Platz waren, hätte wahrscheinlich kein Soldat der Roten Armee auch nur einen Meter besetzten Bodens freigegeben, wenn der Kreml dies verhindern konnte. Das war die nüchterne Einschätzung seitens der damaligen westlichen Geheimdienste, und diese sollte bald durch Beweise bestätigt werden. Doch als Stalin nicht mehr war, eröffneten sich gewisse Chancen. Der ungestüme extrovertierte Nikita Chruschtschow, der bald als Erster ZK-Sekretär der KPdSU und damit als Sieger im Kampf um die Nachfolge Stalins hervorging, war der Mann, der sie ergriff. Was man im Westen damals nicht wußte, war, wie schnell er seinen Kurs änderte. Erst viele Jahre später tauchten Beweise auf, daß die Russen bereits im Sommer 1953, also in den ersten Monaten der Ära

Chruschtschow, Notpläne für einen Abzug aus Österreich ausarbeiteten. Die Neutralität der Republik in einer bis dahin noch nicht definierten Form war auch als eine politische Formel gewählt worden, die diesen Abzug begleiten und rechtfertigen würde. Unter den ersten, die informiert wurden und die entsprechende Vorkehrungen treffen sollten, befand sich der allmächtige KGB. Aus seinen Reihen sollte schließlich auch der Beweis für diesen frühen Kurswechsel in der sowjetischen Politik kommen.

Am 25. September 1953 kam Peter Sergejewitsch Deriabin, ein Major des KGB, in Wien an, um den wichtigen Sicherheitsposten als Leiter der »Sovetskaia Koloniia« oder SK der Geheimdienstabteilung in der russischen Zone anzutreten. Seine Aufgabe bestand in der Überwachung aller in Österreich stationierten sowjetischen Bürger, mit der obersten Priorität, jegliches Überlaufen zu verhindern. Seine Ernennung hatte einige ironische Seiten. Deriabin hatte schon seit Monaten intrigiert, um den Wiener Posten zu bekommen und selbst zu den Amerikanern überlaufen zu können. Das gelang ihm schließlich fünf Monate später, am 14. Februar 1954, wodurch er im sowjetischen Lager Panik auslöste, denn er hatte acht Jahre Erfahrung in verschiedenen Bereichen des KGB-Hauptquartiers, der Moskauer Zentrale, hinter sich. Uns interessieren an dieser Stelle aber nicht so sehr die vielen Geheimnisse, die er seinen westlichen Gastgebern über den sowjetischen Geheimdienst verriet, sondern einfach die Situation, die er in seinem luxuriösen neuen Hauptquartier im Wiener Hotel Imperial vorfand. Er beschrieb diese einem Besucher, dem Zugang zu ihm in seinem amerikanischen Asyl gewährt wurde:

Als ich in der sowjetischen Mission ankam, drehte sich das Gespräch ganz um das neutrale Österreich, das Chruschtschow nun zu akzeptieren bereit war. Das bedeutete großangelegte Veränderungen in unserem Arbeitsbereich, und mein neuer Boß, Generalleutnant Iwan Iwanowitsch Iljitschow, der die Doppelrolle eines Botschafters in der Republik Österreich annahm, bereitete diese schon fleißig vor. Er war der richtige Mann für diesen Job. Er mag zwar in Wien einen anderen Titel gehabt haben, aber er war trotzdem immer noch ein hoher Offizier des sowjetischen militärischen Geheimdienstes, der GPU, die in mancher Hinsicht unser Gegner war. Ich bezweifle, daß die Österreicher irgend etwas über seine geheime Identität wußten, und noch weniger über die Veränderungen, die er durchführte. Auf Befehl Moskaus wurden die gesamten KGB- und GPU-Organisationen in Österreich auf Vordermann gebracht. Das bedeutete zum Beispiel, daß der Kontakt mit unseren sogenannten illegalen Agenten ausgebaut wurde, da diese ja nach der Evakuierung das einzige noch bleibende Hauptspionagenetz bilden würden. Andererseits, da die Zeit immer näherrückte, da die Sowjetische Hohe Kommission sich völlig auflösen würde und nur mehr eine sowjetische Botschaft an ihrer Stelle wäre, wurden unseren regulären Geheimdienstoffizieren formell diplomatische Plätzchen zugewiesen, wo sie bei der österreichischen Regierung akkreditiert würden, so als ob Wien bereits wie irgendeine andere westliche Hauptstadt wäre, in der wir diesen Vorgang selbstverständlich durchgeführt haben.[18]

Als Deriabin nach den Gründen für diese Änderung in der Österreichpolitik befragt wurde, antwortete er:

Es wurde allgemein angenommen, daß Chruschtschow beschlossen hatte, die Isolation der Stalin-Ära zu been-

---

[18] Deriabin zum Autor, Washington, 4. April 1987. 1973/74 und 1987/88 stellte der Autor außerhalb seines normalen Studienbereichs eine zweibändige Reihe über sowjetische Überläufer von Stalin bis Gorbatschow zusammen, *The Storm Petrels* und *The Storm Birds*. Zu diesem Zweck erhielt er von mehreren westlichen Geheimdiensten Erlaubnis, Material über diese Fälle einzusehen und auch ein Dutzend der wichtigsten Überläufer selbst zu interviewen. Deriabin führte mit dem Autor ein mehrstündiges Gespräch.

den und daß ein österreichischer Vertrag die billigste Eintrittskarte in die feine Gesellschaft wäre. Er könnte sogar Vorteile bringen, obwohl das davon abhängen würde, wie die Verbindung zum Hauptproblem Deutschland gemacht werden könnte, und noch wußte niemand, wie diese Rechnung aufgehen würde. Chruschtschows Entschlossenheit, den Bruch von 1948 mit Jugoslawien zu heilen, war ein weiterer wichtiger Faktor. Marschall Tito hatte ihm anscheinend klar zu verstehen gegeben, daß er, wenn er eine Aussöhnung mit Belgrad wollte, besser die Rote Armee aus Österreich entfernen sollte.[19]

Deriabins Schilderung der Situation im Jahr 1953 aus erster Hand ist nie angezweifelt worden und wurde sogar durch Informationen, die den Westen erst später erreichten, bestätigt. Deshalb folgt daraus, daß Raab unwissentlich eine offene Tür einrannte, als er unmittelbar nach seinem Amtsantritt seine sanftere und flexiblere Annäherung an die Sowjetunion startete.[20] Auf alle Fälle muß er sich über die russischen Schritte zu einer Versöhnung, die in schneller Abfolge den an sie in seiner Regierungserklärung gerichteten Appellen folgten und ihnen in manchen Fällen sogar genau entsprachen, gefreut und vielleicht sogar gewundert haben. So erklärte der sowjetische Hochkommissar (zu diesem Zeitpunkt immer noch Generalleutnant Swiridow) am 29. Mai, daß das wichtige Wasserkraftwerk in der russischen Zone bei Ybbs-Persenbeug an der Donau wieder der österreichischen Regierung übergeben würde. Das war eine von Swiridows letzten Amtshandlungen. Ein paar Tage später kündigte Moskau an, daß ihr militärischer Hoch-

---

[19] Ebda.
[20] Zusammengefaßt wurde diese durch seinen Ausspruch (vom Juni 1953), daß es jetzt nichts mehr nütze, »wenn man den russischen Bären ... immer wieder ... in den Schwanzstummel zwickt«. Es ist nicht klar, ob Raab sich darüber bewußt war, daß er seit einiger Zeit schon der von den Russen bevorzugte bürgerliche Nachfolger des hartnäckig prowestlichen Figl gewesen war.

kommissar in Wien durch einen Diplomaten, Botschafter Iwan Iljitschow ersetzt werden sollte. (Daß der Neuankömmling auch ein Generalleutnant der Roten Armee war, wurde natürlich ebensowenig erwähnt wie sein Dienstzweig.) Gleichzeitig mit der Aufnahme der vollen diplomatischen Beziehungen wurde die österreichische Vertretung in Moskau in den Status einer Botschaft erhoben. Von den dortigen Aktivitäten des österreichischen Gesandten, dem altgedienten österreichischen Diplomaten Norbert Bischoff, wird noch die Rede sein.

Inzwischen lohnt es, sich auf den Mann des Kremls in Wien zu konzentrieren, denn Botschafter Iljitschow stürzte sich in diesem Sommer in eine wahre Flut versöhnlicher Gesten. Die sowjetischen Kontrollen über die Bewegung von Personen und Fahrzeugen in und aus ihrer Besatzungszone wurden aufgehoben, ausgenommen war nur der Transport von Waffen und Sprengstoff; auch wurde Einigkeit darüber erzielt, die Autorität der österreichischen Polizei und Gendarmerie innerhalb dieser Zone zu stärken und Hunderte öffentliche Gebäude, Schulen und Privatwohnungen, die von den russischen Behörden besetzt worden waren, wurden geräumt und wieder zurückgegeben. All das geschah während Iljitschows erster Woche im Amt. Ende Juli kündigte er an, daß ab nun die Russen dem amerikanischen Beispiel folgen und ihre Besatzungskosten aus eigener Tasche zahlen würden, anstatt die Österreicher damit zu belasten. Dieses neue finanzielle Arrangement wurde von einer allgemeinen Truppenreduktion begleitet.[21] Großbritannien zog zwei seiner drei Bataillone ab, Frankreich alle bis auf eine Handvoll Männer, sodaß nun ganz Westeuropa praktisch von den Vereinigten Staaten kontrolliert wurde, doch mit einer auf 15 000 Mann reduzierten Stärke. (Obwohl beträchtlich geschmälert, war die Garnison der

---

[21] Damit wurden die Briten und Franzosen überrumpelt (die sich 1947 nicht dem Beispiel der Amerikaner angeschlossen hatten). Sie willigten erst nach dem 1. Jänner 1954 ein, ihre Kosten auch selbst zu bezahlen.

Roten Armee in der östlichen Zone immer noch dreimal so hoch.) Schließlich kündigten die Russen in diesem ereignisreichen Sommer am 11. August auch die Aufhebung der Postzensur an, und drei Tage später stimmten sie im Alliierten Rat der Aufhebung aller Kontrollen von Post, Telefon und Telegraphen im Land zu. Die Österreicher konnten nun nicht nur reden und schreiben, was sie wollten, sondern begannen jetzt auch viel freier durchzuatmen.

Während dieser aufregenden Sommermonate 1953 benutzte die österreichische Regierung ihre neuen diplomatischen Beziehungen zur Sowjetunion dazu, selbst eine ebenso hektische Kampagne zu starten, um die Bedingungen herauszufinden, unter denen der Kreml einem freien Österreich zustimmen würde. Doch das ging ziemlich zäh. Die Russen versuchten gleich beim ersten umfangreichen Notenwechsel zwischen den beiden Staaten, Wien davon zu überzeugen, daß der von den Westmächten im Jahr davor gemachte Vorschlag des sogenannten Kurzvertrags aufgegeben werden sollte. Dieser war nach Ansicht Moskaus ganz einfach zu kurz und ließ zuwenig Spielraum in der so wichtigen Deutschlandfrage.

Unbeeindruckt davon, bemühte sich Raab um die Hilfe ehrlicher Vermittler. Der indische Premierminister Pandit Nehru wurde in der Schweiz in seinem Urlaubsdomizil aufgesucht und gebeten, in Moskau die Lage Österreichs zu sondieren. Nehru kam diesem Wunsch auf diplomatischem Wege nach, traf jedoch nur auf eine ausweichende Haltung. Dann wurde im Oktober der finnische Staatsmann Urho Kekkonen zu Gesprächen mit Raab und Schärf nach Wien eingeladen, um festzustellen, ob die vorsichtige, aber friedliche Beziehung zwischen Moskau und Helsinki eine Art Präzedenzfall für Österreich liefern könnte. (Offensichtlich nicht: Rußlands Bereitschaft, Finnland in Ruhe zu lassen, beruhte auf einem gesunden Respekt vor dem Kampfgeist der Finnen, die 1939 gegen die Rote Armee bis zu einem Stillhalteabkommen Widerstand geleistet hatten. Die Österreicher hatten zu diesem heroischen Patriotismus nichts Vergleichbares zu bieten.) Der Kekkonen-Besuch war durch eine unorthodoxe, aber akzeptable Initiative von Norbert Bischoff in die Wege geleitet worden. Im folgenden Monat ging der unermüdliche alte Gesandte noch einen Schritt weiter, und damit zu weit, als er einen persönlichen und vollkommen unbefugten Appell an den sowjetischen Außenminister Wjatscheslaw M. Molotow richtete, das finnische Modell auf Österreich anzuwenden. Bischoff dürfte sogar ohne den geringsten Tadel seitens Wien davongekommen sein. Sein Alleingang führte jedenfalls zu nichts. Er hatte nicht erkannt, daß Finnland für den Kreml nicht zur deutschen Frage gehörte, Österreich aber ihr Kernpunkt war.

All diese Fühlungnahmen, der diplomatische Schriftwechsel und die dazugehörenden Debatten im Wiener Parlament hatten jedoch ermöglicht, daß sich ein Thema in der Öffentlichkeit als offizielle österreichische Politik herauskristallisierte: das Prinzip, zwischen zwei Machtblöcken zu stehen und mit keinem von beiden ein militärisches Bündnis einzugehen. Dies wurde manchmal unter Neutralität gehandelt, wurde aber grundsätzlich als paktfreier Status empfunden. Als solcher hatte er ein Erbe, das bis in die frühen Besatzungsjahre zurückreichte. In der Idee lag eine gewisse Logik. Wenn Ost und West von der österreichischen Brücke abziehen sollten, auf der sie noch standen, dann würden beide Seiten – und insbesondere die Russen – darauf bestehen, diese Brücke unbemannt zurückzulassen. Diese Überlegung hielt aber die Gegner der Vorgangsweise von Raab und Bischoff nicht zurück. Die Kritik kam zum Teil von Vizekanzler Schärf, der das offene Werben um Moskau als gefährliche Eskapaden in der Außenpolitik bezeichnete. Doch es gab auch am rechten Flügel welche, die ihre Vorbehalte hatten, den westlichen Rettungsanker, der die Zweite Republik bisher gehalten hatte, hochzuziehen. Würde Neutralität in der Praxis Neutralismus heißen und das heimliche Einschleichen des Sowjetkommunismus ermöglichen? All das wurde im Januar und Februar 1954 auf die Probe gestellt, als die Außenminister der einstigen Alliierten sich zum ersten Mal seit ihrem fehlgeschlagenen Treffen in Paris fünf Jahre zuvor noch einmal zu treffen beschlossen. In dem gewählten Treffpunkt lag für die Österreicher etwas unheilvoll Symbolisches: Berlin. Wieder einmal war das Hauptthema der Gespräche die Zukunft Deutschlands, bei dem die vier Mächte immer noch keine Annäherung erzielt hatten. Obwohl festgefahren, war das Thema für die Russen immer noch nicht verloren, da die Bonner Regierung noch nicht der NATO beigetreten war, obwohl sie immer mehr in ihre Nähe rückte. Die Österreicher konnten aber zumindest versichert sein, daß ihr Fall ausführlicher behandelt würde als in Paris, auch wenn er immer noch der letzte Punkt auf der Tagesordnung war. Noch vielversprechender war, daß man sie diesmal in den Diskussionen über ihren eigenen Vertrag als vollwertige Gesprächspartner an den Verhandlungstisch geholt hatte. Ihre Delegation, angeführt von Leopold Figl, der im Herbst davor als Außenminister in die Regierung Raab eingetreten war, kam daher am 9. Februar voller Hoffnung in der früheren deutschen Hauptstadt an.

Diese Hoffnung wurde drei Tage später mit unerwarteter Schnelligkeit und Härte zunichte gemacht, und zwar gleich bei den ersten Österreichgesprächen. Nach einer vielversprechenden Eröffnung am 12. Februar, bei der Figl sein Vertrauen auf das Ergebnis der Verhandlungen zum Ausdruck gebracht und Molotow erklärt hatte, daß die Möglichkeit, Österreich als einen souveränen, unabhängigen und demokratischen Staat wiederherzustellen, nun nahe sei, legte der sowjetische Minister die Bedingungen des Kremls dar. Er, und nicht Figl, faßte als erster offiziell das in Worte, worüber die Österreicher schon seit langem öffentlich diskutiert und was sie Moskau erst kürzlich geheim durch einen Vermittler angeboten hatten. Im Vertragstext, so erklärte er, sollte ein eigener Artikel verankert werden, nach dem die Österreicher sich verpflichten sollten, »keinerlei Koalitionen oder Militärbündnisse einzugehen, die sich gegen irgendeine Macht richten, die mit ihren Streitkräften am Kriege gegen Deutschland und an der Befreiung Österreichs beteiligt war«. Weiters sollten keine militärischen Stützpunkte auf österreichischem Boden und keine ausländischen Militärberater zugelassen werden. Obwohl in dem Artikel mehr gefordert wurde, als einige österreichische Fraktionen wünschten – und viel mehr, als den Westmächten lieb war –, wäre er an sich akzeptabel gewesen.

Die Bombe, die alles zum Platzen brachte, kam in Molotows zweiter Zusatzklausel. In dieser wurde vorgeschlagen, daß die alliierten Streitkräfte zwar Wien selbst räumen, doch unter einem neuen Status bis zum Abschluß des Friedensvertrags mit Deutschland in ihrer Besatzungszone bleiben sollten, um jeden Versuch eines neuerlichen Anschlusses zu verhindern. Die Österreicher hatten genug Schwierigkeiten in Berlin, den amerikanischen Außenminister John Foster Dulles davon zu überzeugen, daß eine von Moskau diktierte Erklärung der Paktfreiheit nicht einfach nur ein weiterer Schritt auf dem rutschigen Weg zu Neutralismus und Isolierung wäre. Ein neutraler Status, so argumentierte Dulles, könne nur achtbar sein, wenn sich die betreffende Nation freiwillig dafür entschieden hätte. Um dem beunruhigten Westen entgegenzukommen, willigte Molotow ein, das auf eine Verpflichtung Österreichs zu Neutralität hinauslaufende Abkommen nicht im Vertragstext selbst, sondern in einem Anhang niederzulegen, sozusagen als eine separate Entscheidung der österreichischen Regierung, fast so, als ob diese jetzt erst aufgetaucht wäre.

Doch weder diese Augenauswischerei noch eine willkommene sowjetische Konzession bei dem heiklen Problem des deutschen Eigentums[22] konnten Molotows Forderung nach einer Verlängerung der Besetzung auf unbestimmte Zeit – egal unter welchem Namen oder unter welchen Bedingungen – akzeptabel machen. Es war, wie Dulles am 13. Februar trocken bemerkte, das »Gift« in diesem »eher merkwürdigen Sandwich«, das Molotow seinen Kollegen angeboten hatte. Zwischen Zusicherungen, daß die Sowjet-

----

[22] Molotow willigte ein, die 150 Millionen Dollar, die Moskau von Österreich forderte, in Gütern statt in Geld bezahlt zu bekommen.

union die Notwendigkeit eines freien und unabhängigen Österreichs akzeptiere, fanden sich die Bedingungen, durch die sichergestellt wäre, daß es weder frei noch unabhängig bliebe. Figls Reaktion darauf, nachdem schon wiederholte Appelle an Molotow keinen Gesinnungswandel bewirken konnten, war persönlicherer Natur: wie würde sich der sowjetische Außenminister fühlen, wenn von ihm erwartet würde, seinem Volk eine solche Erniedrigung vorzuschlagen?

Pikanterweise stieß derselbe Minister ein Jahr später plötzlich die Tür, die er in Berlin zugeschlagen hatte, wieder auf. Am 8. Februar 1955 begann Molotow eine Rede vor dem Obersten Sowjet mit dem Hinweis auf die Bedeutung einer schnellen Wiederherstellung der österreichischen Unabhängigkeit für Rußland. In seiner Einleitung schlug er denselben Ton an wie zwölf Monate zuvor, doch dann folgte etwas ganz anderes. Zwar wurde wieder die Gefahr einer deutschen Remilitarisierung und damit die Notwendigkeit, einen neuerlichen Anschluß abzuwehren, heraufbeschworen, der wesentliche Zusammenhang zwischen einer Fortsetzung der österreichischen Besetzung und dem Abschluß eines deutschen Friedensvertrags wurde aber fallengelassen. Die einzige Sicherung, die Molotow nun verlangte, war, daß Österreich sich offiziell zur Paktfreiheit, auf die er in Berlin eingegangen war, verpflichten sollte, und die Westmächte dies jeweils unterstützen sollten. Also wurden sie unverzüglich zu einer Viermächtekonferenz eingeladen, auf der sowohl die deutsche Frage als auch die Frage des Abschlusses des Staatsvertrags zu behandeln wäre. Das muß in Wien wohl zu gut geklungen haben, um wahr zu sein, als dies im sowjetischen Radio abgehört wurde. Doch am 25. Februar unterbreitete Molotow diese Vorschläge offiziell dem erfreuten Botschafter Bischoff, der am 14. März in einer Note die Zustimmung seiner Regierung übergab.

Was hatte den Kreml aber zu dieser Änderung der Taktik – denn es war vielmehr das als ein Gesinnungswandel – bewogen? Ganz sicher war das kein letzter verzweifelter Versuch, noch eine Art gesamtdeutscher Neutralität nach dem für Österreich vorgeschlagenen Muster zu erreichen. Im Februar 1955 war es dafür schon viel zu spät, wie Molotow selbst klargestellt hatte, als er den Obersten Sowjet warnte, daß der Zeitpunkt schnell näher rücke, zu dem die Bonner Regierung der westlichen militärischen Struktur beitreten würde. Was sich aber während der letzten zwölf Monate geändert hatte war, daß der Kreml nun seine eigenen Vorbereitungen abgeschlossen hatte, um diesem Zug entgegenzuwirken. Von allen bevorstehenden und von Chruschtschow aufeinander abgestimmten Entwicklungen waren zwei von oberster Wichtigkeit.

Erstens schlossen die Russen genau am Tag vor der Unterzeichnung des österreichischen Vertrags in Wien ihren eigenen Vertrag in Warschau ab. Mit diesem sogenannten »Vertrag über Freundschaft, Zusammenarbeit und gegenseitigen Beistand« – oder kurz Warschauer Pakt – wurde ein gemeinsames Kommando der Streitkräfte der Sowjetunion, Ungarns, der Tschechoslowakei, Polens, Ostdeutschlands, Bulgariens, Rumäniens und Albaniens geschaffen. Dies stand in Zusammenhang mit der immer näher rückenden Erweiterung der NATO durch die Anwerbung Westdeutschlands, doch besonders mit der noch unmittelbarer bevorstehenden Räumung Österreichs. Bis jetzt waren sowjetische Truppen in Ländern wie Rumänien und Ungarn in Garnison gelegen, mit der Begründung, die Verbindungslinie der Roten Armee mit Ostösterreich sicherzustellen. Das Ende der Besatzungszeit wäre auch das Ende dieses Vorwands gewesen. Nun gab es ein breiteres und stärkeres System unter fester sowjetischer Kontrolle, das Rußlands militärische Interessen in seinem gesamten osteuropäischen Reich rechtlich absicherte.[23]

[23] Als ein früherer Schachzug in Zusammenhang mit dem baldigen Abzug aus Österreich wurde Imre Nagy, in den Augen Moskaus bereits verdächtig wegen seiner Gründung der Patriotischen Volksfront, als ungarischer Ministerpräsident durch András Hegedüs ersetzt, bei dem man sich darauf verlassen konnte, daß er jeder militärischen Forderung Rußlands zustimmen würde. Nagy sollte

Der zweite wichtige Schritt, der in diesem bedeutsamen Frühling 1955 im sowjetischen Spiel gleichzeitig gesetzt werden sollte, war der Versöhnungsbesuch, den Chruschtschow mit seinem neuen Ministerpräsidenten N. A. Bulganin Belgrad abstattete. Diese moderne Version des mittelalterlichen Canossagangs wurde weniger als zwei Wochen nach der Unterzeichnung des Staatsvertrags mit Österreich und des durch dieses Abkommen vorgesehenen militärischen Abzugs aus dem Land angesetzt. Major Deriabins Aussage, Chruschtschow hätte Tito nachgegeben, der darauf bestand, daß der Abzug der Roten Armee aus Österreich eine Voraussetzung für eine Wiederversöhnung wäre, wurde durch spätere Beweise mehr als bestätigt. Es stellte sich sogar heraus, daß für den sowjetischen Diktator die Ausheilung des Bruchs mit Jugoslawien schon die Vorzüge eines umstrittenen Standbeins in Österreich überwog. Chruschtschow war ein engagierter und ehrgeiziger Kommunist, der im Unterschied zu Stalins zuletzt erstarrter Haltung darauf erpicht war, eine aktive Rolle auf der Weltbühne zu spielen. Die zwischenstaatlichen Beziehungen mit der neuen Volksrepublik China waren noch in Ordnung (sie zerbrachen fünf Jahre später), doch die Beziehung zwischen den Parteien war bereits abgekühlt, denn die beiden marxistischen Riesen waren klare Gegner im Kampf um die ideologische Führung in der kommunistischen Welt. Chruschtschow konnte gegen Asien nur in den Kampf um die Führung eintreten, wenn er diesen demütigenden Bruch in Europa geheilt hatte.[24]

Abgesehen von diesen spezifischen Gründen, letztendlich doch einem österreichischen Staatsvertrag zuzustim-

18 Monate später ein spektakuläres, aber letzten Endes tragisches Comeback in Budapest feiern.

[24] Der Autor begab sich von den Feierlichkeiten des Staatsvertrags in Wien nach Belgrad, um dem großen Besuch beizuwohnen, und war auch beim luxuriösen Bankett anwesend, das Tito für seine Gäste gab. Chruschtschow war in euphorischer Stimmung. Einer der jugoslawischen Funktionäre kommentierte: »Nun ist Chinas einzige Hoffnung in diesem Bereich Albanien, und das ist nicht gerade viel.«

men, hatte sich im allgemeinen die Waage der Argumente für oder gegen diesen Schritt zugunsten eines Abzugs geneigt. Österreich hätte nie ideologisch gewonnen werden können – die schwache Leistung der Kommunisten bei den Wahlen von 1953 hatte das vor Augen geführt. Außerdem wurde es sogar wirtschaftlich zu einer Belastung. Aus der Zitrone des deutschen Eigentums war der ganze Saft herausgequetscht worden. Rußlands eigene Ölproduktion hatte sich nun in einem solchen Maß ausgeweitet, daß der Beitrag der österreichischen Ölfelder nicht mehr wichtig war, und der gesamte Industriekomplex in der sowjetischen Zone stand vor dem Bankrott.

Schließlich hatten auch die Marschälle der Roten Armee (zu denen auch Ministerpräsident Bulganin zählte) widerwillig hingenommen, daß die strategischen Argumente nun für den Abzug der vier Mächte sprachen. Die sowjetischen Truppen würden sich einfach hinter die tschechische und ungarische Grenze zurückziehen, wo sie, dank des neuen Warschauer Pakts, unbeschränkt in Bereitschaft liegen könnten. Für die NATO bedeutete der Abzug der alliierten Garnisonen hingegen einen schwerwiegenden Nachteil, denn damit wurde auf einen Schlag die direkte Nord-Süd-Verbindung zwischen den alliierten Streitkräften in Deutschland und jenen südlich des Brenners in Italien unterbunden.[25] Chruschtschows »Eintrittskarte in die feine Gesellschaft« wurde zu einem Hindernis zwischen den Armeen seiner Gegner, das viel stärker als Papier war. Molotow dürfte das einzige Mitglied des Politbüros gewesen sein, das im Grunde immer gegen die neue Österreichpolitik und sogar gegen jede größere Flexibilität in der sowjetischen Diplomatie war. Das barg wahrhaftig eine gewisse Ironie in sich, denn als sowjetischer Außenminister war er der Mann, der das alles durchführen mußte.

[25] Schließlich bewilligte Österreich den geheimen Transit von NATO-Munitionszügen über den Brenner, doch das war ein schwacher Ersatz für einen permanenten Landkorridor.

Die nächste Phase in diesem Prozeß war der Moskaubesuch von Kanzler Raab und seiner Delegation[26] auf Einladung Molotows, um die Einzelheiten des Abkommens zu diskutieren. Diese Einladung war formell am 29. März angenommen worden, und das Treffen begann wie geplant am 11. April. Unter diesen Umständen war es fast unvorstellbar, daß die Österreicher mit leeren Händen heimkommen würden. Das Paket, das sie mit nach Hause brachten, war jedoch von den Russen geschnürt worden. In den nächsten 40 Jahren war die in allen österreichischen Schulen wie ein buddhistisches Mantra heruntergeleierte Lektion, daß die Neutralität vom Anfang bis zum Ende ein fixes Ziel der österreichischen Politik gewesen sei. Tatsächlich aber mußten die Österreicher in Moskau von ihren Gastgebern gezwungen werden, das heikle Wort auch nur in den Mund zu nehmen, geschweige denn es zu definieren. Es tauchte weder in Raabs erster mündlicher Besprechung mit der sowjetischen Führung, noch in der Erklärung auf, die er am zweiten Tag des Treffens vorlas. So mußte Molotow also ganz offen fragen, weshalb er das Kind nicht beim Namen nenne: Neutralität wäre doch gewiß das, worüber eigentlich gesprochen würde?[27]

Der sowjetische Außenminister wies den Österreichern sogar den genauen Kurs, den sie seinem Wunsch nach einschlagen sollten: in Richtung Schweizer Modell. Dies, so erinnerte er Raab, wäre die 1952 vom damaligen österreichischen Bundespräsidenten Theodor Körner offiziell

[26] Raab wurde von Vizekanzler Schärf, Außenminister Figl, seinem sozialistischen Staatssekretär (und zukünftigen Kanzler) Bruno Kreisky und einer kleinen Gruppe von Beratern und Sekretären begleitet.

[27] Der folgende Ablauf von Ereignissen beruht weitgehend auf Schilderungen von Figl und Kreisky gegenüber dem Autor, die beide persönliche Freunde von ihm wurden. Die Memoiren des österreichischen Dolmetschers bei den Gesprächen, Walter Kindermann (*Flug nach Moskau*, Wien 1955), und des gut informierten schwedischen Botschafters in Wien, Sven Allard (*Diplomat in Wien*, Köln 1965), sind ebenfalls von Bedeutung.

bevorzugte Lösung. Vor noch kürzerer Zeit, eigentlich nicht einmal einen Monat zuvor, am 17. März, war dies bei einer Abendgesellschaft das Hauptthema der Gespräche zwischen Kreisky und dem sowjetischen Minister in Wien, Kudriatsew, gewesen, der natürlich Moskau darüber berichtete. Was, so wollte Molotow wissen, wäre falsch an der Idee, immerhin hätte sogar sein amerikanisches Gegenüber, John Foster Dulles, in Berlin akzeptiert, daß Neutralität ein achtbarer Status sei, vorausgesetzt, dieser wurde freiwillig angenommen.

Dieser Hinweis berührte zum Teil Raabs Dilemma. Er war ja persönlich sowohl für die neutrale Lösung als auch für das Schweizer Modell, machte sich jedoch keine Illusionen darüber, daß die Westmächte, auch wenn sie sich offiziell noch so mit dieser Idee einverstanden zeigten, dies nur widerwillig und mißtrauisch akzeptieren würden. Von noch größerer Bedeutung waren die nicht verheilten Wunden über dieses Thema in seinem eigenen Kabinett. Besonders Vizekanzler Schärf fürchtete immer noch, Österreich könnte durch die Neutralität in die Isolation abgedrängt, ja sogar abgekapselt werden von den politischen und wirtschaftlichen Organisationen Europas, die einem Sozialistenherzen so teuer sind. Die paktfreie Version, ein freiwilliger Verzicht auf militärische Bündnisse nach schwedischem Muster, war immer noch Schärfs bevorzugte Lösung und im Innersten auch die Figls. So unglaublich es auch scheinen mag, aber die Delegation war in Moskau gelandet, ohne solche fundamentalen Differenzen vorher geklärt zu haben. Nun zwang Molotow sie dazu, einen Entschluß zu fassen, und das so schnell wie möglich. Raabs Delegation zog sich also in den Nebenraum zurück. Eine Viertelstunde später erschienen sie wieder, um vorzuschlagen, die österreichische Bundesregierung werde »eine Erklärung der Neutralität, wie sie von der Schweizer Eidgenossenschaft gehandhabt wird, abgeben«. Ihr Vorschlag wurde sofort angenommen. Später wurde manchmal der Eindruck vermittelt, daß die österreichischen Politiker dieses Ei des Kolumbus plötzlich aus einer Ecke des Kremls hervorgezaubert hätten. Tatsächlich war das Ei aber schon lange vorher gelegt worden, und es waren die Russen, die sein Zustandekommen erzwungen hatten.

Es wäre angesichts der verständlichen Euphorie über das Abkommen nicht gerade liebenswürdig, die Frage aufzuwerfen, ob die österreichische Delegation mit größerer Entschlossenheit nicht die beschränktere und weniger bindende Paktfreiheit vom Jahr davor hätte durchsetzen können. Als diese Frage aber im privaten Kreis an Leopold Figl nach seiner Rückkehr nach Wien gerichtet wurde, war seine Antwort unzweideutig:

> Hätten wir beschlossen, noch ein oder zwei Tage länger in Moskau zu bleiben und uns mit den Russen durchzukämpfen, wie sie es ja in allen ihren Verhandlungen gewöhnt waren, denke ich, daß wir sie dazu hätten bringen können, ihren – und unseren – alten Vorschlag, einfach keine militärischen Bündnisse einzugehen, zu akzeptieren. Mir hätte es gar nichts ausgemacht, noch zu bleiben, auch wenn die Lage noch angespannter geworden wäre. Wenn man Dachau und Mauthausen hinter sich hat, kann einem an der Atmosphäre im Kreml nichts mehr Angst einjagen. Aber Raab, der nie ein Konzentrationslager von innen gesehen hatte, fühlte sich in dieser Umgebung unbehaglich und wollte heim. In Niederösterreich fand in ein oder zwei Tagen eine große Parteiversammlung statt, und er wollte zuerst dort feiern. Wären wir dabei geblieben, hätten wir sehr wohl mit dem schwedischen Modell davonkommen können. Aber das Wichtigste war immerhin, daß wir unsere Freiheit hatten.[28]

Das war natürlich auch das Wichtigste, denn am Ende der Moskauer Gespräche erklärte die sowjetische Regierung ihre Bereitschaft, den österreichischen Staatsvertrag sofort zu unterzeichnen. Vier Tage später schlug sie die Einberu-

---

[28] Leopold Figl in einem der zahlreichen Gespräche mit dem Autor in Wien, Juni/Juli 1955.

fung einer Außenministerkonferenz zu diesem Zweck vor. Verglichen mit dem Schneckentempo, in dem die Verhandlungen in den letzten zehn Jahren vor sich gegangen waren, wobei die Russen der Schnecke ein künstliches Hindernis nach dem anderen in den Weg gelegt hatten, gingen die Ereignisse nun mit erstaunlicher Geschwindigkeit vor sich. Das sogenannte Moskauer Memorandum vom 15. April war nichts anderes als ein von beiden Seiten beschlossenes Kommuniqué bilateraler Gespräche zwischen Österreich und einer Besatzungsmacht. Es hatte keine Geltung im Staatsrecht und schon gar nicht im Völkerrecht und mußte in einen formellen, von allen Mächten unterzeichneten Vertrag umgewandelt werden. Instrument der Umwandlung war eine von den Westmächten vorgeschlagene vorbereitende Botschafterkonferenz in Wien, um die noch verbleibenden Schwierigkeiten aus dem Weg zu räumen. Was nun kam, mutete sehr österreichisch an.

Erst einmal zeigte sich dies auf dem Flughafen, als die Delegation in ihrer sowjetischen Iljuschin-Maschine zurückkam, denn selbst in dieser Stunde des nationalen Triumphs durfte der Proporz nicht fehlen. Raab und Figl, den beiden Mitgliedern der Volkspartei, wurde am Rollfeld zur Begrüßung ein rotweißroter Blumenstrauß von einer Gruppe junger patriotischer Arbeiter überreicht. Schärf und Kreisky hingegen erhielten rote Nelken von der Delegation ihrer Partei. Noch typischer für Österreich war der Ton, den Raab in einer Rede anläßlich des zehnten Jahrestages der Proklamation der Unabhängigkeit Österreichs am 27. April vor dem Parlament anschlug. Er begrüßte die prompte Einberufung der Botschafterkonferenz zur Fertigstellung des Staatsvertrags und appellierte nochmals an sie, ihre Arbeit vor dem 5. November 1955 abzuschließen. Dies wäre der Tag, wies er sie darauf hin, an dem die vor Kriegsende so stark beschädigte Wiener Staatsoper endlich mit der Aufführung von Beethovens *Fidelio* wiedereröffnet würde, und es wäre ein schönes Geschenk für das österreichische Volk, erklärte Raab unter stürmischem Applaus, wenn diese unsterbliche Hymne auf die Freiheit und die Menschlichkeit vom größten Komponisten aller Zeiten in ein freies und unabhängiges Österreich hinausklingen könnte.

Die Botschafter wurden sogar lange vor der Aufführung des *Fidelio* fertig. Bis auf fünf Artikel war man sich über alle 59 im Vertrag bereits einig, und es waren nur zehn Tage nötig, vom 2. bis zum 12. Mai, um den Endtext zur Unterzeichnung vorzubereiten. Die in letzter Minute angebrachten Veränderungen waren alle günstig für Österreich. So wurde zum Beispiel die Klausel gestrichen, in der eine fixe Obergrenze für das wiederhergestellte Bundesheer und die Luftwaffe festgelegt worden war. (Die Westmächte hatten darauf gedrängt, um zu verhindern, daß das neue Österreich durch diesen Vertrag in einen militärischen Zwerg verwandelt würde, und die Russen, die im militärischen Bereich ohnehin so viel dazugewonnen hatten, willigten gnädig ein.) Das alte Schreckgespenst des deutschen Eigentums, das vom Kreml in verschiedenen Gestalten in den letzten zehn Jahren heraufbeschworen worden war, um in den Verhandlungen herumzugeistern, wurde letztendlich mit einer Reihe von Kompromissen und Sonderregelungen über Ölförderrechte ad acta gelegt. Schließlich wurden auch die Bedingungen des bevorstehenden Abzugs der Truppen abgeändert. Die Russen hatten in Moskau ein fixes Datum, den 31. Dezember 1955, festgelegt. Die Österreicher und hinter ihnen die Westmächte wollten mehr Flexibilität. Am Ende wurde ein französischer Kompromiß angenommen, nach dem der Abzug der vier Besatzungsmächte innerhalb von 90 Tagen nach Inkrafttreten des Vertrags stattfinden sollte. Mit politischer Gewandtheit wartete das österreichische Parlament bis zum Abzug des letzten Besatzungssoldaten (ein Amerikaner[29]) aus Österreich, bevor es den neutralen Status des Landes verkündete. So wurde also die Tatsache, daß die österreichische Neutralität

[29] Der Termin wurde von den Russen mühelos eingehalten und mit etwas Verzögerung auch von den Briten. Der amerikanische Garnisonskommandant in Salzburg, Generalmajor Nutter, wartete bis zum 90. Tag mit der Überschreitung der Grenze nach Bayern.

eigentlich aus einem direkten Handel mit den Russen stammte, verschleiert.

Die in mancherlei Hinsicht bedeutendste Konzession erlangte Österreich am 14. Mai, dem allerletzten Tag der Verhandlungen über die endgültige Formgebung des Staatsvertrags im Gebäude des Alliierten Rats. Im dritten Absatz der Präambel war für alle Ewigkeit Österreichs Beteiligung an Hitlers Krieg verankert, »eine Verantwortlichkeit, die sich aus dieser Teilnahme am Kriege ergibt, (und die es) nicht vermeiden kann«. Zu Beginn der letzten Sitzung suchte Figl um die Streichung dieser Passage an. Molotow, der als erster antwortete, meinte ohne zu zögern, daß er keine Einwände hätte. Die Westmächte schlossen sich ihm natürlich an. Im nachhinein ist das als ein dramatischer *coup de théâtre* dargestellt worden. Tatsächlich ist es aber anscheinend klar, daß Figl vorher schon zufriedenstellende Sondierungen diesbezüglich unternommen hatte, denn eine glatte Ablehnung wäre katastrophal gewesen. Als einer der ersten Gefangenen der Gestapo im März 1938 und als ein Opfer, das auch danach noch schwer unter den Nazis zu leiden hatte, war er der ideale Österreicher, um diese Bitte vorzubringen, und ein Bittsteller, den man nur schwer abweisen konnte. Ob vorher abgemacht oder nicht, diese letzte der sowjetischen Konzessionen hatte das Verbrechen der Ersten Republik aus den Akten der Zweiten Republik gelöscht. Die Bürger des freien Österreichs gaben sich nun große Mühe, es auch aus ihrem eigenen Bewußtsein zu löschen, doch vergebens.

Auch der nächste Tag, als Figl nach der Unterzeichnung des Staatsvertrags im Marmorsaal von Schloß Belvedere mit den vier Außenministern der einstigen Kriegsallianz auf den Balkon hinaustrat, hatte etwas für Figl Typisches zu bieten. Die im Park des Schlosses bis zum Unteren Belvedere am Rennweg zusammengedrängte Menge brach in lauten Jubel aus, als die Staatsmänner heraustraten, doch der Jubel kam bald aus Mangel an weiterer Inspiration ins Stocken. Da ergriff Figl das große gebundene Vertragswerk, schlug es auf und schwang es hoch über seinem Kopf hin und her, worauf die Menge in den lautesten Jubel dieses Tages ausbrach, der erst verstummte, als der Balkon wieder leer war. Die Österreicher, immer noch ein bißchen benommen vom Gefühl der Freiheit, hatten nun tatsächlich den Beweis mit eigenen Augen erblickt.

3. Ruhekissen Neutralität

Die militärische Besetzung, die mit dem Abzug des letzten Soldaten der Alliierten am 25. Oktober 1955 endete, hätte sehr wohl eine weitere Bedrohung für die Entwicklung einer gesamtösterreichischen Identität darstellen können. Über zehn Jahre lang war die Nation immerhin in vier separate Zonen unterteilt gewesen, die von verschiedenen Besatzungsmächten mit unterschiedlichem sozialem und kulturellem Niveau regiert wurden. Als aber alles vorbei war, hatten diese unterschiedlichen fremden Wertvorstellungen überraschend wenig bleibende Wirkung hinterlassen. Am wenigsten überraschend war das in Hinblick auf die russische Zone. Die dortige Bevölkerung, die Nachfahren katholischer Bauern aus den einstigen Herzogtümern im Zentrum des Habsburgerreichs, waren tief in der österreichischen Geschichte verwurzelt. Dieser Boden hat auch die archetypischen patriotischen Politiker der Ersten und der Zweiten Republik – Engelbert Dollfuß und Leopold Figl – hervorgebracht. Es konnte, von den Ärmsten der Bevölkerung abgesehen, keiner allzuviel von der Besatzungsmacht lernen, deren Lebensstandard anscheinend so niedrig war, daß ihre Mitglieder von irgendeinem entfernten und rückständigen Planeten hätten stammen können.[30]

[30] Der Autor erinnert sich an eine liebenswürdige Bürgerin in Baden, die über das Verhalten der in ihrer Villa einquartierten Soldaten der Roten Armee mehr verblüfft als entrüstet war. Als sie das Wasser in der Kloschüssel sahen, nahmen sie an, es sei zum Waschen da. Sie hatten vorher noch nie eine Wasserspülung gesehen.

Doch selbst in den westlichen Zonen, wo der Unterschied zwischen Besetzern und Besetzten geringer war, hatten die Soldaten, als sie nach zehn Jahren abzogen, kaum einen bleibenden Eindruck hinterlassen. Niemandem kam es in den Sinn, in der Steiermark Kricket oder in Tirol Boule zu spielen, wo die Baskenmütze auch nie den grünen Filzhut verdrängen konnte. In der amerikanischen Zone war der Einfluß eines neuen Lebensstils am stärksten zu spüren, und die dort lebenden Österreicher waren auch die ersten, die Jeans anprobierten und Hamburger und Coca-Cola ausprobierten. Das war jedoch nur die erste Welle einer transatlantischen Kulturflut, die bald nicht nur ganz Österreich, sondern ganz Europa überschwemmen sollte. Die österreichische Identität konnte während dieser zehn Jahre der getrennten Verwaltung nur durch das bewahrt werden, das sie auch während der sieben Jahre unter der Hitlerherrschaft am Leben erhalten hatte – durch die Wurzeln und Traditionen der alten Länder. Nur in Wien, wo sich die Viermächte-Verwaltung auf einen kleinen Bereich konzentrierte, wurde die kulturelle Vielfalt um noch ein zusätzliches Element erweitert. Doch da die Vielfalt das Wesentliche der österreichischen Hauptstadt ist, wurde Wien dadurch nur noch wienerischer.

Das Erbe der Besatzungszeit war vielmehr im politischen und wirtschaftlichen Bereich zu spüren. Zehn Jahre ohne Souveränität bedeuteten, daß die Verantwortung zwischen den beiden Großparteien aufgeteilt werden mußte, und das bedeutete eine Koalition, die eben den Proporz zur Folge hatte, eine dem österreichischen Wesen so adäquate Vereinbarung über die Ämterverteilung, daß er ein vom Stimmenverhältnis unabhängiges Eigenleben entwickelte. Doch über diesem Parteiproporz – oder, genauer gesagt, darunter und darum herum – entwickelten sich nach kurzer Zeit eigene Kammern zur Vertretung verschiedener Interessengruppen der Arbeitgeber und Arbeitnehmer sowie der Berufe. Diese Organe, von denen viele in den Besatzungsjahren gegründet oder ausgebaut wurden, gewannen immer mehr an Einfluß und Zahl, und zwar so stark, daß die Zweite Republik als der Kammerstaat schlechthin beschrieben wurde. Auf kapitalistischer Seite gab es die 1948 gegründete Handelskammer, die Bundeskammer der gewerblichen Wirtschaft und die noch mächtigere österreichische Industriellenvereinigung. Die Arbeiter wurden vorwiegend durch die alten Gewerkschaftsbewegungen vertreten, die 1945 wiederhergestellt wurden, und durch die österreichische Arbeiterkammer. Obwohl im Rahmen des Gesetzes gegründet, arbeiteten sie bald unabhängig, die Verhandlungen zwischen ihnen bildeten das Grundschema der sogenannten Sozialpartnerschaft Österreichs.

Zwei Jahre nach Ende der Besatzungszeit wurde diese Partnerschaft formell als ständige Paritätische Lohn- und Preiskommission etabliert. Von besonderer Bedeutung ist, daß dieses Organ außerhalb des Gesetzes errichtet wurde, also einfach durch eine Vereinbarung zwischen den Sprechern der Arbeitgeberschaft und der Arbeitnehmerschaft. Die Kommission richtete dann drei Unterkomitees ein, die sich jeweils mit den Fragen der beiden Sozialpartner, den sozialen Angelegenheiten und dem Lohn-Preis-Verhältnis befassen sollten, verzweigte sich aber auch nach oben hin in die Staatsbürokratie, was zur Folge hatte, daß Dutzende von Beratungs- und Arbeitsgruppen in die Ministerien eingestreut wurden. Wenn man dann auch noch die Einrichtung verschiedener Berufsvertretungen berücksichtigt – wie etwa die Anwalts-, Ärzte- oder Ingenieurkammern –, kommt wieder etwas von Dollfuß' Ständestaat zum Vorschein, und zwar aus denselben zwei fundamentalen Beweggründen. Erstens war da zum einen die Sehnsucht nach einer sicheren sozialen Ordnung, die die persönliche Stellung absicherte und die Notwendigkeit der persönlichen Verantwortung auf ein Minimum reduzierte. Gleichzeitig herrschte aber auch eine Gier nach Posten und Pöstchen, die auch zu einem großen Teil hinter dem Nationalitätenhader in der Habsburgermonarchie gestanden war. Durch die Schaffung von buchstäblich Zehntausenden Lebensstellungen, meist verbunden mit einem Amtstitel und abgerundet durch eine inflationsgesicherte Pension, befriedigte der Kammerstaat dasselbe Verlangen nach Status und Sicherheit in der Zweiten Republik.

Der Vorteil einer solchen Struktur bestand natürlich in der Möglichkeit, wirtschaftliche Stabilität durch die sogenannte Sozialcharta zu erhalten, die regelmäßig zwischen Arbeitgebern und Arbeitnehmern neu verhandelt wurde. Das bedeutete, daß sich das alltägliche Leben der Nation durch ein Minimum an öffentlichen ideologischen Debatten zwischen den Parteien gestalten ließ. Es bedeutete aber auch, daß der Entscheidungsprozeß weitgehend den Händen der Gesetzgeber entzogen wurde. In der Ersten Republik war die Macht der politischen Parteien durch jene der Privatarmeen überschattet, in der Zweiten Republik war sie von den Kammern übernommen worden. Österreich war wieder einmal so etwas wie eine konstitutionelle Mißgeburt geworden: eine richtige parlamentarische Demokratie, über die das Parlament nicht mehr regierte.

Ihre Staatsbürger waren mit dem Stand der Dinge trotz seiner potentiell beunruhigenden Verflechtungen ganz zufrieden, solange ihnen dadurch ein sorgenfreies und gutes Leben ermöglicht wurde. Das gleiche galt natürlich auch für die allgemeine Haltung gegenüber der neuen Stellung des Landes in der Welt. Die Neutralität ist ein langweiliges Konzept, vor allem für jene, die nicht daran gewöhnt sind, denn sie impliziert ein Zurückziehen von den Sorgen der Welt in die Abgeschiedenheit eines »ruhigen Lebens«. Wird sie aber gleichgesetzt mit Wohlstand, dann kann sie ganz akzeptabel sein oder sogar begrüßt werden. Obwohl die Öffentlichkeit immer noch ihre Zweifel über dieses Thema hatte, setzte in den ersten Jahrzehnten der Unabhängigkeit genau diese Entwicklung ein. Bevor aber diese Jahre wohlgenährter Schläfrigkeit begannen, wurden die Österreicher mit einem gefährlichen Drama konfrontiert, das direkt an ihrer Ostgrenze ausbrach. Ihre spontane Reaktion darauf bezeichnete eine jener größten Stunden, die in ihrer Geschichte voller Nebel und Schatten zwischendurch immer wieder aufleuchteten.

Am 23. Oktober 1956 stellten die Ungarn wieder einmal unter Beweis, daß sie die wahren Revolutionäre an der

Donau waren. Die spontane Volkserhebung, zu der es an diesem Tag in ihrer Hauptstadt kam – angeführt von Studenten der Budapester Universität und Arbeitern des großen Industriekomplexes auf der Insel Csepel –, war eher ein magyarischer Aufstand gegen die Fremdherrschaft als ein wirtschaftlicher Protest oder eine ideologische Aussage. Sie ließen sich sogar von den Ereignissen ihrer turbulenten Geschichte inspirieren. Die Verse Sándor Petőfis, dem Dichter der 1848er Revolution, waren wieder auf den Lippen aller Patrioten, und eine der ersten Forderungen der Rebellen war der Austausch der fremden kommunistischen Insignien gegen die alten ungarischen Farben Kossuths, des Anführers der großen Revolution gegen Wien. Die Österreicher mögen vielleicht nicht gerade begeistert gewesen sein, daß die Ungarn diese Vergangenheit heraufbeschworen, als aber nach zehn Tagen der Unentschlossenheit Panzerkolonnen der Roten Armee losgeschickt wurden, um den Aufstand durch brutale Gewalt niederzuschlagen, unternahm das österreichische Volk mit Unterstützung der österreichischen Regierung alles in seiner Macht Stehende, um seinen ungarischen Nachbarn bei der Flucht vor kommunistischer Verfolgung und Rache zu helfen. Rund 150 000 ungarischen Flüchtlingen wurde während dieses traumatischen Herbsts Asyl gewährt, und viele von ihnen wurden durch die Minenfelder an der Grenze in die Sicherheit gelotst.[31] Das geschah natürlich weitgehend zum Mißfallen der Sowjetunion, deren Truppen erst zwölf Monate zuvor aus Österreich abgezogen waren. Insgesamt war es eine entschlossene ideologische Geste und eine frühe Erfüllung von Raabs Versprechen dem Westen

---

[31] Glücklicherweise hatte sich der Autor vor Ausbruch der Revolution ein Einreisevisum nach Ungarn besorgen können und konnte daher am folgenden Morgen nicht davon abgehalten werden, nach Budapest zu fahren. Nach zehn ereignisreichen Tagen in der Hauptstadt (und zwei Tagen in Gefangenschaft der Roten Armee auf der Rückreise nach Wien) konnte er diese bemerkenswerte improvisierte Rettungsaktion an der Grenze mitverfolgen und auch daran teilnehmen.

gegenüber, daß politische Neutralität die Österreicher nicht dazu verpflichte, auch in ihren Gedanken neutral zu sein.[32]

Um die Jahreswende beruhigte sich die Lage in Ungarn nach Einführung des gemäßigten kommunistischen Regimes unter János Kádár wieder. Da auch zwischen Moskau und Belgrad der Frieden wiederhergestellt war, kehrte im Donaubecken wieder allgemeine Ruhe ein, und Österreich schien in Vergessenheit zu geraten. Während der Besatzungszeit war Wien der einzige Fleck auf der Landkarte gewesen, wo sich Ost und West regelmäßig einmal im Monat trafen, also ein Zentrum der internationalen Diplomatie, und alle vier Mächte suchten für diesen Posten ihre fähigsten Männer aus. Diese Rolle spielte Wien nun nicht mehr, und die Spitzendiplomaten und Presseleute wurden nacheinander durch Vertreter ersetzt, die von ihrer Position her besser für eine kleine mitteleuropäische Republik mit sieben Millionen Einwohnern geeignet waren. Wien erlebte seine Blüte als eine bedeutende Touristenstadt und, was weniger vorteilhaft war, als der europäische Hauptumschlagplatz für Spionage und Waffengeschäfte. Doch was die Politik betraf, so schlitterte es für die nächsten 30 Jahre in eine relative Abgeschiedenheit.

Das waren jene Jahrzehnte, in denen ein großes Lawinenunglück, vor allem wenn es Opfer unter den Touristen forderte, in der Weltpresse ebensoviel Platz in Anspruch nahm wie Erdrutschsiege bei österreichischen Wahlen. Diese gab es wirklich: in bescheidenem Ausmaß im Jahr 1966, als die Volkspartei zum ersten Mal die absolute Mehrheit gewann und eine Alleinregierung unter Josef Klaus bildete und die Sozialisten damit in die Opposition drängte. Mit noch größerer Wirkung geschah dies fünf Jahre später, als die

[32] Die an die Einheiten des österreichischen Bundesheers im Grenzgebiet ausgegebenen Befehle waren eindeutig. Alle Flüchtlinge aus Ungarn sollten hereingelassen, wenn nötig entwaffnet und an HIlfsorganisationen weitergereicht werden. Auf jede Verfolgungseinheit der Roten Armee sei zu schießen.

Sozialisten eine deutliche Mehrheit errangen. (Sie regierten bereits seit 1970 mit einer Minderheit; Bruno Kreisky, nun Parteivorsitzender, war neuer Bundeskanzler.) Kreisky sollte die nächsten 13 Jahre in diesem Amt bleiben. Seine langjährige Erfahrung hätte ihn zusammen mit seiner Redegewandtheit und Intelligenz zu einem der einflußreichsten Politiker der Welt machen können. Wäre er über einen so langen und ununterbrochenen Zeitraum in Bonn Kanzler gewesen, wäre dies sicher der Fall gewesen. Doch am Schauplatz Österreich war er ganz einfach ein für sein Land zu großer Mann. Der Staat hatte keine Machtbasis, und Österreichs Neutralität verwehrte ihm jegliches Mitspracherecht in den militärischen und wirtschaftlichen Räten des Westens. Statt dessen verschwendete er sein Talent auf internationaler Ebene zu einem großen Teil auf das seltsame Hofieren von Kubas Fidel Castro und Libyens Moamar Gaddhafi.

Das Phänomen Kreisky demonstrierte deutlicher als alles andere, daß Österreich im Moment kaum eine Rolle spielte. Sein traditionelles Betätigungsfeld, das Donaubecken, war durch den kommunistischen Eisernen Vorhang von ihm abgetrennt. Seine ebenso traditionellen Verbindungen mit Westeuropa wurden unter dem Mantel der Neutralität erstickt. Österreich stand tatsächlich ziemlich alleine da, und aus dieser isolierten Lage entwickelte sich eine eingeengte Mentalität. Als Papst Paul VI. Österreich zur Insel der Seligen erklärte, schien diese Mentalität nicht nur gerechtfertigt, sondern abgesegnet zu sein. Der Papst meinte es zweifellos gut, aber es war dennoch ein gefährliches Urteil für ein Volk, das so leicht vor der Realität flüchtet wie die Österreicher.

Diese Tiefschlafphase in den sechziger und siebziger Jahren wurde nur selten durch irgendwelche lästige Angelegenheiten gestört. Zwei davon, die von größerer Bedeutung waren und selbst im Ausland einen Funken Interesse weckten, hatten beide ihre Wurzeln in der Vergangenheit und sagten etwas über die heutigen Österreicher aus. Erst einmal war da das ewige Südtirolproblem. Die Entscheidung der Pariser Friedenskonferenz, die Viertelmillion Deutschsprachigen, die seit Jahrhunderten südlich des Brenners angesiedelt waren, Italien zuzusprechen, war eine von Woodrow Wilsons bittersten Entscheidungen in seiner selbsternannten Rolle als Schiedsrichter über die Nachkriegswelt gewesen. Dieser krasse Verstoß gegen seine eigene Doktrin der Selbstbestimmung konnte auch von Hitler nicht wiedergutgemacht werden, und zwar aus demselben Grund, dem Unterschied in Größe und Gewicht der beiden betroffenen Staaten. 1918/19 hatte Italien in Paris seinen Platz als eine große siegreiche Macht eingenommen, während die neugeborene österreichische Republik, Überbleibsel eines besiegten Staates, ein politisches Leichtgewicht war, das von den Siegermächten in jede beliebige Richtung gestoßen werden konnte. 1938 war Italien immer noch stark genug, so daß Hitler praktisch aus Dankbarkeit, daß es nicht auf seiten Österreichs interveniert hatte, vor ihm auf die Knie fiel. Das war nicht die richtige Zeit, um Italien sein so ersehntes *fino al Brennero* wegzunehmen, und außerdem war Mussolini ohnehin sein Achsenpartner, während die Österreicher andererseits nun lediglich die Ostmärker seines Dritten Reichs waren.[33]

Nach dem Zusammenbruch des Dritten Reichs war es wieder zu einem solchen kritischen Ungleichgewicht gekommen. Karl Gruber, selbst Tiroler und Innsbrucks Held der Stunde im Frühling 1945, hatte geschworen, das verlorene Gebiet zurückzuholen. Die Rückgewinnung Südtirols war auch eine der ersten Forderungen der neugewählten Koalitionsregierung Figl im Herbst 1945, sie wurde dabei sogar von den Kommunisten unterstützt. Als das Problem jedoch bei einer weiteren Pariser Friedenskonferenz 1946 zur Sprache gebracht wurde, konnten die Österreicher

---

[33] Fast 90 Prozent der Südtiroler nahmen Hitlers Angebot an, irgendwo im Reich angesiedelt zu werden. Beinahe 60 000 zogen wirklich weg, und rund 20 000 der Zurückbleibenden wurden in die Wehrmacht einberufen.

nur einen geringen Fortschritt gegenüber der totalen Niederlage von 1918 verzeichnen. Zugegeben, ihr Status hatte sich zwar verbessert, denn sie wurden unter den »befreiten Nationen« eingereiht, während Italien eindeutig zu den besiegten zählte. Österreich blieb aber im Verhältnis ein Leichtgewicht in der antikommunistischen Struktur, die die Siegermächte in Westeuropa aufbauen wollten. Die christlich-demokratische Regierung des Nachkriegsitaliens, die im eigenen Hinterhof gegen eine mächtige kommunistische Partei ankämpfte, schien dagegen ein wichtiger Pfeiler in dieser Struktur zu sein. Das Ergebnis war vorauszusehen. Nachdem eine Reihe von Vorschlägen zu Gebietskorrekturen, Zollunionen und eines Kondominats gescheitert waren, blieb die Brennergrenze erhalten, und Österreich wurde mit der Zusicherung der Gleichberechtigung und lokalen Autonomie der deutschsprachigen Bevölkerung abgespeist.

Es ist vorstellbar, doch noch lange nicht gewiß, daß man mehr hätte erreichen können, wenn die Bevölkerung zu Massenprotesten und Gewalt gegriffen hätte. Das wäre aber im Sommer 1946 sowohl von den Südtirolern als auch von ihren Kameraden nördlich der Grenze viel zuviel verlangt gewesen. Die größte Gewaltorgie in der Geschichte des Kontinents war gerade erst zwölf Monate zuvor zu Ende gegangen, und ganz abgesehen davon waren die Österreicher noch nicht einmal Herr in ihrem eigenen Land.

Ganz anders verhielt es sich jedoch, als das Südtirolthema in den sechziger Jahren wieder aufflammte. Inzwischen waren nördlich und südlich der Grenze Aktivistengruppen entstanden, die entschlossen waren, die systematische Italianisierung in der umstrittenen Region zu stoppen. Die Aktivisten gründeten terroristische Zellen, da sie überzeugt waren, Rom und die restliche Welt nur durch Gewalt dazu zu bringen, ihnen Gehör zu schenken. Ihre erste Bombe ging im Januar 1961 hoch, und nachdem die Italiener erwartungsgemäß mit Verhaftungen und Gefängnisstrafen reagiert hatten, wurde aus einer Geste der Gewalt eine Kampagne der bewaffneten Sabotage, und die politischen

Extremisten übernahmen das Ruder. Die Österreicher, die nun souverän und unabhängig waren, standen in gewisser Weise an einem psychologischen Scheideweg. Die Unterstützung ihrer Blutsbrüder südlich des Brenners in ihrem Kampf hätte Nationalstolz und Volkssolidarität gezeigt. Doch andererseits hielt es die Südtirollobby für vernünftig, etwas zurückzuschalten. Ihre Blutsbrüder schienen nun gefährlich außer Kontrolle zu geraten. Sich auf sie einzulassen, hätte sehr wohl das schöne ruhige Leben der neutralen Zweiten Republik stören können.

Es war nicht weiter verwunderlich, daß die Österreicher sich für Zurückhaltung entschieden, denn inzwischen war ihr Leben nicht nur schön und ruhig, sondern sie lebten in einem Wohlstand, der die kühnsten Träume der Gründungsväter der Republik überstieg. In den zehn Jahren zwischen 1950 und 1960 hatte sich der Wohlstand der Nation um rund 75 Prozent gesteigert, obwohl die Hälfte dieser Zeit noch in die Besatzungszeit fiel. Eine der vielen Statistiken wird ausreichen, um die Auswirkung davon auf den gewöhnlichen Bürger zu zeigen: im selben Zeitraum war die Anzahl der Privatfahrzeuge sprunghaft um 500 Prozent angestiegen. Dieses Bild war insgesamt zu rosig, um gestört zu werden, und so ließ man sich, was Südtirol anlangte, auch nicht stören. Die Lösung der Probleme der Region überließ man Ministern und Botschaftern. Im Lauf der Jahre schnürten die Diplomaten ein Paket kultureller Zugeständnisse und sozialer Garantien, die den Südtirolern zum Beispiel das Recht einräumten, in ihren eigenen Schulen und in allen Regierungsbehörden die deutsche Sprache zu gebrauchen. Der italienische Zuwanderungsstrom von Immigranten in die Region wurde ebenfalls eingedämmt. Doch Südtirol blieb italienisch, und noch heute haben die Südtiroler das Gefühl, von Wien betrogen worden zu sein. Das Schicksal Andreas Hofers hätte ihnen eine Lehre sein sollen.

Das zweite Thema, das die Österreicher in den sechziger Jahren bei ihrem neutralen Nickerchen störte, war sogar noch tiefer verwurzelt. Außerdem konnte die Regelung dieses Problems, da es sich um eine rein innenpolitische Frage handelte, nicht auf Diplomaten abgeschoben werden. Es ging um das alte Problem, wie das republikanische Österreich mit seiner kaiserlichen Vergangenheit zu versöhnen sei. Man konnte sich nicht mehr vor der Herausforderung drücken, denn der Herausforderer war nicht bereit, nachzugeben und war überdies zu einflußreich, um ignoriert zu werden. Dr. Otto Habsburg war ein junger und unerfahrener Prätendent gewesen, als Hitler ihr gemeinsames Heimatland verschlang. Der Erzherzog, der nach Kriegsende wieder nach Europa zurückkehrte, war aber ein völlig anderer. Dank seiner zahlreichen internationalen Verbindungen, darunter die bemerkenswerte Freundschaft mit Präsident Roosevelt, war er ganz einfach der einzige in der westlichen Welt weithin bekannte und geachtete Österreicher. Neben ihm erschienen die Politiker seit 1945 als reine Niemande auf der Bühne. Obwohl sich Stalin damals an Karl Renner erinnert hatte, hatte dieser auf der internationalen Bühne nie eine besonders gute Figur abgegeben und war im Westen außer von der kleinen Gruppe der Emigranten fast vergessen worden. Leopold Figl, der im November 1945 plötzlich als Kanzler auftauchte, war völlig unbekannt.

Nichtsdestotrotz hatten die Politiker das Gesetz auf ihrer Seite. Das alte Gesetz vom 3. April 1919, das allen Mitgliedern des früheren Herrscherhauses die Einreise nach Österreich verbat, wenn sie nicht der neuen Republik die Treue schworen, war immer noch in Kraft.[34] Die Drohung, dieses Gesetz anzuwenden (eine Maßnahme, die von allen vier Besatzungsmächten unterstützt wurde), veranlaßte Otto im Frühjahr 1945, Innsbruck in aller Stille zu verlassen und wieder ins Exil zu gehen. Doch sobald er sich einmal in seinem neuen Zuhause nahe der österreichisch-bayerischen Grenze in Pöcking am Starnberger See niedergelassen hatte, sich eine unabhängige Existenz als Schriftsteller und Vortragender aufgebaut und mit seiner attraktiven und absolut

[34] Das Habsburgergesetz wurde als Absatz zwei des Artikel Zehn des Staatsvertrags beibehalten, obwohl sich Raab um seine Streichung bemühte.

standesgemäßen Braut, Prinzessin Regina von Sachsen-Meiningen, eine Familie gegründet hatte, begann er seinen langen Kampf, diese Grenze wieder überschreiten zu dürfen. Wie man dies von einem ausgezeichneten Anwalt erwarten konnte, war dieser Kampf von Anfang an sorgfältig geplant.

Als ersten Schritt ließ er sich seine österreichische Staatsbürgerschaft bestätigen, und die Landesregierung von Niederösterreich, eines der Kernländer der Monarchie, tat ihm diesen Gefallen am 8. Mai 1956. Der nächste Schritt bestand für »Doktor Otto Habsburg-Lothringen« darin, eine Verzichtserklärung auf seine dynastischen Ansprüche abzugeben. Das tat er am 21. Februar 1958, doch die knapp formulierte Erklärung, in der er und seine Familie sich lediglich verpflichteten, die gegenwärtigen Gesetze Österreichs anzuerkennen und sich als getreue Staatsbürger der Republik zu bekennen, reichte nicht aus, um den Ansprüchen des linken Flügels in Wien gerecht zu werden. Das Problem bestand nun darin, eine andere und stärkere Formulierung zu finden.

Im Unterschied zu seinem Vater saß der Erzherzog auf keinem Thron, von dem man ihn herunterzusteigen hätte bitten können, auch hatte er keinen – um die historische Aussage vom 11. November 1918 zu zitieren – »Anteil an den Staatsgeschäften«, auf die er hätte verzichten können. Doch als ältester Sohn des letzten regierenden Kaisers war er immer noch der Erbe jeglicher Ansprüche, die vielleicht hätten auftauchen können. In dynastischer Hinsicht waren solche Ansprüche inzwischen völlig unrealistisch geworden, wie dem königlichen Emigranten in Pöcking sehr wohl bewußt war. In politischer Hinsicht war er jedoch immer noch ein Faktor. Nicht so sehr wegen der österreichischen monarchistischen Bewegung, die sowohl bescheiden als auch zersplittert war, sondern weil Otto Habsburg über den Wert der konstitutionellen Monarchie für eine von Parteienstreit und Streitereien zwischen verschiedenen Interessengruppen heimgesuchte Gesellschaft predigte. Etwas Permanentes sollte, so argumentierte er, über diesen rivalisierenden Fraktionen stehen, um die Demokratie selbst zu erhalten. Diese Botschaft paßte dem »Österreich des Proporzes und der Kammern« ganz und gar nicht in den Kram.

Dahinter verbarg sich das psychologische Ringen der österreichischen Republikaner (vorwiegend, doch nicht ausschließlich jener vom linken Flügel), mit dem verblaßten Glorienschein der Kaiserzeit zurechtzukommen. Das Problem war, vor allem in Wien, ein reines Problem der Größe und der geschichtlichen Assoziationen. Kein Kanzler konnte am Ballhausplatz einziehen, ohne im Sessel von Kaunitz und Metternich irgendwie klein zu wirken. Noch weniger konnte ein sozialistischer Bundespräsident die Räumlichkeiten in der Hofburg bewohnen – und manchmal auch dieselben Möbel benutzen –, ohne den Schatten Maria Theresias oder Franz Josephs über sich aufragen zu sehen. Wenn bei offiziellen Festessen der Republik der Tisch mit dem kaiserlichen Tafelgeschirr gedeckt wurde, war die Unbehaglichkeit noch größer, wie einige der Speisenden offen zugaben. Man mußte diese Geister einfach austreiben. Dies, so wurde in Wien beschlossen, könne nur erreicht werden, wenn man Otto Habsburg dazu brächte, noch einen Schritt weiter zu gehen als sein Vater und sogar, wie im Gesetz von 1919 vorgesehen, auf die Zugehörigkeit zu seiner Familie zu verzichten. Die ihm Anfang 1961 vorgelegte Verzichtserklärung forderte ihn auf, nachdem er noch einmal seine Loyalität zur Republik beteuert hatte, »auf seine Mitgliedschaft zum Hause Habsburg-Lothringen und auf alle aus ihr gefolgerten Herrschaftsansprüche« zu verzichten. Er tat das schweren Herzens am 31. Mai dieses Jahres.

Später kommentierte er dies: »Die Idee, irgend jemanden aufzufordern, seine eigene Familie zu verlassen, kam mir absolut niederträchtig vor, eine solche Verrücktheit konnte wohl nur dem Kopf eines unbeschreiblich engstirnigen Fanatikers entsprungen sein. Doch ich sagte mir, na gut, wenn ich auf der europäischen Bühne aktiv werden wollte, und ich hatte diesen europäischen Weg schon seit dem Zweiten Weltkrieg vor Augen, dann sollte ich diese Bühne nicht in der Konfliktposition eines Anwärters auf einen der Throne Europas betreten. Das hätte es mir unmöglich gemacht, zu tun, wozu ich entschlossen war, und deshalb beschloß ich diesen Schritt, den ich mit dieser Erklärung tat. Es geschah aus rein praktischen Überlegungen. Es war aber nicht leicht für mich, das muß ich zugeben, und nicht, weil ich mir irgendwelche Illusionen über meine Position machte, sondern aufgrund der reinen Infamie des Dokuments.«[35]

Doch selbst damit konnte für einige österreichische Sozialisten, die darauf hinwiesen, daß der Erzherzog nach seiner Rückkehr immer noch nicht jeglicher politischen Betätigung abgeschworen hatte, dieses Gespenst nicht ausgetrieben werden. Nun begann eine lächerliche Episode, in der all das angeborene Zögern der Österreicher, Verantwortung zu übernehmen – oder diese Verantwortung jemand anderem zuzuschieben –, zum Vorschein kam. Als Alfons Gorbach, Raabs Nachfolger als Bundeskanzler, die unterzeichnete Erklärung seiner Koalitionsregierung vorlegte und sich für ihre Annahme aussprach, wiesen die Sozialisten sie im Interesse der Sicherheit der Republik zurück. Nun wurde der Kampf in den Gerichtshöfen ausgetragen. Der Verwaltungsgerichtshof, an den Otto sich wandte, versuchte vergebens, die Regierung zu einer Entscheidung zu bewegen, und fällte dann am 31. Mai 1963 sein eigenes Urteil – zugunsten Ottos. In Österreichs Parlament, Schauplatz so vieler Fiaskos, begann der Zirkus nun wieder von vorne. In einer wirren Debatte zu diesem Thema wurde die Rückkehr Dr. Otto Habsburgs in seine Heimat schließ-

---

[35] Der Autor hatte im Lauf von 30 Jahren mehrere Begegnungen mit Dr. Otto Habsburg. Die meisten waren privater Natur, besonders während der heiklen Situation in den sechziger Jahren. Die oben und weiter unten zitierten Bemerkungen stammen jedoch aus einer vollständigen Abschrift eines dreistündigen Gesprächs in Pöcking am 18. September 1992, als der Autor anläßlich des bevorstehenden 80. Geburtstags eine deutschsprachige TV-Dokumentation drehte. Damals war er auf seinem »europäischen Weg« schon weit vorwärts gekommen. Er war sogar das älteste Mitglied (für die bayerischen Christlichsozialen) des Straßburger Parlaments.

lich bei einer Abstimmung, in der sich die Sozialisten tatsächlich mit der kleinen Oppositionsfraktion zusammentaten, von der Mehrheit als »unerwünscht« erklärt.[36] Welche Wahlüberlegungen hinter diesem Notbehelf auch standen (und die beiden Hauptlager lagen damals viel zu eng beieinander, als daß eine von ihnen die absolute Mehrheit hätte erreichen können), war dies ein glatter Betrug an allem, wofür Regierung und Parlament standen.

Es mußte erst im Jahr 1970 der gemäßigte Sozialist Bruno Kreisky an die Macht kommen, um die Aussöhnung mit der Vergangenheit, die die ältere Generation der Radikalen in seiner Partei verhindert hatte, herbeizuführen. Kreisky hatte ab 1971 den Vorteil einer sozialistischen Alleinregierung, und somit war weder eine Koalition zu konsultieren noch zu hintergehen. Er hatte den sogar noch größeren Vorteil, über genügend Selbstsicherheit und kulturelle Reife zu verfügen, um ohne Blinzeln auf Österreichs große Traditionen zurückblicken zu können. Er hatte auch einen ausgeprägten Sinn für Geschichte. Als er vier Jahre alt war, nahm ihn sein Vater zum großen Trauerzug bei Franz Josephs Begräbnis mit, bei dem Otto, der damals gleich alt war wie er, dahinter hermarschierte. Nun, da er am Ballhausplatz saß, betrachtete sich Kreisky selbst als einen Teil der Brücke zwischen Vergangenheit und Gegenwart. Verspätet wurde ein großer Ziegelstein in diese Brücke eingefügt, als Otto nach einem vorherigen fünfstündigen Ausflug nach Innsbruck am 31. Oktober 1966 schließlich am 5. Juli des darauffolgenden Jahres Wien seinen ersten Besuch abstattete.[37]

Nach dem vorangegangenen Melodram war der Höhepunkt nicht sehr bewegend. Von der kleinen Gruppe von Loyalisten abgesehen, die sich, wie es sich gehört, verbeugten und einen Hofknicks machten, entsprach die schlanke

[36] Mit der Freiheitlichen Partei Österreichs, der Nachfolgerin des Verbands der Unabhängigen.
[37] Zwei seiner jüngeren Brüder, Felix und Karl Ludwig, weigerten sich, ihre Familienansprüche aufzugeben und durften nicht zurückkehren.

Gestalt im Straßenanzug überhaupt nicht dem illustren kaiserlichen Bild, das sich die Wiener von ihm gemacht hatten. Für einen Habsburger war er viel zu zugänglich, viel zu redegewandt und, was am merkwürdigsten war, viel zu intellektuell. Der Prätendent, der auf alle Ansprüche verzichtet hatte, um diese Straßen, auf denen er als kleiner Kronprinz gegangen war, wieder betreten zu dürfen, war ebenso verdutzt und irgendwie ernüchtert über die Menschen, die er nun von Angesicht zu Angesicht treffen konnte. Für ihn waren die Österreicher im wahrsten Sinn des Wortes unantastbar. So meinte Otto, die heutigen Österreicher seien seltsame Menschen. Ein bedeutender deutscher Politiker soll dies ihm gegenüber einmal folgendermaßen ausgedrückt haben: sie leben von den Habsburgern, aber auch davon, daß sie sie diskriminieren ... Und ein Offizier der Roten Armee, der früher in Wien stationiert war, habe die Österreicher mit einem Sumpf verglichen, der sich öffnet, wenn man mit der Hand hineinschlägt, und sich wieder schließt, wenn man sie herauszieht. Jedenfalls meinte Dr. Otto Habsburg, er hätte nie einen Streit mit Österreich gehabt, Österreich aber vielleicht einen mit ihm.[38]

Alles in allem wunderten sich nach dieser lange überfälligen Aussöhnung zwischen Kaiserreich und Republik beide Seiten, worum es, zumindest in den letzten Jahren, bei diesem ganzen Theater eigentlich gegangen war.

Doch das Bedeutendste an diesen frühen Jahrzehnten des Schlafs war nicht das, woran sich die neutrale und souveräne Zweite Republik von Zeit zu Zeit zu erinnern gezwungen sah. Es war eher das, was ihre Staatsbürger die ganze Zeit zu vergessen suchten: ihr Anteil an Hitlers Krieg und an Hitlers Verbrechen. Nach einer Weile ging es allgemein nicht mehr um das Zugeben oder das Leugnen der Beteiligung daran, sondern man weigerte sich, zu glauben, daß das Problem überhaupt je existiert hätte. Wie diese lästige Klausel in der Präambel des Staatsvertrags, so wurde die ganze Angelegenheit in aller Stille fallengelassen.

[38] Pöcking, 18. September, und Straßburg, 22. September 1992.

Wir haben gesehen, wie bei einer nach außen hin beeindruckenden Säuberung unter den Staatsbeamten in den unmittelbaren Nachkriegsjahren einige wesentliche Lücken im Entnazifizierungsprozeß geblieben sind. Die bedeutendsten betrafen eine große Anzahl von Minderbelasteten, die aus verschiedenen Gründen – von ihrer angeblichen Unentbehrlichkeit bis hin zur Protektion von höherer Stelle – weiterhin auf ihrem Posten verbleiben konnten. So sah also die Situation 1946 aus, als die vier Besatzungsmächte noch die Kontrolle hatten. Als diese Kontrolle zu Ende war und die Stimmen der früheren Nazis und ihrer Angehörigen bei den Wahlen ein immer größeres Gewicht bekamen, wurden damit nicht nur die Lücken größer, sondern auch die zur Schließung dieser Lücken von der österreichischen Regierung eingerichtete Amtsmaschinerie als solche gedrosselt. Das war auch die Hauptanschuldigung in einem eingehenden Protestmemorandum von 30 Seiten Umfang, das 20 Jahre später, am 12. Oktober 1966, dem damaligen, der Volkspartei angehörenden Bundeskanzler Josef Klaus vorgelegt wurde. Sein Verfasser war Simon Wiesenthal, ein früherer österreichischer Mauthausen-Häftling, dessen Wiener Dokumentationszentrum weltweit zur Zentrale für die Kopfjagd nach Nazis geworden war. Was seine Objektivität anlangte, hatte er sich schon einen guten Ruf erworben, war doch der Antriebsmotor hinter seiner Arbeit das Streben nach Gerechtigkeit und nicht nach Rache. Diese nüchterne Vorgangsweise zeigt sich auch in diesem gesamten Memorandum, das nie veröffentlicht wurde.[39]

Am meisten Kummer bereitete ihm der Umstand, daß der österreichische Anteil an den Kriegsverbrechen der Nazis (seiner Ansicht nach größer als der bevölkerungsmäßige Anteil im Dritten Reich) immer noch unter den Teppich gekehrt wurde, was weitgehend der bewußten Passivität der Regierung zuzuschreiben war. Er legte Listen mit den

[39] Simon Wiesenthal gab dem Autor bei einem Treffen in Wien am 23. September 1993 eine Kopie davon.

wichtigsten österreichischen Kriegsverbrechern vor, die nicht nur unter dem berüchtigten Adolf Eichmann gedient hatten – wie etwa Franz Novak, als Transportleiter; Alois Brunner, in Griechenland und der Slowakei; Erich Rajakowic, in Holland –, sondern auch unter dem genauso verbrecherischen Odilo Globocnik in den polnischen Vernichtungslagern Belzec, Treblinka und Sobibor. Dann folgte die schwerwiegende Anschuldigung: Nicht weniger als 65 Österreicher, die in diesen Lagern kriminell tätig gewesen waren, waren den juristischen Behörden in Wien bekannt. Nur einer von ihnen war im Gefängnis.

Wiesenthal listete dann ähnliche Anschuldigungen unter anderen Überschriften auf. Hunderte von Österreichern der sogenannten Polizeiwachen, die neben der SS an den Ermordungen von Juden in polnischen Dörfern beteiligt waren, waren von der Roten Armee gefangengenommen worden und kamen erst nach Unterzeichnung des Staatsvertrags wieder nach Hause. Obwohl wegen ihrer Betätigung im Krieg nicht für eine Begnadigung vorgesehen, waren mit ein paar Ausnahmen alle der Strafe entkommen.

Was der Gerechtigkeit noch mehr spottete, war nach Wiesenthals Bericht der Fall der österreichischen Polizeibataillone 314, 316 und 322 (plus vier Reservebataillone und ein berittenes), die nach Polen verlegt worden waren, um an der Massenermordung von Juden teilzunehmen. Die Aufzeichnungen, die von diesen Einheiten im Krieg geführt wurden und sichergestellt werden konnten, beweisen, daß sie ihre grausame Aufgabe tatsächlich ausführten. 150 Einzelpersonen konnten als Mörder identifiziert werden. Wiesenthal kommentierte, daß einige dieser 150 sogar wieder im österreichischen Sicherheitsdienst eingesetzt wurden und die österreichische Polizei immer noch Mitglieder aus der Kategorie der belasteten Nazis aufweise. Das Memorandum wird dann mit weiteren Beispielen nicht strafverfolgter Kriegsverbrechen fortgesetzt, die von Österreichern in Sicherheitspolizeikommandos, der Geheimen Feldpolizei, der Gestapo und in der Verwaltung der

Gettos begangen worden waren.[40] Solche Listen von Angeklagten und solche endlosen Aufzählungen von Massen-
mord und Leid waren Teil einer traurigen, aber bekannten
Geschichte. Was an Wiesenthals Memorandum von 1966
aber besonders interessant ist, ist der Unterschied, den er
zwischen der Nachkriegsregierung in Bonn und jener in
Österreich zieht. Erstere hatte sich von Anfang an schuldig
bekannt, einen großen Entschädigungsfonds eingerichtet,
1958 eine Zentralstelle zur Aufklärung von Kriegsverbrechen in Ludwigsburg geschaffen und entsprechendes juri-
stisches Personal für die umfassenden Untersuchungsar-
beiten finanziert. In Österreich, so beschwerte er sich,
hätte es kein offizielles Eingeständnis der Schuld gegeben,[41] keinen Entschädigungsfonds,[42] kein von der Regierung eingerichtetes Zentrum für Kriegsverbrechen und
keine Vorkehrungen für einen angemessenen Justizappa-
rat. Dieses letztgenannte Versäumnis hatte zur Folge, daß
nur eine Handvoll Beamter für die Untersuchungen in
Wien zugeteilt worden war, während zur Zeit seines
Berichts in Deutschland allein 50 Staatsanwälte Ludwigsburg zugeteilt wurden. So waren im österreichischen
Justizministerium nur sechs Beamte in der dafür verantwortlichen Spezialeinheit, der Sektion II, beschäftigt. Diese
sechs Beamten sollten sich mit 1100 Fällen angeblicher Verbrechen befassen, die schon in den Akten erfaßt waren,
und fast täglich kamen neue Fälle hinzu.

[40] Das Warschauer Getto stand unter der Kontrolle eines An-
walts aus Oberösterreich namens Sammern-Frankenegg, der SS-
Mann wurde und dort die Operationen leitete, bis wegen des
Aufstands Militärtruppen kamen. Unter Reichskommissar Seyß-
Inquart gab es so viele österreichische Funktionäre in den Nieder-
landen (wo 150 000 Opfer, meist Juden, ihr Leben verloren), daß die
Organisation den Spitznamen *Der Donauklub* erhielt.

[41] Auf oberster Ebene in Wien sollte dies sogar erst Anfang der
neunziger Jahre erfolgen.

[42] Nicht vor Juni 1995 (!) wurde ein entsprechender Fonds zur
Entschädigung österreichischer Opfer der Nazizeit eingerichtet, von
denen die meisten schon tot waren.

Was Wiesenthal besonders erboste, war, daß die meisten dieser Fälle, ob neu oder alt, die sich auf vermutlich von Österreichern im gesamten besetzten Europa begangene Kriegsverbrechen bezogen, vom Ludwigsburger Zentrum zur Weiterverfolgung nach Wien übergeben wurden. Nicht nur, daß die Ergebnisse extrem mager ausgefallen waren, die Verdächtigen blieben oft sogar weiterhin in ihrem Amt, anstatt wegen eines anhängigen Verfahrens vom Dienst suspendiert zu werden, obwohl sie des Mordes oder der Beihilfe zum Mord beschuldigt wurden. Wiesenthal appellierte an Kanzler Klaus um eine Wiedergutmachung auf allen Gebieten. Am Ende bemerkte er, daß nur schnelles und energisches Handeln Österreichs bereits angekratztes internationales Ansehen wiederherstellen könne. Auf die Frage, welche Antwort er auf das Memorandum von 1966 bekommen hätte, antwortete Wiesenthal, er habe so gut wie nichts erhalten, die Standardausrede sei das Fehlen der finanziellen Mittel gewesen. Es wurde jedoch keine seiner Anschuldigungen widerlegt.

Es gab natürlich einen klaren politischen Grund für diesen Unterschied zwischen Deutschland und Österreich im Umgang mit Kriegsschuld und Sühne. Deutschland hatte das Dritte Reich hervorgebracht und mußte sich als eine besiegte und in Unehre gefallene Nation wieder ihren Weg zurück in den Schoß der demokratischen westlichen Gesellschaft erarbeiten. Die Österreicher waren, obwohl sie in diesem Krieg gekämpft hatten und an der Niederlage beteiligt waren, mit dem lebensrettenden Status eines »befreiten Volkes« ausgestiegen. Abgesehen von Wahlüberlegungen hielten sie natürlich an diesem Status fest, so sehr sie nur konnten, besonders nachdem ihnen der Staatsvertrag ihren eigenen unabhängigen Platz in der freien Welt wieder zurückgebracht hatte. Was aber politisch verständlich war, war moralisch nicht vertretbar, wie die quälenden Gewissensbisse der Österreicher zeigten. Es war ja sogar der Widerstand im Krieg weitgehend eine Frage des Gewissens.

Aus Meinungsumfragen in den späten siebziger Jahren ging hervor, daß 50 Prozent der Österreicher glaubten, der

Nationalsozialismus hätte ihnen sowohl »Gutes als auch Schlechtes« gebracht. Der Trend hielt in ähnlichen Umfragen, die erst 1987 durchgeführt wurden, noch an, obwohl bis dahin die Zahl jener, die der Meinung waren, der Nationalsozialismus hätte Österreich nichts als Schlechtes gebracht, sich bedeutend erhöht hatte. Nach Jahrhunderten der Verwirrung und der Debatten darüber hing dies natürlich mit der Frage zusammen, wie sehr sich die Österreicher selbst als eine eigene Nation fühlten und nicht als ein Volk von Deutsch-Österreichern. Zwischen 1973 und 1989 durchgeführte Umfragen zeigen, daß im Durchschnitt 85 Prozent entweder absolut oder äußerst stolz erklärten, Österreicher zu sein (der Rest hatte entweder keine Meinung zum Thema, oder war nicht stolz darauf). Andererseits war die Zahl jener, die unabhängig von ihren persönlichen Gefühlen der Meinung waren, daß die Österreicher bereits eine eigenständige Nation wären oder sich auf dem Weg dahin befänden, allmählich von 50 Prozent im Jahr 1956 auf über 90 Prozent bis 1992 angestiegen. Noch mehr erklärten, daß sie, wenn sie im Ausland gefragt würden, ob sie Deutsche seien, antworteten, nein, sie seien Österreicher.[43]

Von keinem Volk, das ständig verzweifelt mit seiner nationalen Identität ringt, kann behauptet werden, daß es eine besitzt. Dennoch reflektierte das größere Selbstvertrauen der Österreicher, ganz abgesehen vom Wohlstand, in dem sie sich sonnten, die Zufriedenheit mit ihrer Neutralität und mit der Zukunft als ein kleiner Staat – beides erhielt in allen Meinungsumfragen große Unterstützung. Dieses Selbstvertrauen brachte sie schließlich dazu, sich direkt mit ihrer Nazivergangenheit auseinanderzusetzen, wenn auch am Anfang nur im akademischen Bereich. Vom 8. bis zum 10. März 1985 hielt das Wiener Institut für Wissenschaft und Kunst das allererste offizielle Symposium

---

[43] Interessant war, daß sich ein größerer Anteil der Steirer (10 Prozent) und der Kärntner (15 Prozent) für Deutsche erklärte, was das Fortwirken des alten Nationalitätendenkens an der ethnischen Grenze zeigt.

über die österreichische Entnazifizierung ab. Damit wurde, wie die Organisatoren selbst erklärten, auf diesem Gebiet so etwas wie ein Tabu gebrochen. Im Titel der veröffentlichten Unterlagen wurde zurückhaltend von unterdrückter Schuld und unterlassener Sühne gesprochen.

Die Akademiker hatten sich als erste damit befaßt, wenn auch nur am Rande. Im folgenden Jahr stand das Thema von Schuld und Sühne auf einmal im Scheinwerferlicht der politischen Bühne.

4. Das Erwachen

In den allerletzten Jahren ihres Jahrtausends sahen sich die Österreicher nacheinander drei Herausforderungen gegenüber, von der jede einen prägenden Einfluß auf ihren Charakter und ihr Schicksal ausüben sollte. Die erste Herausforderung zwang sie, sich verspätet mit ihrer Verantwortung als Wehrpflichtige in Hitlers Drittem Reich auseinanderzusetzen. Die zweite konfrontierte sie mit einem Donaubecken, das sich plötzlich vom Sojwetkommunismus befreit hatte und daher wieder ohne Einschränkung offen war für seine traditionellen Verbindungen zu Wien. Die dritte brachte sie dazu, über ihre eigene Zukunft in einem freien Europa zu entscheiden und damit über die Zukunft dieser behaglichen Neutralität, in die sie sich über die letzten vier Jahrzehnte eingelullt hatten.

Anlaß für die Auseinandersetzung mit der Nazivergangenheit der Österreicher war natürlich die berühmte Waldheim-Affäre[44]. Kurt Waldheim war von 1968 bis 1970 österreichischer Außenminister und wurde Generalsekretär der Vereinten Nationen, bei denen er als Ständiger Vertreter

---

[44] Die Familie war tschechischer Abstammung und trug den eindeutig wenig ansprechenden Namen Waclevek, bevor dieser in die deutsche Version umgewandelt wurde.

Österreichs im Jahr 1972 tätig war. Fast schon von dem Tag an, als Waldheim in dieses wohl renommierteste Amt in der internationalen Diplomatie ernannt worden war, begann er sich für seine Wiederernennung nach Ablauf dieser fünf Jahre einzusetzen. Dies gelang ihm zum Teil mit seiner eigenen zielstrebigen Unbarmherzigkeit, zum Teil aber auch wegen der ansprechenden Vorteile seines Landes: klein, neutral, harmlos, aber auch zivilisiert und anständig.

Ironischerweise sollte Waldheim selbst diesen letzten Aspekt des Images zerstören, als er 1986, vier Jahre nach seinem widerwilligen Abschied von den Vereinten Nationen, in den Wahlkampf um das Amt des österreichischen Bundespräsidenten eintrat. Dieses hätte das traumhafte Ende einer traumhaften Karriere sein sollen: sechs Jahre als Staatsoberhaupt im Amt waren ihm praktisch sicher, dazu noch die Aussicht auf eine zweite Amtsperiode, wenn die in New York so erfolgreich angewendete Taktik sich in Wien wiederholen ließe. Aus dem Traum sollte ein Alptraum werden, für ihn selbst und für sein Land.

Das Aufsehen um Waldheims geheime Kriegsakte, zu dem es während des Wahlkampfs 1986 kam, war, zumindest dem unmittelbaren Ursprung nach, keine jüdische Verschwörung. Es ist jedoch klar, daß ohne das Gewicht der amerikanischen jüdischen Lobby der Ostküste diese Kontroverse sich niemals zu einem so großen innenpolitischen und internationalen Skandal ausgeweitet hätte. Diese Lobby hatte sogar schon früh Interesse an Waldheims Vergangenheit gezeigt, als dieser noch in New York lebte. Seine persönlichen Mitarbeiter erinnern sich, daß er eines Tages während seines ersten Amtsjahres als UNO-Generalsekretär aus heiterem Himmel einen detaillierten Fragebogen von einem jüdischen Kongreßabgeordneten, Mr. Solarz, über seine Kriegsvergangenheit erhielt. Waldheim war durch den Brief irritiert und antwortete knapp und oberflächlich. Eine derart ausweichende Haltung war ein Fehler, den er später mit viel ernsteren Konsequenzen wiederholen sollte. Im Moment schien Mr. Solarz aber zum Schweigen gebracht und das Thema ad acta gelegt worden zu sein.

Unter etwas merkwürdigen Umständen kam das Thema während der Vorbereitungen zu Waldheims Präsidentschaftswahlkampf als Kandidat der Volkspartei erneut auf. Veteranen des Österreichischen Bundesheers – einige hatten in der Kaiserzeit, einige in der Republik, einige unter Hitler und einige in allen drei Armeen gedient – hatten auf militärischem Gelände in Wien eine Gedenktafel für Alexander Löhr enthüllt, einem der 172 Österreicher, die unter dem Naziregime den Rang eines Generals erreicht hatten. Das löste eine Welle der Nachforschungen über Löhr und alles, wofür er stand, aus. Die Veteranen ehrten ihn als einen Waffenbruder, der tapfer unter allen Fahnen, zu denen er gerufen wurde, gekämpft hatte, stammten seine frühesten Medaillen doch aus dem Ersten Weltkrieg. Diese Auszeichnungen waren über jeden Tadel erhaben, aber seine Vergangenheit im folgenden Weltkrieg brachte ernste Probleme mit sich, denn er hatte als Generaloberst Löhr die deutsche Heeresgruppe E am Balkan kommandiert und übernahm auf diesem verzweifelten Kriegsschauplatz in den letzten Monaten der Kämpfe den Oberbefehl.

Abgesehen vom Rußlandfeldzug war der Balkan der brutalste aller europäischen Kriegsschauplätze. Zur Jahreswende 1944/45 hatte sich Löhrs Heeresgruppe zusammen mit den restlichen deutschen Streitkräften von Griechenland nach Jugoslawien zurückgezogen.[45] Als sie dann durch eine gemeinsame Offensive von Titos Partisanenverbänden (nun in vier Feldarmeen mit einer Stärke von über 80 000 gruppiert) aus Serbien vertrieben wurden, leistete Löhr seinen letzten Widerstand am Balkan in Kroatien, diesem Marionettenstaat Hitlers unter der Führung des abscheulichen einheimischen Faschisten Ante Pavelić. Abscheulich oder nicht, Pavelić und seine Ustaschi waren die einzige

[45] Hitler hatte seinen Soldaten einmal nicht angeordnet, bis auf den letzten Mann die Stellung zu halten und zu kämpfen. Durch die bedrohlich näherrückende Gefahr der Roten Armee, die im Donaubecken nach Westen vorrückte, war es wichtig, alle verfügbaren Divisionen näher ans Reich zu ziehen.

bewaffnete Unterstützung, mit der Löhr noch rechnen konnte. Am Ende bestand seine Heeresgruppe aus 18 kroatischen Divisionen neben den 17 Divisionen seiner eigenen Männer.

Jeder Partisanenkrieg zeichnet sich durch besondere Grausamkeit aus, und die Greueltaten nahmen in diesen letzten Monaten der Kampfhandlungen noch weiter zu. Dem bereits in Mazedonien praktizierten Muster folgend, machten die Deutschen auf ihrem Rückzug serbische Dörfer dem Erdboden gleich und begruben nicht selten die Zivilbevölkerung unter der Asche. Wenn Partisanenverbände überrannt wurden, dann stand ihnen eher die Massenhinrichtung als die Gefangenschaft bevor. Da ist es nicht überraschend, daß die Partisanen Gleiches mit Gleichem vergalten. Löhrs Männer stießen oft auf die Leichen ihrer Kameraden, die scheußlich verstümmelt wurden, bevor man sie ins Jenseits beförderte. Verglichen mit den Feldzügen in Nordafrika, Italien oder der Normandie glich dies einer Schlacht unter Wilden, die durch diese besonders am Balkan häufigen bitteren Haßgefühle zwischen den Nationalitäten verschärft wurde. Für Löhr hatte alles keinen Sinn mehr, wie ihm schon vorher klar gewesen war. Am Ende konnte er nur noch möglichst viele seiner Männer in Richtung Westen weg von den vorrückenden Russen und in die Gefangenschaft hinter den amerikanischen und britischen Linien führen. Er erreichte diese Linien im Mai 1945, und als er dort ankam, fehlte es ihm nicht an Edelmut. Anstatt sich ebenfalls in die verhältnismäßige Sicherheit der Gefangenschaft zu begeben, die er seinen Truppen verschafft hatte, beschloß er, wieder nach Jugoslawien zurückzukehren, um eine geordnete militärische Kapitulation vor den Partisanen zu beaufsichtigen. Als ihn sein Stabschef erstaunt fragte, wozu in aller Welt er denn zurückkehre, antwortete Löhr, zweifellos zu seinem Tod. Genauso traf es dann auch ein. Er wurde sofort verhaftet und später als Kriegsverbrecher für die weitverbreitete Hinrichtung von Partisanen angeklagt, die von seiner Heeresgruppe gemäß den von Hitler am 22. Dezember 1943 niedergelegten Richtlinien für Vergel-

tungsmaßnahmen durchgeführt wurden. Er wurde am
16. Februar 1947 in Jugoslawien hingerichtet.[46]

Löhrs Geschichte ist an sich nicht ganz uninteressant, da sie
das Schicksal eines österreichischen Offiziers schildert, der bis
zum bitteren Ende gewissenhaft in Hitlers Wehrmacht diente,
welche Vorbehalte er auch gegenüber dem politischen Regime
der Nazis gehabt haben mag. Das Bedeutendste daran ist
jedoch, daß auf einem der unteren Ränge in seinem Kommando der österreichische Präsidentschaftskandidat von 1986
diente. Abgesehen von verblüffend häufigen Fronturlauben[47],
diente Kurt Waldheim am Balkan mit der Heeresgruppe E
vom Frühling 1942 durchgehend bis zum letzten Monat in
Kroatien drei Jahre später. Er erreichte keinen höheren Rang
als den eines Oberleutnants, und seine Pflichten reichten von
reinen Dolmetschertätigkeiten bei den italienischen Streitkräften in Griechenland bis hin zu einem niederen Dienst bei
der sogenannten Ic-Abteilung des Nachrichtendiensts der
Heeresgruppe. Es handelte sich dabei nur um einen Posten im
Hauptquartier, der, wie immer bei solchen Posten der Wehrmacht, hauptsächlich aus der Vorbereitung der täglichen
Lageberichte von der Kampffront bestand. Wie jeder mit
irgendeiner militärischen Erfahrung wußte – und jeder, der
tatsächlich in einem solchen Hauptquartier irgendeiner
Armee gedient hat, bestätigen könnte –, war dies ein kleiner,
wenn auch wichtiger Schreibtischjob, der von Feldarbeiten
oder Operationen jeglicher Art weit entfernt war.

Einige der 40 Jahre später erhobenen schwereren Anschuldigungen, nach denen Waldheim tatsächlich an Ver-

[46] Löhrs Entscheidung, dafür geradezustehen, stand in krassem
Gegensatz zu Pavelics Verhalten, der mit seinen führenden Usta-
schafreunden Anfang Mai 1945 nach Italien flüchtete und seine
Armee sowie seinen Marionettenstaat sich selbst überließ. Von Italien
schaffte er es zum Zufluchtsort der Nazis, Südamerika, und kam zehn
Jahre später nach Europa zurück, wo er ungestraft in Madrid starb.

[47] Für Studienurlaub an der Wiener Universität, Erholungsurlaub
in Baden, Urlaub wegen Schilddrüsenbehandlung, Hochzeit, um seine Frau von Wien in die Berge zu bringen, und mehrere nicht genauer
definierte Urlaube.

geltungsmaßnahmen gegen die Partisanen beteiligt gewesen sein, also selbst den Abzug betätigt haben soll, wurden daher nicht durch irgendwelche Beweise über seinen Charakter oder sein Verhalten widerlegt, sondern schon allein durch die nackten Tatsachen über die Art seines Diensts. Es ist sogar fraglich, ob Waldheim überhaupt irgendwann einmal während seiner Balkanzeit seine Pistole abfeuerte. Selbst in einem Dokument der jugoslawischen Regierung vom 18. Dezember 1947, *Odluka* genannt, wird ihm nicht die Beteiligung an irgendwelchen Vergeltungsmaßnahmen vorgeworfen, sondern daß er aus den diesbezüglichen Papieren, die über seinen Ic-Schreibtisch wanderten, alles darüber wußte. Eine solche Anschuldigung konnte kaum widerlegt werden, und sie wurde von den Jugoslawen sogar in den *Odlukas* gegen deutsche Stabsoffiziere erhoben, die irgendwo und in irgendeiner Eigenschaft am Balkan tätig waren. Einige Aussagen im Fall Waldheim erwiesen sich bei viel späterer Prüfung eindeutig als zweifelhaft. Doch ob zweifelhaft oder nicht, war damals nicht von Bedeutung. Waldheim wurde nicht einmal über die Akte informiert, und sie landete schließlich zusammen mit 25 000 anderen, die als nicht schwerwiegend oder überzeugend genug für eine Untersuchung erachtet wurden, in einem Gebäude in der Park Avenue, New York, wo sie Jahrzehnte lang verstaubte.[48] Es ist schon eine Ironie, wenn man bedenkt, daß UNO-Generalsekretär Waldheim ein Jahrzehnt lang hoch über diesen Dokumenten in seinem Büro im 42. Stock saß und sich anscheinend gar nicht darüber bewußt war, daß ganz in der Nähe eine Akte über Oberleutnant Waldheim versteckt lag. Im Zuge eines Privatgesprächs während seines Wahlkampfs wurde er gefragt, ob er je eine Ahnung von dieser Sache gehabt hätte. Seine Reaktion war unbewußt aufschlußreich. »Na glauben Sie, wenn ich nur

---

[48] Sie wurden unter sehr strengen Sicherheitsvorkehrungen aufbewahrt, nur 17 Mitglieder der Vereinten Nationen hatten Zugang zu ihnen, wobei sie nur bei ein paar Fällen, wie etwa bei der Strafverfolgung von Eichmann, uneingeschränkten Zugang hatten.

gewußt hätte ...?«[49] Und da brach die Antwort mittendrin ab.

Waldheim mag vielleicht nie von der *Odluka* gewußt haben. Der sich nun entfachenden Kontroverse wurde aber Auftrieb gegeben, weil 40 Jahre danach niemand in Österreich außer ihm (und seiner Frau) irgend etwas über die Umstände erfahren hatte, unter denen ihm diese Kriegsverbrechen zur Last gelegt worden waren. Hier war Waldheim die Verkörperung des allgemeinen Gedächtnisschwunds seiner Landsleute. Seit Kriegsende hatte er sich so verhalten, als ob die unerfreulichen und möglicherweise peinlichen Aspekte des Kriegs nicht nur hinter ihm lägen, sondern überhaupt nie existiert hätten. In seinen Memoiren geht er nur mit einem Satz auf die letzten Jahre seiner Militärlaufbahn ein und erwähnt nebenbei, daß er kurz vor Kriegsende in der Gegend um Triest gewesen wäre. Man kann sich nur schwer eine unzureichendere, ja sogar falschere Beschreibung von Waldheims Dienst im letzten blutigen Widerstand der Heeresgruppe E gegen die Partisanen vorstellen. Selbst diese einzige Bezugnahme darauf wurde in der englischen Übersetzung, die 1985 erschien und als Ausgangstext für alle anderen fremdsprachigen Ausgaben diente, ausgelassen. Genau 40 Jahre zuvor hatte Waldheim angegeben, daß er während seines Militärdiensts vom 15. August 1939 bis zum 9. Mai 1945 neben Frankreich und Rußland auch auf dem Balkan war. Doch das stand nur in seinem Lebenslauf, den er für seine Aufnahme als Beamter nach dem Krieg vorlegen mußte und der seit damals irgendwo unter den Akten des Bezirksgerichts Baden liegt. 40 Jahre später war er froh, daß dieses Faktum nie an die Öffentlichkeit kam. (Die Erklärung, dieser kurze, aber bedeutende Satz sei nur aus Platzgründen von den englischen Herausgebern ausgelassen worden, strapaziert die Gutgläubigkeit wohl bis zum äußersten.) Ein Satz darüber, daß er den Krieg unglücklicherweise in einem Feldzug beendet hätte, bei dem es von beiden Seiten zu brutalen Aktionen kam, hätte ihn vielleicht retten können.

[49] Gespräch mit dem Autor, Wien, im Februar 1986.

Doch so kam es vor diesem verdunkelten Hintergrund dazu, daß die plötzlich im Februar 1986 veröffentlichten Enthüllungen und Anschuldigungen (gleichzeitig in der Wiener Wochenzeitschrift *Profil* und der *New York Times*) in einem erschreckend grellen Licht erschienen. Trotz der intensiven Recherchen, die diesen Artikeln vorangegangen waren, konnten einige Anschuldigungen sofort zurückgewiesen werden. So war die Anschuldigung, er sei ein Nazi, ein Schlag mitten ins Gesicht der Wahrheit. Aus Gestapoberichten, die von den westlichen Geheimdiensten nach dem Krieg beschlagnahmt wurden, geht hervor, daß der junge Waldheim und sein Vater am 2. August 1940 als scharfe Antinazis eingestuft wurden, die ihren Haß für diese Bewegung offen zur Schau getragen hatten. Dann wurde darauf hingewiesen, daß dem Vater, da der Sohn nun in die Wehrmacht einberufen wurde, seine Vergangenheit vergeben werden könnte, wenn er sich als guter deutscher Soldat erwiese. Der Beamte, der dies schrieb, hätte sich wohl nie träumen lassen, daß genau dieser Militärdienst in einer anderen, vom Nationalsozialismus gesäuberten Welt Waldheims potentiellen Ruin bedeuten sollte.

Die zweite große Anschuldigung, er wäre in Kriegsverbrechen am Balkan involviert gewesen, war ebenso unwahrscheinlich, wie bereits oben erklärt wurde, wenn damit gemeint ist, daß er sich persönlich und körperlich an den Greueltaten beteiligte. Der dritte schwerwiegende Vorwurf fügte Waldheim, obwohl er nicht nachzuweisen war, den größten Schaden zu. Danach hätte er während seines Diensts bei der Heeresgruppe E in die Deportation griechischer Juden involviert (wieder dieses schlüpfrige Wort) sein oder zumindest Kenntnis davon haben sollen. Diese Deportationen, die im Juli 1942 in Saloniki begannen und bis zu den letzten Judendeportationen von den griechischen Inseln zwei Jahre später andauerten, sind gut dokumentiert. Wieder gibt es nicht den geringsten Beweis dafür, daß Leutnant Waldheim jemals die Deportationslisten verfaßt hätte, und schon gar nicht dafür, daß er die Opfer selbst in Boote oder Eisenbahnwaggons gestoßen hätte. Seine häufigen Fronturlaube fielen sogar oft mit dem Zeitpunkt der Deportationen zusammen. Daß er aber von diesen Vorgängen nichts wußte, ist nur schwer zu akzeptieren und wurde von seinen Verteidigern auch nie kategorisch geleugnet – von ihm selbst allerdings schon! Zu der zentralen Frage, inwieweit das Wissen über Böses selbst etwas Böses darstellt, kommen wir später noch.

Ob richtig oder falsch, diese Anschuldigungen bezüglich der Deportationen brachte die amerikanische jüdische Lobby gegen Waldheim auf, und sie bot eine ehrfurchtgebietende Demonstration ihrer Macht, besonders in Verbindung mit einer gleichzeitigen Reaktion in Israel selbst. Bei den Wahlen im Inland spielten die österreichischen Sozialisten dieses Wahlkampfgeschenk, das ihnen in den Schoß gefallen war, natürlich voll aus.[50] Seit 1945 hatten sie die Präsidentschaftskanzlei in der Hofburg als ihr natürliches Habitat betrachtet. Diese versuchten sie verzweifelt aufgrund ihrer Rückschläge bei den Parlamentswahlen als Machtbasis zu erhalten, und sie gingen sogar so weit, Altkanzler Bruno Kreisky zu der etwas schäbigen Aussage zu bewegen, daß er Waldheim nicht mehr als seinen Freund betrachte. Es war alles umsonst. Die Sozialisten hatten einen farblosen Kandidaten, der sogar im eigenen Land relativ unbekannt war. Die Volkspartei dagegen konnte ihren Kandidaten als den berühmtesten Österreicher präsentieren, »Der Mann, dem die Welt vertraut«, wie einer ihrer Werbeslogans lautete. Im Juni 1986 wurde Waldheim beim zweiten Wahlgang dann mit einer beachtlichen Mehrheit von fast 54 Prozent zum Bundespräsidenten gewählt.[51]

[50] Es gibt keinen Beweis dafür, daß sie dies selber inszenierten, obwohl sie sicherlich beim Verpacken mithalfen. Unabhängige akademische Forschungsarbeiten über die Rolle der Heeresgruppe E, die durch die Löhr-Gedenktafel angeregt wurden, scheinen die Affäre ins Rollen gebracht zu haben.

[51] Es lohnt, zu erwähnen, daß Waldheim sich schon 15 Jahre zuvor um das Präsidentenamt beworben hatte, doch 1971 gegen den sozialistischen Kandidaten verloren hatte, also ein Jahr vor seiner Wahl zum UNO-Generalsekretär. Damals war er etwas mitteilsamer über seine Kriegsvergangenheit gewesen.

Alle Hoffnungen, daß seine Wahl die Kontroverse dämpfen würde, zerschlugen sich bald. Zwar sandte Präsident Reagan die übliche Grußbotschaft nach Wien, doch Waldheims Wahlerfolg schürte das Feuer erst richtig. Der israelische Botschafter in Wien wurde sofort nach Jerusalem zu Konsultationen zurückgerufen. Noch gravierender aber war, daß der Botschafter der Vereinigten Staaten, Ronald Lauder, der aus einer wohlhabenden jüdischen Familie stammte, die Vereidigungszeremonie am 8. Juli boykottierte. Die heimische Diskussion über Waldheim wurde nun zu einer internationalen Angelegenheit, und es gab verschiedene Gründe, warum gerade das amerikanische politische Establishment so viel Interesse zeigte. Washington und die Vereinten Nationen, die als ein antiamerikanisches Forum für die Interessen der dritten Welt betrachtet wurde, hatten nie besonders viel füreinander übrig. Noch weniger hatten das amerikanische Außenministerium und Waldheim füreinander übrig, der nach Ansicht der Amerikaner eine inakzeptable proarabische und antiisraelische Haltung als UNO-Generalsekretär eingenommen hatte.

Am wichtigsten von allen war der Jüdische Weltkongreß, entschlossener Hüter der Holocaustflamme, der beschlossen hatte, Waldheim in ihr zu verbrennen, wobei ihm die Frage der griechischen Juden als Zunder diente.[52] Für die Republikaner, denen im Herbst schwierige Senatswahlen bevorstanden, war die jüdische Unterstützung zu bedeutend, als daß sie diese aufs Spiel gesetzt hätten, vor allem da die Presse im Staat zu einem großen Teil die Anti-Waldheim-Bewegung unterstützte. Der größte Erfolg dieser Kampagne zeigte sich am 27. April 1987, als Kurt Waldheim, nun schon fast ein Jahr im Präsidentenamt, auf die Watchlist des US-Justizministeriums gesetzt wurde. Diese Entscheidung verbot Waldheim als einem unerwünschten Ausländer wegen seiner angeblichen Teilnahme an den

---

[52] Der Präsident des Kongresses, Edgar Bronfman, beschuldigte Waldheim unverblümt, ein wesentlicher Bestandteil der Nazi-Todesmaschinerie gewesen zu sein.

Greueltaten im Krieg praktisch die Einreise in die Vereinigten Staaten.

Diese Vorgangsweise war ganz bequem, da sie angewendet werden konnte, ohne daß dafür Dokumente zum Beweis für irgendwelche Missetaten erbracht werden mußten. Nach dem sogenannten Holtzmann-Amendment zum US-Immigrationsgesetz von 1978 war nur ein *Prima facie*-Beweis nötig. Das war schon eine seltsame Rechtsauslegung, denn im Prinzip war es fast so etwas wie ein Freibrief für eine Verleumdung.

Aber so lautete eben das Gesetz im Land der unbegrenzten Möglichkeiten. Das amerikanische Justizministerium, das sich den Zugang zu den *Odluka*-Akten gesichert hatte, wiederholte seine Anschuldigungen gegenüber einer entsetzten österreichischen Regierung, lehnte es aber ab, irgendwelches Beweismaterial vorzulegen. Das wurde als überflüssig erachtet, da allein die Zugehörigkeit – egal in welcher Eigenschaft – zu jeglicher Organisation, die Kriegsverbrechen begangen hatte, den einzelnen schon schuldig machte. Daß Waldheim aber ein spezielles Ziel war, wurde dem österreichischen Botschafter in Washington, Dr. Thomas Klestil, klar, als er im US-Justizministerium Protest einlegen wollte. Der Beamte, der ihn empfing, hatte hinter seinem Schreibtisch eine Karikatur jener Plakate hängen, die früher im Wilden Westen für die Jagd nach Banditen verwendet wurden. Darunter stand: Wanted: Kurt Waldheim.

Österreich konnte sich nur mit dem Urteil der internationalen Meinung auseinandersetzen, und in genau diesem Spiegel sollte das Kriegsdilemma der gesamten österreichischen Nation nun reflektiert werden. Im Mai 1987 hatte Waldheim selbst seinen sozialistischen Bundeskanzler, Dr. Franz Vranitzky, gebeten, zur Klärung des Falls eine internationale Kommission von Militärhistorikern einzurichten. Diese wurde dann auch unter dem Vorsitz des Schweizer Akademikers Hans Rudolf Kurz eingerichtet.[53]

[53] Der Autor wurde damals vom österreichischen Botschafter in London gefragt, ober er eventuell den Vorsitz übernehmen würde. Er lehnte dies aber gerne (und wie sich zeigte glücklicherweise) mit

Die Kurz-Kommission[54] hatte ihre Arbeit in Wien am 1. September 1987 aufgenommen, und die Beratungen, die manchmal gemütlich, manchmal hektisch und manchmal hitzig abliefen, zogen sich über 160 Tage hin. Der Schlußbericht, den sie dem österreichischen Bundeskanzler am 8. Februar 1988 vorlegte, war weit von einem politischen Weißwaschen, das die Presse vorausgesagt hatte, entfernt. Was Waldheims Ruf anlangte, so hatte dieser sogar einen eindeutig grauen Anstrich bekommen. Einerseits wurde er von jeglichen persönlichen Greueltaten oder anderen strafbaren Handlungen während seiner Zeit am Balkan freigesprochen, und man kam überein, daß er während seines Diensts dort niemals Befehlsgewalt hatte. Er wurde auch von jeglicher Parteinahme für die nationalsozialistische Ideologie freigesprochen – eine verspätete Anerkennung des Urteils, das die Gestapo selbst über ihn und seinen Vater 1940 gefällt hatte.

Auf der negativen Seite befand die Kommission jedoch, daß Waldheim zur Deportation griechischer Juden beigetragen habe, obwohl nicht genauer definiert wurde, in welcher Weise er oder die Wehrmacht im allgemeinen daran beteiligt gewesen waren. Ähnlich vage war die schwerer wiegende gegen ihn erhobene Beschuldigung, daß er sich nämlich schon allein durch seine Nähe zu rechtlich belastenden Taten und Befehlen eine gewisse Schuld aufgeladen habe. Die österreichischen Juristen zerfetzten diese Auffas-

der Begründung ab, daß er zwar selbst als Generalstabsoffizier in diesem Gebiet gedient hatte, aber nur eines seiner Bücher sich mit Heeresgeschichte befasse. (Siehe Manfred Rauchensteiner, *Die Historikerkommission*, Wien 1988.)

[54] Unter den vom Vorsitzenden ausgewählten Mitgliedern befanden sich der amerikanische General James L. Collins und Wissenschafter aus Westdeutschland, Belgien und Israel sowie ein von der Kommission selbst hinzugezogener Experte aus Griechenland. Großbritannien wurde schließlich von einem Professor der Universität Surrey, Gerald Fleming, vertreten, der sich eingehend mit dem Nationalsozialismus und dem Holocaust befaßt hatte. Umstritten war, daß kein österreichischer Vertreter zugelassen wurde.

sung aus rechtlichen Gründen in Stücke. Und was den Mann auf der Straße angeht, so hatte dieser nun das unbehagliche Gefühl bekommen, daß er oder seine österreichischen Landsleute mit ähnlichem Maßstab gemessen werden könnten. Hier lag natürlich genau das Problem: War schon Passivität während der Nazizeit eine Form der Betätigung?

Etwas Trost und vielleicht auch etwas Aufklärung kam von Großbritannien. Im Juni 1988 wurde ein sogenannter Internationaler TV-Prozeß über die Waldheim-Affäre inszeniert, für dessen Vorbereitung 25 Forscher in 15 Ländern mehrere Wochen Arbeit aufgewendet hatten. Ein Beamter des amerikanischen Justizministeriums, das für die Watchlist verantwortlich war, führte die »Anklage«. Lord Rawlinson, ein ehemaliger britischer Generalstaatsanwalt, führte die »Verteidigung« und gewann mühelos. Zumindest auf dem Fernsehschirm wurde Waldheim praktisch freigesprochen. Die fünf »Richter«, angeführt vom berühmten Sir Frederick Lawton, erklärten einstimmig, daß es nach den vorgebrachten Beweisen »nicht wahrscheinlich sei, daß Oberleutnant Waldheim irgendeines der ihm zu Last gelegten Kriegsverbrechen beging«. Viel bedeutender im breiteren Kontext von Schuld war der von Sir Frederick später ausgesprochene Grundsatz, daß eine Person weder ein Kriegsverbrechen begeht, nur weil sie weiß, daß andere Verbrechen begangen haben, noch weil sie neben denen, die sie begingen, arbeitete. Die Österreicher und die kleinen Leute im damaligen Europa unter Hitler konnten dadurch wieder ein bißchen freier durchatmen.

So wichtig dieser TV-Prozeß auch war, er blieb doch eher ein Medienereignis als eine offizielle Gerichtsverhandlung. Doch im Oktober des folgenden Jahres befaßten sich die echten Behörden mit den Feststellungen dieses Gerichts. Das britische Verteidigungsministerium hatte inzwischen eine umfassende Neuprüfung der alten jugoslawischen Anschuldigungen eingeleitet, nach denen Oberleutnant Waldheim in Kriegsverbrechen gegen britische Kommandos, die am Balkan gefangengesetzt wurden, verwickelt gewesen wäre.[55] Die Ergebnisse der 18monatigen Untersuchung, die dem Parlament formell vorgelegt wurden, erklärten nicht nur, daß »Dr. Waldheim als ein untergeordneter Stabsoffizier weder die Macht dazu hatte, über das Schicksal der Kommandos zu befehlen, noch dieses zu verhindern oder in irgendeiner Weise darauf Einfluß zu nehmen«, fügten jedoch noch den äußerst wichtigen Satz hinzu: »Die Kenntnis davon ist unter solchen Umständen selbst kein Verbrechen.«

All das ging nun in die offizielle Akte über die Affäre ein. Nie veröffentlicht wurde jedoch die Reaktion des Jüdischen Weltkongresses und seiner Unterstützer im amerikanischen Justizministerium auf das britische Urteil. Es war in erster Linie diese amerikanische Anti-Waldheim-Lobby, die bis dahin für den internationalen Boykott des österreichischen Bundespräsidenten in allen westlichen und sogar den neutralen Hauptstädten verantwortlich war.[56] Selbst die Kommunisten hatten sich dem angeschlossen, so daß er zum Beispiel die Sowjetunion und auch die anderen Hauptstädte der früheren westlichen Besatzungsmächte nicht besuchen durfte.

Unter seinen Gegnern in Washington herrschte Aufregung darüber, daß der offizielle britische Freispruch Waldheims ihn aus dem Käfig entkommen lassen könnte. Die Aufregung war so groß, daß am Tag nach der Veröffentlichung des Berichts Neil Sher, der als Leiter des Special Investigations Office des US-Justizministeriums vorrangig für die Watchlist verantwortlich war, eilends nach London reiste. Er hatte die Aufgabe, das Verteidigungsministerium und andere Londoner Regierungsbehörden zu beeinflus-

[55] Ein Führerbefehl hatte die Hinrichtung jedes Gefangenen angeordnet.

[56] Während seiner sechsjährigen Amtsperiode beschränkten sich Waldheims Staatsbesuche oder offizielle Besuche fast ausschließlich auf die arabischen Länder, die er als UNO-Generalsekretär unterstützt hatte: Pakistan, Jordanien, Saudi-Arabien, Oman, Kuwait, Syrien, Tunesien, Ägypten und so weiter. Weiters schaffte er es, zur Krönung des neuen Kaisers nach Japan zu reisen und zum Begräbnis des alten Fürsten nach Liechtenstein.

sen, um sicherzustellen, daß Großbritannien die abgebrochenen Beziehungen zu Waldheim nun nicht wieder aufnehmen würde. Er hatte Erfolg. Das britische Außenamt sah keinen Grund, bei einem westlichen Boykott, der von seinem mächtigen amerikanischen Verbündeten angeführt und sogar von Österreichs Nachbarn und natürlichen Unterstützern, der Bonner Republik und der Schweiz, befolgt wurde, aus der Reihe zu tanzen.

Einen ähnlichen Druck übte Amerika auf die Türkei aus, als publik wurde, daß das Land Waldheim zu einem offiziellen Besuch eingeladen hatte, der für November 1988 vorgesehen war. Das amerikanische Außenministerium soll eine Kürzung der amerikanischen Mittel angedroht haben, wenn die türkische Regierung ihre Meinung nicht ändere. Das tat sie dann auch, und statt dem offiziellen Besuch in Ankara kam es nun zu einem Privatbesuch in Istanbul. Senegal und andere afrikanische Länder, die Waldheim auf einer geplanten regionalen Tour angesteuert hätte, waren noch leichter einzuschüchtern. Im März 1992, nur einen Monat vor neuerlichen Präsidentenwahlen in Österreich,[57] wurde der westdeutsche Bundeskanzler Helmut Kohl überredet, nach München zu kommen, wo er nach einer Preisverleihungsfeier mit Waldheim zu Mittag aß. Selbst dieses flüchtige Zusammentreffen mit dem österreichischen Paria löste, ausgehend von Amerikas Ostküste, eine Protestwelle aus.

Es war notwendig, die ganze Geschichte noch einmal relativ genau zu erzählen, weil sie nicht nur einen Wendepunkt im Schicksal eines einzelnen Menschen bezeichnete, sondern auch in dem Bild, das die Österreicher von sich selbst hatten und das die übrige Welt von ihnen hatte. Die Nation war mit ihrem Bundespräsidenten für sechs lange Jahre unter Quarantäne gestellt. Während dieser Zeit war sie gezwungen, einige sorgfältig genährte Vorstellungen und

[57] Es spricht Bände für Waldheims hartnäckigen Ehrgeiz – und seine Dickhäutigkeit –, daß er noch einmal zu kandidieren beabsichtigte. Er wurde nur durch einen lauten und einstimmigen Chor des Protests von seinen Beratern davon abgebracht.

Illusionen abzulegen. Die Österreicher hatten sich wie Waldheim an den Gedanken gewöhnt, reine Opfer des Nationalsozialismus zu sein, ohne Rücksicht auf die Rolle, die sie in seinem Regime des Bösen, darunter dem Holocaust, gespielt hatten. Beide hatten das Gefühl, daß Hitlers Krieg sicher hinter ihnen lag, weggesperrt in der Öffentlichkeit nicht zugänglichen Archiven, in vergilbten Zeitungsausschnitten und sogar hinter den verriegelten Türen ihres eigenen Gedächtnisses. Beide glaubten, daß das Ausland Achtung und sogar Zuneigung für sie empfand, und es muß auch gesagt werden, daß das Ausland ihnen jeden Anlaß zu diesem Glauben gegeben hatte. In den vier Jahrzehnten, nachdem Österreich seine Unabhängigkeit wiedererlangt hatte, war es für das Ausland mehr oder minder wieder zum lieblichen Land der Trappfamilie, von Strauß und Mozart, der Donaudampfer und der Skipisten in den Alpen geworden.

Dieses Image war nun, zumindest vorübergehend, zerstört worden, und die Österreicher selbst waren noch einmal gezwungen, sich der Herausforderung zu stellen, die ihr Identitätsgefühl immer schon bedroht hatte – der Verwicklung mit dem Deutschen in Abstammung, Treue und Ideologie. Nach den Waldheimjahren waren sie nicht so sehr verändert, als vielmehr in einer ihrer weniger bewundernswerten Eigenschaften gestärkt. Sie neigten zu größerem Antisemitismus und – paradoxerweise für ein Volk, dessen Wohlstand auf dem Tourismus beruhte – zu größerer Abkapselung. Sie waren immerhin von der Welt wütend auf ihre Insel der Seligen verbannt worden und waren daher momentan engstirnig wie nie zuvor. Zum Glück sollte ihnen die Geschichte bald beim Umdenken helfen.

Bevor wir uns nun von dieser Affäre abwenden, lohnt es sich festzuhalten, wie Waldheim selbst diese sechs katastrophalen Jahre im Amt rückblickend betrachtet. In den allerletzten Tagen in der Hofburg schüttete er einem privaten Besucher[58] sein Herz aus, der ihn schon seit seiner Zeit als

[58] Der private Besucher war der Autor, der sich Ende Juni 1992 in Wien aufhielt, um eine historische Dokumentationsreihe für das deutsch-

Außenminister kannte. Die dabei zum Vorschein kommenden Gefühle loderten grell auf und waren meist nicht reumütig. Sein Zorn auf die Watchlist und das Holtzmann-Amendment war jedoch verständlich, denn er meinte, wenn man Menschen aufgrund von *Prima facie*-Beweisen und nur weil sie im Krieg in einem gewissen Gebiet waren, einsperrte, dann hätte auch gleich einer der Feldköche eingesperrt werden können.

Er bestritt nachdrücklich, doch wenig überzeugend, daß er nichts über die Deportationen griechischer Juden gewußt hätte. Was die Westmächte anlangte, so empfand er nur gegenüber den Briten Dankbarkeit, die er als das einzige Volk beschrieb, das ihm einen fairen Prozeß gemacht hatte. Er fügte noch hinzu, daß er bald nach der Veröffentlichung des Urteils des Verteidigungsministeriums durch einen Vermittler privat an die damalige Premierministerin Margaret Thatcher herangetreten sei, die ihn in London großzügig bewirtet hatte, als er UNO-Generalsekretär war. Wäre nun nicht die Zeit reif, so hatte er sie gefragt, für eine britische Geste der Versöhnung, vielleicht sogar für eine Einladung? Die ihm überbrachte Reaktion der Premierministerin war nicht gerade ermutigend: »Ein Besuch? Oh nein, das würde eine schlechte Presse bedeuten!«

Besonders empfindlich schien er auf seinen Amtskollegen in Westdeutschland zu reagieren, den äußerst respektierten Bundespräsidenten Dr. Weizsäcker, denn er selbst sei nur Leutnant und Dolmetscher Italienisch gewesen, Weizsäcker aber ein Major der Spionageabwehr.[59]

Sein Besucher wies ihn darauf hin, daß Dr. Weizsäcker seinen Anteil an den Missetaten der Nazizeit offen zugege-

---

sprachige Fernsehen zu drehen. Ganz spontan rief er in der Hofburg an und fragte, ob er vorbeischauen könne. Er wurde sofort zu einem Vieraugengespräch eingeladen, das fast eineinhalb Stunden dauerte.

[59] Waldheim war so taktvoll, nicht zu erwähnen, daß der Vater des deutschen Bundespräsidenten, Ernst von Weizsäcker, in Nürnberg wegen seiner Rolle in Hitlers Außenamt zu fünf Jahren Haft verurteilt worden war.

ben und das deutsche Volk dazu aufgerufen hätte, seine eigene Verantwortung anzuerkennen. Weshalb habe er, Waldheim, nicht wie Weizsäcker gehandelt?

Die Antwort war charakteristisch für ihn: Er gebe ja zu, daß er in seiner Öffentlichkeitsarbeit Fehler gemacht hätte. Aber wie hätte er sich als Präsident für alle Österreicher entschuldigen können? Einige wären damals ja noch gar nicht auf der Welt gewesen.

Das Argument war rein legalistisch. Selbst sein Eingeständnis war nur ein Ausdruck des Bedauerns über schlechte Taktiken und nicht eine Entschuldigung für sein unaufrichtiges Verhalten. Sein Besucher verließ die prächtigen Räumlichkeiten der Hofburg, wo Waldheim am Schreibtisch des großen Reformers aus der Kaiserzeit, Josephs II., saß, in der Hoffnung, daß das österreichische Volk mehr als ihr Präsident aus der Vergangenheitsbewältigung gelernt hätte.

Das schien auch der Fall zu sein. Zumindest reagierten die Österreicher auf die zwei Herausforderungen gut, mit denen sie nun in schneller Folge konfrontiert wurden und die sie zu einer Selbstprüfung zwangen. Zur ersten war es während der sechs Jahre gekommen, in denen Waldheim und die Republik unter Quarantäne waren. Der Zerfall des Sowjetkommunismus im gesamten früheren Ostblock hatte eingesetzt, als er sein Amt antrat, und war beendet, als er aus ihm ausschied. Das Donaubecken, mit dem Österreich durch seine geographische Lage, seine Geschichte und Tradition so eng verbunden war, lag nun offen, erwartungsvoll und in Freiheit da. Wie sollte Wien reagieren?

Es gab nie irgendwelche Bemühungen – und es wird wahrscheinlich auch nie mehr welche geben –, die politische Vormachtstellung über diese Region, die Wien unter dem habsburgischen Zepter jahrhundertelang innehatte, wiederzugewinnen. Der Traum von einem Kaiserreich verblaßte mit den Hoffnungen der letzten zähen Monarchisten. Wie könnten sie auch an einem Konzept festhalten, von dem der Erbe der Habsburger Ansprüche persönlich abgeschworen hatte? Inzwischen überstieg dieses Konzept die psychischen und physischen Kräfte der Republik.

Andererseits hatten sich auf wirtschaftlichem Gebiet sehr reale Möglichkeiten eröffnet. Die meisten davon waren der geographischen Lage zu verdanken: Wien liegt keine 80 Kilometer von der Grenze zu Ungarn und der Tschechischen und Slowakischen Republik entfernt. Neben der Donau selbst bestanden zwischen ihnen immer noch die alten Verbindungswege der Monarchie.[60] So waren die Voraussetzungen dafür gegeben, daß Österreich eine Drehscheibe des Ost-West-Handels und der Investitionen werden konnte. Diese Chance ergriffen die Österreicher nun mit beiden Händen und trieben ihre Entwicklung, so gut dies bei den beschränkten Möglichkeiten einer kleinen Nation von nur sieben Millionen Einwohnern eben ging, voran. Ausländische Unternehmen, die in vielen Fällen auf bereits bestehenden Einrichtungen aufbauten, errichteten angeregt durch spezielle Steuererleichterungen zu Hunderten ihre Zentren für den Ost-West-Handel auf österreichischem Boden.

Neben diesem großzügigen Anreiz von außen kurbelten die Österreicher auch selbst ihre Wirtschaft an. Bis 1993 waren zwischen österreichischen Unternehmen und osteuropäischen Partnerfirmen rund 7500 Joint-venture-Abkommen abgeschlossen worden. Österreichische Banken erweiterten ihr Finanznetz nach Osten hin, die österreichischen Handelsvertretungen wurden in allen östlichen Hauptstädten ausgebaut, viele neue Filialen wurden eröffnet, und in Österreich wurden Ausbildungsprogramme für osteuropäische Manager aller Ebenen eingerichtet. Diese Bemühungen wurden in dieser Region deutlich von den gigantischen Industrieübernahmen und finanziellen Investitionsprogrammen Deutschlands (das oft unter dem Decknamen eines österreichischen Unternehmens operier-

---

[60] Dem Autor fiel auf der Fahrt nach Ungarn gleich nach dem Krieg immer auf, daß selbst in der schlimmsten Zeit im kalten Krieg unter Stalin, als sich alle Ostblockstaaten nach Moskau hin ausrichteten, die Straße zwischen Budapest und Wien weiterhin in beiden Richtungen als Route Nr. 1 bezeichnet wurde.

te) in den Schatten gestellt. Das gleiche Ungleichgewicht zeigte sich auch im neuen Muster des Ost-West-Handels, wo auch wieder Deutschland vorherrschend war, trotz Österreichs resoluter Expansionsbemühungen. Aber zumindest war dies eher eine Partnerschaft als eine Gegnerschaft, noch dazu eine Partnerschaft, in der Österreich seine Rolle als Juniormitglied (wieder einmal) anerkannte.

Eine ganz andere Geschichte spielte sich in jenem Bereich ab, in dem Österreich den Acker alleine pflügen und damit seinen tiefsten Eindruck hinterlassen wollte. Wenn es immer noch so etwas wie eine »österreichische Sendung« für das republikanische Wien im Donaubecken gab, dann war diese, wie Dollfuß so leidenschaftlich erklärt hatte, eine kulturelle oder gar keine. Er hatte sogar noch hinzugefügt, daß die Österreicher durch diese Mission die wahren Deutschen wären. Die Traditionalisten der Zweiten Republik hatten von Anfang an seine Forderung wiederholt und, selbst als ihre Nachbarn im Osten noch fest in der Gewalt der Kommunisten waren, ein bescheidenes Programm ins Leben zu rufen versucht.

Als diese Fesseln abgestreift waren, erblickten die kulturellen Fahnenträger Wiens ihre Chance und packten sie beim Schopf. Damit sahen sie sich selber wieder in eine weitere dieser jahrhundertealten Auseinandersetzungen mit den Deutschen verwickelt. Hier ging es nicht um eine beständig harmonische Partnerschaft oder darum, daß Österreich seine untergeordnete Stellung anerkannte. Dies war ein realer Kampf um die Herzen und die Anerkennung der Menschen in den alten Ländern der Monarchie. Für unsere Geschichte ist aber von größerem Interesse, daß es auch ein letzter Kampf darum war, eine österreichische Identität zu bewahren und nach außen zu vertreten.

Die prekäre Beziehung zwischen Wien und Bonn auf kulturellem Gebiet hatte schon vor der völligen Öffnung Osteuropas begonnen und hinter den Kulissen bereits zu richtigen Konfrontationen geführt. So hatte sich das österreichische Außenministerium am 31. Januar 1975 verpflichtet gefühlt, sämtliche kulturellen Vertretungen im Ausland anzuweisen, daß zwar die Verbindung zu den deutschen Goethe-Instituten im allgemeinen begrüßt würde, es jedoch einige bestimmte Ausnahmen gebe. Eine dieser Ausnahmen bestand immer dann, wenn diese Kulturinstitute österreichische Künstler, Musiker, Schriftsteller oder Vortragende in ihr Programm einbauten und sie so präsentierten, als ob sie Deutsche wären.[61] Bei solchen Anlässen sollten die in derselben Stadt vertretenen österreichischen Institute die Zusammenarbeit verweigern und sogar einen Boykott aller betreffenden gesellschaftlichen Veranstaltungen in Betracht ziehen.

Vier Jahre später, am 14. November 1979, wurden diese strengen Richtlinien nach diplomatischen Gesprächen zwischen den beiden Regierungen etwas gelockert. Von nun an wurden keine Einwände mehr erhoben, wenn die von den Goethe-Instituten präsentierten Künstler ihren Wohnsitz in Westdeutschland hatten. Da die Bonner Regierung ihren Kulturinstitutionen angeordnet hatte, die unterschiedliche Nationalität und den unterschiedlichen Hintergrund der in ihren Programmen erscheinenden Österreicher herauszustreichen, war weiters auch die Zusammenarbeit erlaubt, vorausgesetzt diese Anweisungen wurden deutlich ausgeführt. Vieles bliebe aber, so hieß es in einem Rundschreiben, dem Urteil der österreichischen Beamten vor Ort überlassen. Zum Schluß stand da noch eine unzweideutige Anmerkung: In allen Grenzfällen sollte dem Prinzip Folge geleistet werden, daß sowohl der Betonung als auch der Rücksicht auf Österreichs kulturelle Eigenständigkeit vor jeder anderen Erwägung absolute Priorität eingeräumt werden sollte.

Nach dem Fall des Eisernen Vorhangs kämpfte Österreich weiterhin um die Bewahrung dieses Prinzips, doch nun war das Hauptproblem das Budget. Ein viel wohlhabenderes Deutschland startete eine ehrgeizige Kulturoffen-

---

[61] Die Österreicher beschwerten sich, daß selbst ihre größten Dichter, Dramatiker und Romanschriftsteller kulturell »entführt« würden. Grillparzer, Rilke, ja sogar Kraus und Musil wurden manchmal als Deutsche hingestellt.

sive in ganz Osteuropa (zum Teil um seine wirtschaftlichen Aktionen zu verstärken), und den Österreichern fehlten ganz einfach die entsprechenden Mittel dazu. Obwohl sie in den großen westlichen Zentren und in den Hauptstädten der meisten Oststaaten über ihre eigenen Institute verfügten, die sie ab 1990 auch noch mit Bibliotheken österreichischer Literatur gespickt hatten, wirkten ihre Aktionen klein neben dem von den Deutschen aufgebauten weltweiten Netz. Österreich war mit der besonderen Bitte an Deutschland herangetreten, alleine tätig sein zu können, zumindest in den Provinzstädten der alten Monarchie wie Lemberg (Lvov), einst die Hauptstadt des habsburgischen Galiziens.[62] Zusicherungen in dieser Richtung wurden gemacht, aber sehr oft tauchten dennoch auch Goethe-Institute in diesen Städten auf. All das betonte das Gerede – das nach der deutschen Wiedervereinigung noch lauter wurde – von Österreich als einem »dritten Deutschland« leider noch mehr. Wiens Kulturkämpfer hatten um viel mehr zu kämpfen als um Grillparzer.

Die österreichische Kulturlobby hatte ihre Aufgabe in Osteuropa mutig angepackt. Als dann aber Österreichs tausendjähriges Bestehen immer näher rückte, mußten die Österreicher umkehren und der Herausforderung aus Westeuropa gegenübertreten. Nach vielem Kopfzerbrechen und einer eingehenden Gewissensprüfung hatte ihre Regierung schließlich um die Mitgliedschaft bei der Europäischen Union angesucht – mit allem, was dies für eines der beiden offiziell »dauernd neutralen Staaten«[63] des

[62] Bereits 1978 hatten die Österreicher ein spezielles Programm der Zusammenarbeit nach diesen traditionalistischen Linien in Angriff genommen. Das sogenannte Arge-Projekt sollte die kulturellen und auch wirtschaftlichen Verbindungen sowie die Verkehrsverbindungen zwischen Kärnten, der Steiermark, Salzburg und Oberösterreich einerseits und Südtirol, Venedig, der Lombardei und anderen ehemals kaiserlichen Ländern andererseits fördern.

[63] Das andere Land, die Schweiz, suchte nicht an. Schweden, de facto neutral, wurde zusammen mit den anderen nordischen Nationen aufgenommen.

Kontinents mit sich brachte. Wie würde sich aber das österreichische Volk bei dem Referendum verhalten, durch das letztendlich über einen Beitritt entschieden werden sollte? Die Zeichen sprachen nicht dafür, daß sie bereit wären, die Ufer ihrer Insel der Seligen hinter sich zu lassen und in die offene See hinauszustechen, doch diese frühen Anzeichen hatten nichts mit Brüssel zu tun. Es gab zum Beispiel die ernüchternde und in mancher Hinsicht beschämende Episode der Expo 95, der geplanten Weltausstellung, die in diesem Jahr gleichzeitig in Wien und in Budapest hätte stattfinden sollen.

Den Plan für dieses Zwillingsstadt-Ereignis in den beiden Hauptstädten der alten Monarchie gab es schon seit dem Oktober 1986. Im folgenden Jahr kündigten der neue sozialistische Bundeskanzler Österreichs, Dr. Franz Vranitzky, und sein ungarischer Amtskollege Károly Grósz offiziell den Entschluß der beiden Regierungen an, den Plan weiterzuentwickeln. Nationale Komitees und Gemeinschaftskomitees wurden gegründet, und im Dezember 1989 (nachdem Miami, der einzige noch verbliebene Gegenkandidat im Feld, ausgeschieden war) wurden die zwei Donaustädte offiziell zum Veranstaltungsort für 1995 erklärt. Der Weg schien nun offen für Österreich, aus seiner Neutralität herauszutreten und Mitteleuropa wieder seinen positiven Stempel aufzuprägen.

Man ließ diese Chance jedoch vorbeiziehen, denn im Lauf der nächsten 18 Monate versickerte die Begeisterung für das Projekt allmählich. Jörg Haider, der telegene junge politische Freibeuter, der nun an der Spitze der dritten Kraft im Land, der Freiheitlichen Partei, stand, erblickte darin eine Möglichkeit, zu mehr Publicity zu gelangen, gab seine anfängliche Unterstützung für das Projekt auf und drängte statt dessen auf eine Abstimmung. Die großen Parteien zauderten, während die Politiker der Gemeinde Wien sich über das Thema in einer Orgie von Hinterhältigkeiten ergingen, die selbst für ihre lange Tradition von Intrigen bemerkenswert war. Folglich sprachen sich bei einer allgemeinen Abstimmung in der Hauptstadt von 14. bis 16. Mai 1991 bei hoher Wahlbeteiligung beinahe zwei Drittel (genau 64,85 Prozent) gegen die Ausstellung aus. Die Regierung zog folglich die Bewerbung, auf die sie fünf Jahre zuvor so stolz gewesen war, zurück.[64]

Interne politische Machtkämpfe und ein beschränktes Budget hatten in diesem Fiasko sicher eine Rolle gespielt. Doch unter all diesen oberflächlichen Strömungen verbarg sich allgemeine Engstirnigkeit und auch Panik davor, irgendeine große Entscheidung zu fällen, durch die man sich der gesamten Außenwelt aussetzen würde. Vor allem wäre damit unausweichlich eine Verantwortung verbunden gewesen, die die Österreicher noch nie gerne getragen hatten und die ihnen in jenen Jahrzehnten der Neutralität bequemerweise abgenommen worden war. All das kam nun in den allgemeinen Einwänden, die man unter Murren in Wien vorbrachte, gegen dieses Projekt zum Ausdruck. Die Einwände reichten von der Angst, eine Weltausstellung könne ein Verkehrschaos verursachen und das Parkplatzproblem verschlimmern, bis zu der Befürchtung, sie könne zu einem Explodieren der Immobilienpreise führen.

1991 wurden Österreichs Inselmentalität und sogar die sie umhüllende Neutralität erneut einer Herausforderung unterworfen. Da Österreich zu Beginn des Jahres Mitglied des Sicherheitsrates der Vereinten Nationen geworden war, war es zu einer Stellungnahme gezwungen, als der Golfkrieg ausbrach und die Weltorganisation bald danach ein gemeinsames militärisches Vorgehen gegen den Irak, den Aggressor, sanktionierte. In Wien zögerte man jedoch, auch nur eine einzige Karte auf den Tisch zu legen, geschweige denn das ganze Blatt, aus Angst, eine Beteiligung an den Vergeltungsmaßnahmen der Vereinten Nationen gegen Saddam Hussein könnte in Konflikt zu der 1955 gegebenen

---

[64] Eine Zeitlang hatte es den Anschein, als ob Budapest als alleiniger Veranstalter auftreten wollte, was den raschen Aufstieg des postkommunistischen Ungarns als das führende Land im Donaubecken symbolisiert hätte. Schließlich war Budapest jedoch wegen wirtschaftlicher Sparmaßnahmen gezwungen, ebenfalls auszusteigen.

Erklärung der strikten Neutralität stehen. Das äußerste Zugeständnis, das die Regierung endlich machte, war die Genehmigung für Überflüge und den Transit der internationalen Streitkräfte zur Rettung von Kuwait. Selbst dieses Zugeständnis erfolgte erst spät.

1991 war auch das Jahr des Zerfalls des kommunistischen Jugoslawiens, als Slowenien und Kroatien ihre Unabhängigkeit erklärten und serbische Truppen sofort gegen sie vorgingen. Damit wurde nicht nur das Schreckgespenst des Kriegs an Österreichs Südgrenze heraufbeschworen,[65] sondern gleichzeitig auch einige Geister aus der Vergangenheit. Frankreich, das seinen auf die Zeit vor dem Ersten Weltkrieg zurückgehenden proserbischen Traditionen treu blieb, unterstützte am Anfang Belgrad. Österreich konnte nicht umhin, die beiden selbsterklärten Republiken zu unterstützen, die einst Kronländer der alten Monarchie gewesen waren. Bundeskanzler Franz Vranitzky tendierte wie die Franzosen anfangs zu den Serben, in der Hoffnung, etwas von der föderalistischen Struktur Jugoslawiens zu erhalten. (Er hatte Belgrad im April 1990 einen offiziellen Besuch abgestattet.) Sein Außenminister, Dr. Alois Mock, teilte diese illusorischen Hoffnungen nicht. Er sprach sich sogar offen gegen sie aus, suchte eine unvoreingenommene Annäherung an das Problem, und mit seiner Erklärung vom 6. Mai 1991 war er die erste Stimme, die zu einer europäischen Vermittlung in der Krise aufrief. Im großen und ganzen schienen deshalb weder die Österreicher noch ihre Politiker genau zu wissen, wohin sie eigentlich gingen und wohin sie in dieser Welt voller Veränderungen gehörten, als die Frage des Beitritts zur Europäischen Union bedrohlich näherrückte.

Brüssel hatte Österreichs formelles Beitrittsgesuch begrüßt. Österreich schien ein wohlhabender und demokratischer Bewerber zu sein, der sich problemlos in eine

---

[65] In der ersten Phase der Kämpfe fielen Granaten auf österreichischen Boden, und es kam zu wiederholten Verletzungen des österreichischen Luftraums.

wohlhabende und demokratische Gemeinschaft einpassen und einzigartige Vorzüge als Bindeglied zu Osteuropa mit sich bringen würde. Die Österreicher selbst hatten aber anfangs kein solches Vertrauen. Bei den öffentlichen Diskussionen über dieses Thema waren sie hoffnungslos geteilter Meinung. Meinungsumfragen 1992 zeigten, daß die Zahl der Gegner jene der Befürworter überstieg, wobei beide Seiten eine verblüffende Mischung von Gründen für ihren jeweiligen Standpunkt vorbrachten. Die Befürworter argumentierten unter anderem, eine Mitgliedschaft würde ihnen billigere Lebensmittel auf dem Inlandsmarkt bringen, den Export fördern, der österreichischen Jugend bessere Berufsaussichten eröffnen, eine Modernisierung der österreichischen Industrie bewirken und mehr Touristen anlocken. Doch auch außerhalb des wirtschaftlichen Bereichs sah man zwei bedeutende Vorteile. Eine Mitgliedschaft, so lautete das Argument, würde Österreich zusätzliche militärische Sicherheit bringen und auch bedeuten, daß es sich als Mitglied einer großen Gemeinschaft nicht mehr als unbedeutender kleiner Staat fühlen müsse.

Die EU-Gegner brachten eine noch längere und vielfältigere Liste von Argumenten vor. Ein Beitritt, so behaupteten sie, würde zur Verarmung der österreichischen Bauern führen, den Ruin für viele Unternehmen, die nicht mehr länger wettbewerbsfähig wären, bedeuten, das Land mit Fremdarbeitern[66] überschwemmen, eine eigenständige Politik in Österreich verhindern und es der Gnade der mächtigeren Staaten ausliefern sowie zu einer völligen Blockierung der Transitstraßen führen, Österreichs so geliebte Traditionen verblassen lassen, sein kulturelles Erbe vermindern, sein großzügiges Sozialwesen mit seiner fast universalen Pensionsvorsorge[67] gefährden, zu Massenkäu-

---

[66] Diese Antipathie hatte bereits eingesetzt, als nach dem Fall des Eisernen Vorhangs Wirtschaftsflüchtlinge zu Zehntausenden ins Land geströmt waren.

[67] Über 99 Prozent der Bevölkerung hatten eine Krankenversicherung und über 1,5 Millionen bezogen eine staatliche Pension.

fen von österreichischem Grund und Eigentum durch Ausländer führen und auch (ein aufschlußreicher Einwand) das
Ende der anonymen Bankkonten bedeuten[68]. Auf seiten der
Gegner zeigte sich auch ein Widerwille, die inzwischen so
vertraute Neutralität aufzugeben, die mit dem guten Leben
gleichgesetzt worden war. Die Koalitionsregierung hatte
auf dieses Gefühl mit der formellen Erklärung reagiert, daß
Österreichs internationaler Status durch den Beitritt zur
Gemeinschaft unberührt bliebe. Es war ein letzter und
etwas verzweifelter Ruf von »Neutralität zuerst«.

Als dann der Tag der Abstimmung, der 12. Juni 1994,
bedrohlich näherkam, begann die Lobby der Gegner plötzlich mit jedem Tag, an dem sich die Unschlüssigen zu einer
Meinung durchrangen, zu schrumpfen. Meinungsumfragen, die 14 Tage vor dem großen Tag durchgeführt wurden,
zeigten, daß die Ja-Stimmen fast auf das Doppelte der Nein-
Stimmen angewachsen waren, und trotz einer gewissen
vorsichtigen Skepsis an den Schalthebeln der Macht erwiesen sich diese Vorhersagen als korrekt. Als die Wahlurnen
geleert und die Stimmen ausgezählt waren, hatten sich
66,4 Prozent für einen Beitritt und 33,6 Prozent dagegen
ausgesprochen. Die Wahlbeteiligung war sehr hoch: über
80 Prozent der Wählerschaft hatten abgestimmt; weniger
als ein Prozent der Stimmen war ungültig.

Als das Ergebnis im Detail analysiert wurde – nach Bundesländern, Altersgruppen, Ausbildung, Einkommenshöhe
und Parteizugehörigkeit –, kristallisierten sich zwei Gruppen von Gründen hinter der so positiven proeuropäischen

Diese war seit eh und je das Alpha und Omega des Lebens in Österreich. Der Autor erinnert sich, daß ihm einmal in den frühen Nachkriegsjahren eine Umfrage unter steirischen Schulkindern gezeigt
wurde, in der sie ihren Lieblingsberuf angeben sollten. Ganz oben
auf der Liste stand Pensionist.

[68] Jörg Haider und seine fanatischen EU-Gegner hatten ihrerseits
auch ein paar absurde Einwände vorgebracht. So behaupteten sie,
das reine österreichische Quellwasser würde direkt nach Brüssel
gepumpt werden, und Österreich würde dafür mit Läusen versetztes
Joghurt aus Spanien erhalten.

Haltung heraus. Die erste Gruppe waren die wirtschaftliche Gründe, wobei die Argumente für einen gesteigerten Wohlstand und bessere Möglichkeiten letztendlich bei weitem die Ängste überwogen. Fast ebenso ausschlaggebend waren aber die psychologischen Faktoren: die Angst, ein Österreich außerhalb der Europäischen Union würde nicht nur politisch isoliert, sondern einer Sicherheitsbedrohung, wie jener an ihrer südlichen Grenze, ungeschützt gegenüberstehen. Aus der Insel der Seligen war eine Insel der Nervösen geworden, und ihre Bewohner wollten nun über den Damm zum westlichen Festland hinüber.

Diese Abstimmung war für ganz Europa ein äußerst wichtiges Ereignis, da sie späteren ähnlichen Abstimmungen in den skandinavischen Ländern den Weg wies. Für Österreich bezeichnete sie natürlich einen wesentlichen Wendepunkt in seiner Geschichte. Die Zweite Republik war, außer dem Namen nach, zu einem Ende gekommen, denn die Neutralität, die sie untermauert, und der Isolationismus, der sie geprägt hatte, mußten beide zwangsläufig allmählich aufgegeben werden. Das erforderte eine großangelegte Re-Indoktrination der Massen. 40 Jahre lang war die wenig vertraute und nicht sehr aufregende Neutralität in allen Schulen und offiziellen Aussendungen als natürlicher, ja fast schon gottgegebener Status des Landes gepredigt worden. Die Propaganda beruhte auf einer Unwahrheit oder im besten Fall auf einer Halbwahrheit. Wir haben erlebt, wie die österreichische Delegation zu den kritischen Gesprächen über den Staatsvertrag nach Moskau reiste, wobei die Koalition in der Mitte gespalten war über den Preis, der für die Freiheit bezahlt werden sollte – und zwar in dem Maße, daß sie im Kreml von den Russen gezwungen wurden, von ihren Erwägungen der Paktfreiheit zu einer offiziellen Verpflichtung zu dauernder Neutralität überzugehen. Diese Unentschlossenheit mußte damals vor dem Volk und auch vor den Westmächten verborgen werden. Daher die Version, gestützt durch ausgewählte Zitate, daß die Neutralität nach dem Schweizer Vorbild die ganze Zeit das erklärte Ziel der Regierung gewesen sei. Und daher auch der noch dubiosere Satz, der in den Text des Verfassungsgesetzes vom 26. Oktober 1955 eingebaut wurde und die Neutralität des Landes verkündete. Darin wurde erklärt, daß die Entscheidung von Österreich aus freiem Willen getroffen worden sei.

40 Jahre danach, als Österreichs dauernde Neutralität sich als ebensowenig dauerhaft erwies wie der Sowjetkommunismus, der sie ihm aufgezwungen hatte, mußte ein ganz anderer Ton angeschlagen werden: ohne jede Vorwarnung räusperte sich die Regierung und stimmte ein Lied an, das man von ihr noch nie gehört hatte. Außenminister Wolfgang Schüssel erklärte am 14. Mai 1995, Österreich dürfe nicht mehr nur ein passiver, sich hinter der ihm nach dem Zweiten Weltkrieg aufgezwungenen Neutralität versteckender Zuschauer sein. Dabei muß das Wort »aufgezwungen« extra betont werden. Endlich war nach vier Jahrzehnten des Geheimhaltens doch die Wahrheit über den Staatsvertrag eingestanden worden. Die Absicht war natürlich, das Volk auf die neue und nicht gern gesehene Aussicht vorzubereiten, daß es nun für seine eigene Verteidigung in angemessener Form würde zahlen müssen. Das Land hatte durch seine Teilnahme an den friedenserhaltenden Operationen der Vereinten Nationen geglänzt, doch damit war nur die Tatsache verhüllt worden, daß es seit 1955 für sein Bundesheer ein Minibudget von nur 1,17 Prozent des Bruttonationalprodukts aufgewendet hatte, bei dem man sich ganz darauf verließ, daß im Fall einer ernsthaften militärischen Bedrohung vom Osten (von wo sonst wohl?) die NATO im Namen der kontinentalen Sicherheit einschreiten und die Hauptverteidigung für das Land übernehmen würde.[69] Von Kritikern dieser Politik wurde dies als Trittbrettfahren bezeichnet.

Doch die volle Mitgliedschaft in der Europäischen Union brachte auch die Verpflichtung mit sich, einen angemesse-

---

[69] Eine sowjetische Verschwörung mit dem Tarnnamen Operation Polarka, die von höherrangigen kommunistischen Überläufern enthüllt wurde, sah die Invasion von Titos Jugoslawien durch 400 000 Soldaten der Roten Armee vor.

nen Beitrag zur gemeinsamen Verteidigung des Westens zu leisten, also vom Trittbrett auf den Rücksitz des Fahrerhauses zu rücken. Wie Außenminister Schüssel, der bereits von der NATO unter Druck gesetzt wurde, in weiterer Folge warnte, müßte Österreich, wenn es in der internationalen Gemeinschaft in den das Land betreffenden Fragen, wie etwa dem Umweltschutz, ein Mitspracherecht haben wolle, auch bereit sein, seinen Beitrag zur Sicherheitspolitik zu leisten.

Der EU-Beitritt hatte auch geholfen, jene beiden Gespenster zu vertreiben, die Österreich so lange Zeit geplagt hatten. Die Österreicher konnten sich nun wieder als Teil einer multinationalen Struktur fühlen, zwar nicht einer, die sie – wie in der Kaiserzeit – dominieren konnten, sondern einer, der sie gute Dienste leisten konnten, gerade wegen ihrer besonderen Qualitäten, die sie unter der Monarchie entwickelt hatten. Und apropos Dominanz: Die Europäische Union bot auch den besten Schutz davor, von dem Giganten eines wiedervereinten Deutschlands in den Schatten gestellt zu werden. Den kulturellen Kampf würden sie schon alleine weiterführen müssen. Doch jeder wirtschaftlichen oder politischen Herausforderung seitens dieses deutschen Kolosses würde ab nun in Brüssel begegnet werden.

Vor allem war die Entscheidung vom 12. Juni 1994 aber nicht eine, die ihnen wie so viele andere Wendepunkte in der österreichischen Geschichte von oben aufgezwungen oder von außerhalb diktiert worden war. Es war keine unter dem habsburgischen Zepter angeordnete Maßnahme, keine von einem Napoleon, einem Bismarck, einem Hitler oder einem Chruschtschow diktierte Veränderung. Zum ersten Mal in ihrer tausendjährigen Geschichte hatte das österreichische Volk sein eigenes Schicksal frei bestimmt. Es hätte für die Österreicher keinen besseren Weg in das zweite Jahrtausend geben können.

Epilog
Betrachtungen

1648
»Österreich über alles, wann es nur will!«
PHILIPP WILHELM VON HÖRNIGK

1799
»Der Österreicher hat ein Vaterland und liebt's
und hat auch Ursach es zu lieben.«
FRIEDRICH SCHILLER

1805
»Österreich muß bleiben. Das ist für das zukünftige Wohl
der zivilisierten Nationen unbedingt notwendig.«
FÜRST TALLEYRAND ZU NAPOLEON

1848
»Wahrlich existierte dieses Österreich nicht, man müßte im
Interesse der Humanität selbst sich beeilen, es zu schaffen.«
FRANTIŠEK PALACKÝ

1849
»Österreich muß zugrundegehen, weil es ein Völkerkerker ist.«
MORITZ HARTMANN

ca. 1850
»Das ist der Fluch von unserm edeln Haus:
Auf halben Wegen und zu halber Tat
Mit halben Mitteln zauderhaft zu streben.«
FRANZ GRILLPARZER,
Ein Bruderzwist in Habsburg

1870

»Es laufen jetzt ein paar Völker auf der Erde herum, von
denen man eigentlich nicht weiß, wozu sie da sind.
Wenn ich zu diesen vor allem die Völker Österreichs rechne,
so geschieht dies nicht aus Nationalstolz, sondern um eine
offenkundige Tatsache nicht totzuschweigen.«

DANIEL SPITZER

1874

»Der deutsche Staatsmann, dem es einfiele, in Österreich
etwas erobern zu wollen, wäre reif, gehängt zu werden.«

FÜRST OTTO BISMARCK

1876

»Österreichs Dasein ist eine Daseinsfrage für ganz Europa,
für das System der zivilisierten Staaten der Erde.«

KARL VOGELSANG

1917

»Österreich richtig zu sehen, wird dem Österreicher
dadurch erschwert, daß er jahrhundertelang an der
deutschen Geschichte teilgenommen hat.«

HERMANN BAHR

1919

»Nicht die Sprache allein schafft ein Volk. Österreich ist
den übrigen Deutschen innerlich fremd geworden.«

OSWALD SPENGLER

1929

»So wurde hier jahrhundertelang Weltpolitik gemacht, und
Weltpolitik bringt mit sich Weltkultur ... In ihr bildet sich im
Laufe der Jahrhunderte ein Typus heraus, den ich am liebsten
bezeichnen möchte als österreichischen Menschen.«

ANTON WILDGANS

1931

»Vor allem aber lebt noch der österreichische Geist, dieser
uralte und hochdifferenzierte Kulturgeist ... Dieser Geist ist

der Antipode des preußischen; seine Lebensmodalität
liegt in der Weichheit und nicht in der Härte.«
GRAF HERMANN KEYSERLING

1934
»Durch seinen Tod hat Dr. Dollfuß Zeugnis dafür
abgelegt, daß es in der Tat eine deutsche Kultur gibt,
die würdig ist, daß man sie rette.«
THE TIMES

1945
»Die Polarität zwischen österreichischer Nation und welt-
bürgerlicher Gesinnung ist uns kein Gegensatz, sondern
Ergänzung und ist letzter Sinn unseres Wesens.«
EDMUND WEBER

1946
»Österreich (steht) in allen Jahrhunderten als Mittler,
als Brückenbauer, über den feindlichen Parteien . . . Hier,
an der großen Völkerbrücke zwischen Orient und Okzident,
rauschten Blut, Erbe und Heldenglanz so vieler Kulturen
zu einem wunderbaren Akkord zusammen.«
LUDWIG REITER

1981
»Der Österreicher hat eine verdeckte Seele: Er deckt sich
nicht auf, er sagt nicht, was er ›wirklich‹ denkt, glaubt,
fühlt, über die ersten und letzten Dinge in
Gott, Staat, in seiner eigenen Seele.«
FRIEDRICH HEER

Diese Auswahl von Aussagen über die Österreicher
während der letzten 300 Jahre, als Europa sie als ein
Volk zu sehen begann, wurde mehr oder weniger aufs Gera-
tewohl getroffen. Und dennoch werden durch sie die wichtigsten Fäden aufgegriffen, die sich durch ihre tausendjährige Geschichte gezogen haben. Da ist vor allem die qualvolle
Symbiose der deutschen Beziehung, über die es in den Urtei-

len zu einigen merkwürdigen Widersprüchen kommt. Das früheste Lob für Österreich kommt von zwei Deutschen, Hörnigk und Schiller, die früheste Verurteilung, die in die antihabsburgische Folklore eingehen sollte, von einem Österreicher, Moritz Hartmann. Von ihrem größten Dichter, Grillparzer, stammen die oft zitierten Zeilen, die das ganze Zaudern und das Drücken vor der Verantwortung aufzeigen und sowohl eine Nation als auch eine Dynastie charakterisierten. Ihr größter Feind, Bismarck, legt die schreckliche Wahrheit offen, der zu stellen sich Österreichs Alldeutsche, bis herauf zu Otto Bauer auf der Linken und Seyß-Inquart auf der Rechten, weigerten: Deutschland wollte sie nie – bis Hitler kam und das Angebot annahm.

Bis zu einem gewissen Grad spiegeln alle Zitate über die geistigen Grundlagen des österreichischen Charakters – und es gibt noch viel mehr davon – auch denselben Deutschkomplex wider. Der Glaube, daß sie es ihrer Kultur zu verdanken hätten, daß sie nicht nur die besseren Deutschen, sondern auch die einzig wahren Deutschen wären, ist im 19. Jahrhundert verwurzelt, hat aber auch Ausläufer, die sich über das ganze 20. Jahrhundert herauf und weiter in Richtung 21. Jahrhundert erstrecken. Doch dieser Glaube wird auch von einer anderen Quelle genährt, der von der Habsburger-Ära weitergegebenen großartigen Erfahrung eines Vielvölkerreichs.

Wenn die Österreicher in diesem Europa, dem sie sich angeschlossen haben, immer noch eine besondere Rolle spielen, dann liegt diese in ebendiesem Donaubecken. Wenn sie immer noch eine Mission haben, dann ist es eine kulturelle, aber auch die, als Katalysator zu wirken, um die vielen Völker und Konfessionen dieser Region leichter aneinander zu binden. Wie in den Tagen der Monarchie wird ihnen diese supranationale Aufgabe nicht dabei helfen, ihre eigene nationale Einheit genauer zu definieren, wie weit sie sich auch von ihrer germanischen Wiege distanzieren.

Sie haben es nie geschafft, für sich als Österreicher – im Gegensatz zu Steirern oder Tirolern – eine klar definierte

Identität zu schaffen. Vielleicht werden sie es auch nie, und das könnte im Interesse aller liegen. Sie sind immerhin wie ein Gebräu aus germanischen Teeblättern, auf die jahrhundertelang Wasser aus der Donau gegossen worden ist. Und da alle Flüsse Mitteleuropas in die Donau fließen, gibt es magyarische und slawische Strömungen, die unaufhörlich in diesen großen Strom und in das österreichische Bewußtsein einfließen. Es gibt keine reine Essenz, die man da herausdestillieren könnte. Die Mischung selbst ist die Essenz. Das ist vielleicht gar nicht einmal so schlecht für die heutigen Österreicher oder für das Europa, dem sie beigetreten sind.

Personenregister

Gordon Brook-Shepherd
Monarchien im Abendrot.
Europas Herrscherhäuser bis 1914
1988. 440 Seiten

Die Tragödie der Deutschen in der k. u. k. Monarchie sieht
der englische Historiker darin, daß sie sich mit dem Rätsel ihrer eigenen Identität herumschlagen mußten, eine
Formulierung, die den Nagel auf den Kopf trifft ... Was
die Lektüre der »Monarchien im Abendrot« so faszinierend macht, ist die Herausstellung der menschlich-allzu-
menschlichen Züge, die Purpurträgern so gemein sind wie
dem normalen Sterblichen. Dem Leser wird ein Blick hinter Kulissen gewährt, die im allgemeinen verhangen bleiben.

H. G. von Studnitz, Welt am Sonntag

Der englische Historiker und Publizist Gordon Brook-
Shepherd, der sich vor allem mit seinen Studien zur österreichischen Geschichte einen Namen gemacht hat, hat in
seinem Buch »Monarchien im Abendrot« den wohl erst-
maligen Versuch unternommen, »den langen Weg und
schließlich die jähe Talfahrt in den Ersten Weltkrieg nicht
vom Standpunkt der unmittelbar beteiligten Politiker, sondern aus der Perspektive der Dynastien darzustellen«. Die
Herrscher der europäischen Fürstenhöfe, in vielen Fällen
eng verwandt oder verschwägert, hätten alles Interesse
haben müssen, diesen Krieg zu verhindern ... Brook-
Shepherd skizziert die Geschichte der europäischen Monarchien seit etwa Mitte des 19. Jahrhunderts.... Er zeigt
den verhängnisvollen Bündnismechanismus im damaligen
Europa auf, erinnert an die Gegensätze, die zwischen
Militärs, Politikern und Monarchen bestanden und
schließlich zur Folge hatten, daß Europa in jenen Krieg
schlitterte, den keiner wollte.

Thomas Terry, Der Tagesspiegel

Karl-Markus Gauß
Ins unentdeckte Österreich
Nachrufe und Attacken
1998. 184 Seiten

Jenseits von Beschönigung und Bezichtigung entdeckt uns
Gauß ein Österreich, das unbekannt und verloren schien.
Und das mit Leidenschaft und einem ebenso glänzenden
wie klaren und eleganten Stil, der seinesgleichen in der heutigen deutschsprachigen Essayistik sucht. Bald polemisch,
bald ironisch, niemals langweilig, ist Gauß ein Kritiker
Österreichs, der die harschen und mißgestimmten Kritiker
an der Peripherie ihres Hasses umrundet, um zu den lich-
teren Sphären vorzustoßen, wo das Konstruktive die ständige Destruktion armselig aussehen läßt. Dieses Buch ist
eine Fibel für alle, die sich fragen, wie man mit den Lehren
aus Österreichs Vergangenheit im Lichte der Herausforderungen der Zukunft für dieses Land umgehen sollte.

Frank Tichy, *Salzburger Nachrichten*

Sein Essayband »Ins unentdeckte Österreich« bietet auch
dem Austriaca-Kenner viel Neues. Und das Altbekannte in
ungewohnter, anregender Perspektive. Zu den Leitmotiven
des Buches gehört der Einsatz für die verdrängte Vergangenheit eines Landes, das kulturell immer von seinen Rändern lebte. Die Republik, meint Gauß mit zureichendem
Grund, habe nach 1945 nicht nur den Nationalsozialismus
verleugnet, sondern auch ihre Wurzeln im alten Vielvölkerreich, die »mitteleuropäische Dimension«. Historisches
Argumentieren ist diesem Autor stets Anknüpfungspunkt
für Gegenwartsbezug ... Karl-Markus Gauß beeindruckt
durch Kenntnisreichtum und als erfrischend pointierter
Stilist, elegant auch und gerade in der Attacke.

Ulrich Weinzierl, *Frankfurter Allgemeine Zeitung*

Maria Fialik
»Strohkoffer«-Gespräche
H. C. Artmann und die Literatur aus dem Keller
Gespräche mit H. C. Artmann, Ferry Radax,
Wolfgang Kudrnofsky, Jeannie Ebner,
Friedensreich Hundertwasser, Gerhard Rühm,
Friedrich Polakovics, Marc Adrian, Ernst Kölz
1998. 256 Seiten

Das geistige Wien der fünfziger Jahre pflegte die Lebensart
der Bohemiens mit einem stets wachen Sinn für das Praktische. Die Bar zu ebener Erd', die Kunst im Souterrain. Der
Alkohol floss im schmalen Bett der pekuniären Möglichkeiten, doch die Kunst prosperierte im »Strohkoffer«,
einem kleinen Raum unterhalb der Kärntner-Bar. Maler
wie Kurt Moldovan, Arnulf Rainer, Friedensreich Hundertwasser und Albert Paris Gütersloh bevölkerten mit
ihrem »Art-Club« den mit Strohmatten ausgeschlagenen
Raum und duldeten die Dichter, die eben im Begriff waren,
unter Freunden berühmt zu werden. Der später als »Wiener Gruppe« titulierte Kreis der literarischen Avantgarde
belebte mit schrägen Aktionen das Lokal und bildet den
Hintergrund von Maria Fialiks Interview-Band, der neun
Zeitzeugen gegen beliebte Mystifikationen aufrufen will.

Paul Jandl, *Neue Zürcher Zeitung*

Mit den damals vom »Kulturbetrieb Verpönten und Ge-
schmähten« beleuchtet Maria Fialik die Bedeutung dieses
Künstlerzirkels, in dessen Mittelpunkt H. C. Artmann
stand. »Es war ein Reigen«, beschreibt dieser die heute von
Mythen verklärten Treffen. Kompetent und in einer locke-
ren Gesprächsatmosphäre räumt die Autorin mit eben-
diesen Mythen auf ... Die mit viel Lokalkolorit angerei-
cherten Gespräche vermitteln anschaulich die besondere
Atmosphäre im »Strohkoffer«, in dem eine »ausgehunger-
te Generation den Nährboden schuf für kommende Entwicklungen«.

Christel Goebel, *Darmstädter Echo*

Hélène Carrère d'Encausse
Nikolaus II. Das Drama des letzten Zaren
1998. 568 Seiten

Bedeutete die Ermordung der russischen Zarenfamilie in Jekatarinenburg das dramatische Ende einer europäischen Epoche, die sich freilich schon längst überlebt hatte? Oder wurde damit die Chance auf wirksame Reformen verspielt, zu denen die Sowjetunion erst recht nicht in der Lage war und die auch die Möglichkeiten der heutigen russischen Politik überfordern? Hélène Carrère d'Encausses Biographie des letzten Zaren Nikolaus II., die in Frankreich als historisches Meisterwerk gefeiert wird, erzählt das Leben dieses widersprüchlichen Mannes, der mit der traditionellen Autorität seines Amtes versuchte, Reformen durchzusetzen und sein Land gegenüber dem Westen zu öffnen. Sicher ist es kein Zufall, daß gerade in diesen Jahren das Interesse am letzten Zaren wieder zunimmt, in Rußland, wo seine sterblichen Überreste jüngst identifiziert wurden, ebenso wie in Europa. Denn das Leben des Nikolaus II. kreist um eine Frage, die alle Europäer interessiert: ob das Riesenreich in der Lage ist, sich zu erneuern, ohne in Chaos und Barbarei zu verfallen. »Nikolaus II. Das Drama des letzten Zaren« wurde mit dem Prix des Ambassadeurs für das beste politische Buch 1997 ausgezeichnet

Brilliant und anregend!
Le Figaro

Eine meisterhafte politische Biographie.
Le Monde